현대 심리학 입문 2판

현성용 · 김교헌 · 김미리혜 · 김아영 · 김현택 · 박동건 · 성한기 · 유태용 · 윤병수
이순묵 · 이영호 · 이재호 · 이주일 · 진영선 · 채규만 · 한광희 · 황상민 공저

Modern Psychology

학지사

| 2판 머리말 |

내가(또는 저 사람은) 왜 이런 행동을 하는가? 우리는 세상에 관한 지식을 어떻게 얻는가? 내 생각과 다른 사람의 생각이 왜 다른가? 어떤 사람은 나를 좋아하고 또 다른 사람들은 나를 싫어하는데, 왜 그런가? 이와 같이 인간의 마음과 행동에 관한 탐구는 동 · 서양을 막론하고 고대부터 있었다. 그러나 19세기 후반에 들어서야 비로소 인간의 마음과 행동을 과학적으로 연구하고자 하는 시도가 있었으며, 그 결과 현대 심리학이 탄생하게 되었다.

비록 심리학의 역사는 다른 학문 분야에 비해 매우 짧은 편이지만 과학의 발전과 더불어 현대 사회가 매우 복잡하고 빠르게 변화하면서 인간의 마음과 행동에 관한 관심은 급증하게 되었다. 이와 더불어 심리학적 지식 또한 급격하게 팽창하게 되었으며, 심리학의 범위 또한 매우 넓어지게 되었다. 그리고 이러한 복잡한 심리현상들을 이해하기 위한 분석 수준도 초기의 행동적 수준에서 보다 미시적으로는 분자적 수준으로, 또한 거시적으로는 문화적 수준에 이르기까지 매우 다양하게 되었다.

현대 심리학의 이러한 변화에 맞추어 심리학을 소개하는 심리학 개론서들의 내용도 방대하여, 지금까지 출판된 대부분의 개론서가 한 학기 동안 강의로 심리학을 가르치기에는 분량이 너무 많다는 지적이 있었다. 이런 문제에 대해 고민하던 차에 심리학 비전공자 또는 초심자들을 대상으로 한 학기 동안 교양과목으로 강의하기에 적합한 교재를 개발하자는 의견이 모여 이 책을 저술하게 되었다.

이러한 목적으로 『현대 심리학 입문』이 출판된 지 벌써 8년이 지났다. 과학으로서의 심리학의 나이가 젊다는 것은 그만큼 심리학이 역동적이고 변화도 많이 일어날 수 있음을 의미한다. 따라서 8년이란 시간 동안 심리학의 여러 분야에서 많은 변화가 있었으며, 이러한 학문적 변화와 발전을 소개하기 위하여 2판을 내게 되었다.

이번 2판에서는 초판의 기본적인 틀을 그대로 유지하면서 각 분야 별로 새로운 내용을 추가하였다. 그와 동시에 전체 분량은 조금 줄이는 쪽으로 저술 방향을 설정하여 내용에 부분적인 수정이 있었다.

이 책은 심리학 각 분야의 전공 교수님들이 한 장씩을 맡아 일반인이나 초심자들이 심리학의 핵심 개념들을 쉽게 이해할 수 있도록 서술을 하되 분량을 최소화하려고 노력하였다. 이 책의 집필에 참여하신 교수님들은 다음과 같다. '1장 심리학이란 무엇인가'는 이순묵 교수, '2장 신경과학과 행동'은 현성용 교수, '3장 감각과 지각'은 한광희 교수, '4장 학습심리학'은 김현택 교수와 윤병수 교수, '5장 기억'은 진영선 교수, '6장 언어적 사고'는 이재호 교수, '7장 발달심리'는 황상민 교수, '8장 동기와 정서'는 김아영 교수, '9장 성심리'는 채규만 교수, '10장 성격과 개인차'는 이주일 교수, '11장 지능과 심리검사'는 박동건 교수, '12장 사회심리학'은 성한기 교수, '13장 건강심리학'은 김교헌 교수, '14장 이상행동의 심리학'은 이영호 교수, '15장 이상행동의 치료'는 김미리혜 교수, '16장 일상생활에서의 심리학 응용'은 유태용 교수가 집필하였다.

처음 이 책을 구상할 때의 취지에 따라 분량을 최소화시키고자 하였으나 현대 심리학의 분야가 워낙 넓은 관계로 전체 16장으로 구성하게 되었다. 그래서 경우에 따라서는 이 책의 내용을 모두 강의하기에 시간이 부족할 수도 있을 것이다. 그런 경우 일부 장들을 생략하거나 통합하여 강의할 수도 있을 것이다. 그리고 많은 저자가 저술한 관계로 일부 내용이 중복되거나 동일한 개념이 다르게 표현되는 경우도 있을 것이다. 나름대로 각 분야의 전공자들이 최선을 다해 저술하였지만 부분적으로 부족하거나 보완해야 할 점도 많이 있으리라 생각된다. 이 책을 사용하시는 분들의 충고와 조언을 바란다.

끝으로 이 책이 나오기 까지 많은 분의 노고가 있었음을 밝혀 둔다. 우선 바쁜 와중에도 집필에 참여해 주신 여러 저자들께 깊이 감사드린다. 그리고 이 책의 저술을 제안하고 많은 수고를 아끼지 않으신 학지사의 김진환 사장님, 그리고 많은 저자로부터 원고를 모아 편집하고 교정하느라 고생하신 학지사 편집부 여러분의 노고에 감사드린다. 마지막으로 이 책의 독자 입장에서 전체 교정을 하는데 큰 도움을 준 대구대학교 심리학과 대학원생들에게도 감사의 말을 전한다.

2016년 1월

저자 대표

| 1판 머리말 |

내가(또는 저 사람은) 왜 이런 행동을 하는가?

우리는 세상에 관한 지식을 어떻게 얻는가?

내 생각과 다른 사람의 생각이 왜 다른가?

어떤 사람은 나를 좋아하는데 또 다른 사람은 나를 싫어하는데, 왜 그런가?

이와 같이 인간의 마음과 행동에 관한 탐구는 동서양을 막론하고 고대에도 있어 왔다. 그러나 19세기 후반에 들어서야 비로소 인간의 마음과 행동을 과학적으로 연구하고자 하는 시도가 있었으며, 그 결과 현대 심리학이 탄생하게 되었다.

비록, 심리학의 역사는 다른 학문 분야에 비해 매우 짧은 편이지만 과학의 발전과 더불어 현대사회가 매우 복잡하고 빠르게 변화하면서 인간의 마음과 행동에 관한 관심이 급증하게 되었다. 이와 더불어 심리학적 지식 또한 급격하게 팽창하게 되었으며, 심리학의 범위 또한 매우 넓어지게 되었다. 그리고 이러한 복잡한 심리현상을 이해하기 위한 분석 수준도 초기의 행동적 수준의 분석보다, 미시적으로는 분자적 수준에, 거시적으로는 문화적 수준에 이르기까지 매우 다양하게 되었다.

이러한 현대 심리학의 변화에 맞추어 심리학을 소개하는 심리학 개론서의 내용도 방대하게 되었으며, 지금까지 출판된 대부분의 개론서가 한 학기 동안의 강의로 심리학을 가르치기에는 분량이 너무 많다는 지적이 있었다. 이런 문제에 대해 고민하던 차에 심리학 비전공자 또는 초심자들에게 한 학기 동안의 교양과목으로 강의하기에 적합한 교재를 개발하자는 의견들이 모아져 이 책을 저술하게 되었다. 이러한 목적을 위해 이 책은 심리학 각 분야의 전공 교수님들이 한 장씩을 맡아 일반인이나 초심자들이 심리학의 핵심개념을 쉽게 이해할 수 있도록 서술을 하되, 분량을 최소화하려고 노력하였다.

이 책의 집필에 참여하신 교수님들은 다음과 같다. 제1장 '심리학이란 무엇인가'는 이순묵 교수, 제2장 '신경과학과 행동'은 현성용 교수, 제3장 '감각과 지각'

은 한광희 교수, 제4장 '학습심리학'은 김현택 교수와 윤병수 교수, 제5장 '기억'은 진영선 교수, 제6장 '사고와 언어'는 이재호 교수, 제7장 '발달심리학'은 황상민 교수, 제8장 '동기와 정서'는 김아영 교수, 제9장 '성심리'는 채규만 교수, 제10장 '성격과 개인차'는 이주일 교수, 제11장 '지능과 심리검사'는 박동건 교수, 제12장 '사회심리학'은 성한기 교수, 제13장 '건강심리학'은 김교헌 교수, 제14장 '이상행동의 심리학'은 이영호 교수, 제15장 '이상행동의 치료'는 김미리혜 교수, 제16장 '일상생활에서의 심리학 응용'은 유태용 교수가 집필하였다.

처음 이 책을 구상할 때의 취지에 따라 분량을 최소화시키고자 하였으나 현대 심리학의 분야가 워낙 넓은 관계로 전체 16장으로 구성하게 되었다. 그러므로 경우에 따라서는 이 책의 내용을 모두 강의하기에 시간이 부족할 수도 있을 것이다. 그런 경우 일부 장을 생략하거나 통합하여 강의할 수도 있을 것이다. 그리고 많은 저자가 집필한 관계로 일부 내용이 중복되거나 동일한 개념이 다르게 표현되는 경우도 있을 것이다. 또한 나름대로 각 분야의 전공자들이 최선을 다해 저술하였지만 부분적으로 부족하거나 보완해야 할 점도 많이 있으리라 생각된다. 그러므로 이 책을 사용하시는 분들의 많은 충고와 조언을 바란다.

끝으로 이 책이 나오기까지 많은 분의 노고가 있었음을 밝혀둔다. 우선, 바쁜 와중에도 집필에 참여해 주신 여러 저자께 깊이 감사드린다. 그리고 이 책의 저술을 제안하고 많은 수고를 아끼지 않으신 학지사의 김진환 사장님, 그리고 많은 저자들로부터 원고를 모아 편집하고 교정하느라 고생하신 학지사 편집부 여러분의 노고에 감사드린다. 마지막으로 대구대학교에서 심리학을 강의하시는 한영숙, 김창욱, 김경훈 선생은 사용자의 입장에서 이 책의 전체 교정을 하는 데 큰 도움을 주었다. 이 세 분의 노고에도 감사의 말을 전한다.

2008년 8월

저자 대표

차 례

제4장 ··· 학습심리학 ··· 97

제 1 장

심리학이란 무엇인가

학습목표

1. 심리학자가 무슨 일을 하는지 이해한다.
2. 현대 심리학이 어떤 관점을 가지고 있는지를 이해한다.
3. 심리학에서 어떤 방법으로 지식을 산출하는지 알아본다.
4. 심리학은 타 학문 분야에 어떻게 영향을 주고 응용되는지 알아본다.

01

제1절 심리학이란 무엇인가

심리학을 정의하기 전에 우리의 지식을 한번 시험해 보자. 다음은 다양한 분야의 사람들이 하는 일에 대한 묘사인데 이들 중 심리학자가 하는 일은 어느 것인지 생각해 보자.

- 경찰관들이 직업상 스트레스에 어떻게 대처해야 하는지에 대해 조언을 제공한다. 경찰관들에게 신뢰받으며, 그들의 문제를 보다 잘 이해하기 위해서 야간 순찰 시에 함께 나서기도 한다.
- 항공기 제조공장에서 신모델의 설계팀 팀원으로 활동한다. 비행 통제기계 및 계기들을 조종사가 쉽고 빠르게 사용하고 통제할 수 있도록 설계되고 있는지 점검한다.
- 야구팀 선수들이 뛰어난 성적을 낼 수 있도록 감독 및 코치에게 상담해 준다. 스포츠에서 성취와 관련된 요인, 즉 경쟁, 징크스, 슬럼프 및 자신감 등에 관한 연구를 수행한다.
- 중독성이 없으면서 좋은 효과를 내는 진통제의 개발에 기여할 수 있는 심리-약리학적 실험을 수행한다. 아울러 두뇌에 깊이 자리 잡고 있는 고통억제소(苦痛抑制素, pain inhibitor)의 특성을 연구한다.
- 심리학을 가르친다. 표본조사를 실시하는 방법을 실습시키고, 사람들이 복잡한 도시생활의 스트레스와 어려움에 어떻게 대처하는가를 연구한다.
- 대기업 그룹의 마케팅 이사로서 500명의 직원을 거느리고, 연 100억의 예산을 사용하여 회사 제품의 판촉활동을 실시한다.
- 병원에서 특별환자들, 예를 들어 불구상태에 이를 정도로 크게 다치거나 어려운 신체 여건에 있는 사람들에게 상담을 해 준다. 환자는 물론 가족이 계속되는 진료와 그에 따라 바뀌는 생활에 대해 적응하도록 돕는다.
- 지역사회의 정신건강 및 복지센터에서 일하며 주민들에게 여러 가지 건강상의 서비스를 제공한다.
- 학력 철폐, 평등사회를 내세우며 국민생활의 질을 높이고자 하는 사회적 노력에 심리학적 도움을 제공한다. 예를 들어, 기업체에서 학력에 대한 정보를 사

용하지 않고도, 그 조직에 맞는 적성의 소유자를 선발하는 데 어떠한 심리측정적인 방법이 있는지 제시한다.

- 산업재해의 원인 가운데 주의결핍과 피로 누적이 왜 증가하는가? 재해를 줄이기 위해 어느 정도까지 여건이 개선되어야 하는가에 대하여 심리학적 지식을 응용하여 대책을 세운다.
- 조직 내 개인별 기여도의 차이를 구분하기 위하여 역량이나 성격에 대한 측정결과를 사용하며, 공정한 처우 및 분배의 체계를 세운다.

이상에서 제시된 여러 가지 예는 우리 생활 주변에서 관찰되는 상황을 기초로 한 것으로, 심리학자는 각각의 예에서의 일들을 매일 수행하고 있다. 많은 사람이 심리학자는 마음의 병, 정신병 또는 비정상적 행동에 대한 연구와 활동을 하고 있다고 생각하지만 그것만이 아니고 인간생활의 모든 분야에 기여하고 있다.

그러면 심리학은 무엇인가? 심리학은 인간과 동물의 행동 및 그 행동에 관련된 생리적 · 심리적 · 사회적 과정을 연구하는 학문 분야다. 즉, 개인의 심리적 과정뿐 아니라 신체기능을 제어하는 생리적 과정, 그리고 개인과 개인 간의 관계와 사회적 과정까지 심리학의 연구대상이 된다. 여기서의 행동은 두뇌에서 이루어지는 내적인 행동과 신체 움직임으로 나타나는 외적인 행동을 모두 포함한다. 또한 정상적 행동과 비정상적 행동을 모두 포함한다. 이러한 심리학에는 세 가지 얼굴이 있다. 첫째는 대학에서 가르치는 중요한 학과목이라는 측면이고, 둘째는 연구수행 및 행동자료의 이해를 돕는 과학이라는 측면이다. 셋째는 인간의 제반문제를 해결하기 위해 특별한 기술, 지식 및 능력을 응용하는 전문직업이라는 측면이다. 이 장에서는 우선 과학으로서의 심리학을 중심적으로 소개하고 있으나, 전문직업의 측면에도 적지만 지면을 할애하였다.

이 장은 제2절에서 현대심리학의 다섯 가지 접근(모델)을 소개한다. 또한 제3절에서는 오늘날 심리학의 여러 분야를 소개하고, 제4절에서는 심리학을 연구하는 방법론에 대해서 소개하기로 한다. 끝으로 제5절에서는 학문적 측면과 전문직업의 측면을 포함하여 심리학의 전망에 대해서 소개한다.

제2절 오늘날 심리학의 5대 관점

역사적으로 보면 심리학에는 여러 가지 접근법 또는 관점이 있어 왔으나 오늘날의 심리학은 대체로 크게 다섯 개의 관점으로 나누어 설명할 수 있다. 즉, 생물학적 접근, 인지적 접근, 행동적 접근, 정신분석적 접근, 인본주의적 접근이 그것이다.

1. 생물학적 접근

우리의 사고, 꿈 및 정신 이미지 등은 신경계, 그중에서도 중추적 역할을 하는 뇌에 의해서 이루어진다는 것이 심리학자들의 가정이다. 생물학적 접근(biological approach)을 취하는 심리학자들은 두뇌에서의 사건(예: 뇌세포의 활동)과 정신과정 간의 연결을 찾아보고자 한다. 예를 들어, 줄담배를 피우는 행동을 이해하고자 그가 어떻게 니코틴에 중독되었는가를 연구하게 된다. 그리하여 여러 가지 생물학적 요인(예: 유전, 두뇌에서의 전기적 · 화학적 활동, 호르몬의 활동 등)이 그의 정신과정 및 담배 피우는 행동에 어떻게 연관되는지를 조사하게 된다. 이러한 관점을 가진 심리학자들은 정서, 정신장애, 기억, 사고 및 기타 심리현상을 연구할 때 생물학적 요소를 찾아서 연구하게 된다. 병원에서 뇌사진을 찍을 때 사용하는 많은 기법(예: SCAN, PET, fMRI 등)은 생물학적 접근을 하는 심리학자들이 즐겨 사용하는 자료수집 방식이기도 하다.

2. 인지적 접근

인지적 접근(cognitive approach)을 취하는 심리학자들은 정신과정에 연구의 초점을 둔다. 우리가 보통 마음(mind)이라고 부르는 것들(예: 지각, 기억, 사고, 판단, 의사결정, 기타 정보처리체계)을 연구한다. 즉, 인간의 두뇌가 어떻게 정보를 받아들여 처리하고 특정의 행동유형을 만들어 내는가를 연구하게 된다. 예를 들어, 줄담배를 피우는 사람을 인지적 관점에서 보면, 그의 행동은 담배 피우는 데서 오는 위험을 크게 평가하지 않기 때문이라고 볼 수 있다. 또는 중요한 정보를 처리하기 위한 어떤 조직화가 이루어지지 않아서 그럴 수 있다고 본다. 그렇다면 중독된 사람을 치료하는 데도 약물을 주는 것이 아니라 그가 정보를 보다 조직적이고 합리적으로 처리하도록 돕는 훈련이 필요할 수 있다.

인지적 관점을 크게 둘로 나누면 스위스의 피아제(Jean Piaget, 1896~1980)에 의해 발전된 인지발달이론이 그 하나고, 컴퓨터 과학의 영향을 받은 정보처리이론이 또 다른 하나다.

1) 인지발달이론

피아제가 어린이들의 지적 발달(인지적 발달)에 대해 보여 준 혁신적 연구는 발달심리학자와 교육심리학자들을 자극하여 이에 관한 많은 연구가 이루어지게 되었다. 이러한 연구의 초점은 어린이와 성인이 세상을 얼마나 달리 이해하고 논리를 사용하는가에 대한 것이었다. 즉, 어린이는 성인의 축소판이 아니라 나름대로의 발달과정을 가지며, 단계별로 발달 과제를 완수해 가면서 지적인 성장을 한다는 것이다.

2) 정보처리이론

심리학은 출발 이래로 그 시대 자연과학의 발달이 미치는 영향을 받으며 성장해 왔다. 예를 들어, 프로이트(Sigmund Freud, 1856~1939)의 정신역학(Psychodynamics)이론은 19세기의 열역학(Thermodynamics)의 발전과 관련되어 있다. 그와 유사하게 오늘날의 많은 인지심리학자는 컴퓨터 과학의 영향을 많이 받았다. 컴퓨터는 문제를 해결하기 위해서 정보를 처리한다. 즉, 컴퓨터에 정보가 입력되고 처리되면서 기억에 저장된다. 정보를 디스켓에 장기적으로 저장할 수도 있고, 처리하는 동안 일시적으로 저장할 수도 있다. 컴퓨터에 비유한다면 인간의 기억에도 장기기억과 단기기억이 있다. 그러므로 많은 인지심리학자는 인간이 수행하는 정보처리를 컴퓨터에 비유해서 이해하고자 한다. 즉, 정보의 입력, 저장, 인출, 문제해결을 위한 처리, 그리고 문제해결로 이어지는 과정이 바로 정보처리이론가들이 연구하는 인간의 정보처리과정이다.

3. 행동적 접근

왓슨(J. B. Watson, 1878~1958)은 심리학의 초기에서부터 정착되어 온 인지적 접근을 거부하였다. 즉, 실험실에서 의식의 측정 또는 정신과정의 측정을 하지 않기로 작정하였을 뿐 아니라, 일상생활의 모든 것을 이해하는 데 행동적 접근을 시도하였다. 그는 어떤 사람이 무엇을 하는가를 이해하려면, 그가 자극에 노출된 역사, 상황적 영향, 그리고 그 과정에 포함된 보상을 보면 된다고 하였다. 즉, 개인의 의식 및 자발적 선택에 대해서는 도외시하였다. 따라서 행동적 접근(behavioral approach)에서는 어떤 사람이 '무엇을' 알게 되었는가를 보고자 하는 것이 아니라 무엇이, 즉 어떤 외적인(external) 절차가 그를 그렇게 행동하도록 조건화시켰는가를 보고자 한다. 예를 들어, 담배 피우기는 조건화(conditioning)의 결과로 볼 수 있다. 여기서 조건화는 두 개의 자극이나 사태(event)가 함께 제시되거나 연결되는

Box 1

행동적 접근과 인지적 접근의 만남: 사회학습이론 관점

1960년 이래로, 사회적 학습(social-learning) 이론가들이 성격발달, 이상행동 및 심리치료법 분야에서 큰 영향력을 발휘해 오고 있다. 이들은 서로 반대 경향으로 보이는 행동적 접근과 인지적 접근이 만나는 영역에서 활동한다. 예를 들어, 반두라(Albert Bandura), 로터(Julian Rotter) 및 미셸(Walter Mischel)과 같은 사회적 학습 이론가들은 자신들이 행동주의 전통에서 인간행동을 이해하고 있다고 간주한다. 그러나 다른 한편에서 이들은 인지의 중요한 역할을 인정하는 전통에도 뿌리를 두고 있다. 행동주의적 접근은 환경의 영향을 크게 강조하고 반복과 강화를 통해서 습관을 학습하는 것에 중점을 둔다. 그러나 사회적 학습 이론가들은 사람이란 자신의 환경을 수정 및 구성할 수 있다는 인지적 접근도 수용하고 있다. 또한 남을 관찰함으로써 얻게 되는 관찰학습에 대해서도 강조한다. 관찰학습에 의해서 우리는 인생의 여러 상황에 어떻게 반응할지에 대해 가능한 반응의 대안을 습득해 간다.

사회적 학습 이론가들은 우리가 학습한 것을 실행할 것인지 말 것인지를 선택하는 데 있어서 우리의 기대와 가치가 중요한 역할을 한다는 것을 인정한다. 이런 점에서 그들은 나중에 설명되는 인본주의적 접근의 견해도 가지고 있다.

사회적 학습이론의 관점에서 볼 때 담배 피우기는 다른 사람이 담배를 멋있게 피는 걸 관찰하고서 배웠을 것이며, 애연가는 담배를 즐거운 사교의 기회, 스트레스의 해소 또는 기타의 보상과 연결지음으로써 담배 피우는 것이 습관화되었다고 볼 수 있다. 따라서 담배를 끊으려면 담배 피우기와 관련된 상황에서 자신이 담배를 피우지 않고 다른 반응을 하는 것에 보상을 주도록 해야 할 것이다.

것을 의미하는 심리학적 용어다. 어릴 때 주위에서 존경받는 어른들이 담배를 피우는 것을 보거나 영화에서 멋있는 배우가 그럴듯한 장면에서 담배를 한 대 피우는 것을 보고 성장하는 경우를 보자. 이때 '담배 피우기'라는 중립적 자극이 존경이나 멋이라고 하는 무조건적인 호의적 자극에 연결되도록 조건화되어 담배 피우기에 대한 호의적 태도가 형성되었다고 볼 수 있다. 조건화에 의해서 행동이나 태도가 습득되면 행동적 접근에서는 '학습' 되었다고 한다.

왓슨이 중립적 자극을 자연상태에서의 중요한 자극에 연결시켜 특정 반응의 발생 확률을 변화시키는 고전적 조건화의 연구에 기여하였다면, 스키너(B. F. Skinner, 1904~1990)는 특정 반응에 대한 결과로서 보상이나 처벌 등을 제시함으로써 결과에 따라서 작동하는(operant) 반응의 발생 확률을 변화시키는 작동적(operant) 조건화의 연구에 기여하였다.

4. 정신분석적 접근

1940년대와 1950년대의 심리치료에는 정신분석이론이 크게 활용되었으며, 심리학 전반에 널리 영향을 미쳤다. 대부분의 심리치료가들은 정신분석에 몰두해 있었으며, 많은 저명 작가, 예술가들이 자신의 무의식에 있는 아이디어를 표현하고자 하였다. 자동적으로 그림 그리기(automatic painting)와 자동적 글쓰기(automatic writing)가 인문과학 분야에서의 주요 운동으로 등장할 정도였다.

오늘날 정신분석이론의 영향은 계속되고 있으나 과거처럼 심리학 전반에 걸쳐 영향을 미치고 있지는 않다. 프로이트의 후계자들 가운데 호나이(Karen Horney, 1885~1953), 프롬(Erich Fromm, 1900~1980) 및 에릭슨(Erik Erikson, 1902~1994)과 같은 사람들은 프로이트가 중점을 두었던 무의식적인 성적·공격적 충동의 역할보다는 오히려 개인의 의식적이고 신중한 선택 및 자기지시(self-direction)에 더 큰 중점을 두었다.

정신분석적 관점(psychoanalytic approach)에서 볼 때 비정상적 행동이나 문제행동은 과거에 갈등이 불만스럽게 해결되었거나 해결에 실패한 것을 나타낸다. 담배 피우기 역시 무의식적인 갈등의 상징일 수 있다. 예를 들어, 담배 피우기는 응석 부리는 어린이로 있고 싶은 바람과 독립적인 성인이 되고 싶은 바람 사이의 갈등일 수 있다. 따라서 담배연기를 쭉 빨아들이는 것은 어린이가 젖병을 빠는 것을 상징할 수도 있는 것이다. 그렇다면 치료방법은 담배를 피우는 사람의 내적 갈등을 해소하여 영원히 담배를 끊을 수 있는 자신의 역량을 강화시켜 주는 것이 된다.

5. 인본주의적 접근

인본주의 심리학은 인지적 접근의 분위기를 강하게 풍기면서 보다 나중에 형성된 관점이다. 이들은 의식과 자기인식(self-awareness)을 강조하므로 현상학적 관점으로 불리기도 한다. 인본주의적 접근(humanistic approach)에서는 개인의 경험을 가장 중요한 연구대상으로 한다. 즉, 인생행로에서 자기인식, 경험 및 선택을 통해 '우리 자신을 제작하게 된다.'는 관점이다.

전적으로 우리에게 행동의 선택권이 있는가 또는 외부 요소가 우리의 행동을 결정하는가에 대해서는 논쟁이 끝날 수가 없다. 행동주의적 접근은 후자의 관점이다. 그러나 로저스(Carl Rogers, 1902～1987)와 매슬로(Abraham Maslow, 1916～1972) 같은 인본주의자들은 전자의 관점을 취한다. 이들은 우리가 자신의 개인적 정체성을 발견하고 인생의 의미를 부여하기 위해서는 자부심과 책임을 가지고 우리에게 주어진 자유를 활용해야 한다고 주장한다. 그리하여 이들은 사람들이 자신의 느낌에 접하고 자신의 잠재력을 실현하도록 도와주는 방법을 연구하였다.

인본주의 관점에 따르면 모든 행동은 어떻게 생각하고 행동할 것인지를 선택하는 개인의 능력에 달려 있다고 본다. 이러한 선택은 각 개인이 세상을 어떻게 지각하는가에 달려 있다. 당신이 세상을 호의적인 것으로 본다면 당신은 행복감을 느낄 것이다. 세상을 위험하고 적대적인 것으로 본다면 당신은 방어적 태도를 가지며, 불안해질 것이다. 따라서 심한 우울증도 정신병이 아니라 단지 개인의 지각이나 태도가 비관적이라는 표시일 뿐이다. 그렇다면 담배를 피우는가 끊는가 하는 것은 담배가 우리에게 주는 이익이나 위험에 대한 지각에 달려 있다. 애연가가 끊으려고 '결심'을 하지 않는 한 다른 사람이 그걸 끊게 하려는 노력은 실패로 돌아갈 것이다.

이상에서 살펴본 다섯 가지 관점을 좀 더 개념적 초점, 인간본성에 대한 견해, 정신과정에 대한 강조, 그리고 '환경과 인간'에 대한 강조의 관점에서 살펴보면 〈표 1-1〉과 같다(Feldman, 1987).

표 1-1 심리학의 5대 관점의 비교

관점(접근)	개념적 초점	인간본성에 대한 견해	정신과정의 강조	'환경/인간'의 강조
생물적	행동의 기초는 생물학적 기능이다.	중립적	중간	인간
인지적	사고과정 및 세상에 대한 이해	중립적	최대	인간 및 환경
행동적	관찰 가능한 행동	중립적	최소	환경
정신분석적	무의식적 요인들	부정적	최대 (무의식을 강조)	인간
인본주의적	잠재력을 실현하기 위한 인간의 욕망	긍정적	최대	인간

〈표 1-1〉을 보면, 각 접근의 개념적인 초점이 다르며, 인간본성에 대해서 낙관적 · 긍정적(예: 善을 추구하는 잠재력)인 접근이 있는 반면에 부정적(예: 이기심, 공격성)인 접근이 있다. 또한 정신과정을 기본적으로 무시하는 관점에서부터 최대한으로 중요시하는 접근까지 있다. 끝으로 개체의 행동을 설명함에 있어서 환경의 역할을 지배적으로 보는 관점이 있는 반면에 개인의 본질에 더 큰 비중을 두는 관점이 있다.

제3절 심리학의 여러 분야

심리학에는 여러 분야가 있는데, 미국 심리학계에는 무려 54개의 분과학회가 있고, 우리나라도 12개의 분과학회가 있다. 〈표 1-2〉는 우리나라 심리학계의 분야를, 〈표 1-3〉은 미국 심리학계의 분야를 나타내고 있다.

〈표 1-3〉에 있는 분야들 중 일부에 있는 분야에 대해 살펴보면 다음과 같다.

• 생물 및 생리심리: 1970년대에 미국에서 스리마일섬(Three Mile Island)에 있는 원자핵 시설에서 핵사고가 나고 1년 반이 지난 후 심리학자들이 주민의 소변을 검사하였다. 왜 심리학자들이 소변에 관심을 갖는가? 생물 및 생리심리는

표 1-2 한국 심리학회의 제 분과

1. 임상심리학회	6. 인지 및 생물심리학회	11. 학교심리학회
2. 상담심리학회	7. 문화 및 사회문제심리학회	12. 법심리학회
3. 산업 및 조직심리학회	8. 건강심리학회	13. 중독심리학회
4. 사회 및 성격심리학회	9. 여성심리학회	14. 코칭심리학회
5. 발달심리학회	10. 소비자 · 광고심리학회	15. 측정평가심리학회

표 1-3 미국 심리학회 내 54개 분과

일반심리학, 심리학교육, 실험심리, 평가 · 측정 · 통계, 행동신경과학 및 비교심리, 발달심리, 성격 및 사회심리, 사회문제의 심리학, 미학 · 창의성 · 예술심리, 임상심리, 컨설팅심리, 상담심리, 산업 및 조직심리, 교육심리, 학교심리, 공공서비스심리, 군사심리, 성인발달 및 노년심리, 응용실험 및 공학심리, 재활심리, 소비자심리, 이론 및 철학심리, 행동분석, 심리학사, 지역사회심리, 심리약리학, 심리치료, 최면심리, 심리학 단체 간 관계, 인본주의 심리, 정신지체, 인구 및 환경심리, 여성심리, 종교심리, 아동 · 가족정책심리, 건강심리, 정신분석, 임상신경심리, 심리학과 법률, 개업심리학자, 가족심리, 레즈비언 및 게이연구, 인종적 소수집단연구, 매체(media)심리, 생활체육 및 스포츠심리, 평화 · 갈등 · 폭력심리, 집단심리 및 집단심리치료, 중독심리, 남성성/여성성의 심리, 국제심리, 아동 및 사춘기 임상심리, 소아심리, 약물치료심리, 외상(trauma)심리.

행동의 생물학적 기초를 연구하는 분야다. 예를 들어, 뇌에서의 특정 구역에 생긴 문제가 파킨슨씨병과 어떤 관련이 있는가, 또는 신체의 감각이 어떻게 정서를 일으키는가 등에 대해서 연구한다. 이 분야의 연구에서 사람이 오랫동안 스트레스를 받다 보면 어떤 화학물질이 대량으로 분비된다는 것을 발견하였다. 당시 미국의 스리마일섬에서 주민이 겪는 스트레스를 이해하기 위해서는 그와 같은 화학물질이 분비되고 있는지를 조사하는 것이 중요한데, 실제로 주민에게서는 비정상적으로 많은 양의 화학물질이 발견되었다고 한다(Baum, Gatchel, & Schaeffer, 1983).

- **실험심리**: 실험심리학자는 감각, 지각, 학습 및 사고(思考, thinking)에 대해서 연구한다. 당신의 시력이 얼마나 좋은지, 고통을 얼마나 민감하게 느끼는지, 얼마나 효과적으로 공부하는지 등에 대한 의문이 있다면 이들이 대답을 제공할 수 있다. 그런데 이들의 일은 생물 및 생리심리학과도 만나는 면이 있고 심리학의 다른 분야와도 만난다. 심리학의 모든 분야에서 실험을 연구의 방법으로 사용하고 있으며, 오늘날 실험심리학자들이 연구방법으로써 실험만

을 사용하는 것도 아니다. 따라서 '실험심리학자'란 명칭은 독자를 오도할 수 있다. 실험심리학이 성장하여 세분된 분야가 그 자체로서 하나의 중요 분야로 인정받게 된 경우가 몇 가지 있는데, 그중 하나가 인지심리학이다.

- 인지심리: 인지심리학은 사고, 언어, 기억, 문제해결, 추론, 앎(knowing), 판단 및 의사결정과 같은 고급 정신과정을 연구하는 분야다.
- 발달심리: 발달심리학은 사람들이 인생행로를 통해서 어떻게 성장하고 변화해 가는가에 대하여 연구하는 분야다. 아기가 미소를 짓고 첫걸음마를 하고 첫마디 말을 하는 등의 유아기 발달과정에서부터 노년기의 변화까지가 모두 발달심리학의 주제가 된다.
- 성격심리: 성격심리학은 같은 상황에서 어떻게 사람들이 서로 다른 행동을 보이게 되는지의 개인차뿐 아니라, 시간에 따른 개인 행동의 일관성과 변화를 설명하고자 하는 분야다.
- 건강심리: 건강심리학은 심리적 요인과 신체적 고통 및 질병이 어떻게 관련되어 있는가를 연구하는 분야다. 예를 들어, 장기적인 심리적 스트레스가 신체 건강에 어떤 영향을 미치는가를 연구할 수도 있다. 또한 건강을 증진시키는 행동을 고무시키고 담배 피우기와 같이 건강에 해로운 행동을 감소시키는 방법을 개발하는 데도 관심을 가진다.
- 임상심리: 임상심리학은 비정상적인 행동의 연구, 진단 및 치료에 종사하는 분야다. 임상심리학자의 주된 활동은 정신적 질병의 치료 및 예방이다. 임상심리학자는 일상생활에서의 위기(예: 사랑하는 사람의 죽음)에서 현실감의 상실(예: 정신이상)과 같은 심각한 증상에 이르기까지 진단하고 문제를 치료하도록 훈련받는다. 또한 의료기관, 공공기관의 요청에 따라 심리검사를 실시, 채점 및 해석해서 그 결과를 제출하기도 한다.
- 상담심리: 상담심리학은 교육장면에서, 사회에서 그리고 경력 장면에서의 적응문제에 중점을 두는 분야다. 국내에서도 큰 대학에서는 학생생활연구소에 전임 상담심리학자가 있어서 직업, 진로, 학교 공부, 일상생활의 어려움, 기숙사 방 짝과의 문제 또는 학과목에서의 성적 등에 대한 적응상의 문제를 상담해 준다. 또한 일반인이나 산업체 직원을 대상으로 개인적 또는 집단적 상담을 실시하기도 한다.
- 교육심리: 교육심리학은 교육과정이 학생들에게 어떻게 영향을 미치는가를

연구한다. 즉, 학생들이 어떻게 배우는가를 연구하여 사람들을 교육시키기 위한 보다 나은 방식과 재료를 설계한다. 여기서 학생들이란 모든 연령층의 학생을 포함한다. 학교뿐만 아니라 산업연수원에서도 근무자들의 교육 훈련을 위해 교육심리학자의 도움을 필요로 한다.

- 학교심리: 학교심리학자는 초등학교, 중 · 고등학교에서 교육자들이 아동의 지적 · 사회적 · 정서적 발전을 고무하도록 돕는다. 그들은 아동들의 학습과 정신건강을 원활히 하는 환경을 만드는 데 관계하며, 특별한 도움을 필요로 하는 아동을 위한 프로그램을 계획하거나 평가하기도 한다.
- 사회심리: 사회심리학은 사람들이 어떻게 상호작용하며, 사회적 환경으로부터 어떤 영향을 받는가를 연구하는 분야로 개인뿐만 아니라 집단도 연구한다. 주요 연구주제는 태도의 형성 및 변화, 사람 간의 매력(예: 우정, 사랑), 편견, 집단역학, 폭력 및 공격성 등이다.
- 산업 및 조직심리: 산업 및 조직심리학은 산업장면 및 조직에 응용된 심리학으로, 다양한 연구주제가 있다. 즉, 생산성과 근로자의 복지를 어떻게 향상시키는가, 직무에 맞는 사람을 어떻게 적절히 선발 · 훈련하고 평가 및 보상을 하는가, 어떻게 근로자의 직무만족을 증가시키는가 하는 것들이 산업 및 조직심리학자의 연구주제가 된다.
- 환경심리: 환경심리학은 심리적 과정과 물리적 환경 간의 관계에 대해서 연구하는 분야다. 여기서 말하는 환경에는 집이나 직장은 물론 도시지역 및 주변환경까지 포함된다. 환경심리학자들은 물리적 환경이 개인의 인생에 얼마나 다양하게 영향을 미치는가를 이해하는 데 중요한 진전을 보였다.
- 계량심리: 계량심리학은 19세기 후반 페히너(Gustav Fechner, 1801~1887), 베버(Ernst Weber, 1795~1878)의 정신물리학 연구에서 시작하여 심리학에 양적인(quantitative) 연구의 전통을 강화시켜 온 중요한 연구 분야다. 이 분야를 크게 둘로 나누면 수리심리(Mathematical Psychology)와 심리측정(Psychometrics)으로 나눌 수 있는데, 수리심리는 심리학의 모든 주제를 수리적 모형으로 설명하고자 하는 분야로써 주로 실험심리와 사회심리의 세부 주제들을 연구주제로 한다. 심리측정은 행동을 어떻게 수량화하는가에 관심을 가지는 분야로써 지각, 사고, 동기, 느낌과 같은 내적인 행동은 물론, 말하기, 글쓰기, 작업행동, 사교행동 등의 외적인 행동에 숫자를 부여하는 논리, 부여된 숫자의

의미, 숫자가 누적된 자료의 분석 및 해석에 대한 연구 분야다. 심리측정은 '측정 및 평가'라는 확대된 명칭으로 심리학의 다른 모든 분야에 연구의 방법론을 제공하기도 한다.

제4절 심리학의 연구방법론

많은 질문에 대하여 우리는 여러 가지 심리학적 이론으로 응답을 제공한다. 그런데 심리학은 일종의 경험과학이므로 많은 이론이 성립하기 위해서는 반드시 증거가 있어야 한다. 목소리나 글의 억양을 높인다든가, 권위자의 이름만을 빌린다든가, 또는 잘 짜인 듯한 공리공론(空理空論)만 가지고는 과학적 증거가 되지 않는다. 과학적 증거는 과학적 방법에 의해서 얻어진다. 과학적 방법은 〈표 1-4〉의 네 단계를 거친다.

발견된 결과가 가설을 지지하지 못하면 연구자는 가설이 도출된 이론을 수정하거나 새로운 가설을 세운다. 다음은 심리학자들이 주로 사용하는 연구방법인 표본조사, 사례연구, 자연적 관찰, 실험에 대해서 알아보기로 한다. 초기의 심리학을 건설하는 데 가장 크게 기여한 방법은 실험이라고 할 수 있다. 현재도 행동의 원인과 결과를 추론하는 데는 가장 강력한 방법이지만 심리학의 제 분야가 급속히 발

표 1-4 과학적 방법의 네 단계

1단계 연구문제의 설정

2단계 가설 개발

가설은 연구를 통해서 검증될, 어떤 특정의 진술이다.

3단계 가설 검증

심리학자들은 잘 준비된 관찰방법을 사용하여 경험자료를 수집하고, 그 자료에 의지해서 가설을 검증한다.

4단계 가설에 대한 결론

가설 검증을 통해 발견된 결과에 따라 자신의 가설에 대한 결론을 내린다.
3단계의 검증이 자료에 기초한 의사결정이라면, 4단계에서의 결론은 가설이 도출된 이론, 가설의 내용, 연구의 절차 및 3단계에서의 검증에 대한 연구자의 해석 등 포괄적으로 내용을 고려하는 복합적 의사결정이다.

전함에 따라 다른 많은 방법도 비중을 더해 가고 있다. 여기서는 심리학에 입문하는 독자에게 익숙한 순서로 네 가지 연구방법을 소개하고자 한다.

1. 표본조사

표본조사(survey)는 사람들이 행동, 태도, 신념, 의견 및 의도를 기술하도록 설문지를 사용하거나 특별한 면접을 통해 표본집단에 대하여 연구하는 방법이다. 물론 그 결과를 전체 집단에 일반화하고자 하는 것이 목적이다. 예를 들어, 표본조사를 이용한 심리학 연구에서 사회계층이 다르면 아이들에 대한 훈육방식이 다르다는 것을 발견하였다(낮은 계층의 가족에서 더 엄격하였다). 성(性) 풍속에 대한 유명한 『킨제이보고서』도 표본조사에 의한 것이다.

표본조사를 하려면 연구자들은 설문을 만들고 응답해 줄 사람을 신중하게 선정해야 한다. 샴푸에 대한 조사를 하고자 할 때 비누밖에 쓰지 않는 남성들에게 설문을 돌려 봤자 나올 수 있는 응답은 아무것도 없다. 또한 같은 또래의 사람들에게만 설문을 하면 전체 인구 중에서 극히 편파적인 일부에 대해서만 자료를 뽑게 된다. 표본조사를 할 때 또 다른 어려운 점은 사람들이 자신에 대해서 바람직하지 않거나 마음에 거슬리는 질문에는 응답하고자 하지 않는 것이다.

여러 가지 어려움은 있지만 표본조사는 적은 비용으로 많은 사람에 대해서 연구할 수 있는 좋은 방법이다. 이 방법이 없었다면 심리학 연구의 많은 부분이 빛을 보지 못하였을 것이다. 표본조사를 통해서 심리학자들은 예측을 하고 검증 가능한 가설을 세우며, 추가적인 실험이나 표본조사를 통해 그 가설을 검증한다.

2. 사례연구

때로는 사례연구(case study)가 제공하는 심층조사 결과가 표본조사에서 제공되는 포괄적인 내용보다 더 도움이 될 수 있다. 사례연구는 특정의 개인, 집단 또는 상황에서 발생한 현상에 대해서 실시되는 집중적 · 심층적 연구방법으로 그 현상이 아주 복잡하거나 비교적 희귀한 경우에 아주 유용하다.

사례연구의 사용은 임상심리학에서 특히 오래된 전통이다. 예를 들어, 프로이트가 정신분석을 개발한 것은 신경증 환자들에 대한 사례연구를 기초로 한 것이다.

그 환자들의 마비증상이나 다른 신체증세는 그들이 최면에 걸리거나 잠들었을 때 사라졌는데, 이런 사례들이 프로이트의 연구자료가 된 것이다.

사례연구는 신경심리학에서도 중요한 역할을 하였다. 두뇌활동, 사고 및 행동 간의 관계에 대한 연구에서 Dr. P(자신의 아내를 모자로 착각한 사람)의 경우를 보자(Sacks, 1985). 높은 지능을 가진 뛰어난 음악가인 Dr. P는 친숙한 사람들의 얼굴을 알아보지 못하고 사람들과 사물을 구분하지 못하는 이상한 증상을 보이기 시작했다. 신경학자를 방문하였을 때 그는 자신의 발을 구두로 착각했다. 그가 떠나려고 일어섰을 때 그는 자기 아내의 머리를 모자로 알고 잡아서 자신의 머리에 얹으려고 했다. 이와 같은 사례연구를 통해서 신경심리학적 진단의 개척자들(예: Ward Halstead, Ralph Reitan, Alexander Luria)은 두뇌의 손상이나 질병이 어떤 정신적 행동의 결손을 가져오는가에 주목하게 되었다. 손상이나 질병의 정확한 성격은 해부를 통해서 알려졌고, 결국 신경심리학자들은 부상, 종양, 독극물 또는 기타 원인에 의해서 발생하는 두뇌의 장애를 분류할 수 있었다.

그러나 사례연구에는 중요한 한계가 있다. 사례들은 반드시 전체 집단을 대표하는 표본이 아니다. 또한 하나의 사례에서 행동의 이유가 된 것이 모든 다른 사례에서도 적용될 수 있는 것은 아니다. 그러나 표본조사와 같이 사례연구도 역시 심리학 연구에 중요한 방법이다. 사례는 특정 사람들에 대한 재미있고 가치 있는 정보원(source)이 되며, 새로운 처치, 훈련 프로그램 또는 기타의 응용을 위한 검증의 장(場)이 될 수 있다.

3. 자연적 관찰

심리현상이 발생하는 자연스러운 환경에서 그 현상을 관찰하면서 연구하는 방법이다. 다른 방법의 사용이 자료제공자(예: 응답자, 피험자, 기타 관찰대상)의 분위기를 깨거나 오도하는 경우에는 특히 자연적 관찰(naturalistic observation)이 제일 좋은 방법이다. 예를 들어, 동물을 실험실 실험에서 관찰하는 방식으로만 연구하였다면 자연환경에서의 단서(cue)가 어떻게 그들의 행동에 영향을 미치는지 볼 수 없을 것이다. 즉, 실험실 조건에서 학습된 것만이 그들의 행동을 결정한다고 결론내릴 수가 있다. 그러나 자연환경에서 동물의 행동을 연구하는 동물행동학자들은 하등동물의 경우 많은 행동이 아주 예측 가능하고 정형화되어 있으며, 환경의 여건에 의해 자동적으로 도출되는 유전된 유형이 있음을 발견하였다.

동물행동학의 창시자 중의 한 사람인 로렌츠(Konrad Lorenz, 1903~1989)는 유전된, 그러나 환경에 의해서 도출되는 동물행동의 본질을 발견하였다. 가장 재미있는 연구 중 하나는 새끼거위가 어미를 따르는 것이었는데, 어미의 몸놀림과 울음소리가 자연적으로 새끼를 이끄는 신호가 되어 새끼들이 따르게 된 것이었다. 로렌츠는 어떤 물체든 움직이면서 소리를 내면 새끼거위에게 똑같이 '나를 따르라.'는 신호가 될 것으로 보고 갓 태어난 새끼거위 앞에 어미가 없을 때 웅크리고 앉아서 어미거위의 소리를 내었다. 얼마 안 있어 새끼거위는 로렌츠가 가는 곳은 어디든지 따라다니게 되었다. 이것은 로렌츠의 자연적 관찰이 가져온 성공적 연구였다.

자연스러운 상황에서 사람들을 신중하게 관찰함으로써, 심리학자들은 성격차이와 사회적 상호작용의 지속적인 유형을 나타내는 행동을 밝혀낼 수 있다. 일례로 고트먼(Gottman, 1987)은 학교에서 인기 있는 아이들과 인기 없는 아이들의 차이를 관찰을 통해 밝혀냈다. 즉, 노는 시간에 인기 있는 아이들은 활동의 흐름에 자연스럽게 어울리는 경향이 있었고, 인기 없는 아이들은 이미 놀고 있는 아이들의 집단분위기를 깨뜨리면서 합류하고자 하였다.

때때로 임상심리학자들도 문제행동을 변화시키기 위한 기초연구로써 자연적 관찰을 한다. 이와 유사하게 산업심리학자들 또는 공학심리학자들도 변화를 제안하기 전에 집단이나 장비가 어떻게 기능하는지를 관찰한다. 일례로 워드프로세서를 보다 더 좋게 개선하기 위한 제안을 하기 전에 심리학자는 이미 사용되고 있는 워드프로세서를 사용하는 사람들을 관찰함으로써 기초정보를 얻을 수 있다.

4. 실 험

대부분의 심리학 연구에서 인과관계에 관한 질문에 응답하기 위해서 가장 선호되는 연구방법이 실험(experiments)이다. 실험에서 참여자(또는 피험자)들은 처치(treatment)를 받고, 그 처치가 과연 그들에게 행동의 변화를 일으키는지 조심스럽게 관찰된다. 우리는 알코올이 어떤 사건의 결과에 대한 두려움을 감소시키므로 공격성을 유발한다고 생각할 수 있다. 그러면 특정량의 알코올을 마실 경우 공격성이 증가될 것이라는 가설을 세우고 실험을 통해 가설을 검증할 수 있다. 실험에서 사용되는 몇 가지 용어를 살펴보자.

1) 독립변수와 종속변수

알코올이 공격성을 유발하는지 아닌지를 알아보기 위한 실험에서, 참여자는 일정량의 알코올을 제공받을 것이고, 그 효과가 측정될 것이다. 여기서 알코올은 독립변수가 된다. 독립변수는 연구대상인 결과나 효과에 대한 원인변수(cause) 또는 예측변수(predictor)에 대한 명칭인데, 실험연구에서는 원인변수이고, 실험 이외의 연구에서는 예측변수다. 실험연구에서 독립변수(independent variable)의 존재는 실험자에 의해서 조작되고, 그 효과가 어떤지 알아볼 수 있게 된다. 알코올이라고 하는 독립변수는 여러 가지 수준에서 실시될 수 있는데, 예를 들면 전혀 없음, 아주 조금, 많이 그리고 만취할 정도 등으로 조작될 수 있다.

실험에서 측정된 결과는 종속변수(dependent variable)라고 부른다. 종속변수의 존재는 독립변수에 따른다. 알코올이 공격성에 영향을 미치는지 알아보기 위한 실험에서는 공격적 행동이 종속변수가 된다. 그냥 알코올의 효과에 대한 실험이라면 관심의 대상이 되는 종속변수는 성적(性的) 각성, 단어 외우기, 숫자 계산 등이 될 수도 있다.

여러 개의 독립변수와 종속변수가 있을 경우 실험은 아주 복잡해진다. 심리학자들은 경우에 따라 복잡한 실험설계와 정교한 통계기법을 사용해서 독립변수들의 효과를 결정하고 인과관계를 제시한다.

2) 실험집단과 통제집단

이상적인 실험에서는 실험집단(experimental group)과 통제집단(control group)이 사용된다. 실험집단의 참여자들은 처치를 받고, 통제집단의 참여자들은 아무런 처치를 받지 않는다. 각 집단에 대해서 모든 여타의 조건이 처음부터 끝까지 동일하도록 해야만 두 집단 간의 종속변수 측정치 차이가 단지 처치 때문이라고 할 수가 있다. 알코올이 공격성에 미치는 효과에 관한 실험에서 실험집단의 참여자들은 알코올을 제공받을 것이고, 통제집단의 참여자들은 그렇지 않을 것이다. 복잡한 실험일 경우 여러 가지 상이한 실험집단을 사용할 수가 있다. 즉, 알코올 수준을 여러 등급으로 나누거나 공격성을 도발하는 사회적 상황을 여러 가지로 만들어 볼 수가 있다.

앞에서 제시된 네 가지 외에도 다양한 연구방법이 있으나, 이들 연구방법을 크게 구분하면 양적 방법과 질적 방법으로 볼 수 있다. 표본조사와 실험은 대표적인 양적 방법으로, 사례연구와 자연적 관찰은 대표적인 질적 방법으로 볼 수 있다. 양적 연구의 역사에서는 19세기 말 정신물리학을 시작한 베버, 페히너, 그리고 20세기 전반에 지능연구를 한 스피어먼(Charles Spearman, 1863~1945), 다양한 심리적 측정을 시도한 서스턴(Louis Thurstone, 1887~1955)으로 이어지는 선구자들이 많은 개척을 하였다. 그러나 1909년 미국을 방문한 프로이트가 여러 날에 걸쳐 유아기의 성발달, 잠재의식, 정신분석 등에 대하여 자신이 수행한 질적 연구에 대한 강연을 한 것이 당시 실험방법이 지배적이었던 미국 심리학계에 신선한 충격을 주었다. 실험방법의 신봉자인 티치너(Edward Titchener, 1867~1927)는 일찌감치 퇴장하였고, 제임스(William James, 1842~1910)는 심리학의 새로운 미래라는 긍정적 평가를 하였다. 결과적으로 심리학 역사에서 양적 방법에 질적 방법이 추가되어 연구방법의 쌍두마차를 이루는 데 기여한 것은, 질적 연구만으로도 학문체계를 세운 프로이트의 연구업적이 널리 수용됨에 따른 것으로 보고 있다(Hothersall, 1984).

제5절 심리학의 미래

제1절에서 심리학은 '내적/외적인 행동과 그에 관련된 생리적 · 심리적 · 사회적 과정'을 연구대상으로 한다고 하였다. 그런데 경우에 따라서는 내적 행동을 마음으로, 외적 행동만을 행동으로 부르기도 한다. 그러나 여기서는 이러한 연구대상을 통칭해서 '마음'으로 부른다. 즉, 심리학은 넓은 의미의 마음을 연구하는 학문이다. 이러한 심리학의 학문적 미래를 다양한 측면에서 이야기할 수 있다.

1. 심화의 방향과 확대의 방향

보다 정교한 심화의 방향으로는 생물학적 · 자연과학적 관점이 깊어지고 있고, 보다 포괄적 방향으로는 환경과 상호작용의 방향으로 나아가고 있다. 심화의 방향은 심리학이 해부학, 신경학, 뇌과학, 생물학 등과 의사소통을 하며, 마음의 위치 또는 소재(locus)를 찾아가는 자연과학적 접근의 방향이라고 할 수 있다. 이러한 접근은 컴퓨터와 신경과학의 발달에 힘입었다고 할 수 있다. 신경을 중추신경과 말초신경으로 나눌 때 중추신경인 뇌에 대한 과학이 심리학에 자연과학적 접근을 강화시켜 가고 있다. 그러한 연구를 뒷받침해 주는 도구로써 컴퓨터라는 공학적 산물이 크게 활용되고 있다. 예를 들어, 뇌에 대한 기본적 단층촬영, 자기공명을 이용한 뇌영상(imaging), 양전자 방출에 의한 단층촬영 등은 한 사람의 뇌에 대해서도 수백 수천 장의 사진을 자료로 제공하여, 마음의 중요한 소재지인 뇌에 대한 다면적 연구를 가능하게 하고 있다. 여러 가지 심리적 기능(예: 판단, 동기, 정서)을 연구함에 있어서 그 근원을 뇌의 어느 특정 또는 포괄적 영역에서 찾는 것이 가능하다면 그것만큼 강한 증거도 없을 것이다.

확대의 방향에서는 심리학에서의 사회문화적 혁명을 언급할 수 있다. 이것은 20세기 전반부에 왓슨과 스키너가 발전시킨 행동적 접근에 대한 반동으로써, 1950년대에는 정신과정에 중점을 두는 인지적 접근이 강세를 얻게 되는 변화를 인지혁명이라고 부르는 것에 비유한 용어다(Voss & Wiley, 1995). 심리학의 많은 고전이론이 정착되면서 새로운 접근이 꽃을 피운다. 이와 유사하게 마음을 개인 내, 개인 간의 사건으로만 간주해 왔던 개인 중심의 심리학 이론이 고전으로서 깊이를 더해 가는 가운데, 심리학은 사회와 문화라는 환경과의 상호작용 속에서 나타나는 마음의 방향으로 확대 · 발전을 하고 있다. 전통적으로 심리학에서 사회적(social)이라고 하면 개인 간의 관계를 의미하였으나 사회문화적 혁명에서 의미하는 사회(society)는 사회라고 하는 보다 큰 환경을 의미한다. 사회/문화/제도라는 환경과 상호작용하는 마음을 심리학의 연구대상으로 포함하게 된 것은 개인차원의 범주를 넘어서므로, 개인 중심의 심리학에서 볼 때 가히 혁명이라고 할 수 있고, 사회학, 문화인류학, 나아가 진화론과도 대화가 통하는 형태의 심리학이 되어 가고 있다. 그러나 어떤 장면으로 연구가 확대되어도 현상을 이해하기 위해서 심리학자가 찾는 요소는 마음이 될 것이다.

2. 서구심리학을 넘어 토착심리학으로

한때 세계화의 이야기가 한참일 때 가장 세계적인(global) 것은 가장 지역적인(local) 것이라는 말이 있었고 지금도 그 말은 한국의 학문이 서구의 학문과 겨루는 데 중요한 힌트를 제공한다. 필자는 1999년 대만에서 있었던 아시아 사회심리학회 모임에서 미국의 학자들이 미국에서 가르치는 심리학은 미국인의 토착심리학이라고 말하는 것을 듣고 매우 충격을 받았다. 물론 그 모임은 사회문화적 관점의 학자들이 모이는 것이었으므로 어느 정도 거시적 방향의 발표 분위기에서 이루어진 진술이다. 한국인 특유의 한(恨), 정(情)을 서구의 심리학 문헌에서 찾기 어려울 때는 서구 심리학을 탓할 것이 아니고, 마음의 영역에 따라 문화 특수적인 부분이 있음을 인식하는 것이 필요하다. 마음의 영역을 온전히 이해하기 위해서는 문화공통의 조명이 가능한 곳이 있고, 문화 특수적인 조명이 가능한 곳이 있음을 인식할 필요가 있다. 그렇다면 문화심리학, 동양심리학, 한국심리학이 연구되는 것은 당연한 순서다. 과거에는 민속이나 이야깃거리였던 내용들이 당당히 토착심리학의 공식적 이론이 되기도 하고, 세계의 학술무대에 소개되기도 한다.

3. 인간과 고등동물의 마음을 넘어서

심리학에서 연구대상인 마음의 범위는 인간의 마음에서 출발하여 고등동물의 마음을 주로 다루어 왔다. 심리학 연구의 초기에 인간마음의 기본요소와 기능을 알고자 하였듯이 행동주의 심리학에서는 환경의 자극에 의해 형성되는 개, 비둘기, 쥐 등의 마음을 연구해 왔다. 그러나 이제는 마음도 다원적으로 정의된다. 즉, 인간이나 고등동물의 마음을 넘어 미생물의 마음, 하등동물의 마음, 반응하는 로봇의 마음, 앞으로 인간 마음의 수준을 초월하게 될 미래 컴퓨터의 마음까지도 연구대상인 마음의 범주에 포함된다(이정모, 2007). 이러한 접근은 인간이나 고등동물에 특유한 사회, 문화, 제도, 진화를 설명하는 방향과 대비되는 오히려 자연과학적 · 공학적 접근에 기초한 정밀한 분석과 폭넓은 일반화가 가능한 이론을 추구하는 방향이다.

4. 분석적 마음을 넘어서는 분석

현대 심리학의 연구대상은 분석적 접근이 가능한 마음을 중심으로 한다. 일정한 조건에서 반복하여 관찰하였을 때 동일한 결과가 나온다면 그 결과에 대한 신뢰도가 높아지고 이론화에 포함될 수 있을 것이다. 따라서 연구는 가급적 시간, 장소,

대상, 관찰방법 등의 여러 가지 조건이 일관성 있게 부여되는 상태에서 연구대상자의 마음이 작동하도록 하고, 그 작동의 결과를 정리하고 해석하는 방식으로 진행된다. 이것이 바로 현대심리학의 연구방법이며, 이 연구방법을 사용하였을 때 존중받고 잘 통제된 실험, 타당도 있는 연구, 인과관계의 추론을 허용하는 연구, 관계에 대한 설명 기제(mechanism)를 제공하는 연구가 된다.

이상의 연구에서 분석되는 마음을 분석적(analytic) 마음이라고 할 때, 그런 방식으로의 접근이 어렵지만 꾸준히 우리에게 영향을 주는 심리학적 원천으로 보이는 분야가 있는 것 또한 사실이다. 프로이트가 자신의 논리 속에서 오랜 사고를 거쳐 개발한 무의식과 꿈의 이론에서 다루는 마음, 깨어나면 상실하는 최면상태에서의 의식, 눈에 보이지는 않으나 침으로 자극을 주면 영향을 받는 기(氣)라고 하는 정신물리적 에너지, 집중이나 이완을 통한 명상에서의 마음, 그리고 초감각적(extra-sensory) 의식을 활성화하여 일반적인 사람이 모르는 세계와 의사소통을 한다고 하는 초심리학(Parapsychology)에서 다루는 의식이 있다. 이러한 마음은 분명 현대심리학이 익숙한 분석적 마음은 아니며, 그런 의미에서 과학적 접근이 어려웠던 것도 사실이다. 그러나 주변 과학의 발달에 힘입어 이러한 분야에도 실험과학적 방법의 적용이 시도되고 있고, 분석되는 마음의 범주에 포함시키고자 하는 연구들이 진행되고 있다.

5. 현실세계 심리를 넘어 가상세계 심리로

지금까지 우리는 현실세계(real world)의 마음을 중심으로 심리학을 건설해 왔다. 이제 현실이 아닌 가상세계(virtual space, cyber world)에서 마음이 작동하는 공간이 무한대로 넓어지고 있음에 주목해야 한다. 한국인터넷진흥원의 조사(한국인터넷진흥원, 2006)에 의하면 2005년 하반기에 인터넷 사용 인구가 3300만 명이며, 사용자의 연령대를 보면 거의 전 연령에 퍼져 있다. 보고된 연령별 인터넷 사용 비율을 보면 3～5세 47.9%, 20～30대 90% 이상, 40～49세 68.7%, 50～59세 35.7%, 60세 이상 11.9%이다. 이렇게 광범위한 인구집단이 직장, 가정, 기타 장소에서 공적, 사적으로 인터넷에 접하고 장기간 사용함에 따라서, 현실세계보다 가상세계가 큰 비중을 차지하는 일반 인구집단은 물론 병적인 사용집단도 생겨날 수밖에 없다. 국내 3,000만 사용자 중에서 문제 가능성 또는 그 이상의 어려움을 가진 사용자 수효는 결코 무시할 수 없는 수준이다. 이들 문제집단 또는 문제 가능성 집단과 건강한 사용자까지 포함한 전체 사용자들이 정보 획득, 직업, 취미생활, 병적인 사용 등의 이유로 하루의 상당 시간을 보내는 가상세계는 현실세계 못지않게 중요한 삶의 터전이 된다. 따라서 이러한 가상세계에서 작동하는 마음에 대한 연구가 시급하다.

이 가상의 세계가 도입된 동기는 정상적인 학문적 · 군사적 정보탐색, 지식 추구 또는 관계 형성이라고 할 수 있다. 그러나 면대면이 아닌 원격 의사소통이 가지는 특성으로 인해 다양한 마음이 작동할 수 있는 환경이 되고 있다. 인터넷이 제공하는 익명성, 각종 내용물(contents), 그리고 다양한 기회는 현실세계에서 불가능한 과도한 몰입, 바람직하지 않은 사용, 새로운 인격으로의 위장 등을 허용한다. 채팅, 이메일, 웹탐색, 게임, 쇼핑, 각종 프로그램 내려받기, 정치적 사용 등을 과도하게 사용한다면 문제로 발전하겠으나, 현실세계로부터의 사회적 고립, 음란물 접근, 스토킹, 도박은 사용 정도에 관계없이 개인의 삶의 질을 위협한다.

따라서 생활의 상당 부분을 차지하는 가상세계에서 작동하는 또 다른 마음은 심리학의 중요 연구대상이 된다. 즉, 개인 또는 집단이 어떠한 자극변수에 노출되고 심리적 과정을 거쳐 어떤 결과의 행동을 하게 되는지에 대한 심리학적 연구가 무한히 필요한 시점에 와 있다. 이에 따라 1990년대부터 시작된 이 분야의 연구에 국내의 심리학자들도 참여하고 있다(권정혜, 2005; 황상민, 한규석, 1999).

요 약

1. 심리학자가 하는 일은 인간 생활의 모든 분야와 연관되어 있다.
2. 오늘날 심리학의 5대 관점에는 생물학적, 인지적, 행동적, 정신분석적, 인본주의적 관점이 있다.
3. 생물학적 접근에서는 두뇌활동과 정신과정 간의 연결을 찾아보고자 한다.
4. 인지적 접근에서는 인지발달이론과 정보처리이론이 발달하였다.
5. 행동적 접근에서는 심리학이 자연과학처럼 되기 위해 측정 가능한 것만을 연구대상으로 해야 한다고 주장하였다.
6. 정신분석적 접근에서는 의식보다는 무의식에서의 동기와 갈등이 인간행동을 결정한다고 보았다.
7. 인본주의적 접근에서는 개인이 자신을 '제작한다'는 관점을 가지고, 개인의 경험을 연구한다.
8. 심리학에서의 연구방법에는 표본조사, 사례연구, 자연적 관찰, 실험 등이 있다.
9. 심리학은 다각적인 방향으로 학문적 발전의 위상을 가지게 될 것이다.

제 2 장

신경과학과 행동

학습목표

1. 신경계의 기본 단위인 뉴런에서 처리하는 신경신호의 본질과 전달과정을 이해한다.
2. 신경계의 기본적인 구성과 기능에 대해 이해한다.
3. 뇌의 주요 구조물과 그 기능에 대해 이해한다.
4. 신경과학적 연구결과를 토대로 다양한 심리적 현상에 대한 생물학적 설명을 시도한다.

02

모든 심리적 현상은 바로 생물학적인 것이다. 우리의 생각이나 감정, 충동 등이 모두 생물학적인 사건이다. 우리는 몸으로 생각하고 느끼고 행동한다. 우리의 신체—유전자, 뇌, 신체 내의 화학물질들, 내부기관, 외모 등—가 없다면 우리는 실제로 존재하지 않는 것이다. 편의상 행동에 대한 생물학적 영향과 심리학적 영향을 분리하여 설명하지만, 사실 신체가 없이 생각하고 느끼고 행동한다는 것은 상상할 수조차 없다.

우리의 마음이 어디에 있는가에 대한 관심은 매우 오래전부터 있었다. 하지만 20세기에 들어와서야 비로소 신체가 세포로 구성되어 있으며, 이들 세포 중에는 전기적 신호를 보내고, 화학적 메시지를 전달함으로써 다른 세포와 의사소통을 할 수 있는 신경세포들이 있다는 것을 알게 되었다. 최근에 과학자들은 우리 신체 중 가장 놀라운 부분인 신경계, 특히 뇌에 관심을 집중하고 있다. 우리의 뇌가 어떻게 구조화되어 있으며, 뇌를 구성하는 신경세포들이 어떻게 서로 의사소통을 하는가? 뇌가 어떻게 행동과 정신과정을 통제하는가?

이 장에서는 신경계를 구성하는 가장 기본 단위인 뉴런의 정보전달과정, 신경계의 구성, 뇌의 주요 부분과 기능, 행동에 대한 화학적 통제 등에 대한 신경과학적 연구를 다루게 된다. 이 장을 통하여 여러분은 심리적 현상이 어떻게 생물학적인 것인가를 이해하게 될 것이다.

제1절 신경계의 정보전달

우리가 피아노를 연주하거나 자동차를 운전하거나 테니스공을 칠 수 있는 것은 단순하게는 근육운동의 조정에 달려 있다. 그러나 근육들이 어떻게 하여 그러한 활동을 할 수 있는지 생각해 보면 보다 근본적인 과정이 개입되어 있음을 알 수 있다. 근육들이 그러한 활동을 성공적으로 수행하도록 하기 위해서 신체는 감각정보들을 분석하고, 근육에 운동정보를 보내야만 하며, 그러한 정보들을 조정해야만 한다. 우리가 생각하고, 기억하고, 감정을 느낄 수 있는 것은 그런 정보가 신경세포인 뉴런이라는 특수한 세포를 통해 처리되기 때문이다.

신경계가 어떻게 행동을 통제할 수 있는가를 이해하기 위해서는 먼저 신경계의 기본 단위인 뉴런과 신경계에서 처리되는 신경신호인 신경충동의 본질, 그리고 뉴런이 뇌와 신체 간에 신경신호를 어떻게 전달하는지를 알아야 한다.

1. 뉴런: 신경계의 기본 단위

신경계의 기본 단위는 뉴런(neuron)이다. 뉴런은 여러 가지 유형이 있지만 뉴런의 기본적인 구조는 모두 동일하며, |그림 2-1|과 같다. 뉴런은 세포체와 세포체에서 뻗어 나온 섬유들로 구성되어 있다.

세포체(cell body)는 원형질로 채워져 있으며, 그 속에 세포핵과 기타 여러 소기관이 있다. 뉴런의 세포체는 다른 체세포들과 마찬가지로 세포의 생명을 유지하는 역할을 한다. 그러나 일반 세포들과 달리 뉴런은 다른 세포들과 의사소통하고 정보를 전달할 수 있는 독특한 특징을 가지고 있다. 뉴런의 세포체는 감각수용기나 다른 뉴런들로부터 입력되는 정보를 통합하고 그러한 정보를 처리하거나 전달하는 데 필요한 화학물질을 생산하는 중요한 기능을 수행한다.

뉴런의 한쪽 끝에는 꼬인 나뭇가지와 같은 모양의 수상돌기(dendrite)라는 돌기들이 있어 다른 뉴런들로부터 정보를 받아들인다. 그리고 반대쪽 끝에는 하나의 가늘고 긴 튜브 모양의 돌기가 있는데, 이것을 축색(axon)이라 하며, 축색은 다른 뉴런에게 정보를 보내는 역할을 한다. 대부분의 축색은 길이가 몇 mm 정도지만 어떤 축색은 길이가 90cm 정도 되는 것도 있다. 축색의 끝 부분은 약간 부풀어 있는데,

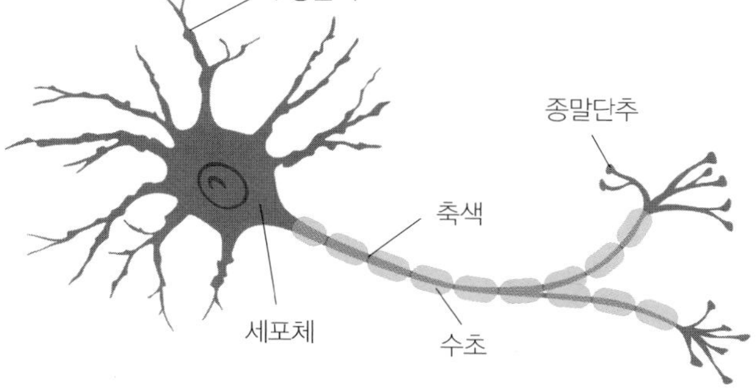

|그림 2-1| **뉴런의 구조**

이를 종말단추(terminal button)라 하고, 여기서 다른 뉴런에게 정보가 전달된다.

대부분의 축색들은 수초(myelin sheath)라는 절연물질로 덮여 있다. 수초는 뉴런의 에너지 효율성을 증가시키며, 축색에서의 정보전달 속도를 빠르게 해 준다. 신경계의 자가면역질환의 하나인 다발성 경화증(multiple sclerosis)은 면역계의 공격으로 신경계의 수초들이 죽어 가는 질환이다. 이렇게 축색에서 수초가 없어지면 신경계의 정보전달에 심각한 영향을 미치게 되어 운동장애, 감각장애, 인지기능장애 등 다양한 행동적 결함이 나타나게 된다.

2. 신경신호의 본질

신경신호의 본질은 전기적 현상이다. 신경신호의 본질을 규명하기 위한 과정에서 신경과학자들이 자연에서 오징어의 거대축색을 구할 수 있었던 것은 커다란 행운이었다. 오징어의 거대축색을 몸에서 분리하여 바닷물이 담긴 접시에 넣은 다음, 끝이 아주 가는 미세전극을 축색의 내부에 삽입하여 전선을 연결하고 다른 한 전선을 축색의 바깥쪽 바닷물 속에 넣는다. 그리고 이 두 전선을 전압측정기에 연결하면, 축색의 내부가 바깥쪽에 비해 -70mV 정도의 전압 차이를 보이게 된다(| 그림 2-2 | 참조). 이러한 전위차를 안정막전위(resting membrane potential) 또는 안정전위라 한다. 즉, 안정전위란 아무런 자극도 가하지 않은 상태에서 축색의 내부와 바깥쪽 간에 존재하는 전위차를 말한다.

이와 같이 축색의 한쪽 끝에서 안정전위를 측정하면서 다른 한쪽 끝의 축색 내부에 또 하나의 전극을 삽입하고 전기자극장치를 통해 전류를 흘려 보내면 막전위가 변화

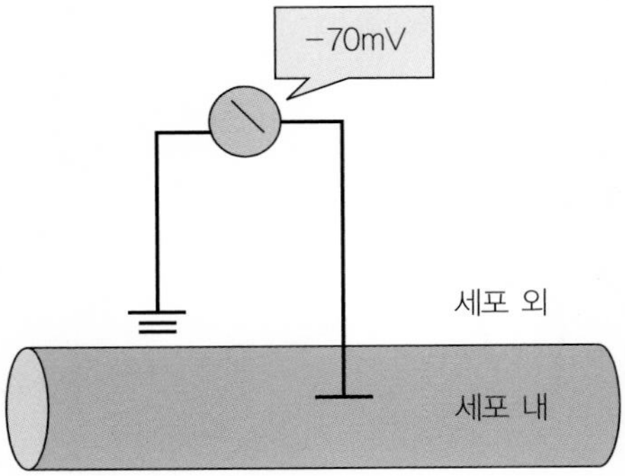

| 그림 2-2 | **안정막전위의 측정**

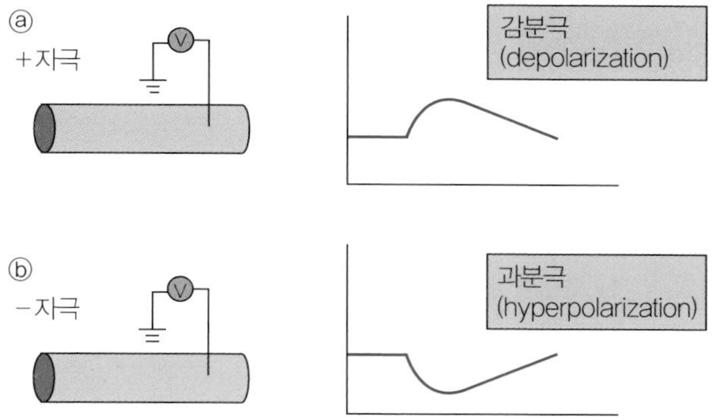

| 그림 2-3 | **막전위의 변화**

하게 된다. 이때 막전위의 변화 방향은 축색 내부에 가해진 전류의 특성에 따라 달라진다. 축색 내부에 양(+) 전하를 가해 주면 음수 값인 안정전위는 그 크기가 감소하며, 이를 감분극(depolarization)이라 한다. 반면에 음(−) 전하를 가해 주면 축색 내부는 더 큰 음수 값의 막전위를 가지게 되는데, 이를 과분극(hyperpolarization)이라 한다(| 그림 2-3 | 참조).

감분극과 과분극의 정도는 축색 내부에 가해진 자극의 크기에 비례하며, 시간이 지남에 따라 막전위는 점차 원래의 안정전위로 돌아온다. 그러나 감분극 자극을 어느 정도(흥분역치, threshold of excitation) 이상 증가시키면 막전위는 갑자기 역전되어 축색의 내부가 바깥에 비해 양전기를 띠게 된다. 그리고 약 1000분의 1초가 지나면 막전위는 다시 본래의 상태로 돌아갔다가 얼마 동안 안정막전위를 넘어 약간의 과분극 상태를 보인 후 원래의 안정상태로 돌아가게 된다(| 그림 2-4 | 참조). 이처럼 흥분역치 이상의 감분극 자극에 의해 막전위가 급속히 역전되는 현상을 활동전위(action potential)라 한다. 이 활동전위가 바로 신경충동(neural impulse)으로써 신경계에서 처리되는 신경신호의 본질이다.

실제의 뉴런은 다소 복잡한 계산을 할 수 있는 소형 의사결정 장치다. 하나의 뉴런은 다른 수천 개의 뉴런으로부터 수상돌기와 세포체를 통해 신호를 받게 된다. 이들 중 어떤 신호는 자동차의 가속 페달을 밟는 것처럼 흥분성(감분극)이고, 다른 신호는 브레이크를 밟는 것처럼 억제성(과분극)이다. 흥분성 신호에서 억제성 신호를 뺀 결과가 흥분역치를 넘어설 때 신경충동이 일어난다.

뉴런의 반응은 실무율의 법칙(all or none principle)을 따른다. 자극의 강도가 막전

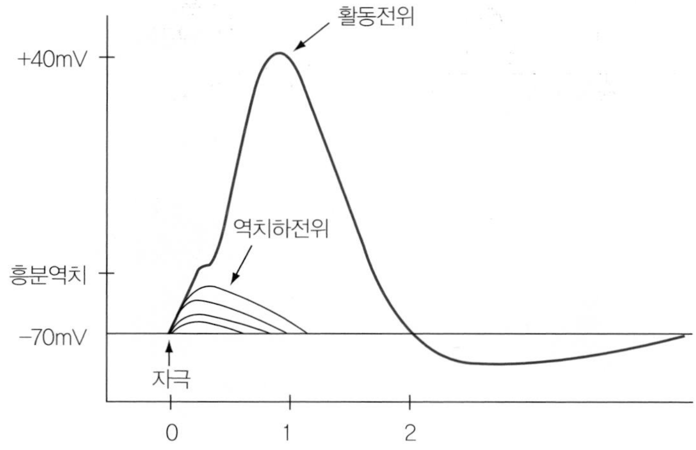

| 그림 2-4 | 활동전위(action potential)

위를 흥분역치 이상으로 감분극시킬 수 있을 정도 이상이면 아무리 더 큰 자극을 주어도 신경충동의 크기는 증가하지 않는다. 총을 쏠 때 방아쇠를 일정 강도(역치) 이상으로 당기면 총알이 발사되고 그 이하이면 총알이 발사되지 않는 두 가지 경우밖에는 없다. 그리고 방아쇠를 더 강하게 당긴다고 해서 총알이 더 빠르게 날아가지 않는다. 이와 마찬가지로 자극의 강도는 신경충동의 크기나 속도에 전혀 영향을 주지 않는다.

그렇다면 우리는 자극의 강도를 어떻게 탐지할 수 있는가? 신경계는 시간적 부호화(temporal coding)와 공간적 부호화(spatial coding)를 사용한다. 시간적 부호화란 단위 시간당 하나의 뉴런에서 발생하는 신경충동의 빈도로써 자극의 강도를 부호화하는 방식인데, 자극이 강할수록 신경충동의 횟수가 증가한다. 반면에 공간적 부호화란 자극에 대해 반응하는 뉴런의 개수로써 자극강도를 부호화하는데, 자극이 강해질수록 반응하는 뉴런의 수가 증가한다.

3. 활동전위의 전도

축색은 전선과 같이 전기적 신호를 양방향으로 전달할 수 있다. 그러나 뉴런에서 발생하는 전기적 신호는 세포막 안팎의 이온이 이동하기 때문에 생기는 현상이다. 또한 뉴런에서 최초의 활동전위가 발생하는 곳이 세포체와 축색이 연결되는

지점이기 때문에 실제 뉴런에서의 활동전위는 세포체에서 축색종말을 향해 일방향적으로 전달된다.

축색은 수초의 유무에 따라 무수축색과 유수축색으로 구분할 수 있다. 무수축색(unmyelinated axon)은 말 그대로 수초가 없는 축색으로써, 축색의 세포막은 세포외액에 그대로 노출되어 있다. 따라서 무수축색에서 활동전위의 전도는 마치 도화선이 타 들어가는 것과 같은 방식으로 전도된다. 도화선의 끝에 불을 붙이면 맨 끝 부분이 타면서 열을 발생시키고, 그 열이 인접해 있는 다음 부분을 다시 태워 열을 발생시키는 방식으로 끝까지 타게 된다(| **그림 2-5 ⓐ** | 참조). 이와 마찬가지로 무수축색에서는 세포체와 축색이 결합되어 있는 부분에서 처음 활동전위가 발생하면 그로 인해 바로 인접한 부분의 막전위가 흥분역치 이상으로 감분극하게 되고 그 결과 그곳에서 다시 활동전위가 발생하여 다음 부분을 다시 감분극시키는 방식으로 축색종말까지 전도된다.

하지만 유수축색(myelinated axon)에서는 분절로 된 수초가 축색 주변을 단단히 둘러싸고 있어서 수초가 있는 부분은 축색의 막이 세포외액과 직접 접촉하지 않으며, 따라서 이 부분에서는 세포 안팎의 이온 이동이 불가능하다. 유수축색의 수초와 수초 마디 사이에 수초가 없는 부분이 있는데, 이를 랑비에결절(node of Ranvier)이라 한다. 이러한 유수축색에서 최초의 활동전위가 일어나면 수초가 덮여 있는 부분은 마치 전선에 전기가 흐르는 것과 마찬가지로 신호가 통과하고, 그러한 막전위

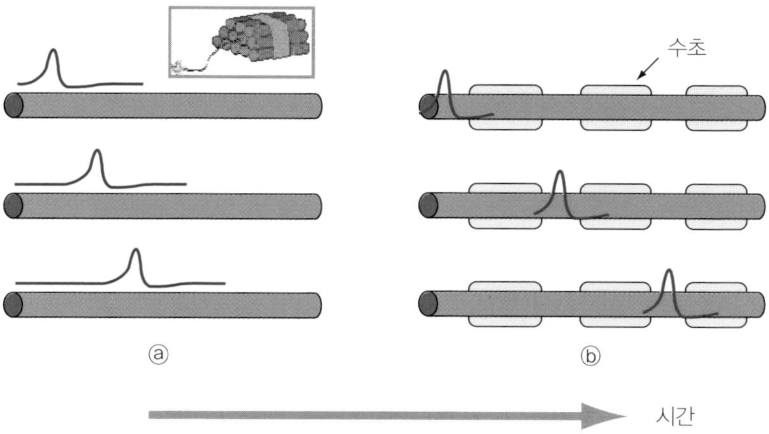

| **그림 2-5** | **축색에서의 활동전위 전도**

는 다음 랑비에 결절에 홍분역치 이상의 감분극을 일으킬 수 있을 정도로 충분히 크다. 따라서 그곳에서 다음 활동전위가 발생하며, 또다시 축색의 케이블 특성에 의해 다음 랑비에결절로 전달된다(| 그림 2-5 ⓑ | 참조). 이는 마치 개울에 놓인 징검다리를 건너뛰는 것과 같기 때문에 이러한 유수축색에서의 활동전위 전도방식을 도약전도(saltatory conduction)라 한다. 도약전도의 장점은 일정한 길이의 축색에서 신경신호의 전도과정 동안 활동전위의 발생 횟수를 줄일 수 있다는 것이다. 그런데 뉴런이 하나의 활동전위를 일으키고 다시 원래의 안정전위 상태로 돌아오는 데는 상당한 에너지가 필요하기 때문에 활동전위의 발생 횟수가 줄어들면 그만큼 에너지를 절약할 수 있다. 그리고 수초가 절연체의 역할을 하기 때문에 유수축색의 전기저항은 작아진다. 따라서 유수축색은 에너지 사용 효율성이 매우 높으며, 또한 활동전위의 전도속도가 매우 빠르다.

4. 시냅스 전달

개개의 뉴런은 물리적으로 서로 분리되어 있으며, 이들 간의 정보전달은 시냅스(synapse)를 통해 이루어진다. 축색종말과 다른 뉴런 간에는 약 100만 분의 1mm 이하의 간격이 있는데, 이를 시냅스 간격 혹은 시냅스 틈이라 하며, 시냅스 전 요소인 축색종말과 시냅스 후 요소인 다른 뉴런의 수상돌기 또는 세포체의 일부 막을 합쳐 시냅스라고 한다(| 그림 2-6 | 참조). 전기적 신호인 신경충동이 어떻게 시

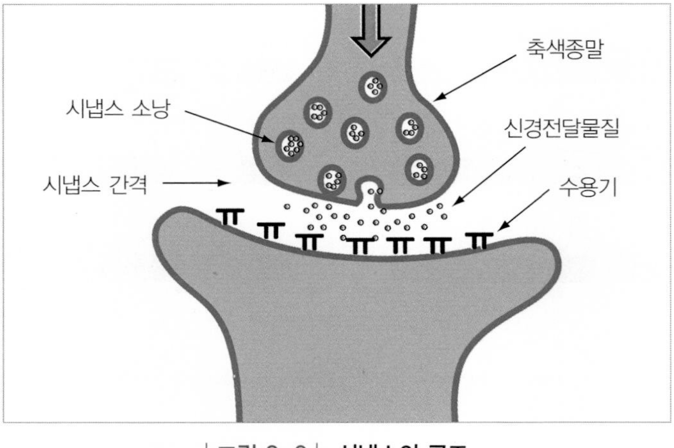

| 그림 2-6 | **시냅스의 구조**

냅스 간격이라는 물리적인 공간을 통과할 수 있는가?

활동전위가 축색종말에 도달하면 신경전달물질(neurotransmitter)이라는 화학물질이 방출된다. 방출된 전달물질은 시냅스 후 뉴런에 있는 수용기와 아주 짧은 시간 동안 결합하게 되는데, 이것은 마치 열쇠와 자물쇠의 관계와 같다. 전달물질과 수용기가 결합하면 시냅스 후 세포의 막에 있는 이온통로에 변화가 일어나 특정 이온이 세포막 안팎으로 이동하게 된다. 그 결과 시냅스 후 막에서는 감분극 또는 과분극이 일어나게 되는데, 이를 시냅스 후 전위라 한다. 시냅스 후 막이 감분극하게 되면 그 뉴런은 보다 쉽게 활동전위를 일으킬 수 있기 때문에 이를 흥분성 시냅스 후 전위라 한다. 반대로 시냅스 후 막이 과분극하게 되면 그 뉴런은 활동전위를 일으키기가 더 어려워지게 되며, 따라서 이를 억제성 시냅스 후 전위라 한다. 이러한 신경전달물질의 작용은 시냅스 후 막에 있는 분해효소가 전달물질을 분해하거나 축색종말이 방출된 전달물질을 다시 재흡수함으로써 종료된다. 신경계에 작용하는 대부분의 약물이 이러한 시냅스 전달과정의 특정 단계에 영향을 줌으로써 신경계의 특정 화학적 회로를 활성화하거나 억제하여 약물의 행동적 효과를 나타낸다.

제2절 신경계의 구성

인간의 신경계는 약 1,000억 개—어떤 연구자들은 1조 개—이상의 뉴런으로 구성되어 있다고 추정한다. 그리고 하나의 뉴런은 적게는 수십 개에서 많게는 수만 개의 다른 뉴런들과 연결되어 있다. 따라서 우리 신경계 내의 가능한 신경연결의 수는 가히 천문학적이라 할 수 있다. 실제 신경연결의 수가 얼마가 되든지 인간의 신경계는 매우 논리적이며, 또한 아주 매력적이다. 이제 인간의 신경계가 어떻게 구성되어 있는지에 대해 살펴보자.

1. 말초신경계

우리가 환경으로부터 자극을 받아 적절한 반응을 보이게 되는 일반적인 정보전달의 과정은 다음과 같다. 우선 환경자극이 감각기관에 들어오면, 그에 대한 신경신호가 감각신경을 통해 척수를 경유하든 아니면 직접적이든 결국 뇌에 전달되며,

뇌는 그 신호를 분석하고 통합한 후 최종 정보처리의 결과를 운동신경을 통해 근육이나 분비선으로 보내게 된다. 여기서 뇌와 척수를 중추신경계(central nervous system)라 하고, 신체의 각 부분을 중추신경계와 연결해 주는 뉴런들을 말초신경계(peripheral nervous system)라 한다.

기능적으로 말초신경계는 크게 체성신경계와 자율신경계라는 두 부분으로 구분된다. 체성신경계(somatic nervous system)는 감각기관에서 정보를 받아들이는 감각신경과 골격근의 운동을 통제하는 운동신경으로 구성되어 있다. 말초신경계의 나머지 부분은 자율신경계(autonomic nervous system)로서, 내장의 평활근, 심장근육 그리고 분비선을 조절한다. 자율신경계는 다시 해부학적으로나 기능적으로 서로 다른 두 개의 신경계로 구분된다(|그림 2-7| 참조). 하나는 교감신경계(sympathetic nervous system)로서, 이것은 우리가 유해자극이나 스트레스를 받을 때 우리의 신체를 방어해 주는 기능을 담당한다. 예를 들어, 어떤 일로 공포를 느끼거나 화가 나게 되면, 교감신경계는 우리의 심장박동을 빠르게 하고, 소화작용을 늦추게 되며, 혈당을 높이고 동맥을 확장시키며, 땀을 분비하여 몸을 식혀 주고, 경계심을 일깨워 주며, 행동할 준비 태세를 갖추도록 한다. 다른 하나는 부교감신경계(parasympathetic nervous system)로서 일반적으로 교감신경계와 반대되는 기능을 담당한다. 예를 들어, 스트레스가 진정되면, 부교감신경계는 심장박동을 느리게 하고, 혈당을 낮추는 등 에너지를 보존하는 기능을 한다. 건강한 사람의 경우 이러한 교감신경계와 부교감신경계가 서로 균형을 이루고 있어 신체가 내적으로 안정상태를 유지하게 된다. 그러나 만약 우리가 장기적인 스트레스를 받게 되면, 교감신경계가 과도하게 활성화되면서 이들의 균형이 깨어지고, 그 결과 소화기 궤양, 고혈압, 편두통 등 다양한 스트레스성 질환들이 나타난다.

한편, 해부학적으로 말초신경계는 척수신경과 뇌신경으로 구분할 수도 있다. 척수신경은 척수와 신체 각 부분을 연결시켜 주는 신경들로서, 인간의 경우 31쌍의 척수신경이 있다. 뇌신경은 주로 머리 부분이나 내장기관을 직접 뇌로 연결시켜 주는 신경들로서, 인간의 뇌신경은 모두 12쌍으로 되어 있다.

2. 중추신경계

중추신경계는 뇌와 척수로 구성되어 있다. 인간의 척수(spinal cord)는 새끼손가

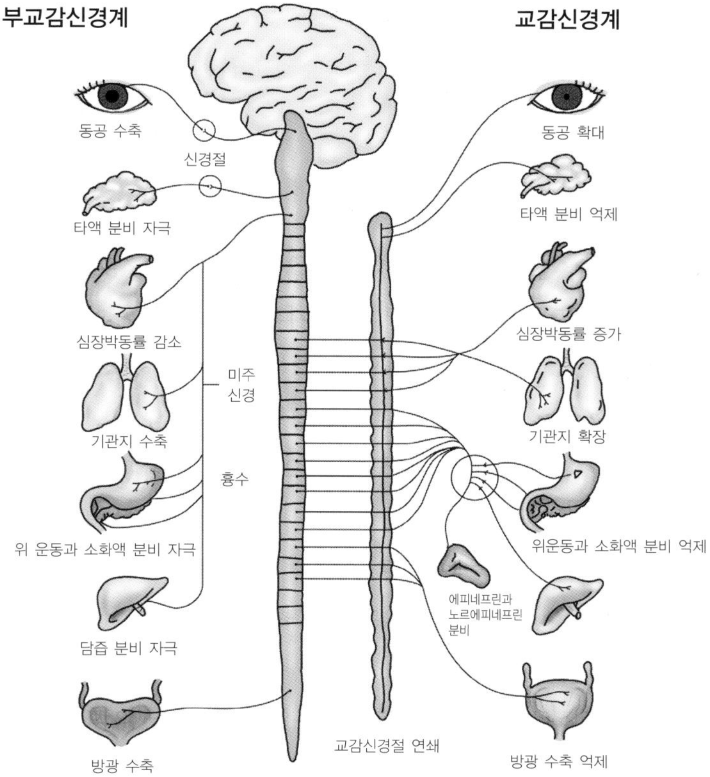

부교감신경		교감신경
억제	심장박동	촉진
확장	혈관	수축
강하	혈압	상승
수축	기관지	확장
다량(연함)	침분비	소량(진함)
촉진	소화관	억제
축소	동공	확대
감소	혈당량	증가
촉진	생식선	억제
수축	방광	확장

| 그림 2-7 | **자율신경계**

락 정도 굵기의 원추형 구조물로서, 성인의 경우 길이가 40~45cm 정도다. 척수의 바깥쪽은 백질로서 말초에서 뇌로 올라가는 감각신경과 뇌에서 척수로 내려오는 운동신경의 다발로 구성되어 있다. 척수의 내부는 회백질로서 뇌에서 내려온 출력을 받아 근육이나 분비선을 통제하는 운동신경의 세포체와 척수 내의 정보처리를 위한 개재뉴런(interneuron)으로 구성되어 있다. 척수의 일차적인 기능은 체감각정보를 뇌로 전달해 주고, 뇌의 명령을 받아 분비선이나 근육에 운동신경을 보내는 것이다. 하지만 척수는 뇌의 통제 없이 그 자체로 반사와 같은 단순한 행동을 통제할 수 있다. 예를 들어, 여러분의 손이 뾰족한 물체에 닿게 되면, 뾰족한 물체에 의해 흥분을 일으키는 신경활동이 감각뉴런을 통하여 척수로 들어간다. 그러고 나서 그곳에 있는 개재뉴런을 경유하거나 또는 직접 팔 근육의 운동을 통제하는 운동뉴런을 활성화하여 손을 떼게 된다(| 그림 2-8 | 참조). 반사통로는 감각정보가 척수로 들어가서 바로 그곳에 있는 운동신경을 흥분시키기 때문에 뇌가 관여하지 않으며, 따라서 우리는 고통을 인식하기 전에 뾰족한 물체로부터 손을 뗄 수 있는 것이다.

뇌는 척수와 뇌신경을 통해 환경자극을 받아들이며, 이러한 감각정보가 뇌의 여러 영역에서 처리과정을 거친 다음 비로소 우리는 감각이나 감정을 느끼게 된다. 나아가 뇌는 이들 감각정보를 서로 통합하고, 신체 내부의 상태에 관한 정보들, 과거 경험에 의해 기억에 저장되어 있는 정보들, 우리의 기대 등을 바탕으로 행동계획을 수립한다. 이러한 매우 복잡한 정보처리의 최종 결과가 운동중추에 전달되면 그 정보가 척수를 통해 근육이나 분비선으로 전달되어 외적 행동이 나타난다.

뇌는 매우 복잡한 구조로 되어 있으며, 인간이 생각하고 느끼고 행동하는 모든 활

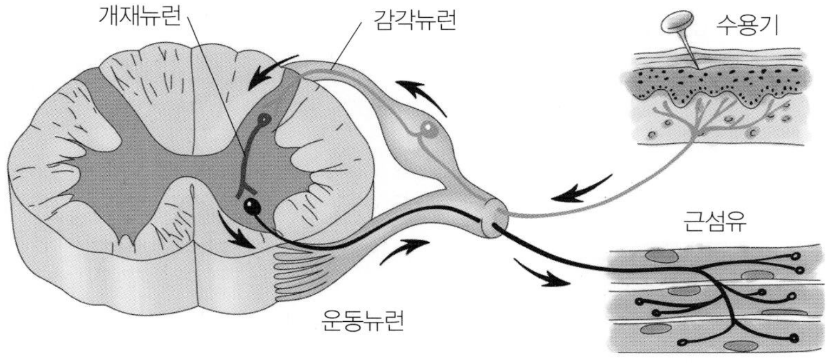

| 그림 2-8 | **척수반사**

동이 바로 뇌의 여러 영역이 활성화된 결과이기 때문에 뇌의 각 하위 영역의 기능 또한 매우 복잡하고 다양하다. 이제부터 뇌의 각 하위 영역과 그 기능을 살펴보자.

제3절 뇌와 행동

인간의 뇌를 외형상으로 볼 때는 핑크 빛이 도는 회색에 스펀지처럼 말랑하고 주글주글한 주름이 많이 잡혀 있는 모습이 별로 볼품이 없지만, 그 자체가 가지고 있는 기능적 측면에서 볼 때 우리가 아는 한 가장 아름답고 정교한 보석이다. 인간의 뇌는 우리의 가장 원시적인 충동에서부터 위대한 사고능력에 이르기까지 인간의 모든 활동을 담당하며, 복잡 미묘한 신체의 모든 작동을 통제 · 감독한다. 인간의 모든 뇌 기능을 모방할 수 있는 컴퓨터를 만든다는 것은 거의 불가능한 일이며, 인간의 뇌에 근접한 컴퓨터를 만드는 것조차 아주 어려운 일이다.

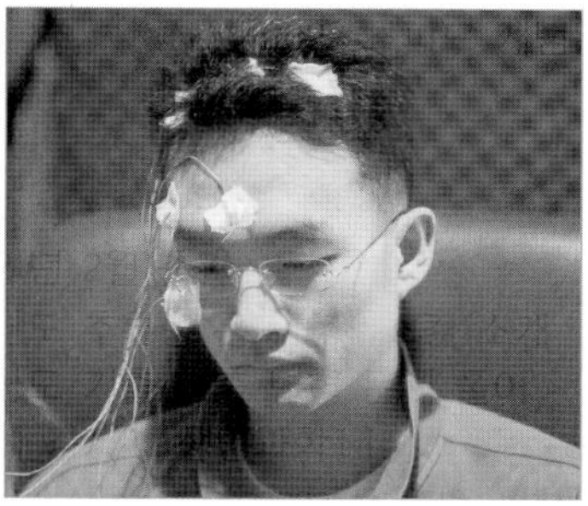

| 그림 2-9 | **뇌파 측정 장면**

1. 뇌의 주요 구분

뇌의 주요 구조물에 대한 해부학적 구분은 〈표 2-1〉과 같다. 그리고 뇌의 정중시상단면이 | 그림 2-10 |에 제시되어 있다. 그 단면에서 종뇌와 간뇌 그리고 뇌간의 일부 구조물들을 볼 수 있다.

뇌와 척수의 내부에는 뇌실(ventricle)이라는 공간이 있으며, 그 속은 뇌척수액(cerebrospinal fluid: CSF)이라는 무색의 투명한 액체로 채워져 있다. 그리고 뇌와 척수의 바깥은 세 겹의 수막(meninges)으로 완전히 둘러싸여 있으며, 그 막 사이의 공간인 지주막하강도 뇌척수액으로 채워져 있다. 그래서 뇌와 척수는 액체 속에 떠 있는 상태로 있다. 이러한 장치들이 우리 신체 중 가장 중요한 기관인 뇌와 척수를 외부의 충격으로부터 어느 정도 보호해 준다.

표 2-1 뇌의 해부학적 구분

주요 부위	하위 부위	주요 구조물
전뇌	종뇌	대뇌피질 기저핵 변연계
	간뇌	시상 시상하부
중뇌	중뇌	중뇌개 중뇌피개
후뇌	후뇌	소뇌 교
	수뇌	연수

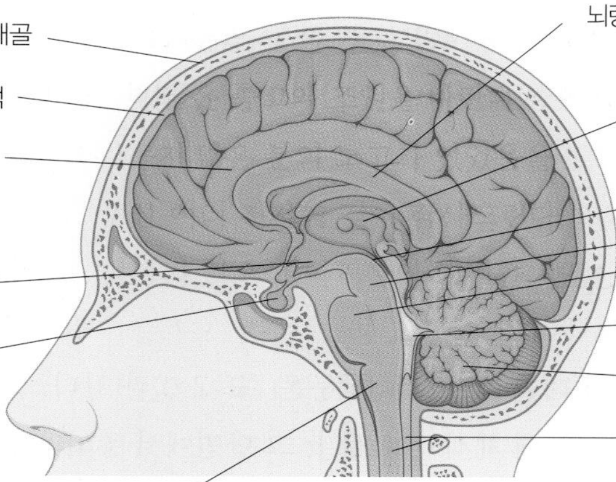

| 그림 2-10 | **뇌의 정중시상단면**

2. 수뇌: 연수

연수(medulla oblongata)는 뇌의 가장 아래쪽 부분에 있는 것으로 척수와 연결되어 있다. 연수에는 체감각정보를 시상으로 중계하는 핵들이 있으며, 나머지 대부분의 뉴런은 망상체(reticular formation)를 형성하고 있다. 망상체는 복잡한 수상돌기와 축색을 가진 뉴런들이 산만하게 상호 연결되어 그물과 같은 망을 이루고 있는 구조물로써 연수에서 중뇌에 이르기까지 뇌간의 중심부를 차지하고 있다. 연수 망상체는 골격근의 근 긴장도를 조절하고 심장박동과 호흡을 통제하는 등 생명유지에 필수적인 기능을 담당한다.

3. 후뇌: 교와 소뇌

교(pons)는 소뇌의 아래쪽 연수와 중뇌 사이에 있는 부위로써, 대뇌의 정보를 소뇌로 중계해 주는 역할을 한다. 그리고 교 망상체에는 수면과 각성을 조절하는 핵들이 있다. 만일 교 망상체를 손상시키거나 기능을 정지시키면 의식을 상실하게 되며, 반대로 이곳을 자극하면 각성이 유발된다.

소뇌(cerebellum)는 외형상 대뇌의 축소판이며, 바깥은 주름이 많은 소뇌피질로 덮여 있다. 소뇌의 일차적 기능은 자세를 유지하고, 빠르고 협응적인 운동을 조절하는 것이다. 피아노나 바이올린 등 연주자들의 연주, 체조선수나 무용가들의 환상적인 동작들은 소뇌의 활동에 많이 의존한다.

최근에는 소뇌의 심부핵이 고전적 조건화의 한 유형인 토끼의 순막조건화 학습 및 기억에 결정적인 역할을 담당하는 것으로 밝혀지면서 소뇌의 기능에 대한 새로운 관심들이 집중되고 있다(김기석, 1990; 조선영, 백은하, 김현택, 현성용, 1997; Thompson, 1986).

4. 중 뇌

중뇌(midbrain)는 교와 간뇌 사이에 위치한 부위로, 배측의 중뇌개와 복측의 중뇌피개라는 두 부분으로 이루어져 있다. 중뇌개(tectum)는 다시 상소구와 하소구로 구분되는데, 상소구(superior colliculus)는 시각계의 일부로, 주로 시각반사와 움직이는 자극에 대한 반응에 관여하며, 하소구(inferior colliculus)는 청각정보의 중계센터 기능을 담당한다.

중뇌피개(tegmentum)는 여러 하위 핵들과 신경섬유 다발로 구성되어 있다. 중뇌수도주변회백질(periaqueductal graymatter)은 싸움이나 교미와 같은 종 특유 행동의 순서를 통제하며, 모르핀과 같은 아편제 수용기가 있어 유해자극에 대한 통증민감성을 조절한다. 적핵(red nucleus)과 흑질(substance nigra)은 운동계의 중요한 구성요소로, 골격근의 근 긴장도를 조절하며, 운동조절에 관여한다. 흑질의 뉴런들이 변성되면 무기력함, 팔다리의 떨림, 자세 잡기 곤란, 운동 개시의 어려움 등을 보이는 파킨슨병이 야기된다. 중뇌 망상체는 수면과 각성, 주의, 근 긴장도 등에서 매우 중요한 역할을 담당한다.

5. 간 뇌

간뇌(diencephalon)는 중뇌의 윗부분으로 종뇌에 의해 덮여 있는 부위인데 주요 구조물은 배측의 시상과 복측의 시상하부다.

시상(thalamus)은 후각을 제외한 모든 감각정보의 중계센터라 할 수 있다. 이러한 시상은 여러 하위 핵들로 이루어져 있는데, 이 핵의 뉴런들은 특정 감각정보를 대뇌피질의 특정 감각 투사 영역으로 중계한다. 예를 들어, 시상의 외측슬상핵(lateral geniculate nucleus)은 시각정보를 후두엽의 일차시각피질로 투사하며, 내측슬상핵(medial geniculate nucleus)은 청각정보를 측두엽의 일차청각피질로 중계해 주며, 복후측핵(ventral posterior nucleus)은 체감각정보를 두정엽의 일차체감각피질로 전달해 준다. 그리고 시상의 어떤 핵들은 운동을 조절하는 기능을 담당한다. 끝으로 시상의 일부 핵은 변연계의 한 구성요소를 이루어 정서정보의 처리에 관여한다.

시상하부(hypothalamus)는 시상의 아랫부분으로 뇌의 기저부에 위치하고, 크기는 비교적 작지만 여러 하위 핵들로 구성된 매우 복잡한 구조물이며, 그 기능도 매우 중요하다. 전체적으로 시상하부는 자율신경계와 내분비계를 통제하며, 종의 생존과 관련된 행동(먹고 마시기, 교미, 싸움, 도주, 체온조절 등)을 조직화한다. 다양한 정서자극에 대한 신체반응들은 자율신경계와 내분비계에 대한 시상하부의 통제에 의해 조절된다. 예를 들어, 스트레스를 받게 되면 시상하부는 한편으로는 교감신경계를 활성화하고, 또 한편으로는 내분비계에 대한 통제를 통해 다양한 스트레스 관련 호르몬의 분비를 조절하여 신체가 스트레스에 대처할 수 있도록 해 준다. 내분비계에 대한 시상하부의 통제에 대해서는 다음 절에서 다룰 것이다.

6. 종 뇌

종뇌(telencephalon)는 대뇌를 구성하는 두 개의 대칭적인 대뇌반구와 그 아래에 있는 기저핵과 변연계로 구성되어 있다.

기저핵(basal ganglia)은 대뇌피질 아래쪽에 있는 커다란 뇌 구조로서, 운동통제에 관여한다. 일반적으로 기저핵은 걷기와 같이 부드럽고 순차적인 운동이나 운동의 개시 및 종료, 그리고 반복 학습에 의해 자동화된 행동을 수행하는 데 관여한다. 중뇌의 흑질에서 기저핵으로 연결되는 도파민성 뉴런들이 변성되어 기저핵의 기능장애가 생기면 무기력함, 팔다리의 떨림, 자세 잡기 곤란, 운동 개시의 어려움 등을 보이는 파킨슨병이 야기된다.

변연계(limbic system)는 대뇌피질의 안쪽 둘레를 따라 간뇌를 바깥쪽에서 둘러싸고 있는 구조물로서, 대상회(cingulate gyrus), 해마(hippocampus), 중격(septum), 편도체(amygdala) 등의 전뇌 구조물들과 유두체, 시상의 일부 핵 등 간뇌 구조물들이 포함된다(|그림 2-11|참조). 변연계는 정서반응의 조절과 학습, 기억, 동기 등의 중요한 기능에 관여한다. 예를 들어, 변연계의 한 구성요소인 편도체는 공격행동에 중요한 역할을 담당한다. 편도체가 손상되면 아주 난폭한 동물도 매우 온순해지며, 편도체가 자극되면 공격행동이 유발된다. 그리고 정서반응의 학습에도 편도체가 매우 중요한 역할을 담당하는데, 이 핵이 손상되면 동물은 정서반응을 학습하

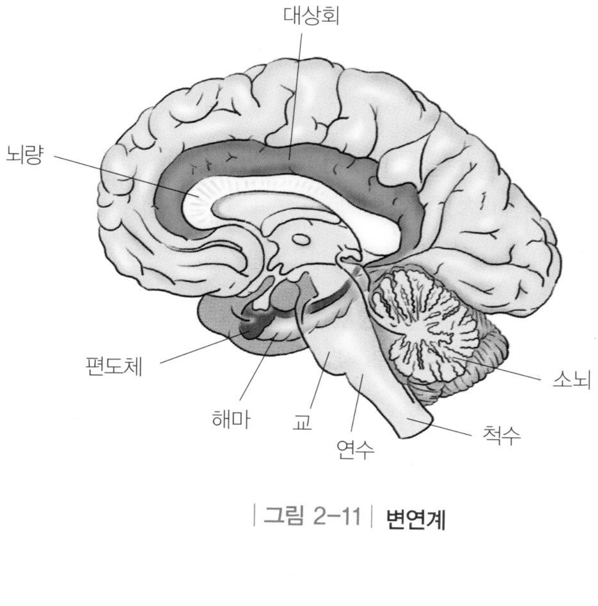

|그림 2-11| **변연계**

지 못한다(LeDoux, 1992).

변연계의 가장 유명한 구조물인 해마는 학습과 기억과정에 결정적인 역할을 담당한다. 학습 및 기억과정에서 해마의 중요성은 1953년 간질발작을 치료하기 위해 양측 해마를 제거하는 수술을 받았던 H. M.이라는 환자의 사례에서 드러났다. H. M.은 수술 후 지적 능력이 정상이었으며, 대화하는 데 불편이 없었고, 암산도 가능하고, 수술하기 전의 과거 기억들도 잘 회상하였으며, 성격도 변하지 않았다. 그러나 수술 후 새로 경험한 사실들을 기억하는 데 심각한 문제가 발생하였다. 즉, 새로 만난 사람들을 알아보지 못하고, 똑같은 잡지를 끝없이 되풀이해서 재미있게 읽을 뿐 아니라, 심지어 아침 식사 후 조금만 시간이 경과하면 자신이 아침 식사를 했다는 사실조차도 기억하지 못하였다. 이러한 증상을 순행성 기억상실증이라 한다. 이러한 H. M.의 사례가 알려진 후 해마의 기능에 관한 연구들이 집중적으로 이루어졌으며, 그 결과 해마가 다양한 형태의 공간 학습과제나 형태화 학습과제의 학습 그리고 기억에 매우 중요한 역할을 담당하는 것으로 알려졌다(Morris, Garrud, Rawlins, & O'Keefe, 1982; O'Keefe & Dostrvsky, 1971; Sutherland & Rudy, 1989).

대뇌피질(cerebral cortex)은 뇌의 바깥쪽 표면으로서 두께가 3mm 정도이고, 굴곡이 매우 심하며, 피질을 펼쳤을 때 전체 표면적은 0.25m^2 정도다. 대뇌피질은 뇌의 중앙을 따라 앞에서 뒤까지 깊게 패인 홈에 의해 독립된 두 개의 반구로 분리되며, 각 반구는 뇌량(corpus callosum)에 의해 연결되어 있다. 그리고 각각의 대뇌피질은 특징적인 구나 열에 의해 네 개의 엽—전두엽, 두정엽, 측두엽, 후두엽—으로 구분된다(| 그림 2-12 | 참조).

후두엽(occipital lobe)은 망막에서 들어오는 시각정보를 받아 분석하는 일차시각피질과 시각정보에 대한 추가적인 분석을 하는 시각연합피질로 구성되어 있다. 따라서 이 영역이 손상되면 안구가 정상적인 기능을 하더라도 시력을 상실하게 된다.

두정엽(parietal lobe)은 일차체감각피질과 연합피질로 구성되어 있다. 일차체감각피질의 특정 뉴런들은 신체의 특정 부위로부터 감각정보를 받는다. 체감각피질의 위치별로 담당하고 있는 신체부위들을 피질상에 그림으로 나타낼 수 있는데, 이것을 체감각 뇌지도(sensory homunculus)라 한다(| 그림 2-13 ⓐ | 참조). 그림에서 보듯이 실제 신체부위의 크기와 해당 부위를 담당하는 피질 영역의 크기는 비례하지 않는다. 이는 신체 각 부위별 감각의 민감도를 반영해 주는 것으로, 신체부위에 비해 피질 영역의 크기가 상대적으로 크다는 것은 그 신체부위의 자극을 더욱 민감

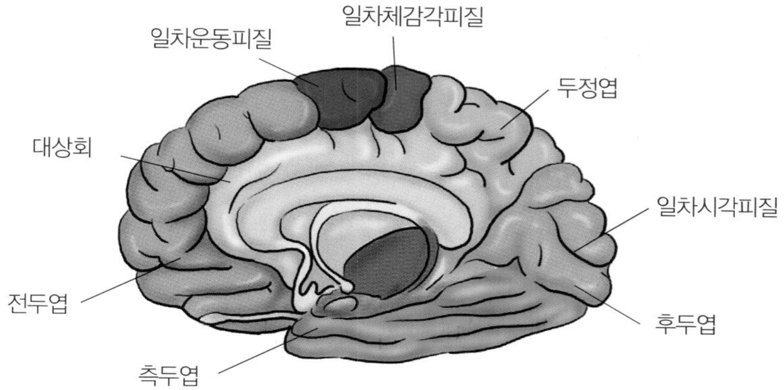

ⓐ 내측면

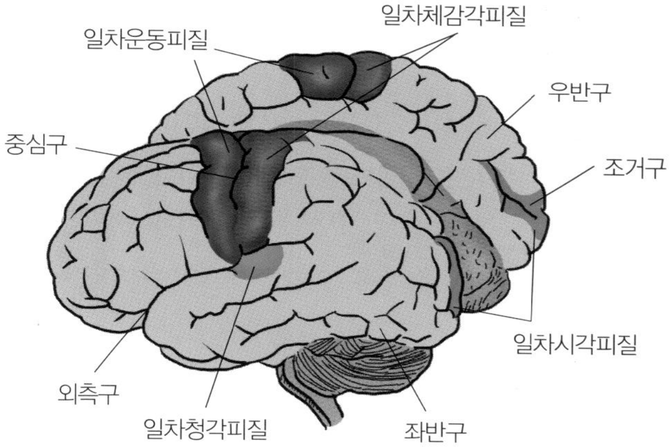

ⓑ 외측면

| 그림 2-12 | **대뇌피질**

하게 탐지할 수 있음을 나타낸다. 일차체감각피질을 제외한 나머지 두정엽 부분은 연합피질로서, 감각정보를 통합하는 역할을 한다. 그래서 두정엽의 기능은 단순한 체감각뿐만 아니라 공간 내에서 신체의 위치판단이나 운동지각 등의 중요한 역할을 한다.

측두엽(temporal lobe)은 외측구를 경계로 그 아래에 위치하며, 일차청각피질과 연합피질로 구성되어 있다. 일차청각피질은 내이에서 들어오는 청각정보를 받아 분석하고, 이 정보들을 그 옆의 연합피질로 보낸다. 그래서 측두엽의 일차적인 기능은 다양한 소리자극, 특히 인간의 경우 구어를 인식하는 데 중추적인 역할을 한다. 측두엽의 뒷부분은 실제 시각연합피질의 일부로서 다양한 시각정보를 받아 복잡한 시각적 형태를 지각할 수 있게 한다. 만일 이 영역이 손상되면 시력의 손상은 없지만 복잡한 형태의 지각이나 변별에 어려움을 겪는다. 그리고 측두엽은 그 안쪽에 위치한 변연계와 광범위한 신경연결을 맺고 있어서 정서적 경험이나 기억에 중요한 역할을 담당한다. 우리가 시 · 청각자극에 의해 분노나 공포, 욕망 등의 정서를 느낄 수 있는 것은 이러한 신경연결 때문이다.

뇌의 가장 앞부분인 전두엽(frontal lobe)에는 골격근의 운동을 통제하는 일차운동피질이 있다. 일차운동피질은 체감각피질과 마찬가지로 특정 신체부위의 운동을 지배하는 피질상의 위치를 그림으로 나타낼 수 있는데, 이를 운동 뇌지도(motor homunculus)라 한다(| 그림 2-13 ⓑ | 참조). 이는 체감각의 경우와 마찬가지로 신체부위에 대응하는 피질 영역의 크기에 따라 각 신체부위가 얼마나 정교하게 움직이는가를 나타내는 것이다. 일차운동피질을 제외한 나머지 영역이 전두연합피질이다. 특히 전두엽의 앞쪽 넓은 영역을 전전두피질(prefrontal cortex)이라 하는데, 이 부위는 대뇌피질의 다른 영역으로부터 모든 감각과 운동에 관한 정보를 받으며,

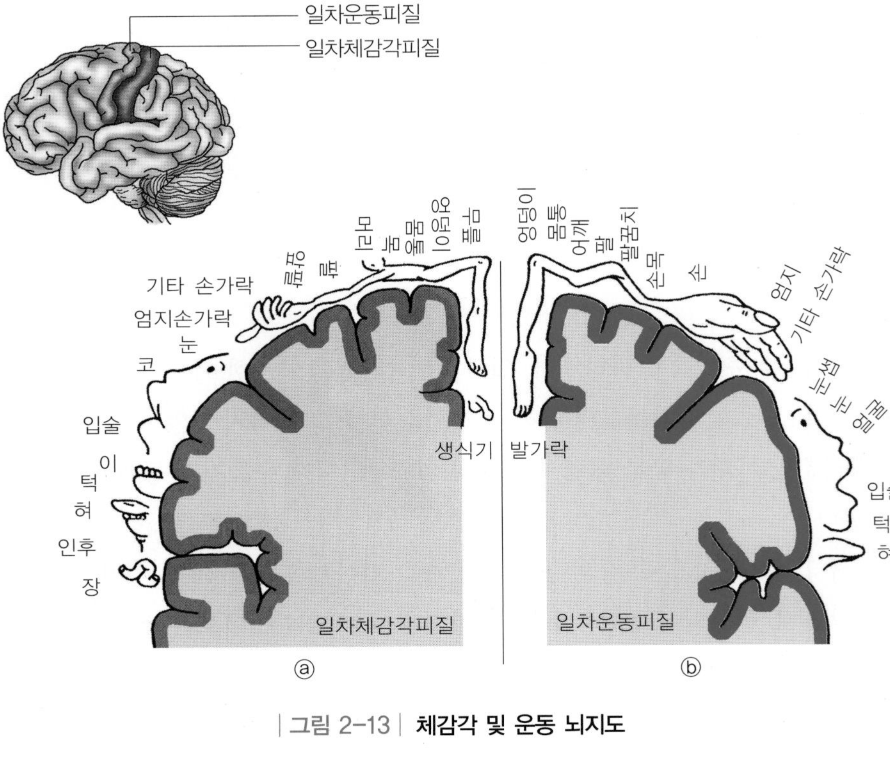

| 그림 2-13 | **체감각 및 운동 뇌지도**

이러한 정보를 바탕으로 현재의 상황을 판단하고, 상황에 적절하게 행동을 계획하고, 부적절한 행동을 억제하는 등 전반적으로 행동을 관리하는 역할을 한다. 그래서 만일 전두엽이 손상되면 성격도 변화하게 된다.

제4절 두 개의 뇌

앞에서 이야기한 것처럼 대뇌피질은 독립된 두 개의 반구로 이루어져 있으며, 각 반구는 뇌량을 통해 연결되어 있다. 그리고 뇌의 두 반구가 서로 다른 기능을 담당한다는 증거들이 지난 1세기 동안에 걸쳐 꾸준히 제시되었다. 사고나 충격 혹은 종양으로 인하여 좌반구가 손상되면 읽기, 쓰기, 말하기, 수학적 추리 및 이해 등에 결함이 나타나지만, 우반구에 유사한 형태의 손상이 일어나면 비언어적인 과제를 수행하는 데 결함이 나타난다. 이러한 좌우반구의 기능적 비대칭성에 대한 발견은 심리학사에서 매우 중대한 사건이었다.

1. 분리 뇌

1961년 신경외과의사인 포겔(Vogel)과 보겐(Bogen)은, 간질발작은 비정상적으로 강한 뇌 활동이 대뇌피질 전체에 확산되기 때문이라고 생각하였다. 그래서 그들은 좌우반구의 연결통로인 뇌량을 절단할 경우, 간질이 심한 환자의 발작을 줄일 수 있을 것으로 생각하고 인간을 대상으로 이러한 수술을 시행하였다. 대뇌반구를 분리한 후 어떠한 현상이 나타났을까? 수술 결과 환자들의 발작은 거의 사라졌으며, 그들의 성격과 지적 능력도 거의 영향을 받지 않는 등 놀라울 정도로 정상적이었다.

이후 스페리(Sperry, 1966)와 가자니가(Gazzaniga, 1970)는 이들 분리 뇌(split-brain) 환자들을 대상으로 좌우반구의 기능에 대한 연구를 수행하였다. 인간의 시각경로는 한쪽 시야의 정보를 반대쪽 반구로만 전달한다. 즉, 왼쪽 시야의 정보는 우반구로, 오른쪽 시야의 정보는 좌반구로만 전달된다. 정상인의 경우 각 반구의 정보는 다시 뇌량을 통해 반대쪽 반구로 보내진다. 그러나 뇌량이 절단된 사람의 경우에는 어떠한 현상이 일어나게 될까? 이것을 밝혀내기 위해 분리 뇌 환자에게 시야의

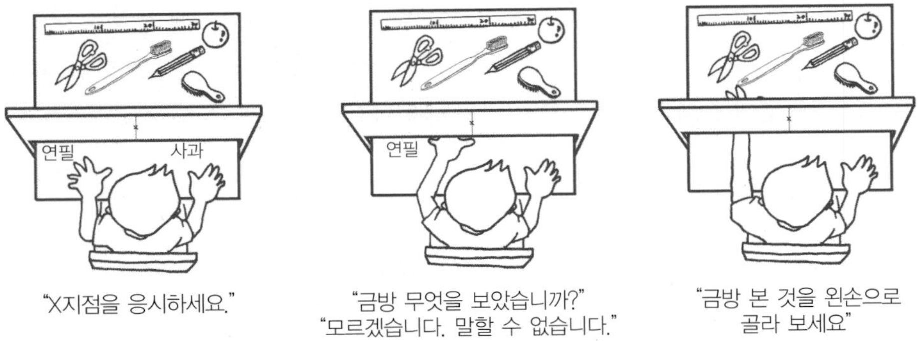

| 그림 2-14 | **분리 뇌 실험**

한 점을 응시하도록 하고, 응시점의 오른쪽과 왼쪽에 서로 다른 정보를 순간적으로 제시한다. 이렇게 하면 시야의 좌우에 있는 각 정보는 어느 한쪽 반구에만 전달된다. 마지막으로 분리된 각각의 대뇌반구에 대해 검사를 실시한다(| 그림 2-14 | 참조).

예를 들어, 왼쪽 시야에는 연필, 오른쪽 시야에는 사과 그림을 순간적으로 제시한다. 그리고 방금 본 것이 무엇인가를 이야기하게 하거나, 스크린 뒤에 숨겨진 물건들 속에서 방금 본 것을 찾도록 한다. 이렇게 할 경우 환자들은 무엇을 보았다고 이야기하겠는가? 그들이 본 것을 왼손으로 찾아보라고 하면 무엇을 선택하겠는가? 환자들은 사과를 보았다고 이야기하지만, 왼손으로 선택할 때에는 연필을 찾게 된다. 그리고 환자들은 연필을 좌측 시야에만 순간적으로 비추어 주고 우측 시야에는 아무런 자극도 주지 않으면 그들이 본 것을 이야기하지 못하지만, 왼손으로 스크린 뒤에 숨겨진 물건들 속에서 본 것을 찾으라고 하면 즉시 연필을 선택하게 된다. 즉, 오른쪽 반구는 자신이 본 것을 말로 표현할 수는 없지만 무엇을 보았는지는 알고 있다는 것이다.

2. 대뇌반구의 기능적 전문화

과학자들은 여러 가지 다양한 유형의 연구를 통해 인간의 대뇌반구가 기능적으로 전문화되어 있음을 밝혔다. 일반적으로 좌반구가 언어처리에 지배적인 반면에 우반구는 시각-공간 정보의 처리에서 우세한 것 같다.

소리를 들을 수 없는 청각장애인의 경우 어떤 대뇌피질이 수화를 담당하는가? 시각-공간 지각에 많이 관여하는 우반구가 담당하겠는가, 아니며 언어를 처리하는 좌반구가 담당하겠는가? 몇몇 연구결과, 말을 들을 수 있는 사람들이 언어정보를 처리하는 데 좌반구를 사용하는 것처럼 청각장애인들도 수화를 읽어 내기 위해 좌반구를 사용하는 것으로 나타났다(Hickok, Bellugi, & Klima, 2001). 좌반구가 손상되면 들을 수 있는 사람들이 말을 하는 데 결함을 보이는 것처럼 청각장애자는 수화에 결함을 보이게 된다. 브로카 영역(Broca's area)은 구어나 수화 모두에 관여하고 있다(Corina, 1998). 뇌의 입장에서는 말이 구어의 형태건, 수화의 형태건 상관없이 모두 언어에 해당하는 것이다.

비록 좌반구가 언어정보의 처리에 중요한 역할을 담당하지만 우반구도 미묘한 역할을 담당하는 것으로 알려졌다. 좌반구는 언어를 빠르게 문자 형태로 해석하지만, 우반구는 미묘한 추론을 하는 데 뛰어난 역할을 담당한다(Beeman & Chiarello, 1998; Bowden & Beeman, 1998). 예를 들어, 점화과제에서 '발'이라는 단어를 점화자극으로 제시하면 좌반구는 그 단어와 연합강도가 높은 '다리'라는 단어를 매우 빨리 재인한다. 그러나 '발' '고함' 또는 '잔'이라는 단어를 점화자극으로 제시하면, 우반구는 '자르다'와 같이 점화단어와 전혀 관련이 없는 단어를 매우 빨리 재인한다. 그리고 통찰이 필요한 문제—예를 들어, '고등' '집' '학군'과 관련이 있는 단어는 무엇인가 등의 문제—를 제시하면 우반구가 답(학교)을 더 빨리 찾아낼 것이다. 뇌졸중으로 우반구가 손상된 어떤 환자의 경우 "나는 단어를 이해하지만 세부적인 것은 놓치게 됩니다."라고 이야기하였다. 따라서 우반구는 말의 의미가 분명하도록 만들어 주는 데 도움을 주는 역할을 하는 것 같다.

나아가 언어에는 의미적 요소와 문법적 요소 이외에도 부가적인 요소가 있는데, 특히 구어의 경우 말의 운율이나 억양 등이 중요한 요소가 된다. 예를 들어, '정말 잘 났어.'와 같은 말은 상황에 따라 여러 가지 의미로 쓰이는데, 우리는 이 말이 칭찬하는 말인지 아니면 비꼬는 말인지 금방 알아차릴 수 있다. 우반구에 손상을 입은 사람들은 구어 속에 숨어 있는 이러한 말의 뉘앙스를 알아차리지 못한다. 정상인들 사이에도 이러한 언어의 미묘한 측면을 다루는 데 상당한 개인차가 있다. 농담을 이해하지 못해 웃음거리가 되는 사람도 있고, 억양의 차이를 이용하여 익살을 떠는 재담가도 있다. 우반구는 평범한 말에 색깔을 입혀 주며, 기쁨, 슬픔, 정열, 실망 등을 표현하게 해 준다.

정서반응에 있어서도 좌우반구의 기능 차이가 존재한다. 화난 사람의 얼굴을 자세히 살펴보면 우반구의 통제하에 있는 왼쪽 얼굴의 표정이 더 강렬함을 볼 수 있다. 우리가 아무런 이유도 없이 슬프거나 통곡하는 것은 우반구의 과도한 흥분 때문이다.

이처럼 두 대뇌반구의 기능적 전문화를 개략적으로 볼 때 두 개의 대뇌반구가 너무나 달라서 조화를 이룰 수 있다고 생각하기 어렵다. 그러나 대뇌반구는 뇌량에 의해서, 그리고 피질하 구조물에 의해서 수많은 신경연결을 맺고 있기 때문에 우리는 '두 개의 뇌'를 느끼지 않는다. 우리는 단일한 '나'를 느끼며, 그것은 바로 우리의 '뇌'인 것이다(김현택, 류재욱, 이강준, 1994).

이제까지 우리는 인간의 사고, 감정 및 행동이 어떻게 뇌를 통해 일어나게 되는지 살펴보았다. 20세기 이후 신경과학 분야는 눈부신 발전을 이루어 왔다. 그러나 아직까지 알려져 있지 않은 부분이 알려져 있는 부분보다 훨씬 더 많다. 우리는 뇌를 기술할 수 있다. 우리는 뇌의 하위 부분들의 기능을 학습할 수 있다. 우리는 그러한 뇌 조직들이 어떻게 의사소통하는지 연구할 수 있다. 그러나 양배추 크기 정도의 뇌에서 발생하는 전기 화학적 신호가 어떻게 첫사랑에 대한 기억, 창의적인 생각, 미래에 대한 계획 등과 같은 것들을 일으킬 수 있는가?

아직도 풀리지 않은 의문이 남아 있다. 어떻게 물질적인 뇌가 의식을 일으킬 수 있는가? 물질인 뇌가 어느 정도까지 자신(뇌)을 이해할 수 있는가? 뇌를 이해하기 위해 노력하는 마음, 그것이야말로 현대 과학의 궁극적인 도전과제다.

요 약

1. 신경계의 기본 단위는 뉴런이며, 뉴런이 처리하는 정보의 본질은 활동전위라는 전기적 현상이다.
2. 뉴런 간의 정보전달은 시냅스를 통해 이루어진다. 활동전위가 종말단추에 도달하면 신경전달물질이 방출되고, 전달물질은 시냅스 후 막에 있는 수용기와 결합하여 흥분성 또는 억제성 시냅스 후 전위를 일으킨다. 이들 시냅스 후 전위의 합이 흥분역치를 넘으면 그 뉴런은 다시 활동전위를 일으킨다.
3. 말초신경계는 체성신경계와 자율신경계로 이루어져 있다. 자율신경계는 다시 교감신경계와 부교감신경계로 나뉜다. 체성신경계는 모든 감각과 골격근의 운동에 관한 정보를 처리하며, 자율신경계는 내장근육, 심장근육, 분비선을 통제한다.
4. 중추신경계는 척수와 뇌로 구분된다. 척수는 신체 각 기관과 뇌를 연결해 주며, 단순한 반사기능을 수행한다. 뇌는 최종 정보처리 기관으로 모든 행동과 정신과정을 통제한다.
5. 연수는 생명유지와 관련된 기능, 교는 대뇌와 소뇌를 연결시켜 주는 기능, 소뇌는 자세 유지와 운동조절 기능을 한다. 중뇌개는 시각반사와 청각정보의 중계기능을 하며, 중뇌피개는 운동조절, 보상적 자극들의 강화효과를 매개하며, 일부는 정신질환과도 관련된다. 연수에서 중뇌에 이르기까지의 뇌간 망상체는 수면, 각성, 주의 등을 조절한다. 시상은 감각정보들의 중계센터이며, 시상하부는 신체의 내적 균형을 유지하고 종 특유의 행동을 통제한다.
6. 종뇌의 기저핵은 운동조절에 관여하며, 변연계는 정서행동과 학습 및 기억에 관여한다. 대뇌피질의 뒷부분인 두정엽, 측두엽, 후두엽은 체감각, 청각, 시각정보를 처리하고, 이들 정보를 통합한다. 전두엽은 뇌의 뒷부분에서 처리된 모든 정보를 받아 적절한 행동계획을 수립하고, 관리하고, 마지막으로 구체적인 운동을 집행하는 역할을 한다.
7. 대뇌피질은 두 개의 독립된 반구로 나뉘어 있으며, 이들은 뇌량에 의해 연결되어 있다. 뇌량이 절단된 분리뇌 환자들에 대한 연구나 대뇌반구의 기능적 비대칭에 대한 연구결과를 종합해 보면, 좌반구는 주로 언어적 · 분석적 기능, 우반구는 공간적 · 직관적 기능이 우세하다.

제3장

감각과 지각

학습목표

1. 감각강도를 측정할 때 역이 의미하는 바를 이해한다.
2. 빛의 특성과 시각의 작용기제를 살펴본다.
3. 두 가지 유형의 시각수용기의 기능을 이해하고, 두 종류의 감각수용기가 필요한 이유를 이해한다.
4. 공기의 진동정보가 청신경을 통해 대뇌로 전달되는 과정을 살펴본다.
5. 감각의 순응이란 무엇이며, 왜 필요한가를 이해한다.
6. 색채경험을 일으키는 원리와 색과 관련된 심리적 차원, 그리고 색지각과 관련된 생리적 기초를 이해한다.
7. 깊이지각이 가능하도록 하기 위해서 이용되는 여러 가지 단서를 이해한다.
8. 크기와 거리지각의 관계를 파악하고 관계되는 요인을 살펴본다.
9. 대상을 파악하기 위한 지각적 집단화의 원리를 이해한다.
10. 주의의 기능과 특성을 알아본다.
11. 지각항등성이란 무엇이며, 왜 필요한 기능인지를 이해한다.

우리가 세상을 인식하는 과정은 감각으로 시작된다. 세상을 머릿속에 표상하기 위하여 우리는 환경으로부터 물리적인 에너지를 탐지하여 그것을 신경신호로 변환시키는데, 이러한 과정을 감각(sensation)이라고 부른다. 그리고 감각자료를 선택하고 조직화하고 해석하는 과정을 지각(perception)이라고 부른다. 우리의 일상 경험에서 감각과 지각은 자동적으로 혼합되어 하나의 연속적인 과정을 이룬다. 우리는 이 장에서 감각과 지각 과정을 개괄적으로 살펴볼 것이다.

제1절 감각과정

우리의 감각체계는 환경의 에너지에 대응하여 빛, 소리, 맛과 같은 주관적인 감각을 일으킨다. 물리적인 변화와 심리적인 반응의 관계를 나타내는 것을 정신물리학적인 관계(psychophysical relations)라고 한다. 이 절에서는 이러한 관계를 연구하는 방법과 시각과 청각을 중심으로 하여 감각이 발생하는 과정을 살펴본다.

1. 감각의 측정

사과의 색, TV 볼륨 등 모든 감각과정은 사람마다 동일할 것 같지만 사실은 주관적인 경험이다. 내가 듣는 소리, 내가 느끼는 통증이 다른 사람과 동일한지는 모른다. 단지 언어로 설명하여 이러이러한 느낌이라고 이야기하는 정도일 것이다. 감각과정을 연구하는 첫 단계는 감각을 객관적으로 측정하는 것이다.

1) 절대역

우리는 어떤 종류의 자극에 대하여 매우 민감하다. 정상적인 감각을 가지고 있는 사람이라면 칠흑 같은 어둠 속에 있는 산의 정상에서 48km 떨어진 곳에 있는 촛불을 볼 수 있다. 고요한 방에서 우리는 약 6m 떨어진 곳에 있는 시계 초침 소리를 들을 수 있다. 또한 우리 뺨에 떨어진 벌의 날개를 느낄 수 있고, 약 $100m^2$ 아파

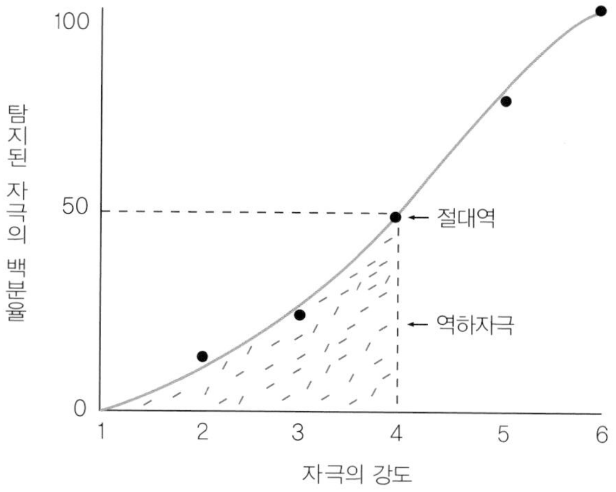

| 그림 3-1 | **절대역**

절대역은 시행의 50%를 탐지할 수 있는 자극의 강도다. 이러한 정의에 따르면 시행의 50% 이하에서 탐지되는 자극은 역하자극이 된다.

트에서 한 방울의 향수 냄새를 맡을 수 있다(Galanter, 1962).

이와 같이 우리가 감지할 수 있는 미세한 자극을 절대역(absolute threshold)이라 한다. 다시 말하면, 이것은 어떤 자극(빛, 소리, 압력, 맛, 냄새 등)을 탐지하는 데 필요한 최소한의 자극강도라고 할 수 있다. 심리학자들은 보통 50%를 탐지할 수 있는 자극의 강도를 절대역으로 규정한다(| 그림 3-1 | 참조). 예를 들어, 한 소리를 100번 들려준다고 하면, 50번은 듣지 못하는 자극의 강도를 절대역으로 볼 수 있다.

2) 신호탐지

절대역은 자극의 강도(듣기검사에서 소리의 크기처럼)뿐만 아니라 우리의 경험, 동기, 기대 그리고 피로 등의 심리적 상태에 따라서도 변화된다. 신생아의 어머니는 다른 소리보다 요람에서 아기가 칭얼거리는 소리에 훨씬 민감하다. 전쟁 상황의 경계병은 평상시에 비해 거의 지각하기 힘든 소리에도 민감하게 반응하게 된다.

3) 역하자극

20세기 중반에, 뉴저지 극장의 관객을 대상으로 하여 코카콜라를 마시고 팝콘을 먹으라는 메시지를 지각하지 못하도록 영화 장면의 사이에 끼워 넣을 경우, 관객들이 은연중에 그 메시지에 영향을 받는다는 보고서에 대한 논란이 있었다(Pratkanis, 1992). 그리고 약 35년 후에 광고대행사들은 과자에 성적인 단어를 지각하지 못할 정도로 인쇄해 넣고, 술광고에 에로틱한 영상을 끼워 넣음으로써 소비자를 조종할 수 있을 것이라는 주장을 하였다. 이처럼 우리가 감지할 수 없는 역하자극(subliminal stimuli)이 암시적인 힘을 발휘하여 우리의 행동에 강력한 영향을 준다는 주장이 있었다.

사실상 절대역이라는 것은 자극을 50% 탐지하는 자극강도이기 때문에(| 그림 3-1 | 참조) 우리는 역하에서 때때로 자극을 탐지한다.

그러나 심리학 실험에서 발견된 효과들은 행동에 지속적으로 영향을 미칠 만큼 강력한 것이 아니었다. 무어(Moore, 1988), 프랫커니스와 그린월드(Pratkanis & Greenwald, 1988)는 모든 증거를 고려해 볼 때 역하자극 절차가 판매시장을 넓히려는 사람에게 아무런 유용성도 없다고 결론을 지었다.

4) 차이역

감각이 효과적으로 기능하기 위해서는 자극의 존재를 지각할 뿐 아니라 두 자극의 차이를 지각할 수 있어야 한다. 차이역(difference threshold)이란 사람이 두 자극 간에 차이가 있음을 탐지할 수 있는 최소한의 자극강도 차이를 말한다. 최소식별차이(just noticeable difference: JND)라고도 한다. 차이역의 측정에서 절대역과 같이 두 자극 간의 차이를 인간이 탐지할 수 있는 확률이 50%인 지점을 차이역으로 정한다.

차이역은 자극의 강도에 따라 변화한다. 예를 들어, 300g에서 30g이 추가되면 인간은 대체로 그 차이를 탐지할 수 있지만 30kg에 30g이 추가되면 차이를 탐지하기 어렵다. 이것은 300g의 차이역과 30kg의 차이역이 다르기 때문이다. 베버(Weber)에 의하면 차이역은 강도차가 아니라 두 자극의 강도 비율에 따라 변화한다. 이 원리를 베버의 법칙(Weber's law)이라고 한다.

5) 감각순응

당신은 수영장에 가서 처음 물에 뛰어들면 춥다고 불평을 할 것이다. 그러나 잠시 후에 당신의 친구가 도착하면 당신은 물이 차갑지 않으니 들어오라고 이야기할 것이다. 이러한 예는 일정한 자극에 지속적으로 노출되면 자극에 대한 민감도가 약해

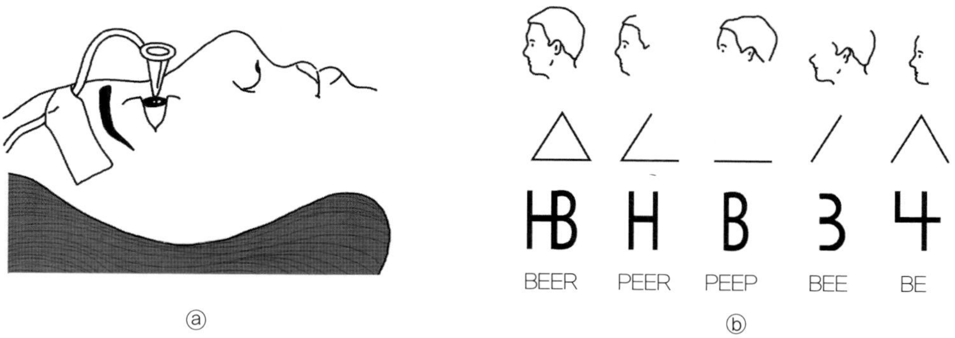

| 그림 3-2 | **고정상**

ⓐ 콘택트렌즈에 부착된 영사기를 이용하여 영상이 눈과 함께 움직이도록 한 장치
ⓑ 가장 왼쪽의 그림은 처음에 보는 영상이고 나머지 것들은 사라졌다 나타났다 하는 자극들이다 (Pritchard, 1961).

지는 감각순응(sensory adaptation) 때문에 발생한다. 일정한 자극에 지속적으로 노출되면 우리의 신경세포는 발화속도가 늦어진다.

시각상 역시 고정되면 감각순응에 의해 자극이 사라지고 만다. | 그림 3-2 ⓐ |의 고정상 실험은 작은 영사장치가 부착된 콘택트렌즈를 이용하여 상이 움직이지 못하게 한 것이다. 이 경우 처음에 실험참가자는 완전한 영상을 볼 수 있으나 몇 초가 지나면 그의 감각수용기가 피로해져서 영상의 일부분이 사라졌다 나타나기를 반복한다(| 그림 3-2 ⓑ | 참조).

2. 시각

우리는 당연하다고 생각하고 있지만 우리의 감각기관은 한 종류의 에너지를 다른 종류의 에너지로 변환시키는 복잡한 능력을 가지고 있다. 감각변환(transduction)이란 우리의 감각체계가 자극 에너지를 신경정보로 변환시키는 과정이다. 예를 들어, 당신의 눈은 빛 에너지를 받아서 신경정보로 변환시킨다. 신경정보는 종국적으로 우리가 의식적으로 보는 것으로 처리된다. 어떻게 이러한 과정이 일어나는가?

우리가 보는 가시광선은 전자기 스펙트럼의 극히 작은 부분에 불과하다. | 그림 3-3 |에서 볼 수 있는 것처럼 이러한 전자기 스펙트럼은 파장이 아주 짧은 감마선

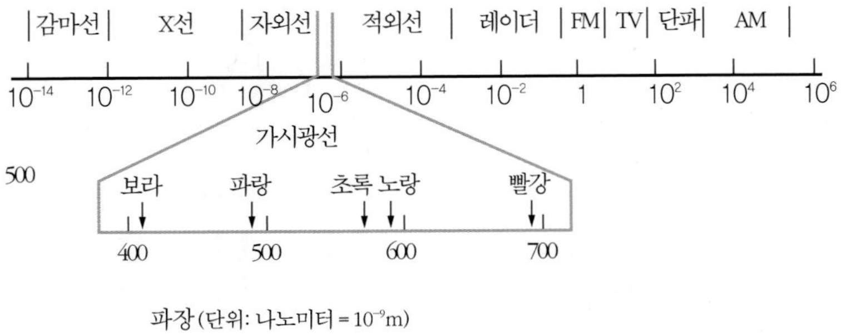

| 그림 3-3 | **전자기 스펙트럼과 가시광선**

가시광선은 그림에서 보듯 전기장파의 극히 적은 일부분으로, 파장의 크기에 따라 다른 색감으로 인식된다.

에서부터 가시 스펙트럼과 파장이 아주 긴 라디오 방송파까지로 이루어져 있다. 사람이 아닌 다른 종은 이러한 스펙트럼에서 다른 부분의 파장에 민감하다. 예를 들어, 꿀벌은 가시광선의 붉은색은 볼 수 없으나 자외선은 볼 수 있는 것으로 알려져 있다.

빛의 파장과 진폭이라는 두 가지 속성은 우리의 감각경험을 결정하는 데 도움이 된다. 파의 한 정상에서 다른 정상까지의 거리인 파장(wavelength)은 색채(hue)를 결정하며, 파의 크기 또는 높이에 의해서 결정되는 에너지의 양인 진폭은 밝기를 결정한다(| 그림 3-4 | 참조).

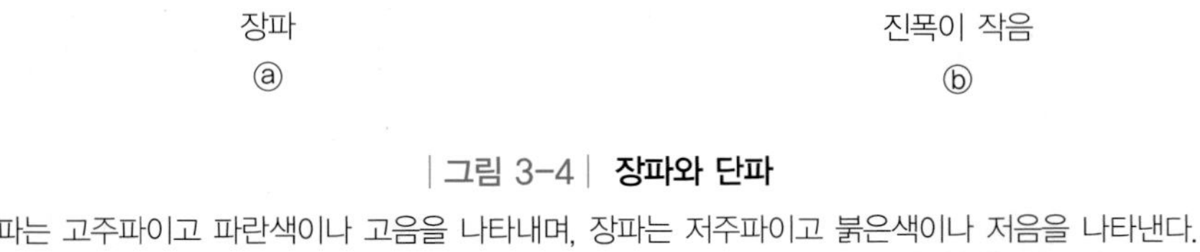

| 그림 3-4 | **장파와 단파**

ⓐ 단파는 고주파이고 파란색이나 고음을 나타내며, 장파는 저주파이고 붉은색이나 저음을 나타낸다.
ⓑ 진폭이 큰 경우는 밝은 색이나 큰 소리를 나타내고, 진폭이 작은 경우는 어두운 색이나 작은 소리를 나타낸다.

이제 빛이 안구를 통하여 뇌로 전달되는 과정을 살펴보자. 빛은 동공을 통하여 눈으로 들어온다. 동공 주위의 홍채는 눈으로 들어오는 빛의 양을 조절한다. 홍채 뒤의 수정체는 조절(accommodation)이라는 작용을 통해 두께를 변화시켜 빛을 작은 점으로 수렴시킨다. 빛의 초점이 모아지는, 빛에 민감한 표면을 망막(retina)이라고 하는데, 이는 안구의 뒤쪽 전면에 여러 층으로 구성되어 있다.

망막에는 간상체와 추상체라는 두 종류의 감각세포가 존재한다(|그림 3-5| 참조). 간상체나 추상체에 빛이 비치면 화학적인 변화가 발생하여 주변의 양극세포를 흥분시키는 신경신호가 생성되고, 양극세포는 다시 신경절세포를 흥분시킨다. 신경절세포에서 나오는 축색들은 대뇌로 정보를 전달하는 시신경을 이룬다. 한쪽 눈에 거의 백만 개의 신경섬유가 있으므로 시신경에 의해서 한번에 전달되는 정보의 수는 거의 백만 개에 가깝다. 눈에서 신경섬유가 안구의 뒤편으로 전달되는 신

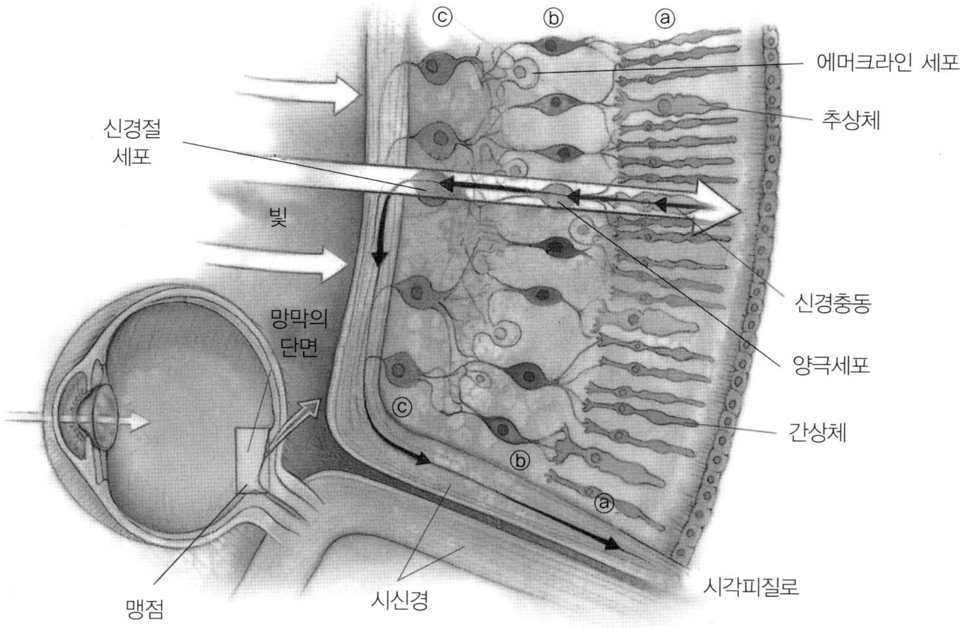

|그림 3-5| **눈에서 발생하는 빛 정보의 이동 경로**

눈으로 유입된 빛은 망막의 뒤쪽에 있는 간상체와 추상체의 광색소를 탈색시킴으로써 인접 양극세포에 신경충동을 유발한다.

ⓐ 망막 뒤에 있는 외신경층으로 간상체와 추상체가 분포되어 있다. 여기에서 발생하는 화학적인 반응이 양극세포의 반응을 일으킨다.

ⓑ 양극세포가 신경절세포를 흥분시킨다.

ⓒ 신경절세포의 축색이 시신경을 이루어 시각피질로 정보를 전달한다.

표 3-1 인간 망막의 간상체와 추상체의 특성

	추상체	간상체
숫자	6백만	1억 2천만
망막에서의 위치	중심	말초
약한 빛에 대한 민감도	낮음	높음
색채반응	있음	없음

경 다발 부위에는 감각세포가 없어서 이 부분에 빛이 비치면 보이지 않는다. 이를 맹점(blind spot)이라고 한다(|그림 3-5| 참조).

대부분의 추상체는 망막의 중심부인 중심와(fovea)에 모여 있다. 사실 중심와에는 간상체가 없고 추상체만이 존재한다. 간상체와는 달리 많은 추상체에는 자신의 정보를 시각피질로 전달하기 위한 전용 양극세포들이 할당되어 있는데, 이 시각피질의 많은 부분은 중심와로부터의 정보를 처리하기 위한 영역이다. 따라서 추상체는 세밀한 것을 탐지할 수 있는 반면, 간상체는 밀도가 낮고 전용 회선이 없기 때문에 세밀하게 볼 수 없다. 망막의 주변부에는 간상체가 훨씬 많기 때문에 책을 읽을 때 우리가 응시하는 지점에서 몇 센티미터 떨어진 곳의 글씨는 흐릿하게 지각된다(〈표 3-1〉 참조).

간상체는 색을 탐지하지 못하지만 추상체는 색을 볼 수 있도록 한다. 조명이 어두워지면 추상체는 제대로 기능하지 못하지만 간상체는 희미한 불빛 아래서도 민감하다. 이것은 몇 개의 간상체가 약한 빛의 희미한 에너지를 모아서 단일 양극세포에 전달하기 때문이다. 어두운 극장에 들어가거나 밤에 불을 끄면 동공이 확대되어 망막의 주변부에 있는 간상체에 더 많은 빛이 도달되도록 한다. 눈이 어둠에 충분히 적응하기까지는 보통 20분 이상 소요되는데, 이를 암순응이라 한다.

1) 시각정보의 처리

우리는 시각정보를 점차적으로 추상적인 수준에서 처리한다.

인간의 눈은 약 1억 3천만 개의 간상체와 추상체로부터 정보가 수용되어 약 백만 개의 신경절세포로 전달되며, 신경절섬유들이 모여서 시신경을 이룬다. 전형적인 신경절세포는 명암의 대비에 반응한다. 이것은 뇌가 모서리나 세상의 다른 중요한 특징을 탐지하는 데 도움을 준다는 것을 의미한다. 그러나 대부분의 정보처리는 뇌에

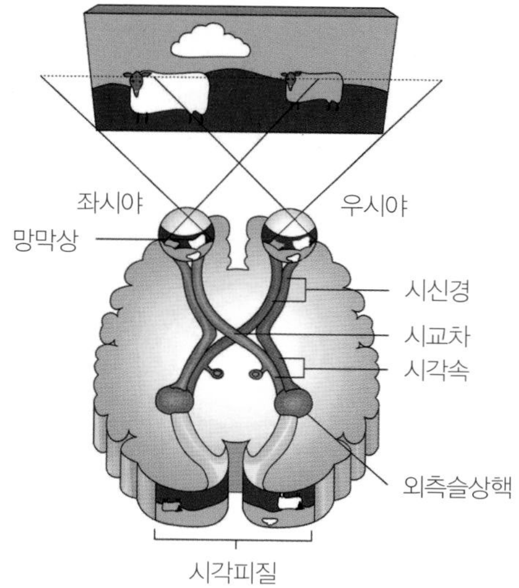

| 그림 3-6 | 눈에서 대뇌피질까지 시각정보의 전달과정

서 이루어지며, 망막의 부분들은 자신의 정보를 뇌의 뒤쪽에 있는 시각피질인 후두엽의 대응위치로 보낸다(| 그림 3-6 | 참조).

(1) 특징 탐지

하나의 신경절세포는 자신의 시각장에 정보가 주어지면 그 신호를 시각피질로 전달한다. 노벨상 수상자인 허블과 비셀(Hubel & Wiesel, 1979)은 특징 탐지기(feature detector)라고 불리는 시각피질세포가 이러한 정보를 받으면 특정한 모서리, 선분 그리고 각도와 같은 장면의 일정한 특징에 반응한다는 것을 증명하였다(| 그림 3-7 | 참조).

(2) 병렬처리

신경충동은 컴퓨터 칩보다 약 백만 배 느리다. 그렇지만 뇌는 친숙한 얼굴을 금방 인식한다. 한 단계 한 단계 순차적으로 처리하는 대부분의 컴퓨터와는 달리, 우리는 병렬처리(parallel processing)를 한다. 우리의 뇌는 시각장면을 색, 깊이, 운동, 형태 등의 하위 차원으로 분할하여 각 차원을 동시에 처리한다(Livingstone & Hubel, 1988). 즉, 룸멜하르트(Rumelhart, 1989)가 설명하는 것처럼 일을 전문화된 신경망에 나누어 줌으로써 뇌의 정보처리 속도를 높여 준다(| 그림 3-8 | 참조).

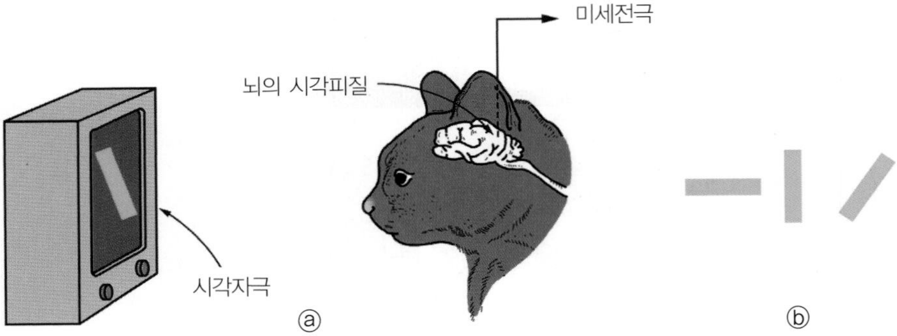

| 그림 3-7 | **고양이의 시각피질에 있는 세포들의 반응 특성**

ⓐ 허블과 비셀은 그림과 같은 장치를 통하여 여러 방위의 선분자극을 제시하였다.
ⓑ 고양이의 시각피질에 있는 세포들은 특정 방위의 선분에는 선별적으로 예민하게 반응하지만, 다른 방위의 선분에는 잘 반응하지 않는 것으로 나타났다. 즉, 한 세포가 그림 왼쪽의 수평선분에 예민하게 반응한다면, 그 세포는 오른쪽의 수직 또는 대각방위의 선분에는 잘 반응하지 않는다는 것이 발견되었다. 이것은 고양이의 시각피질에 있는 세포 각각이 선분의 방위를 탐지 또는 분석하는 역할을 한다는 것을 의미한다.

| 그림 3-8 | **병렬처리**

색채, 운동, 형태, 깊이 등의 시각정보는 대뇌의 각각 다른 부위에서 병렬적으로 처리된 뒤 통합된다.

따라서 망막은 시각피질의 한 부분에만 정보를 보내는 것이 아니라 동시에 여러 부위로 정보를 보낸다. 이러한 시각정보가 통합되면 다른 대뇌피질인 측두엽에서 추가로 처리하여 영상을 인식할 수 있다. 얼굴 인식의 경우 대뇌피질의 30%가 관여한다.

2) 색채시각

사람들은 대상이 색채를 가지고 있는 것처럼 이야기한다. 그러나 "아무도 사과를 볼 수 없다면, 그것이 붉은 것인가?" 물론 그렇지 않다. 우선, 사과는 절대 빨갛지 않다. 그것은 붉은 색감을 일으키는 장파장을 주로 반사할 뿐, 붉은색이라는 색감은 우리 뇌의 색채 인식과정에 의한 것이다.

우리는 약 7백만 개의 서로 다른 색을 구별할 수 있다(Geldard, 1972). 우리의 뇌는 어떻게 색 경험을 일으키고 또 그렇게 다양한 색을 경험하도록 하는가?

19세기에 헤르만 폰 헬름홀츠(Hermann von Helmholtz)와 영국 물리학자인 토머스 영(Thomas Young)은 빨강, 초록, 파랑이라는 세 가지 색을 혼합하면 어떠한 색채도 만들어 낼 수 있다는 사실을 인식하였다(|그림 3-9| 참조). 그들은 눈에 각 기본색에 해당하는 세 종류의 수용기가 있어야 한다고 추론하였다.

삼원색설에 의하면 망막에는 세 가지 유형의 색채수용기가 있고, 각 수용기는 세 가지 기본색 중 하나에 민감하다. 그리고 놀랍게도 이 색들은 실제로 빨강, 초록, 파랑이었다. 이러한 수용기가 어떤 조합으로 반응하는가에 따라 우리는 다른 색을 경험하게 된다.

이후 생리학자인 허링(Hering)은 삼원색설로는 설명하기 곤란한 색채경험을 지적하였다. 예를 들어, 우리는 빨강과 초록을 혼합하면 노랑을 본다. 그러나 빨강과 초록을 볼 수 없는 사람들이 어떻게 노랑을 볼 수 있는가? 또한 보라가 빨강과 초록의 혼합으로 느껴지는 것과는 달리 노랑은 순색으로 보이며 빨강과 초록의 혼합으로 경험되지 않는다. 허링은 잔상(afterimage)현상에서 단서를 발견하였다. 만약 초록색 사각형을 한동안 응시한 후에 백지를 보면 당신은 초록의 보색인 빨강을 보게 된다. 노란색 사각형을 한동안 응시하면 당신은 잠시 후에 백지에서 노랑의 보색인

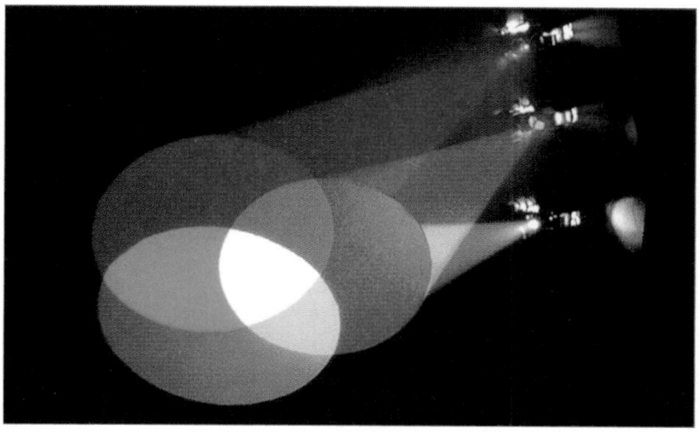

|그림 3-9| **빛의 삼원색**

| 그림 3-10 | **잔상현상**

왼쪽 도형의 중앙을 몇 분간 응시한 뒤, 오른쪽에 있는 점을 응시하여 본다. 그 후 백지를 응시하면 각 색의 보색을 경험할 수 있을 것이다.

파랑을 보게 될 것이다(| 그림 3-10 | 참조). 그는 빨강과 초록 지각을 맡는 하나의 과정과 파랑과 노랑을 맡는 또 하나의 과정, 이 두 가지 추가적인 색채처리과정이 있을 것으로 추측하였다. 이를 대립과정설(opponent process theory)이라고 한다.

제임슨과 허비치(Jameson & Hurvich, 1974)는 색채지각에 관한 두 가지 이론을 조합하여 망막에 있는 세 종류의 추상체에서 시상하부에 있는 빨강-초록, 파랑-노랑, 검정-흰색의 세 가지 대립세포로 이어지는 신경배선모형을 제시하였다(| 그림 3-11 | 참조). 이 이론에 의하면 망막 수준의 처리는 삼원색설과 같이 이루어지나 측면슬상핵 단계에서 대립과정이 일어나 각 이론이 지지하는 현상을 가능하게 한다는 것이다. 이러한 모형은 여러 연구에서 타당한 것으로 지지되었다(정찬섭, 한광희, 1990; 한광희, 정찬섭, 1991; Chung & Han, 1990).

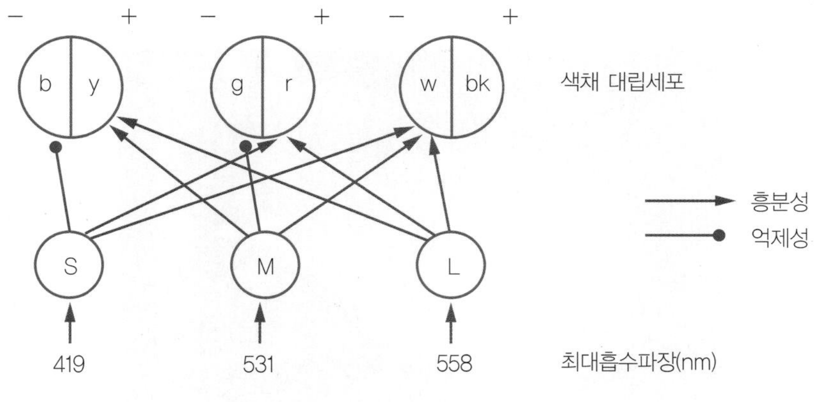

| 그림 3-11 | **제임슨과 허비치(1974)의 신경배선모형**

◆ 색채항등성

우리의 색채경험은 세 가지 감각기의 반응이나 시상의 대립과정으로 전해지는 빛의 파장정보에 의해서만 전적으로 결정되는 것이 아니며, 주변의 맥락에 의해서도 영향을 받는다. 물리적으로 날씨의 변화나 조명의 변화에 따라 동일한 사물에서 반사되는 파장은 달라진다. 그런데 우리는 다양한 조명하에서 사물의 색을 일정하게 인식하는데, 이러한 우리의 시각기능을 색채항등성(color constancy)이라 한다. 만일 사과의 일부분만을 보이게 하여 그것이 사과인지 알 수 없게 한 뒤 조명을 다양하게 변화시키면 우리는 붉은색으로 지각하지 못할 것이다. 우리는 이러한 색채항등성을 당연한 것으로 받아들이지만 이 현상은 대단한 것이다. 우리의 색채경험은 그 대상에 의해서만 결정되는 것이 아니라 그 주변에 있는 것들에 의해서 함께 결정된다. 우리는 어떤 대상이 그 주변에 있는 것들에 비해서 상대적으로 어떤 빛을 반사하는가를 계산함으로써 색을 볼 수 있다. 따라서 주변색의 변화에 따라 동일한 색이 다르게 지각되기도 한다(| 그림 3-12 | 참조).

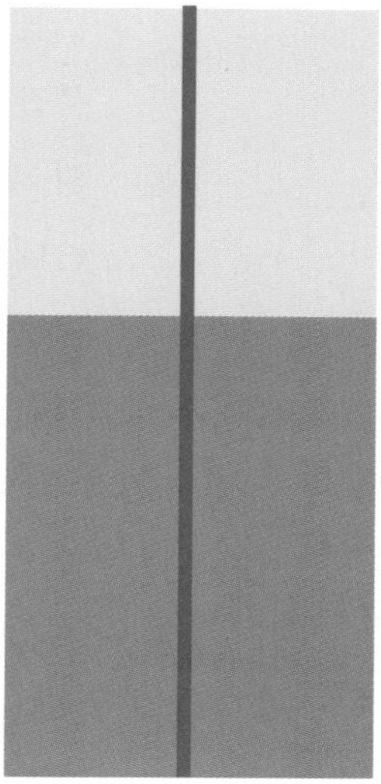

| 그림 3-12 | **맥락에 따른 색채변화**

3. 청각

청각은 공기의 압력변화를 신경부호로 변환시켜 대뇌에서 그것을 의미 있는 소리로 해석하는 과정이다. 그럼 어떻게 그런 일이 일어나는지에 대해 살펴보자.

1) 소리의 본질

피아노의 건반을 두드리면 그 결과로 나타나는 자극 에너지가 소리파(sound wave)다. 현의 떨림이 공기 입자를 밀면 그것이 그다음의 입자를 미는 것과 같은 형태로 생겨난다. 마치 호수에 돌을 던지면 생겨나는 동심원의 물결 파형처럼 퍼져 나간다. 소리 파형의 강도나 크기는 소리의 크기를 결정하고, 소리파의 주파수(혹은 파장의 길이)는 음의 고저를 나타낸다. 우리 귀에는 주파수가 높으면 고음으로, 낮으면 저음으로 들린다.

2) 귀의 구조와 기능

듣기 위해서 우리는 소리 파형을 신경활동으로 전환시켜야 한다. 인간의 귀는 복잡한 기계적인 과정을 통해서 이러한 과제를 수행한다(|그림 3-13| 참조). 공기의 파형이 귓바퀴에 도달하면 외이는 소리파를 귓구멍을 통하여 고막으로 전달하는데, 고막은 파형에 따라 진동하는 얇은 막이다. 고막의 진동은 중이에 있는 3청소골(추골, 침골, 등골)을 통하여 내이에 있는 달팽이관에 전달된다. 이 진동은 달팽이관에 있는 난원창을 진동하도록 하여 달팽이관 내에 있는 액체를 진동하게 하고, 달팽이관의 아래쪽에 위치한 원창에 의해 흡수된다. 이때 달팽이관 내에 있는 액체의 움직임이 유모세포가 나 있는 기저막에 파문을 일으킨다. 이렇게 되면 물 흐름에 따라서 물풀이 움직이듯이 기저막의 파문에 따라 유모세포들이 휘어진다. 유모세포의 움직임은 자신과 연결되어 있는 신경에 충격을 일으키며, 이러한 신경들이 모여서 청신경을 이룬다. 이러한 연쇄적인 과정을 거쳐 소리 파형은 내이에 있는 유모세포로 하여금 측두엽에 있는 청각피질로 신경정보를 보내도록 한다. 공

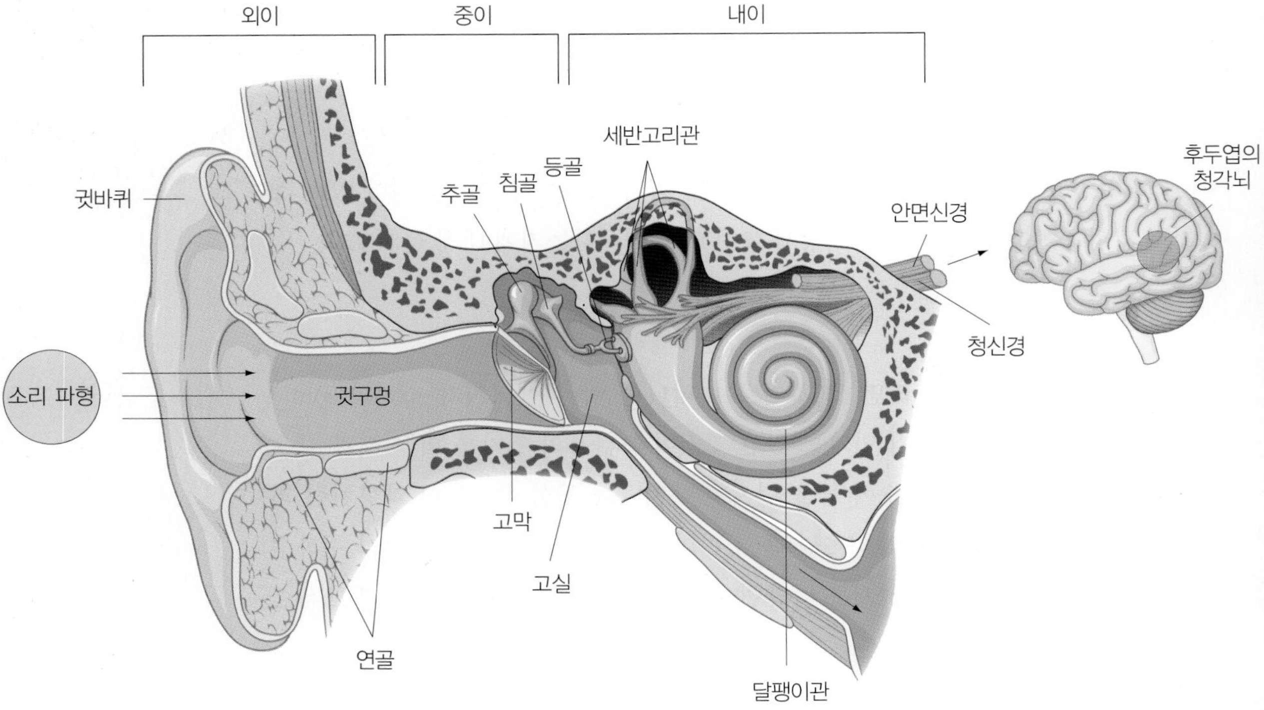

|그림 3-13| **소리 파형이 신경정보로 변환되어 대뇌에서 해석되는 과정**

기의 진동으로부터 액체 파형을 거쳐 신경충동이 대뇌에 이르면 우리는 소리를 듣는다.

(1) 음의 고저지각

우리는 어떻게 높은 소리와 낮은 소리를 구별하는가? 이것은 다음 두 이론으로 설명할 수 있다. 즉, 서로 다른 소리 파형은 기저막의 서로 다른 위치에 있는 세포들을 활성화함으로써 음의 고저를 결정한다고 설명하는 이론이 있는데, 이를 장소이론(place theory)이라고 한다. 따라서 대뇌는 신경신호를 보내는 기저막의 위치를 확인함으로써 음의 고저를 결정한다는 것이다.

장소이론은 비록 우리가 고음을 어떻게 지각하는가를 잘 설명하기는 하지만 저음지각은 잘 설명할 수 없다. 저음에 의해서 생기는 신경신호로는 기저막의 위치를 제대로 알 수 없기 때문이다. 주파수이론(frequency theory)에서는 기저막의 진동빈도로 소리의 높낮이를 파악할 수 있다고 설명한다.

(2) 소리의 위치 확인

두 개의 마이크로폰을 이용해서 소리를 스테레오로 녹음하는 것은 우리의 두 귀에 약간 다른 소리가 들리는 것을 모방한 것이다. 두 눈의 위치가 다르기 때문에 깊이를 지각할 수 있는 것처럼 두 귀의 위치가 다르기 때문에 우리는 소리를 스테레오로 들을 수 있다.

소리는 초당 340m를 이동하고, 우리의 귀는 약 15cm 떨어져 있기 때문에 우리의 청각체계는 두 귀에 도달하는 소리의 크기와 시간 차를 탐지하여 음원의 위치를 판별한다(Brown & Deffenbacher, 1979; Middlebrooks & Green, 1991).

그런데 정확하게 앞뒤, 위아래처럼 두 귀로부터 동일한 거리에서 들리는 소리의 위치는 두 귀에 동시에 도달하기 때문에 확인하기가 어렵다. 그러나 우리는 소리의 위치를 알고자 할 때 머리를 움직임으로써 두 귀가 서로 다른 소리를 듣도록 하기 때문에 쉽게 위치를 파악할 수 있는 것이다.

제2절 지각과정

우리의 머릿속에 세상을 구성하기 위해서는 환경의 물리적 에너지를 탐지하여 신경정보로 부호화하는 감각과정뿐만 아니라 감각을 선택하고 조직화하고 해석하여야 하는데, 이러한 과정을 지각이라고 한다. 우리는 빛, 소리, 맛, 냄새 등을 감각할 뿐만 아니라 지각해야 한다. 우리는 단순히 여러 음과 박자를 혼합하여 듣는 것이 아니라 아이의 울음소리, 자동차 소리 또는 교향곡을 듣는다. 간단히 이야기하면, 우리는 의미가 파악되지 않은 감각을 의미 있는 지각으로 변환시킨다.

1. 선택적 주의

우리는 순간순간마다 지각을 하며, 하나를 지각할 때는 이전의 지각은 사라진다. 넥커 큐브(Necker Cube)(| **그림 3-14** | 참조)를 오랫동안 보고 있으면 여러 가지 방향으로 지각됨을 알 수 있다. 이 그림은 여러 가지로 해석될 수 있지만 한순간에는 한 가지로만 경험할 수 있는 것이다. 이것은 우리의 의식적 주의가 선택적이라는 것을 나타낸다.

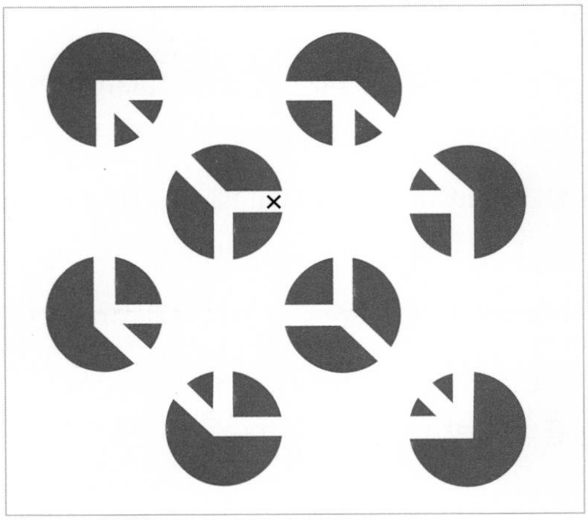

| **그림 3-14** | **선택적 주의**

당신은 선이 포함된 원들을 보는가, 아니면 정육면체를 보는가? 만약 당신이 정육면체를 본다면 당신은 상태가 변화됨을 볼 것이다. 즉, 중앙에 있는 작은 x는 앞 모서리나 뒤 모서리로 보일 것이다. 그러나 선택적 주의로 인하여 당신은 두 가지 상태를 동시에 경험할 수는 없다.

선택적 주의(selective attention)는 우리가 경험할 수 있는 모든 것 중에서 한순간에 의식할 수 있는 것은 매우 제한되어 있다는 것을 의미한다. 글을 읽는 동안 주변의 새소리를 의식하지 못한다. 의식적으로 새소리에 주의를 기울이면 그제야 의식할 수 있다.

선택적 주의의 극적인 예는 칵테일파티 효과(cocktail party effect)다. 칵테일파티에서 수많은 목소리가 시끄럽게 떠들어 대지만 당신은 얘기하고 있는 사람의 목소리만 선별하여 들을 수 있다.

많은 양의 시각자극이 주어져도 우리는 처리하기 위한 자극으로써 단지 조금만 선택할 수 있다. 울릭 나이서(Ulric Neisser, 1979), 베클런과 서본(Becklen & Cervone, 1983)은 사람들에게 검은 옷을 입은 세 사람이 농구를 하고 있는 것과 흰 옷을 입은 세 사람이 농구를 하고 있는 것의 두 가지 장면이 겹쳐진 1분짜리 비디오테이프를 보여 주었다. 그들은 관찰자에게 검은 옷을 입은 사람이 공을 패스하면 키를 누르라고 지시하였다. 비디오 상영 중간에 우산을 쓴 젊은 여인이 스크린을 가로질러 걸어갔다(| 그림 3-15 | 참조). 대부분의 관찰자가 검은 옷을 입은 경기자들에게 그들은 주의를 기울였기 때문에 여인이 지나가는 것을 보지 못하였다. 연구자가 그들에게 테이프를 다시 보여 주었을 때 관찰자들은 그녀를 보고 놀랐다.

| 그림 3-15 | 선택적 주의(Neisser, 1979)

2. 지각적 착각

우리는 일단 어떤 자극에 주의를 하고 나면 어떻게 그것을 의미 있는 지각체로 구성하는가? 착각은 우리의 감각을 조직화하고 해석하는 정상적인 방법을 밝혀 주기 때문에 아직도 관심을 끌고 있다. 다음과 같은 지각적 착각(perceptual illusion)을 생각해 보자.

| **그림 3-16** |에는 1889년에 뮐러-라이어(Müller-Lyer)가 구성한 전형적인 자극이 있다.

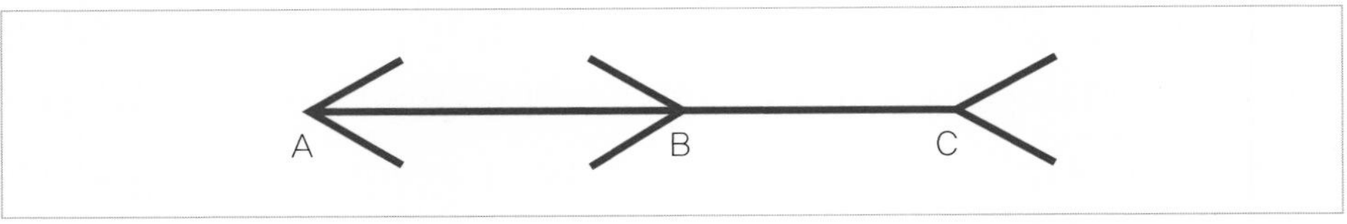

| **그림 3-16** | **뮐러-라이어(Müller-Lyer) 착시**

선분 AB와 BC 중 어떤 것이 더 길어 보이는가? 대부분의 사람에게는 두 선분의 길이가 거의 같은 것으로 지각된다. 그렇지만 당신은 자를 이용하여 그 길이를 재 보면 AB가 BC보다 약 1/3이 더 길다는 것을 알 수 있다. 왜 우리의 눈이 우리를 속이는가?

비행기 조종사나 선장 그리고 자동차 운전자는 다양한 시계에서 주변을 지각한다. 그들의 지각이나 반응에서 오류가 발생하면 그 결과는 대참사로 이어지기도 한다. 거리에 대한 판단을 알아보기 위하여 심리학자인 로스(Ross, 1975)는 헐(Hull) 대학의 잔디에 흰 원판들을 세워 놓고 거리를 판단하게 하였다(| **그림 3-17** | 참조). 그 결과 아침에 안개가 낀 상태에서 거리를 판단하는 경우가 정오의 햇살 아래서 판단하는 것보다 더 먼 것으로 판단되었다. 이것은 우리가 거리를 어떻게 판단한다는 것인가?

3. 지각적 조직화

감각자극을 의미 있는 지각체로 변환시키기 위해서 우리는 그것들을 조직화해야 한다. 우리는 대상을 배경에서 분리하여야 하고, 그것을 의미 있고 일정한 형태를 가진 것으로 파악하여 그 거리와 움직임을 판단해야 하는 것이다. 뇌가 지각하

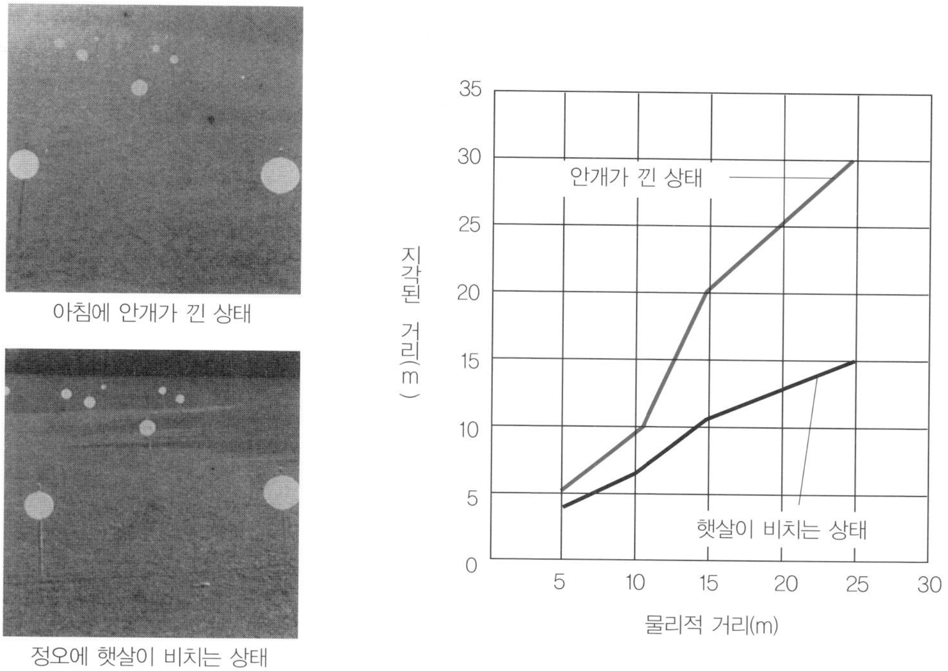

| 그림 3-17 | **자극의 선명도에 따른 거리지각(Ross, 1975)**

는 원리를 이해하면 착각이 왜 발생하는지를 설명할 수 있다.

20세기 초에 일단의 독일 심리학자들은 어떻게 마음이 감각을 지각으로 조직화하는가에 관심을 가졌다. 감각질이 주어지면 사람들은 그것들을 조직화하여 게슈탈트(Gestalt)를 구성한다. 게슈탈트는 독일어로 형태나 전체를 의미한다. 게슈탈트 심리학자들은 자신들의 주장을 뒷받침하는 여러 가지 예를 제시하였다. 앞에 제시된 | **그림 3-14** |를 보면 그림의 구성요소들은 세 개의 직선이 포함된 여덟 개의 원형에 지나지 않는다. 그러나 우리는 그것들을 종합하여 넥커 큐브로 보게 된다.

게슈탈트 심리학자들은 "전체는 부분의 합 이상이다."라고 말하기를 좋아한다. 지각은 감각이 단순히 모인 것 이상의 어떤 것이 있다고 보기 때문이다. 게슈탈트 심리학자들은 여러 가지 사례를 이용해서 우리가 감각을 조직하여 지각하는 원리를 제안하였다.

시각적 특징을 완전한 형태로 구성하려는 경향성은 입력자극의 감각적 분석에서 시작되는 상향처리(bottom-up processing)와 이러한 감각질을 해석하기 위하여 경험과 기대를 사용하는 하향처리(top-down processing)를 통해서 이루어진다.

1) 형태지각

인간의 눈과 두뇌체계를 갖추고 손으로 쓴 글씨를 읽고 얼굴을 알아보는 컴퓨터 시스템을 만들려 한다고 가정해 보자. 사실 미국의 우체국에서는 그러한 스캐너를 개발하기 위해서 수백만 달러를 투자하였다. 이러한 시스템에 어떤 능력들이 필요한지 생각해 보자.

(1) 전경과 배경

지각에서 우리의 첫 번째 과제는 배경(ground)이라고 하는 주변으로부터 전경(figure)이라고 하는 대상을 분리해서 보는 것이다. |그림 3-18|에서는 전경-배경이 연속적으로 반전된다. 그러나 우리는 언제나 주어진 자극에서 배경을 뒤로 한 전경을 조직화한다. 그림은 꽃병인가? 아니면 마주보는 두 개의 얼굴인가? 이러한 전경-배경 반전도형은 동일한 자극이 한 가지 이상으로 지각될 수 있다는 것을 보여 준다.

|그림 3-18| **전경-배경 반전도형**

(2) 지각집단화

전경과 배경을 분리하고 나면 우리는 전경을 의미 있는 형태로 조직화하여야 한다. 우리는 색채, 운동, 명암대비와 같은 장면의 기초적인 특징을 즉각적이고 자동적으로 처리한다(Treisman, 1987). 이러한 기본적인 감각에 순서나 형태를 부여하기 위해서 우리의 마음은 다음과 같이 자극을 집단화(grouping)하는 어떤 규칙을 따른다(|그림 3-19| 참조).

- 근접성(proximity): 우리는 가까이 있는 것들을 함께 집단화한다. 즉, 여섯 개의 구분된 선을 보는 것이 아니라 두 줄로 된 세 개를 본다.
- 유사성(similarity): 만약 생김새가 유사하면 우리는 유사한 것들끼리 집단화한다. 우리는 여러 형태로 구성된 수평선을 보는 것이 아니라 삼각형과 원으로 된 수직선을 본다.
- 연속성(continuity): 우린 불연속적인 것보다는 부드럽게 연속된 패턴을 지각한

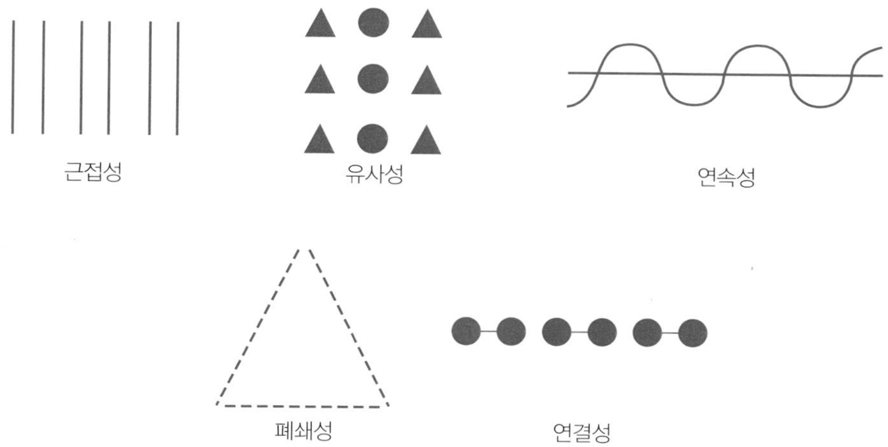

| 그림 3-19 | **집단화의 원리**

다. 이러한 패턴은 반원들의 모임일 수도 있으나 우리는 정현파인 곡선과 직선으로 지각한다.

- **폐쇄성**(closure): 그림에 틈이 있으면 우리는 그것의 빈 곳을 채워서 완전한 전체적인 대상으로 지각한다. 우리는 자연스럽게 이 틈을 메워 완전한 삼각형을 본다.
- **연결성**(connectedness): 우리는 동일한 것이 연결되어 있으면 점과 선과 그 영역을 하나의 단위로 지각한다.

2) 깊이지각

우리는 망막에 비친 2차원적인 영상을 이용하여 3차원적인 지각을 해야 한다. 3차원적으로 대상을 지각하는 것을 깊이지각(depth perception)이라 한다.

우리는 어떻게 2차원적인 망막의 영상을 3차원적인 지각으로 전환하는가? 어떤 깊이지각의 단서들은 두 눈이 있음으로써 가능한데, 이를 양안단서(binocular cue)라고 한다. 어떤 단서들은 각 눈에 따로 작용하는데, 이를 단안단서(monocular cue)라고 한다.

우리의 눈은 약 6cm 떨어져 있기 때문에 두 눈에 맺힌 영상은 약간 다르다. 뇌가 두 영상을 비교할 때, 두 영상의 차이인 양안부등(binocular disparity)은 대상의 상대적인 거리를 판단하는 데 중요한 단서가 된다. 자신의 코앞에 손가락을 가져다

놓고 보면 자신의 두 망막에 맺힌 상은 매우 다르다는 것을 알 수 있다. 그러나 거리가 멀어짐에 따라서 두 망막상의 차이는 적어지게 된다.

거리에 대한 또 다른 양안단서는 시선수렴(convergence)이다. 이것은 가까운 대상을 볼 때 눈동자가 코 쪽으로 돌아가는 신경근육 단서다. 시선수렴의 각도를 알아냄으로써 뇌는 당신이 가까이 있는 책을 응시하는지 아니면 방의 저쪽에 있는 사람을 응시하는지를 계산할 수 있다.

그러나 한쪽 눈의 시력을 잃은 사람도 일상적인 활동을 할 때 사물의 거리를 판단하는 데 큰 어려움을 느끼지 않는다. 어떻게 이런 일이 가능한가? 2차원의 단일 영상 내에도 거리를 판단할 수 있는 단서들이 있는데 이것들을 단안단서라 한다(| **그림 3-20** | 참조).

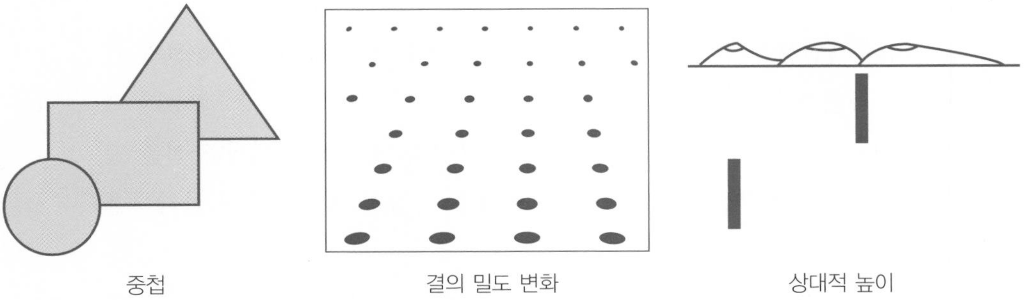

| **그림 3-20** | **거리지각의 단안단서**

- **상대적 크기**: 우리가 두 물체의 크기가 비슷하다고 가정할 때 망막에 맺힌 영상의 크기가 작을수록 멀리 있는 것으로 판단한다.
- **중첩**: 한 물체가 다른 것을 부분적으로 가리고 있으면 가려진 것이 더 멀리 있는 것으로 지각한다.
- **상대적 명확성**: 윤곽이 뚜렷한 물체보다는 윤곽이 흐린 물체를 더 멀리 있는 것으로 지각한다.
- **결의 밀도 변화**: 간격이 넓고 구별되는 결의 밀도가 점진적으로 좁고 구별 안 되는 결의 밀도로 변화되면 거리가 멀어지는 것으로 판단한다.
- **상대적인 높이**: 우리는 두 대상이 지평선 아래에 있을 때 시야에서 위쪽에 있는 대상을 더 멀리 있는 것으로 지각한다.

| 그림 3-21 | **상대적 운동**

| 그림 3-22 | **선형조망**

- 상대적 운동: 우리가 이동할 때 고정된 물체도 상대적인 움직임이 있는 것으로 지각된다. 기차를 타고 갈 때 가까이 있는 나무들은 멀리 있는 나무들보다 더 빨리 뒤로 움직이는 것처럼 느껴진다(| 그림 3-21 | 참조).
- 선형조망: 기차선로와 같은 평행한 선들은 거리가 멀어질수록 한 점으로 수렴된다. 선들이 가깝게 모일수록 거리는 더 먼 것으로 지각된다(| 그림 3-22 | 참조).

3) 운동지각

영화를 볼 때처럼 약간 다른 영상을 연속적으로 보여 주면 대뇌는 그것을 움직임으로 지각한다. 이를 스트로보스코픽 운동(strovoscopic movement)이라고 한다.

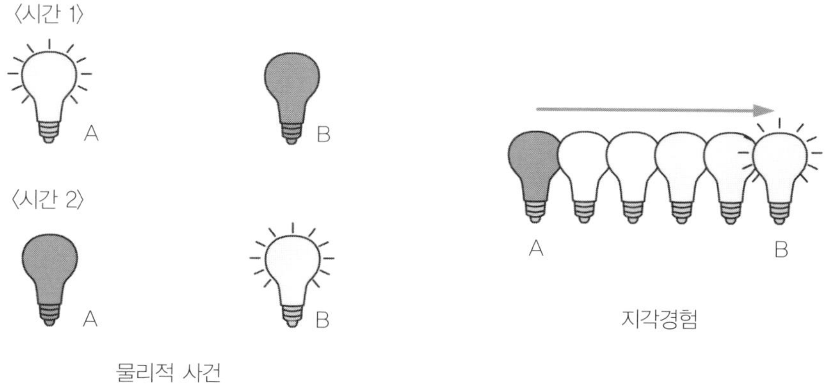

| 그림 3-23 | **파이현상**

시간 1에서 A전구가 켜지고 시간 2에서 A전구는 꺼지고 B전구가 켜진다. 그러면 우리는 A에서 B로 운동이 발생한 것으로 지각한다.

초당 24장의 영상을 보여 주면 영화필름은 운동지각을 일으킨다. 우리가 보는 운동은 필름에 있는 것이 아니라 우리의 뇌에서 구성되는 것이다. 극장이나 식당 등은 파이현상(phi phenomenon)을 이용하여 다른 형태의 운동착각을 만들어 낸다. 근접한 두 개의 전구가 연속적으로 켜졌다 꺼지면 우리는 그것들 사이에 불빛이 이동하는 것으로 지각한다(| 그림 3-23 | 참조).

4) 지각항등성

지금까지 살펴본 것처럼 우리가 만들고자 하는 컴퓨터 시스템은 구별된 형태와 위치 그리고 운동까지 우리가 하는 것처럼 대상을 지각해야만 한다. 해결해야 할 다음 과제는 더욱 어렵다. 그것은 바로 대상의 크기, 형태, 밝기, 색채가 변화하여도 대상을 일관성 있게 인식하는 것이다. 지각항등성(perceptual constancy)은 대상 자극이 변화하여도 불변하는 대상을 지각하는 것을 말한다. 따라서 우리는 보는 각도, 거리, 조명과는 상관없이 대상을 알아볼 수 있다. 이러한 지각항등성은 어떠한 것들이 있으며, 어떻게 이루어질까?

(1) 모양항등성과 크기항등성

모양항등성(shape constancy)은 대상의 움직임에 의해 모양이 바뀌어도 대상을 지각할 수 있는 능력을 의미한다. 문이 열릴 때 문이 열린 각도에 따라서 우리의 망막에 맺힌 영상의 형태는 변화되지만 우리는 문이 일정한 형태를 가지고 있는 것으로 지각한다(| 그림 3-24 | 참조).

또한 크기항등성(size constancy) 덕분에 대상까지의 거리가 변화되어도 우리는 그 대상이 일정한 크기를 가지고 있는 것으로 지각한다. 멀리 있는 자동차가 장난

| 그림 3-24 | **모양항등성**

감이라고 착각하지 않는 이유는 지각항등성 때문이다. 일반적인 크기를 알고 있는 경우 이것은 거리의 단서로 활용된다.

(2) 크기와 거리의 관계

대상의 거리와 망막영상의 크기가 지각되고 나면 우리는 즉각적이고 무의식적으로 대상의 크기를 추론한다. |그림 3-25|에 제시된 괴물은 뒤에 있는 괴물이 더 큰 것처럼 보이지만 실제 그림의 크기는 같다. 이것은 우리의 뇌가 주변의 맥락에 의해 뒤의 괴물이 멀리 있는 것으로 무의식적인 추론을 수행하기 때문이다.

지평선에 걸려 있는 달은 중천에 떠 있는 경우보다 약 50% 정도 커 보인다. 그 이유에 대한 만족할 만한 설명은 없지만(Hershenson, 1989), 유력한 한 가지 설명에 의하면 지평선에는 거리에 대한 단서가 많아서 그 단서보다 멀리 있는 달을 더욱 멀리 있는 것으로 지각한다는 것이다(Kaufman & Rock, 1962). 종이를 말아서 작은 구멍을 통해서 달을 관찰함으로써 거리단서를 사라지게 하면 달은 갑자기 작게 보인다.

크기와 거리의 관계를 이용하면 앞에 제시되었던 뮐러-라이어(Müller-Lyer) 착시를 이해하는 데 도움이 될 수 있다. 이 착시에 관련된 논문은 1,250편이 넘지만 아직도 심리학자들은 만족할 만한 설명을 할 수가 없다. 한 가지 설명은 |그림 3-26|에 제시되어 있는 것처럼 표를 파는 곳의 수직선은 가까이 있어서 짧은 것으로

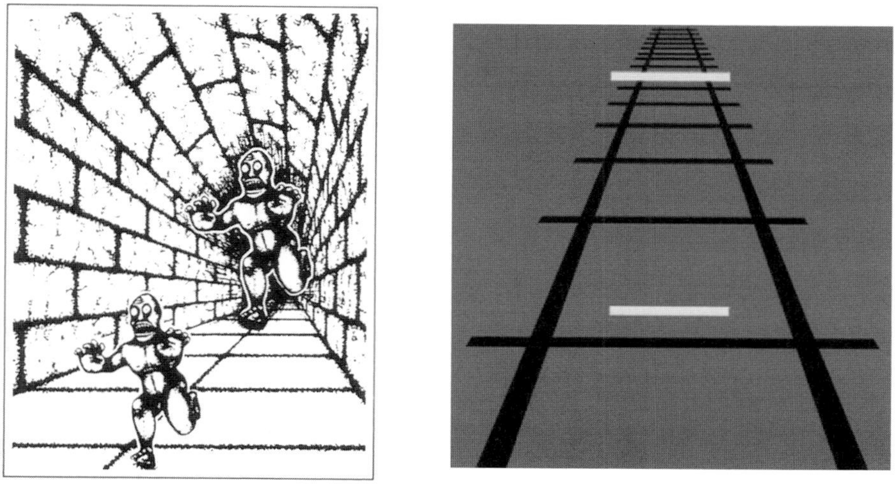

|그림 3-25| 지각된 크기와 거리의 관계(Shepard, 1990)

| 그림 3-26 | 뮐러-라이어(Müller-Lyer) 착시의 설명

지각되지만, 문 쪽에 있는 수직선은 멀리 있는 것으로 해석되어 더 긴 것으로 지각된다는 것이다.

(3) 밝기항등성

| 그림 3-27 | 밝기 대비

우리는 조명의 변화에도 불구하고 대상의 밝기를 일정하게 지각하는데, 이것을 밝기항등성(brightness constancy)이라 한다. 지각된 밝기는 대상에서 반사되는 빛과 주변에서 반사되는 빛의 상대적 강도에 의해서 영향을 받는다. 주변 상황이 변화되지 않을 때 지각된 밝기가 비교적 일정하게 유지될 때 주변 상황이 변화되면 어떻게 될 것인가? | 그림 3-27 | 에 제시되어 있는 것처럼 우리의 뇌는 대상 주변과 비교하여 밝기와 색을 계산한다. 따라서 지각된 밝기는 상황맥락에 따라 변화된다.

4. 자극의 해석

우리는 어느 정도까지 지각하는 것을 배우는가? 만약에 우리가 생후 초기에 정상적인 시각경험을 하지 못하였다면 나중에 정상적으로 지각할 수 있는가? 우리의 가정과 신념은 우리의 지각과 해석에 얼마만큼 영향을 미치는가?

1) 감각 박탈과 시각 회복

출생 시 장님이었던 사람이 성인이 되어 치료를 받으면 정상적인 시각능력을 갖추게 되는가? 백내장을 가지고 태어나 희뿌연 빛만을 볼 수 있는 사람을 대상으로 한 연구에서 나중에 백내장을 제거하였을 때 전경과 배경을 구분하고 색채를 볼 수 있었지만, 출생 시부터 사물을 보지 못했던 사람들은 사물의 형태를 시각적으로 인식할 수 없었다(Gregory, 1978).

어린 고양이와 원숭이의 눈에 희미하게만 볼 수 있는 안경을 끼워서 자라게 한 경우(Wiesel, 1982), 유아기가 지나 안경을 제거한 후 색채와 밝기는 구별할 수 있었지만 원과 사각형을 구별할 수는 없었다. 눈이 퇴화된 것이 아니라 자극의 결핍으로 인하여 시각피질세포가 정상적으로 발달하지 못하였다. 어린 고양이, 원숭이, 사람에 대한 시각경험의 효과를 살펴보면 정상적인 감각 지각발달에 결정적 시기(critical period)가 있는 것으로 추정된다. 적절한 시기에 적절한 경험을 통해서 뇌가 정상적으로 발달해야 한다. 그러므로 생후 초기의 정상적인 시각경험은 시각발달에 매우 중요하다.

2) 지각순응

우리가 만약에 시각상을 약간 찌그러져 보이도록 하는 안경을 썼다고 하면 2~3일 내로 적응할 수 있다. 만약에 좌우가 바뀌고 위아래가 거꾸로 보이는 안경을 착용하게 되면 어떻게 될 것인가? 처음에는 공도 반대로 던지고 길을 걷거나 음식을 먹기도 어려워서 불편해하고 우울해하지만 8일 정도 지나게 되면 편안하게 사물을 잡을 수도 있고 넘어지지 않고 걸어갈 수도 있다(Dolezal, 1982; Kohler, 1962; Stratton, 1896).

3) 지각적 갖춤새

| **그림 3-28** |은 무엇처럼 보이는가? 색소폰 연주자인가 혹은 여인의 얼굴인가? 이 그림에서 무엇을 보게 되는가는 두 장의 모호하지 않은 그림 중 어떤 것을 먼저 보는가에 달려 있다(Boring, 1930). 왼쪽 그림을 먼저 보면 악기 연주자를 보게 되고, 오

| 그림 3-28 | 지각적 갖춤새(Shepard, 1990)

른쪽 그림을 먼저 보면 여인의 얼굴을 보게 된다. 이것은 먼저 제시된 그림이 지각적 갖춤새를 형성하도록 영향을 주기 때문이다.

지금까지 감각입력을 받아서 의미 있는 지각을 구성하기까지의 정보처리를 살펴보았다. 그러나 우리의 뇌는 더 많은 일을 한다. 잠, 최면 또는 약물의 영향을 받아서 외부 세계에는 없는 영상을 만들어 내기도 하고, 경험을 통해서 배우고, 배운 것을 나중에 기억해 내기도 한다. 뇌는 사고하고 지능적인 계획을 세운다. 우리의 감각과 행동 사이에는 상상하기 힘들 만큼 뇌의 복잡한 처리가 일어나고 있는 것이다.

요 약

1. 우리가 감각기관을 이용하여 환경으로부터의 에너지를 탐지하여 신경정보로 전환하는 과정을 감각이라 하고, 감각을 선택 · 조직화 · 해석하는 과정을 지각이라 한다.
2. 모든 종은 생존하기 위해서 감각기를 가지고 있는데, 이러한 감각기는 모든 범위의 에너지를 탐지하지는 못하며, 보통은 생존과 관련된 범위의 에너지를 탐지한다. 또한 일정한 에너지에 지속적으로 노출되면 감각이 둔화되며, 변화하는 자극에 주의를 주게 된다.
3. 빛은 망막을 통하여 신경정보로 전환되는데, 색채, 운동, 형태, 깊이 등의 시각정보는 병렬적으로 처리되어 최종적으로 종합된다.
4. 우리가 소리로 지각하는 공기의 진동은 주파수와 크기의 특징이 있는데, 이는 음의 고저와 크기로 지각된다.
5. 감각정보는 그 자체로는 아직 의미가 파악되지 않은 상태지만 세상 지식이나 기대 등의 하향적 과정이 개입되어 의미를 갖게 된다.
6. 우리는 지각적 착각이 발생하는 상황을 검토하는 것을 통하여 지각과정에 대한 통찰을 얻을 수 있다.
7. 지각적 능력은 선천적인 요인과 후천적인 요인이 조합되어 형성된다.

제 4 장

학습심리학

학습목표

1. 각 학습유형의 기본원리, 즉 학습법칙을 이해한다.
2. 실험적으로 밝혀진 학습원리를 이용하여 설명할 수 있는 인간의 행동에는 어떤 것이 있는가를 알아본다.
3. 동물 또는 인간의 행동을 변화시키려 할 때 학습원리를 어떻게 응용할 수 있는가를 알아본다.
4. 유기체가 주어진 환경에 적응하는 과정에서 학습이 하는 역할이 무엇인지를 알아본다.

04

인간을 비롯한 동물들은 환경에 적절하게 적응해야 생존을 유지할 수 있다. 그런데 동물들이 살아가는 주변의 환경조건은 일정한 상태로 머물러 있는 것이 아니라 끊임없이 바뀐다. 계속적으로 변화하는 환경에 적응하는 데에는 두 가지 적응기제가 사용된다. 하나는 조상으로부터 유전적으로 이어받은 행동양식이다. 이것은 오랜 진화과정을 거치면서 형성된 것으로 후천적인 경험을 필요로 하지 않는다. 동물들, 특히 하등동물의 행동에는 유전된 것이 아주 많다. 예를 들어, 새가 둥지를 틀고, 알을 낳고, 먹이를 찾고, 자신의 둥지로 되돌아오는 것과 같은 행동은 대부분 학습을 필요로 하지 않는다. 그러나 인간의 경우에는 이러한 유전된 행동보다 훨씬 다양한 행동을 구사하고 있다. 이는 인간이 적응을 하기 위해 다른 동물보다 학습을 더 많이 한다는 것을 의미한다. 대부분의 심리학자는 학습(learning)이 훈련 또는 경험의 결과로 나타나는 행동상의 비교적 영속적인 변화라고 정의한다. 그러나 학습된 것이 항상 행동으로 수행되는 것은 아니다. 예를 들어, 새로운 수학 공식을 배워서 습득하고 있어도 그것을 사용할 상황이 아닌 다른 조건에서는 학습된 지식이 수행(performance)으로 드러나지 않을 것이고, 다른 사람들은 당신이 그 공식을 습득하고 있다는 것을 알 수 없을 것이다. 그래서 어떤 심리학자들은, 학습은 과거에 있었던 경험의 결과로 생긴 행동 또는 정신과정상의 비교적 영속적인 변화라고 정의한다.

이 장에서는 먼저 가장 기본적인 두 가지 형태의 학습, 즉 고전적 조건화(classical conditioning)와 조작적 조건화(operant conditioning)를 살펴볼 것이다. 이 두 가지 유형의 학습은 어떤 대상이나 사건과 같은 특정 자극에 대해 새로운 반응을 형성하는 것으로 연합학습(association learning)이라고 한다. 어떤 심리학자들은 이 두 가지 과정으로 모든 학습현상을 설명할 수 있다고 주장한다. 그러나 다른 심리학자들은 자극과 반응 간의 관련을 짓는 것 이상의 다른 학습도 있다고 생각한다. 따라서 이 장에서는 간접적인 경험을 통한 사회학습과 환경에 대한 내적 정보처리를 중요시하는 인지학습도 다룰 것이다.

제1절 고전적 조건화

1. 파블로프의 발견: 정신반사

Ivan P. Pavlov

파블로프(I. P. Pavlov, 1849~1936)는 심리학, 특히 학습심리학 분야에서 가장 유명한 인물 가운데 한 사람이다. 그러나 그는 심리학자가 아닌 생리학자였고, 개의 소화기계 생리에 관한 연구로 1904년에 이미 노벨 생리학상을 수상하였다. 실험 도중, 그는 음식물을 주지 않았는데도 평소에 음식물을 가져다주는 실험자를 보고 개가 침을 흘리는 현상을 발견하였다.

파블로프는 음식물이 없는데도 어떻게 타액이 분비되는가를 알아보기 위해서 간단한 실험을 고안하였다. 먼저 그는 개의 타액선에 가는 튜브를 연결하는 수술을 하였다. 이 튜브를 통해 타액이 바깥으로 흘러나오면 분비된 타액의 양을 기계적으로 정확하게 측정할 수 있게 하였다. 수술한 개를 실험장치에 고정시킨 상태에서 실험이 실시되었다(|그림 4-1|).

실험의 첫 단계에서 파블로프는 개의 입에 음식물을 넣어 주면 타액이 분비되고, 종소리를 들려주면 타액이 분비되지 않는다는 것을 확인하였다. 음식물을 입

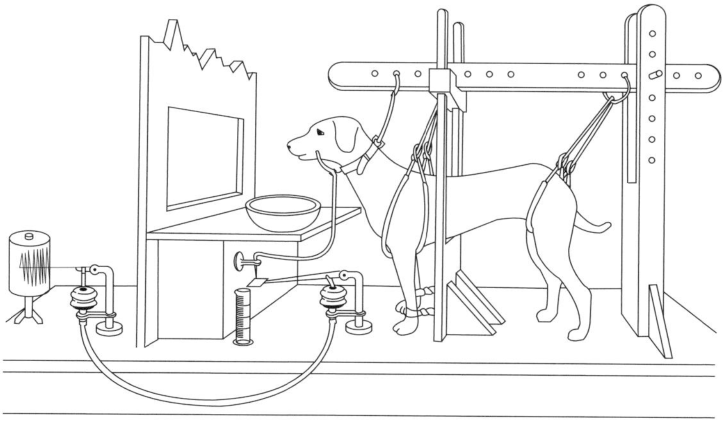

|그림 4-1| **파블로프가 사용했던 실험장치**

타액선에 연결된 가는 튜브를 통해 타액이 흘러나오면 기계장치에 의해 타액분비량이 기록된다.

에 넣어 줄 때 나타나는 타액분비는 선천적이고 자동적으로 유발되는 반사다. 그러나 종소리는 개의 타액분비와 무관한, 즉 타액분비를 촉진시키거나 억제시키는 작용을 하지 못하는 중성자극이다. 종소리만 들릴 때 개는 침을 흘리는 것이 아니라 귀를 쫑긋 세우고 소리가 들려오는 쪽으로 머리를 돌리는 행동을 하는데, 이를 정위반사(orienting reflex)라고 한다.

두 번째 단계에서 파블로프는 종소리를 들려준 직후 개의 입에 음식물을 넣어 주었다. 이렇게 하면 음식물이 제시되기 때문에 개는 당연히 침을 흘린다. 종소리와 음식물을 짧은 시간 간격으로 함께 제시하는 짝지움을 어느 정도 반복한 후, 실험은 세 번째 단계로 들어간다. 이 세 번째 단계는 음식물 없이 종소리만 제시된다. 파블로프는 음식물이 제시되지 않는 이 단계에서도 개가 침을 흘린다는 것을 관찰하였다. 즉, 종소리만으로 타액분비를 유발시켰는데 파블로프는 이를 정신반사(psychic reflex)라고 하였다.

| **그림 4-2** |는 파블로프가 수행한 실험을 단계별로 도식화하여 보여 준다. 파블로프가 보고한 이 최초의 실험절차를 파블로프 조건화(Pavlovian conditioning) 또는 고전적 조건화라고 한다. 그림에서 볼 수 있듯이 음식물은 아무런 조건 없이 자연스럽

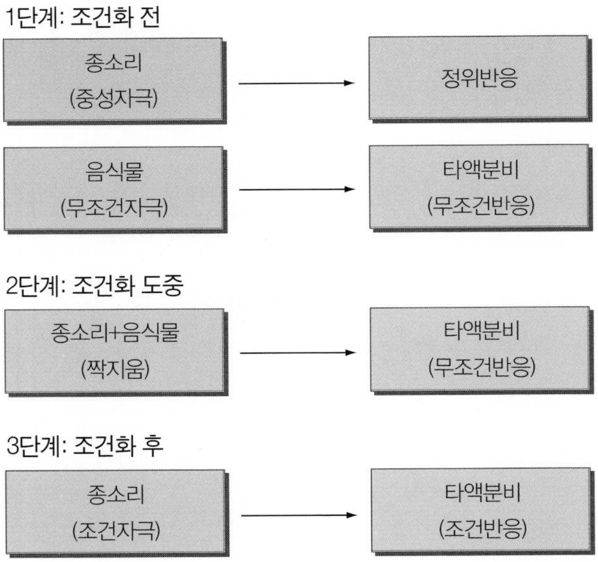

| **그림 4-2** | **고전적 조건화**

중성자극이 무조건자극과 짝지어짐으로써 조건자극이 된다.

게 타액을 분비시킨다. 따라서 이때의 음식물을 무조건자극(unconditioned stimulus: US)이라 하고, 이 자극에 의해 유발되는 반응을 무조건반응(unconditioned response: UR)이라 한다. 이와 달리 종소리는 자연상태에서 타액분비와는 무관한 중성자극이었다. 그러나 2단계의 짝지움을 통해 타액분비 반응을 이끌어 낼 수 있는 특성을 갖게 되었기 때문에 3단계의 종소리를 조건자극(conditioned stimulus: CS)이라고 한다. 그리고 이 조건자극에 의해 유발된 타액분비를 조건반응(conditioned response: CR)이라 한다.

지금까지 보았던 바와 같이 고전적 조건화는 아주 단순한 것처럼 보인다. 그래서 많은 심리학자는 고전적 조건화를 사고과정이 개입되지 않고 이루어지는 자동적인 것으로 생각하였다. 파블로프의 피험동물인 개가 종소리가 나면 다음에는 음식물이 짝지어지는 동안에 뇌 속에 두 자극 사이를 연합하는 간단한 신경연결(neural connection)이 형성되었을 것이라고 믿었다. 그러나 레스콜라(Rescorla, 1987, 1988)를 비롯한 인지심리학적 입장의 연구자들(Clark & Squire, 1998; Woodruff-Pak, 1999)은 이와 다른 견해를 제시하였다. 그의 주장은 파블로프의 개는 CS와 US의 단순 연합을 형성하는 것이 아니라 CS(종소리)가 US(음식물)에 대한 신호라는 관계를 학습한다는 것이다.

2. 고전적 조건화와 관련된 현상

1) 습 득

이미 살펴본 파블로프의 실험에서 우리는 습득(acquisition)이라는 특정 용어를 사용하지는 않았으나 그 현상은 기술하였다. 습득이란 새로운 조건반응이 형성 또는 확립되는 과정을 가리킨다(| 그림 4-4 ⓐ |). 파블로프는 조건반응이 습득되는 정도가 조건자극과 무조건자극을 어느 정도의 시간 간격으로 제시하는가 하는 자극의 근접성(contiguity)에 따른다고 하였다. 즉, 두 자극 사이의 제시 간격이 짧을수록 조건반응은 더 잘 습득된다는 것이다.

자극 근접성은 중요한 변인이지만 이 조건만 충족된다고 해서 조건화가 자동적으로 이루어지는 것은 아니다. 고전적 조건화에 영향을 주는 여러 변인들 중에 US와 CS가 제시되는 순서와 시간적 관계성이 특히 중요하다(Rescorla, 1988; Wasserman & Miller, 1997). | 그림 4-3 |에는 조건자극과 무조건자극을 제시하는

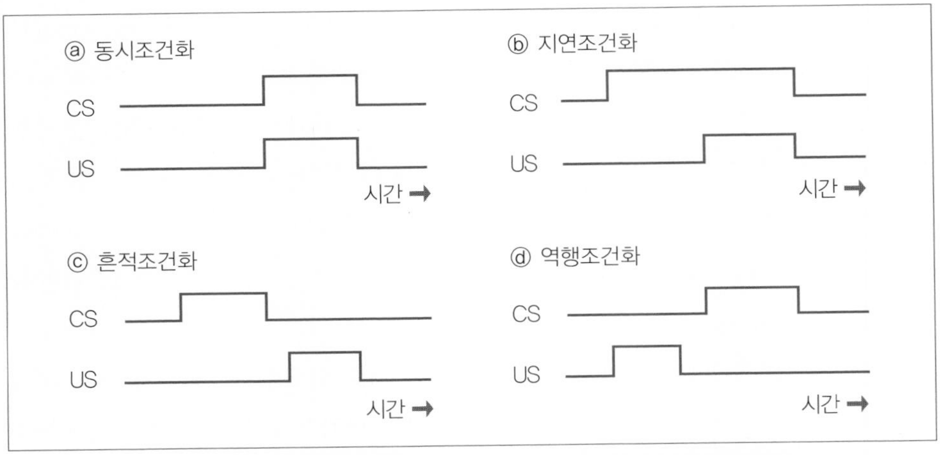

| 그림 4-3 | 고전적 조건화에서 CS와 US를 제시하는 시간적 관계성

네 가지 방법이 도식화되어 있다.

그림에 제시된 네 가지 조건화 가운데 CS가 US보다 약 0.5초 먼저 제시되는 지연조건화(delayed conditioning)가 가장 효과적이라고 한다(Heth & Rescorla, 1973; Kamin, 1965). 역행조건화(backward conditioning)의 경우 CS가 US를 전혀 예측해 주지 못하므로 가장 비효과적인 짝짓기다. 동시조건화(simultaneous conditioning)와 흔적조건화(trace conditioning)는 역행조건화보다는 낫지만 지연조건화와 비교할 때 효과적인 짝짓기는 되지 못한다.

2) 소거와 자발적 회복

무조건자극 없이 조건자극만을 계속적으로 제시하면 이미 습득되었던 조건반응의 강도가 점차 약화되고 결국에는 완전히 사라지는데, 이를 소거(extinction)라 한다(| 그림 4-4 ⓑ |).

조건자극과 무조건자극 간의 연합을 제거하면 과거에 습득되었던 조건반응이 약화되는 소거도 일종의 학습과정이다. 소거시행 동안에 동물은 습득에서와는 달리 조건자극에 뒤이어 아무런 결과도 수반되지 않는다는 것을 학습하는 것이다. 학습된 반응이 약화되는 현상에는 망각(forgetting)도 있다. 과거에 습득된 반응의 강도가 약화된다는 점에서는 소거와 망각이 비슷한 것처럼 보이지만 둘 사이에는 중요한 차이가 있다. 소거의 원인은 조건자극에 뒤이어 무조건자극이 제시되지 않는 새로운 경험을 하는 것이지만, 망각의 원인은 단지 오랫동안 반응을 수행할 기

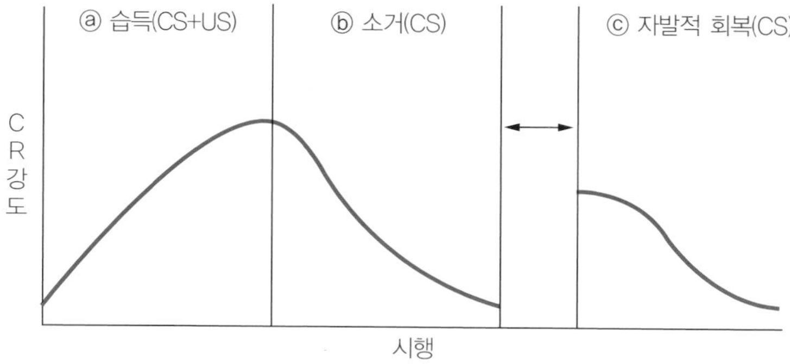

| 그림 4-4 | 습득, 소거 그리고 자발적 회복을 나타내는 학습곡선

습득 동안에 조건반응의 강도는 최고수준까지 증가하고(ⓐ), CS만 제시되는 소거 동안에 감소하여 거의 반응이 나타나지 않게 된다(ⓑ), 아무 자극 없이 일정기간이 지난 후 다시 CS만 제시하고 검사해 보면 소거되었던 반응이 일시적으로 다시 나타난다(ⓒ).

회를 갖지 못하는 것이다.

| 그림 4-4 |에서 볼 수 있듯이 조건반응을 소거시킨 후 몇 시간 또는 며칠이 지나 조건자극을 다시 제시하면 동물은 어떤 반응을 할까? 대부분의 경우 동물은 다시 반응을 할 것이다. 이처럼 추가적인 훈련 없이 어느 정도의 휴식 후에 소거되었던 반응이 다시 나타나는 현상을 학습심리학자들은 자발적 회복(spontaneous recovery)이라고 부른다(| 그림 4-4 ⓒ |). 물론 이때 나타나는 반응의 크기는 처음 습득되었던 최고수준에는 미치지 못하고 지속기간도 일시적이다. 소거되었던 조건반응이 다시 나타나는 자발적 회복은 소거에 의해 학습된 반응이 무효화 또는 폐지되는 것이 아니라 일시적으로 차단되는 것임을 보여 준다.

3) 자극일반화와 변별

조건화가 일어난 후에 유기체는 조건화 과정에서 경험하였던 조건자극이 아닌 그것과 유사한 자극에 대해서도 반응을 나타내는 경향이 있다. 예를 들어, 파블로프의 개는 조건자극인 종소리가 아닌 부저소리에 대해서도 침을 흘리고, 토끼는 다른 부저소리를 듣고도 눈꺼풀을 깜박이는 반응을 나타낸다. 이와 같이 특정 자극에 대해서 반응하는 것을 학습한 유기체는 원래의 자극과 유사한 새로운 자극에 대해서도 비슷한 방식으로 반응하는데, 이를 자극일반화(stimulus generalization)라 한다.

행동주의 창시자인 존 왓슨(John Watson)은 일반화에 대한 아주 인상 깊은 연구를 하였다. 그 실험의 피험자는 11개월 된 앨버트(Albert)라는 유아였는데, 앨버트도 다른 아이들과 마찬가지로 처음에는 흰쥐를 무서워하지 않았다. 왓슨과 레이너(Watson & Rayner, 1920)는 놀라움을 일으키는 큰 소리와 짝지어 흰쥐를 제시하였다. 앨버트는 큰 소리에 대해서 공포반응을 하였고, 여러 번의 짝지음으로 인해 흰쥐는 공포반응을 이끌어 내는 조건자극이 되었다. 5일 후에 왓슨과 레이너는 앨버트가 흰쥐와 비슷한 흰 털을 가지고 있는 토끼, 개, 털 코트, 산타클로스 마스크, 그리고 왓슨의 흰 머리털과 같은 자극에 대해서도 공포반응을 나타낸다는 사실을 발견하였다.

|**그림 4-5**|에서 유사한 두 자극에 대해서 유기체가 유사한 방식으로 반응한다는 것을 알았다. 그러나 유기체가 두 가지 자극에 대해 상이한 경험을 하면 원래의 조건자극과 유사한 새로운 자극에 대해서 점차 상이하게 반응할 것이다. 학습심리학에서는 이와 같이 유사한 두 자극의 차이를 식별하여 각각의 자극에 대해 서로 다르게 반응하는 현상을 자극변별(stimulus discrimination)이라고 한다.

예를 들어, 500Hz의 부저소리에 대해서 눈꺼풀 반응을 하도록 훈련받은 토끼는 유사한 자극, 즉 600Hz의 부저소리가 제시될 때도 자극일반화 때문에 원래의 자극에 대한 반응과 유사하게 반응할 것이다. 그러나 실험조건을 변화시켜 500Hz의 소리는 공기분사와 짝을 지우고 600Hz의 소리는 무조건자극 없이 제시하는 훈련을

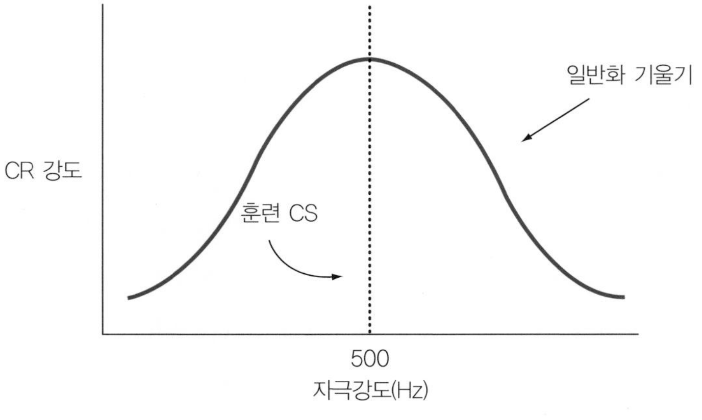

|**그림 4-5**| **자극일반화**

새로운 자극에 대한 반응의 강도는 그 자극과 훈련 CS 간의 유사성에 비례한다.

시키면 결과는 달라진다. 이렇게 훈련받은 토끼는 500Hz의 부저소리에 대해서는 눈꺼풀 반응을 하지만, 600Hz의 소리가 제시되는 경우에는 눈꺼풀 반응을 보여 주지 않게 된다. 자극일반화와 반대로 자극변별에서는 새로운 자극과 원래의 조건자극 사이에 유사성이 적을수록 변별이 더 잘 이루어진다.

4) 고차조건화

다음과 같은 실험을 가정해 보자. 먼저 종소리와 음식을 짝지어 개의 타액분비 반응을 조건화한다. 훈련을 통해 종소리가 조건자극의 역할을 하게 되면, 이 종소리를 기존의 무조건자극 대신 사용하고 다른 자극(예, 불빛)을 새로운 조건자극으로 사용하여 반복해서 짝지어 제시한다. 그 후 종소리 없이 불빛만 제시하면 개의 타액분비 반응은 어떻게 될까?

이와 같은 조건에서 개는 불빛에 대해서 타액분비 반응을 나타낸다. 불빛은 음식물과 짝지어진 적이 전혀 없는데도 종소리와 짝지어져 타액분비 반응을 일으키는 속성을 갖게 되는데, 이 과정을 2차조건화라고 한다. 한 단계 더 나아가서 다른 조건자극, 예컨대 특정 색상(파란색)과 불빛을 반복해서 짝을 지어 제시하면 나중에 파란색만 제시되어도 타액분비 반응이 나타난다. 이 과정을 3차조건화라고 한다. 이와 같이 반복적으로 새로운 조건자극을 제시하여 새로운 조건화를 반복해 나가는 과정들을 고차조건화(higher-order conditioning) 라고 한다.

3. 생활 속의 고전적 조건화

1) 공포와 불안

고전적 조건화는 공포와 불안과 같은 정서반응을 형성하는 데 중요한 영향을 미친다. 공포증(phobia)이 이에 대한 좋은 보기인데, 이것은 객관적으로 위험하지 않은 대상이나 상황에 대해서 강한 공포를 느끼는 것을 말한다. 많은 공포는 고전적 조건화의 결과로 형성된 것이다(Kalish, 1981). 예를 들어, 덩치가 크고 사납게 생긴 개를 보고 놀란 경험이 있는 어린이는 아주 강력하고 일반화된 개 공포증을 학습한 것이고, 어떤 개에게도 접근하기를 두려워할 것이다. 위험한 실제상황에서 일어난 고전적 조건화는 장기간 지속되는 조건공포를 일으킬 수 있다. 한 연구(Edwards & Acker, 1972)에서는 전쟁이 끝난 지 15년 후까지도 그 전쟁에 참여하였던 사람이 전쟁상황을 묘사하는 소리자극에 대해 강한 피부전기반응(galvanic skin response: GSR)을 보였다고 하였는데, 이 반응은 땀 분비 수준과 관련된 것으로 정서적으로 각성될 때 나타나는 전형적인 생리적 반응이다.

고전적 조건화에 의해서 불안이나 더 심각한 심리적 장애가 유발될 수 있는가? 파블로프는 이것이 가능하다고 생각하였다. 그는 개를 사용하여 원을 보여 준 후에 음식을 제공하여 침을 분비하도록 하고 타원에 대해서는 침을 분비하지 않도록 하는 변별훈련을 실시하였다. 훈련이 진행되면서 변별과제는 점점 어려워졌다. 즉, 타원의 모양을 원에 점점 더 가깝게 하였다. 과제가 어느 정도 이상 어려워졌을 때 개는 실수를 하기 시작하였고, 개의 행동이 이상하게 변화하였다. 조용하던 개가 낑낑거리며 짖었고, 계속 서성거렸으며, 주변에 있는 물건을 물어뜯는 등 이전에는 전혀 하지 않던 행동을 하였던 것이다.

파블로프는 개의 이런 행동을 관찰하고는 신경증 환자가 보여 주는 행동유형과 유사하다고 생각하여 이를 실험적 신경증(experimental neurosis)이라고 불렀다. 이 실험적 신경증은 동물이 갈등상황에 처할 때 나타나는 결과인데, 이처럼 동물이 장기간 갈등상황에 노출되면 수명 또한 짧아진다고 한다(Liddell, 1950). 이런 상황이 인간에게도 적용될 수 있는 가능성은 높다.

2) 생리적 반응

고전적 조건화는 정서반응과 같은 행동뿐 아니라 생리적 과정에도 영향을 미친다. 신체의 면역기능을 예로 들어 보자. 감염물질이 신체로 들어오면 면역계(immune system)는 항체(antibody)라는 특수한 단백질을 만들어 감염요인을 무력화한다. 에이더와 코헨(Ader & Cohen, 1981, 1984)의 연구에서는 고전적 조건화 절차가 항체의 생성을 감소시키는 면역억압(immunosuppression)을 일으킨다는 것이 밝혀졌다. 전형적인 절차는 다음과 같다.

동물이 특정 맛이 나는 액체(CS)를 마실 때 화학적으로 면역억압을 일으키는 약물(US)을 주사한다. 며칠이 지나 약물에 의한 화학적인 면역억압 효과가 사라진 후 동물들에게 그 특정 맛이 나는 액체를 다시 제공하고, 이 조건자극에 노출된 동물들의 항체를 측정해 보면 면역반응의 감소를 관찰할 수 있다.

한편, 이와 상반된 효과가 고전적 조건화로 나타날 수 있는데 그것은 약물에 대한 내성효과다. 코카인과 헤로인 같은 마약류를 반복적으로 복용하면 약물의 효과가 감소된다. 이 상태는 약물에 대한 내성이 일어난 것이다. 약물이나 주사기 또는 주입하는 장소와 같은 단서는 CS로 작용하고 그 약물은 US로 작용하여 처음에는 약물효과가 있지만 반복되면 CS에 의한 CR은 약물의 효과를 감소시키는 반응이 나타나는데 이것은 신체의 보정반응(compensatory response) 때문이다. 즉, 신체는 일탈되는 것을 막고 일정한 상태를 유지하려는 항상성(homeostasis) 기제가 있어 약물에 의한 신체적 반응의 일탈을 막고자 CS에 의해 사전에 약물의 효과를 상쇄시키기 위한 약물효과와 상반되는 반응(CR)을 일으키는 것이다. 이때 약물(US)을 복용하게 되면 사전에 약물효과 상쇄반응(CR)에 의해 약물의 효과가 없어지는 것이다.

4. 인지적 요인

파블로프를 비롯한 여러 연구자는 CS와 US가 시간적으로 근접하여 출현하는 것이 고전적 조건화의 충분조건이라고 생각했다. 이들은 자극 간의 관계에 대한 유기체의 인지적 이해에 대해서는 무시를 하였다. 그러한 내적 사건들은 관찰 가능한 것이 아닌 것으로 생각했기 때문이다. 그러나 앞의 습득과정에서 살펴본 바와 같이 지연조건화와 흔적조건화가 상대적으로 조건형성에 유리했던 것은 CS가 US를 예언할 수 있었기 때문이다. 이러한 경우에 US가 CS에 수반적(contingent)이라고 말하게 된다. 몇몇 연구자들은 고전적 조건화에서 결정적 요인은 유기체가 알고 있는 것이라고 주장하였다(Bolles, 1972; Tolman, 1932). 이러한 인지적 관점은 고전적 조건화에 새로운 지식을 제공하게 되었다(Rescorla, 1968). 레스콜라는 근접성과 수반성을 대비시킨 정교한 연구를 통해 CS가 US의 신뢰성 있는 예언자가 되어야 조건화가 될 수 있음을 보여 주었다(| 그림 4-6 |).

그림에서 볼 수 있듯이 US 수반적 조건이나 US 무선적 조건 모두에서 CS인 종소리와 US인 전기쇼크가 시간적으로 근접한 짝의 수는 동일하였다. 만일 시간적 근접성(temporal contiguity)이 조건화에 결정적이라면 이 두 조건에서는 동일한 정도의 조건화를 보여 주어야 했다. 그러나 결과는 상이하게 나타났는데 수반적 조건에서 무선적 조건보다 공포조건화가 더 쉽게 나타났다. 이것은 소리가 전기쇼크를 더 잘 예언해 주는 수반성(contingency)이 조건화에 결정적임을 보여 주는 것이다.

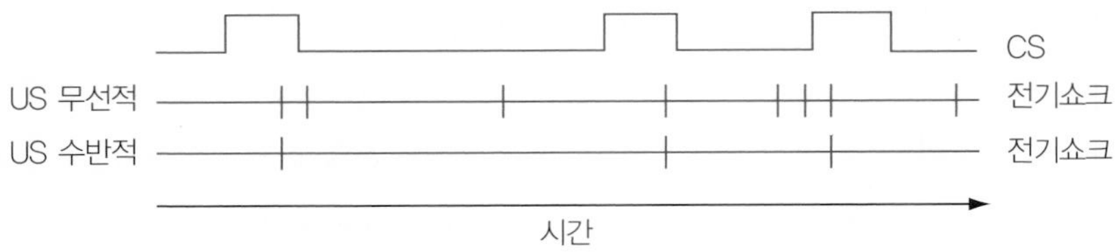

| **그림 4-6** | 레스콜라 실험에서 CS와 US의 제시방법을 보여 준다. US 수반적 조건에서 US는 항상 CS가 제시된 이후에 나타나게 되어 있다. US 무선적 조건에서는 수반적 조건과 동일하게 세 번의 수반적 제시가 있고 추가적으로 CS의 제시와 상관없이 US가 다섯 번 제시된다. 수반적 조건은 CS가 US 출현에 대한 예언력을 갖는 반면에 무선적 조건에서는 CS가 예언력을 갖지 못함에 따라 수반적 조건에서 조건화가 더 쉽게 일어난다.

제2절 조작적 조건화

고전적으로 조건화되는 반응은 불수의적인 것이다. 파블로프의 개는 타액분비를 스스로 조절할 수 없다. 그리고 우리는 일반적으로 손바닥에 땀이 나는 것이나 부끄러울 때 얼굴이 붉어지는 것을 마음대로 조절하지 못한다. 그러나 대부분의 인간행동은 수의적인 것이다. 우리는 좋은 결과를 가져다주는 것을 추구하고, 반대로 나쁜 결과를 가져다주는 것은 피한다. 또한 우리의 이러한 행동성향은 그 결과가 변경될 때 그에 따라 적절하게 변화한다. 이와 같이 결과를 바탕으로 행동을 변화시키는 능력은 조작적 조건화 원리로 설명할 수 있다.

조작적 조건화의 기본원리는 유기체가 어떤 행동을 한 후에 강화물(유쾌한 사건 또는 결과)이 주어지면 그 행동을 더 빈번히 하게 되고, 처벌(불쾌한 사건 또는 결과)이 주어지면 그 행동을 더 이상 수행하지 않는다는 것이다. 만약 한 어린이가 TV 채널을 돌리다가 어느 채널에서 자기가 좋아하는 만화영화를 보게 되었다면 그 어린이는 다음에도 그 채널을 선택할 것이다. 이 경우 어린이는 보상(만화영화)을 얻기 위해서 환경(TV 채널)에 조작을 가하는 것이므로 이를 조작적 조건화라고 한다.

Edward L. Thorndike

파블로프가 러시아에서 그의 혁신적인 실험을 수행하기 직전에 하버드 대학교의 대학원생이었던 손다이크(Edward Thorndike, 1911~1970)는 고양이를 훈련시키기 시작하였다. 처음에 그는 동물지능(animal intelligence)이라는 것이 존재하는가를 알아보기 위해서 스스로 설계하

여 제작한 문제상자(puzzle box)를 사용하여 실험을 실시하였다(|그림 4-7|). 손다이크는 고양이를 문제상자에 집어넣고 고양이가 지렛대를 밟고 밖으로 나올 때까지 소요된 반응잠재기(response latency)를 측정하였다.

문제상자 속의 고양이는 상자에서 벗어나 바깥에 놓인 음식물을 얻기 위해서 다양한 행동을 하였다. 시행이 반복됨에 따라 고양이가 지렛대를 밟고 바깥으로 나오는 반응잠재기는 짧아지지만 잠재기가 감소되는 형태는 점진적이고 다소 불규칙적이었다. |그림 4-7|의 곡선은 고양이가 보여 준 전형적인 학습곡선이다.

손다이크의 실험에서 강화(reinforcement)는 강화가 있기 직전에 하였던 반응이 미래에 또 나타날 가능성을 증가시키는 사건이다. 즉, 강화는 정확반응을 점차 많이 나타나게 한다(|그림 4-8|). 손다이크는 이 실험결과를 시행착오(trial-and-error)에 의한 효과의 법칙(law of effect)으로 요약하여 설명하였다. 효과의 법칙이란 반응 후에 수반되는 결과가 바람직한 것이면(즉, 효과가 있으면) 그 반응이 나타날 확률이 증가하고, 그 결과가 바람직하지 않으면 그 확률이 감소한다는 것이다. 이 법칙에서 중요한 것은 고양이가 문제해결을 위해 생각하거나 그 문제를 이해해야 한다고 가정할 필요가 없다는 것이다. 손다이크가 마련한 조작적 조건화 원리의 기초 위에 스키너는 획기적인 연구를 시작하였다.

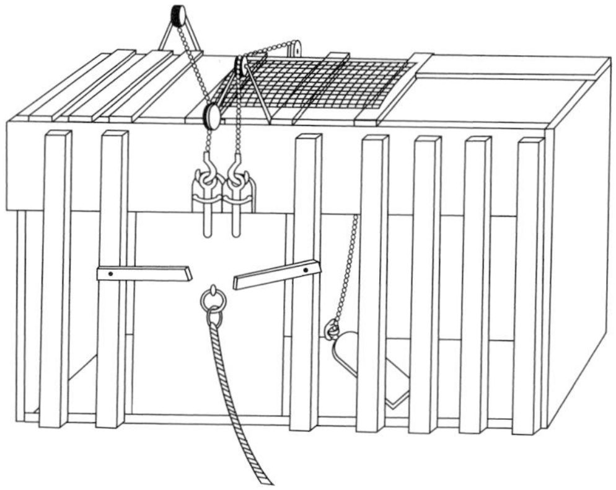

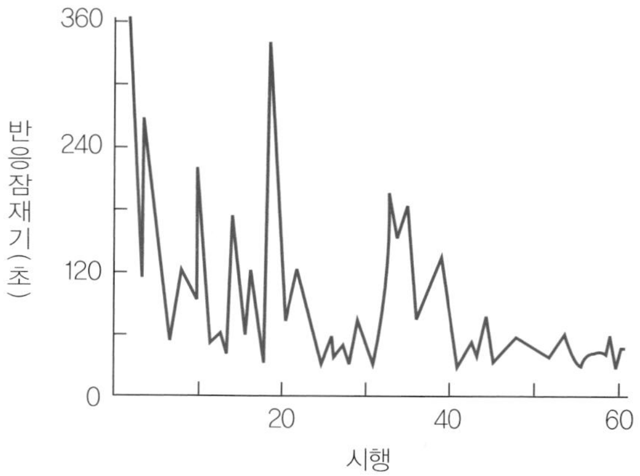

|그림 4-7| 손다이크가 사용했던 문제상자와 고양이가 보여 준 학습곡선

반응잠재기가 점진적이고 불규칙적으로 감소되었다. 이는 고양이의 학습이 시행착오과정임을 의미하는 것이다.

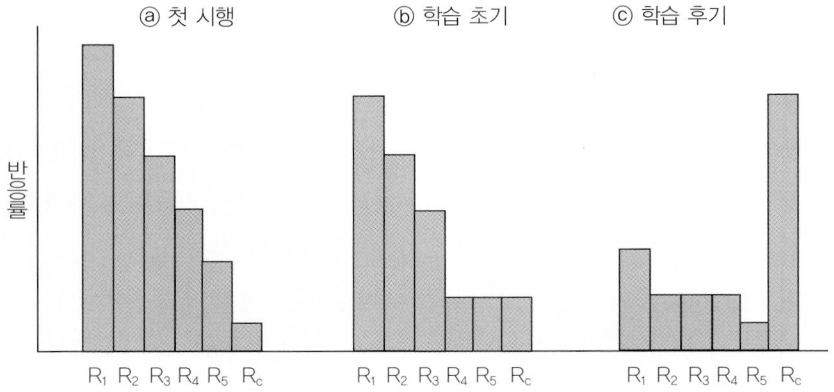

| 그림 4-8 | **문제상자에서의 행동변화 양상**

정확반응(Rc)에 대해 보상이 주어진다면, 학습이 진행되면서 다른 반응들(R1~R5)의 비율은 감소하는 데 반해 Rc의 반응률은 계속적으로 증가한다.

1. 스키너의 실험

B. F. Skinner

스키너(Skinner, 1904~1990)는 엄격한 행동주의자였고, 학습심리학의 역사상 가장 많은 영향을 끼친 연구자 중 한 사람일 것이다. 그는 뛰어난 연구자인 동시에 작가이며 사상가였다. 또한 그는 컴퓨터가 발달하기 전인 1930~1940년대에 이미 여러 가지 기계부품과 타이머를 사용하여 스스로 실험장치를 제작하는 뛰어난 재능을 가지고 있었다.

스키너는 시행마다 목표상자에 먹이를 재공급해 주는 수고를 덜기 위해 자동장치를 부착하여 쥐가 먹이를 자동적으로 공급받도록 만들었다. 그는 먹이공급장치가 달린 작은 상자 속에 쥐가 누를 수 있는 지렛대 또는 비둘기가 쪼을 수 있는 원판을 부착한 실험장치를 제작하였는데, 이것이 바로 스키너 상자(Skinner box)다(| 그림 4-9 |).

쥐가 지렛대를 누르는 장면

비둘기가 원판을 쪼는 장면

| 그림 4-9 | **스키너 상자**

1) 습득과 소거

고전적 조건화의 습득은 CS와 US 간의 관계에서 나타났다. 조작적 조건화에서는 반응 후에 오는 보상과의 관계에서 습득이 이루어진다. 즉, 스키너의 상자에서 레버를 누르는 반응과 그 뒤에 따라오는 먹이와의 관계에서 조작적 조건화가 나타나는데, 먹이는 레버를 누르는 반응을 강화하기 때문에 레버를 누르는 반응이 증가하게 된다. 여기에서 먹이는 반응률을 높이는 강화물이 된다. 고전적 조건화와 마찬가지로 조작적 조건화에서도 소거가 일어난다. 고전적 조건화에서는 CS 다음에 US가 동반되지 않음에 의해 소거가 나타나지만 조작적 조건화에서는 흰쥐가 레버를 눌렀을 때 먹이를 생략함으로써 소거를 일으킬 수 있다. 인간의 경우에, 당신이 옆자리의 동료에게 식사 때마다 같이 하자고 요청하는 버릇을 가지고 있다고 가정해 보자. 만약 당신의 요청에 대해 동료가 몇 차례 계속해서 거절한다면 당신은 계속해서 동행을 요구하겠는가? 아마도 당신은 요청을 그만두게 될 것이다. 즉, 요청하는 행동이 소거가 되는 것이다.

2) 자극통제: 일반화와 변별

조작적 반응이 반응의 결과에 따라 통제되지만 그 반응에 선행하는 자극 또한 조작적 행동에 영향을 미칠 수 있다. 한 피험동물이 특정 자극이 있을 때 어떤 반응을 수행한 결과로 강화를 받았다면, 그 피험동물은 유사한 자극조건하에서도 동일한 반응을 할 것이다. 이 현상을 자극일반화라고 하고, 일반화의 정도는 원래 자극과 새로운 자극 간의 유사성의 정도에 비례한다. 한편, 한 자극에 대한 반응결과로 강화를 받고 다른 자극에 대해서는 반응을 하여도 강화를 받지 못하거나 훨씬 적은 강화를 받는다면, 학습자는 두 자극 사이를 구분하여 상이한 반응률을 나타낼 것이다. 이것이 바로 변별이라는 현상이다. 조작적 조건화에서 이와 같이 반응에 선행하는 자극에 의해 그 반응이 변하게 되는 것을 자극통제(stimulus control)라고 한다.

3) 행동조형

스키너 상자에서 쥐가 음식물을 얻기 위해서는 벽에 장치된 지렛대를 눌러야 하고, 이 반응이 어려움 없이 수행될 수 있어야 연구자는 학습 시험을 할 수 있다. 그러나 스키너 상자 속에 쥐를 넣어 놓고 마냥 기다리면 쥐는 지렛대를 누르지 않을지도 모른다. 쥐가 반응을 할 때까지 무한히 기다리는 것을 피하기 위해 스키너는 조형(shaping)이라는 절차를 고안하였는데, 이것은 연속적 접근법(successive approximation)을 사용하여 연구자가 원하는 새로운 반응을 만들어 내는 절차다.

이 절차는 단번에 지렛대 누르기를 훈련시키는 것이 아니라 동물의 행동을 점차적으로 지렛대 누르기 반응으로 접근시키는 것이다. 처음에는 스키너 상자에서 쥐가 흔히 나타내는 행동인 일어서기를 강화시킨다. 몇 차례 강화 후 쥐는 일어서는 반응을 빈번히 하게 될 것이다. 그다음에는 강화규칙을 변경시켜 쥐가 지렛대가 있는 곳을 향하여 일어서는 행동만 강화시키고, 다음으로는 지렛대 가까이에서 일어서기를 할 때만 강화물을 제공한다. 다음 단계에서는 앞발이 지렛대에 접촉하였을 때 강화물을 제공하고, 마지막으로 앞발이 지렛대를 누르면 강화물인 먹이가 음식 접시로 자동적으로 떨어진다.

4) 행동연쇄화

스키너 상자에서 지렛대를 누르는 것과 같은 간단한 반응은 조형에 의해 확립되지만 보다 복잡한 행동을 만들어 내기 위해서는 연쇄화(chaining)라는 기법을 사용해야 한다. 동물에게 훈련시키려고 하는 행동이 여러 반응이 순차적으로 연결된 것이라고 가정하자. 우리는 동물의 반응연쇄에서 그다음 반응을 수행할 기회를 부여하여 각각의 반응을 강화시킬 수 있다. 그리고 연쇄의 마지막 반응은 실제로 강화시킨다.

예를 들어, **| 그림 4-10 |**과 같은 과제를 해결하는 일련의 반응을 훈련시킨다고 생각해 보자. 처음에는 쥐를 맨 위층에 올려놓고 먹이를 준다. 그다음에는 두 번째의 중간층에 쥐를 올려놓고, 맨 위층으로 올라갈 수 있게 사다리를 설치한다. 이 상황에서 쥐는 사다리를 타고 위층으로 올라가는 것을 학습할 것이다. 중간층에서

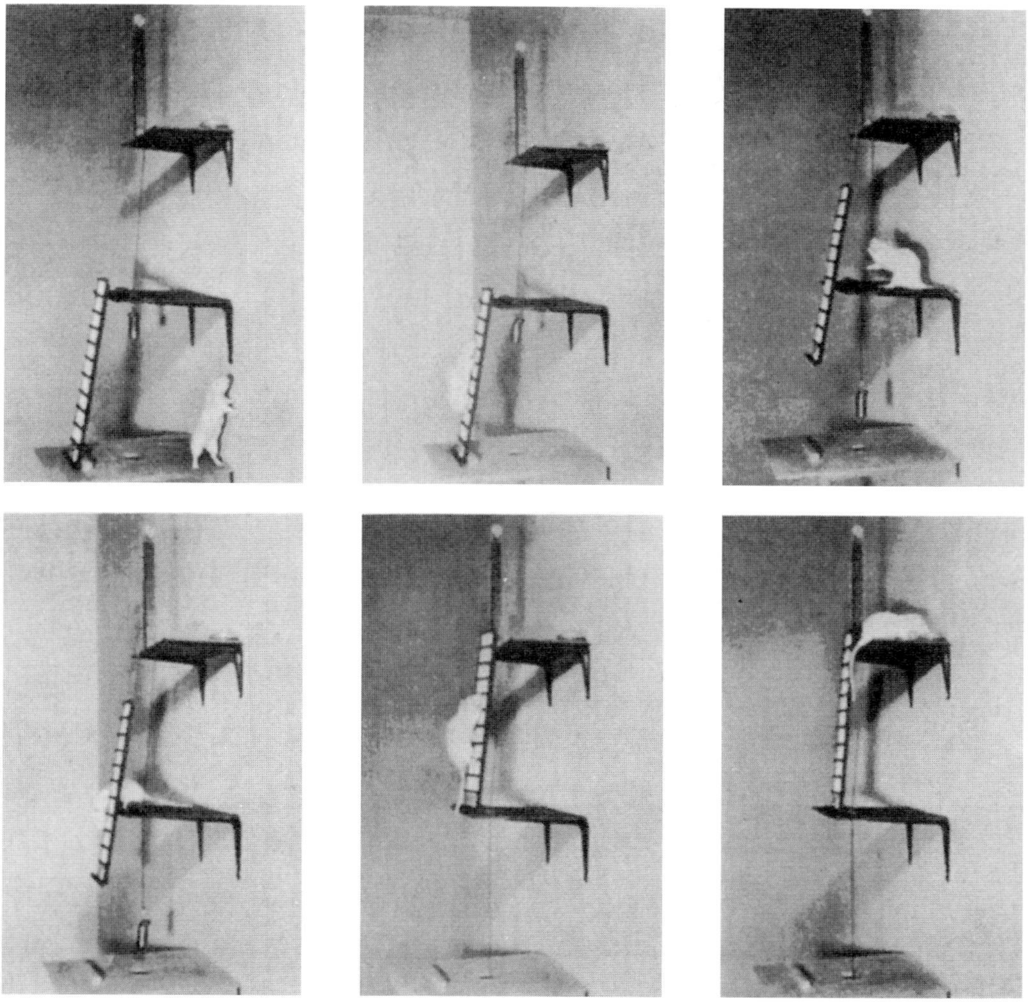

| 그림 4-10 | 연쇄화된 행동

맨 위층에 있는 먹이를 먹기 위해서 쥐는 사다리를 타고 2층으로 올라가서, 줄을 당겨 사다리를 올린 후, 그것을 통해 맨 위층으로 올라가야 한다. 이것보다 더 복잡한 행동연쇄도 마지막 반응에 한 번 강화물을 제시하는 것으로 확립할 수 있다.

위층으로 사다리를 타고 올라가는 반응이 반복적으로 나타난 후에 사다리를 제거한다. 이제 쥐는 그림에서 볼 수 있듯이 사다리와 연결된 줄을 당겨 사다리를 올린 후 위층으로 올라가는 것을 학습해야 한다. 마지막 단계로 쥐를 맨 아래층에 올려놓는다. 이제 쥐는 앞서 학습한 행동을 적용하여 사다리를 타고 중간층에 올라가서, 그곳에서 줄을 당겨 사다리를 올려놓고, 그것을 타고 올라가서 음식을 먹을 것이다. 이 과정에서 일차강화물인 먹이는 마지막 반응 후에만 제공된다. 연쇄의 나머지 반응들은 그다음 반응을 수행할 기회를 부여받는 것으로 강화된다.

2. 강화와 처벌

우리의 활동은 그 결과에 따라 달라지는 경우가 많다. 즉, 우리는 좋은 결과를 증가시키고 나쁜 결과는 감소시키는 어떤 활동을 하는 경향이 있다. 그러므로 조작적 조건화를 연구하는 학습심리학자들은 좋은 결과 또는 나쁜 결과가 어떻게 우리의 행동을 변화시키는지를 밝히려고 한다.

1) 강화와 처벌

이미 설명하였듯이 강화는 그에 선행하는 반응이 미래에 반복해서 나타날 가능성을 증가시키는 사건이라고 정의할 수 있다. 학습심리학에서는 강화를 두 가지로 구분하는데, 하나는 정적 강화(positive reinforcement)이고, 다른 하나는 부적 강화(negative reinforcement)다. 두 가지 종류의 강화 모두 그에 짝지어지는 반응을 증가시킨다. 정적 강화는 음식, 물 또는 성적 대상과 같은 호의적인 대상을 제공하는 것이고, 부적 강화는 비호의적 또는 혐오적인 것을 제거하는 것이다. 예를 들어, 음식물은 정적 강화물이고 전기충격을 중지시키는 것은 부적 강화물이다. 한밤중에 수돗물이 떨어지는 소리가 귀에 거슬려서 수도꼭지를 잠근다면 수돗물이 떨어지는 소리의 중지가 바로 부적 강화가 되는 것이다.

처벌은 강화와 반대로 그에 선행하는 반응이 반복되어 나타날 가능성을 감소시키는 사건을 가리킨다. 반응자가 싫어하는 어떤 사건을 제시함으로써 그에 앞서 나타났던 반응을 감소시킬 수 있는데, 이런 과정을 정적 처벌(positive punishment)이라고 한다. 반면에, 반응자가 선호하는 어떤 대상을 주지 않음으로써 반응을 약화시킬 수도 있다. 부모의 말을 잘 듣지 않는 어린이에게 용돈을 줄임으로써 말을 잘 듣지 않는 행동을 줄이거나 친구들과 싸움을 많이 하는 어린이에게 친구들과 어울려 놀 수 있는 기회를 제한함으로써 싸우는 행동을 약화시킬 수 있을 것이다. 이처럼 어린이들이 갖고 싶어 하거나 참여하고 싶어 하는 것을 제한함으로써 바람직하지 않은 행동을 감소시키는 것을 부적 처벌(negative punishment)이라고 한다.

〈표 4-1〉은 강화와 처벌을 이해하기 쉽도록 정리하여 제시한 것이다. 요약하면, 반응의 빈도를 증가시키는 사건은 강화이고, 반대로 감소시키는 사건은 처벌이다. 그리고 반응자가 좋아하는 것이든 싫어하는 것이든 자극을 제시하는 것은 정적인 것이고, 제거하는 것은 부적인 것이다.

표 4-1 강화와 처벌의 종류

	선호자극	혐오자극
제시	정적 강화(+)	정적 처벌(−)
제거	부적 처벌(−)	부적 강화(+)

※ 괄호 속의 '+' 기호는 반응의 빈도를 증가시킨다는 의미고, '−' 기호는 반응의 빈도를 감소시킨다는 것을 의미한다.

2) 일차강화물과 이차강화물

생존을 유지하기 위해서 우리 모두는 음식물을 먹고 물을 마셔야 하기 때문에 음식물이나 물이 왜 강화물이 되는지를 쉽게 알 수 있다. 그러나 우리는 돈을 벌거나 학위를 받기 위해서도 열심히 노력한다. 음식물이나 물과 같이 생물학적 욕구(need)를 충족하는 것을 일차강화물(primary reinforcer)이라 하고, 돈과 같이 과거에 일차강화물과 연합되었기 때문에 강화효과를 가지는 것을 이차강화물(secondary reinforcer)이라고 한다. 돈을 사용한 경험이 없는 사람에게는 돈이 이차강화물이 되지 못한다. 그러나 돈을 음식물과 같은 일차강화물과 교환할 수 있다는 것을 경험하고 나면 돈의 의미가 달라질 것이다. 학생들은 좋은 성적을 받으면 부모나 교사가 칭찬해 준다는 것을 학습하고, 사회조직 성원은 업무적으로 뛰어난 성과를 올리면 상사의 인정을 받는다는 것을 학습한다. 이처럼 인간의 경우에는 이차강화물을 받기 위해 대부분의 시간을 보낸다고 할 수 있다. 이차강화물은 일차강화물과 연합되는 조건에서 효과를 갖기 때문에 이차강화물을 조건강화물이라고도 한다.

3) 인위적 강화물과 자연적 강화물

실험연구에서 사용되는 강화물들은 대부분 일차강화물 또는 이차강화물인데 이것들은 자연적으로 발생하는 것들이 아니다. 연구자들은 자연적인 상황에서 학습이 어떻게 일어나는지를 이해하는 데 도움이 되는 근본적인 학습원리를 규명하기 위해 인위적인 조건에서 강화물을 인위적으로 제공하는 것이다. 교과서에서는 대개 이러한 인위적인 강화물에 초점을 맞추기 때문에 학생들은 학습연구가 일상생활에 대해서 말해 주는 것이 별로 없다고 생각하는 경우가 있다. 실생활에서는 인위적인 강화물이 없어도 학습이 잘 일어나기도 하는데 한 가지 예가 게임이다. 게임을 할 때 게임 행동 이후에 인위적으로 먹는 것, 돈 또는 칭찬 등이 주어지지 않아도 게임하는 행동률은 높게 나타난다. 그 이유는 자연적으로 주어지는 강화물이 존재하기 때문이다.

인위적 강화물(contrived reinforcer)은 대개 행동을 수정하게 할 목적으로 누군가로부터주어지는 사건들이다. 반면에, 자연적 강화물(natural reinforcer)은 특정 행동을 하면 자동적으로 자연스럽게 생겨나는 사건들이다. 예컨대, 아동이 이를 닦으면 그 결과로 입안이 상쾌해지는데, 이 상쾌함은 이를 닦은 결과로 자연스럽게 나타난 것이기에 자연적 강화물이 된다. 한편, 아동이 이를 닦을 때 이 닦는 행동을 높이기 위해 칭찬을 한다면 이것은 인위적 강화물이 된다. 공부를 할 때 재미가 있고 즐겁다면 재미와 즐거움은 자연적 강화물이 된다. 자연적 강화물은 행위 자체의 결과로 오기 때문에 일관된 강화효과를 가질 수가 있다. 반두라(Bandura, 1986)는 "행동은 그 자체로 보상은 아니지만 그 자체로 보상을 제공할 수는 있다."라고 했다.

4) 강화계획

조작적 조건화 가운데 가장 간단한 절차는 바라는 반응이 나타날 때마다 강화시키는 것인데, 이런 강화절차를 계속적 강화(continuous reinforcement)라 한다. 실제 상황에서는 모든 반응이 강화되는 경우는 많지 않다. 동일한 반응일지라도 어떤 때는 강화물이 주어지고 다른 때는 강화물이 주어지지 않는 것이 보통인데, 이런 형태의 강화를 부분강화(partial reinforcement)라고 한다. 강화물이 어떤 형식으로 제시되는가를 알 때 우리의 행동양식은 달라질 것이다. 심리학자들은 강화물을 제공하는 규칙, 즉 강화계획의 효과를 연구하였다. 여기에서는 가장 기본적인 네 가지의 강화계획에 관하여 언급하려고 한다. 이 중에서 두 가지는 반응 빈도에 따라 강화시키는 비율계획이고, 다른 두 가지는 반응시간 간격에 따라 강화시키는 간격계획이다.

(1) 고정비율계획

고정비율계획(fixed-ratio schedule)은 일정한 수의 정확반응이 나타난 후에 강화시키는 절차다. 수백 번의 반응을 해야 하는 고정비율계획하에서도 동물은 강화물을 받을 때까지 계속해서 반응을 한다. 자신들이 일한 실적에 따라 임금을 받는 영업사원의 경우 이와 유사한 행동유형을 관찰할 수 있다. 고정비율계획에서의 반응은 빠르고 안정적으로 나타난다. 그러나 한 번의 강화물을 얻기 위해서 많은 수의 반응을 해야 하는 경우 강화물을 받은 직후에 반응을 멈추는 휴식기간이 관찰된다(| 그림 4-11 ⓐ |). 이 휴식기간은 강화를 얻기 전에 수행해야 하는 반응 수가 많을수록 길어진다.

(2) 고정간격계획

고정간격계획(fixed-interval schedule)은 반응 수에 관계없이 일정기간이 경과한 후 처음 나타나는 반응을 강화시키는 절차다. 예를 들어, 1분 간격으로 강화시키는 계획에서 동물은 한 번의 강화물을 받은 후 그다음의 강화물을 받기 위해서는 1분이 지난 후에 반응을 해야 한다. 두 강화 사이에 수행되는 반응의 수는 강화물 획득에 아무런 영향을 미치지 않는다. 따라서 이 계획하에서 학습자는 강화물을 받은 후에 휴식을 취하고 정해진 시간 간격이 끝날 무렵에 빈번히 반응을 하는 특징을 보여 준다. 이러한 특성을 반응곡선으로 나타내면 곡선 모양이 가리비의 부채꼴과 닮게 된다. 따라서 이를 부채꼴 현상(scallop)이라 한다(| 그림 4-11 ⓒ |).

(3) 가변비율계획

강화물을 받기 위해 요구되는 반응 수가 시행에 따라 변화된다는 것을 제외하면 고정비율계획과 동일하다. 강화물은 시행에 따라 1회 반응 후에 받을 수도 있고, 10회 반응 후에 받을 수도 있으며, 15회 반응 후에 받을 수도 있다. 따라서 강화물을 제공받는 비율은 이들 반응 수의 합을 강화의 수로 나눈 평균값이 된다. 가변비율계획에서는 반응률이 안정적이고 휴식기간이 없어진다(| 그림 4-11 ⓑ |). 도

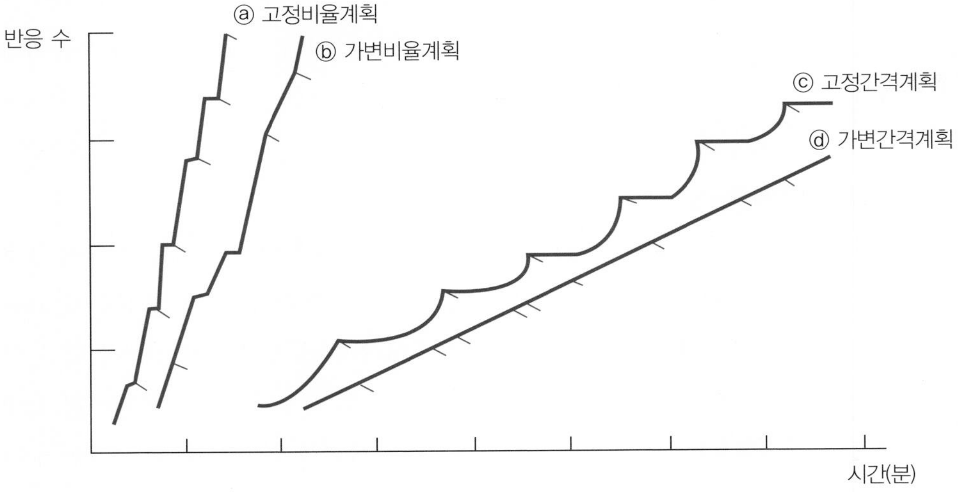

| 그림 4-11 | **강화계획별 반응 특성**

짧은 빗금은 강화를 나타내고, 그래프의 수평선은 휴식을 나타낸다. 반응률이 높을수록 그래프의 경사는 가파르다.

박은 가변비율계획(variable-ratio schedule)의 좋은 예다. 왜냐하면, 도박사들이 어느 판에서 돈을 딸 것인가는 유동적이기 때문이다.

(4) 가변간격계획

가변간격계획(variable-interval schedule)에서는 한 번의 강화와 그다음 강화 간의 시간 간격이 시행에 따라 변화한다. 이 계획에서는 시간이 얼마나 지난 후에 수행하는 반응이 강화될지 전혀 알 수 없다. 그러므로 가변간격계획에서 동물은 안정적인 반응을 하지만 반응의 속도는 느리게 나타난다(| **그림 4-11 ⓓ** |). 만약 회사의 사장이 순회하는 바로 그 순간에 일하고 있는 사람에게 보너스를 준다면 사장의 방문이 불규칙적인 경우 사원들은 장기간에 걸쳐 꾸준히 일할 것이다. 그렇다고 해서 열심히 일을 하지는 않을 것이다.

(5) 소거와 강화계획

부분강화에 의해 학습된 반응은 계속적으로 강화된 반응보다 소거가 느리게 이루어진다. 이렇게 소거가 느리게 나타날 때 우리는 '소거에 대한 저항이 강하다.'고 표현하고 이를 부분강화효과(partial reinforcement effect)라고 한다. 만약 반응을 할 때마다 강화물을 받는 데 익숙해졌다면 소거 시행에서 반응 후에 강화물이 주어지지 않는 것은 아주 놀라운 사건이 될 것이고, 몇 번의 강화물 부재의 경험은 소거를 급격히 일어나게 할 것이다. 그러나 반응의 일부분만 강화되는 경우, 반응 후에 강화물이 제공되지 않는 것은 과거에 많이 경험하였던 사건이고, 그 결과로 반응이 계속해서 수행될 것이기 때문에 소거가 느리게 나타날 것이다.

5) 혐오조건화

혐오조건화는 조작적 조건화에서 특정 반응 뒤에 전기쇼크나 큰 소리와 같은 혐오적 사건이 수반되면 특정 반응을 감소시키는 것을 말한다. 특정 반응 후에 혐오적 사건이 주어지는 것을 처벌이라고 한다. 이러한 혐오적 사건들은 새로운 반응을 학습하는 데 사용할 수 있다. 유기체가 현재 진행 중인 혐오적 사건을 종료시키는 반응을 학습할 수 있는데 이것을 도피학습(escape learning)이라고 한다. 예를 들어, 게임을 하고 있을 때 부모님이 꾸중하기 시작하면 그 게임을 중지함으로써 꾸중소리에서 벗어나는 경우다. 한편 유기체가 혐오적 사건이 시작되는 것 자체를 차단하는 반응을 학습할 수 있다. 이것을 회피학습(avoidance learning)이라고 한다. 회피학습이 되기 위해서는 도피학습이 먼저 선행되어야 한다. 회피학습의 예로 게임을 하고 있을 때 부모님의 인기척이 있으면 게임을 중지하는 것이다.

도피학습과 회피학습은 처벌을 피하기 위해서 형성되는 학습인데 인간의 경우 처벌은 과연 효과가 있을까? 학생들에게 체벌을 가해야 하는가? 심리학자들은 아직 이러한 문제에 대해 완전히 일치된 결론을 내리지 못하고 있다. 처벌에는 몇 가지 단점이 있기 때문이다. 첫째, 처벌은 보상만큼 정보적이지 않기 때문인데, 보상은 어떤 행동을 계속하라는 것을 알려 주지만 처벌은 그 행동을 그만둘 것에 대한 정보가 있을 뿐 대안을 제시해 주지 않는다는 것이다. 둘째, 처벌하는 사람과 상황에 대해 회피적으로 만든다는 것이다. 셋째, 처벌은 부정적 정서를 갖게 하고 무력감에 빠지게 할 수 있다는 것이다. 마지막으로 처벌은 처음의 바람직하지 않는 행동보다 더 심각한 공격적 행동을 유발할 수 있다는 것이다. 그러나 오늘날 심리학자들은 반응 직후에 적절하게 그리고 일관성 있게 처벌이 부여되고, 학생들이 다른 대안적 반응을 할 수 있을 때 처벌은 효과적이라고 생각한다(Walters & Grusec, 1977). 그리고 어린이들은, 부모나 교사가 처벌을 하는 이유를 설명하고 적절한 강도의 처벌을 가할 때 설명 없이 처벌을 할 때보다 그 처벌에 선행하였던 행동을 더 많이 감소시킬 것이다. 한편, 위험한 물건을 만지지 못하도록 하기 위해서는 가벼운 체벌이나 언어적인 경고가 효과적일 수 있지만, 공손하지 못한 태도를 없애려고 할 때는 공손하지 못한 태도에 대해 벌을 주는 것보다 공손한 태도를 보일 때 칭찬을 해 주는 강화가 더 효과적일 것이다. 그러므로 중요한 것은 처벌이 효과적인가 하는 것이 아니고 바람직한 결과를 얻는 데 어떤 방법이 최상인가 하는 것이다.

3. 인지적 요인

인지적 요인은 조작적 조건화에도 영향을 미친다. 예를 들어, 복권에 당첨된 사람이 구두, 양말, 바지 또는 자동차와 같은 다른 것은 무시하고 그날 입었던 셔츠가 행운을 가져다준 것이라고 생각한다면 그 이유는 무엇일까? 이 물음에 대한 대답은 부분적으로 주의, 기억 그리고 기대와 같은 인지적 요인에서 찾을 수 있다. 아마도 그 사람이 그날 경험한 많은 사건 중에서 그 셔츠가 색깔이나 디자인에서 가장 독특했기 때문에 많은 주의를 끌었고, 그 결과 기억이 더 잘 되었을 것이라고 추측할 수 있다. 만약 그 사람이 독특한 넥타이나 스카프를 매고 있었다면 그것이 행운의 대상이 되었을지도 모른다고 생각할 수 있다. 자동차는 행운의 대상이 되기 어려울 것이다. 왜냐하면 사람들은 그들이 소유하고 있는 것이 아니라 그때 선택한 것이 좋은 사건 또는 나쁜 사건과 관련될 것이라고 기대하는 경향이 있기 때문이다(자동차는 항상 타고 다니는 것이고 셔츠는 바로 그날 외출하기 전에 선택하여 입은 것이다). 또한 사람들은 보상이 아무런 일도 일어나지 않을 때 주어지는 것보다는 자신이 행한 어떤 행동에 수반될 때 주의 집중을 더 많이 한다. 요약하면, 인지적 요인이 강화의 영향력을 변화시키는 데 중요한 경우도 있다.

4. 생활 속의 조작적 조건화

1) 행동수정

학교, 정신병원 또는 교도소 등에서는 바람직하지 못한 인간의 행동을 변화시키려는 많은 노력을 한다. 조작적 조건화의 원리는 이런 목적에도 유용하게 적용될 수 있음이 입증되었다. 행동수정(behavior modification)을 위해 심리학자들은 먼저 어떤 행동 목표를 설정하고 그 행동에 점차 가까워지도록 내담자의 반응을 강화시킨다. 한 임상연구(Whaley & Mallot, 1971)에 보고된 아홉 살 된 꼬마는 다른 사람들이 이야기할 기회를 주지 않고 10분 이상 계속해서 빠르고 큰 소리로 떠들어 댔다고 한다. 당연히 꼬마의 부모와 교사 그리고 친지들은 그 행동을 고치고 싶어 하였다. 이런 행동을 고치기 위해서 심리학자들은 먼저 꼬마가 말하기보다 더 좋아하는 것이 무엇인지를 탐색한 결과 그것이 장난감 딱총 쏘기라는 것을 알아냈다. 심리학자는 꼬마가 3초 이상 말을 하지 않을 때마다 몇 개의 딱총알을 주었다. 첫 훈련회기에서 꼬마는 90분 동안 20회의 강화밖에 받지 못하였으나 훈련이 반복됨에 따라 더 많은 강화를 받을 수 있었다. 그렇게 되었을 때 심리학자는 다섯 번 말을 멈출 때마다 딱총알을 제공하는 고정비율계획으로 절차를 변경하였다. 여섯 번째 훈련회기에서 꼬마는 거의 1분에 한 번씩 말을 멈추게 되었다. 꼬마의 수다는 여전하였으나 다른 사람이 말을 할 수 있는 최소한의 기회를 가질 수 있게 되었다. 이 예는 선호성이 높은 활동이 낮은 활동에 대해 강화물이 될 수 있다는 프리맥(Premack) 원리(1965)를 이용한 것이다.

이번에는 수정대상이 되는 행동과 관련된 자극을 통제함으로써 행동을 수정하게 하는 방법을 살펴보자. 과식하는 사람들이 음식물의 유혹을 뿌리치는 것은 아주 어려운 일이다. 그러나 그들도 과식을 촉진시키는 환경의 변별자극을 변화시킬 수 있다. 과식을 하는 대부분의 사람은 식사 후에도 식탁에 오랫동안 남아 있는 경향이 있다. 그동안에 이들은 후식이나 과자와 같은 것을 먹는다. 그러므로 식사가 끝나자마자 식탁을 떠나 산책을 하거나 음악을 듣는다면 음식 섭취량이 현저히 감소할 것이다. 금연을 하려고 하는 경우에도 흡연과 밀접하게 관련된 술자리와 같은 장소를 피한다면 목표달성이 훨씬 쉬워질 것이다.

앞에서 우리는 환경을 적절하게 변경시키면 바람직하지 않은 행동을 긍정적으로 수정할 수 있음을 보았다. 이와는 반대로 환경을 능동적으로 통제할 수 없는 경우에는 비정상적인 행동이 유발된다는 사실이 밝혀졌다. 개를 대상으로 한 연구(Mineka & Henderson, 1985)에서 한 집단의 개는 신호가 제시될 때 코로 버튼을 누르면 전기충격을 피할 수 있게 하였고, 다른 집단의 개는 어떤 반응을 하여도 전기충격을 피할 수 없도록 하였다. 충격을 피할 수 있었던 개는 코로 버튼을 누르는 회피반응을 재빨리 학습하였으나, 충격을 피할 수 없었던 개는 짖고 낑낑대다가 충격이 가해져도 가만히 서서 충격을 받고 있었다. 그리고 그 후 이 개는 충격을 피할 수 있는 조건에서도 회피반응을 전혀 시도하지 않았다. 이런 현상은 인간의 경우에도 적용되는 것 같다. 아무리 노력하여도 해답을 찾을 수 없는 문제를 풀다가 계속적으로 좌절을 경험한 피험자들은 그 후에 쉽게 해결할 수 있는 문제에 대해서도 해결하려는 시도를 하지 않는다는 것이다(Kofta & Sedak, 1989). 이 두 실험에서 개와 인간 피험자는 스스로 환경을 통제할 수 없는 경험을 한 결과로 무기력을 학습한 것이다. 앞에서 볼 수 있듯이 일단 학습된 무기력(learned helplessness)이 형성되면 환경을 통제하려고 하는 어떤 노력도 포기하게 되는데(Seligman, 1975), 인간의 경우 이런 경험에 의해 심한 우울증이나 스트레스 문제를 야기할 수도 있다(Abramson, Metalsky, & Alloy, 1989).

2) 미신행동

2002년 한 · 일 월드컵 중 유명했던 징크스 중 하나는 아마도 '골대를 맞추는 국가는 그 경기에 패한다.'는 것이었다. 이를 가장 확실하게 보여 준 국가는 프랑스였다. 1998년 대회 우승국가 프랑스는 조별 리그 세 경기에서 무려 5번이나 골대를 맞힌 끝에 16강에 들지 못하고 탈락하고 말았다. 한국과 싸운 포르투갈과 스페인 역시 골대 징크스에 울었다. 한국과 스페인의 8강 경기를 보던 우리나라 관중들은 스페인 선수가 한국의 골대를 맞추자 안도의 한숨을 쉬며 동시에 경기에 이길 수 있다는 확신을 갖기도 하였다.

학습심리학자들에게 이러한 의식은 미신행동(superstitious behavior)의 한 예다. 미신행동은 특별한 생각이나 어떤 대상 혹은 행동이 어떤 사건을 일으킨다는 잘못된 신념을 가리키며, 행동 및 그로 인한 강화 간에 생긴 우연한 연합에 기초한 학습 결과다. 앞서 보았듯이 강화물이 뒤따라 제공되는 행동은 더욱 증가하게 된다. 하지만 때때로 강화에 앞서 발생한 행동이 인과관계 없이 시간적으로 정확히 일치하기도 한다. 그에 따라 행동과 강화에 대한 연합이 형성된다.

5. 보상의 생물학적 기초

1) 자기자극과 도파민

1950년대 초, 피터 밀너(Peter Milner)와 제임스 올즈(James Olds)는 뇌의 특정 영역에 대한 전기자극이 학습을 촉진시키는지를 알아보고 있었다. 그 학습이 뇌의 활성화 때문인지 아니면 혐오적인 전기자극의 양 때문인지를 알아보기 위해 그들

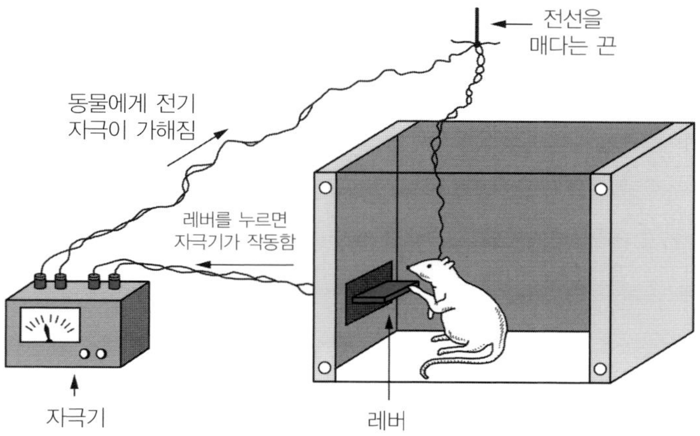

| 그림 4-12 | 두개 내 자기-자극 장치

은 쥐가 상자의 특정 위치에 있을 때만 쥐의 뇌에 전기자극을 주었다. 이들의 논리는 전기처치가 혐오적이라면 그 쥐들은 그 위치를 선택적으로 회피할 것이라는 것이다. 그런데 그들은 실수로 다른 뇌 부위에 전기자극을 주게 되었는데, 쥐들은 전기자극과 연합된 상자의 특정 영역을 회피하는 대신에 더 많은 전기자극을 받기 위해 신속하게 그 자리로 돌아왔다. 그래서 그들은 쥐들이 그들 뇌의 특정 영역에 자극을 받기 위해 스스로 레버를 누르는지를 확인하는 실험을 시작하였다. 이후 이러한 절차를 두개 내 자기자극(intracranial self-stimulation: ICSS)이라고 불렀다(| 그림 4-12 |). 그 쥐들은 뇌를 스스로 자극하기 위해 열심히 레버를 눌렀는데, 그 횟수는 시간당 수백 번에 달했다(Olds & Milner, 1954). 올즈와 밀너는 두개 내 자기자극이 공급되는 뇌 영역을 쾌락 중추라고 하였으며, 이 영역은 신경전달물질인 도파민이 사용되는 곳이었다.

신경전달물질인 도파민은 동기와 정서에 관여한다. 또한 이것은 정적 강화에 중요한 것으로 나타났다.

측핵(nucleus accumbens)은 변연계의 일부로 피질하 뇌 영역에 있다. 쾌 경험은 측핵에 있는 도파민성 뉴런의 활성화 결과다. 먹이를 즐기는 것은 도파민의 활성화에 달려 있다. 먹이가 제시되었을 때 배고픈 쥐들은 측핵에서 도파민의 분비가 증가되는데, 배고픔이 크면 클수록 도파민의 분비는 더 증가한다(Rolls et al., 1986).

자연적인 강화물은 측핵에 있는 도파민 수용기의 활성화를 통해 직접적으로 보상신호를 보내는 것으로 나타났다. 그러나 돈이나 좋은 성적과 같은 이차강화물에 대해서는 어떨까? 돈은 이차강화물에 대한 좋은 예인데, 실제로 금전 보상에 대한 예상은 도파민 체계를 활성화하는 것으로 밝혀졌다(Knutson et al., 2001).

어떤 사람들은 즐거움을 위해 약을 먹는다. 이러한 약물은 대부분 도파민 수용기를 활성화하는 것들이다. 두개 내 자기자극, 음식, 물 및 성교 등과 마찬가지로 사람들이 자주 사용하고 가끔 오용하기도 하는 알코올, 니코틴, 헤로인 및 코카인과 같은 약물은 측핵의 도파민 활성 증가와 연관이 있다. 이러한 약물들은 도파민 분비를 증가시키거나 아니면 도파민에 의한 신경신호의 정상적인 종결을 방해하여 도파민의 효과를 지속시킨다. 오랜 기간 지속적인 약물 사용은 중독을 일으키는데, 대부분의 연구자는 강화와 약물 중독에 도파민의 분비는 필수조건이라고 결론짓고 있다(Koob, 1999).

6. 고전적 조건화와 조작적 조건화의 대비

고전적 조건화와 조작적 조건화 모두 연합학습의 유형이다. 고전적 조건화는 조건자극과 무조건자극 간의 연합에서 나타나고 조작적 조건화는 반응과 보상 간의 연합에 의해 나타난다. 이 두 조건화는 습득, 소거, 일반화 및 변별 현상 모두를 수반하여 유사성이 매우 높다. 그러나 이 두 조건화는 절차적 차이가 있다. 고전적

표 4-2 고전적 조건화와 조작적 조건화의 비교

	고전적 조건화	조작적 조건화
용어	CS, US, CR, UR	반응, 강화
행동의 효과	US를 통제하지 못함	강화를 통제함
습득 절차	CS와 US를 짝지움	특정 자극하에서 반응과 결과를 짝지움
학습되는 반응	주로 내장 반응	주로 골격근 반응
소거 절차	US 없이 CS만 제시	반응 후에 강화 생략
일반화	CS와 유사한 자극이 CR과 유사한 반응 유발	강화를 받았을 때와 유사한 자극이 제시되면 유사한 반응률이 나타남
변별	한 자극에는 US가 뒤따르고, 유사한 자극에는 US가 뒤따르지 않음	한 자극이 있을 때 수행한 반응은 강화되고 다른 자극이 있을 때 수행한 반응은 강화되지 않음

조건화에서는 학습자의 반응이 결과에 영향을 미치지 않지만 조작적 조건화에서는 학습자의 반응이 뒤따를 결과를 결정한다는 절차상의 차이가 있다. 또한 두 조건화 사이의 차이는 고전적 조건화가 타액분비와 같은 내장 반응(visceral response)에 적용되는 반면에 도구적 조건화는 골격근 반응(skeletal response)에 적용된다는 점이다. 〈표 4-2〉에서 두 조건화를 항목별로 비교하였다.

제3절 조건화에서 생물학적 영향

1. 맛 혐오 학습

동물에게 미각은 매우 중요하다. 동물들은 새로운 맛의 먹이를 먹고 나서 배탈이 나지 않으면 그 먹이를 안심하고 먹게 되지만, 반대로 배탈이 나면 그 먹이를 절대로 먹지 않는다. 이러한 현상을 맛 혐오 학습이라고 한다. 맛에 대한 혐오 학습을 잘하는 동물은 생존가가 높을 수밖에 없다. 맛 혐오 학습은 강력한 기제로 다른 고전적 조건화의 예와는 달리 한 번의 경험으로 학습이 될 뿐만 아니라 조건자극(맛)과 무조건자극(배탈)이 시간적으로 멀리 떨어져 있어도 학습이 일어나며, 소거도 잘 되지 않는다.

맛 혐오 학습을 최초로 증명한 심리학자 존 가르시아(John Garcia)와 로버트 퀼링(Robert Koelling)은 이 학습을 통해 동물들은 일반적으로 특정 연합을 학습하도록 생물학적으로 준비되어 있음을 보여 주었다. 이들은 물과 혐오적 자극을 연합시키는 고전적 조건화 실험을 수행하였다. 실험에서 쥐들이 밝고 소리가 나는 물 또는 단맛이 나는 사카린 물을 마신 후에 X-선에 노출시켜 복통이 유발되도록 하였고, 다른 실험에서는 밝고 소리가 나는 물 또는 단맛의 사카린 물을 마신 후에 전기충격을 주었다. 이후 이들은 쥐들에게 밝고 소리 나는 맹물과 사카린 물 중에 선택하도록 했다. 그 결과 복통이 났던 쥐들은 사카린 물을 회피하는 경향이 더 많았고 전기충격을 받은 쥐들은 밝고 소리 나는 물을 회피하는 경향이 더 많았다(| 그림 4-13 | 참조). 이것은 쥐들이 특정 자극을 특정 결과와 연합시키도록 선천적으로 편향되어 있음을 시사한다(Garcia & Koelling, 1966).

결론적으로 조건화는 조건자극과 무조건자극 사이의 관계(고전적 조건화) 또는 반

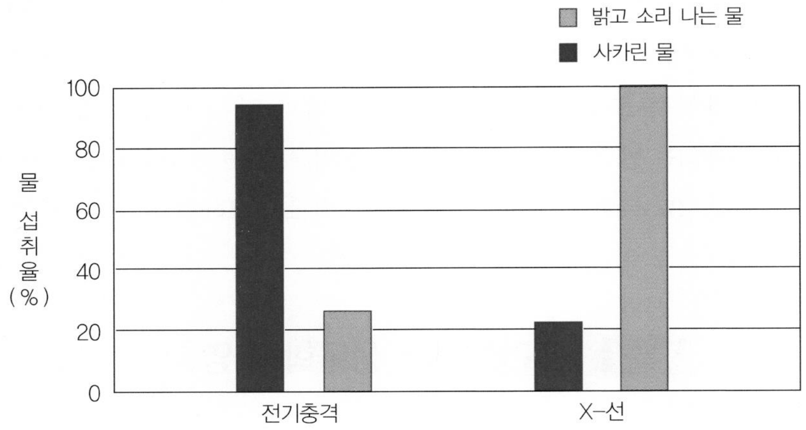

| **그림 4-13** | 밝고 소리 나는 물 또는 단맛이 나는 사카린 물을 마시고 난 후에 X-선에 노출되어 복통을 경험한 집단은 밝고 소리 나는 물을 선호하는 반면에 전기충격을 받은 집단은 사카린 물을 선호한다.

응과 보상 사이의 관계(조작적 조건화)만이 아니라 유기체가 그 환경 속의 자극에 대하여 어떻게 반응하도록 생물학적 경향성을 타고났는가에서도 좌우된다는 것이다.

2. 본능 표류

행동주의자들이 모든 행동은 강화를 통해 조성될 수 있다고 믿을지라도 동물들은 자신들의 진화적 적응과 상반된 행동의 학습을 어려워한다. 생물학적 제한의 좋은 예는 브릴랜드 부부의 연구(Breland & Breland, 1961)에서 찾아볼 수 있다. 이들은 많은 동물이 이미 학습한 과제수행을 종종 거부한다는 사실을 발견하였다. 예를 들어, 그들은 너구리가 동전을 돼지 저금통에 넣도록 훈련을 시켰지만 너구리들이 처음에 그것을 학습했을지라도 궁극적으로 그 동전 넣는 것을 거부했다. 반면에 너구리들은 돼지 저금통 위에 서서 그들의 발로 그 동전을 열심히 비볐다. 브릴랜드 부부는 이 너구리가 조작적 반응을 획득한 후에도 시간이 지나면 학습된 행동이 본능적 행동을 향해 표류해 간다는 것을 알게 되었고, 이를 본능 표류(instinctual drift)라고 하였다.

이와 비슷하게 비둘기들은 먹이나 이차적 강화를 얻기 위해 키를 쪼도록 훈련될 수 있으나 전기충격을 회피하기 위해 키를 쪼는 행동을 훈련받는 것은 어렵다. 그러나 그들은 전기충격을 회피하기 위해 그들의 날개를 퍼덕이는 것을 학습할 수 있다. 왜냐하면 날개를 퍼덕이는 것은 그들의 자연스러운 도피의 수단이기 때문이다. 이러한 결과는 조건화가 행동반응과 그 강화 사이의 연합이 이미 형성된 동물의 성향과 유사할 때 가장 효과적임을 시사한다.

제4절 사회 및 인지 학습

지금까지 우리는 고전적 조건화와 조작적 조건화에 대해서 공부하였다. 이 두 가지 조건화로 인간의 모든 행동을 설명할 수 있을까? 이 물음에 대한 대답은 분명히 '아니요' 다. 조건화는 유기체가 실제로 자극을 경험하거나 어떤 반응을 수행하고 그 결과를 경험함으로써 이루어지는 학습이다. 그러므로 고전적 또는 조작적 조건화만을 인정할 때 우리는 직접경험 없이는 어떤 행동이나 지식을 습득할 수 없을 것이다. 그러나 실제 인간의 행동과 지식 가운데 많은 부분은 간접적으로 습득된 것이다.

우리는 강화 또는 처벌이 수반되지 않아도 정보를 습득하고 저장하고 조직화할 수 있다. 관찰 또는 인지를 통한 학습을 수용할 때 우리는 인간과 동물의 더 광범위한 학습현상을 다룰 수 있고, 특히 인간의 행동을 더 깊이 이해할 수 있을 것이다. 따라서 이 절에서는 사회학습(관찰학습)과 인지학습에 대해서 살펴보려고 한다.

1. 사회학습

사회학습(social learning) 이론가들은 인간의 학습은 주로 여러 사람이 함께 있을 때 일어나고, 사람들은 다른 사람들의 경험을 통해 학습할 수 있음을 강조한다. 다시 말해서 한 개체의 행동이 다른 개체(모델)를 관찰함으로써 영향을 받을 때 우리는 관찰학습이 일어났다고 하며, 이 관찰학습(observational learning)을 사회학습 또는 대리학습이라고도 한다. 이 학습은 앨버트 반두라(Albert Bandura)에 의하여 광범위하게 연구되었다.

Albert Bandura

1) 모델링과 모방

우리는 새로운 단체나 다른 문화권을 처음 접할 때 그 단체나 문화권에 독특한 관습이 있음을 알게 된다. 이런 새로운 상황에서 우리는 다른 사람을 관찰하는 것에서 아주 많은 것을 학습하게 된다. 이때 관찰의 대상이 되는 사람은 모델의 역할을 하고, 우리는 그의 행동을 모델링 또는 모방하게 된다.

우리는 선택적으로 모방할 대상을 선정한다. 주로 그 대상은 우리가 성공했다고 여기는 사람 또는 동일시하려고 하는 사람일 것이다. 광고업자들은 사람들의 이러한 성향을 잘 알고 있다. 그들은 자신들의 상품을 가장 잘 사 줄 소비자를 찾아내고, 그 소비자들이 가장 존경하고 모방할 것으로 추측되는 사람을 선정하여 광고모델로 등장시킨다. 예컨대, 화장품 광고에는 최고의 미인이라는 평가를 받는 여배우를, 가전제품 광고에는 주부들에게 인기가 있는 30~40대의 연예인을, 그리고 고급 자동차 광고에는 사회적으로 저명한 특정 분야 전문가를 모델로 출현시키는 것을 흔히 볼 수 있다.

반두라와 동료들(Bandura, Ross, & Ross, 1963)은 모방이 공격행동의 학습에 미치는 영향을 연구하였다. 그들은 두 집단의 어린이들 중 한 집단에게는 성인 또는 만화 주인공이 인형을 격렬하게 공격하는 필름을 보여 주었고 다른 한 집단의 어린이들에게는 인형을 공격하지 않는 필름을 보여 주었다. 그 후 인형이 있는 방에서 어린이들을 놀게 하고 행동을 관찰한 결과, 공격적인 필름을 본 아이들만이 인형을 격렬하게 공격하였고, 많은 공격행동 유형은 필름에서 관찰했던 것과 동일하였다.

2) 대리강화와 대리처벌

새로 개발된 자동차를 구입하려고 할 때 어떻게 할지를 생각해 보자. 아마도 제일 먼저 당신은 잘 알고 있는 사람 중에서 그 자동차를 어떻게 평가하는지, 그리고 얼마나 만족하는지를 알아보려고 할 것이다. 당신의 구매결정은 여기에서 얻은 자료를 바탕으로 이루어질 것이다. 즉, 동료의 구매행동을 무조건 모방하는 것이 아니라 동료가 그 자동차 구입에 대해서 만족한다면 당신도 구입하게 될 것이고, 그가 구입을 후회한다면 당신은 다른 자동차를 고려할 것이다. 이처럼 자신의 경험 대신에 다른 사람의 경험을 통해 학습하는 것을 대리강화(vicarious reinforcement) 또는 대리처벌(vicarious punishment)을 통한 학습이라고 한다.

2. 인지학습

조건화를 지지하는 연구자들은 모든 학습을 사고가 필요 없는 단순연합으로 설명하려고 하였다. 바로 앞에서 살펴본 관찰학습은 조건화 연구자들의 이와 같은 견해를 약화시켰다. 언어학습이라는 또 다른 경우를 생각해 보자. 언어를 배울 때 아동들은 연합의 연쇄 그 이상의 것을 학습한다. 왜냐하면 그들은 한 번도 경험한 적이 없는 새로운 문장을 구성할 수 있기 때문이다. 더구나 언어를 배우기 위해서는 언어의 구조와 관련된 추상적인 규칙까지도 학습해야 한다. 이런 종류의 학습을 하려면 상징을 사용해야 하고, 그렇게 하기 위해서는 사고, 관념, 심상 그리고 다른 형태의 정신적 표상이 필요하다. 다시 말해서 인지과정이 학습에서 중요한 역할을 한다. 여기에서는 몇 가지 인지학습의 유형을 살펴보겠다.

1) 잠재학습과 인지도

미로학습을 하는 쥐의 능력을 연구한 에드워드 톨먼(Edward Tolman)도 학습의 인지적 요인을 강조하였다.

Edward C. Tolman

톨먼은 세 집단의 쥐를 매일 한 번씩 12일간 연속해서 미로에 넣어 놓았다(Tolman & Honzik, 1930). 집단 A의 쥐들에게는 시행마다 목표상자에 먹이를 넣어 주었다. 이 쥐들은 점진적으로 학습하여 실험이 종료될 무렵에는 1~2개 정도의 오류만을 범하고 목표상자로 들어갔다. 집단 B의 경우에는 매일 미로를 달렸지만 목표상자에서 먹이를 한 번도 제공받지 못했다. 이 동물들은 실험이 끝날 때까지 계속해서 많은 오류를 보여 주었다. 이 두 가지 실험결과는 너무 당연한 것이고, 강화를 통해 학습이 이루어진다는 견해와 일치된다. 그러나 집단 C에서 나온 결과가 중요한 것이다. 이 동물들은 처음 10일간 강화 없이 미로를 돌아다녔고 많은 오류를 범하였다. 11일째 처음으로 목표상자에 먹이를 넣어 주었고, 놀라운 사건이 발생하였다. 그다음 날인 12일째에 이 동물들은 거의 실수를 하지 않았다. 실제로 이 동물들의 수행은 매일 강화를 받았던 동물들과 비슷한 수준이었다. 다시 말해서 11일째에 제시한 단 한 번의 강화가 그다음 날의 수행을 극적으로 변화시켰다(| 그림 4-14 |).

톨먼의 주장에 의하면 이 실험결과에서 두 가지 결론을 내릴 수 있다. 첫째, C집단의 수행은 강화를 한 번 받은 후에 크게 향상되었다. 이것은 11일째에 제시한 한

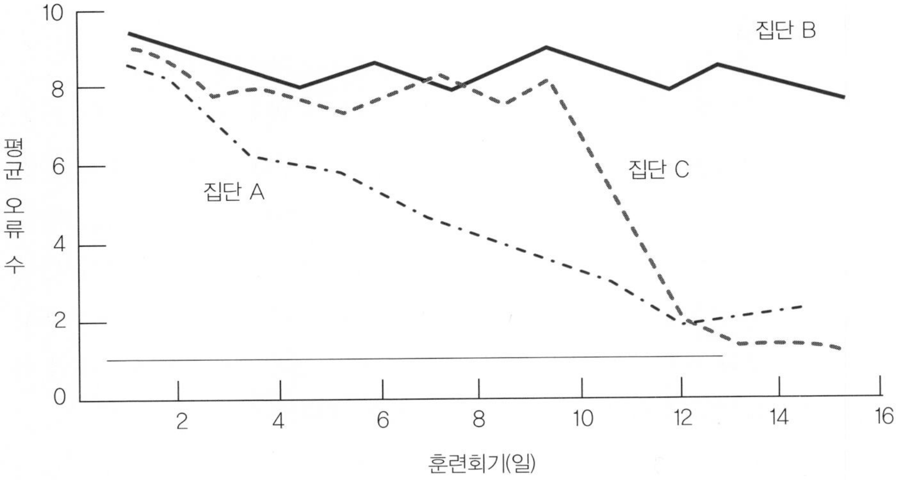

| 그림 4-14 | 잠재적 학습곡선

11일째에 한 번 강화를 받은 집단 C의 학습수행이 강화 이후에는 매일 강화를 받은 집단 A의 수행과 거의 같다.

번의 강화가 쥐의 미로학습 그 자체에 영향을 미친 것이 아니라, 단지 그 후의 수행을 변화시켰을 뿐이다. 강화를 받기 전에 동물들이 이미 학습하고 있었던 것이 틀림없다. 톨먼은 이를 잠재학습(latent learning)이라고 하였다. 둘째, 쥐의 수행은 첫 번째 강화시행 직후에 변화되었다. 톨먼은 쥐가 이미 미로의 공간배열에 대한 정신적 표상, 즉 인지도(cognitive map)를 발달시켰기 때문에 이러한 결과가 나타난 것이라고 설명하였다. 톨먼은 어떤 반응이나 강화가 없어도 인지도는 자연적으로 발달된다고 결론을 내렸다. 자연환경에서 실시된 학습연구는 이 견해를 지지한다. 인간도 역시 주로 지표가 될 만한 건물이나 랜드마크에 기초해서 그가 위치한 환경에 대한 인지도를 발달시킨다.

2) 통 찰

볼프강 쾰러(Wolfgang Köhler, 1887~1968)는 돌연히 일어나는 학습을 연구한 형태주의 심리학자였다.

그는 볼 수는 있어도 손이 닿지 않는 높은 곳에 과일을 매달아 놓거나 먼 곳에 과일을 둔 실험장면에 침팬지를 노출시켰다. 실험결과 많은 침팬지가 이 문제를 쉽게 해결할 수 있었음이 관찰되었다. 예를 들어, 침팬지가 손을 내밀어 멀리 있는 과

일을 잡으려 했을 때 오히려 과일은 더 멀리 밀려 나가 실패하였다. 실패 후 침팬지는 주변을 둘러보고는 과일을 끌어들이는 데 사용할 수 있는 막대기를 발견하였다. 쾰러는 침팬지가 이 문제를 쉽게 해결하는 데 놀랐고, 막대를 연결해서 사용해야 하는 더 복잡한 과제를 부여하였으나 침팬지는 그 문제도 곧 해결하였다(| 그림 4-15 |, | 그림 4-16 |).

Wolfgang Köhler

쾰러는 이 실험에서 침팬지가 이전에 형성된 연합을 사용하여 문제를 해결한 것이 아니라고 생각하였는데, 실험에서 관찰된 세 가지 사실이 그의 견해를 뒷받침해 주었다. 첫째, 한 마리의 침팬지는 유사한 상황에서 그와 같은 경험을 해 본 것처럼 바로 문제를 해결하였다. 둘째, 쾰러의 침팬지들은 효과가 없는 해결방안을 거의 시도하지 않았다. 셋째, 침팬지들은 갑자기 문제를 해결하였다. 높은 곳에 과일이 매달려 있는 경우, 한 침팬지는 몇 차례 뛰어올라 과일을 따려는 시도를 하다가 멈추고는 주변을 살펴보았다. 마침내 침팬지는 과일 바로 밑에 나무상자를 쌓아올리고 그 위에 올라가서 과일을 따먹었다. 주변에 이용할 수 있는 대상이 없는 경우에 침팬지는 쾰러에게

| 그림 4-15 | 여러 개의 막대를 연결해야 하는 복잡한 문제를 침팬지는 쉽게 해결한다.

| 그림 4-16 | 막대와 상자를 이용하여 높은 곳에 있는 과일을 따먹는 침팬지

로 가서 그의 팔을 끌어당겨 과일 아래로 데리고 간 후 등을 타고 올라갔다. 쾰러는 침팬지들의 이러한 문제해결 행동은 과거에 전혀 학습한 적이 없는 새로운 관계를 갑자기 파악했기 때문이라고 설명하였다. 즉, 침팬지들은 자극-반응 연합을 형성한 것이 아니라 문제상황 전체에 대한 통찰(insight)을 획득하였던 것이다. 쾰러의 발견을 고려할 때 학습이 항상 시행착오에 의해 힘들고 느리게 이루어지는 것은 아님을 알 수 있다.

제5절 학습에 대한 신경학적 설명

생물학적 관점을 가진 과학자들은 학습이 환경적 사건에 대한 노출의 결과며, 뇌에서의 비교적 영구적인 변화를 일으킨다고 오랫동안 믿어 왔다. 1948년 캐나다의 심리학자인 도널드 헵(Donald Hebb)은 학습이 시냅스 연결의 변경에서 기인한다고 제안했다. 그에 따르면 하나의 뉴런이 다른 뉴런을 자극할 때 두 뉴런의 시냅스가 강화되는 변화가 나타난다. 결과적으로 한 뉴런의 흥분은 다른 뉴런의 흥분 원인이 된다. 헵의 가정에 대한 상이한 해석이 많을지라도 해석의 대부분은 '같이 발화하는 세포들은 하나로 연결된다'로 귀결될 수 있다. 헵은 그 당시 그의 가설이 사실인지 아닌지를 확인할 기술을 갖고 있지 못했지만 오늘날 그의 기본 이론이 옳았음이 밝혀졌다.

1. 학습의 단순한 모형인 습관화와 민감화

학습을 유도하는 시냅스에서는 무슨 일이 일어나는 것일까? 하나의 해답은 해초를 먹고 사는 작은 바다 달팽이인 군소(aplysia) 같은 단순한 무척추동물을 사용한 연구에서 찾을 수 있다(| 그림 4-17 |). 이 군소는 학습을 연구하기에 좋은 종인데, 상대적으로 적은 수의 뉴런을 가지고 있을 뿐만 아니라, 그 뉴런은 현미경 없이도 볼 수 있을 정도로 크기 때문이다(Kandel, Schwartz, & Jessell, 1995). 신경생물학자인 에릭 캔들(Eric Kandel)과 동료들은 단순한 학습의 두 유형인 습관화(habituation)와 민감화(sensitization)의 신경적 근거를 연구하기 위해 군소를 사용해 왔다. 이러한 연구결과로 캔들은 2000년에 노벨 의학상을 받았다.

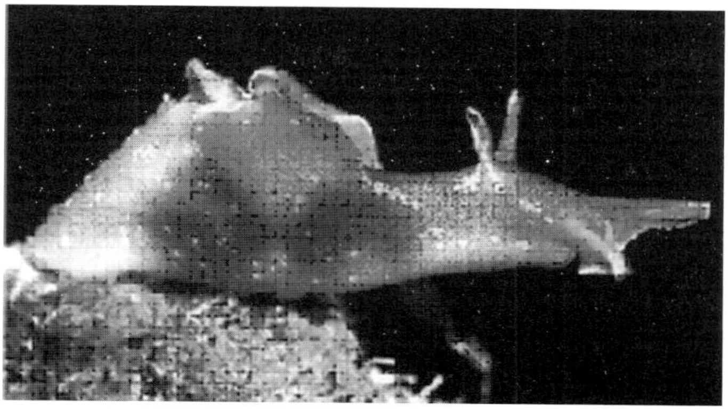

| 그림 4-18 | **군소**

군소는 적은 수의 큰 뉴런을 가지고 있어 학습에 대한 신경학적 연구에 적절한 종이다.

습관화는 위협적이지 않은 자극에 대한 반복 노출에 따른 행동반응의 감소를 의미한다. 동물이 낯선 자극을 받으면 그 자극으로 주의를 기울이는데, 이러한 행동을 정위반응이라고 한다. 만약 그 자극이 위험하지 않고 보상적이지도 않다면 그 동물은 그것을 무시하도록 학습된다. 우리도 우리 주위에 있는 의미 없는 사건에 대해 지속적으로 습관화하고 있다. 군소에서 습관화는 쉽게 확인될 수 있는데, 단순히 그것을 반복적으로 건드리면 된다. 처음 몇 번의 건드림은 군소로 하여금 아가미를 수축하게 만들지만 약 10번의 건드림 후에는 그 반응이 사라지고 이러한 반응의 감소는 2시간에서 3시간 동안 지속된다. 이러한 습관화의 시행을 반복하면 습관화 상태가 몇 주 동안 지속되게 된다.

민감화는 위협적인 자극에 노출됨에 따라 행동반응이 증가함을 의미한다. 일반적으로 민감화는 다른 자극에 대한 높은 반응성을 유도한다. 군소의 꼬리에 강한 전기충격을 가하면 민감화가 유도된다. 이러한 충격 후에 그 신체의 어느 부위든 상관없이 부드러운 접촉은 군소로 하여금 아가미를 크게 위축시킨다.

군소에 대한 캔들의 연구는 시냅스 기능에서의 변경이 습관화와 민감화를 유도함을 보여 주었다. 단순한 두 유형의 이 학습에서 시냅스전 뉴런은 신경전달물질의 분비를 변경시켰다. 신경전달물질 분비의 감소는 습관화를 유도하고 증가는 민감화를 유도한다. 단순한 학습의 신경적 기초에 대한 지식은 더 복잡한 학습과정을 이해하는 데 디딤돌이 된다.

2. 세포 수준에서 학습의 기초

복잡한 포유류 뇌에서의 학습을 이해하기 위해서 연구자들은 장기 증강(long-term potentiation: LTP)이라는 현상을 연구해 왔다(|그림 4-18|). 군소에서 습관화와 민감화가 시냅스전 뉴런에서 신경전달물질 분비의 변화에 기인하는 반면에 장기 증강은 시냅스후 뉴런이 더욱 쉽게 활성화될 수 있도록 한 시냅스후 뉴런의 변화에 기인된다. 이와 유사한 과정이 시냅스 연결을 약화시킬 수 있음을 보여 준 증거들이 있는데, 이러한 상태를 장기 저하(long-term depression: LTD)라고 한다. 장기 저하는 전기자극이 주어지더라도 그 펄스가 초당 1～4회의 낮은 빈도로 제시될 때 나타난다.

많은 증거는 장기 증강이 세포 수준에서 학습과 기억의 기초가 될 수 있음을 지지한다(Beggs et al., 1999). 예를 들어, 장기 증강 효과들은 해마와 같이 학습과 기억에 관여하는 뇌 영역에서 쉽게 관찰될 수 있다. 나아가 기억을 증진시키는 약물

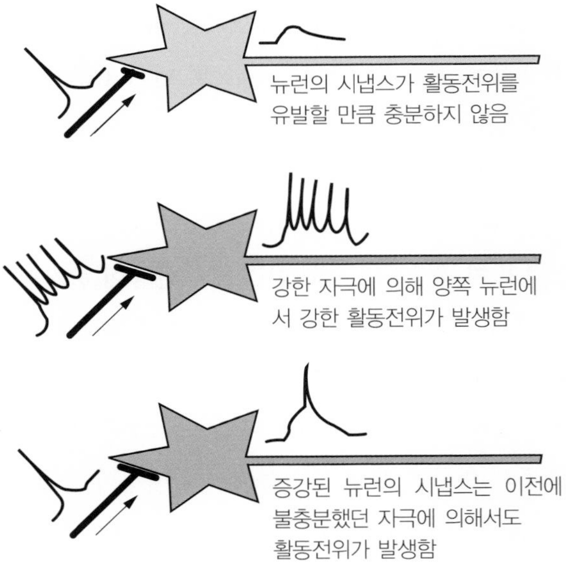

|그림 4-19| 장기 증강의 발생과정

처음 한 뉴런의 시냅스가 시냅스후 뉴런의 활동전위를 발생시키는 데 충분하지 않지만 시냅스전·후 뉴런의 강한 반응 후에 장기 증강이 나타난 후에는 이전에 활동전위를 유발하지 못한 강도의 시냅스가 시냅스후 뉴런의 활동전위를 유발한다.

들은 장기 증강의 증가를 유도하고 기억을 차단하는 약물들은 장기 증강을 차단한다. 마지막으로 행동적 조건화는 장기 증강과 거의 동일한 신경화학적 효과들을 일으킨다.

장기 증강과정은 학습이 함께 발화하는 시냅스 연결의 강화에서 비롯된다는 헵의 주장을 또한 지지한다. 헵의 법칙은 고전적 조건형성을 포함한 다양한 학습현상을 설명하는 데 사용될 수 있다. 무조건자극을 신호화하는 뉴런은 조건자극을 신호화하는 뉴런과 동시에 활성화된다. 반복된 시행에서 이 두 사건을 연결 짓는 시냅스가 강화되어 한 뉴런이 발화할 때 자동적으로 다른 뉴런이 발화하여 조건반응을 일으킨다.

◆ 장기 증강과 NMDA 수용기

연구자들은 지난 10년에 걸쳐 장기 증강이 작용하는 방법을 이해하는 데 괄목할 만한 진전을 이루었다. NMDA 수용기라 부르는 이 특별한 수용기는 장기 증강을 위해 필요하다. 이 수용기는 독특한 특성을 가지고 있다. 이 수용기는 인접한 두 개의 뉴런이 동시에 발화할 때 이온통로를 여는데, 이것은 함께 발화하는 세포들은 시냅스 연결 강도가 증가한다는 헵의 법칙을 지지한다. NMDA 수용기가 장기 증강과 관계가 있다는 발견은 연구자들로 하여금 학습에 영향을 줄 수 있는 유전적 과정을 연구하도록 자극하였다. 예를 들면, 프린스턴 대학교의 조지프 첸(Joseph Tsien)은 생쥐의 유전자를 조작하여 NMDA 수용기를 더욱 효율적으로 만들었다. 표준 학습과제로 검사하였을 때 유전자가 조작된 생쥐는 새로운 과제를 신속하게 학습할 뿐만 아니라 높은 공포 조건화를 보여 주는 등 뛰어난 과제 수행력을 보여 주었다(Tsien, 2000). 앞으로 유전자와 신경전달물질, 그리고 환경들이 학습을 유발하는 데 어떻게 상호작용하는지에 대한 많은 연구결과가 지속적으로 보고될 것이다.

요약

1. 학습은 경험을 통한 행동의 변화로 정의된다.
2. 중성자극이 무조건자극과 반복적으로 짝지어짐으로써 반응을 이끌어 내는 능력을 가질 때, 중성자극을 조건자극이라 하고, 이렇게 되는 과정을 고전적 조건화라 한다.
3. 고전적 조건화가 단순한 것처럼 보이지만 습득, 소거, 자발적 회복, 자극일반화 및 변별 그리고 고차조건화와 같은 다양한 현상이 관련되어 있다.
4. 공포나 불안과 같은 정서반응은 고전적 조건화에 의해 습득된다. 그러므로 공포증 치료에 고전적 조건화의 원리를 응용할 수 있다.
5. 손다이크는 바람직한 결과를 가져다주는 반응은 차후에 나타날 가능성이 높아지고, 그렇지 못한 반응은 미래에 나타날 가능성이 낮아진다고 하였는데, 이를 효과의 법칙이라 한다. 바람직한 결과, 즉 보상을 받은 반응은 점진적으로 부각되며, 이때 그 반응은 보상을 가져다주는 수단이 되기 때문에 이 과정을 도구적 조건화라고 한다. 한편, 스키너는 이와 같은 반응에 대하여 보상을 얻기 위해 환경을 조작하는 것으로 생각하여 조작적 조건화라고 하였다.
6. 스키너는 행동조형과 행동연쇄화라는 기법을 사용하면 다양한 행동을 만들어 낼 수 있음을 보여 주었다.
7. 강화계획에 따라 조작적 반응의 특성은 달라진다. 강화계획에는 강화가 반응 수에 따라 주어지는 비율계획과 시간 간격에 따라 주어지는 간격계획이 있다.
8. 조작적 조건화의 원리는 인간의 행동수정에 응용될 수 있다.
9. 보상의 생물학적 근거는 측핵의 도파민 활성화다.
10. 조건화는 생물학적 준비성에 의해 좌우될 수도 있다.
11. 사회학습(관찰학습)이란 반응과 강화를 직접 경험하는 것이 아니라 모델을 관찰함으로써 이루어지는 것이다.
12. 문제해결 방안이 갑자기 나타나는 통찰, 강화 없이도 학습이 이루어지는 잠재학습 그리고 환경에 대한 정신적 표상, 즉 인지도가 형성되는 실험들은 인지학습을 지지하는 증거들이다.
13. 신경학적 관점에서의 학습은 신경전달물질의 분비 수준에 따른 시냅스의 활성화와 신경세포에서의 장기 증강에 의해 나타난다.

제 5 장

기 억

학습목표

1. 정보처리적 접근에서 기억의 세 과정의 특성을 이해한다.
2. 장기기억과 단기기억 과정의 특성을 이해한다.
3. 망각의 원인과 측정방법을 이해한다.
4. 기억 향상을 위한 전략을 이해한다.

05

우리는 흔히 기억을, 경험한 사실을 그대로 저장하고 또 나중에 사용하는 정신적 능력이라 생각한다. 하지만 기억은 단순히 정보를 받아들이고 저장하는 과정뿐만이 아니라 기존의 정보나 지식을 문제해결에 잘 사용할 수 있도록 조직화하거나 재구성하는 매우 적극적인 정신과정이기도 하다. 사실 기억이란 학습이 일어났음을 보여 주는 증거이기도 하다. 학습 없이는 인간이 생존하기도 불가능하겠지만, 기억하는 능력이 없다면 학습하는 것 자체가 무의미할 것이다.

이 장에서는 외부의 정보가 어떻게 유입 · 유지 · 인출되는지를 살펴본다. 이를 달리 말하면 기억과정의 세 가지 단계인 약호화, 저장 및 인출에 관한 문제다. 그리고 기억의 또 다른 측면인 망각에 관해서도 논의하고, 마지막으로 기억력 향상을 위한 여러 가지 전략도 살펴본다.

Herman Ebbinghaus

1880년대에 독일의 심리학자인 에빙하우스(Ebbinghaus)는 망각과정에 관심을 가졌다. 시간이 경과함에 따라 왜 우리는 학습했던 정보를 잊어버리는 것일까? 그는 이런 의문의 해답을 구하는 첫 단계가 기억과 망각의 과정을 정밀하게 기술하는 자료를 구하는 것이고, 그런 자료를 얻을 수 있는 방법은 정신과정을 수적으로 측정하는 것이라고 생각하였다.

에빙하우스가 최소한 한 가지 유형의 기억을 측정할 수 있음을 증명하려던 그 시절, 미국의 심리학자인 제임스(James)는 두 가지 서로 다른 종류의 기억이 있다고 가정하였다. 그 한 가지는 좀 전에 읽었던 몇 개의 단어를 기억한다든지 전화번호부에서 방금 찾아본 전화번호를 기억하는 것과 같은 일차적 기억(primary memory)이고, 다른 하나는 한때 알고 있었던 전화번호를 생각해 내려고 하거나 1년 전 오늘 했던 일을 회상하는 것과 같이 잊어버렸던 정보를 되살려 내는 것과 같은 이차적 기억(secondary memory)이라고 하였다.

제1절 기억과정

어떤 사람을 처음 만났을 때 무슨 말을 해야 할지를 깊이 생각하게 되면 주의가 다른 방향으로 기울여져 그 사람의 이름을 한 귀로 듣고 다른 귀로 흘려 버릴 수 있다. 즉, 약호화되지 않았기 때문에 기억나지 않는 것이다. 이런 문제는 능동적인 약호화가 중요하다는 것을 시사해 준다. 약호화(encoding)는 기억부호를 형성하는 것을 말한다. 예를 들어, 한 단어의 기억부호를 형성하고자 할 때 그 단어의 철자 모양, 발음, 의미에 초점을 두어야 한다. 흔히 약호화 과정에는 주의가 필요하다. 이 장에서 살펴보겠지만 기억은 적극적이고 능동적인 과정이다. 의식적인 노력을 기울이지 않는다면 기억하기가 어려울 것이다.

반면에, 우리가 어떤 역사적 사건 속에 등장하는 인물의 이름을 학습하였거나, 어떤 도시의 이름을 약호화하였다 하더라도 파지과정의 실패로 인해 시험을 칠 때 그 정보를 회상하지 못할 수도 있다. 기억연구에서는 이를 저장(storage)의 문제로 본다. 즉, 이전의 정보와 올바로 연결되지 않아서 제대로 저장되지 못한 정보나 지식은 회상되지 않는다는 것이다.

기억은 또 어떤 정보가 저장된 장소가 확인되어 의식 내로 옮겨지고 또 사용되는, 기억의 세 번째 단계인 인출(retrieval)에 따라서도 달라진다. 다시 말해서, 비록 저장된 정보인 것은 분명하지만 때때로 우리는 그 정보를 사용하지 못하게 되는 안타까운 느낌을 경험하게 된다.

이렇게 기억의 작용을 연구하는 심리학자들은 정보가 어떻게 기억 속으로 입력되고 유지되며 인출되는가에 대한 의문점을 지속적으로 연구해 왔다(〈표 5-1〉 참조).

표 5-1 기억의 세 가지 주요 과정

과정	약호화	저장	인출
정의	기억부호를 형성	약호화된 정보를 기억 속에 유지	기억저장고에서 정보를 재생
컴퓨터의 정보처리에 비유	키보드를 통해 자료를 입력	하드디스크에 파일로 저장	파일을 불러와서 화면에 자료를 표시

◆ 중다기억 시스템

심리학자들은 정보가 기억되기 위해서는 일련의 하위체계를 온전하게 거쳐야만 한다고 주장한다. 정보처리적 접근에서 가장 대표적인 기억이론에 의하면, 인간의 기억은 그 기능이나 정보의 보유기간에서 차별화되는 세 가지의 기억체계로 구조화되어 있다(Atkinson & Shiffrin, 1968). 이 모델에 따르면 유입되는 정보는 장기기억에 전이되기에 앞서 일시적이나마 감각저장고와 단기저장고를 거쳐야 한다(| 그림 5-1 | 참조).

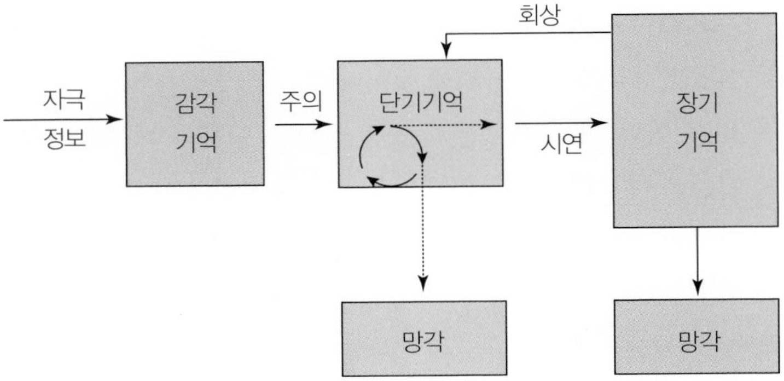

| **그림 5-1** | **중다기억 모델**

기억은 세 가지 정보저장고로 구성되어 있다. 감각기억은 수많은 정보를 받아들일 수 있으나 그중 일부만이 선택될 수 있다. 단기기억은 용량이 제한적이지만 시연될 수 있고, 지속기간이 짧은 것이 특징이다. 장기기억은 정보를 무제한적으로 저장할 수 있다.

1) 감각기억

번갯불의 번쩍임이나 뾰족한 침이 손가락 끝을 순간적으로 찌를 때와 같이 감각기억(sensory memory)의 정보는 아주 짧은 기간 동안 원래의 감각양식으로 유지된다. 감각기억은 시각적 패턴, 음성 또는 촉각적인 형태로 지속될 수 있다. 어떤 유형의 기억이든지 이러한 정보는 단기기억으로 전이가 이루어지지 않는 한 순식간에 사라진다. 이를 입증한 것이 스펄링(Sperling, 1960)의 실험이다(| 그림 5-2 | 참조). 그의 실험에서는 실험 참가자들에게 50msec 동안 철자행렬을 제시하였고, 곧이어 고음, 중음, 저음 중 한 가지를 들려주었다. 이 소리는 실험 참가자들에게 상열, 중열, 하열 중 어느 한 열의 철자를 보고하라는 신호의 기능을 하였다. 연구 결

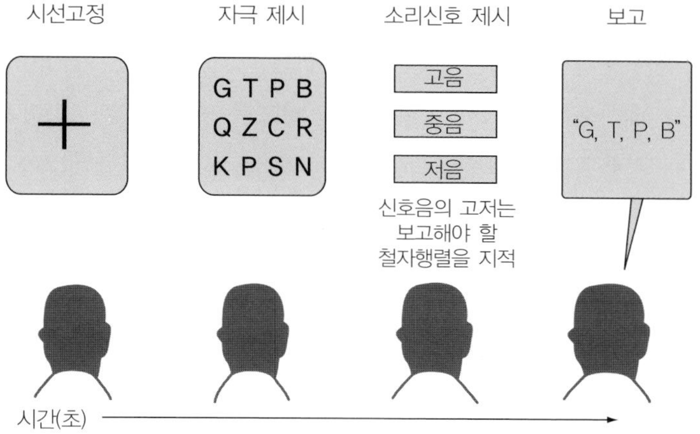

| 그림 5-2 | **스펄링의 부분보고법**

과 철자행렬을 제시한 직후 신호를 주었을 때 가장 정확했다. 그러나 음을 지연시킬수록 지연시간에 비례해서 철자를 보고하는 정확률은 떨어졌다. 이는 영사기억(iconic memory) 저장고의 기억흔적은 아주 짧은 시간 내에 소멸되기 때문이다. 그러나 감각기억 내의 정보보유량이 항상 고정된 것은 아니다. 또 시각뿐 아니라 다른 감각양식에 있어서도 이와 유사한 특징을 지닌 감각기억이 존재하고 있다.

2) 단기기억

단기기억(short-term memory)은 저장용량이 비교적 제한되어 있고, 정보를 20~30초 동안 유지할 수 있다. 그러나 단기기억의 정보도 시연(rehearsal)을 하면 그 이상 유지할 수 있다. 시연은 단기기억의 정보를 재순환시키는 역할도 한다. 이론적으로 재순환과정은 무한히 반복될 수 있으나 실제로는 방해자극 때문에 시연과정이 차단된다. 앞서 언급한 재순환과정은 기계적 혹은 유지형 시연(maintenance rehearsal)이라고 불리며, 이러한 절차는 장기기억으로의 정보전이 가능성이 매우 낮다. 그러나 정교형 시연(elaborative rehearsal)은 성공적으로 정보의 전이를 이루게 된다. 이 시연에서는 정보가 체계화되고, 이전의 정보와 논리적 연결체계를 형성하거나, 심적 이미지를 구성하는 등의 매우 풍부한 정보 간 연결고리를 만들게 된다.

(1) 저장의 지속성

단기기억에 들어온 정보는 시연하지 않으면 시간이 지남에 따라 재빨리 소멸된

다. 피터슨과 피터슨(Peterson & Peterson, 1959)은 'GJT'와 같은 세 자음을 짧은 순간 실험 참가자들에게 제시한 후 곧 이어서 '547'과 같은 숫자를 들려주고 회상단서가 제시될 때까지 그 숫자에서 계속 3을 빼도록 지시하였다(| **그림 5-3** | 참조). 회상단서가 제시되면 셈을 멈추고 제시된 세 개의 자음을 회상하도록 하였다. 자음 제시에서 회상까지의 시간, 즉 파지 간격을 3, 6, 9, 12, 15, 18초로 달리해서 회상량을 검사하였다. 그 결과 시간이 흐름에 따라 철자의 파지율은 감소하였고, 18초 후에는 거의 모든 철자를 회상할 수 없었다(| **그림 5-4** | 참조). 따라서 시연하지 않을 경우 단기기억의 최대 지속기간은 20~30초로 본다.

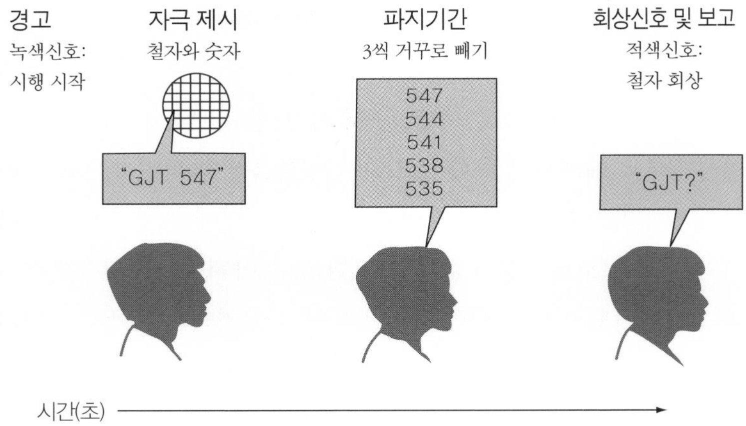

| **그림 5-3** | **단기기억연구(Peterson & Peterson, 1959)**

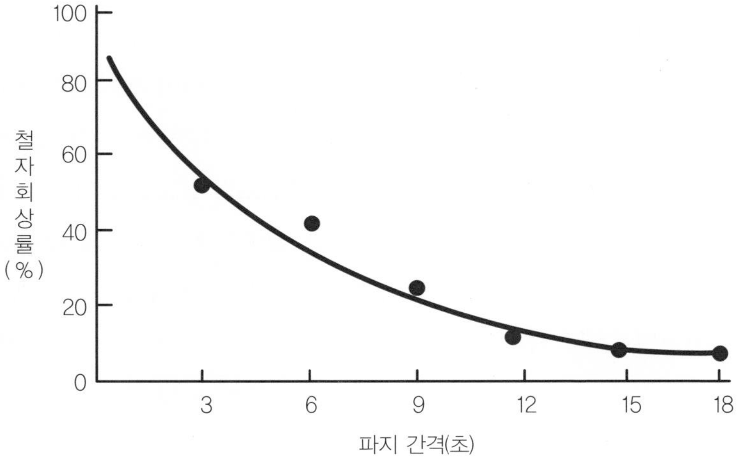

| **그림 5-4** | **단기기억의 소멸률(Peterson & Peterson, 1959)**

(2) 저장용량

단기기억의 용량은 한정되어 있다. 밀러(Miller, 1956)는 자신의 논문인 「신비의 수, 7±2: 정보처리 용량의 몇 가지 한계」에서 단기기억의 용량은 한정되어 있다고 하였다. 그는 사람들이 평균 일곱 개의 수, 문자 또는 간단한 단어를 기억할 수 있다고 보았다. 처음에 그는 '신비의 수, 7'이라고 했다가 기억용량에는 개인차가 있고 자료의 성질에 따라서도 달라지기 때문에 이 표현을 수정하여 '신비의 수, 7±2'라고 하였다.

단기기억고가 꽉 차 있는 상태에서 새로운 정보가 들어오면 단기기억에서 처리 중인 정보는 새로운 정보로 치환된다. 예를 들어, 피자집의 전화번호를 기억하고 있는데 누군가가 "피자의 가격은 얼마입니까?" 하고 물으면 피자의 가격정보가 단기기억 속에 있는 전화번호와 충돌하게 된다. 이처럼 단기기억 용량이 제한되어 있기 때문에 사람들의 과제수행 능력 역시 제한될 수밖에 없다(Baddeley & Hitch, 1974).

| **그림 5-5** | 그림을 완성할 때까지 모델을 여러 번 쳐다본다. 이는 단기기억의 좋은 예다.

군집화하면 보다 많은 정보를 기억할 수 있고 단기기억의 용량도 증가시킬 수 있다(Simon, 1974). 군집화(chunking)란 친숙한 자극을 하나의 단위로 묶는 것을 말한다.

철자를 자신과 친숙한 단위로 조직하면 군집화가 쉬워진다. 이미 장기기억에 저장되어 있는 친숙성이 군집화를 도와주기 때문이다. 따라서 이런 경우 장기기억의 정보가 단기기억으로 전이되었다고 볼 수 있다. 일상적으로 사람들은 장기기억에 이미 저장되어 있는 정보를 끄집어내어서 단기기억의 정보를 평가하고 이해하는 데 사용한다. 언어적 자료만 군집화할 수 있는 것은 아니다. 공간적인 정보도 가능하다. 예를 들어, 숙련된 전자기술자는 복잡한 회로판을 잘 기억한다. 이는 이들이 회로판을 의미 있는 단위로 묶을 수 있기 때문이다(Egan & Schwartz, 1979).

3) 장기기억

장기기억(long-term memory)의 정보는 비교적 오랫동안 유지되고 기억용량도 거의 제한이 없다. 장기기억은 감각기억이나 단기기억과 달리 정보를 무한정으로 저장할 수 있다. 또 장기기억에 저장된 정보는 오래 지속되기 때문에 어떤 정보는 죽을 때까지 지속된다. 장기기억이 단기기억과는 달리 독립적인 기억저장고임을 보여 주는 증거는 여러 가지가 있다.

(1) 정보전이

아트킨슨과 쉬프린(Atkinson & Shiffrin, 1971)은 단기기억의 정보가 시연을 통해 장기기억으로 전이된다고 하였다. 런더스(Rundus, 1971)는 이를 검증하기 위해 대학생들에게 20개의 단어쌍을 제시하고 큰 소리로 시연하게 한 직후에 회상검사를 하였다. 그 결과 각 단어의 회상률은 목록의 위치에 따라 달랐고 U자형의 계열위치곡선(serial position curve)이 나타났다(| **그림 5-6** | 참조). 즉, 목록의 중간보다 처음 몇 개 단어와 마지막 몇 개 단어가 가장 잘 기억되었다. 이를 계열위치효과(serial position effect)라 한다. 계열위치효과는 다시 처음 항목이 더 잘 회상되는 초두성효과(primary effect)와 끝 부분에 있는 항목이 더 잘 회상되는 신근성효과(recency effect)로 구분할 수 있다.

대부분의 이론가들은 단기기억고와 장기기억고가 독자적으로 기능을 하기 때문에 계열위치효과가 나타난다고 보고 있다. 초두성효과는 장기기억을 반영하는 반면에 신근성효과는 단기기억을 반영한다고 해석한다. 즉, 목록의 앞부분에 있는 단어는 다른 단어들보다 더 많이 시연되었기 때문에 장기기억으로 전이될 가능성이 높고 목록 뒷부분의 단어는 단기기억고에서 처리되고 있어서 회상이 잘된다는 것이다.

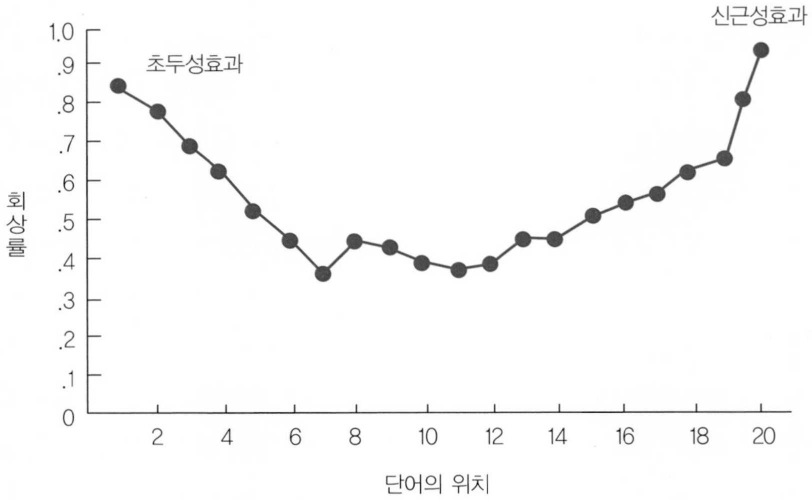

| **그림 5-6** | **계열위치곡선**

(2) 지속성

장기기억고에 저장되어 있는 정보는 거의 영구적이라는 견해가 있다. 이 견해에 따르면 망각이 일어나는 유일한 원인은 장기기억에서 정보를 인출할 수 없기 때문이다. 장기기억이 거의 영구적이라는 주장에는 몇 가지 증거가 있다. 중요한 사건들이 자세하고 생생하게 되살아나는 섬광기억(flashbulb memory)이 그 증거일 수 있다(Brown & Kulik, 1977). 예를 들어, 대부분의 성인은 숭례문 화재 시 자신이 어디에 있었고, 어떤 일을 하고 있었고, 어떤 느낌이었는지 정확하게 기억할 수 있다. 또 다른 증거는 최면을 통한 기억이다. 최면에 걸린 실험 참가자들은 자신이 잊고 있었던 초기 아동기의 기억을 아주 자세하게 기술할 수 있다.

마지막으로 캐나다의 신경학자인 펜필드와 페롯(Penfield & Perot, 1963)은 간질 환자들의 뇌 수술과정에서 측두엽을 전기 자극한 결과, 환자들은 자신이 경험한 아주 오래된 사건도 생생하게 기술할 수 있음을 보여 주었다.

제2절 기억연구의 새로운 접근: 작업기억, 기억모듈 및 연합모델

그러나 오늘날 기억연구의 새로운 접근은 이러한 전통적 기억모델이 인간의 기억을 지나치게 수동적인 체제로 간주하고 있기 때문에 그 특징을 제대로 설명하지 못한다고 주장한다. 예를 들어, 기억은 계열적 처리뿐만 아니라 기억의 하위 단위가 동시에 병렬적으로 정보를 처리할 수 있는 능력을 지닌다고 본다.

1. 작업기억

단기기억에서는 음운적 약호화만이 일어나는 것이 아니다. 단기기억의 정보는 소멸과 치환 이외의 다른 기제에 의해서도 망각이 일어나므로 단기기억을 단순히 시연버퍼로 볼 수 없다. 배들리(Baddeley, 1986)는 전통적 단기기억 모형 대신 좀 더 능동적인 특성을 지닌 '작업기억(working memory)' 모형을 제안하였다. 한 요소는 음운고리(phonological loop)로 발화, 어휘, 숫자 정보 등을 청각적으로 부호화하고 유지하는 기능을 수행한다. 다른 요소는 시공간 잡기장(visuospatial sketchpad)으로 시각

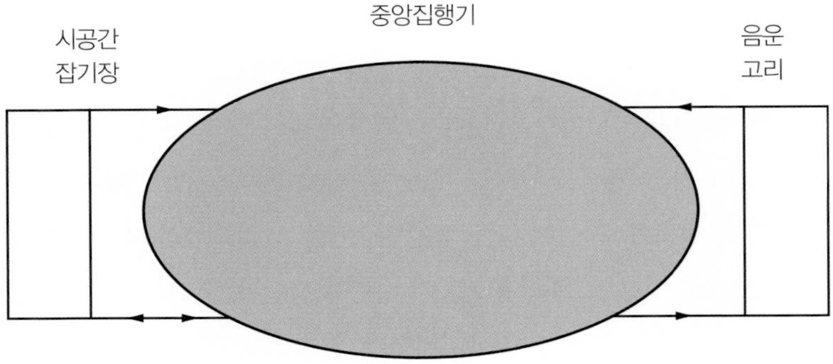

| 그림 5-7 | **작업기억모형**

적 심상과 공간 정보를 유지하고 조정하는데 침실에 있는 가구를 상상하여 재배열할 때 이 요소가 작동한다. 마지막 요소는 중앙집행기(central executive)로 정보를 한 번에 처리할 수 있도록 정보량을 제한하고, 추리와 의사결정에 관여하며, 하위 영역(음운고리와 시공간 잡기장)에 명령을 내리고 통제하는 역할을 한다. 예를 들어, 이 요소는 우리가 어떤 차를 살까 하고 심사숙고할 때 작동한다(| 그림 5-7 | 참조).

2. 장기기억 모듈

단기기억이 작업기억의 관점에서 새롭게 이해될 수 있는 것처럼, 오늘날 기억연구에서는 장기기억도 몇 개의 하위 단위 혹은 모듈로 이루어진다고 본다.

1) 외현기억과 암묵기억

순행성 기억상실증 환자는 장기기억을 형성하지 못한다. 이 환자는 단어목록을 보여 주고 곧바로 파지검사를 실시해도 수행이 아주 저조하다. 그러나 기억을 간접적으로 측정하기 위해 '위장 기법'을 사용하면 다른 결과가 나타난다. 예를 들어, 파지를 측정한다고 말하지 않고 재인검사를 실시할 수 있다. 실험 참가자에게 미완성된 단어 조각을 보여 주고 난 뒤에 생각나는 단어를 완성하도록 하였다(답이 assassin일 때 _ss_ss_n을 제시). 단어 조각이 이전에 보았던 단어와 일치할 경우 기억상실증 환자들도 정상실험 참가자만큼 단어를 회상하였다. 즉, 기억상실증 환자는 목록의 단서들을 기억할 수 있었다. 그러나 단어 조각을 제시하지 않고 단어를 기억하라고 하였을 경우에는 전혀 기억하지 못했다.

워링턴과 와이스크란츠(Warrington & Weiskrantz, 1970)의 연구결과, 장기기억을 형성할 수 없었다고 믿었던 기억상실증 환자가 장기기억 파지능력이 있다는 사실은 그 당시의 기억연구자에게는 충격적이었다. 최근에 와서 이러한 현상을 암묵기억이라고 부른다. 즉, 의도적인 기억을 요구하지 않는 과제에서 파지가 나타날 때 이를 암묵기억(implicit memory)이라고 한다. 암묵기억은 이전의 기억을 의도적으로 회상하는 외현기억(explicit memory)과는 다르다(| 그림 5-8 | 참조).

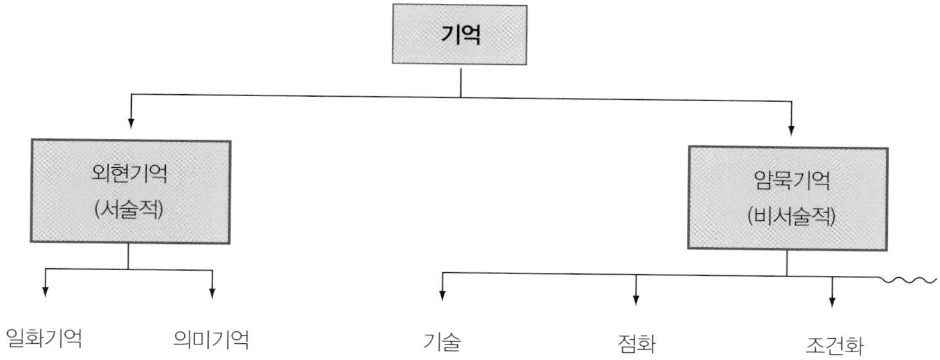

| 그림 5-8 | **외현기억과 암묵기억**

일상생활에서의 암묵기억은 우연적이고 비의도적인 기억이다. 흔히 사람들은 자신이 의도적으로 저장하지 않은 것도 기억한다.

외현기억은 의식적이어서 회상검사나 재인검사로 직접 측정할 수 있다. 반면에 암묵기억은 무의식적이어서 간접적으로 평가할 수 있고 재학습법(절약법)으로 측정할 수 있다. 암묵기억은 기억상실증, 연령, 약물(예, 알코올), 파지 간격의 길이, 간섭 조작과 같은 변인의 영향을 받지 않는다. 그러나 외현기억은 이들 요인의 영향을 많이 받는다. 암묵기억과 외현기억 간의 구분은 〈표 5-2〉에 제시되어 있다.

2) 중다기억체계

많은 이론가는 정보유형의 상이한 기억체계를 상정하고 있다(| 그림 5-9 | 참조). 이들 기억체계를 우선 서술기억과 절차기억으로 구분해 볼 수 있다(Winograd, 1975). 서술기억체계(declarative memory system)는 사실적 정보를 다루기 때문에 단어, 정의, 이름, 날짜, 얼굴, 개념 및 사상에 대한 기억을 포함하고 있다. 절차기

표 5-2 외현기억과 암묵기억의 비교

구분	외현기억	암묵기억
용어	직접적 의도적 의식적 수의적	간접적 우연적 무의식적 불수의적
정보처리방식	개념주도적 처리	자료주도적 처리
정보의 내용	의미적	지각적
정보의 인출	의식적	무의식적
기억 검사	직접기억 검사 자유회상 단서회상 재인	간접기억 검사 단어완성 검사 단어부분 채우기 단어식별 검사
측정치	정확률	점화 점수 절약 점수
관련된 기억	서술기억	절차기억
연령의 영향	강함	약함
간섭의 영향	강함	약함
감각양태의 영향	약함	강함

억체계(procedural memory system)는 행위, 기술 및 조작에 관한 기억을 포함하고 있다. 따라서 자전거를 타는 것, 타이핑하는 것과 같은 실행방법에 관한 기억은 절차기억체계와 관련되어 있다. 예를 들어, 테니스 경기 규칙(게임 수, 채점방법 등)을 알고 있다면 이런 사실적 정보는 서술기억 속에 저장되어 있고, 공을 어떻게 서브하고, 백핸드를 어떻게 하는가에 관한 기술은 지각-운동 기술로 절차기억 속에 저장되어 있다.

암묵기억체계와 절차기억체계는 관련이 있다. 왜냐하면 기술에 관한 기억은 다분히 무의식적이기 때문이다. 사람은 별 의식적인 인식 없이도 피아노 연주나 타이핑과 같은 지각-운동 과제를 수행할 수 있다. 암묵기억과 마찬가지로 기술에 관한 이러한 기억은 파지기간이 아무리 길어도 감퇴하지 않는다. 따라서 절차기억체계는 암묵기억을 처리하고 서술기억체계는 외현기억을 처리한다고 볼 수 있다.

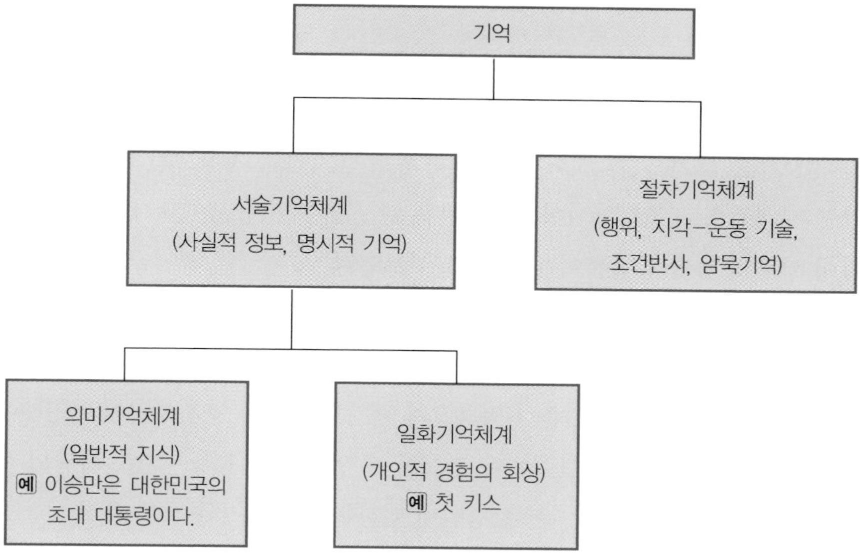

| 그림 5-9 | **독립적 기억체계이론(Squire, 1987)**

3) 의미기억과 일화기억

툴빙(Tulving, 1986)은 서술기억을 의미기억과 일화기억으로 다시 구분하였다. 일화기억과 의미기억은 모두 사실적인 정보를 포함하고 있다. 그러나 일화기억은 개인적인 사실을 포함하고 있는 반면에 의미기억은 일반적인 사실을 포함하고 있다. 일화기억체계(episodic memory system)는 특정 시간이나 장소에서 있었던 사실에 대한 정보로 이루어져 있다. 일화기억은 보고 듣고 행동한 것의 기억이다.

의미기억체계(semantic memory system)는 정보를 학습한 시간과 무관한 일반적인 지식을 포함하고 있다. 이런 사실은 학습하지 않았다면 기억할 수도 없다. 또 이런 정보는 시간이나 날짜와 관계없이 저장되어 있다. 비유적으로 설명하면 일화기억은 자서전적 성격이 강하고 의미기억은 백과사전적 성격이 강하다.

4) 연합주의적 모델

세부정보도 훌륭히 회상할 수 있는 우리의 기억능력은 아마도 많은 양의 정보가 조화롭게 서로 잘 조직되어 있기 때문일 것이다. 연합주의적 모델은 기억을 일련의 연결된 정보 덩이의 표상체계로 간주한다(Collins & Loftus, 1975; Collins & Quillian, 1969).

(1) 조직화

비록 장기기억이 영구적이지 않더라도 많은 정보를 기억하고 있다는 사실은 부인할 수 없다. 최소한 어떤 식으로든 조직화되어 있지 않다면 장기기억에 있는 거대한 정보는 쓸모가 없을 것이다. 불행하게도 장기기억 저장고는 잘 설계된 도서관만큼 체계적으로 조직화되어 있지 않다. 연구결과에 따르면 장기기억은 많은 조직망이 서로 중첩되어 뒤섞여 있는 것으로 보인다.

(2) 군집화의 개념적 위계

〈표 5-3〉에 있는 60개 단어를 기억하고자 한다면 단어를 조직화하여 저장해야 한다. 우선 네 개의 목록으로 단어들을 분류할 수 있다. 즉, 동물, 식물, 사람의 이름, 직업이다. 정보를 조직화하는 한 방법인 군집화는 유사하거나 서로 관련 있는 항목끼리 기억하려는 경향을 말한다.

범주화할 수 없는 항목을 기억할 때도 군집화를 사용할 수 있다(Tulving, 1962).

표 5-3 군집화(Bousfield, 1953)

기린	배관공	Owen	상추
방풍나물	Otto	Parsley	당나귀
얼룩말	Noah	수달	대장장이
무	줄무늬다람쥐	식료품장수	가지
잠수부	Adam	오소리	마늘
브로커	화학자	낙타	살쾡이
시금치	순무	비비	Jason
제빵업자	Simon	꽃장수	표범
북미산 모르모트	Howard	대황	인쇄업자
댄서	우유배달부	멜론	Bernard
족제비	Gerard	Wallace	당근
호박	흑표범	치과의사	Sherman
Amos	Oswald	사향쥐	웨이터
타자수	약사	버섯	모세
Byron	순록	겨자	양배추

(3) 의미망

모든 정보에 대해서 개념적 위계를 설정할 수 있는 것은 물론 아니다. 의미망(semantic network)은 개념을 나타내는 노드(node)와 개념을 연결 짓는 통로(pathway)로 구성되어 있다. |그림 5-10|은 의미망의 한 예다. 그림에서 타원형은 노드이고, 단어들은 상호 연결되는 개념이다. 그리고 노드를 연결하고 있는 선은 통로다. 통로는 어떤 개념과 다른 개념의 연결을 나타낸다. 각 통로의 길이는 두 개념의 연합 수준을 나타낸다. 통로의 길이가 짧을수록 연합의 강도가 더 강하다.

의미망 모형은 한 단어를 처리할 때 그 단어와 밀접하게 관련된 단어가 먼저 처리되었을 경우 처리속도가 빨라지는 현상을 잘 설명할 수 있다. 어휘결정 과제에서 실험 참가자들은 일련의 철자를 보고 단어 여부를 빨리 결정해야 한다. 또 먼저 처리한 단어가 지금 처리하려는 단어와 밀접한 관련이 있을 때 판단시간은 더 빨라진다(Meyer & Schvaneveldt, 1976). 예를 들어, 버터가 단어인지 판단하는 데 걸린 시간은 간호사라는 단어가 먼저 제시되었을 때보다 빵이라는 단어가 먼저 제시되었을 때 더 빨랐다.

콜린스와 로프터스는 사람이 어떤 단어를 생각하면 자연히 관련된 단어까지 떠오르게 된다고 한다. 이러한 과정을 활성화 확산(spreading activation)이라 한다. 즉,

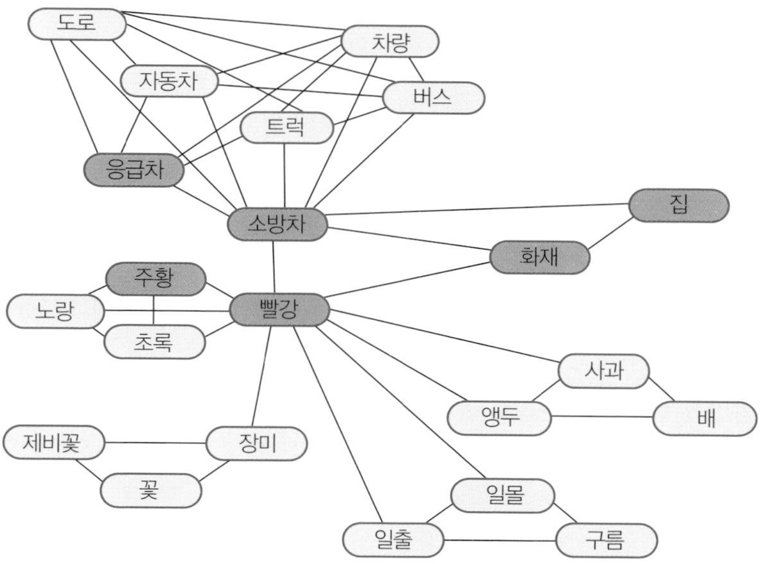

|그림 5-10| **의미적 그물망 모형**

의미망에서 단어와 연결된 통로를 따라 활성화가 확산된다는 것이다. 그러나 활성화는 망의 바깥쪽으로 나갈수록 줄어든다(| 그림 5-10 |).

제3절 장기기억으로부터의 회상

장기기억에 저장된 정보는 별 어려움 없이 회상할 수 있지만 때로는 계획적인 탐색과정이 필요하다. 브레이너드와 동료들(Brainerd et al., 1990)은 기억강도와 인출순서 간의 관계를 연구하였다. 실험 참가자들에게 단어나 사진목록을 기억시킨 후 몇 번에 걸쳐 순서에 관계없이 회상하도록 하였다. 각 항목의 기억강도는 시행오류와 성공패턴으로 추정하였다.

상식적으로 생각하면 기억강도가 약한 것보다 강한 것이 먼저 인출될 것이다. 따라서 인출순서는 강한 것에서 약한 것의 순서가 될 것이다. 실험 참가자들은 오히려 기억강도가 약한 것을 먼저 회상하고, 그다음에 강한 것을 회상하였으며, 마지막으로 기억강도가 더 약한 것을 회상하였다. 이 연구결과는 기억인출이 무선적 과정이 아님을 지적하고 있다.

1. 인출단서의 사용

설단현상(tip-of-the-tongue phenomenon)이란 알고 있는 것을 일시적으로 기억하지 못하거나, 저장되어 있으나 접근이 불가능한 경우를 말한다. 이런 설단현상은 확실히 인출 실패로 볼 수 있다. 그러나 저장된 정보에 접근할 수 있게 도와주는 인출단서가 있으면 회상할 수 있다. 이렇게 알고 있는 단서가 있을 경우 인출이 가능하다는 사실은 단어가 철자 수, 첫 문자, 발음과 같은 물리적 속성은 물론이고 의미를 결합하는 형태 또는 부호로 저장된다는 것을 의미한다. 따라서 정보의 인출은 의미를 탐색하는 과정으로 볼 수 있다.

2. 맥 락

맥락(context)이란 학습대상이 되는 항목 외에 약호화될 수 있는 모든 정보를 말한

다. 어떤 사건을 회상하거나 재인할 때, 그 사건이 발생하였던 원래 맥락이 많이 제시될수록 기억이 잘된다. 즉, 인출맥락과 학습맥락이 유사할수록 기억이 잘되는 것이다. 학습맥락과 인출맥락 간의 관계를 잘 보여 주는 것이 고든과 배들리(Godden & Baddeley, 1975)의 연구다. 이들은 수중 다이버에게 40개의 단어를 해변이나 깊이 6m 정도의 수중에서 학습하도록 하였다. 다이버들은 학습한 목록을 동일한 환경이나 상이한 환경에서 회상해 내야 했다. 이 연구결과는 |그림 5-11|에 나와 있다. 실험 참가자들은 그들이 학습한 것과 동일한 맥락에서 회상하였을 때 기억수행이 50% 정도 더 우수하였다.

사건이 일어났던 맥락을 상상하게 하는 것은 법정에서 목격자의 회상을 증진시키기 위해서 많이 사용되는 방법이다. 목격자는 사건의 흐름을 재연(reinstating)함으로써 범죄 당시의 정보를 인출해 낼 수 있다. 또는 최면을 통해 목격자에게 범죄 장면을 상상하도록 해서 맥락을 재연시킬 수 있다.

이러한 문제를 해결하기 위해 실험 참가자에게 모의범죄 상황에 대한 정보를 보고하도록 한 실험연구가 있다(Geiselman et al., 1985). 실험 참가자들에게 폭력범죄를 다룬 4분짜리 영화를 보여 주고 이틀 후에 경찰관과 면담하도록 하였다. '표준면담'에서는 경찰관이 보통 이용하는 질문을 사용하였고, '최면면담'에서는 최면상태에 있는 실험 참가자들에게 영화에서 본 것을 재진술하도록 하였다. 그리고 '인지적 면담'에서는 실험 참가자에게 사건의 맥락을 재연하고, 모든 것을 보고하도록 하였으며, 관련 사건을 다른 순서와 각도에서 재생해 보도록 하였다.

실험 참가자들은 표준면담보다 인지적 면담과 최면면담에서 더 많은 정보를 정

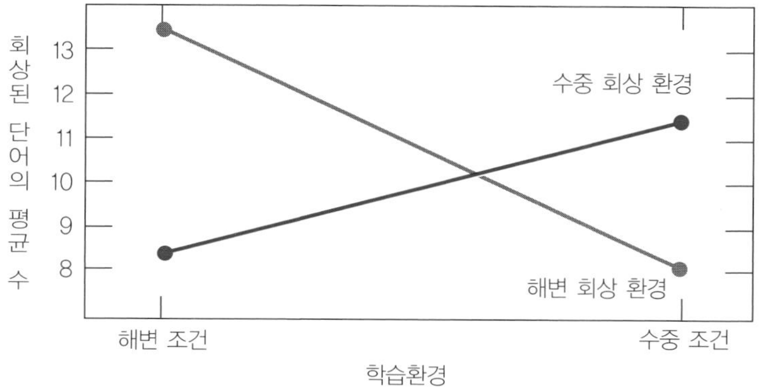

|그림 5-11| 학습맥락과 인출맥락에 따른 평균 회상 단어 수

확하게 보고하였다. 이 연구결과는 최면이 목격자의 회상을 촉진시켜 주고, 맥락 재연이 중요한 회상촉진 요인이라는 사실을 입증해 준다(Fisher, Geiselman, & Amador, 1989).

3. 정서와 인출

맥락을 재연하는 것이 회상에 도움이 되는 바와 같이 원래 사건이 일어났던 당시에 경험하였던 기분을 재연하는 것도 회상에 도움이 된다. 이러한 현상을 상태 의존적 기억(state-dependent memory)이라고 한다. 다시 말하면 약호화 과정의 정서와 인출 시의 정서상태가 동일하면 회상이 증가한다. 바우어(Bower, 1981)는 단어목록을 학습하고 회상하는 동안 실험 참가자의 기분을 조작하였다. 학습할 때 기분이 좋았다면 기분이 좋은 상태에서 더 잘 회상할 것이고, 슬플 때 정보를 학습했다면 기쁠 때보다 슬플 때 더 잘 회상할 것이다.

최근에 연구자들은 정서일치효과에 대해 많은 관심을 기울이고 있다. 정서일치효과(mood-congruence effect)란 현재의 정서와 일치하는 정보에 대해 기억이 잘 된다는 것이다. 예를 들어, 현재 행복하다고 느끼고 있다면 불쾌한 정보보다는 유쾌한 정보가 더 잘 회상되는 경향이 있다. 마찬가지로 슬프거나 침울할 때는 유쾌한 정보보다 불쾌한 정보가 더 잘 회상되는 경향이 있다(Blaney, 1986).

4. 처리수준

기억과정을 중시하는 이론가들은 약호화의 다양성과 깊이에 초점을 둔 정보처리의 방략을 강조하는 지각이론에 비추어 기억과정을 이해한다. 크레이크와 록하트(Craik & Lockhart, 1972)에 따르면 지각적 분석은 여러 수준에 걸친 정보처리과정을 포함하며, 자극정보의 구조적·물리적 속성을 분석하는 얕은 수준(shallow level)에서 의미적 속성을 분석하는 깊은 수준(deep level)에 이르게 된다. 기억은 이러한 분석단계에서 처리수준의 깊이에 따라 지속성이 결정된다. 따라서 피상적 수준에서 처리된 정보는 쉽게 망각되나, 의미적 수준에서 처리된 정보는 지속기간이 길다(| 그림 5-12 | 참조).

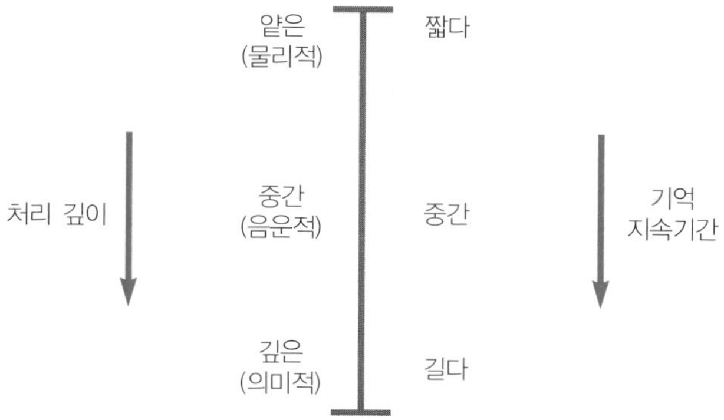

| 그림 5-12 | **처리수준모형**

5. 도식과 스크립트

도식(schema)은 특정 대상이나 연속적인 사건에 대한 지식의 조직화다. 예를 들어, 대학생은 교수의 연구실에 대한 도식을 가지고 있다. 사람은 자신의 도식과 일치하지 않는 것보다 일치하는 것을 더 잘 기억한다. 브루어와 트리옌스(Brewer & Treyens, 1981)가 실험한 결과, 교수의 연구실에 있는 의자와 책상은 잘 회상했지만 와인 병이나 야외용 바구니를 회상한 사람은 별로 없었다(| 그림 5-13 | 참조).

스크립트(script, 혹은 각본)는 도식의 한 종류다. 예를 들어, '극장 가기' '등산 가

| 그림 5-13 | **브루어와 트리옌스(1981)의 연구에 사용된 연구실 모습**

표 5-4 식당 스크립트

	장면 1	장면 2	장면 3	장면 4
스크립트 제목	들어가기	주문하기	먹기	나가기
식당에 가기	안으로 들어간다. 빈자리를 찾는다. 자리에 앉는다.	메뉴를 본다. 음식을 주문한다.	음식이 나온다. 음식을 먹는다. 입을 닦는다.	자리에서 일어선다. 음식값을 지불한다. 밖으로 나간다.

기' '찻집 가기' 등 일상생활에서 친숙한 상황에 대한 도식적 지식이 스크립트다. 스크립트는 사람들이 일상적인 활동에 대해 알고 있는 것을 조직화해 준다(Schank & Abelson, 1977). 스크립트는 표준적인 역할, 대상, 사건의 계열, 활동의 결과를 명시하고 있는 일종의 개요와 비슷하다. 레스토랑 스크립트를 예로 들어 보자. 이 스크립트에는 표준적인 역할(손님, 요리사, 웨이터), 대상(테이블, 접시, 메뉴), 사건의 계열(메뉴를 보고, 음식을 주문하고, 먹고, 음식값을 지불) 및 결과(배고픔의 충족)가 포함되어 있다(〈표 5-4〉 참조).

6. 기억의 재구성

장기기억에서 어떤 정보를 인출할 때 과거를 고스란히 그대로 회상할 수 있는 것은 아니다. 바틀릿(Bartlett, 1932)은 실험 참가자들이 자신의 기대와 신념이라는 도식에 맞추어 기억을 재구성하기 때문에 이러한 왜곡현상이 나타난다고 보았다. 단순히 자신이 읽은 것을 베껴 내듯이 인출하는 것이 아니라 오히려 자신이 가지고 있는 일반적 지식과 기대를 단편적인 사실과 결합시켜서 하나의 이야기로 재구성한다.

기억의 재구성에 관한 연구는 기억이 과거경험의 완전한 복사판이 아니라는 사실을 입증하였다. 그러나 이런 재구성 모형의 근본적인 문제점은 재구성적 오류와 구성적 오류를 구분하기 어렵다는 것이다(Kintsch, 1994). 재구성적 오류는 인출단계에서 자신의 도식 및 스크립트와 일치시키려는 왜곡이지만 구성적 오류는 약호화와 저장단계에서 일어나는 왜곡이다. 따라서 인출단계의 재구성만으로 기억왜곡 현상이 나타난다고는 볼 수 없다.

7. 법정에서의 기억: 목격자 진술

기억이 재구성된다는 사실은 법률적인 문제에도 큰 함의를 가진다. 로프터스(Loftus, 1979)는 기억의 재구성적 오류가 목격자 증언에서 흔히 일어난다는 점을 지적하였다. 로프터스와 팔머(Loftus & Palmer, 1974)는 실험 참가자들에게 자동차 사고에 관한 비디오테이프를 보여 주고 나서 마치 법정에서 증언을 하는 것처럼 엄격한 질문을 던졌다. 이 실험에서 '충돌하다'라는 동사가 사용된 질문을 받은 집단의 사람들이 대답한 자동차의 속력이 더 빨랐다. 일주일 후 동일한 집단을 대상으로 사고현장에서 깨진 유리조각을 보았느냐는 질문을 하였다(실제 비디오테이프에 깨진 유리는 나오지 않았다). 그 결과 역시 '충돌하다'라는 동사가 사용된 질문을 받은 집단의 실험 참가자들이 더 높은 비율로 깨진 유리를 보았다고 진술하였다. 이처럼 목격자 증언은 검사나 경찰이 던진 질문의 형태에 따라 달라질 수도 있다. 기억의 신뢰도 문제는 그 대상이 아동 목격자인 경우에 더욱 심각하다. 왜냐하면 기억연구들에 의하면 아동의 기억은 다른 사람들에 의해 영향을 더 많이 받을 수 있고, 특히 정서적으로 매우 불안정하거나 스트레스 상황에서는 더욱 그러하기 때문이다(Loftus, 1993).

제4절 망 각

과학적인 방법으로 망각을 최초로 연구한 사람은 에빙하우스다. 그는 기억자료의 유의미성이 기억에 영향을 준다고 보고 단어가 될 수 없는 자음과 모음의 배열을 고안해서 사용하였다. |**그림 5-14**|는 그가 제시한 망각곡선으로 시간의 경과에 따른 파지량과 망각량을 나타낸 것이다. 이 그래프에서 한 가지 특이한 것은 무의미 철자를 학습한 몇 분 뒤에 망각이 급격하게 일어난다는 점이다. 즉, 이 곡선에서 학습 후 19분 만에 약 42%나 망각되었다. 그래서 에빙하우스는 학습 직후에 망각이 가장 빨리 일어난다고 하였다.

이후의 연구에서 밝혀진 대부분의 망각곡선도 에빙하우스의 곡선 형태와 비슷하였다.

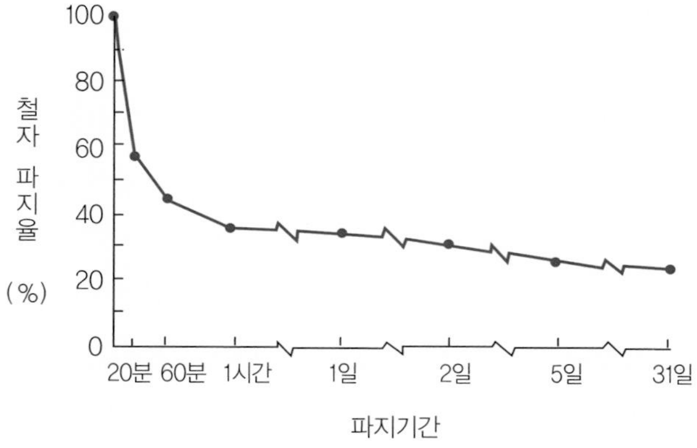

| 그림 5-14 | 에빙하우스의 망각곡선

1. 망각의 측정

망각을 경험적으로 연구하기 위해서는 망각을 정확히 측정할 수 있는 방법이 필요하다. 망각측정법은 망각량과 동시에 파지량도 측정해야 한다. 파지(retention)란 자료가 유지되는(기억되는) 것을 말한다. 망각연구는 대부분 망각량과 파지량을 보고하고 있다. 그리고 파지 간격은 자극제시와 망각측정 간의 시간 간격이다. 망각을 측정하기 위해 흔히 사용하는 세 가지 방법은 회상(recall), 재인(recognition) 및 재학습(relearning)이다.

회상검사와 재인검사의 수행 차이를 설명하는 데는 두 가지 견해가 있다. 하나는 재인검사가 파지측정에 민감한 방법이라는 것이고, 다른 하나는 재인검사가 아주 쉬운 측정방법이라는 것이다. 실제로 회상검사보다 재인검사가 더 쉬울 것이라는 보장은 없다. 왜냐하면 재인검사에서 제시되는 선택지의 수가 많고 유사성이 높을수록 더 어렵기 때문이다. 재학습법이란 실험 참가자가 어떤 정보를 두 번째 학습하는 데 필요한 시간이나 노력이 얼마나 절약되었느냐를 측정하는 것이다. 이 방법을 사용하기 위해서는 실험 참가자가 기억자료를 학습하는 데 걸린 시간이나 시행횟수를 측정해 두어야 한다. 그리고 같은 기억자료의 재학습에 필요한 시간이나 시행횟수를 측정한다. 최초 학습에 필요한 시간이나 시행 수에서 재학습에 걸린 시간이나 시행 수를 빼면 절약점수가 산출된다. 이것을 파지 추정치로 볼 수 있다. 예를 들어, 목록을 최초로 기억하는 데 걸린 시간이 20분이고, 일주일 후에 두 번째로 기억하는 데 걸린 시간이 5분이라면 파지율이 75%이고 망각률이 25%라는 뜻이다.

$$절약률 = \frac{최초\ 학습에\ 걸린\ 시간 - 재학습에\ 걸린\ 시간}{최초\ 학습에\ 걸린\ 시간} \times 100$$

2. 망각의 원인

1) 비효율적인 약호화

정보를 약호화하지 못했기 때문에 나타나는 의사망각(pseudo-forgetting)은 주의 결함 때문에 생긴다. 새로운 정보가 기억부호를 형성하였는데도 망각이 일어나는 것은 비효율적인 약호화 때문이다. 처리수준에 관한 연구는 약호화 과정에서 망각이 일어나기 쉽다고 한다(Craik & Tulving, 1975). 예를 들어, 책을 읽고 있는데 주의가 분산되었다면 단순히 책 내용을 큰 소리로 읽는 것에 불과하다. 이런 음운적 약호화는 의미적 약호화보다 파지가 저조하다. 읽었던 정보를 기억할 수 없다면 비효율적인 약호화 때문에 망각이 일어난 것으로 볼 수 있다.

2) 소 멸

소멸이론(decay theory)은 기억이 비영구적이기 때문에 망각이 일어난다고 보는 이론이다. 즉, 시간 경과에 따라 기억흔적이 쇠퇴하기 때문에 망각이 일어난다는 것이다. 또 이 이론은 생리적 기제를 통해서 소멸이 일어난다고 잠정적으로 가정하고 있다. 소멸이론에 따르면 시간의 흐름 자체가 망각을 유발한다는 것이다.

소멸이론이 맞다면 주된 망각 원인은 시간의 경과일 것이다. 그러나 장기기억에 관한 연구에 따르면 시간 경과가 그렇게 영향력 있는 망각의 원인은 아니었다. 젠킨스와 달렌바크(Jenkins & Dallenbach, 1924)는 실험 참가자들에게 무의미 철자를 기억하게 하고 1, 2, 4, 8시간 뒤에 회상량을 검사하였다. 실험 참가자 중 반은 잠을 잤고, 나머지 반은 깨어 있었다. 만약 망각이 시간 경과 때문에 일어난다면, 잠을 잔 실험 참가자와 깨어 있었던 실험 참가자의 망각량은 동일해야 할 것이다. 그런데 잠을 잔 실험 참가자보다 깨어 있었던 실험 참가자가 망각량이 더 컸다. 정상적인 활동을 한 실험 참가자가 망각량이 더 많았는데, 이는 깨어 있는 동안 처리해야 할 정보들이 서로 경합을 일으켜서 간섭현상이 나타났기 때문이라고 볼 수 있다. 간섭(interference)이란 정보의 경합이 파지에 미치는 부정적 효과를 말한다. 이후의 연구에 따르면 망각은 단순히 시간의 산물이 아니라 정보의 양, 복잡성 및 유형의 영향을 받는다.

3) 간 섭

간섭이론(interference theory)은 정보가 서로 경합을 벌이기 때문에 망각이 일어난다는 입장이다. 장기기억에서 소멸을 증명하기는 어렵지만 간섭이 망각에 영향을 준다는 사실은 여러 연구에서 입증되고 있다. 앞에서 언급한 젠킨스와 달렌바크(1924)의 실험도 파지기간 동안에 실험 참가자에게 잠을 재우거나 정상적 활동을 하도록 함으로써 간섭을 조작하였다.

간섭효과에 관심이 있는 연구는 주로 검사자극과 간섭자극의 유사성을 통제한다. 간섭자극과 검사자극이 유사할수록 간섭이 더 많이 일어날 것이지만, 유사성을 감소시키면 간섭도 감소할 것이다. 맥지오크와 맥도널드(McGeoch & McDonald, 1931)는 실험 참가자에게 2음절의 형용사 목록을 기억하도록 한 후 다시 실험 참가자에게 검사자극의 동의어, 반의어, 무관련 형용사, 무의미 철자, 숫자들을 추가로 제시하였다. 그 결과, 검사자극과 간섭자극의 유사성이 감소할수록 망각량도 감소하였다.

간섭에는 역행간섭과 순행간섭이 있다. 역행간섭(retroactive interference)은 새

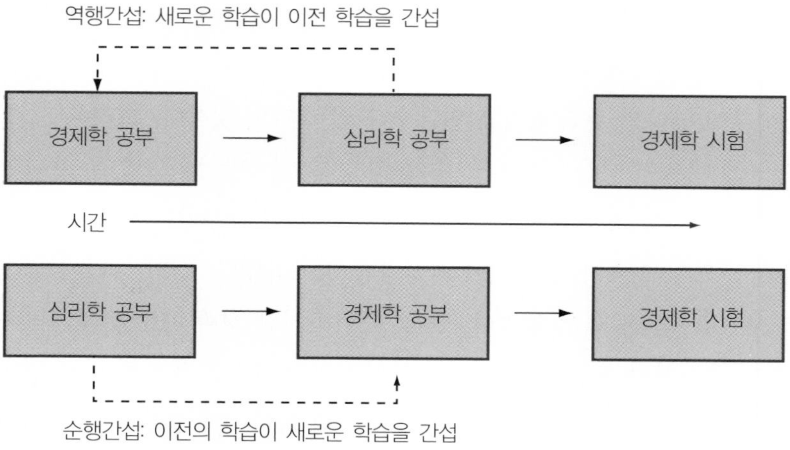

| 그림 5-15 | 역행간섭과 순행간섭

로운 정보가 이전에 학습한 정보의 파지를 방해하는 것을 말하고, 순행간섭(proactive interference)은 이전에 학습한 정보가 새로운 정보의 파지를 방해하는 것을 말한다.

순행간섭과 역행간섭의 차이를 이해하기 위해서 다음 예를 살펴보자. 내일 있을 경제학 시험을 위해서 많은 양의 내용을 기억해야 한다고 가정해 보자. 경제학을 공부하고 심리학을 공부한다면 심리학 공부가 역행간섭을 일으킬 수 있다. 반대로 심리학을 먼저 공부하고 경제학을 공부한다면 심리학이 순행간섭을 일으킬 수 있다(| **그림 5-15** | 참조).

4) 인출실패

인출과정의 와해로 인해 망각이 일어날 수 있는데, 그 대표적인 예가 설단현상이다. 그런데 어떤 때는 인출에 성공하고 어떤 때는 실패하는 이유를 밝히는 것은 아주 어려운 문제다. 툴빙과 톰슨(Tulving & Thompson, 1973)에 따르면 약호화 당시의 단서와 일치하는 인출단서가 기억에 도움이 된다. 즉, 약호화할 때 단어의 음이나 음운적 성질이 강조되었다면 효과적인 인출단서는 단어의 음을 강조하는 것이다. 만약 약호화할 때 단어의 의미를 강조하였다면 의미적 단서가 가장 좋은 인출단서가 될 것이다.

약호화할 당시의 처리유형과 인출 당시의 처리유형이 일치하면 기억이 향상된다는 연구결과도 있다. 이를 전이적합형 처리(transfer-appropriate processing)라고 한다. 모리스, 브랜스퍼드와 프랭크스(Morris, Bransford, & Franks, 1977)는 실험 참가자들에게 단어목록을 제시하고 의미적 혹은 음운적 처리를 하도록 하였다. 파지량을 측정할 때에도 단어의 의미나 음을 강조하여 재인량을 측정하였다. 약호화할 당시에 의미적 처리가 이루어졌을 경우 의미적 요인을 강조하였을 때 파지량이 증가하였다. 마찬가지로 약호화할 당시 음운적 처리가 이루어졌을 경우 음운적 요인을 강조하였을 때 파지량이 증가하였다. 따라서 약호화 당시의 처리유형과 파지방법이 요구하는 처리유형이 서로 일치하지 않으면 인출에 실패할 가능성이 높다고 볼 수 있다.

생각하고 싶지도 않은 사상과 관련된 기억을 망각하려는 경향을 동기화된 망각(motivated forgetting)이라고 한다. 동기화된 망각은 의도적으로 기억을 억압한 결과다. 통제된 실험상황에서 동기화된 망각을 입증하기란 매우 어려운 일이다. 그런데도 몇몇 실험에 따르면 사람들은 정서적으로 중성적인 자극과 마찬가지로 불안 유발 자극을 회상하지 못한다. 따라서 치과예약 시간이나 보고서 기한과 같은 불쾌한 일을 잊어버렸다고 할 때 동기화된 망각이 작용하였다고 볼 수 있다.

제5절 기억향상법

기억술(mnemonics)은 기억을 증진하기 위한 전략이다. 실제로 기억술은 오늘날 보다 고대사회에서 더 중요했던 것으로 생각된다. 기억을 향상시키기 위해 사용되는 몇 가지 원리를 살펴보자.

1. 충분한 시연

"배우기보다 익혀라(Practice makes perfect)."라는 속담이 있다. 실제로 연습했다고 해서 완벽하게 되는 것은 아니지만 연습하면 파지가 증가하는 것은 사실이다. 연구결과에 따르면 시연이 많을수록 파지도 증가한다. 계속해서 시연하면 자료에 대한 이해도 증가한다. |그림 5-16|에 제시되어 있는 바와 같이 모든 수준에서 반복효과가 나타났다. 그런데 정보의 중요도가 가장 높을 때 반복효과가 가장 크게 나타났다.

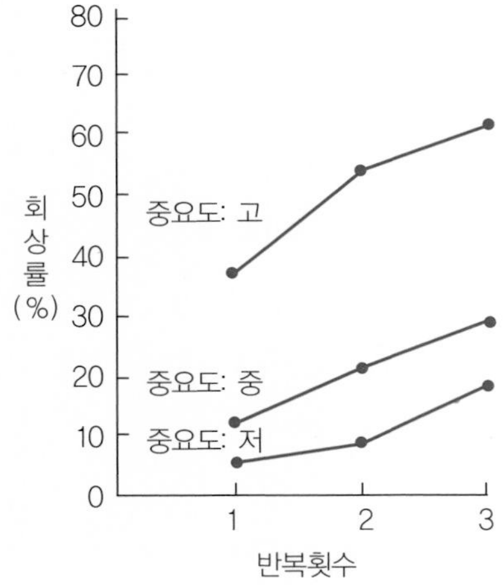

|그림 5-16| 반복과 정보의 중요도가 기억에 미치는 효과

자료를 과잉 학습하는 것도 중요하다. 과잉학습(overlearning)이란 처음에 자료를 완전히 숙달한 후에도 계속해서 그 자료를 시연하는 것을 말한다. 과잉학습 혹은 잉여학습의 정도는 보통 퍼센트로 나타낸다. 단어목록을 학습하는 데 열 번의 시행이 걸리는데, 다섯 번 더 시행했다면 50% 과잉학습을 한 셈이다. 한 연구에서 실험 참가자들에게 명사목록을 학습시킨 후에(목록을 오류 없이 완전히 암송시킨 후에) 50%, 100% 과잉학습시켰다(Krueger, 1929). 그리고 나서 1, 2, 4, 7, 14, 28일 후에 회상검사를 실시하였다. 그 결과는 |그림 5-17|과 같다.

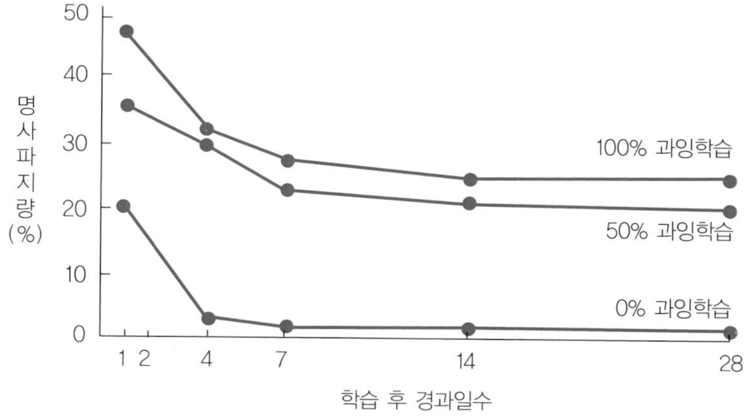

| 그림 5-17 | **과잉학습이 파지에 미치는 효과**

이런 결과는 세 가지 측면에서 아주 흥미롭다. 첫째, 50%와 100% 과잉학습은 분명히 회상률을 증가시켰다. 둘째, 50% 과잉학습은 회상량을 상당히 증가시키나, 100% 과잉학습은 회상량을 더 이상 증가시키지는 않는다. 대신 마지막으로 학습 후 시간이 경과하여도 과잉학습의 파지효과는 오랫동안 유지된다. 과잉학습은 장기간의 기억이 필요한 경우 가장 큰 도움이 된다.

2. 분산학습

어떤 과목을 시험치기 위해 9시간 정도 공부해야 한다고 가정해 보자. 이때 9시간 계속해서 공부할 것인가 아니면 세 시간씩 나누어 3일 동안 공부할 것인가 하는 것을 생각해 볼 수 있다. 연구결과에 따르면 집중학습(massed practice)보다 분산학습(distributed practice)이 효과적이라고 한다. 특히 연습기간이 상당히 길 때 분산학습이 더 효과적이라고 한다(Zechmeister & Nyberg, 1982). 예를 들어, 아동(9~14세)에게 연습시행의 수를 달리해서 단어목록을 학습시킨 결과, 집중학습보다 분산학습이 회상을 더 많이 증가시켰다(| 그림 5-18 | 참조). 분산학습이 효과적이라는 사실은 주입식(cramming) 학습법이 비효과적이라는 사실을 입증해 준다.

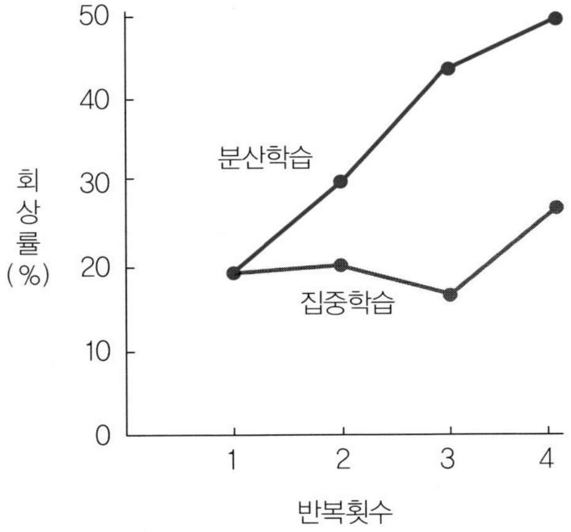

| 그림 5-18 | **집중학습과 분산학습이 파지에 미치는 효과**

3. 간섭의 최소화

간섭이 중요한 망각 원인이기 때문에 간섭을 최소화하는 방법이 기억에 도움이 된다. 손다이크와 헤이스-로크(Thorndyke & Hayes-Roch, 1979)는 유사한 자료라고 하더라도 날짜를 달리해서 학습하면 간섭이 덜 일어난다고 보았다. 따라서 가능하다면 시험 전날에는 시험 보는 과목을 공부해야 한다. 만약 시험 전날 다른 과목 공부도 해야 한다면 내일 시험 칠 과목을 마지막으로 공부해야 한다. 물론 다른 과목의 공부가 유일한 간섭원은 아니다. 다른 정상적인 활동도 간섭을 일으킬 수 있다. 따라서 시험 직전에 그 과목을 훑어보는 것이 좋다. 왜냐하면 중간의 다른 활동에서 비롯된 간섭을 방지할 수 있기 때문이다.

4. 깊은 처리

처리수준론적 접근에 따르면 단순히 자료를 반복하는 것보다는 깊게 처리하는 것이 기억에 도움이 된다(Craik & Tulving, 1975). 읽었던 것을 기억하려면 그 자료의 의미를 충분히 파악해야 한다. 따라서 기억을 향상시키기 위해서는 기계적 반복에 시간을 허비하지 말고 자료의 의미에 관심을 두고 분석하는 데 더 많은 시간을 할애해야 한다. 특히 자료에 개인적인 의미를 부여하는 것이 도움이 된다. 교재를 읽을 때 교재 속의 정보를 자신의 생활 및 경험과 관련시키려고 해야 한다.

5. 전이적합형 처리

학생들이 문제를 해결해야 할 때는 사실지향적 처리보다 문제지향적 처리가 더 효과적이다(Adams et al., 1988). 그래서 자신에게 주어질 검사유형에 따라 학습방법을 달리해야 한다. 예를 들어, 만약 치러야 할 시험이 논리적 사고과정의 전개를 필요로 하는 문제해결식이라면 그런 유형의 문제 풀이를 연습하는 것이 최선의 방법일 것이다.

6. 언어적 약호화

주어진 정보에 개인적인 의미를 부여하는 것이 기억에 도움이 되기는 하지만 항상 의미를 부여할 수 있는 것은 아니다. 예를 들어, 화학을 공부할 때 화학식에 개인적 의미를 부여하기란 상당히 어려운 일이다. 따라서 추상적인 자료를 보다 의미 있는 자료로 전환하는 기억술이 필요하다.

1) 이합법과 두문자법

이합법(acrostics)은 각 단어의 머리말을 단서로 사용하여 정보를 기억하는 방법이다. 예를 들어, 계이름의 순서를 기억하기 위해서 'Every Good Boy Does Fine.'과 같은 문장을 사용할 수 있다. 이와 비슷한 것이 두문자법(acronym)이다. 이 방법은 단어의 머리말을 사용해서 단어를 만드는 방법이다. 즉, red, orange, yellow, green, blue, indigo와 violet의 색을 순서대로 기억하기 위해 'Roy G. Biv'라는 이름으로 저장할 수 있다. 이 두문자법은 군집화의 원리를 적용한 예다.

2) 이야기 구성

기억할 단어를 적절히 배열해서 이야기 형태로 바꾸면 효과적일 수 있다. 이야기를 구성하면 단어의 의미가 증가하고 기억하려는 단어를 이야기 속에 순서대로 배열할 수도 있다. 예를 들어, |**그림 5-19**|에 제시된 바와 같이 무관련 단어를 사용하여 이야기를 작성하면 기억이 향상된다(Bower & Clark, 1969). 이 실험에서 연

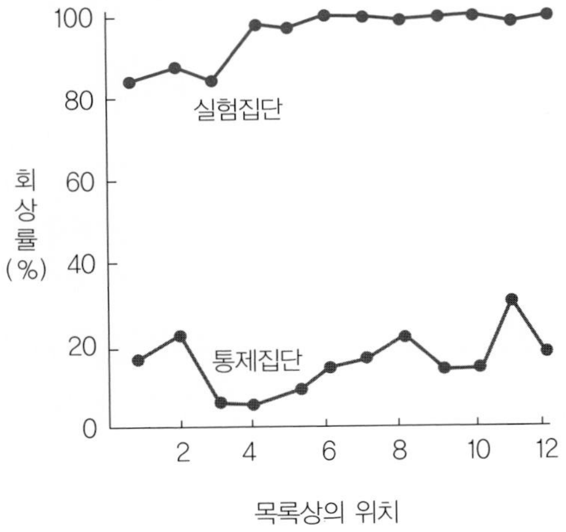

| 그림 5-19 | **이야기 구성**

실험집단에는 〈표 5-5〉에 제시된 보기와 같이 10개씩의 단어를 이용해서 이야기를 작성하라고 하였다. 그러나 통제집단에게는 이 지시를 주지 않았다. 이야기를 구성하였을 때 회상이 극적으로 증가했다.

표 5-5 **이야기 구성의 예**

주요 부위	이야기
lumberjack(나무꾼) dart(뛰어나오다) hedge(산기슭) ducks(오리) colony(서식지) skate(스케이트) mistress(부인) pillow(베개) furniture(가구) socks(양말)	나무꾼이 삼림에서 뛰어나와 산기슭을 돌아 오리 서식지를 지나 스케이트를 타고 갔다. 그는 부인이 누워 있는 베개 쪽으로 가다가 가구에 걸려 양말이 찢어졌다.
vegetable(채소) college(대학) instrument(도구) fence(울타리) basin(물동이) nail(못) queen(여왕) merchant(상인) scale(재다) goat(면양)	채소는 대학생들에게 유용한 도구다. 홍당무는 여러분의 울타리나 물동이에 박는 못이 될 수 있다. 그러나 여왕의 상인이 울타리의 길이를 재고 면양에게 홍당무를 먹인다.

구자들은 학생들에게 12개 단어목록을 학습시켰다. 실험집단의 학생들에게는 목록을 이야기 형태로 꾸미도록 지시한 반면에 통제집단의 실험 참가자들에게는 특별한 지시를 주지 않고 단어목록을 기억하라고 하였다. 각 목록을 학습한 직후의 자유회상검사에서는 두 집단 간의 차이가 통계적으로 유의하지 않은 것으로 나타났다. 그러나 단어를 가지고 이야기를 꾸민 학생은 단어를 순서대로 더 잘 기억할 수 있었으나(93%), 통제집단의 실험 참가자들의 기억은 매우 저조하였다(13%).

일반적으로 10개의 단어목록을 학습하게 되면 역행간섭이나 순행간섭이 일어난다. 그러나 이야기를 구성하면 목록이 구분되고 간섭이 줄어든다. 또 이야기를 구성하게 되면 각 단어가 정교화되어 회상량이 증가한다.

7. 시각적 심상 형성

시각적 심상을 사용하면 기억이 향상된다. 파이비오(Paivio, 1986)는 시각적 심상이 두 번째 기억부호를 만들어 주기 때문에 부호가 하나일 때보다 회상이 향상된다고 보았다. 시각적 심상을 활용하는 기억술로는 연결법, 장소법, 핵심단어법이 있다.

1) 연결법

연결법(link method)이란 기억해야 할 항목들이 서로 연결될 수 있도록 심상을 형성하는 것이다. 예를 들어, 일용품점의 항목을 기억해야 하는 경우를 생각해 보자. 잡지, 면도용 크림, 필름, 연필 등을 기억하기 위해서 어떤 인물이 펜과 면도용 크림을 손에 들고 있는 잡지의 표지를 상상할 수 있다. 특이하게 심상을 형성할수록 기억에 더 도움이 된다(McDainel & Einstein, 1986).

2) 장소법

낯익은 공간이나 장소를 이용하면 많은 항목을 기억하는 데 도움이 된다. 잘 알고 있는 장소에 대해 심상을 형성하고, 이 장면에 기억해야 할 항목을 여러 장소에 배치시켜 가면서 상상하는 것이 장소법(method of loci)이다. 예를 들어, 시장에서 살 물건을 기억하기 위해 집에서 학교까지 가는 길을 상상하며 물건을 하나하나 배치할 수 있다. 핫도그, 고양이 먹이, 토마토, 바나나, 위스키를 시장에서 사와야 한다면, 차도에 뒹굴고 있는 핫도그, 문 앞에서 먹이를 먹고 있는 고양이, 저택의 손잡이에 달린 토마토, 옷장 속에 다발로 걸려 있는 바나나, 배수구에 처박혀 있는 위스키 병을 상상할 수 있다.

3) 핵심단어법

원래 제2외국어의 어휘학습을 촉진시키기 위해 고안된 핵심단어법(key-word method)은 구체적인 단어와 추상적인 단어를 연결하고, 그 구체적인 단어에 대해서 심상을 형성하는 방법이다.

어떤 단어를 기억하기 위해 핵심단어법을 사용한다고 가정해 보자(Morris, Jones, & Hampson, 1978). 첫 번째 단계는 그 단어와 운이 같은 단어를 결합하는 것이다. 만약 제시된 단어가 영어의 'duck(오리)'에 해당하는 스페인어인 'pato'라면 핵심어로 'pot(연못)'을 사용할 수 있다. 'pato'와 'pot'을 결합시키고 난 뒤, 영어로 번역한 항목과 상호작용하는 핵심어의 심상을 형성하게 된다. 예를 들어, 연못에서 헤엄치고 있는 오리를 상상할 수 있다. 이처럼 핵심단어법은 어떤 단어를 동운(同韻)의 단어와 연관 짓고 그 단어와 핵심어가 상호작용하는 심상을 형성한다.

8. 정보의 조직화

정보를 조직화하면 파지가 훨씬 증가한다. 에릭슨과 폴슨(Ericsson & Polson, 1988)은 필기를 하지 않고 스무 가지나 되는 식사 주문을 기억할 수 있는 J. C.라는 사람을 연구하였다. 보통 사람은 손님이 주문한 순서대로 기억하려고 하지만, J. C.는 음식에 들어가는 성분(샐러드, 채소 등)에 따라서 주문을 조직화했다. 또 음식성분의 두문자(頭文字)를 사용해서 주문하는 음식을 기억하기도 했다.

9. 약호화 증진

앞에서는 기억부호를 형성하는 과정에서 구조적 · 음운적 · 의미적 약호화를 살펴보았다. 여기서는 약호화 과정에 도움이 되면서 동시에 기억을 증진시킬 수 있는 방법들을 소개하겠다.

1) 정교화

어떤 자극을 약호화하면서 다른 정보와 관련짓는 것을 정교화(elaboration)라 한다. 예를 들어, 공포증이 고전적 조건형성을 통해서 학습된다는 것을 알고 있는 사람은 자신의 거미 공포증을 고전적 조건형성으로 설명해 봄으로써 학습한 내용을 정교화할 수 있다. 정교화하면 연합이 증가되어 기억에 도움이 된다. 파지량의 차이는 정교화의 차이로 설명할 수 있다(Craik & Tulving, 1975).

2) 시각적 심상

심상(image)이란 어떤 단어를 기억할 때 그 단어의 시각적 상을 형성하는 것으로 약호화를 증가시키는 데 사용되는 한 방법이다. 물론 단어에 따라서 심상 형성이 쉬울 수도 있고 어려울 수도 있다. 마술사라는 단어에 대해 마술사가 요술을 부리는 장면을 쉽게 떠올릴 수 있다. 그러나 진리와 같은 단어에 대해서는 적당한 심상을 형성하기가 아주 어렵다. 왜냐하면 마술사는 구체적인 대상이지만 진리는 추상적인 개념이기 때문이다. 그래서 파이비오(1969)는 추상적인 개념보다 구체적인 대상의 심상 형성이 더 쉽고 심상 형성의 용이성이 기억에 영향을 준다고 보았다.

파이비오(1986)에 따르면 심상은 기억을 촉진시킨다. 왜냐하면 심상은 두 번째 기억부호가 될 수 있고 기억부호는 한 개일 때보다 두 개일 때 더 도움이 되기 때문이다. 그래서 파이비오가 주장한 이중부호화이론에 따르면 의미적 · 시각적 부호화는 회상을 유도하기 때문에 기억이 증진된다. 이 이론의 정확성은 아직 밝혀지지 않았지만 정신적 상을 형성하는 것이 기억증진에 도움이 된다는 사실은 분명하다.

3) 자기참조적 약호화

주어진 자료에 대해 개인적 의미를 부여하는 것도 약호화를 증가시키는 한 방법이다. 예를 들어, 매일 시내버스를 타고 학교에 다닌다고 가정해 보자. 정거장마다 녹음된 방송으로 다음 정거장은 어디라고 알려 준다. 몇 개월을 다녀도 특별히 노력하지 않는다면 정거장 이름을 모두 기억하기는 어려울 것이다. 그러나 자신이 하차하는 정거장이나 친구를 만나서 같이 내린 정거장 이름 정도는 기억할 수 있을 것이다. 이처럼 자기와 관련 있는 정보는 더 잘 기억할 수 있다.

자기참조적 약호화(self-referent encoding)란 어떤 정보를 자신과 관련짓거나 관련짓는 정도를 말한다. 로저스, 퀴퍼 및 커커(Rogers, Kuiper, & Kirker, 1977)는 구조적 · 음운적 · 의미적 약호화와 자기참조적 약호화를 비교한 연구에서 질문유형을 달리하여 약호화를 조작하였다. 자기참조적 약호화를 유도하기 위해서 실험 참가자들에게 '교활한' '음흉한' '영리한'과 같은 40개의 형용사를 자신과 관련시켜 보라고 하였다. 그러고 나서 스크린상에 형용사를 제시하였다. 그 결과 자기참조적 약호화는 회상을 증진시켰다. 이 연구결과는 약호화의 중요성을 지적하는 것이지만 약호화는 기억과정의 한 단계에 불과하다.

요 약

1. 기억과정의 첫 단계인 부호화는 주의에 의해 시작되며, 주의가 가지고 있는 선택적 속성은 흔히 여과기에 비유되곤 한다.
2. 처리수준이론에 따르면 기억부호는 강조되는 자극의 특성에 따라 다르게 형성되며, 깊은 처리가 이루어질수록 정보를 더 잘 기억해 낼 수 있다.
3. 기억의 정보처리이론에서는 인간의 감각기억, 단기기억, 장기기억이라는 세 가지 기억저장고를 가지고 있는 것으로 본다.
4. 기억에서 정보를 인출할 때 맥락과 같은 단서가 회상을 촉진시킨다.
5. 기억은 단순히 지나간 경험의 반복이 아니라 도식이나 각본 등의 사전 지식의 영향을 받아 재구성되는 과정이다.
6. 망각은 시간 경과뿐만 아니라 간섭이나 인출실패, 동기에 의해 설명될 수 있다.
7. 기억은 신경과정상의 변화, 뇌 구조상의 위치, 기억응고화와 같은 생리학적인 접근으로도 연구되고 있다.
8. 심리학자들은 의미적 기억과 일화적 기억의 예처럼 기억을 여러 가지 체계로 구분하기도 한다.
9. 기억에 관한 연구를 바탕으로 한, 실생활에 응용할 수 있는 기억술이 많이 있다.

제6장

언어적 사고

학습목표

1. 언어는 어떤 구조를 지니며, 어떤 과정으로 처리되는지를 이해한다.
2. 언어는 과연 사고에 어떤 영향을 미치는지를 이해한다.
3. 사고는 어떤 유형이 있으며, 어떤 과정으로 처리되는지를 이해한다.

06

어떤 사람이 나에게 “지하철역이 어디에 있나요?”라고 길을 물었다고 가정해 보자. 그러면 나는 “이쪽 방향으로 약 200미터 가시면 됩니다.”라고 대답하였을 것이다. 두 문장은 모두 언어로 표현되었다. 두 문장이 표현되기 위해서는 언어에 대한 지식이 기억에 저장되어 있어야 한다. 그러면 두 문장의 반응에 대한 기술이 다 되었다고 볼 수 있는가? 만약 전철역이라고 한다면 어떻게 대답하였을까? 지하철과 전철은 유사한 의미를 지닌 단어임을 알아야 하며, 현재 위치에서 역까지의 거리는 또한 어떻게 계산할 수 있었는가? 그 거리를 계산하기 위해서는 기억에서 심상과 지식을 동원하여 적절한 거리가 얼마나 되는지를 계산하는 어떤 과정이 수행되어야 한다.

언어는 인간이 필요에 의해서 만든 도구다. 인지의 내용을 언어라는 상징의 형태로 표현하게 함으로써 자신의 생각 내용을 다른 사람에게 전달하거나 다른 사람으로부터 전달받을 수 있게 된다. 언어가 진화하면서 다른 인지과정과 밀접한 관계를 맺게 되었다. 이 과정의 하나가 사고다. 사고는 기억의 언어나 심상을 사용하여 환경의 정보에 대한 의미를 체계화하고, 논리적으로 사유하며, 판단이나 결정을 하는 문제해결과정을 수행하게 된다. 이 장에서는 언어와 관련하여 이해와 산출의 과정, 언어와 사고의 관계, 언어의 습득과 사용에 관하여 논의할 것이며, 사

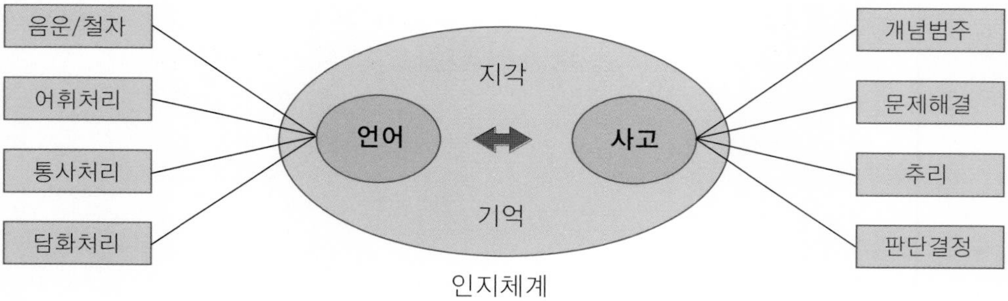

| 그림 6-1 | 인지체계에서의 언어와 사고

언어와 사고는 인지체계 내에서 지각과 기억을 제외한 부분을 의미한다. 사고는 사물을 개념화하고 분류하며, 목표행동에 대한 문제해결과 논리추리와 판단결정의 과정이다. 언어는 음운/철자, 어휘, 통사, 담화 수준에서 이해와 산출을 위한 처리과정을 가능케 한다.

고 영역에서는 개념과 범주, 추리, 판단과 결정 그리고 문제해결에 대해 논의할 것이다. 그리고 언어가 사고에 어떤 영향을 미치는지를 통해서 언어와 사고의 관계를 논의할 것이다.

제1절 언어: 구조와 과정

인간에게 언어가 제공하는 가장 중요한 기능은 자신의 생각이나 의도를 타인에게 전달하고, 전달받는 의사소통 기능일 것이며, 자신이나 타인의 생각이나 의도를 언어의 형태로 표상하는 기능일 것이다(Solso, 2005). 우리는 일상에서 언어를 사용하고 있지만 소통의 어려움을 느끼지 못한다. 더욱이 문법 규칙을 외현적으로 설명하는 행위는 매우 어렵지만 언어의 미묘한 차이는 매우 쉽게 파악할 수 있다(Pinker, 1994).

언어는 태어나면서부터 자연스럽게 습득되어 간다. 울음을 통해 언어를 준비하고 옹알이를 통해 발성을 시작하고, 생후 6개월이 되면 '마' '맘' 등의 말소리 언어가 나타나서 1년이 지나면 '엄마' '가가' 등의 단어가 표현되며, 2년 이후에는 '엄마 밥 줘.' 등의 문장을 사용하게 된다. 생후 3~4년을 넘어서면 정상적인 문장의 표현이 가능해진다. 언어 습득과정에서 나타나는 흥미로운 현상은 언어 습득이 일정한 단계를 거쳐서 일어난다는 점이다. 옹알이―단어―단어 조합―문장의 순으로 언어가 습득된다는 것이다. 언어 습득이 경험적인지 본능적인지, 아니면 사회적인지, 인지적인지의 논란이 계속되고 있지만, 분명한 사실은 언어가 체계적인 구조를 지니고 있다는 것이다.

1. 언어 구조

언어의 구조는 일반적으로 언어학에서 중요하게 다루고 있는 주제다. 즉, 언어가 지니고 있는 구조 혹은 체계는 무엇인가에 대한 해답을 얻고자 하는 것이다. 언어는 문법에 의해서 구성된 규칙체계를 지니고 있다. 문법은 위계적으로 구성된 체계인데, 여기에는 음운 및 철자, 통사, 의미의 세 수준이 있다. 음운과 철자는 감각 양상에 따라 그 체계의 적용이 다르다. 청각 언어에서는 음운 구조가 적용되며 시각 언어에서는 철자 구조가 적용된다. 두 구조는 모두 단어 혹은 어휘를 구성하는 하위 요소가 된다. 단어들이 어떤 규칙에 따라 제시되면 문장이 된다. 문장은 통사 규칙에 근거하여 분석되고 해석된다. 단어나 문장은 모두 세상을 지칭하는 의미를 표상하게 한다(Carroll, 2004). 이러한 언어의 구조를 설명하기 위해서 언어학에는 음운론, 통사론, 의미론의 세 영역이 형성되었다.

1) 음운과 철자

언어가 청각적 혹은 시각적으로 소통되기 위해서 구성된 문법 규칙이 음운과 철자체계다. 청각 언어의 경우, 말소리의 가장 작은 단위는 **음소**(phoneme)다. 이 음소는 자음과 모음으로 구분되며, 자음과 모음의 수는 언어에 따라 차이가 있다. 인간이 언어의 형태로 발성할 수 있는 **음운**(음소의 소리 표상)의 수는 100여 개 정도지만 실제 언어에 사용되는 음운의 수는 그보다 적다고 알려져 있다. 국어는 24개의 기본 자모로 구성되었는데, 이 중 자음은 14개이고 모음은 10개다. 발음이 가능한 음운은 자음 19개(5개 이중자음)와 모음 21개(10개 단모음과 11개 이중모음)로 모두 40개의 음운으로 구성된다. 유사하게 영어는 자모 수가 28개이며, 음운 수도 약 40개로 구성된다. 이들 자모가 조합되면 음절(syllable)이 되며(예, '해' '요' 'ba' 'ca'), 이들 음절이 조합되면 **형태소**(morpheme)가 된다(예, '해변' '요일' 'bat' 'car'). 언어학에서는 형태소를 언어의 의미가 나타나는 가장 작은 단위로 취급한다(Carroll, 2004).

2) 문장 구조

통사(syntax)는 문장의 단어들이 계열적으로 입력되면 각 단어의 품사, 즉 문법 범주를 파악하고, 파악된 범주의 단어를 분석하는 언어 규칙을 의미한다. 통사의 규칙들이 나열된 단어에 적용되면 문장의 의미적 해석이 가능해진다. 예를 들어, 'The patio resembles a junkyard'라는 문장이 입력되면 통사 규칙을 적용하여 문장을 분해하는 과정이 일어난다. 문장의 분해 과정은 통사 규칙을 순환적으로 적용하여 문장의 단위들이 더 이상 분해될 수 없는 수준까지 분해하는 방식으로 일어난다는 것이다. 이 과정에서 동일한 규칙이 반복적으로 적용되는데, 이 규칙을 다시쓰기 규칙(rewrite rules)이라고 하였다(| 그림 6-2 | 참조). 통사 규칙을 적용하여 최종 단위에 단어를 삽입하면 **나무구조**(tree diagram)의 표상이 구성된다. 이 표

규칙 1	S	(문장)	➡	NP + VP
규칙 2	NP	(명사구)	➡	D + N
규칙 3	VP	(동사구)	➡	V + NP
규칙 4	N	(명사)	➡	patio, junkyard …… 등
규칙 5	V	(동사)	➡	resembles …… 등
규칙 6	D	(관사)	➡	the, a, …… 등

| 그림 6-2 | **다시쓰기 규칙**

상이 문장의 통사 처리를 거친 출력이 된다. 유사하게 문장의 통사 처리는 상위의 문장(S)을 다음 수준의 통사 단위(NP+VP), 다음 수준의 하위 단위(D+N)로 분석한다. 문장을 더 이상 분해할 수 없게 되면 하위 단위에 단어가 삽입되는 과정으로 진행된다(| 그림 6-3 | 참조).

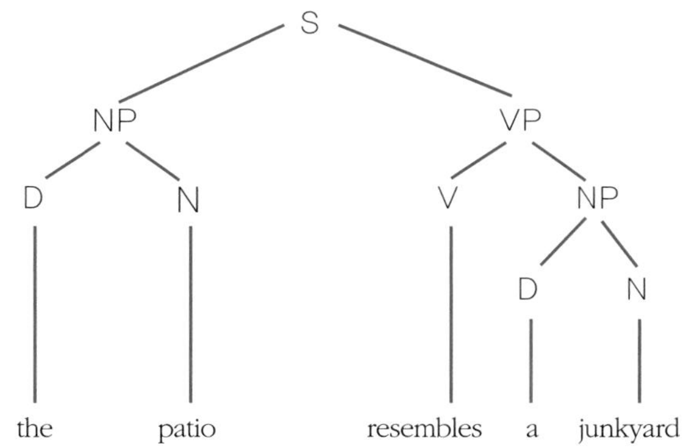

| 그림 6-3 | **문장의 나무구조: 문장의 기억 표상**

촘스키의 문법이론은 심리학에 많은 영향을 주었지만 많은 연구자는 촘스키 이론이 심적 과정을 설명하는 데는 적절하지 못하다고 비판하였다(이정모, 이재호, 1998). 그리고 영어는 문장의 단어들이 나열된 순서가 통사 의미적 규칙에 중요한 단서를 제공하지만 국어는 조사가 통사적 단서를 제공하기 때문에 단어의 나열 순서의 효과는 영어에 비해서 미약하다(예, 이재호 외, 2002).

2. 언어 이해

심리학은 언어의 구조보다는 언어가 정보로써 이해되고 산출되는 과정에 관심을 둔다. 언어가 처리되는 동안에 어떤 지식이나 제약들이 작용하여 언어의 이해와 산출이 일어나는지를 밝히고자 하였다. 언어의 처리는 언어가 인지체계에 입력되면서 발생하는 심적 변화의 과정을 의미하는 것이다. 언어학에서는 언어의 구조를 음운(혹은 철자), 통사, 의미 수준으로 분류하고 있다. 그에 상응하는 언어 단위는 음절 혹은 단어, 문장, 글말의 담화 수준이 된다. 이들 수준의 언어가 어떻게 인지체계에서 처리되는지를 밝히는 것이 심리학, 특히 언어심리학에서의 주요 관심사다(| **그림 6-4** | 참조). 이 장에서는 단어나 형태소 수준의 어휘 처리와 여러 문장으로 구성된 담화글의 처리에 대해서 살펴본다.

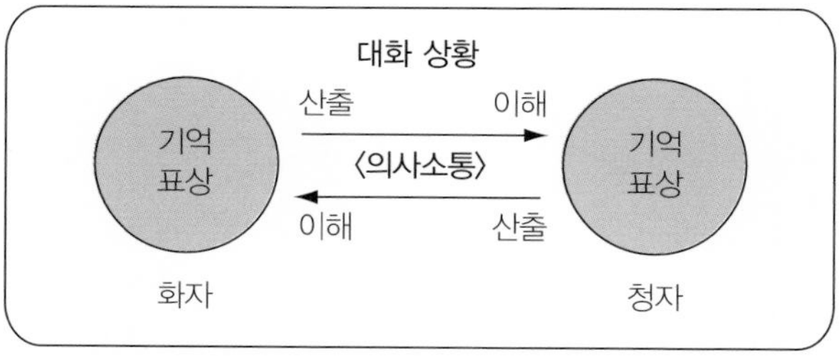

| **그림 6-4** | **언어의 의사소통과정**

언어는 화자의 기억 표상을 언어 표현으로 산출하고 청자는 그 언어 표현을 기억에 표상한다. 청자는 다시 기억 표상을 언어 표현으로 산출하며 화자는 그 언어 표현을 기억에 표상한다. 두 사람의 산출과 이해의 순환되는 과정이 의사소통이다. 반복되는 의사소통은 점차적으로 표상의 응집성을 증가시킨다.

1) 어휘 처리

모든 언어에서 언어의 의미는 단어 수준에서 완전하게 나타난다. 심리학에서는 단어라는 용어보다는 어휘라는 용어를 즐겨 사용한다. 어휘(lexical)는 단어가 기억에 표상된 상태를 의미한다. 단어가 언어적 단위이면, 어휘는 심적 단위인 것이다. 물리적 단어가 심적 단어로 전환되어 기억에 표상되기 위해서는 다양한 제약이 영향을 미치게 된다. 첫째, **단어의 빈도**다. 사용 빈도가 높은 단어가 낮은 단어에 비해서 단어의 지각이 빠르며 기억도 잘 된다. 둘째, **단어 우월성 효과**(word superiority effect)다. 단어로 제시되면 단어에 포함된 낱자나 음절의 지각이나 기억이 촉진된다는 것이다. 예를 들어, WORK 단어에서 K를 재인하는 속도가 K만 제시하고 K에 대한 재인을 하는 속도보다 빠르다는 것이다. 셋째, **글자의 친숙성**이 지각에 영향을 미친다. 예를 들어, KBS와 kbs를 비교해 보고, sbs와 SBS를 비교해 보면, 전자들이 후자들에 비해서 지각이 빠르다는 것이다. 단어의 길이가 짧은 단어가 긴 단어보다 이해가 빠르며, 발음이 쉬운 단어가 어려운 단어보다 이해가 빠르며, 단어의 의미가 단순한 단어가 복잡한 단어보다 이해가 빠르다는 것이다(Just & Carpenter, 1987).

단어는 단독으로 제시되는 경우보다는 문장이나 글 속에 제시되는 경우가 더욱 빈번하다. 단어 우월성 효과에서 단어가 낱자의 지각에 영향을 미치는 것처럼 다른 단어, 문장 및 글말의 맥락(context)이 어휘 처리에 영향을 미치게 된다. 단어 간의 의미적 관계도 어휘 처리에 영향을 미친다. 예를 들어, 사과를 본 다음의 과일에 대한 반응시간이 인형을 본 다음의 과일에 대한 반응시간과 다르다는 것이다. 사과 → 과일에서 과일이 인형 → 과일에서 과일보다 반응시간이 빠르다는 것이다. 이를 **의미 점화 효과**(semantic priming effect)라 한다. 의미 점화 효과는 단어 제시 맥락이 어휘 처리에 영향을 미친다는 증거며, 어휘 정보가 기억에 저장된 구조에 대한 정보도 제공한다(제6장 기억 참조).

2) 글말 이해

언어는 단어나 문장의 기본 단위로 표현되기도 하지만 일반적으로 복잡한 사고나 대화는 많은 단어와 문장을 복합적으로 사용하게 된다. 예를 들어, 텍스트, 신문, 웹페이지, 소설, 만화 등은 단순히 단어나 문장을 넘어서 단락이나 텍스트의 단위를 사용하게 된다. 하나 이상의 문장으로 구성된 글말을 **담화**(discourse) 혹은 **텍스트**(text)라고 한다. 이러한 복잡한 언어는 어떻게 이해되는가? 글말 이해나 기억의 보편적 현상은 그 담화의 모든 단어나 문장을 제시된 그대로 기억하는 것이 아니라는 것이다.

글말의 이해는 문장과 문장의 연결 의미를 파악하는 과정이 우선이다. 글말이 복잡해지면 모든 글말의 단어나 문장을 기억하기가 어렵다. 그래서 많은 문장이나 단어는 사라지게 되고 소수의 단어나 문장만이 기억에 남게 된다. 그 단어나 문장은 글말에 있었던 그대로가 아니라 다른 형상으로 기억된다. 글말의 의미적 내용을 압축하여 전체적 의미를 대표하는 명제를 만들어 낸다. 이 명제는 글말에서 의미를 만드는 역할을 하고 있다는 데 주목해야 한다. 이들 명제의 위계적 조합이 글말의 **주제**(theme)인 것이다(van Dijk & Kintsch, 1983).

문장 1: 등산을 하던 영희는 나무에 걸려 넘어졌다.
문장 2: 그녀는 오른쪽 무릎을 심하게 다쳤다.

예를 들어, 앞에 제시한 두 문장을 읽으면서 글말 이해가 일어나는 과정을 살펴보자. 각 문장은 단어로 구성되며, 문장의 문법에 따라 통사적 처리를 하게 된다. 사람들을 개별 문장을 이해하는 동안에 두 문장의 전체적 의미를 파악하는 과정을 수행한다. 문장 1과 문장 2는 '영희'라는 주인공이 두 가지 행위를 하였다는 의미를 담고 있다. '영희—그녀는'의 연결관계와 '넘어졌다—다쳤다'의 연결관계는 두 문장의 이해를 촉진시킨다. 전자의 연결관계는 참조관계라고 하며, 담화이해의 맥락에서는 **참조 처리**(reference process)라 한다. 후자의 연결관계는 인과관계라고 하며, 담화이해의 맥락에서는 **인과 처리**(causal process)라고 한다.

그러나 담화글에 제시된 연결 단서만으로는 글말의 이해를 잘하기 어려운 경우가 종종 있다. 다음의 글을 읽어 보자.

창호지가 잡지보다는 더 좋으며, 길거리보다는 해변이나 들판이 좋다. …… (중략)…… 어린아이도 즐길 수 있는 놀이다. 그리고 일단 성공하면 별다른 어려움이 없다. …… (중략)…… 만약, 일부분이 떨어져 나가면 다시는 할 수 없다(최보라, 1986).

이 글은 어려운 단어나 복잡한 문장으로 구성되지는 않았지만 전체 담화가 어떤 주제인지 파악하기가 어렵다. 그런데 '연날리기'라는 제목을 제시하였다면 어떤 변화가 나타날까? 한 연구에서 주제 제목을 글을 읽기 전에 제시하는 조건이 글을 읽은 다음 제시하거나 제목을 제시하지 않는 조건에 비해서 글에 대한 기억이 많이 이루어졌다(최보라, 1986). 이 연구는 이해자 지식 적용이 글 이해에 얼마나 중요한 작용을 하는지를 보여 주었다. 단지 이해자가 연날리기 지식을 알고 있는 것만으로는 담화글을 성공적으로 이해할 수 없다는 것이다(이정모, 이재호, 1998).

글의 이해는 단어나 문장의 이해나 의미를 넘어서 문장 간의 연결 이해, 요약에 의한 주제 파악, 이해자의 지식 적용 등의 조화가 잘 이루어야 한다는 것이다. 이런 관계의 조화를 글의 **응집성**(coherence)이라 한다. 어쩌면 언어, 글말의 이해는 응집적인 표상을 기억에 형성하는 것으로 보아도 좋을 것이다.

3. 의사소통

언어의 구조, 언어의 이해와 산출의 과정에 대한 논의만으로는 언어를 모두 알았다고 하기에는 아직도 미흡한 부분이 있다. 언어의 의사소통은 언어가 지니는 가장 중요한 목적이며 수단이 된다. 언어는 행위이며 언어를 사용하는 행위에서 나타나는 여러 가지 제약이 있다. 그래서 언어의 사용은 개인적 행위를 넘어서는 사회적 행위라는 주장도 제기되는데, 언어의 사용과 관련된 규칙을 **화용론**(pragmatics)이라 한다(Greene, 1996). 이 화용론은 언어를 사용하는 과정과 언어가 사용되는 상황 등이 언어의 의미와 표상에 작용하는 규칙이다.

그리스(Grice, 1975)는 화용적 규칙에 근거하여 원활한 의사소통을 위해서 청자와 화자 간의 **협동원리**(cooperative principle)가 필요하다는 주장을 하였다. 이 원리는 네 가지 규칙에 의해서 구현되는데, 양(quantity), 질(quality), 관계(relation), 예절(manners)이 그것이다.

- **양의 규칙**: 화자가 청자에게 필요한 만큼의 정보를 제공하여야 한다는 것이다. 필요한 정보의 양은 대화의 맥락이나 상호 간의 지식 공유에 의존한다. 예를 들어, '나는 죽었다.'라는 문장을 들었을 때 이 문장만으로는 의미를 파악하기가 어렵다. 만약 두 사람이 게임을 하는 상황이라는 정보가 있다면 이 문장의 의미를 이해하는 데 어려움이 없다.
- **질의 규칙**: 화자가 청자에게 진실된 정보만을 말해야 한다는 것이다. 화자가 발화하는 정보는 사실적인 정보만을 담고 있어야 한다. 만약 사실이 아닌 거짓 정보를 청자에게 제공한다면 협동원리를 위배하게 되며 원활한 의사소통을 방해하게 된다.
- **관계의 규칙**: 화자가 청자에게 현재 진행 중인 대화에 적절한 정보만을 제공해야 한다는 것이다. 오락 게임의 상황에서는 모든 담화가 게임과 관련된 정보만을 교환해야 한다. 만약 이 상황에서 "우리 집 강아지가 집을 나갔다."라고

발화한다면, "무슨 말이야?" 라는 반응을 할 것이며, 그다음의 대화는 지속되기 어렵다.

- 예절의 규칙: 화자가 청자에게 명확하게 말해야 한다는 것이다. 모호한 정보를 말해서는 안 되며, 발화의 내용에 사용되는 언어의 표현을 명확하게 사용해야 한다.

과연 우리는 대화장면에서 네 가지 원칙을 의식적으로 생각하는가? 이들 원칙은 우리가 의사소통을 하는 과정에서 자동적이고 자연적으로 사용되고 있는 원칙들이다. 그리고 그리스의 협동원리는 언어가 지니는 언어 자체의 특성이기보다는 언어의 사용 맥락에서 적용되는 실용적 혹은 화용적 규칙인 것이다(Harley, 2001). 언어의 의사소통은 언어가 지니는 구조, 즉 문법 지식, 언어가 지칭하는 의미 지식, 그리고 언어가 사용되는 사회적이고 문화적인 화용적 맥락이 적절하게 통합적으로 적용되었을 때 성공적이며 응집적인 이해가 가능하다.

제2절 언어와 사고

우리는 흔히 서양인과 동양인의 사고방식이 다르다는 말을 자주 듣는다. 과연 사고방식이 다르다는 의미는 무엇인가? 지구상에는 6,000여 개의 언어가 있다. 이들 언어는 발음이나 철자, 문법 구조, 참조 의미 등에서 매우 다르다. 예를 들어, 한국어의 '나는 사과를 먹었다.'를 영어로 언어 표현하면 'I ate an apple.'이다. 두 언어는 동일한 행위를 전혀 다르게 표현하고 있다.

언어 표현의 차이만 있는 것이 아니다. 언어에 따라 어휘적 세분화도 매우 다르다. 예를 들어, 영어에는 '눈(snow)'에 대한 어휘가 한 개지만 에스키모인은 그 어휘 수가 4개 정도 되며, 한국어에도 함박눈, 진눈개비, 싸락눈 등 눈에 대한 다양한 명칭이 있다. 또한 영어는 '쌀(rice)'을 기술하는 어휘가 한 개지만 필리핀인은 쌀과 관련된 어휘가 무려 13개나 된다고 한다. 언어의 표현방식, 동일 대상에 대한 어휘의 수, 언어의 통사 구조 등의 차이가 인간의 사고, 즉 인지 구조와 어떤 관계를 지니는 것인가?

1. 언어 상대성 가설

워프와 사피어(Whorf-Sapir)는 언어와 인지(혹은 사고)의 관계에 대한 유명한 가설을 제안하였다. 워프는 화학을 전공한 보험회사 직원이었으며, 사피어는 언어학자, 특히 인디언 언어를 연구하는 학자였다. 워프가 사고와 언어의 관계에 관심을 갖게 되어 사피어에게 언어에 대한 지식을 전수받았다. 그들은 언어가 인간의 인지, 즉 사고를 결정한다는 **언어 결정론**과 사용되는 언어에 따라서 인간의 사고도 달라진다는 **언어 상대성** 가설을 제안하였다. 인간이 사용하는 언어에 따라서 인간의 사고가 결정된다는 가설이다. 이를 입증하는 증거로 한 언어의 의미를 다른 언어로 완전하게 번역하기가 불가능하다는 것을 제시하였다(Eysenck & Keane, 2005; Hunt & Agnoli, 1991).

밀러와 맥닐(Harley, 2001; Miller & McNeill, 1969)은 언어 상대성 가설을 세 가지 수준으로 분류하였다. 즉, 언어 → 사고, 언어 → 지각, 언어 → 기억으로, 언어가 사고를 결정한다는 입장은 강한 입장으로 볼 수 있으며, 언어가 지각을 결정한다는 입장은 중간 수준으로 볼 수 있고, 언어가 기억에만 영향을 미친다면 약한 입장으로 볼 수 있다. 언어 상대성 가설은 언어와 인지의 관계에 대한 강한 입장에 해당한다. 과연 어떤 입장이 타당한 것인가?

뉴기니아 원주민인 다니족은 색상을 구분하는 데 두 가지 어휘만을 사용하고 있다. 즉, 밝고 따뜻한 색(mola)과 어둡고 차가운 색(mili)을 나타내는 어휘만을 사용한다는 것이다. 예를 들어, 노랑, 연두, 검정, 보라를 본다고 하면, 다니족의 사람들은 노랑과 연두색은 몰라라는 어휘로 표현하며, 검정와 보라색은 밀리라는 어휘로 표현할 것이다. 워프와 사피어의 언어 상대성 가설에 따르면 이들의 색 표현 어휘가 두 가지뿐이기 때문에 그들이 색상에 대한 사고를 할 때 두 유형의 색상에 대한 사고만이 가능하다.

2. 어휘 차이

색상은 크게 **초점색**(focal color, 흰색, 검정, 노랑, 빨강 등의 11개 기본색)과 비초점색으로 분류된다. 초점색은 사람들이 자주 접하고 사용하는 대표적인 색이며, 비초점색은 초점색의 사이에 위치하는 사용 빈도가 낮은 색이다. 영어권의 사람들은 초점색을 비초점색에 비해서 정확하게 재인할 수 있다(Berlin & Kay, 1969). 만약 언어가 색채의 지각을 결정한다면, 색채에 대한 어휘를 다양하게 가진 사람이 빈약한 어휘를 가진 사람에 비해서 색상지각이 달라야 한다. 다니족의 사람들은 모든 색을 몰라와 밀리로만 지각하여야 한다는 것이며, 영어권의 사람들과 달리 초점색과 비초점색의 재인 정확도에 차이가 없어야 한다.

로슈(Rosch, 1973; Solso, 2005)는 다니족과 미국인을 직접 비교하였다. 각각의 참가자에게 색상을 제시하고 나중에 그 색상과 일치하는 색상을 재인하도록 하였다. 실험 결과, 색상의 재인율에서 다니족과 미국인의 차이는 나타나지 않았다. 두 민족 모두 색상에 대한 재인이 매우 우수하였다. 또한 다니족 사람에게 초점색과 비초점색을 보여 준 다음 재인하게 하였을 때 비초점색보다 초점색에 대한 재인도 잘하였다. 이는 색상 어휘가 풍부한 미국인이나 둘뿐인 다니족이나 색상지각에서 차이가 없음을 보여 준 연구다. 그러나 이는 언어 상대성 가설의 강한 입장을 지지하는 증거는 아니다.

엘리스(Ellis, 1973)는 자연색을 사용하지 않고 생소한 시각적 자극에 임의적 명칭을 부여하는 방법을 사용하여 그 가설을 검증하였다. 첫째 집단은 시각자극에 고유한 명칭을 부여하고, 둘째 집단은 모든 자극에 동일한 명칭을 부여하고, 셋째 집단은 시각자극에 명칭을 부여하지 않고 시각자극만을 제시하였다(통제집단). 실험은 각각 다른 참가자를 세 집단의 조건에 참가시키는 것이었다. 참가자에게 시각자극을 제시한 후, 그 자극에 대한 재인기억을 실시하였다. 그 결과, 고유명칭의 참가자가 동일 명칭 참가자에 비해서 시각자극의 정확한 재인율이 높았다. 그런데 고유명칭 집단과 시각자극 집단의 재인기억의 차이는 없었다. 이는 역시 시각자극이 지각에는 영향을 미치지 않지만 시각자극의 기억에는 영향을 미친다는 증거가 된다. 즉, 언어 상대성 가설의 약한 입장이 타당할 가능성을 제시한 것이다.

언어의 어휘가 시각자극의 기억에 영향을 미칠 수 있다는 또다른 증거가 있다. 어휘가 기억을 과장시키기도 한다. 즉, 기억색(memory color)의 효과다. 우리는 사과색, 포도색 등의 어휘를 지니고 있다. 붉은 색상을 기억할 때 이것을 사과색으로 기억하면 나중에 실제 지각된 색상보다 더 붉은 색을 보았다고 반응할 가능성이 있다. 이는 어휘가 색상의 기억에 영향을 미칠 수 있다는 증거가 된다(Hunt & Agnoli, 1991).

3. 문법 차이

언어와 사고의 관계를 엿볼 수 있는 또 다른 증거는 어순(word order)에서 찾아볼 수 있다. 언어의 표현방법인 문장의 어순이 한 예다. 언어는 특정한 대상을 상징하는 의미적 기호로도 사용되지만 세상을 기술하기 위해서는 어휘만으로는 제한이 있다. 지구상에는 수천 가지 이상의 다양한 언어가 존재하지만 이들이 표현하는 언어의 형식적 구조는 몇 가지로 분류될 수 있다. 예를 들어, 한국어는 '주어—목적어—동사'의 어순을 지니고 있으며, 영어는 '주어—동사—목적어'의 어순을 지니고 있다. 언어의 종류는 많지만 언어에 사용되는 어순은 네 가지에 불과하며, 특정한 어순이 사용되는 비율은 〈표 6-1〉과 같다(Greenberg, 1963).

표 6-1 언어에 사용되는 어순의 유형

SOV,	주어—목적어—동사	44%	한국어, 일본어, 터키어
SVO,	주어—동사—목적어	35%	영어, 중국어, 독일어
VSO,	동사—주어—목적어	19%	히브리어, 마오리어
VOS,	동사—목적어—주어	2%	
OVS,	목적어—동사—주어	0%	
OSV,	목적어—주어—동사	0%	

* 표의 기술 용어: 여기서 S는 주어, V는 동사(서술어), O는 목적어다.

지구상 언어의 약 80%는 주어가 문장의 처음에 위치한다. 그 이유는 무엇일까? 일반적으로 대부분의 행위는 행위자에 의해서 시작되며 피행위자에게 작용하게 된다. 의사소통을 효율적으로 하기 위해서는 행위의 순서에 근거하여 어순을 결정하는 것이 보다 자연스럽다는 인지적 사고가 작용한 것이다. 그렇지만 주어를 제외한 동사와 목적어의 순서는 언어 간에 차이가 크다. 또한 품사의 유형도 언어에 따른 차이가 크다. 영어에는 전치사, 접속사, 관사가 있지만 한국어에는 조사, 관형사 등이 있다. 이는 언어의 문법적 구조의 차이를 반영하는 제약들로 볼 수 있다. 아직 이들 제약이 사고에 어떤 차이를 반영하는지에 대한 명확한 결론을 내릴 수 있는 증거는 확보되어 있지 않다. 그렇지만 언어의 문법 구조의 차이가 사고의 차이를 반영할 가능성은 높다고 볼 수 있다.

4. 문화와 인지

색상의 명칭이나 수는 언어에 따라 매우 다르지만 색명을 사용하는 데는 일정한 규칙이 있다는 것이다. 즉, 사용되는 언어체계에 무관하게 색에 대한 인지체계가 존재한다. 그 체계는 |그림 6-5|와 같은 위계적 구조를 지니고 있다(Berlin & Kay, 1969). 언어에 따라서 사용되는 색명은 다르지만 사용되는 색상 언어의 인지체계가 위계적으로 구성되어 있다는 것이다. 이는 언어가 인지를 결정하기보다는 인지가 언어에 영향을 미친다는 증거가 된다. 문화나 산업의 발달로 인해서 세상에 대한 어휘적 명칭이 세분화되면 우리는 지각된 정보를 개념화하거나 범주화하는 과정, 정보의 인지적 표상과정, 논리적 추리나 판단과 결정을 하는 과정 등의 인지과정에 효율성을 높일 가능성이 있다고 보겠다(Barsalou, 1992; Boroditsky, 2003; Hunt & Agnoli, 1991).

|그림 6-5| **색채 명칭 사용의 위계**

제3절 사고: 유형과 과정

이 장의 처음에 제시한 지하철역의 위치를 묻는 질문에 대답을 하고자 하는 경우에 흔히 그 역이 어디 있는지를 생각해야 한다는 표현을 사용한다. 이 경우의 생각은 사고를 의미한다. 사고는 기억에 저장된 지식정보를 사용하는 내적 인지의 과정으로 정의할 수 있다. 부언하면 사고의 과정에는 심상, 개념, 언어 등의 인지 표상이 사용된다. 이들 심적 표상을 변환, 조작, 조합하는 심적 변화의 과정이 사고과정인 것이다. 사고의 세부 유형은 개념과 범주, 문제해결, 추리 및 판단과 결정 등이 포함된다.

1. 개념과 범주

우리는 세상에 대한 개념과 범주가 없으면 사고를 수행할 수 없으며, 혼란에 빠지게 된다. 예를 들어, '사과'라는 단어를 보게 되면 나는 그것이 무엇인지를 안다는 느낌을 갖게 될 것이다. 이는 '사과'에 대한 개념을 알고 있다는 것이다. 언어적으로 사과는 실제 먹는 사과와는 아무 관련이 없다. 그러나 그 단어가 제시되면 생각에서 떠오르는 표상들이 있다. 사과는 과일의 한 종류며, 사과에는 부사나 홍옥 같은 하위 종류를 포함하고 있다는 표상들이 떠오를 것이다. 우리는 사과에 대한 개념적 표상을 구성하고 있기 때문이다(| 그림 6-6 | 참조). 또한 사과는 인형과는 매우 다른 대상임을 알고 있다. 사과는 과일의 범주에 포함되지만 인형은 장난감의 범주에 포함된다는 사실도 알고 있기 때문이다.

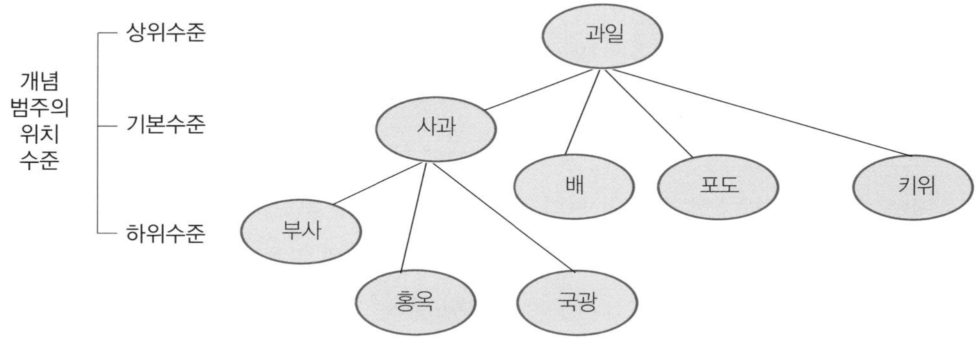

| 그림 6-6 | **개념 범주의 위계적 구조**

1) 위계성과 전형성

대상이나 행위 등의 개념은 속성 차원의 범주에 근거하여 **위계적 구조**(hierarchical structure)로 표상되어 있다. 즉, 사과의 개념은 상위 개념인 과일과 하위 개념인 부사로 구성된다. 사과는 상위 개념과 하위 개념의 중간에 위치하기에 기본 수준(basic level)의 개념이라 한다. 기본 수준은 우리가 흔히 표현하는 개념으로 볼 수 있다. 하위 위계의 개념은 구체적인 대상을 나타내며, 상위 위계의 개념은 구체적인 대상을 포함하기 때문에 추상적 특성을 지닌다(이정모, 이재호, 2000).

또한 개념들은 위계적 구조와 더불어 **전형성**(typicality)에 따라 표상되어 있다. 예를 들어, 과일에는 사과, 복숭아, 키위 등이 있지만 일반적으로 과일의 범주를 기억 인출하라고 하면 사과가 가장 먼저 떠오를 것이다. 그리고 키위는 잘 떠오르지 않을 것이다. 이는 사과가 다른 과일의 속성을 가장 많이 공유하고 있기 때문이다. 이처럼 한 범주에서 가장 전형적인 대상이나 행위를 **원형**(prototype)이라 한다(신현정, 2000; Barsalou, 1992).

2) 고정관념

개념의 범주화는 사고과정에서 복잡한 대상이나 행위의 개념을 단순화하며, 유사한 대상이나 행위를 경제적으로 유목화하는 역할을 한다. 그러나 이러한 단순성과 경제성에 의한 사고가 긍정적인 결과만을 초래하지는 않는다. 대표적인 예가 사회적 범주의 **고정관념**(stereotype)이다. 사회적 범주는 물체에 대한 개념이 아니라 인간에 대한 개념이다. 성별, 인종, 직업, 경제 수준 등의 사회적 차원에 대한 개념이며, 평가적 개념도 작용된다. 즉, 긍정적인지 부정적인지에 대한 개념도 적용된다. 예를 들어, 남자의 경우는 강인한, 잘난 척, 여자의 경우는 감성적, 수다스러운 등의 속성이 성별 범주를 구분하는 전형적인 속성에 해당한다(이재호, 조혜자, 방희정, 2001). 남자든 여자든 어떤 성별의 대상에 대해서 몇 가지 단순화된 속성에 근거하여 개념적 범주화를 하게 된다. 백인과 흑인의 인종 편견에 대한 연구에서 보면 흑인에 대해서는 부정적인 속성이 긍정적인 속성에 비해서 점화반응이 빠르며, 백인은 그 반대 현상을 보인다는 연구가 있었다. 그리고 이러한 고정관념이나 편견은 의식적으로 판단하는 경우에도 작용하지만 대부분 암묵적으로 처리된다(Kunda, 1999).

2. 문제해결

사고는 일반적으로 목적 지향적이다. 일반적으로 목표대상이 존재하고, 몇 가지 제약이 가해지며, 그 목표대상에 대한 문제를 해결해야 하는 경우에 일어나는 심적 과정이다. 사고의 한 유형인 문제해결은 목표를 성취하기 위한 전략을 구성하고 다양한 전략 중에서 목표에 적절한 전략을 선택하는 심적 과정이다. 예를 들어, 문제 1의 아홉 점 연결 문제를 살펴보자. 이 문제는 네 개의 선분을 사용하여 아홉 개의 점 모두를 연결하는 것이며, 연결 선분을 연속적으로 그려야 한다는 것이다. 이 문제의 목표는 떨어진 아홉 개의 점을 선분으로 연결하는 것이다. 그런데 문제의 제약은 네 개의 선분을 사용하고, 그것이 연속적인 선분이어야 한다는 것이다.

사람들은 어떻게 문제를 해결하는 것인가? 헤이스(Hayes, 1989)에 따르면 문제를 해결하는 과정은 일반적으로 6단계로 구성된다(| 그림 6-7 | 참조). 먼저 이 문제가 어떤 문제인지를 확인하는 과정(예, 아홉 점 문제의 지시 이해), 문제를 표상하는 과정(기억에 아홉 점 문제 공간을 표상), 해결 계획을 수립하는 과정(어느 점에서부터

문제 1: 아홉 점 연결 문제

네 개의 선분을 사용하여 아홉 개의 점을 한번에 모두 연결하시오.

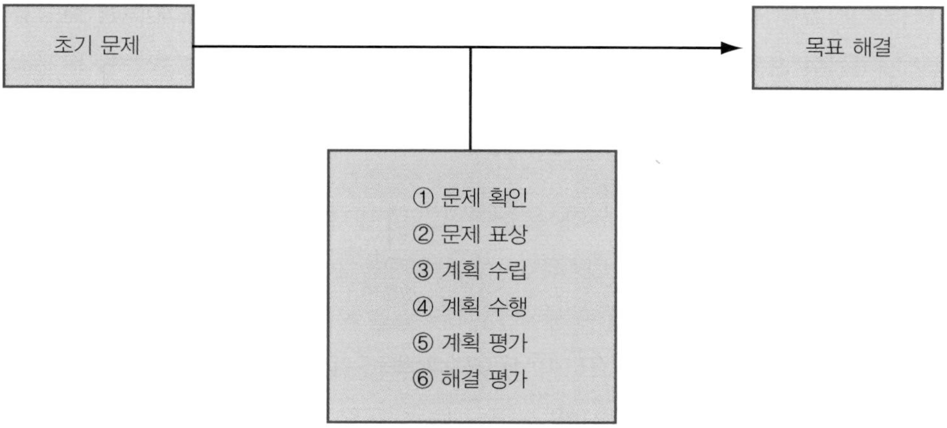

| 그림 6-7 | 헤이스의 문제해결 단계

선분을 시작하며, 어떤 점을 지나게 하며 등), 계획을 평가하는 과정(그런 방법으로 연결하면 모든 점을 연결할 수 있을까?), 해결을 평가하는 과정(아홉 개의 점이 네 개의 연속적인 선분으로 연결되었는가?)으로 일어난다는 것이다.

1) 기능적 고착

일상에서 흔히 경험하는 문제의 대부분은 문제해결의 지식이 결여되기보다는 기존의 지식을 적절하게 적용하지 못하거나 기존의 지식을 고집스럽게 한 방향으로만 적용하려는 문제해결 전략에서 발생하는 경우가 흔하다. 우리는 세상에 대한 다양한 지식을 지니고 있지만 기억은 도식의 형태로 구성되어 있다(제6장 기억 참조). 그러나 실제의 문제해결 상황은 도식화된 지식과 일치하는 경우가 많지 않다.

문제 2는 던커의 양초 문제를 보여 주고 있다. 그림에 있듯이 탁자 위에 성냥, 압정 상자, 압정 등이 놓여 있다. 여기서 문제는 벽면에 촛불이 켜지게 하는 것이다. 즉, 양초를 벽에 붙이는 문제다. 참가자는 양초를 벽에 붙이는 방법을 생각해 내어야 한다. 문제의 핵심은 각 소품들의 기능적 특성에 있는 것이다. 압정 상자는 압정을 담을 수 있는 기능을 한다는 것이 도식적 지식을 적용한 해결이다. 그 해결책으로는 문제를 풀 수 없다. 압정 상자를 촛대의 받침으로 사용해야 문제를 풀 수 있다. 던커의 실험에서는 참가자의 43%만이 정확하게 문제를 해결하였다.

던커의 양초 문제의 해결이 어려운 경우는 우리의 도식화된 지식을 있는 그대로 적용하여 문제해결을 시도하기 때문에 발생하는 것이다. 이는 대상의 일반적 지식에 고정된 해결방식의 결과며, 기능적 고착(functional fixedness)이라 한다. 던커는 양초 문제의 조건을 변화시켜, 압정 상자와 압정을 분리시킨 다음 동일한 실험을

문제 2: 던커의 양초 문제

실시하였다. 이 실험에서는 참가자 100%가 성공적으로 문제해결을 하였다.

2) 창조적 문제해결

우리는 다른 사람이 생각하지 못하는 새로운 발견을 하는 경우가 있다. 흔히 이러한 문제해결을 창조적 문제해결이라고 부른다. 윌러스(Wallas, 1926)는 창조적 문제해결이 4단계로 일어난다고 하였다. 준비단계에서는 문제를 구성하고 초기 해결 시도를 하게 된다. 보존단계에서는 목표 문제를 떠나 다른 문제에 전념하게 된다. 조명단계에서는 성취하고자 하는 목표 문제를 해결한다. 마지막 검증단계는 해결된 문제를 검증하고 최종 해결이 결정된다(| 그림 6-8 | 참조).

윌러스의 창조적 문제해결 단계는 경험적 자료에 근거한 것은 아니다. 그러나 이런 과정을 적용할 수 있는 유명한 실례가 있다. 우리는 물리학자 뉴턴이 사과나무 아래에서 만유인력의 법칙을 발견하였다는 일화를 알고 있다. 윌러스의 창조적 문제해결 단계에 근거하여 추정해 보자. 뉴턴은 연구실에서 물리적 법칙을 찾기 위해서 가능한 해결책을 시도하였을 것이다. 그리고 물리학에 대한 많은 지식을 축적하였을 것이다. 그러나 그러한 시도는 성공하지 못하였을 것이다(준비단계). 뉴턴은 실험실을 떠나 휴식을 취하기 위해서 적당한 휴식처를 찾았을 것이다. 그곳이 마침 사과나무가 있는 곳이었고, 그 아래에서 책을 보면서 다른 생각들을 하였을 것이다(보존단계). 그 순간 사과가 나무에서 떨어지는 것을 관찰하였고, 그 사건이 물리학의 법칙에 관한 지식을 활성화하는 단서가 되었으며, 갑자기 새로운 생각을 구성하게 되었을 것이다(조명단계). 그는 급하게 실험실로 돌아와서 그 사건에 대해 물리학적 해석을 하였을 것이며, 만유인력에 관한 실험을 하였을 것이다(검증단계).

일반적으로 우리가, 뉴턴이 만유인력 법칙을 발견한 것과 같은 창조적 사고를 하기란 쉽지가 않다. 그 이유는 무엇인가? 창조적 사고란 일반 사람이 생각하지 못하는 문제해결인 것이다. 따라서 창조적 사고를 하는 사람은 새롭지만 흔치 않는 관계성을 찾아내어야 한다. 스턴버그와 루버트(Sternberg & Lubert, 1996)는 창조성

| 그림 6-8 | **윌러스의 창조적 문제해결 단계**

의 이론을 발전시키면서 여섯 가지 측면을 제시하였다. 지적 과정, 지적 스타일, 지식, 성격, 동기 및 환경 맥락이 그것이다. 일반인의 경우에 이들 조건을 모두 충족하기란 쉽지 않다. 일반인이 창조적 사고를 하는 데 가장 큰 장애는 자신의 도식적 사고만을 사용하려는 경향이다. 우리는 세상에 대한 일반화된 도식이나 개념을 지니고 있다. 그러나 문제상황은 매우 다양하기 때문에 일반화된 도식이나 개념이 기능적 고착에서 보인 것처럼 창조적 사고를 방해할 가능성이 높다.

3. 추 리

개념을 형성하는 과정이나 문제를 해결하는 과정에는 논리적이고 합리적인 과정이 요구되는 사고가 있다. **추리**는 일반적으로 주어진 전제의 가정에 근거하여 어떤 결론을 얻고자 하는 경우에 발생하는 사고의 과정이다. 추리는 **연역 추리**(deductive reasoning)와 **귀납 추리**(inductive reasoning)로 구분된다. 연역 추리는 일반적 혹은 보편적 전제 사실에 근거하여 결론을 도출하는 사고며, 귀납 추리는 확증되지 않은 전제 사실에서 결론을 유도해 내는 일종의 가설검증의 사고다. 연역 추리는 보편적 전제에 근거하기 때문에 하향적 추리로 불리며, 귀납 추리는 관찰된 사실에 근거하여 보편적 결론을 유도하기 때문에 상향적 추리로 분류된다.

1) 연역 추리

연역 추리에는 조건 추리, 삼단 추리 등이 있다. 그중에서 조건 추리의 예를 중심으로 추리의 과정과 추리의 합리성에 대해서 알아보기로 한다. 웨이슨(Wason, 1966)의 카드 선택과제가 대표적인 실험의 예다(| 그림 6-9 | 참조). 웨이슨은 이 실험과제를 사용하여 사람들이 추리를 하는 과정에서 어떤 오류를 범하는지를 명확하게 밝혀 주었다. 이 카드의 문제는 만약 앞면이 모음이면 뒷면은 짝수다. 이 논법이 참인지 논리적 타당성을 확인하기 위해서 | 그림 6-9 |의 카드 중에서 어떤 카드를 선택해야 하는가?

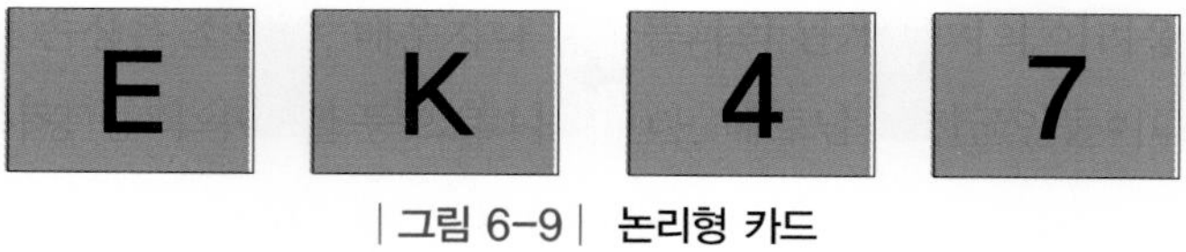

| 그림 6-9 | **논리형 카드**

표 6-4 타당한 논법과 타당하지 못한 논법

	타당한 논법	타당하지 못한 논법
전건 긍정 논법	만약 P이면 Q이다. P이다. 따라서 Q이다.	만약 P이면 Q이다. Q이다. 따라서 P이다.
후건 부정 논법	만약 P이면 Q이다. Q가 아니다. 따라서 P가 아니다.	만약 P이면 Q이다. P가 아니다. 따라서 Q가 아니다.

이 선택과제의 논법을 논리적으로 표현하면, '만약 P이면 Q이다.'로 표현할 수 있다. 여기서 P는 전건이라 하며 Q는 후건이라 한다. 전건과 후건의 논법과 긍정과 부정 논법을 조합하면 네 가지 논법을 구성할 수 있지만, 타당한 결론은 전건 긍정 논법과 후건 부정 논법이다. 전건 긍정인 '만약 P이면 Q이다. P이다. 따라서 Q이다.'의 논법이나 후건 부정인 '만약 P이면 Q이다. Q가 아니다. 따라서 P가 아니다.'는 타당한 결론을 내리게 하는 논법이다.

논리적으로는 사람들이 두 논법이 타당하다고 결론을 내릴 확률은 동일하여야 한다. 그러나 사람들의 일상적 논리 추리는 그런 예측이 빗나가는 경우가 많다. 전건 긍정의 논법은 타당한 결론을 쉽게 내리는 경향이 높지만, 후건 부정의 논법은 타당한 결론에 도달하는 확률이 낮다. 웨이슨의 실험에서도 동일한 결과를 얻었다. 이 실험에서 128명의 참가자 중에서 5명만이 정답인 E와 7을 선택하였고, 대부분의 참가자는 E와 4를 선택하였다. E를 선택한 것은 전건 긍정의 논법에 근거한 선택이었다. 그러나 7을 선택하지 않고 4를 선택한 것은 후건 부정의 논법을 적용하지 못한 결과인 것이다. 여러분은 논리적으로 타당한 카드를 선택하였는가? 여러분이 카드를 잘못 선택했다 하더라도 실망하지 않아도 된다.

다음은 동일한 카드의 선택과제이지만 문제를 논리적으로 제시하지 않고, 일상적인 실례를 적용하는 방식을 취해 보자(| 그림 6-10 | 참조). 앞면이 맥주이면 뒷면

| 그림 6-10 | **실례형 카드**

은 18세 이상이어야 한다. 이 논리가 타당한지를 검증하기 위해서 다음 카드 중에서 어떤 카드를 선택해야 하는가? 다시 한 번 카드를 선택하여 보라. 앞의 논리형 문제와 어떤 차이가 있는가?

여러분은 앞의 논리형 카드에 비해서 매우 쉽게 답할 수 있을 것이다. 즉, 맥주와 16세 카드를 쉽게 선택하였을 것이다. 웨이슨의 실험에서도 카드를 정확하게 선택한 비율이 92%에 달하였다. 앞면이 맥주인 경우에는 뒷면이 22세인지 아니면 16세인지에 따라 결론의 타당성이 달라진다. 반면에, 뒷면이 16세인 경우에는 앞면이 맥주인지 콜라인지에 따라서 결론의 타당성이 달라진다. 즉, '앞면이 맥주이면 뒷면이 22세다.' 인 전건 긍정 논법과 '뒷면이 16세이면 앞면은 맥주가 아니다.' 인 후건 부정의 논법이 타당한지를 검증하면 된다.

2) 귀납 추리

연역 추리에 반하여 귀납 추리는 관찰된 경험이나 확증된 전제가 아닌 경우에 지식을 확장하거나 불확실한 상황을 예측할 때 적용되는 추리다. 예를 들어, 어떤 부인이 첫째 아이를 아들, 둘째도 아들, 셋째도 아들을 낳았을 때, 그다음 아기의 성별은 무엇일까 하는 질문을 받았다면 아들 혹은 딸 중 어떤 아기가 태어날 확률이 높은가, 아들을 계속 낳을 것인가, 아니면 지금까지 아들을 낳았으니 이번에는 딸을 낳을 것인가 등을 추리해 볼 수 있다.

주관적 확률에 따르면 아들과 딸이 태어날 확률은 50 : 50이므로, 이번에는 딸이 태어날 것이라고 답할 것이다. 반면에 그 부인은 이전에 아들을 낳았기 때문에 이번에도 아들을 낳을 것이라고 판단할 수도 있다. 그러나 실제는 다르다. 다음에 낳을 아기의 성별은 결정할 수 없다. 한 번 아기를 낳을 때마다 특정 성별의 아기가 나올 확률은 50 : 50인 것이다. 매번 독립 시행이기 때문이다.

4. 판단과 결정

우리는 선택해야 하는 대안들이 하나인 경우에는 선택 여부를 결정해야 하며, 대안이 많은 경우에는 여러 대안을 모두 선택할 수 없고 하나의 대안만 선택해야 하는 수가 있다. 두 가지 경우 모두 대안의 선택을 판단하고 결정해야 하는 사고의 과정이 발생하게 된다. 예를 들어, '지금 현 시점에서 주식을 구입해야 하는가? 구입한다면 어떤 주식을 구입해야 하는가? 어떤 자동차를 구입해야 하는가?' 등에 대한 사고를 해야 하는 경우가 흔하게 발생한다. 과연 어떤 과정으로 판단과 결정을 하는 것인가?

판단과 결정의 과정에는 많은 사고의 전략을 사용하게 된다. 이들 전략의 사용이 성공적인 판단과 결정을 초래할 수 있지만 많은 경우에는 오류를 범하게 된다는 것이다. 판단과 결정이 과연 논리적이고 합리적인 방식으로만 일어나는 것인가? 우리는 많은 다른 심적 요인이 함께 작용한다는 사실을 확인하게 될 것이다.

- 도박자 오류: 과거에 일어난 확률을 알고 있는 경우에 미래에 일어날 확률 판단에 오류를 범하는 경우다. 도박사는 슬롯머신에 계속 코인을 집어넣게 되는데, 이전에 코인을 많이 넣었기 때문에 다음에는 이길 확률이 높다고 판단한다. 도박의 경우 대부분 무선적인 경우가 많지만 계속적인 시행을 거치면서 주관적인 확률 규칙을 만들게 된다. 그러나 도박자가 코인을 넣을 때마다 이길 수 있는 확률은 매 시행에서 거의 동일하다고 보아야 한다.
- 적은 관찰 오류: 자신이 다니는 학과에 강원도 출신이 10명이고, 경기도 출신이 5명이라고 하면 강원도민의 수가 경기도민의 수보다 많다고 생각하게 된다. 이는 자신이 경험한 제한된 표집에 근거하여 전체 모집단의 성향을 판단하는 오류인 것이다. 이를 가용성(availability) 오류라고도 한다. 이는 자신이 경험한 한정된 표집 빈도의 기억에 근거하여 전체 사건 빈도를 추정하는 오류인 것이다.
- 과신 오류: 자신이 믿는 방향으로 판단을 결정하는 오류다. 다음의 두 논법을 비교해 보라. 두 논법 모두 논리적으로 타당한 논법이다. 그러나 소크라테스 논법은 쉽게 타당하다고 판단하지만 히틀러 논법은 판단을 하는 데 시간이 걸리거나 틀렸다는 답변을 하게 된다. 이는 논리적 판단은 논리적 오류가 있는 경우에만 틀렸다는 판단을 해야 하지만 자신의 지식이나 신념과 일치하는지에 따라서 논리적 타당성에 대한 판단을 내리는 경향이 높기 때문이다(이정모, 2001).

믿을 만한 논법	믿을 만하지 않은 논법
모든 사람은 죽는다.	모든 사람은 도덕적이다.
소크라테스는 사람이다.	히틀러는 사람이다.
고로 소크라테스는 죽는다.	고로 히틀러는 도덕적이다.

우리는 판단과 결정의 과정이 논리적이고 합리적인 기준에 근거하여야 한다고 생각하지만 실제 판단과 결정 상황에서는 그렇지 않다는 것이다. 자신의 기억, 태도, 믿음 및 경험 등이 판단과 결정에 많은 영향을 미치는 경우가 흔하다. 이는 일반적인 사람의 판단과 결정과정이 객관화된 합리성에 근거하기보다는 주관적인 편향에 근거한다는 증거다.

Box 1 **다음 도형은 '아령' 인가? '안경' 인가?**

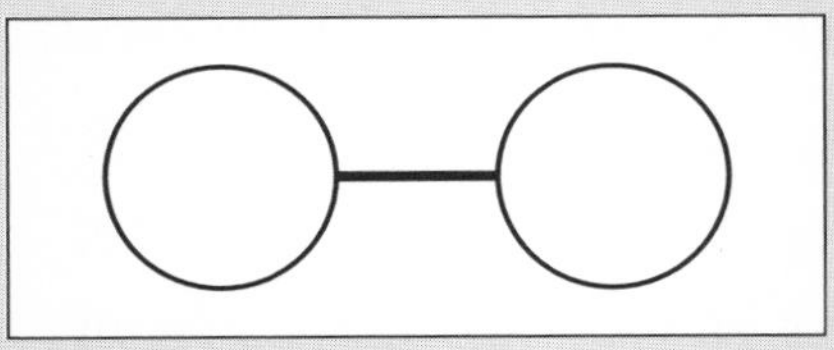

위의 도형 그림은 단순히 두 개의 원에 직선이 연결된 애매한 그림이다. 언어는 지각대상을 추상화하는 기능을 가지고 있으며, 개념적 표상을 표현하는 기능을 지니고 있다. 언어의 개념적 명칭이 지각대상의 그림에 어떤 영향을 미치는가? 지각된 그림이 언어로 된 명칭에 영향을 받지 않는다면 지각된 그림의 기억과 언어의 사고가 독립적이고 별개의 인지라고 볼 수 있다.

이 도형 그림을 실제로 사람들에게 제시하면서, 한 집단의 사람들에게는 이것은 "아령입니다."라고 말하였으며, 다른 집단의 사람에게는 "안경입니다."라고 말하였다. 일정한 시간이 지난 다음에 각 집단의 사람들에게 자신이 본 도형을 그리게 하였다. 그 결과는 어떻게 나타났을까? 사람들이 지각 정보를 그대로 기억하고, 기억된 정보가 다른 인지의 영향을 받지 않는다면 기억된 도형과 지각한 도형은 일치해야 한다.

실험의 결과는 다음과 같았다.

아령으로 지시한 집단의 사람은 아령의 형태로 그렸으며,

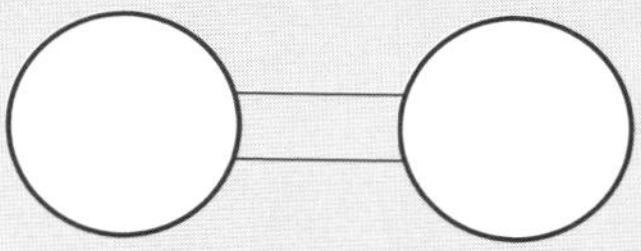

안경으로 지시한 집단의 사람은 안경의 형태로 그렸다.

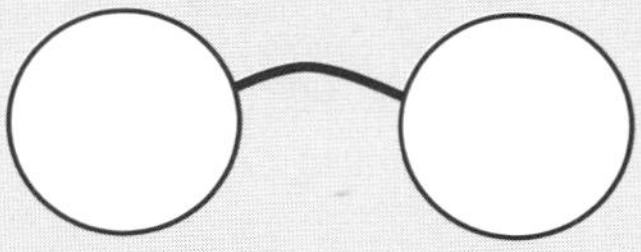

이는 지각대상이 동일하더라도 어떤 언어로 지각대상을 개념화하는지에 따라서 기억의 저장과 인출에 변화가 일어난 결과다. 지각대상에 대한 언어적 의미 해석이 지각정보의 기억에 영향을 미쳤으며, 기억 표상이나 기억 인출 시에 언어의 개념에 일치하는 방향으로 기억의 왜곡현상이 발생한 것이다. 이는 지각정보가 언어와 사고의 과정에 영향을 받는다는 증거다.

문제의 해답

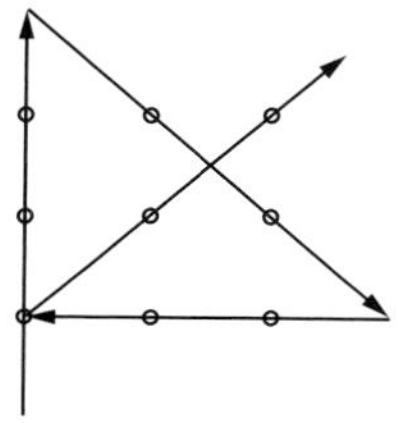

문제 1의 답 : 아홉 점 연결 문제

문제 2의 답 : 던커의 양초 문제

요 약

1. 인간에게 언어의 가장 중요한 기능은 자신의 생각이나 의도를 타인에게 전달하고 전달받는 기능인 의사소통 기능이다.
2. 언어의 구조는 언어학에서 주로 다루고 있다. 언어는 문법에 의해서 구성된 체계적인 규칙체계다. 문법은 우리가 표현하고자 하는 사고를 체계적으로 구성하게 하는 규칙체계다.
3. 심리학에서는 언어의 구조보다는 언어가 하나의 정보로써 이해되고 산출되는 과정에 관심이 있고, 언어가 처리되는 동안에 어떤 지식이나 제약이 작용하여 언어의 이해나 산출이 일어나는지를 밝히고자 하였다.
4. 워프와 사피어는 언어와 인지의 관계에 대한 유명한 가설을 제안하였다. 그들은 언어가 인간의 인지, 즉 사고를 결정한다는 언어 결정론과 사용되는 언어에 따라서 인간의 사고도 달라진다는 언어 상대성 가설을 제안하였다.
5. 사고는 개념과 범주, 문제해결, 추리 및 판단과 결정 등의 심적 과정으로 세분할 수 있고, 언어는 언어 이해와 언어 산출의 과정으로 세분되며, 각 과정에는 어휘하 처리(음운과 철자), 어휘 처리, 문장 처리 및 글말 처리 등의 심적 과정이 포함된다.
6. 개념과 범주는 대상이나 행위의 의미적 속성을 구성하지만, 대상이나 행위 등의 개념은 무선적으로 나열되기보다는 속성 차원의 범주에 근거하여 위계적 구조로 표상되어 있다. 또한 개념은 위계적 구조와 더불어 전형성에 따라 표상되어 있다.
7. 사고는 일반적으로 목적 지향적이다. 일반적으로 목표 대상이 존재하며, 몇 가지 제약이 가해지며, 그 목표 대상에 대한 문제를 해결해야 하는 경우에 일어나는 심적 과정이 있다는 것이다.
8. 개념을 형성하는 과정이나 문제를 해결하는 과정에는 논리적이고 합리적인 과정이 요구되는 사고가 있다. 추리는 일반적으로 주어진 전제의 가정에 근거하여 어떤 결론을 얻고자 하는 경우에 발생하는 사고의 과정이다.
9. 선택해야 하는 대안이 하나인 경우에는 선택 여부를 결정해야 하며, 대안이 많은 경우에는 여러 대안을 모두 선택할 수 없고 하나의 대안만 선택해야 하는 경우에 판단과 결정이 발생할 수 있다.

제 7 장

발달심리

학습목표

1. 발달심리학의 전통이 '인간행동과 사고과정'의 '변화'에 초점을 두게 되었던 시대적 배경과 선각자들의 생각이 무엇이었는지를 이해한다.
2. 발달심리학의 초기 연구주제가 왜 '아동발달'에 초점을 두게 되었는지를 이해하면서, 발달적 관점이 실험적 연구방법에 치중한 심리학 연구에서 어떤 새로운 가능성을 제시해 주고 있는지를 이해한다.
3. '인간 마인드의 변화'라는 발달현상이 '인지발달'이나 '사회성 발달' 등과 같은 영역에서 구체적 심리학 개념으로 어떻게 표현되는지를 파악한다.
4. 인간발달이란 개인의 '개체성'과 사회문화적 영향에 의한 '일반성'의 두 가지 모습이 우리 삶의 다양한 요인에 의해 끊임없이 변화 · 발전하는 역동적인 심리현상이라는 것을 이해한다.

07

제1절 발달심리학: 제2의 심리학

발달심리학이 출현하게 된 가장 큰 이유는 바로 인간이 기계가 아닌 생명을 가진 유기체이기 때문이다. 생명현상이 끊임없이 변화하듯이 심리현상도 바뀐다. 변화에 관심을 가지는 발달심리학의 특성 때문에 이 분야가 마치 특정 연령대에 속하는 사람들의 심리문제를 다루거나, 연령에 따른 심리현상을 연구하는 분야라는 오해를 산다. 그 대표적인 것이 발달심리를 '아동연구'나 '아동심리'로 보는 시각이다. 이러한 오해는 이 분야의 역사가 잘 보여 준다. 심리학 연구 초기에 인간 마인드의 변화를 연구할 수 있는 주 대상은 아동이었다. 심리학자가 아동연구를 시작한 또 다른 이유는 '마인드의 변화'에 대한 호기심뿐 아니라 근대사회의 등장과 더불어 아동을 성인과 구분되는 인간으로 취급하게 되었기 때문이다. 따라서 아동연구의 필요성이 갑자기 증가하였으며, 아동연구는 초기 심리학자들이 직업을 얻는 주요 방편이 되었다.

1. 발달심리학은 어떻게 성립되었는가

19세기 인간발달에 관한 연구는 근대사회가 형성되는 하나의 징표였다. 발달심리학의 발전과 보급의 중심인물로는 '아동의 정신'(1882)을 쓴 프레이어(Preyer)를 꼽는다. 그는 발달심리 연구를 태동시킨 선구자이자 현대의 개체발생 심리학을 발전시킨 최대 공로자다. 이런 과정에서 비네(A. Bitnet), 홀(G. Stanley Hall), 볼드윈(Baldwin), 프로이트(Freud) 그리고 게젤(Gesell) 등의 심리학자들이 현대 발달심리학의 창시자가 되었다.

발달심리학의 발생과 가장 관련 있는 사람은 말할 것도 없이 다윈의 진화론이다. '종의 기원'은 인간관을 획기적으로 전환시켰다. 생물은 창조되는 것이 아니고 변화하고 진화하는 것이라는 생각은 발달연구에 커다란 추진력과 가능성을 부여하였다. 발달이라는 개념은 마음의 진화를 연구하는 기초 원리였다. 발달 현상은 인간의 계통발생과 역사를 입증해 보이는 자연박물관처럼 아동을 주의 깊게 관찰하면 인간의 유래, 인간 마음의 기원과 역사를 알 수 있게 된다고 생각했다.

프레이어의 아동발달연구는 영아기와 유아기 초기의 발달과정에서 나타나는 감각, 운동활동, 표현, 정서, 언어, 사고를 어른과 비교하여 평가하는 것이었다. 이런 연구들은 1950년대 아동심리학 교과서의 토대가 되었다. 연령 비교의 틀에서 아동과 성인을 비교하는 아동연구의 전통은 피아제(Piaget)가 등장할 때까지 계속되었다.

'아동의 심리 발달' 그 자체가 연구대상이 된 것은 당시 크락 대학의 총장이기도 했던 G. 스탠리 홀(G. Stanley Hall)부터였다. 그는 민족의 계통발생적 과정이 개인의 발달과정으로 재현된다는 신념으로 미국 대륙에서 '아동연구운동(child study movement)'을 일으켰다. 아동 연구조직을 만들어 아동의 생활과 교육을 과학화하는 데 주력하였다. 이제 아동은 '자연실험'의 대상이 되었고, '발달'은 인간을 보는 관점이 되었다.

발달심리학에서 가장 유명한 '어린 시절 경험이 성인기의 심리에 영향을 미친다.'는 이론은 프로이트의 아동 성욕론에 바탕을 두고 있다. '정신분석이론'으로 유명한 프로이트는 정서나 성격 발달에 관심을 가지고 있었다. 하지만 그의 발달적 관심은 병적 측면이었다. 프로이트는 성욕이란 인생의 출발점에서부터 있다고 생각하였다. 이 때문에 아동기는 극적이며, 복잡하고 심리적 갈등이 많다고 보았다. 아동기의 성적 경험은 어른이 되면서 성격의 기초가 된다고 주장하였다.

프로이트가 발달심리학의 발전에 기여한 바는 아주 많다. 첫째, 그의 이론에서 발달이 이루어지는 강력한 요인으로 무의식을 지적하였다. 무의식 이론을 객관적으로 입증하기가 곤란하기 때문에 비과학적이라고 비판한다. 하지만, 인간행동의 변화에 어떤 요인이 있다는 것을 인식하게 만든 중요한 통찰이었다. 프로이트의 가장 큰 기여는 세계의 교양 있는 사람들의 육아관에 미친 영향이다. 예를 들어, 영아에게 수유를 할 때 안아서 젖을 먹이는 구강 접촉이나 항문기의 배설훈련이 가지는 심리적 의미와 같은 것이다. 생리적 통제기제의 발달이 불충분한 시기에 억지로 아동의 행동을 통제하거나, 벌이나 강요와 같은 엄격한 규율이 바람직하지 않다는 것을 깨닫게 하였다. 프로이트의 이론은 실험심리학의 좁은 시야로 인간의 발달현상을 보려고 하였던 초기 심리학자들에게 큰 영향을 미쳤다.

임의의 연령에 따라 전형적인 행동을 발견하고 기술하는 일에 뛰어난 수완을 보인 사람은 홀의 제자였던 게젤이었다. 그는 표준발달진단을 통해 여러 형태의 발달 이상을 진단하는 것이 가능하다고 생각하였고, 자신이 작성한 발달 예정표로 심신장애아동에 대한 소아과적인 진단을 하였다. 아동발달에 관한 표준을 설정하려던 게젤의 노력은 이미 비네가 시작한 '연령척도화' 작업의 연장이었다. 발달단계는 행동수준으로 표현되었으며, 서로 다른 질적 특성을 보이는 용어로 정의되었다. 또한 일정 연령의 아동에 관한 발달을 행동 프로파일로 나타내기 시작했다. 게젤의 연구는 이론의 정밀함보다는 실용적 가치에 있다. 그의 연구는 특별한 심리학적 주제나 이론을 배경으로 하지 않았다. 하지만 교사와 부모를 위한 아동발달 기준을 제시하였다. 오늘날 아동학 연구의 토대가 되었다.

2. 발달심리학의 등장

1) 아동 실험심리학

20세기 중반경 미국에서 발달심리학은 아동양육과 아동교육을 위한 응용분야였다. 스키너(Skinner)는 '월덴 투(Walden Two)'와 같은 이상사회를 구현하는 방법으로 강화이론을 제시하였다. 아동은 조작적 조건형성의 전문가인 '행동기술자(behavior engineer)'에 의해 길러지거나 강화되어야 한다고 주장하였다. 자제심이나 독립심과 같은 바람직한 행동 특성은 강화되고, 질투나 비능률 등의 바람직하지 못한 행동 특성은 단절되어야 했다.

반두라(Bandura)와 같은 사회학습 이론가들은 1960년대 학습원리를 모든 인간행동에 적용하듯이 아동에게도 적용하고자 하였다. 그는 "아동은 다른 사람을 모방함으로써 새로운 행동을 학습한다." 더 나아가 "환경은 아동이 과제를 해결하는 과정에서 아동의 언어 행동이나 기억 책략, 더 나아가 '강화에 관한 기대' 등과 같이 인지적인 수준에서 행동을 중재한다."라고 설명하였다. 반두라의 사회학습이론은 이전의 학습이론보다 더욱 아동의 사회행동발달에 심리학의 개념을 적용하였다. 그의 '관찰학습'은 다른 사람의 행동을 그대로 모방한다고 하기보다 훨씬 더 넓은 범위로 확장되었다. 모방, 타인으로부터의 교시 또는 강화에 의한 대리학습이 바로 발달현상이라고 보았다.

1960년대 이후 미국에서 발달심리학은 학습이나 인지와 같은 실험심리연구에서 나온 개념을 발달현상에 직접 적용하기 시작하였다. 그러면서 발달은 마치 학습에서 일어나는 인간의 기억과 정보처리능력의 변화라는 개념으로 전환되기 시작하였다. 학습에 관한 실험연구는 초기 발달심리학의 선구자들이 가졌던 인간발달의 주요 심리요인을 탐색하는 데 기여하였다. 하지만 발달적 변화를 기억이나 정보처리와 같은 아주 제한된 영역에만 머물게 하였다. 특히, 모든 연령에 적용되는 공통심리, 행동적 특징을 발달현상에서 찾아보려는 비발달적 관점이 발달심리학 연구를 지배하기 시작하였다.

2) 피아제의 발달연구: 지능과 적응

학습을 발달로 보는 생각들은 인간행동과 사고를 단순화시킬 수 있는 장점을 가지고 있다. 하지만 인간의 발달과정은 하등동물의 행동학습과는 분명히 다르다. 왜냐하면, 인간의 발달과정은 단순한 행동의 습득이나 특정 정보의 수용 만으로 이루어지지 않는다. 자신이 살고 있는 세상에 대해 새로운 인식과정이 있다. 이것이 '적응과정(adaptive process)' 이다. 적응은 사람마다 아주 복잡하고 다양한 형태로 이루어지며, 상당한 개인차가 있다. 이런 인식은 발달심리학이 아동 실험심리학이 되는 시대였던 1960년대 후반에 동시에 나타났다. 이런 인식을 주도한 사람이 바로 장 피아제(Jean Piaget)에 대한 미국 사람들의 재발견이었다.

'학습' 을 행동주의로 정의하다가 인지의 변화로 정의하게 된 것은 발달심리학 역사에서 아주 커다란 일이었다. 이제 발달심리에서 찾고자 하였던 새로운 학습이론은 '자극-반응의 심리학' 과는 인연을 끊었다. 대신, '구조와 규칙에 대한 심리학' 이라는 새로운 기반을 가지게 되었다. 아동은 환경으로부터 주어지는 자극에 수동적으로 반응하는 생물체가 아니다. 그들이 생활하는 환경을 적극적으로 구축하는데 참여하는 능동적인 지적활동을 하는 '가설-생성적인 개체(hypothesis-generating individual)' 로 보게 된 것이다. '무엇이 학습되는 것인가?' 라는 질문에 대해 인지발달 이론가인 피아제는 "지식이 학습되는 것이다." 라고 하였다.

피아제는 생물학적 · 진화론적인 개념을 이용하여 인지와 지능에 관한 그의 생각을 '발생적 인식론(genetic epistemology)' 으로 체계화하였다. 스위스의 인식론자로 알려졌던 피아제에게 인지(cognition)와 지능(intelligence)은 일종의 생물학적 도구였으며, 소화, 흡수, 혈액의 순환 등과 같은 생물적 기능의 하나였다. 1960년대부터 피아제의 생각은 미국에서 '인지발달이론' 으로 소개되었다. 1969년 미국심리학회는 피아제에 대해 과학적 기여 우수상을 수여하면서 '아동의 마음의 재발견' 에 대한 업적을 높이 평가하였다.

인지와 지능에 대해 피아제가 가진 인식론적인 생각들은 발달, '발달단계 또는 수준(stages of development)' 이라는 생각들로 널리 알려지기 시작하였다. 복잡한 발달현상(또는 학습행동)이 다양한 발달수준으로 구분되는 방식과 아동의 성장과 더불어 나타나는 학습의 질적 변화가 인정되었다.

인지라고 하는 것은 일종의 생물학적인 적응(순응)과정이다. 피아제에게 있어서 이것은 자명한 진리이기에 검증할 수 있는 명제가 아니었다. 왜냐하면, 모든 유기체는 태어나면서 환경에 순응하는 경향을 가지며, 순응의 형태는 동물종이나 개체, 성별, 발달단계에 따라 서로 다르기 때문이다. 그리고 인간의 지능도 그 하나에 지나지 않았다. 피아제의 인지발달이론의 핵심은 다음 두 가지 기본적인 명제로 표현된다. 첫째, 인지는 모든 생물계를 통해 나타나는 유기체와 환경 간의 '순응형식(adaptive format)'이다. 둘째, 인지는 '동화(assimilation)'와 '조절(accommodation)'이라는 방법을 통해 진행된다.

순응은 동화와 조절의 두 가지 방식에 의해 이루어진다. 동화는 외적인 사상을 자신이 현재 가지고 있는 구조에 합치시키는 것을 의미한다. 조절은 외적인 사상의 변화에 적응하기 위해 현재 자신이 가지고 있는 구조를 변화시키는 것을 의미한다. 적응(순응)은 자기의 구조에 대한 정보를 외부로부터 받아들이는 것－동화－과 외적 사상에 따라 기존의 구조를 수정하는 것－조절－으로 구성된다.

피아제에게 있어서 인지적 적응도 생물학적인 순응과 마찬가지로 동화와 조절 간의 '균형화'다. 더욱이 동화와 조절의 비율은 발달단계에 따라 다르며 발달단계의 변화는 균형화의 결과다. 동화가 조절보다 훨씬 많이 일어난다면, 사고(thought)는 자기중심적 내지 자폐적인 방향으로 발전한다. 아동의 놀이에서 이와 같은 사태가 가장 전형적으로 나타나는 것이 바로 '상징놀이(symbol play)' 내지 '허구성 게임(fantasy game)'이다. 반대로 조절이 동화보다 우세하면, 행동은 모델이 되는 사물이나 행동을 그대로 따라 한다. 대표적인 행동이 모방이다. 발달단계의 향상이나 인지발달수준이 높아진다는 것은 행동으로 직접 나타나는 모방이 점차 지연반응으로 변화하면서 모방행동이 내면화・상징화되는 것을 의미한다.

제2절 발달심리학의 주요 연구주제

1. 인지발달과 사회행동

1) 유아의 지각과 지식의 발달

발달적 변화가 일어나는 시기는 생명이 잉태되는 순간부터 그 유기체가 살아 있는 동안 계속된다. 인간의 일생에 걸쳐 생물적인 측면에서 가장 극적인 변화가 일어나는 시기는 유아의 출생에서 18~24개월이 될 때까지다. 수태 이후, 이 기간까지는 인간의 형태가 갖추어지면서 유기체 외부에 있는 세상을 탐색하고 파악할 수 있는 물리적 기초, 즉 신경과 뇌의 형성이 어느 정도 완성된다. 즉, 인간의 정신능력을 표현할 수 있게 하는 토대가 마련된다. 이 과정에서 일어나는 변화를 알기 위해 심리학자들은 유아의 행동을 관찰하거나(유아가 직접 자신의 경험을 말할 수 없기 때문에), 세심하게 설계된 실험을 통해(유아가 보고하거나 요청한 대로 반응하지 않기에) 유아의 경험이나 능력에 관해 '추론'을 한다. 심리학자의 관찰과 추론이 가장 잘 나타나는 영역이 인간(유아)의 기본적인 정신능력이나 지적 경험을 탐구하는 지각발달(perceptual development)의 분야다.

(1) 지각발달

유아들은 태어났을 때, 자극에 감각적으로 반응할 수 있다. 그들은 움직이거나, 깜박거리거나, 아주 대조되는 시각적 자극을 바라보게 되며, 또 소리를 향해 머리를 돌리기도 하고, 얼굴에 닿는 무언가를 향해 반응하기도 하며, 불쾌한 냄새로부터 얼굴을 돌리고, 시큼한 것보다는 달콤한 용액의 젖꼭지를 더 선뜻 빤다. 유아가 보이는 모든 감각은 태어날 때부터 어느 정도 기능적이기는 하지만, 아직은 충분히 발달하지 못하였다. 특히, 이들 감각 중 발달의 측면에서 가장 많이 연구된 것이 시각이다.

형태 재인(pattern recognition) 어린 유아들은 같은 종류의 자극형태(pattern)가 계속 나타나는 것을 좋아한다. 또 이들은 이미 보았던 것 이상의 새로운 형태가 출현하는 것도 좋아한다. 코헨과 영거(Cohen & Younger, 1984)는 유아의 시각능

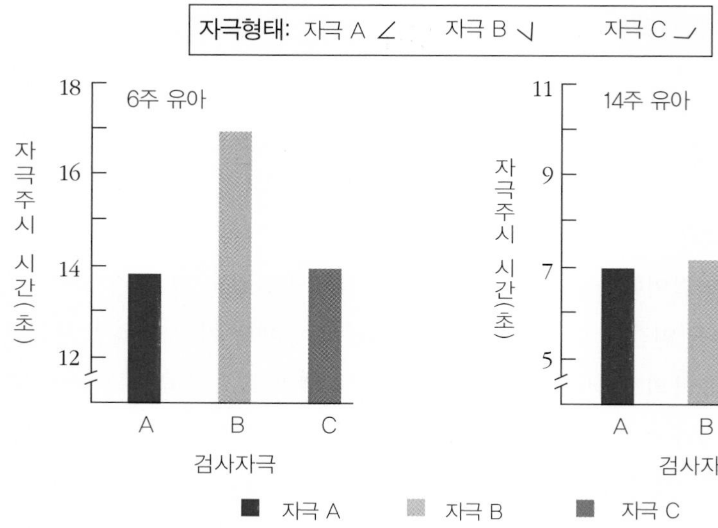

|그림 7-1| 두 선을 하나의 자극으로 보는 형태 재인능력의 발달

력과 유아들이 선호하는 시각 자극의 열쇠가 무엇인지를 알아내기 위한 실험을 하였다. 이들은 전체의 큰 형태 속에서 작은 형태로 분리된 특성을 통합할 수 있는 능력이 유아에게 출현하는 시기와 유아가 새로운 것을 파악하는 능력이 언제부터 나타나는지를 탐색하는 실험을 하였다. 이 연구에서 그들은 자극으로 |그림 7-1|에서 보여 주듯이 두 선으로 만든 간단한 형태를 사용하였다.

|그림 7-1|에서 두 개의 오른쪽 자극(B 또는 C) 중 어느 것이 자극 A와 비슷하게 보이는가? 전체적으로 보면, 성인들이 보는 것처럼 B가 A와 비슷하게 보인다. B는 A와 같은 각도이나 다른 방향으로 돌렸다. 만약 개개의 선으로 본다면, C가 A와 비슷하다. C의 분리된 선들은 형태와 방향에서 A와 동일하다. 코헨과 영거는 먼저 유아들이 그것을 지루해할 때까지 자극 A를 제시하였다. 그리고 그들은 자극 B 또는 C를 보여 주고 얼마나 오랫동안 유아들이 그것을 바라보는지 기록하였다. 유아들은 신기한 것을 선호하기 때문에 새로운 자극(B 또는 C)을 쳐다보는 시간의 양으로 그들이 새 자극을 원래의 자극(A)과 다른 것으로 보는 정도를 측정할 수 있었다. 그 결과는 6주된 유아들은 B를 가장 다른 것으로 보았으나 14주된 유아들은 (성인처럼) C를 가장 다른 것으로 보았음을 나타낸다. |그림 7-1|은 6주와 14주 유아의 주시 시간의 차이를 보여 주고 있다.

제롬 케이건(Jerome Kagan) 같은 연구자들은 유아가 무엇을 볼 것인가를 선택하는 행위와 물체를 인식하는 것에 근육능력의 발달이 어떤 관계가 있는지에 관심을 두었다. 케이건(Kagan, 1972, 1984)은 이것을 '격차원리(discrepancy principle)'라는 현상으로 설명하였다. 유아들은 익숙해진 것들과는 다른 무언가의 대상에 더 많은 흥미를 가지고 있다는 제안이었다. 그에 따르면, 유아들은 활발하게 물체의 특별한 범주의 정신적인 개념 또는 도식(schema)을 만든다. 이들은 자신들이 가지고 있는 도식을 확장시킬 수 있는 대상에 가장 흥미를 느낀다.

예를 들어, 한 연구에서 8개월 된 유아들은 단지 몇 달 더 된 유아들과는 반대로, 나비의 사진보다 아기의 얼굴 사진에 더 많은 관심을 보였다(Reznick & Kagan, 1982). 8개월 된 유아들은 어른들을 보면서 대부분의 얼굴에 대한 도식을 형성하게 된다. 반면에, 아기의 얼굴은 이미 형성되어 있는 도식(schema)을 강화시켜 줄 수 있을 만큼 충분히 다르기 때문에 유아들이 흥미를 갖게 된다고 설명하였다. 8개월 된 유아들은 아직 나비나 다른 날아다니는 작은 동물에 대한 도식을 가지고 있지 않다. 좀 더 나이든 유아에게는 아기의 얼굴이 이미 너무 친숙하여 낡은 것이고, 나비가 어느 정도 새롭기 때문에 흥미롭다. 왜냐하면, 자신들이 형성하고 있는 작고 날아다니는 곤충에 대한 도식과 어느 정도 차이가 나기 때문이다(| 그림 7-2 | 참조).

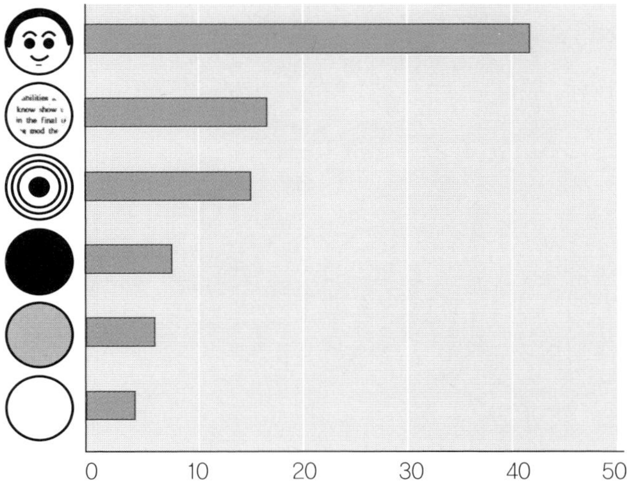

| 그림 7-2 | **신호자극의 주시 시간의 차이**

높이지각에서의 운동 경험의 역할 생후 1년의 후반기 이후부터, 아기는 여러 가지 비사회적인 대상이나 자극에 대해서도 정서반응을 보이기 시작한다. 이런 반응의 가장 좋은 예가 높은 곳에 있는 것을 무서워하는 반응, 즉 고소공포다. 발달심리학자들이 유아가 높은 곳에 있을 때 두려워하는 반응을 보이는 것이 유아의 지각능력에서의 발달일 뿐 아니라 정서반응에서의 발달을 나타낸다는 것을 인정한 것은 채 20년도 되지 않는다. 왜냐하면, 어떤 동물은 태어나자마자 또는 보기 시작할 때부터 시각절벽(visual cliff)과 같은 환경자극에 두려워하는 반응을 보였기 때문에, 많은 연구자들은 이런 두려움 반응이 선천적으로 형성되었을 것으로 추측하였다(예: Walk, 1978).

깁슨과 워크(Gibson & Walk, 1960)는 기어 다닐 줄 아는 유아들이 시각절벽이 보이는 유리판 위를 기어가는 것을 피한다는 연구결과를 보고하였다. 유리로 된 높은 책상의 중심을 가로지르는 판을 구성하였는데, 한쪽(얕은 쪽)에는 바둑판 무늬 모양의 물질이 바로 아래에 놓여 있고, 다른 쪽(깊은 쪽)에는 같은 물질이 유리 아래쪽에 놓여 있다. 판 중앙에 놓아 둔 유아는 얕은 쪽으로 선뜻 기어간다. 그러나 깊은 쪽은 열심히 피한다. 깊은 쪽에서는 엄마가 불러도 그쪽으로 기어가지 않으

| 그림 7-3 | 시각절벽에서 유아의 거부행동

며 종종 울어 버린다. 깁슨과 워크의 실험은 유아들이 기어 다닐 수 있을 때쯤 절벽을 피한다는 것을 보여 주었다.

높은 곳에 있는 것을 두려워하는 반응은 신생아나 아주 어린 유아에게서는 나타나지 않았다. 단지 아기는 2~3개월이 되었을 때 높고 낮은 것을 구별할 수 있다는 연구들이 보고되었다(Campos, Langer, & Krrowitz, 1970). 예를 들면, 연구자들이 2~3개월 된 아기를 시각절벽과 같은 높은 위치를 느끼는 상황에 놓았을 때, 이 아기들의 심장박동이 심하게 감소하였다. 그들은 이 결과를 유아가 보이는 높이 변화에 대한 주의나 흥미를 나타내는 것이지, 높은 것에 대한 두려움을 보이는 정서반응은 아니라고 해석하였다. 이런 연구 이후, 다른 연구자들은 아기가 깊이를 입체적으로 볼 수 있는 입체지각(stereotopic perception) 능력이 3~4개월이 되어야 나타난다는 것을 보여 주었다(Fox, Aslin, Shea, & Dumais, 1980). 흥미롭게도, 이 연령의 아기들을 높은 절벽에 매달아 놓아도 아무런 두려움의 표시를 보이지 않았다.

생득적인 운동은 떨어져 본 경험이 없는 유아에게도 절벽의 기피와 두려움을 조장한다. 이러한 연결이 어떻게 일어나는지는 분명하지 않으나 진화에 의한 것처럼 보인다. 생존의 관점에서 유아가 이동할 수 있게 되고, 잠재적으로 떨어질 수 있는 시기에 주변의 절벽에 두려움을 느끼는 것은 확실히 유리하다. 그러므로 우리는 임시로 결론을 내릴 수 있다. 본성적인 선택은 인간에게, 첫째 절벽을 두려워하는 경향, 둘째 생득적인 운동 경험의 결과로써 생기게 되는 절벽-두려움의 경향을 야기하는 시간적 기제를 제공하였다.

(2) 초기 지식의 발달

지각의 발달에서 우리는 유아가 보이는 초보적인 지식발달을 살펴볼 수 있다. 물체를 지각하는 것은 물체의 감각적 경험을 물체에 대한 내적 표현인 범주 또는 도식(스키마)과 조화시키는 것이다. 그래서 지각은 지식을 요구한다. 이와 유사하게, 환경 안에서 절벽을 피하거나 물체를 피하거나 하는 능력은 3차원 공간의 일반적 성질에 관한 지식을 의미한다. 적당히 친숙하지 않은 물체에 대한 유아의 선택적 주의에 대한 연구와 공간적 지각에서 움직임의 역할에 대한 연구는 어린이의 활동 선택과 움직임이 그들의 지적 성장에 중요하다는 것을 알려 준다.

탐색행동과 인지발달 탐색행동에 대한 연구들은 유아들이 자극과 그들 자신의 생득적 움직임 간의 관계에 특히 관심을 가지고 있음을 보여 준다. 2개월 된 아기들은 그들이 통제하지 못하는 전기로 움직이는 물체 속에서 자신들이 움직이는 것보다는 그들 자신이 스스로 몸을 움직여 움직이게 함으로써 반응하는 모빌과 같은 것에 더 흥미와 기쁨을 보인다(Watson, 1972).

Jean Piaget

피아제는 인간이 스스로 발생인식론자로 행동하는 것을 자신의 세 자녀를 피험자로 하여 확인하였다. 유아나 아동들은 자신들이 직면한 문제나 감추어진 문제를 해결하는 행동을 하며, 그들에게는 행동 자체가 바로 지식임을 제안하였다. 발달의 초기에 유아는 정신적 상징(symbol)이 없으므로 사물에 대해 생각하는 방식을 그대로 행동으로 나타낸다. 유아가 사물에 눈을 맞추거나, 빨거나, 붙잡는 행동 등은 가장 기본적인 지적 능력의 발달이다. 즉, 이 시기는 감각운동을 통해 지식을 획득한다. 이 단계에서 지식이란 유아들의 행동에서 일어나는 직접적인 감각 피드백과 물체를 향한 운동 행동이다.

피아제는 유아가 성숙하면서 나타내는 성공적 순환행동을 신체만을 이용하여 행동하는 것, 외부의 물체에 대한 행동을 반복하는 단계, 외부 물체에 자신의 성공적 반복행동을 적용시키는 순환행동으로 구분하였다. 예를 들어, 손잡이를 돌리는 행동을 배운 유아는 그들이 만질 수 있는 손잡이—라디오의 다이얼, TV, 난로, 당신 얼굴의 손잡이 같은 코까지—처럼 생긴 모든 물체에 이 행동을 적용하며, 이에 따른 결과를 관찰하거나 바꾼다.

유아들은 이런 행동을 통해 무엇을 배우는가? 피아제에 따르면, 이들은 반복적인 행동을 통해 정신적 도식(schemes)을 수립한다. 스키마 또는 세마(schema)라는 말은 관련된 범주에 속하는 다양한 대상이나 특징을 통칭하여 나타내는 일종의 정신적 초벌그림이다. 즉, 특정 사물이나 개념을 나타내는 지각화된 도식적인 정신 형태다. 피아제는 이 스키마의 개념을 좀 더 유아의 행동과 연결시킨다. 즉, 이 정신적 초벌그림은 행동을 위해 조직된 틀을 공급하는 정신적 청사진이다. 같거나 유사한 물체에 대해 반복적으로 일어나는 순환활동은 유아가 그 대상에 대한 행동 형태의 스키마를 만들 수 있게 한다. 따라서 아주 어린 유아들은 엄마의 가슴, 자신의 엄지손가락, 고무젖꼭지 등을 자신의 행동 형태에 동화시켜 하나의 '빨기 스키마'를 형성한다.

피아제는 초기 행동을 통해 형성된 스키마가 나중 시기에 이루어지는 사고활동의 기초라고 믿었다. 스키마가 발달하기 때문에 아이들은 물체가 없어도 명백한 움직임을 만들어 낼 수 있다. 이것은 내적 사고, 즉 동작을 필요로 하지 않는 사고의 시작이다. 피아제는 어린 시절 사고의 발달은 스키마가 점차 추상적으로 되면서 그것이 실제 행동과 덜 연결되고 보다 잠재적(가설적 또는 가능적)인 행동과 연결되는 단계로 전이되면서 이루어진다고 믿었다.

세상의 인지관점: 대상영속성의 발달 물체를 발견하는 능력은 잘 발달된 지각능력—예를 들어, 한 번 발견된 물체를 인식하는 능력—뿐만 아니라, 물체가 보이지 않을 때 마음속에 물체를 유지하는 능력에 달려 있다. 감추어진 물체를 찾아내려면, 아이는 그 물체가 보이지 않을 때도 여전히 그것이 존재한다는 것을 이해할 수 있어야 한다. 피아제는 이런 이해를 '대상영속성(object permanence)'이라고 설명한다. 피아제에 따르면, 대상영속성은 정신발달의 매우 중요한 부분이다. 왜냐하면, 직접 보이지 않는 물체에 대해 생각하는 어린이의 첫 번째 능력이기 때문이다.

피아제는 대상영속성이 생후 18개월 동안 점차 발달한다고 믿었다. 일반적으로 피아제의 연구결과는 유아나 아동이 특정 능력을 표현하는 시기가 있다는 것을 보여 주었다. 피아제 이후에 잇달아 이루어진 많은 연구결과는 피아제의 아이들이 보여 준 순서대로 유아들이 많은 문제를 성공적으로 수행하게 된다는 것을 확인하였다. 그러나 각 사건들이 나타나고 또 경험하게 되는 시간적 경계나 나이는 종종 피아제가 발견한 것보다 다소 어릴 때 결정되기도 하였다. 또 실험이 어떻게 수행되는가에 따라 연령이나 행동이 다르게 나타난다는 것을 보여 주었다(| 그림 7-4 | 참조). 특히, 몇몇 실험은 어린 유아들이 물체가 보이지 않으면 실제 물체를 상상할 수 없다는 피아제의 주장을 반박하기도 하였다.

예를 들어, 레니 벨라지언(Baillargeon, 1987)은 일련의 실험(| 그림 7-5 | 참조)에서 4개월 된 유아들이 회전하는 스크린이 그 뒤에 숨겨진 물체를 가리고 통과하는 것처럼 보일 때가, 물체와 부딪히려는 그 지점에서 스크린이 멈추는 것처럼 보일 때보다 더 많이 놀라는 것처럼 행동하는 것을 발견하였다. 발달심리학자들은 피아제의 주장과는 달리, 특정 개념이 다른 연령의 유아나 다른 발달단계에 있는 유아에 의해서도 이해될 수 있다는 사실을 알게 되었다. 아마 4개월 된 유아도 물체가 보이지 않을 때도 계속 존재한다는 것을 알 수 있는 근본적인 지각적 이해를 가지고 있는 것 같다. 그러나 숨겨진 물건을 찾으려는 그들의 움직임을 이끌어 내기 위

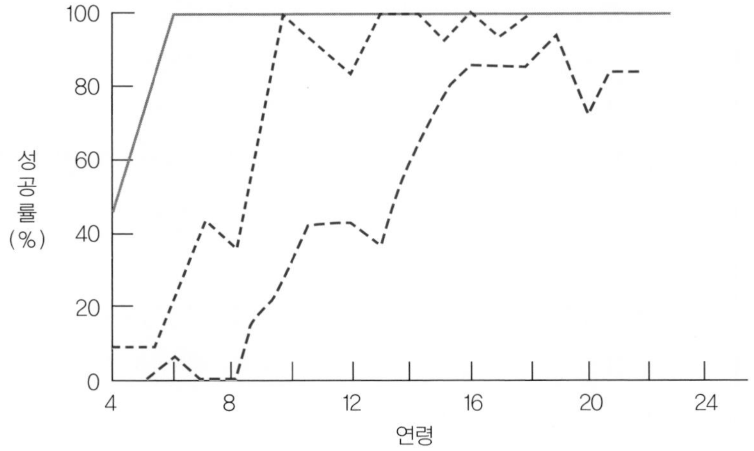

| 그림 7-4 | **숨겨진 물건 찾기에서의 성공률 향상**

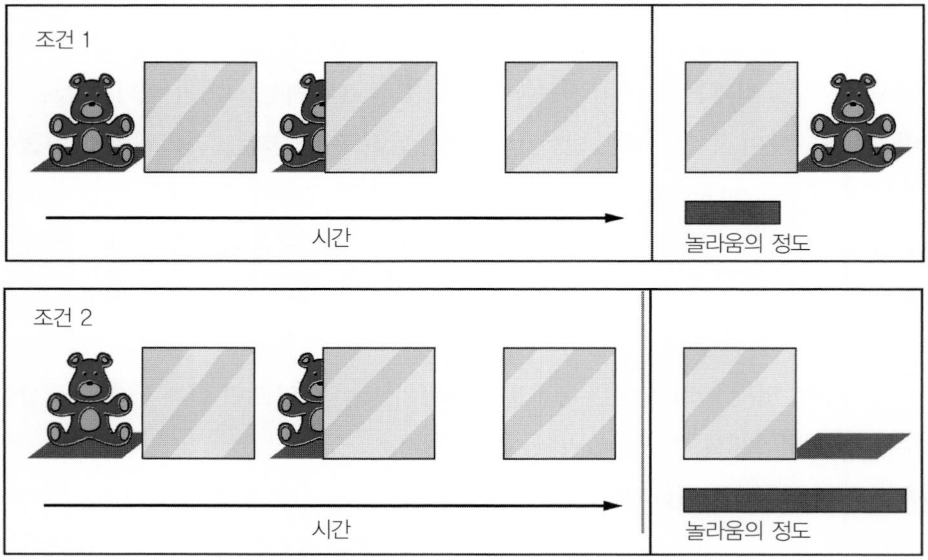

| 그림 7-5 | **아주 어린 유아의 대상영속성 지식의 증거**

해서는 이 지각적 이해를 사용할 수 있도록 하는 새로운 수준의 경험이 필요하다 (Baillargeon & others, 1985).

2) 논리적 사고의 발달

아동이 자람에 따라 생각은 더욱 논리적이 될 뿐 아니라, 문제해결에서도 더욱 효율적이 된다. 이러한 변화는 어떤 과정을 거쳐 발달하는 것이며, 이런 변화를 어떻게 특징지을 수 있을까? 여기에서도 아동의 논리적 사고능력의 발달을 가장 체계적으로 연구하였던 피아제의 연구를 살펴보자.

(1) 아동의 추론과 사고능력

인지발달을 연구한 피아제의 기본 목표는 성인의 정신, 특히 세상에 대해 객관적으로 추론하는 성인의 능력이 아동기의 초보적인 능력에서 어떻게 더 발달하여 형성되었는가를 이해하는 것이었다. 가장 기본적인 방법은 특정한 문제를 아동에게 제시하여 풀게 하거나 아이들이 제시한 해결책에 대해 그 이유를 물어보는 것이었다. 이런 방법을 통해 피아제는 아동기의 사고와 추론능력의 특성을 '자기중심성'으로 설명하였다. 이런 아동의 추론능력의 특성은 '보존개념' '인과관계' 그리고 '가설-연역적 수준'에서 성인과 다른 방식으로 나타난다는 것을 보여 주었다.

자기중심성(egocentrism) 어떤 아이가 부엌에 들어와 두리번거리다가, 약간 이상하게 생긴 둥근 주발을 보게 되었다. 그리고 부엌 밖에 있어 이것을 보지 못하는 어머니와 다음의 대화를 시작하였다.

> 아이: 엄마, 이게 뭐야?
> 엄마: 무엇?
> 아이: 이게 뭐야?
> 엄마: 뭐가 뭐야?
> 아이: (그 그릇을 집어 들면서) '이게' 뭐야?
> 엄마: 네가 무슨 소리하는지 모르겠다. 뭐가 뭐야?
> 아이: (주발을 흔들면서) 됐어요.

이런 종류의 대화는 피아제가 5세에서 7세경의 아동에서 명확하게 보인다고 한 '자기중심성'의 대표적인 예다. 자기중심성은 '이기적(selfish)'이란 의미가 아니

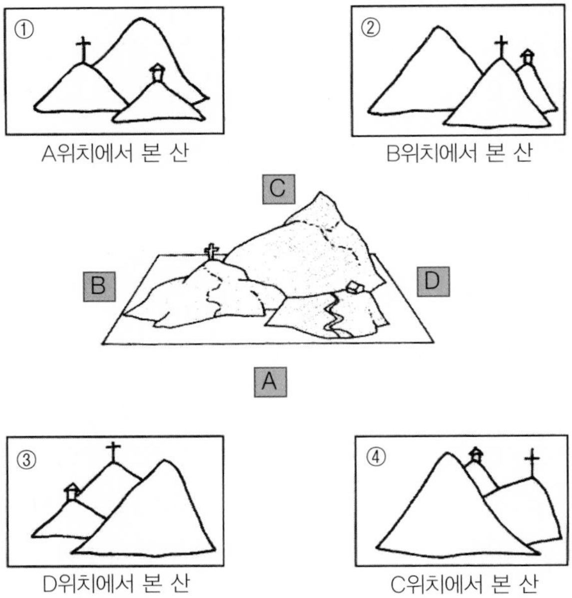

| 그림 7-6 | **피아제의 세 산 모형 실험**

A위치에 앉은 아이에게 맞은편 탁자에 앉은 사람(C)이 보는 것을 나타내는 그림이 ①, ②, ③, ④ 중에서 어느 것인지를 물었다. 어린 아동은 전형적으로 ①을 선택하였는데, 이것이 아동의 자기중심성을 나타내는 증거다.

고, 어린 아동이 타인의 관심을 수용할 수 없어서, 다른 사람들이 보거나 아는 것이 자신이 보거나 아는 것과 반드시 같은 것이 아니라는 것을 깨닫지 못한다는 것을 의미한다. 자기중심성은 아동의 대화에서도 발견할 수 있지만, 아동의 판단을 관찰함으로써도 발견된다. 그의 고전적인 세 산 실험(three mountains experiments)은 아동들이 자기중심성에 기초하여 어떻게 판단하는가를 잘 보여 준다.

[그림 7-6]과 같이 아이들에게 앉은 위치에 따라 크기가 서로 다른 세 산의 모습을 위에서 보도록 하였다. 그러고 나서 다른 쪽에 앉아 있는 아이가 보는 산의 모습이 어떤 것인지를 고르게 하였다(예: "너 앞에 있는 철수가 보는 산을 나타내는 그림은 어느 것이니?"). 대부분의 4~5세 아동들은 정확한 그림을 택할 수 없었으며, 단지 자신의 위치에서 보는 그림과 같은 것이 철수가 보는 것이라고 주장하였다.

보존개념 어린 꼬마가 탁자 위에 올라가서는 "야, 이제 내가 아빠보다 더 커." 라고 이야기한다. 이 아이는 농담으로 그럴까, 아니면 자신이 이야기하는 것을 정

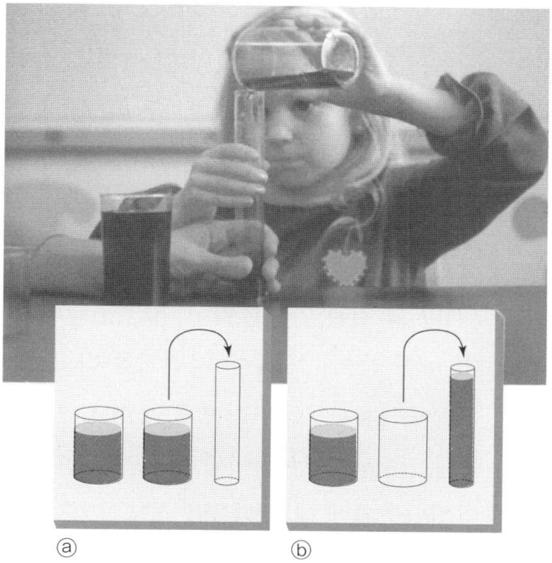

| 그림 7-7 | 보존개념

말로 믿는 것일까? 피아제에 따르면, 이 아이는 정말로 믿는 것이다. 어린 아동은 수나 길이, 넓이, 높이, 또는 부피 등과 같은 양에 대해 성숙하지 못한 개념을 가지고 있다. 특히, 아동은 물질의 표면적인 모습의 변화가 그 물체의 양의 변화를 나타내는 것은 아니라는 '보존'의 원칙을 이해하지 못한다고 설명하였다. 즉, 어떤 물체가 있다면, 그 물체가 눈에서 멀리 떨어져 있더라도, 여전히 같은 크기라는 원리를 이해하지 못한다는 것이다.

피아제의 가장 유명한 보존 실험은 물체의 모양 변화는 양을 변화시키지 않는다는 내용에 관한 것이다. 고전적인 실험에서 동일한 크기의 컵에 든 물을 서로 모양이 다른 컵에 옮겨 담았을 때, 그 양은 변화하지 않는다. 그러나 보존개념이 없는 아동은 높이가 더 높은 컵에 있는 물이 더 많다고 생각하게 된다(| 그림 7-7 | 참조).

인과관계 어른이 추론할 때 사용하는 가장 중요한 가정은, 사건은 그냥 일어나지 않는다는 것이다. 반드시 어떤 것이 무엇을 일어나게 하였다는 것이다. 만일 방에 불이 나갔다면, 먼저 누군가가 스위치를 내렸다고 생각하게 된다(주위 모든 건물이 정전이 아니다라는 가정에서). 이때 스위치를 내리는 것과 불이 나가는 것 사이에 어떤 관계가 있으리라고 추론하는 것이다. 아주 어린 아동이라도 스위치를 만지면서 불이 들어오고 나가는 것을 보면서, 자신이 환경의 일부를 스스로 통제할 수 있다는 것에 아주 즐거워한다. 그러나 이것이 이 아이가 스위치를 내리는 것과 불이 나간다는 것을 성인처럼 인과적으로 이해한다는 것을 의미할까? 피아제에 따르면, 아니라는 것이다(Piaget, 1926, 1927).

피아제가 이런 주장을 할 수 있는 증거는 다음의 실험에서 나왔다. 즉, 7~8세경의 아동들에게 '왜냐하면'이라고 끝나는 문장을 주면서 주어진 문장에 대한 이유를 말하라고 하였다. 그러나 그 결과 아동들이 주어진 문장의 내용과 일치하는 순서대로 대답을 못하였다. 예를 들어, '영수는 자전거를 타고 가다가 떨어졌다. 왜냐하면……'이라는 문장에서 아동은 "영수는 빵을 부러뜨렸다."라고 답을 하는 식이었다. 즉, 아동들은 현재 일어난 현상에 대해 이야기하거나 결과를 이야기할 수는 있지만, 왜 그 일이 일어났는가에 대해 이유를 설명하지는 못한다는 것이다. 이 나이의 아동은 현실의 실용가(practitioner)이지 원인을 탐색하는 과학자(scientist)는 아니라는 것이다. 그러나 이런 피아제의 설명은 일상생활에서 끊임없이 "엄마, 이것은 왜 그래?"라고 묻는 이 나이 또래의 아동을 보았을 때, 완전히 수용하기 힘든 측면도 있다.

'과학자'로서의 인간발달: 가설-연역적 추론 살인사건을 수사하는 형사 콜롬보의 행동을 상상해 보자. 사건현장에서 그는 관련된 모든 요인을 하나하나 조사한다. 이 과정에서 그는 자신이 생각하는 가설을 찾아낸 단서들이 얼마나 잘 지지해 주는지 추론한다. 그리고 관련 없는 단서들을 하나하나 버려 가면서 새로운 단서를 파악하려 한다. 피아제는 아동에게서 이런 가설을 생성하고, 이것을 체계적으로 검증하는 능력은 약 11세에서 13세가 되면 나타난다고 하였다.

피아제에 따르면, 9세 아동과 13세 아동 사이의 주된 차이는 어린 아동은 '현재 있는 것(which is)'만 생각할 수 있지만, 나이 든 아동의 경우에는 '가능한 것(which is possible)'을 생각할 수 있다는 것이다. 한 실험에서 아동들에게 색깔이 없는 물이 담긴 4개의 비커를 주고, 다섯 번째의 비커에는 특정 화학물질과 반응하였을 때 색깔을 내는 액체를 담아 주었다(Inhelder & Piaget, 1958). 아동들에게는 다섯 번째 비커에 있는 액체를 다른 비커에 있는 물과 한두 번 섞었을 때에는 노란색이 생길 것이라고 설명하면서 그 색을 만들어 보라고 하였다. 11세보다 어린 아동의 경우에는 대개 이것을 하지 못하였다. 왜냐하면 체계적으로 액체와 비커에 있는 물을 섞을 수 없었기 때문이다. 그러나 이보다 나이 든 아동의 경우에는 노란색이 나올 때까지 모든 경우의 수를 생각하여 논리적으로 하나하나의 조합을 탐색해 나갈 수 있었다.

(2) 피아제의 인지발달이론

피아제는 지식의 근원이 행동에 기초한다고 믿었다. 초기에 유아는 대상을 단지 이들에 대한 자신들의 반사적 반응으로만 이해하게 된다. 그들의 운동에 대해 더 많은 통제를 할 수 있게 됨에 따라, 방울을 돌리거나 공갈젖꼭지를 빨기와 같은 대상에 대한 자발적 행동의 스키마를 발달시킬 수 있게 된다. 유아의 행동을 통제할 수 있는 정신적 청사진으로 생각되는 이런 스키마는 유아가 세상을 알 수 있는 유일한 방식이다. 피아제는 정신이 구체적인 행동 특성을 가진 스키마에서부터 보다 정교하고 추상적인 사고가 가능한 새로운 형태의 스키마가 형성되는 여러 단계적 변화를 거쳐 발달한다고 주장하였다.

인지발달의 구조: 4단계론 새로운 사고의 스키마가 형성된다는 피아제의 이론은 출생에서 성인기까지 모두 4단계의 사고발달이 있다. 어떤 사람도 이전 단계를 거치지 않고 다음 단계로 나아가지 못하며, 비록 각 사람마다 차이는 있지만 이 단계의 순서는 불변한다고 보았다.

- 감각운동기(출생부터 2세까지): 이 단계에서 아동의 사고란 유아가 대상에 대해 보여 주는 실제 행동에 국한되어 있다. 이 단계에서의 주요 과제는 이런 행동의 스키마를 내재화하는 것이다. 실제 근육의 움직임 없이 순수하게 정신적으로 이 행동을 일으킬 수 있다. 스키마가 점차로 내재화됨에 따라 유아는 현재 눈에 보이지 않는 대상에 대해서도 생각할 수 있다. 그런 다음에 어떤 목표 지향적인 행동이 가능해진다.
- 전조작기(2~7세까지): 아동이 점차로 눈앞에 보이는 것의 통제에서 조금씩 자유로워지기 시작한다. 이때 대상이나 사건의 고정적인 특성을 상징화할 수 있는 능력을 가지게 된다. 이 단계에서 아동은 보이지 않는 사물을 생각할 수 있다. 사물을 나타내는 새로운 상징을 만드는 것을 즐거워하는 것이다. 예를 들어, 이때부터 아동은 숟가락을 총이나 기타라고 하면서 가지고 놀 수 있다. 플라

스틱 통이 자신의 보물상자가 되는 상징놀이를 할 수 있다. 이 단계에서도 사고에서의 여러 가지 제한점을 가지고 있는데, 이것이 이 단계를 전조작기라고 명명하는 이유다. 전조작기의 아동은 대상의 특성에 대해 알 수는 있지만, 그 특성을 '조작적'으로 생각할 수는 없다. 즉, 그 대상에 대해 자신이 가할 수 있는 어떤 행동(조작)에 관해 논리적으로 생각할 수는 없다.

예를 들어, 공 모양으로 된 찰흙덩이를 소시지 모양으로 만들면 전조작기 아동들은 공 모양과 소시지 모양은 알 수 있다. 그러나 그 공 모양이 소시지 모양으로 바뀌게 되는 조작이 이루어졌다는 것을 완전히 알지는 못한다. 즉, 동일한 양이 모양만 바뀌게 되는 과정에 대한 사고를 할 수는 없다. 이런 이유로 보존과제에서 실패하게 된다.

- 구체적 조작기(7~12세까지): 진정한 논리는 아동이 조작(operations)에 관해 생각하고 이해할 수 있을 때 시작된다. 조작은 '가역적인 행동(reversible action)', 즉 다른 행동에 의해 취소될 수 있는 행동이다. 찰흙덩이를 눌러서 소시지 모양으로 만들 수 있다면, 이것을 다시 찰흙덩이로 만들 수 있는데, 이것이 가역적인 행동이다. 전조작기에 있는 아동들도 이렇게는 할 수 있지만, 이들은 이런 행동을 정신적으로 표현할 수는 없다. 전조작기 단계부터 아동은 구체적인 행동을 정신적으로 표상하는 스키마를 가지나, 구체적 조작기에서 새로운 추론능력을 발달시킨다. 즉, 조작적 스키마의 핵심은 가역성이다.

  이 단계의 아동은 정신적으로 찰흙덩이를 가감 없이 누르는 행동을 통해 소시지 모양으로도 변하고, 다시 원래의 찰흙덩이로 될 수 있다는 것을 알게 된다. 보존개념에 대한 분명한 이해가 가능한 것이다. 세 산 모형 실험의 결과도 동일하다. 또한 조망수용(perspective taking)의 경험이 가능하게 된다. 상대방이 보는 행동을 자신의 관점으로 돌려 볼 수 있다. 하지만 여전히 아동의 사고와 정신적 조작은 구체적으로 눈에 보이는 사물이나 현상에 국한되어 있다.

- 형식적 조작기(12세 이상): 피아제의 인지발달이론의 마지막 단계는 형식적 조작기로 거의 청소년기가 시작될 때부터 시작한다. 이 단계의 스키마는 구체적인 경험과 독립되어 추상적 개념에 대해 추론할 수 있다. 실제 경험에서는 가역적이지 않더라도 이론적으로 가능한 것에 대해 조작적 사고를 적용한다.

  이 시기에 형성되는 형식적 조작의 스키마는 가상적 가능성을 생각할 수 있게 한다. 실제로 경험하지 않았던 영역에서 논리적 행동을 계획할 수 있다. 추상적 개념의 수학이나 이론적 과학이 이 시기부터 가능하다.

(3) 인지구조의 발달: 스키마의 변화

피아제에 따르면 각 단계에서의 아동 자신의 행동과 사고는 그 단계에서 지배적인 스키마를 계속적으로 확장하여 뻗어 나갈 수 있게 한다. 결국에는 다음 단계로의 급격한 변화가 일어난다. 이와 같은 스키마의 변화는 두 가지 상보적인 과정인 '동화'와 '조절'로 이루어진다. 동화는 새롭게 이루어지는 경험들이 기존의 스키마에 통합되는 과정이다. 새로운 대상을 경험하여 기존의 스키마에 맞출 수 있게 되면 그 대상을 동화시키게 된 것이다. 예를 들어, '치와와'라는 개를 보게 되었다. 한 번도 그 개를 본 적이 없다고 하더라도, 작은 개의 스키마에 맞추어 넣을 수가 있다. 새로운 대상을 어떻게 동화시키느냐 하는 것은 어떤 종류의 스키마를 활용할 수 있는가에 달려 있다. 만일 개를 좋아하고 잘 아는 사람이라면, 치와와는 작고 귀여우면서 잘 데리고 놀 수 있는 애완견이 된다. 그러나 잘 모르는 사람에게는 단지 하나의 작고 시끄러운 개에 불과하다.

피아제는 생물학자로 훈련을 받았기에 정신에 의한 경험의 동화과정을 음식이 신체에 흡수되는 것에 비유하였다. 두 사람이 같은 음식을 먹더라도, 각 사람의 내부에서 소화와 관련된 신체기관과 구조에 따라 다르게 동화될 것이다. 마치 소화할 수 없는 음식은 신체의 성장에 아무런 영향을 미칠 수 없듯이 기존의 스키마와 너무나 다른 새로운 경험은 정신적 성장을 이루지 못할 것이다.

동화와 대비되어, 기존의 스키마에서 변화가 일어나는 것이 조절이다. 기존의 스키마와 완전히 일치하는 자극은 거의 없다. 따라서 기존의 정신구조는 어느 정도 수정되어야 한다. 이런 수정이 조절이다. 정신이란 새로운 블록(지식의 단위)이 쌓일 때마다 조금씩 더 커지는 벽이라기보다는 차라리 새로운 줄이 생길 때마다 그 전체 모양이 변하는 거미줄과 같다. 정신에 더해지는 새로운 정보는 이미 존재하고 있는 스키마의 구조를 어느 정도 변화시킨다. 피아제에 따르면, 아동들은 기존의 스키마에 동화될 수 있으나 너무 쉽지 않은 어느 정도의 조절을 필요로 하는 경험을 가장 재미있어 한다.

3) 피아제 이론의 응용: 콜버그의 도덕성 발달

인지발달과 실제 생활에서의 행동이 어떻게 관련 있는지를 보여 준 대표적인 것이 바로 도덕 행동의 발달에 관한 로렌스 콜버그(Lawrence Kohlberg)의 연구다. 콜버그 연구는 도덕적 사고의 발달에 관한 연구로, 기본 방법은 도덕적 딜레마를 담은 여러 이야기를 피험자들에게 제시하는 것이었다. 그중 한 이야기는 불치병에 걸린 부인의 남편에 관한 이야기다.

> "어떤 한 약사가 그 병을 치료할 수 있는 약을 개발하였는데, 그 약사는 약값으로 2,000달러를 요구했다. 남편은 모을 수 있는 모든 돈을 모았으나 2,000달러가 되지 않았다. 남편은 약사에게 나머지는 외상으로 하고 약을 팔도록 부탁하였으나 약사는 이를 거절하였다. 자포자기하게 된 남편은 결국 그 약국에 침입하여 약을 훔쳤다."

이상의 이야기에 대해 피험자들은 그 남편의 행위가 옳은지 그른지, 그리고 그 이유는 무엇인지 답하도록 요구하였다(Kohlberg, 1969). 피험자의 답을 분석한 결과, 콜버그는 도덕적 추리가 일련의 연속적 단계를 거침을 발견하였다. 대략적으로 설명하면, 그 발달과정은 처벌에 대한 공포와 이득을 얻으려는 욕구가 좌우하는 기본적 도덕성('아내를 죽게 내버려 두면, 난처한 지경에 빠질 것이다.')을 출발점으로 하여, 타인이 뭐라고 할 것인지에 따라, 즉 인습에 따라 선악을 정의하는 단계('만약 그 약을 훔치지 않으면 가족이 인정 없는 남편이라고 생각할 것이다.')를 거쳐 자신의 것으로 내재화된 도덕적 원리가 존재하는 가장 높은 단계('약을 훔치지 않는다면 그 사람은 비난받지도 않을 것이고, 다른 사람들이 정해 놓은 법률에 따라 사는 셈일 것이다. 그러나 그 사람은 자기 자신의 양심의 기준에 맞게 사는 것은 아닐 것이다.')에 이른다. 예측할 수 있는 바와 같이 콜버그의 수준과 연령 사이에는 대략적인 상관관계가 존재한다. 그러나 성인 중에서도 콜버그의 최고 수준에 해당되는 답을 하는 사람은 소수에 불과하다. 콜버그의 최고 수준은 마하트마 간디 또는 마틴 루터 킹과 같은 도덕적 위인의 특성이다.

2. 사회 및 정서 발달

사회발달이란 사회관계를 이루는 능력의 발달을 말한다. 이 장에서는 사람이 다른 사람과 관계를 맺는 가장 기본적인 개념인 애착에 관한 이론과 특성을 살펴보고, 아동기와 청소년기에 이루어지는 주된 사회화의 특성 및 심리발달을 설명하고자 한다.

진화적 입장에서 발달현상과 동물행동학을 연결시킨 최초의 사람은 영국의 정신분석학자인 볼비(Bowlby)다. 그는 모친과 장기간 따로 떨어져 생활하는 영아의 일상적인 상황을 관찰하였다. 여기에서 그는 영아와 양육자 간에 형성되는 초기의 애착이 정상적인 인간발달의 필요 불가결한 요소라는 결론을 내렸다. 볼비(Bowlby, 1969)는 영장류(원숭이)의 모자관계에서 관찰한 애착적 유대관계에 관한 연구(Harlow & Zimmerman, 1959)를 인용하면서, "양육자에 대한 '애착(attachment)'은 무력한 영아를 포식동물로부터 수호하고 비바람에 바래지 않도록 하여 유기체의 생존을 도와주었기에 진화할 수 있었다."라고 주장하였다.

볼비의 애착이론(attachment theory)은 정신분석이론의 한 분파인 '대상관계이론(object relation theory)'에서 나왔다. 고전적인 프로이트의 정신분석이론에서는 "본능적 충동은 인간발달의 기본적인 동기유발이다."라고 가정하였지만, 대상관계 이론가들은 다른 사람과의 관계 및 이 관계를 나타내는 심적 표상이 인간 행동이 이루어지게 하는 기본 동기라고 생각하였다.

1) 유아기의 사회발달

(1) 신체적 접촉의 중요성

미국의 정신의학자인 르네스피츠(Rene Spitz)는 1940년대에 미국과 캐나다의 고아원에 있는 유아들의 발달을 연구하였다. 그는 고아원에 수용된 아이들이 충분한 음식이 제공되고 청결상태가 유지됨에도 불구하고 이들 중 3분의 1가량이 첫해를 넘기지 못하고 죽었으며, 이들 중 많은 아이가 신체적으로나 정신적으로 발달이 부진하다는 것을 발견하였다. 이런 발견을 설명하기 위해 볼비(Bowlby, 1958, 1982)는 어린 아동이 자신들의 물리적 필요뿐 아니라 정서적 필요에 민감하게 반응해 주는 한두 명의 성인과의 의존적인 관계 형성이 매우 중요하다는 발달이론을 제시하였다. 볼비는 유아가 그들의 주 보호자와 형성하는 지속적이고 장기적인 정서적 유대를 애착(attachment)이라고 명명하였다.

해리 할로(Harry Harlow)라는 미국의 심리학자는 1960년대에 정상적인 어미의 보살핌이 없는 상태에서 자라는 원숭이의 발달을 연구하였다. 이 연구결과, 밀접한 신체접촉이 어미원숭이가 새끼를 돌보는 데 아주 중요한 요인 중 하나라는 것

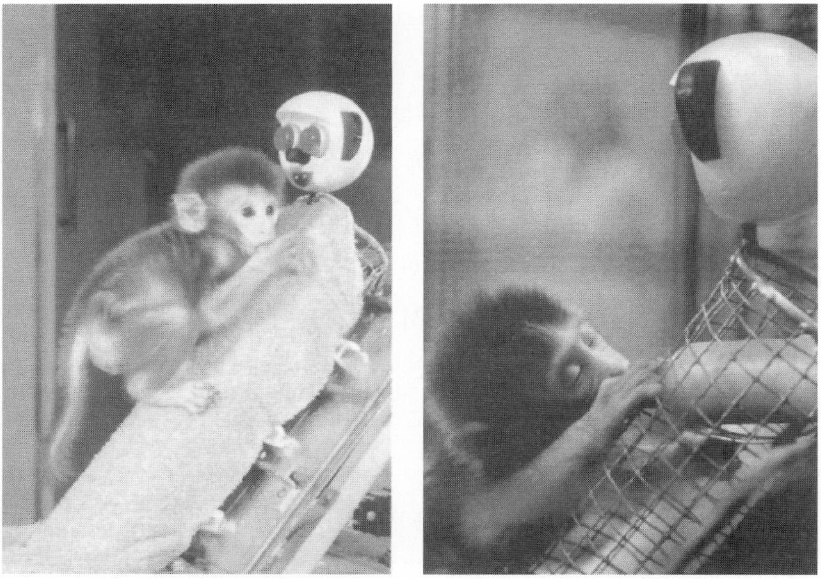

| 그림 7-8 | 할로의 새끼원숭이 실험

을 발견하였다. 한 실험에서 할로는 새끼원숭이들을 어미로부터 떼어 내어 각기 다른 우리에 한 마리씩 넣고 길렀다. 각 어린 원숭이에게는 인형으로 만들어진—하나는 철사로 만들어져 있으나 젖꼭지가 있는 인형과 다른 하나는 두터운 담요로 만들어져 있으나 젖꼭지가 없는—대리엄마를 주었다(| 그림 7-8 | 참조). 할로의 목적은 어린 원숭이가 이들 대리엄마에게 애착을 느낀다면 이 중 어떤 특성, 즉 젖꼭지와 부드러운 담요 중 어느 것이 애착을 유도하는 데 더 효과적인가를 보려는 것이었다.

결과는 모든 새끼원숭이는 젖꼭지를 가지고 있는 인형에 비해 담요로 된 인형에 더 많은 시간을 매달려 있었다. 특히, 낯선 물체가 나타났을 때는 더욱 담요인형에 매달렸으며, 담요인형과 같이 있을 때는 익숙하지 않은 장소를 좀 더 용감하게 탐색하였다. 할로는 먹이가 아닌 접촉위안(contact comfort)이 어린 원숭이가 어미에게 형성하는 애착에 더 중요한 변수라고 결론을 내렸다.

최근에 티파니 필드와 그의 동료들(Tiffany Field et al., 1986)은 접촉이 미성숙 유아의 신체적 성장에 놀랄 만한 효과를 미친다는 것을 발견하였다. 그들의 실험에서 한 집단의 미숙아들은 정상적인 병원치료—인큐베이터 속에 있으면서 정기적인 치료—만을 받았다. 다른 집단은 정상 치료에 부가하여 하루에 45분씩 약 10일

동안 손으로 마사지를 받았다. 두 집단의 유아에게 주어진 음식의 양이 동일함에도 불구하고, 마사지를 받은 유아는 거의 50% 이상 몸무게가 증가하였으며, 더욱 활동적이었으며, 더욱 성숙된 운동협응(motor coordination)능력을 보였고, 다른 집단의 유아에 비해 평균 6일 먼저 퇴원하게 되었다.

(2) 기질과 성격 특성의 발달

일반적으로 기질은 각 개인에게서 분명히 구분되며, 특징적으로 나타나는 정서 반응이다. 이 기질은 선천적으로 타고나는 생물적 또는 생리적 특성이다. 이러한 기질은 각 사람들의 행동 특성이나 정서발달에 분명한 개인차를 일으키고, 인생의 초반에서부터 놀랄 만큼 안정적으로 나타난다. 특정한 기질적 특징이 사회적 상호작용에 미치는 결과는 어떤 것도 객관적이거나 미리 결정되어 있지 않다. 왜냐하면, 하나의 기질적 행동이 어떤 사회적 맥락 속에서는 높은 행동 수준을 나타내는 것으로써 '생생함' '활기' 등으로 높이 평가될 수 있지만, 다른 사회적 맥락 속에서는 동일한 행동이 '불안정함' '공격적' 행동으로 낮게 평가될 수 있기 때문이다. 이처럼 기질적 성향이 수용되는 방식은 개인적 측면과 사회적 측면에서 그 기질적 성향이 해석되고 받아들여지는 의미 자체에 영향을 준다. 그러나 불행하게도 이러한 성격 특성의 유전성에 대한 연구는 그리 많지 않으며, 단지 몇 가지의 성격 특성에 제한되어 연구가 수행되어 왔다.

입양과 가족 연구는 성격 특성에 어느 정도의 유전성이 있다는 것을 보여 주었으나 쌍둥이 연구결과에서 나타난 정도와는 일치하지 않았다(Scarr & Kidd, 1983: 416-417). 예를 들어, 쌍둥이 연구는 신경증과 사회성의 유전 정도를 50% 정도로 추정하나 입양과 가족 연구에서는 단지 그 반 정도의 유전성을 보였다. 아동기의 기질을 연구한 플로민의 가족연구는 단지 정서성 .40, 활동성 .20 그리고 사회성 .30의 추정치를 제시하였다(Buss & Plomin, 1984). 현재로서는 성격 특성의 측정에서 왜 쌍둥이 연구가 입양이나 가족연구에 비해 큰 차이를 보이는가에 대해서는 아무도 모른다. 단지 몇 가지 설명이 제시되고 있는데, 그중 하나가 성격발달에 유전과 환경이 상호작용한다는 것이다(Loehlin, Willerman, & Horn, 1982).

여기에서 '상호작용한다'는 말은 특별한 의미를 가지고 있다. 앞서 설명하였듯이 한 유전인자에 영향을 미치는 환경은 다른 유전인자에게는 또 다른 방식으로 영향을 미친다. 예를 들어, 낯선 사람과 이야기하는 것이 어떤 유전 성향을 가진 사람에게는 즐거운 경험이지만, 다른 유전 성향을 가진 사람에게는 괴로운 경험이 될 수도 있다. 한 아이에게 아주 재미있고 자극적인 경험이 다른 아이에게는 아주 힘들고 나쁜 경험이 될 수도 있는 것이다.

2) 사회 및 성격발달: 애착과 사회성 발달

(1) 유아 애착행동의 초기 표현

유아가 자신의 양육자에게 분명한 애착을 보이는 것은 대략 7~8개월경부터다. 혼자 있게 되거나 낯선 사람을 접할 때, 무섭거나 기분이 나쁜 것을 나타내기 위해 두려워하거나 우는 행동을 보이게 된다. 진화론적 관점에서 보면, 이런 행동은 유아가 기어 다니기 시작하는 시기와 거의 일치해서 나타난다. 인지발달의 측면에서 보면, 애착행동의 출현은 유아가 세상에 대한 이해를 발달시키는 것, 특히 친숙하고 안전한 곳과 그렇지 않은 곳을 구분할 수 있게 되는 것과 관련이 있다. 이러한 관점을 지지하는 실험이 친숙하지 않은 상황에 있을 때 유아가 보여 주는 불안의 수준을 살펴보는 것이다. 즉, 친숙한 곳에서보다 친숙하지 않은 곳에 있을 때 또는 유아가 엄마와 떨어졌을 때 더 높은 수준의 불안과 낯선 사람에 대한 두려움을 보여 주었다.

(2) 낯선 상황: 애착행동의 측정

애착행동을 객관적으로 연구하기 위해 우리는 이것을 측정할 수 있어야 한다. 가장 일반적으로 사용되는 측정방법이 에인즈워스(Mary Ainsworth)에 의해 개발된 '낯선상황검사(strange situation test)'다. 이 검사는 유아를 친숙하지 않은 상황에 두고 미리 계획된 방식으로 엄마나 다른 친숙한 보호자가 같이 있거나 없거나 하면서, 낯선 사람이 들어왔을 때와 나갔을 때, 유아가 보이는 불안행동을 측정하는 것이다. 이런 검사를 통해, 에인즈워스와 그의 동료는 '안정적으로 애착된(securely attached)' 행동으로 분류된 반응을 보이는 유아들을 구분하였다.

안정적으로 애착된 아동들은 낯선 상황에서도 엄마가 같이 있을 때는 활달하게 놀았으며, 적극적으로 탐색하는 행동을 보였다. 그러나 엄마가 없거나 낯선 사람과 같이 있을 때는 약간 놀라면서 탐색하는 것이 줄었다. 그러나 엄마가 다시 돌아왔을 때는 적극적으로 엄마에게 접근하여 접촉하려고 하였다. '안정적으로 애착되지 못한' 것으로 분류된 유아의 행동은 여러 가지 방식으로 차이를 보였다. 이들은 비

| 그림 7-9 | 낯선상황검사

록 엄마가 같이 있더라도 낯선 상황에 대해 더 놀랐으며, 엄마가 돌아왔을 때는 적극적으로 접촉하려고 하지도 않았고, 심지어 거부하는 반응을 보이기도 하였다(| 그림 7-9 | 참조).

에인즈워스와 그의 동료는 유아가 울 때마다 즉각적으로, 그리고 일관되게 잘 달래 주는 엄마의 유아들은 나이가 들어감에 따라 점점 우는 것이 줄어들 뿐 아니라, 낯선 상황에서 측정된 엄마의 애착반응도 높다는 것을 발견하였다. 다른 연구들도 어린 유아에 대한 엄마의 즉각적인 반응이나 민감성과 나중의 안정적인 애착의 정도와의 사이에 유의미하게 높은 상관관계가 있다는 것을 발견하였다(Isabella & others, 1989; Sroufe & Fleeson, 1986).

(3) 에릭슨의 심리사회적 발달이론

Erik H. Erikson

에릭슨(Erikson)의 심리사회적 성격발달이론은 정신분석적 모형에서 발전된 것으로, 이 이론은 전 생애를 통한 발달(life-span development)이라는 점과 자아를 성격의 중심적 구조로 보고 있다는 점에서 프로이트와 확연히 구분된다.

의사로서 환자를 치료하면서 심리분석을 한 프로이트와는 달리, 에릭슨은 건강한 어린이들을 가르치며 그들의 자연스러운 놀이에서 그 이유를 찾고 삶의 투쟁을 알아내려고 하였다. 그는 개인과 그의 가족의 일상적인 삶에 주어진 역사적 · 문화적 상황을 관련시켜 임상 활동에서의 자료를 분석해 나갔다. 프로이트가 삶의 원동력을 원초아로 보는 데 비해, 에릭슨은 자아의 중요성을 강조한다. 생물학적인 힘보다는 인간관계에서의 경험이 자아의 기능을 요구하고 있으며, 자아는 사회화 과정, 사회와의 관련성을 전제로 하고 있다. 따라서 인간을 제대로 파악한다는 것은 개인과 사회와 시간성의 관계를 이해하지 않고는 불가능하다고 보는 것이다. 바로 이 점이 프로이트와 에릭슨의 가장 두드러진 차이점이다.

에릭슨에 따르면, 발달이란 개인의 심리적 발달(성격과 가치관)과 개인이 만든 사회적 관계가 병행하여 성장해 나가는 이중적 과정이다. 그러한 심리사회적 발달은 8단계로 구분되는데, 각 단계마다 개인의 생리적 성숙과 더불어 개인에게 부과된 사회적 요구(즉, 발달과업)가 따르고, 이 요구는 하나의 위기(crisis)가 된다. 이것의 해결 여부가 개인에게 있어 인생의 전환점이 된다. 그들이 새로운 경험을 성공적으로 극복하면 더 성숙하게 되고, 성격 또한 보다 원숙하게 된다. 반면에 그들이

표 7-1 에릭슨의 성격발달 8단계와 그 특성

단계	심리사회적 위기	바람직한 결과 바람직하지 못한 결과
생후 1년	신뢰감 vs 불신감	환경과 다가올 사건들을 믿음 다가올 사건에 대한 의혹과 두려움
생후 2년	자율감 vs 의혹감	자기통제감과 자기효능감 수치심과 자기의혹
3~5세	창의감 vs 죄책감	자신의 활동에서의 자율감 죄책감과 부족감
6세~사춘기	근면감 vs 열등감	사물을 이해 · 조직하는 능력 이해 · 조직하는 데 열등감
청년기	정체감 vs 혼미감	자기정체성의 확립 자기가 누구며, 무엇인가에 대해 혼미
성인 초기	친밀감 vs 고립감	타인을 위해 봉사 · 사랑할 수 있는 능력 애정관계를 형성하지 못함
중년기	생산감 vs 자기몰입	가정과 사회에 대한 책임감 자신의 복지와 번영에만 관심이 있음
노년기	통합감 vs 절망감	통합과 성취감 속에 기꺼이 죽음을 직면 생에 대한 불만과 죽음에 대한 낙심

문제를 해결하지 못한다면 성장은 왜곡되는 것이다.

에릭슨의 성격발달이론은 개인과 사회의 역할을 동등하게 중요시하였다. 즉, 성격발달을 단순히 초기 아동기의 좌절과 갈등으로부터 계속 영향을 받는 것으로 간주하지 않고 성인기 이후까지 계속되는 발달과업의 해결과 관련이 있는 것으로 보면서 성격의 점진적인 발달을 설명하고자 하였다. 특히, 에릭슨은 프로이트가 관심을 갖지 않은 청소년기를 개인의 심리사회적 발달에서 중추적인 역할을 하는 시기로 보았다.

(4) 자아의 표현과 자아정체성

자아정체성(ego identity)이란 무엇인가? 에릭슨은 개인의 정체성을 객관적인 측면과 주관적인 측면으로 구분하고 있다. 즉, 그는 정체성을 객관적인 측면인 심리사회적 정체성(psychosocial identity)과 주관적인 측면인 개별적 정체성(individual identity)으로 구별하고 있다. 여기서 심리 사회적 정체성이란 개인이 속하고 있는 집단에 대한 귀속감 또는 일체감을 의미한다. 즉, '나는 한국 사람이다.'와 같은 민족적 · 국가적 주체의식으로 표현되기도 한다. 정체성은 개인적 정체성(personal identity)과 자아정체성(ego identity)으로 이루어졌다. 여기서 개인적 정체성이란 시간이 흐르거나 상황이 바뀌어도 자기 자신이 동일한 존재라는 자기동질성(self-sameness)과 자기연속성(self-continuity)에 대한 자각이다. 즉, 상황이 바뀌고 시간이 지나도 항상 '나는 김복동이다.'라는 자기 존재에 대한 인식이다. 이러한 자기 인식은 우리에게 안정감의 근원이 된다.

자아정체성은 개인을 과거에서 현재와 미래로 연결해 주는 연속성 내지는 동질성을 내포하고 있다. 동시에 또 개인을 타인과 구별해 주는 독특성도 지니고 있다(Mussen et al., 1974). 그러므로 강한 자아정체성을 소유한 사람은 타인과 다른 여러 가지 개인적 특성을 소유하고 있으면서도 그런 특성을 조화롭게 통합해 나가려는 의지와 능력을 지니고 있다. 그는 시간의 흐름과 경험의 변화 속에서도 자기를 지각하는 방식에서 일관성을 지닐 수 있다. 즉, 방황과 탐색 속에서 '나는 이런 사람이다.'와 같은 강한 정체성을 형성함으로써 자신의 연속성과 독특성을 고양시켜 나간다. 이런 '자기지각' '자아인식'에서의 일관성은 개인이 가지고 있는 자아의 자질(ego quality)이 된다.

3) 청소년기 발달의 심리적 특성

청소년기(adolescence)라는 용어는 라틴어 '성인으로 자라는'에 어원을 두고 있다. 즉, 이 시기는 아동상태에서 성인으로 옮겨 가는 과도기이며, 사춘기의 2차 성징이 나타나는 시기에서 스스로 성인의 역할을 할 수 있을 때까지다. 이 시기에는 자신이 누구며, 무엇을 할 수 있는가에 대한 구체적인 사고를 형성할 수 있을 뿐 아니라, 사회 속에서 자신의 위치를 만드는 시기이기도 하다. 즉, 가족에 의존하던 상태에서 점점 자립상태로 바뀔 뿐 아니라 성장과정에 수반하는 많은 심리적 변화가 있는 시기다.

청소년기는 자기 스스로 하나의 자율적인 개인이 되기 위해서 준비해야 하는 만큼 많은 심각한 문제를 야기하는 경우가 있다. 날 수 있게 된 새가 독립하여 혼자의 삶을 영위하는 것과는 달리, 우리 사회의 청소년은 날 수 있게 된 다음에도(적어도 주민등록증을 가지게 된 이후라고 할 수도 있지만) 아주 오랫동안 보금자리에 남아 있다. 부모의 세계와 다른 어떤 요소를 청소년들이 확립하려 하는 것은 그들이 계속 보금자리에 남아 있어야 하기 때문에 더 절실한 것 같다. 이 목적을 달성하기 위한 한 방법으로 많은 청소년은 각 시기에 유행하는 모든 종류의 외부 장식을 받아들인다.

에릭슨에 따르면, 청소년들이 성인에게서 분리되려는 것은 그들이 진실로 성취하려 하는 바의 한 가지 표현일 뿐이다. 이 시기를 통해 청소년들이 주요 목표로 삼는 것은 자신이 진정 어떤 존재인가를 알려는, 즉 그들 나름의 정체성을 찾으려는 것이다. 그래서 에릭슨은 이 시기를 정체감 위기(identity crisis)의 시기라 부른다. 현대의 복잡한 문화에는 많은 사회적 역할이 있고, 따라서 청소년기는 어느 역할(무슨 직업, 무슨 이념, 어떤 집단)이 자신에게 가장 적합한지를 알려고 실험해 보는 시기인 것이다. 이 시기의 일차적인 물음은 "나는 누구인가?"라는 것이며, 그 답을 얻기 위하여 청소년들은 여러 입장을 취한다. 때로는 남을 위하여 어떤 입장을 취하기도 하는데, 그 타인은 자신을 볼 수 있도록 거울 역할을 한다.

청소년의 경우 타인의 모습이 자신에게 어울린다고 생각하면, 그것을 모방하면서 자신의 모습으로 취하기도 한다. 따라서 스스로에 대한 모습을 어느 정도 형성하면서 정체감을 성취한다. 이 단계에서 생기는 위험은 '역할혼미'다. 친구들과 잘 어울리기 위해서 그들은 자기 패거리 혹은 대중의 영웅과 일시적으로 과잉 동일시를 하여 마치 정체감이 상실된 것처럼 보이기도 한다. 이 단계는 사랑에 빠지는 단계이기도 하다. 그러나 이 단계의 사랑에서는 성적인 것만이 전적으로 문제되는 일은 결코 없으며, 성적인 것이 가장 중요시되는 경우조차도 없다. 대개의 청소년기의 사랑은 모호한 자아상을 다른 한 사람에게 투사하고 그 상이 반영되어 점차 분명해지는 것을 봄으로써 자신의 정체감 정의에 도달하려는 시도다. 그렇게 많은 젊은 연인의 연애 행위가 주로 대화인 이유가 바로 이 때문이다(Erikson, 1963).

요 약

1. 발달심리학은 생명처럼 변화하고 진화하는 인간 마음에 대한 탐색이다. '어떤 행동과 심리과정'에 관한 질문과 함께 '특정 행동과 심리과정이 어떻게 출현하며, 이것이 어떻게 변화하는가'에 더 관심을 둔다.
2. 다윈의 진화론은 인간의 기원에 대한 탐색이며, 아동을 과학적으로 연구할 가치가 있다고 보게 만든 계기가 되었다.
3. 미국의 발달심리학은 19세기 말부터 20세기 초두에 걸쳐 일어났던 아동연구운동에서 출발하였다. 아동교육이나 아동복지에 유용하다고 생각되는 지식이 집대성되었고, 심리이론으로 인간발달을 보게 되었다.
4. 피아제 이론의 핵심은 아동이 자신의 행동과 물질세계가 어떤 관계를 맺는지를 이해하려는 지적인 노력, 즉 개인이 스스로 확장된 세계에서 의미 있는 틀을 찾고 만들어 간다는 것이다. '생득적-경험적인 마인드의 변화'라는 관점에서 '마음과 현실은 어떻게 상호 협력해 가는가'라는 관점으로 발달심리학이 변화하는 계기가 되었다. 이런 관점은 스키마, 인지발달 단계, 동화와 조절을 통한 변화라는 개념을 발전시켰다.
5. 피아제 이론을 응용한 콜버그의 도덕성 발달은 인지발달과 실제 생활에서의 행동이 어떻게 관련 있는가를 보여 준 대표적 연구다. 콜버그는 도덕적 추리가 거치는 일련의 연속적 단계를 '기본적 도덕성' '인습에 따라 선악을 정의하는 단계' '자신의 것으로 내재화된 도덕적 원리가 존재하는 단계'로 구분하였다.
6. 발달심리학에서 생물적인 측면에서 극적인 심리발달 변화를 보여 주는 현상은 유아 행동관찰이나 실험에서 나온다. 아동의 형태재인 능력이나 높이지각, 운동경험의 역할에 대한 연구 등이 대표적인 예다.
7. 애착행동은 유아가 세상을 친숙하고 안전한 곳과 그렇지 않은 곳으로 구분하는 진화적 행동이다. '낯선상황검사'와 같은 방식을 통해 '안정적 애착' '비안정적 애착' 등의 애착행동을 분류 · 측정한다.
8. 에릭슨의 심리발달(성격과 가치관)이론은 개인이 사회적 관계와 함께 병행, 성장하는 이중적 과정을 그려 낸다. 프로이트와 달리 에릭슨은 사회화 과정을 전제로 하는 개인의 심리발달과 변화, 특히 자아의 중요성을 강조하였다.
9. 인간행동과 심리발달의 핵심은 '초기의 발달조건' 내지 '자극환경'이 어떻게 유기체의 성숙과 상호작용하여 이후의 행동에 특정한 효과를 미치게 되는가를 설명하는 데 있다. 이것이 복잡계로써의 인간발달을 연구하는 것이다.
10. 일생을 통하여 진행되는 인간발달을 보기 위해 전 생애 접근법을 사용한다. 전 생애 접근법은 성장뿐만 아니라 감소도 포함하는 '적응을 위한 다양한 변화'라는 개념으로 '발달'을 정의한다. 인간행동과 심리 특성에서의 '변화 가능성'과 우리가 살고 있는 시대의 사회적 변화 및 역사적 맥락을 고려한다.

제8장

동기와 정서

학습목표

1. 동기의 정의와 관련 개념을 이해한다.
2. 동기이론 발전의 흐름과 현대 동기이론들을 이해하고, 이론들이 제공하는 인간행동의 이해를 위한 시사점을 알아본다.
3. 정서의 정의와 관련 개념을 이해한다.
4. 정서이론 발전의 흐름과 현대 정서이론들을 이해하고, 이론들이 제공하는 인간행동의 이해를 위한 시사점을 알아본다.
5. 동기와 정서의 관계를 이해한다.

08

제1절 동 기

심리학을 인간의 '마음'과 '행동'을 연구하는 학문이라고 정의할 때 '행동' 측면의 핵심은 '왜?' 라고 볼 수 있다. 즉, '인간은 왜 행동하는가?' '무엇이 인간으로 하여금 행동하게 만드는가?' 는 심리학의 핵심 질문 중 하나다. 이 '왜?' 와 '무엇?' 에 대한 질문이 곧 '동기'에 대한 질문이다. 동기연구에서는 '왜 우리가 무엇인가를 원하는가?' 그리고 '왜 우리가 행동을 하는가?' 를 설명하기 위해 개인과 그가 속한 환경, 그리고 문화 속에 존재하는 다양한 조건에 관해 탐색한다.

1. 동기란 무엇인가

'동기(motive)'란 단어의 어원은 라틴어의 'movere(움직인다)'로, 무엇을 움직이게 하는 것이 동기라는 단어의 핵심 의미다. 일반적으로 심리학에서 동기는 두 가지 차원에서 정의하는데, 하나는 **각성상태**, 즉 유기체의 행동을 가능하게 하는 생리적 에너지를 말하고, 다른 하나는 행동을 조절하는 힘을 말한다. 다시 말해서 동기는 행동하게 하는 힘의 근원(energizer)으로서의 기능과 **행동의 조절자**(regulator)로서의 기능을 한다.

동기에 대한 가장 일반적인 정의는 **행동을 시작하게 하고, 방향을 결정하고, 끈기와 강도를 결정하는 힘**이라고 할 수 있다. 동기와 관련된 개념으로 **욕구**(need), **추동**(drive), **동기화** 또는 **동기유발**(motivation)이 있는데, 이 세 가지 개념은 서로 연관성을 가진다. 헐(Hull, 1943)에 의하면 욕구란 생리적 혹은 심리적인 상태로 개인을 목표로 향해 움직이도록 만드는 일종의 내적 결핍상태다. 이러한 욕구상태는 유기체의 내적 불균형 상태를 초래하므로 **생체항상성**(homeostasis)을 깨뜨린다. 모든 유기체는 생체항상성을 유지하려는 본능 때문에 회복을 위해 노력한다. 추동은 이러한 욕구발생의 결과로 생기는 관찰 가능한 행동의 변화다. 동기는 행동이 대상을 향하게 하거나 멀리하게 만드는 추동이다. 따라서 이 세 가지 상황은 연쇄적으로 나타난다고 할 수 있다. 예를 들어, 체내에 수분이 부족하면(내적 결핍상태) 물을 마시고 싶은 욕구가 발생하고, 이러한 욕구는 물을 찾아 움직이는 추동으로 변하여, 물을 마시는 행동의 직접적인 원인인 동기를 유발한다(동사형: motivate, 명사형:

motivation).[1] 따라서 욕구, 추동, 동기는 상태를 의미하며, 이러한 상태가 행동으로 나타나는 과정을 동기화 혹은 동기유발이라고 한다.

2. 동기의 근원

동기는 어디서 어떻게 생기는가? 일반적으로 동기를 연구할 때는 동기의 출처, 즉 행동의 원인이 개인 내부에 있는가 외부에 있는가에 따라 구분한다. 앞에서 제시한 것처럼 동기를 행동을 시작하게 하고, 방향을 결정하고, 행동의 끈기와 강도를 결정하는 힘이라고 정의할 때, 이 힘의 근원이 개인 내부의 흥미, 호기심, 의지, 사고 등에서 오는 것임을 강조하는 **내재동기**(intrinsic motivation)를 연구하는 경우와 외적인 보상이나 벌 혹은 강압 등에서 오는 것임을 강조하는 **외재동기**(extrinsic motivation)를 연구하는 경우로 분류하는 것이다.

여러분은 지금 왜 이 책을 읽고 있는가? 그 이유는 매우 다양할 것이다. '오늘 새로 산 이 책이 어떤 책인지 알고 싶어서.' '동기라는 주제에 관심이 많아서.' '다음 주에 숙제를 제출해야 하는데 그 숙제는 학기말 성적에 큰 비중을 차지하기 때문에.' '수업시간에 교수님의 질문에 답을 하지 못해서 망신당하는 일이 생길까 봐.' 이 외에도 다양한 대답이 나올 수 있다. 앞의 두 가지 답은 책 읽는 목적이 책 읽는 것 자체에 대한 흥미와 관심 때문에, 즉 내적인 이유로 책을 읽고 있음을 말해 준다. 반면에 뒤의 두 가지 답은 책을 읽는 목적이 외적 요인에 있다. 즉, 책 읽는 것 자체가 즐겁고 재미있어서가 아니라 책을 읽음으로 해서 얻는 다른 이득 때문이다. 이처럼 우리의 모든 행동은 그 원인이 내부에 있는 내재적 동기유발과 개인 외부에서 오는 외재적 동기유발의 결과라고 볼 수 있다.

---

1 • 영어의 'motive'와 'motivation'이라는 용어는 각각 '동기'와 '동기유발' 또는 '동기부여'로 번역되나, 'motivation'이란 용어는 다른 말과 결합되어 사용되는 경우 '동기'라는 용어로 번역되는 경우가 많다. 예를 들어, 'motivation theory'는 '동기유발이론'보다는 '동기이론'으로, 'achievement motivation'은 '성취동기유발'보다는 '성취동기'로, 'academic motivation'은 '학업적 동기유발'보다는 '학업동기'로 해석하는 것이 국내 동기 이론가들의 관례다. 따라서 맥락에 따라 동기화나 동기유발, 동기부여 그리고 동기라는 용어의 적절한 선택이 필요하다.

3. 인간 동기의 구성요소

동기가 행동을 시작하게 하고, 방향을 결정하고, 행동의 지속성과 강도를 결정하는 힘이라고 정의할 때 이러한 정의가 포함하고 있는 요소들이 있다. 그렇다면 인간 동기는 어떤 측면을 담고 있는 요소들로 구성되어 있는가? 심리학에서 인간의 행동을 논의할 때 생물학적 요소, 인지적 요소, 학습된 요소로 나누어 보는 것과 같이 동기 이론가들은 인간 동기에 대한 논의에서도 생물학적, 인지적으로 학습된 요소를 포함해야 한다고 본다(Franken, 1994).

1) 생물학적 요소

동기는 행동을 하게 하는 힘의 근원으로서 기능을 한다고 하였다. 이러한 힘의 근원을 생물학적 측면에서 설명하는 접근을 몇 가지 고찰할 필요가 있다. **행동생물학**(ethology)에서는 행동이란 유전구조의 산물로, 우리는 유전자가 지시하는 대로 행동을 시작하고 방향을 결정한다고 가정한다. 또한 종 특유의 행동은 태어날 때부터 이미 유전자에 기록되어 있기 때문에 변화시키기가 어렵다고 본다(Franken, 1994).

동기의 생물학적 요소를 강조하는 또 하나의 분야는 행동학습에 관한 신경조직을 연구하는 학문인 **행동신경과학**(behavioral neuroscience)이다. 여기서는 두뇌의 아편, 엔도르핀을 분비하는 **보상중추**(reward centers)가 동기와 관련된다는 것을 보여 준다. 또한 망상활성체에서 일반적 각성을 주관하고, 정서를 관장하는 변연계, 특히 시상하부는 종 특유(species-specific) 추동의 근원지로 보며, 뇌 화학물질인 에피네프린과 노르에피네프린이나 도파민 등의 뇌 화학물질이 행동의 근원, 즉 동기를 관장한다고 믿는다.

2) 학습된 요소

동기의 학습된 요소는 본능과 같이 생물학적으로 주어진 것이 아닌, 성장하면서 서서히 획득되는 추동, 즉 권력, 성공, 성취에 대한 욕구 등과 관련된 것이다. 이러한 요소는 물론 행동주의 학습이론의 기본이 되는 것으로 제4장 학습심리학에서 다룬 고전적 조건화와 조작적 조건화에 의해 획득된 행동의 동기적 측면을 의미한다. 성취에 대한 욕구, 권력에 대한 욕구와 같은 것은 생물학적 욕구와 관련되어 있지 않지만 인간은 이러한 욕구를 만족시키기 위해 행동한다.

반면에 공포감과 같은 정서는 고전적 조건화에 의해 학습된 대표적인 정서로서 행동의 근원이 되는 요인이다. 또한 도구적 조건화나 조작적 조건화에서 말하는 일차적 · 이차적 강화라든가 내재적 · 외재적 보상 등은 행동의 근원이 되는 동기의 학습된 요소다.

3) 인지적 요소

동기의 개념적 탐색 경향은 심리학이라는 학문 자체의 기본 패러다임과 분리시켜 볼 수 없는 것이어서, 초기에는 생물학적 요소를 중심으로, 그 후 행동주의의 주도로 학습된 요소를 중심으로 탐색이 진행되었다. 그러다가 톨먼(Tolman, 1932)의 기대(expectation)라는 인지적 개념에 기초하여 1950년대에서 1960년대에 인지혁명이라 일컫는 심리학의 패러다임 전환이 제기되었고, 이와 더불어 동기의 개념 탐색에서도 인지적 요소가 강조되기 시작하였다. 인지이론들의 공통점은 모두 인간의 기대, 목표, 신념, 태도 등이 동기를 결정한다는 것이다. 이와 같은 동기에 대한 인지적 요소를 강조하는 경향은 현대의 거의 모든 동기이론에서 나타나고 있다.

4. 동기이론

인간의 동기에 대한 관심은 인류의 학문에 대한 탐구가 시작될 때라고 볼 수 있는 그리스 철학자들의 초기 탐구에서부터 관찰할 수 있다. 그리스 철학자들의 인간 동기에 대한 관심은 인간의 본성이나 지식의 기원에 대한 관심과 더불어 시작되었다고 볼 수 있다. 이러한 관심의 대표적인 예가 인간행동에 대한 **쾌락주의 원리**(hedonism)라고 할 수 있는데, 이 원리는 프로이트(Freud)와 헐(Hull)의 추동이론과 레빈(Lewin)의 장이론 그리고 이후 기대×가치이론(Expectancy×Value Theory)에까지 영향력이 이어졌으며, 일부 최근의 동기이론에서도 여전히 찾아볼 수 있다.

그리스 철학자 에피쿠로스(Epicurus)는 인간은 쾌락을 추구하고 고통이나 불쾌를 회피하려는 것에 의해 동기화되고 행동한다는 **쾌락주의 원리**를 주장하였다. 쾌락주의의 설명에 따르면 인간은 긍정적이고 유쾌한 결과를 초래하는 행위와 부정적이고 불쾌한 결과를 초래하는 행위를 구분하여 쾌락을 추구하는 방향으로 행동한다는 것이다. 쾌락주의 원리는 프로이트와 헐의 추동이론(drive theory)을 비롯한 많은 동기이론의 근간이 되었다(Franken, 1994).

1) 현대 동기이론의 기초

동기이론의 흐름도 심리학 패러다임의 변천을 따른다. 1900년대 초반에서부터 시작된 **행동주의적** 접근, 1940년대부터 대두된 **인본주의적** 접근, 그리고 1960년대부터 시작된 **인지주의적** 접근과 같은 심리학의 주류가 되는 접근이 시작되던 비슷한 시기에 이와는 약간 다른 측면에서 심리학에 영향을 준 프로이트의 **정신분석적** 접근과 **생물학적** 접근들이 등장하였다. 여기서는 역사적 의미가 있는 초기 이론과 최근에 관심을 많이 받고 있는 현대 동기이론의 배경이라고 볼 수 있는 몇 가지 이론과 접근을 살펴보기로 한다.

(1) 프로이트의 추동이론

프로이트는 행동의 원인을 **무의식적 추동**(unconscious drive)이라는 개념으로 설명하려 하였다. 인간의 많은 행동은 충족되지 못한 강한 충동이나 소망에 대한 상징적 표현이라고 보고 이러한 강한 충동은 두려움이나 죄의식을 수반하는 무의식적 추동으로 작용하여 긴장을 발생시킨다는 것이다. 프로이트는 이러한 무의식적 추동의 대부분이 성적인 충동이나 욕구 때문에 생겨나는 것으로 보고 이러한 힘을 '**리비도**(libido)'라고 불렀다. 따라서 인간은 이러한 리비도를 해소하기 위해 행동하고, 그 행동에 의해 불유쾌한 추동은 감소되고 유쾌한 상태는 회복된다는 프로이트의 이론은 쾌락주의 동기이론으로 볼 수 있다. 프로이트가 행동의 에너지 원천인 리비도라는 개념을 도입한 것은 본능, 욕구, 추동 등의 현대 동기이론의 기반을 제공한 것으로 평가할 수 있다.

(2) 헐의 추동감소이론

프로이트의 이러한 욕구와 추동 개념은 헐(Hull, 1943)의 동기를 설명하는 이론인 **추동감소이론**(drive-reduction theory)의 기초가 되었다. 헐은 프로이트가 인간행동의 근원을 지나치게 성적 욕구나 추동에서만 찾는 것이 문제가 있다고 보고 추동의 개념을 보다 일반적인 맥락으로 확대하였다. 즉, 인간의 행동은 유기체 내부에서 특정한 결핍에 의해 발생되는 욕구를 해소하기 위한 추동을 감소시키려는 목적에서 유발된다는 것이다.

헐은 추동감소이론에 강화의 원리를 포함시켰고 **생체항상성**(homeostasis)이라는 개념과 연결시켰다. 유기체는 그 자체가 요구하는 몇 가지 생리적 변인을 조절하는 기제를 가지고 있는데, 이러한 조절이 생체항상성 유지기능이다. 만약 어떤 생물학적 추동이 존재하고, 그에 대한 특정 반응이 그 추동을 감소시키는 결과를 가져오면 항상성의 혼란이 감소하게 되고, 그 반응은 강화될 것이라는 것이다. 이렇게 해서 유기체는 욕구를 충족하는 행동을 배우는 것이다. 그러나 생리적 욕구충족과는 아무 관계가 없는 것으로 보이는 많은 강력한 강화인자들이 있다는 사실은 추동감소이론을 오래 지속시키지 못하였다.

(3) 각성이론

프로이트와 헐의 이론에서 행동의 근원은 긴장이고 행동의 목표는 그 긴장을 감소시키는 것이다. 따라서 이상적인 상황은 긴장이 전혀 없는 아무것도 일어나지 않는 상태라고 할 수 있다. 따라서 유기체가 행동하려는 동기는 추동의 강도가 높을수록 증가하고, 추동을 감소시키기 위해 행동을 하게 된다. 이와 같이 추동을 감소시키는 것이 행동의 원인이 된다는 이론과는 달리 사람들은 긴장이나 각성을 추구하는 방향으로 행동한다는 이론이 각성이론(arousal theory)이다. 어떤 사람들은 최대의 각성상태를 경험하기 위해 번지점프, 스카이다이빙(| **그림 8-1** |), 암벽등반 등을 하기도 한다.

각성상태란 자극에 대해 반응을 하거나 또는 행동할 준비가 되어 있는 상태를 의미한다. 각성수준과 수행수준의 관계에 대해 헵(Hebb, 1955)과 벌라인(Berlyne, 1960)은 **거꾸로 된 U형 함수관계**(inverted-U function)를 보인다고 보고하였다(| **그림 8-2** | 참조). 즉, 여크스와 도슨(Yerks & Dodson, 1908)이 제안한 거꾸로 된 U형 함수관계에서는 중간수준의 각성상태에서 수행수준이 가장 높고, 너무 낮거나 높은 수준의 각성상태에서 수행수준이 낮음을 보인다. 이 중간수준의 각성이 가장 높은 수행수준을 가져오므로 **최적각성수준**(optimum level of arousal)이라고 부른다. 중요한 시험을 잘 보아

| **그림 8-1** | **최대의 각성상태를 경험하게 하는 스포츠-스카이다이빙**

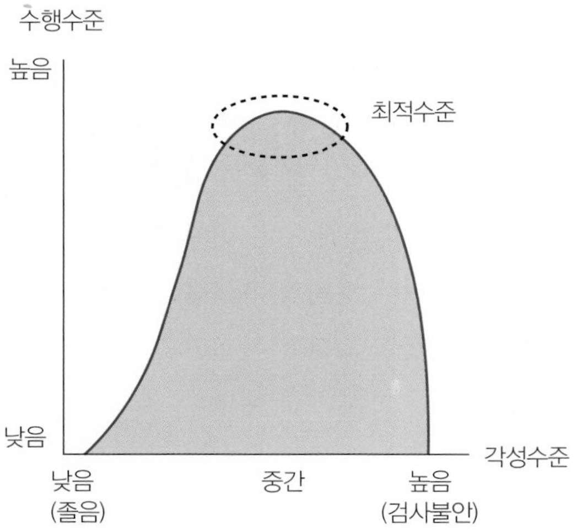

| 그림 8-2 | **검사수행 상황에서 수행수준과 각성수준 간의 관계를 보여 주는 거꾸로 된 U형 함수관계**

야 한다는 부담 때문에 지나치게 각성을 하면 효율적인 정보처리를 할 수 없게 되어, 앞이 깜깜하고 아무 생각도 나지 않게 되고, 잘 알고 있는 문제도 제대로 답하지 못하는 등의 시험불안(test anxiety) 상태에 처하게 된다. 또한 지나치게 낮은 각성수준에서는 감각박탈 상태가 되어 졸음이 오고 집중이 되지 않아 시험결과는 나빠진다. 따라서 효과적인 행동을 위해서는 각성상태가 중간인 최적수준으로 유지되어야 한다.

(4) 조건화이론

조건화이론(conditioning theory)은 지난 수십 년 동안 광범위한 인간행동의 학습을 설명하는 이론으로 심리학의 주요 패러다임으로 자리를 차지해 왔다. 조건화이론 자체에 대한 자세한 설명은 이미 제5장에서 다루었으므로 여기서는 동기와 관련된 내용을 중심으로 간략하게 다루기로 한다.

조건화이론은 기본적으로 자극과 반응 간의 연합이라는 개념으로 현상을 설명한다. 조건화이론에서는 사전에 학습된 바람직한 반응을 유도해 낼 가능성이 높은 방식으로 자극을 선택하고 배열하여 짝짓거나 제시하는 것에 주로 관심을 가진다. 이것은 행동을 유발하기 위한 조건이나 환경을 조성하는 것과 관련되어 **유인물**(incentives) 혹은 **유인체계**라는 개념으로 동기이론에 포함되기도 하였다. 또한 조건화이론은 **강화인자**(reinforcer)나 벌을 포함하는 자극을 주의 깊게 선택하고 통제함으로써 인간행동을 발달, 유지, 변화시킬 수 있으며, 미리 방지할 수도 있다고 믿는다. 특히 행동을 유발하고 변화시키는 데 강화인자들에 대한 조작을 중요하게 생각하고 이들에 대한 집중적인 연구로 인해 동기를 설명하는 데 적용되는 조건화이론은 특별히 **강화이론**(reinforcement theory)이라고도 한다.

강화이론에서는 동기의 근원을 유기체 외부에서 찾는다. 조작적 조건화이론을 발전시킨 스키너(Skinner, 1938)는 유기체의 모든 행동이 학습에 의한 것이며, 동기화된 또는 조건화된 행동이라고 주장한다. 스키너가 생각하는 동기는 강화라는 개념으로 설명할 수 있다. 인간이 어떤 자극에 대해 반응할 때 그 반응은 자체적으로 보상이 될 수도 있고, 혹은 다른 어떤 보상을 가져올 수도 있다. 이때의 보상은 강화인자가 되어 다음에도 그러한 행동을 반복하게 하는 원인으로 작용한다. 따라서 이러한 강화는 외적 동기를 유발한다.

강화이론은 인간의 행동을 조정하는 데 매우 강력하고 효과적이며 단순하다는 장점을 지니고 있는 반면에 강화인자의 외재적 동기로서의 특성은 여러 가지 문제점을 내포하고 있다. 대표적인 예로, 강화인자의 외재적 동기화 기능은 특정 상황에서 내재적 동기를 소멸시키거나 감소시킬 수 있다는 연구결과들(Deci, 1971, 1972; Lepper & Greene, 1978; Lepper, Greene, & Nisbett, 1973)이 보고되면서, 일부 이론가들에게 강화이론은 교실 속의 필요악으로서 대우받기 시작하였다.

(5) 욕구위계이론

매슬로(Maslow, 1943, 1970)는 아들러(Adler)의 개인심리학에 큰 영향을 받아 인본주의 심리학을 창설하였다고 할 수 있다. 그는 행동주의 강화이론이 외적인 동기화만 강조하고 개인의 내적인 측면을 무시하는 것에 반발하여 개인의 욕구나 내적 상태 등을 강조하였다. 매슬로는 개인의 **자기상**(self-image), **자기개념**(self-concept), 사회적 수용이 행동의 개시, 방향 설정, 강도와 끈기를 결정하는 데 중요한 역할을 하며, 삶의 궁극적인 목표는 **자기실현**(self-actualization)으로 개인의 잠재적인 능력을 실현하려는 심리적 욕구라고 하였다. 매슬로는 이 궁극적 목표에 도달하기 위한 욕구가 그것을 선행하는 기본적인 욕구에서 위계적으로 발전된다고 보는 **욕구의 위계이론**을 제시하였다(| 그림 8-3 | 참조).

욕구위계는 피라미드식으로 구성되었는데, 가장 낮은 수준에는 원초적인 생리적 욕구가 있고 다음으로 안전의 욕구, 애정과 소속감의 욕구, 자존의 욕구로 분류되는 네 가지 **결핍욕구**(deficiency needs)가 있으며, 이것들이 충족되고 나면 지적인 성취, 심미적 이해와 자기실현의 세 가지 상위 욕구인 **존재욕구**(being needs)가 단계적으로 생긴다고 한다. 이러한 욕구들은 하위 단계의 욕구가 충족되면 다음 단계의 욕구가 생긴다는 의미에서 위계적이며, 결핍욕구는 일단 충족되면 더 이상 그 욕구를 충족하려는 동기가 감소하지만 존재욕구는 완전하게 달성될 수 있는 것이 아니며, 인간의 잠재적인 능력을 실현하려는 자기실현의 욕구는 끊임없이 생성된다는 것이다.

| 그림 8-3 | **매슬로의 욕구위계**

피라미드식의 욕구위계는 일곱 단계로 구성되는데, 하위 단계에 있는 욕구가 충족되면 그 위 단계의 욕구가 발생한다. 또한 아래 네 단계에 있는 것들은 결핍욕구며, 이것들이 충족되면 상위 세 단계에 있는 존재욕구가 발생한다.

매슬로의 욕구위계이론은 그가 제시한 하위 욕구가 충족되지 않은 경우에도 상위 수준의 욕구 충족을 위해 노력하는 많은 사람이 있다는 증거들로 비판을 받기도 하지만, 의미 있는 시사점을 제공하기도 한다. 예를 들어, 경제적 궁핍으로 끼니도 제대로 먹지 못하고, 가정폭력으로 생명의 위협을 느끼는 아동에게 학교 공부를 잘 하고자 하는 동기가 왕성하기를 기대하기는 어려울 것이다. 이런 아동은 우선 생리적 욕구와 안전에 대한 욕구가 해결되도록 한 다음 공부할 것을 기대해야 한다.

2) 현대 동기이론

현대 동기연구의 특징은 다양한 접근이 공존하는 것으로 볼 수 있다. 행동주의 강화이론은 인간행동에 대한 외적 조절이 관심사인 분야에서 여전히 중시되고 있고, 개인의 적응에 관심을 두는 인본주의, 그리고 인간의 행동은 계획, 목표, 기대, 귀인 등 사고에 의해 시작되고 조절된다는 인지주의 이론이 공존하고 있다. 이들 중 가장 최근의 인지적 접근은 1970년대 이후 급격한 발전을 이루고 있는 현대 동기이론에 기반을 제공하여 각 이론이 사고의 어떤 측면에 초점을 맞추느냐에 따라 학습된 무기력이론, 귀인이론, 내재동기이론, 목표설정이론, 성취목표이론 등의 다양한 동기이론을 발전시켰다.

(1) 성취동기이론

성취동기이론(Achievement Motivation Theory)은 맥클리런드와 동료들(McClelland et al., 1953)의 연구에서 시작되었다고 할 수 있다. **성취동기**(achievement motive 혹은 motivation)라는 개념은 원래 헨리 머레이(Henry Murray)가 개인의 성격을 판단하기 위한 방안으로 사회적 욕구를 연구하면서 **성취욕구**(need for achievement)라는 개념을 제시한 것에서 시작되었다(| **그림 8-4** |).

머레이(Murray, 1938)는 이러한 욕구를 측정하기 위한 투사적 측정 기법인 **주제통각검사**(Thematic Apperception Test: TAT)를 개발하여 연구에 사용하였다. TAT의 기본 가정은 애매한 자극에 대한 공상적 반응(fantasy response)을 하는 상황에서 개인은 자신의 내부에 있는 접근-회피 경향성을 무의식적으로 투사할 것이고, 결과적으로 성취동기는 평가가 요구되는 장면에서 성취를 강조하는 이야기 주제로부터 추론할 수 있다는 것이다.

맥클리런드와 동료들은 머레이의 기본적 욕구 개념을 가지고 성취욕구를 성취동기라는 용어로 명명하고, 탁월하려는 욕구 그리고 우수함과 성공을 향한 욕망으로 정의하면서 체계적인 동기이론으로 발전시켰다. 맥클리런드는 성취동기를 측정하기 위하여 TAT에 대한 정련작업을 하고 채점을 위한 기준을 확립하였다. 그는 또한 성취동기이론을 상당히 실용적인 측면에서 활용하려고 노력하였는데, 『성취하는 사회(The Achieving Society)』라는 저서를 통해 개인의 성취동기를 증진함으로써 국가나 사회의 경제발전을 이룰 수 있다고 주장하였다(McClelland, 1961). 실제로 그는 개인의 성취동기를 증진하기 위한 프로그램을 개발하여 실시하는 연구를 수행하였다(McClelland, 1985).

| **그림 8-4** | **성취욕구의 표현**

성취동기이론은 앳킨슨(Atkinson)에 의해 맥클리런드와는 다른 경로로 발전되었다. 앳킨슨(1964)은 성취동기이론을 기대×

가치이론체계를 적용하여 발전시켰다. 그는 이론에 대한 정교화 작업을 수량화하고 정형화하는 방향으로 진행하여, 성취동기이론에 대한 체계적인 발전을 이루고 많은 추종자와 함께 경험적 연구를 수행하였다. 앳킨슨은 성취행동을 **성취경향성**(tendency to achieve)이라는 말로 대치하고 다음과 같은 수학적 공식으로 모형화하였다.

성취경향성은 **성공에 대한 접근경향성**과 **실패에 대한 회피경향성**이라는 두 가지 정서의 대립결과다. 여기서 성공에 대한 접근경향성은 개인의 성취욕구, 개인이 지각하는 그 과제에서의 성공 가능성, 그리고 그 과제에 성공하였을 때의 유인가라는 세 가지 요소가 곱해져서 나타나는 결과다. 또한 실패를 기피하려는 경향성은 개인의 실패를 기피하려는 동기, 실패 가능성 그리고 그 과제에서의 실패에 대한 부적인 유인가가 곱해져서 나타나는 결과다. 따라서 성취 경향성은 두 대립된 경향의 강도 차이로서, 이것을 앳킨슨은 **결과성취동기**(resultant achievement motivation)라는 용어로 표현하였다(Atkinson, 1964). 성공 가능성과 실패 가능성은 각각 '기대'를 나타내는 것이고, 성공에 대한 유인가와 실패에 대한 부적 유인가는 각각 '가치'를 나타내는 기대×가치이론의 전형을 보여 주는 것이다.

(2) 학습된 무기력이론

학습된 무기력이론(Learned Helplessness Theory)은 실수나 실패가 개인에게 미치는 영향을 잘 보여 주는 이론으로, 셀리그먼과 마이어(Seligman & Maier, 1967)가 조건화 학습 실험을 하는 중에 나타난 현상을 체계화한 것이다. 이들은 도피학습 훈련을 받던 개 중에서, 피할 수 없는 전기충격을 받는 조건에 노출되었던 개들이 나중에 도피 가능한 학습상황에서도 필요한 기술을 학습하지 못하는 반면에 이러한 조건에 노출되지 않았던 개들은 필요한 도피기술을 빨리 학습하는 것을 발견하였다. 이것은 마치 피할 수 없는 충격을 경험한 개들이 그 충격을 피하기 위해 그들이 할 수 있는 것은 아무것도 없다는 **통제불능성**(uncontrollability)에 대한 **기대**(expectation)를 학습한 것 같았다. 이와 같은 통제불능성에 대한 기대가 후속 실험에서 개들을 무기력하게 되도록 만들었다는 것이다.

학습된 무기력 현상은 이후에 수행된 많은 동물연구에서 반복적으로 검증되었고, 히로토와 셀리그먼(Hiroto, 1974; Hiroto & Seligman, 1975), 그리고 드웩과 동료들(Diener & Dweck, 1978; Dweck, 1975)에 의해서 인간을 대상으로 한 실험에서도 검증되었다. 학습된 무기력은 통제 불가능한 상황에서의 반복적인 실패경험이 학습, 정서, 동기에서의 장애를 초래하는 것을 보여 주는 현상으로, 실패경험의 부정적 효과는 특히 교육현장에서 부각되었다. 즉, 학생들에게 가능한 한 실패경험을 주지 않는 교육환경을 만들어야 한다고 하여 학생들을 성적에 따라 등급을 매기고 낙제시키는 것을 배제하고, 가능한 한 많은 성공경험을 제공하도록 하자는 교육실천이 도입되었다(Glasser, 1969).

그러나 학습된 무기력이론을 검증하기 위한 많은 연구결과가 실패경험이 항상 학습이나 동기, 정서의 장애를 초래하는 것은 아니고 상황에 따라서는 긍정적인 결과를 초래한다는 것을 보여 주었다(Kuhl, 1985; Roth & Bootzin, 1974; Wortman & Brehm, 1975). 그에 따라 실패의 건설적 효과를 주장하는 **건설적 실패이론**이 대두되기도 하였다(Clifford, 1983; Kim & Clifford, 1988).

(3) 귀인이론

귀인(attribution)이란 어떤 사건의 결과에 대한 원인을 찾는 것이다. 동기에 관한 귀인이론은 어떤 행동의 결과에 대한 원인을 분석하고, 그 원인을 무엇으로 보느냐에 따라 사람들의 후속 행동이 달라진다는 것으로, 개인의 행위 결과에 대한 설명이나 정당화가 어떻게 후속 행동에 영향을 미치는가를 설명하는 것이다(Weiner, 1972).

와이너(Weiner, 1972)는 성취동기이론에 귀인이론을 접목시켜 교육현장에 적용하고 체계화하여 많은 시사점을 제공하였다. 그는 성공이나 실패에 대한 귀인을 세 가지 차원에서 특징지을 수 있다고 하였다. 즉, 행동의 원인을 개인 내부에서 찾는가 외부에서 찾는가에 관한 **인과소재**(locus of causality) 차원, 원인이 얼마나 안정적인 것인가, 즉 변하지 않는 것인가 쉽게 변하는 것인가에 관한 **안정성**(stability) 차원, 그리고 통제가 가능한 원인인가 가능하지 않은 원인인가에 관한 **통제 가능성**(controllability) 차원의 세 가지 차원에서 결과 행동을 구분할 수 있다. 와이너(1992)는 이 세 차원에 따라 학생들이 시험의 실패에 대해 원인으로 돌릴 수 있는 예를 **〈표 8-1〉**과 같이 제시하였다. 학생들이 자신의 실패원인을 어디에 돌리느냐에 따라 후속 행동이 영향을 받는다.

다양한 원인 중에서 학업상황에서 가장 바람직한 것은 내적-불안정-통제 가능한 원인인 '그 시험을 위해 공부를 하지 않았다.'로서, 다음 번 시험에서는 노력하

표 8-1 와이너(1992)의 귀인 차원에 따른 시험 실패에 대한 가능한 원인들의 예

	내적		외적	
	안정	불안정	안정	불안정
통제 가능	절대 공부를 안 함	그 시험을 위해 공부하지 않았음	교사가 편파적임	친구들이 도와주지 못했음
통제 불가능	낮은 적성	시험 당일 아팠음	학교의 요구사항이 너무 높음	운이 나빴음

면 성공할 수 있다고 믿기 때문이다. 가장 바람직하지 않고 자칫하면 학습된 무기력으로 빠지게 할 원인은 '낮은 적성'이다. 적성은 노력한다고 쉽게 변하는 것이 아니고 스스로 통제하기 어려운 내적 원인이기 때문에 무기력감을 느끼게 되고, 이러한 상황이 반복되면 아예 노력할 시도조차 하지 않고 포기하는 무기력을 학습하게 될 것이다(Covington & Omelich, 1979; Dweck, 1975; Miller & Norman, 1979).

(4) 내재동기이론

내재동기가 무엇이냐에 대해 모든 연구자가 동의하는 하나의 단일한 정의를 제시하기는 어려우나, 디시와 라이언(Deci & Ryan, 1985)은 내재동기란 개인이 관심을 보이고, 자신의 능력을 발휘하고, 그러기 위해 최적의 도전을 추구하고 달성하려는 타고난 성향이라고 하였다. 즉, 내재동기는 심리적 욕구, 개인적 호기심 그리고 타고난 성장을 향한 노력으로부터 자발적으로 생기는 것이다(Reeve, 2005). 어떤 과제를 수행하는 데 내재적으로 동기화된 사람은 과제에 대한 흥미 때문에, 그 과제를 하는 자체가 즐거워서, 그 과제가 제공하는 도전감과 행위에 대한 느낌 때문에 수행한다. 연구자마다 내재동기를 유발하는 결정인자를 무엇으로 보느냐에 따라서, 혹은 내재동기를 어떻게 측정하느냐, 즉 조작적 정의를 어떻게 내리느냐에 따라 다양한 이론이 제시되었다.

인지평가이론 디시(Deci, 1971, 1972, 1975)는 인지평가이론(cognitive evaluation theory)에서 개인의 내적 통제 소재와 능력에 대한 지각이 높아질수록 내재동기가 증가한다고 하였다. 즉, 디시는 보상이 유능감과 통제감에 대한 지각에 두 가지 형태로 영향을 미친다고 주장하였다. 첫째, 보상은 수행의 질이 높다는 것을 알려 줄

때는 정보적 기능을 하고, 이런 경우 보상은 지각된 유능성과 내재동기를 증진시킨다. 둘째, 보상은 행동에 대해 통제적 기능을 할 수도 있다. 예를 들어, 행동을 하면 상을 주겠다는 제안을 하는 경우로, 이런 경우 보상은 지각된 내적 통제감과 내재동기를 감소시킨다.

디시와 라이언(1985)은 모든 개인의 외적 사건들이 통제적인 측면과 정보적인 측면을 가지고 있다고 한다. 예를 들어, 부모가 자녀의 성적표를 받고 칭찬을 할 때, "참 잘했다! 우리 아들이면 이 정도는 해야지."라는 반응과 "참 잘했다! 국어 점수는 많이 올라가고, 영어 점수도 약간 올라갔네."라는 반응이 있을 수 있다. 전자의 경우는 칭찬이면서 압박감을 주는 반응으로 다음에 또다시 이 정도의 성적을 받아야 함을 암시하는 통제적인 기능을 할 것이다. 이에 비해 후자의 경우는 칭찬이 언어적 보상인 동시에 수행결과에 대한 정보를 제공하는 기능을 하고, 자녀의 유능성에 대한 욕구를 충족한다. 외적 보상이 후속 상황에서 내재동기를 증진할 수 있음을 보여 주는 것이다.

과정당화이론 과정당화이론(overjustification theory)은 원인귀인 혹은 인과적 설명을 적용해서 내재동기를 설명하는 이론으로 보상이나 다른 외적 제약이 행위자에게 어떻게 받아들여지고 해석되며, 또 그러한 해석이 내재동기에 어떻게 영향을 미치는가에 관심을 가진다(Lepper et al., 1978; Lepper & Greene, 1978). 이 이론에 따르면 내재적으로 동기화되어 시작된 것으로 보이는 행동이 보상이나 다른 외적 제약과 연결되면 사람들은 그 행동이 내재동기와 같은 내적 요인보다는 위협이나 뇌물과 같은 외적 요인 때문인 것으로 귀인하는 경향이 있다고 예측한다(Lepper & Greene, 1978). 다시 말해서 내적으로 동기화된 과제에 외적 보상이 더해지면 그 행동에 대해 다중인과 스키마(multiple causal schema)가 형성된다(Kelley, 1971). 이러한 다중인과 스키마가 형성되면 원인요인 중 가장 현저한 외적 요인을 그 행동의 원인으로 받아들이는 과정당화가 일어나게 되어서 내적 요인은 최소화하거나 절감하게 된다는 것이다. 켈리는 이러한 현상을 **절감의 원리**(discounting principle)라 하였다.

과정당화이론을 지지하는 가장 흔히 인용되는 연구의 내용을 보면 다음과 같다. 레퍼와 동료들(Lepper et al., 1973)은 사인펜을 가지고 그림 그리기를 매우 좋아하는 유아원 아동들을 대상으로 실험을 하였다. 실험자는 아동들을 무선적으로 세

집단으로 나누고, 첫 번째 집단에게는 실험자에게 그림을 그려 달라고 부탁하면서 그림을 그린 것에 대한 상을 주기로 약속을 하였다. 두 번째 집단의 아동들에게는 아무 보상도 미리 약속하지 않고 그림을 그려 달라고 부탁하였고 그림을 그린 후에 깜짝 선물을 주었다. 세 번째 집단의 아동들에게는 아무런 약속도 하지 않고 그림을 그려 달라고 부탁하였고 상도 주지 않았다. 보상을 약속한 집단의 아동들의 그림 질은 다른 집단의 아동들의 그림보다 떨어지는 것으로 나타났으며, 일주일 후에 실험자들이 유아원을 다시 방문하여 자유놀이 시간에 일방경을 통해 관찰한 결과, 보상을 미리 약속받았던 집단의 아동들은 다른 두 집단의 아동들보다 사인펜을 가지고 노는 빈도가 가장 낮은 것을 관찰하였다. 즉, 보상이 내재동기를 감소시킨 절감현상이 나타난 것이었다. 이러한 결과에 대한 귀인적 해석에서는, 내재동기가 있는 상태에서 보상이 소개되면 행위자는 행동의 원인을 내적인 것에서부터 보다 현저하게 외적 요인으로 전환하여 귀인하는 절감원리로 해석한다.

자기결정성이론 이제까지는 행동의 원인을 내재적인 것과 외재적인 것으로 나누어서 동기이론을 발전시킨 예들을 살펴보았다. 그러나 어떤 행동은 내재적 원인과 외재적 원인을 모두 가지고 있다. 디시와 라이언(Deci & Ryan, 1985; Ryan & Deci, 2000)은 동기를 내재적 대 외재적의 이분법적으로 분류하는 것이 적절하지 않고, 자기결정성(자율성)의 정도에 따라 다양한 외재적 이유가 가능하다는 것을 주장하는 자기결정성이론(Self-Determination Theory)을 제시하였다.

자기결정성이론은 인본주의적 접근으로서, 인간은 심리적 성장을 위한 욕구와 보다 정교화되고 통합된 자기(self)를 발달시키려는 능동적인 경향성을 가지고 태어났다고 전제한다(Ryan & Deci, 2000). 이러한 기본 전제를 가지고 자기결정성이론은 인간의 동기를 설명하는 데 있어 앞서 설명한 인지평가이론을 비롯하여 유기적 통합이론(organismic integration theory), 인과지향성이론(causality orientation theory), 기본심리욕구이론(basic psychological need theory), 목표내용이론(goal content theory)이라는 5개의 미니이론들로 매크로 이론체계를 구성하고 있다. 각각의 미니이론들은 자기결정성과 관련된 현상의 특정 부분을 설명하기 위해 도입된 것이다(김아영, 2010b).

인지평가이론은 사회적 맥락이 사람들의 내재동기에 미치는 영향을 기술하기 위해 도입되었고, 유기적 통합이론은 개인의 행동에 대한 가치와 조절의 내재화와 통합에 관한 것으로서 외재동기의 발달과 역동성을 설명하기 위해 도입되었다. 인과지향성이론은 사회적 환경에 대한 지향성에서의 개인차인 자율지향성(autonomy orientation), 통제지향성(controlled orientation), 무동기지향성(impersonal orientation)을 기술하기 위해 도입되었으며, 이러한 지향성은 개인의 비교적 지속적인 성향으로 행동을 예측할 수 있다고 본다.

기본심리욕구이론에서는 인간은 세 가지 심리적 욕구인 유능성(competence), 자율성(autonomy), 관계성(relatedness)에 대한 욕구가 만족되어야 내재동기가 유발된다고 주장한다. 즉, 기본심리욕구의 충족을 통해서 개인은 내재동기를 갖는 경험을 하게 되고 욕구가 좌절될 때 일상생활에서 안녕감을 느끼지 못하게 된다는 것이다.

따라서 이 세 가지 욕구들은 개인의 심리적 성장과 발달에 필요한 특성을 설명하며 발달과 성장을 지지하거나 방해하는 환경 특성을 이해하는 데 필요한 요소다(Ryan & Deci, 2002). 목표내용이론에서는 삶의 목표내용을 내적인 것과 외적인 것으로 규정하기 위해 목표의 내용을 탐색한다. 외적 삶의 목표나 포부의 예로는 경제적 성공, 권력, 사회적 인정, 신체적 매력 등을 들 수 있으며, 내적 목표의 예로는 자기실현과 같은 개인적 성장과 건강, 활력, 양육적 관계, 공동체 참여 등을 들 수 있다(Kasser & Ryan, 1993, 김아영, 2010b에서 재인용). 여기서도 마찬가지로 외적 목표보다는 내적 목표구조를 가진 경우에 바람직한 성취결과와 심리적 안녕을 경험할 것이라고 본다.

자기결정성이론의 하위 미니이론인 유기적 통합이론에서는 자기결정성 혹은 자율성이 내재동기의 중요한 요인이기는 하지만 내재동기만이 자기결정 동기의 유일한 유형이 아니며, 실제로 사람들의 행동이 전적으로 내재적으로 동기화되어 있는 경우는 드물다고 지적하였다(Ryan & Deci, 2000). 그리고 외재동기는 개인이 지각하는 상대적인 자율성 정도에 따라 달라지기 때문에 스스로의 사고와 행동을 조절하는 자기조절의 정도에 따라 다양한 외재동기가 존재한다. 따라서 한 개인은 외적인 동기요인의 개입이 있다 하더라도 어느 정도의 자기결정성을 가질 수 있으며, 동기들의 관계도 단순히 대립적이라기보다는 상호작용하면서 공존하는 것으로 볼 수 있다. 이 주장에 따르면, 자기결정성의 정도가 달라짐에 따라 각기 다른 유형의 외재적 동기가 하나의 연속선상에 놓이며, 아무런 자기조절도 개입되지 않은 무동기(amotivation)로 시작하여 극단적인 외재동기와 내재동기 사이에 각기 다른 종류의 외재적인 동기가 존재한다(Deci & Ryan, 2000; Ryan & Deci, 2000). 자기결정성의 개입이 낮은 것부터 순서대로 학생들의 학습동기 유형을 분류할 경우, 동기가 결핍되어 있는 무동기(amotication), 외적 조절(external regulation) 동기, 내사된 조절(introjected regulation) 동기, 확인된 조절(identified regulation) 동기, 통합된 조절(integrated regulation) 동기, 내재(intrinsic)적 동기가 연속선상에 놓이게 된다. 첫째, 무동기는 자기결정성이 전혀 없는 것으로 행동하려는 의지가 결핍된 상태다. 둘째, 외적 조절 동기는 외재적 동기 중에서 자기결정성이 부족하고, 보상이나 마감시간과 같은 전형적인 외적 제약에 의하여 행동을 하는 것을 의미한다. 셋째, 내사된 조절 동기는 행동에 대한 원인을 이제 막 내면화하기 시작하는 단계로 자기 자신의 의지가 어느 정도 개입되는 상태로서, 하지 않을 경우 생길 죄책감이나 책임감 때문에 행동한다. 그러나 근본적으로는 외부의 압력에 기초한 것이므로 자기 자신과 다른 사람들의 인정을 받거나 비판을 회피하기 위해 행동한다. 넷째, 확인된 조절 동기는 개인이 행동의 목표를 자신의 것으로 완전히 내면화하지는 않아도 그 가치를 확인하고 인정하여 수용한 상태를 말한다. 따라서 스스로 그 행동이 가치 있다고 판단하여 행동을 하지만 그것 자체에 대한 기쁨이나 자기만족보다는 어떤 목표를 달성하기 위해 행동하기 때문에 완전히 내면화된 것은 아니다. 다섯째, 통합된 조절 동기는 자율적인 형태로서 개인이 자신의 가치에 부합하는, 자신과 완전히 동화되어 선택한 조절에 의해 행위를 하지만 여전히 행위 자체의 고유한 속성 때문에 행동을 하는 것은 아닌 상태다. 여섯째, 내재동기는 행위를 하는 그 자체가 만족스럽기 때문에 하는 경우를 의미한다(Ryan & Connell, 1989: 김아영, 2010b에서 재인용).

자기결정성이론이 주는 주요한 시사점은 보상이나 벌과 같은 외재동기가 부정적인 반면, 흥미나 만족감 등의 내재동기만이 긍정적이며, 내재동기가 있을 때 외재동기가 제공되면 내재동기는 저하될 것이라는 초기 내재동기이론에 대한 재고의 필요성을 제시한 점을 들 수 있다. 또한 학교나 직장에서 공부하고 일할 때 경험하는 자율성에 대한 지원 정도가 개인이 경험하는 만족감과 수행수준에 영향을 주고 나아가 심리적 안녕감에도 영향을 준다는 사실이다(Chirkov et al., 2003; Kasser & Ryan, 2001; Reeve, Deci, & Ryan, 2003; Ryan & Deci, 2000; Sheldon & Kasser, 1995).

출현동기이론과 플로 경험 앞에서 설명한 내재동기이론과는 약간 다른 특성을 가진 동기이론으로 칙센트미하이(Csikszentmihalyi, 1978)가 제안한 **출현동기이론**(Emergent Motivation Theory)이 있다. 출현동기이론은 많은 활동이 예상하는 목표나 보상의 관점에서 설명될 수 없고, 진행되는 행위 속에 직접 관여함으로써 나타나는(출현하는) 목표와 보상의 관점에서 설명해야만 한다고 전제한다. 이러한 활동들은 목표와 보상이 행위로부터 '흘러나온다(flow)'는 것을 함의하는 '플로' 혹은 '깊은 흐름(deep-flow)' 활동이라고 이름이 붙었다. 플로 활동과 내재적으로 동기화된 활동은 동의어라고 볼 수 있다.

플로란 그 활동이 주는 즐거움 때문에 사람들이 반복적으로 그 활동을 하려고 하는 것으로 행위에 완전히 몰입한 집중상태를 말하며, 개인이 어떤 도전을 극복하기 위해 자신의 기술을 사용할 때 도전의 수준과 자신의 기술 간의 적절한 조화를 이루면 플로 상태로 들어가며, 이러한 상태에 들어가면 계속 흘러가게 된다는 것이다(Csikszentmihalyi, 1975; Csikszentmihalyi & Nakamura, 1989). **|그림 8-5|**는 플로 모형을 보여 준다.

플로 모형을 보면 자신의 기술과 **도전수준**의 **적절한 조화**가 이루어질 때, 특히 최적수준의 도전적인 활동을 할 경우 플로 경험을 하게 되고, 도전수준이 너무 높고 기술수준이 너무 낮은 경우는 **불안**(anxiety)에 빠지고, 반대로 도전수준이 자신의 기술수준보다 너무 낮은 경우는 **지루함**(boredom)을 느끼게 된다는 것을 알 수 있다. 우리가 어떤 재미있는 활동, 예를 들어 컴퓨터 게임에 몰두해 있을 때, 먹는 것도

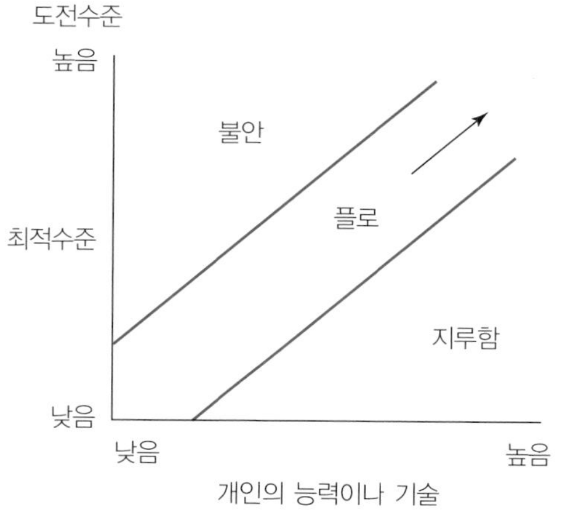

|그림 8-5| 플로 모형(Csikszentmihalyi, 1975)

자는 것도 잊어버리고 시간 가는 줄 모르고 빠져 있는 경우가 바로 플로 상태에 있는 것이다. 플로 상태에 있으면 시간은 매우 빨리 지나가는 것처럼 느껴지고, 주변의 다른 어떤 것에도 주의를 뺏기지 않으며, 자의식이 상실된 것을 경험하게 된다.

플로 모형의 함의는 우리가 매일 하는 활동에서 적절한 도전과 기술수준의 조화만 이루면 외적 보상 없이도 활동 자체가 목적이 되고 보상이 되는 즐거운 활동으로 만들 수 있다는 것이다. 학생들의 공부, 직장에서의 사무, 운동선수들의 연습, 심지어는 가사활동을 하면서도 플로 상태에 들어가서 일을 놀이로 만들 수 있다는 것이다.

(5) 자기효능감이론

자기효능감이론(self-efficacy theory)은 반두라(Bandura, 1977, 1986, 1997)가 발전시킨 사회인지적(social cognitive) 동기이론이다. 사회인지론적 관점에서 인간은 내부의 힘이나 외부 자극에 의해 자동적으로 조종되는 존재가 아니고, 자신이 속해 있는 환경과의 상호작용 속에서 행동하는 자기조절자로서 기능한다. 따라서 인간의 행동은 **자기조절체계**(self-regulatory system) 속에서 이해되어야 한다(Bandura, 1986, 1997). 반두라는 또한 인간 기능에 대한 기본 모형으로 **삼자상호작용론**(triadic reciprocality)을 제시하였다. 즉, 환경 속에서 일어나는 사건, 개인요인, 행동 세 가지가 상호적으로 결정한다는 인과관계에 대한 모형을 제안하였다. 여기서 인지적 개인요인으로 지각과 행동 간의 관계를 중재하는 것이 자신의 능력에 대한 신념인 자기효능감(self-efficacy)이다. 반두라(1977)는 자기효능감을 "어떤 목표를 달성하기 위해 요구되는 활동을 조직하고 실행하기 위한 자신의 능력에 대한 신념"(p. 3)이라고 정의하였다. 따라서 자기효능감은 특정 성취상황에서 자신이 얼마나 효율적으로 기능할 수 있는가에 대한 기대 혹은 신념으로 수행수준을 결정하는 데 직접적인 영향을 미치는 동기요인이다.

반두라(1997)가 제시하는 자기효능감은 자기개념(self-concept)이나 자존감(self-esteem)과는 구별되는 개념이다. 자기개념은 개인의 자신에 대한 전반적인 지각이고 자존감은 자기 가치에 대한 판단결과라고 할 수 있으나, 자기효능감은 특정한 과제에서의 자신의 능력에 대한 판단으로 자기개념이나 자존감보다는 구체적 상황이나 과제에 국한된 능력에 대한 신념이다. 따라서 특정 과제에 대한 자신의 수행의 예측은 일반적인 수행상황에서의 예측보다 훨씬 정확할 수 있기 때문에 자기효능감은 성취상황에서의 수행수준에 대한 강력한 예측변인으로 많은 주목을 받아 왔다.

그러나 동기 이론가 중에는 **과제 특수적**(task-specific) **자기효능감** 개념뿐만 아니라 많은 성취상황에서 자신의 능력에 대한 효능기대의 실용성에 초점을 두고 **일반적 자기효능감**(general self-efficacy)을 연구하는 경우도 있으며(김아영, 차정은, 1996; Eden & Aviram, 1993; Jerusalem & Schwarzer, 1992; Sherer & Adams, 1983), 일반적 자기효능감보다는 좀 더 구체적인 맥락에서의 효능감인 학업적 자기효능감(academic self-efficacy), 직무효능감(job-efficacy), 교사효능감(teacher-efficacy), 사회적 자기효능감(social self-efficacy) 등의 수행에 대한 예측력에 관심을 둔 **맥락 특수적**(context-specific) **자기효능감**을 연구하는 경우도 있다(김아영, 2010a).

반두라는 개인이 자신의 자기효능감에 대한 정보를, 첫째, 자신의 수행을 관찰함으로써, 둘째, 모델이 수행하는 것을 관찰함으로써, 셋째, 타인의 설득을 통해서, 넷째, 생리적 지표를 통해서 얻을 수 있다고 하고, 이러한 정보원을 통해서 효능기대를 향상시킬 수 있다고 하였다. 다시 말해서, 자신의 수행에서의 직접적인 성공경험과 자신과 유사한 다른 사람의 성취를 관찰하는 것은 개인의 효능감을 증진할 수 있고, 부모나 교사 등 중요한 타인의 '너는 할 수 있다.'라는 언어적 설득도 효능감을 증진할 수 있다. 또한 스트레스를 유발하는 수행상황에서 자신의 생리적 지표를 불안이나 자신감이 없는 것으로 해석하는 경우 효능감이 감소할 수 있다(Bandura, 1977, 1986).

국내에서도 자기효능감은 교육학이나 심리학 관련 논문뿐만 아니라 스포츠, 간호학, 경영학, 가정학 등 다양한 인간의 수행이나 성취와 관련된 학문 분야에서 연구되고 있음을 알 수 있다(김아영, 2010a).

(6) 성취목표이론

성취목표이론(achievement goal theory)은 성취동기이론에서 목표에 관한 측면에 초점을 맞추어 발전된 이론으로 **목표지향성**(goal orientation) 개념에서 발전하였다. 목표와 관련된 또 다른 동기이론인 목표설정이론(goal setting theory)에서는 목표란 개인이 성취하고자 노력하는 것으로서, 개인의 능력 범위 내에서는 높고 구체적인 목표를 설정할수록 수행수준도 높아진다고 한다(Locke & Latham, 1990). 목표는 과제에 대한 주의를 집중시키고, 노력을 동원시키며, 목표 달성을 위해 행동을 지속시키고, 효율적인 전략을 선택하게 하는 동기적 속성을 가지고 있다(Locke & Latham, 2002).

목표지향성은 성취와 관련된 목표에 대한 신념의 종류를 의미하며, 니콜스(Nicholls, 1984)가 **과제개입형** 목표(task-involved goal)와 **자아개입형** 목표(ego-involved goal)로 나누었던 것을 에임즈와 아처(Ames & Acher, 1988)는 **숙달목표지향성**(mastery goal orientation)과 **수행목표지향성**(performance goal orientation)으로 나누었고, 드웩(Dweck, 1986)은 숙달목표지향성을 학업상황에서 **학습목표지향성**(learning goal orientation)으로 부르기도 하였다. 이 두 가지 목표지향성은 서로 대비되는 것으로 숙달목표지향성은 과제 자체에 가치를 두고 이를 목표로 삼는 것이고, 다른 하나는 능력에 대한 타인의 인정과 같은 과제 외적인 것에 가치를 두는 것이다. 따라서 전자는 과제를 수행하는 목표가 과제에 대한 이해와 습득, 숙달로 자신의 능력 향상에 관심을 두는 경향을 의미하고, 후자는 남보다 우수하고 경쟁에서 이기고 최고가 되는 것을 목적으로 삼는 경우를 의미한다.

최근의 성취목표이론에 관한 연구에서는 각각의 유형을 초기 성취동기이론처럼 과제에 대한 접근과 회피라는 두 가지 방향에 초점을 두고 수행접근과 수행회피지향성, 그리고 숙달접근과 숙달회피지향성으로 나누어 보아야 한다는 주장이 있는데(Barron & Harackiewicz, 2001; Elliot & Harakiewicz, 1996; Elliot & McGregor, 2001), 이러한 주장의 핵심은 숙달목표지향성을 긍정적이고 적응적인 것으로, 수행목표지향성은 부정적이고 부적응적인 것으로 나누는 이분법적 접근은 부적절하다는 것이다. 수행목표지향성도 긍정적인 측면을 가지고 있으며, 수행목표와 숙달목표지향성이 둘 다 높은 **중다목표 지향적**(multiple goal orientation)인 사람도 있을 수 있다(Barron & Harackiewicz, 2001).

제2절 정 서

1. 정서란 무엇인가

동기와 마찬가지로 정서에 대한 인간의 학문적 관심은 그리스 철학자들까지 거슬러 올라간다. 플라톤은 인간을 이성적인 존재로 보고 정서를 통제해야 하는 부정적인 것으로 보았다. 이 견해는 중세 데카르트까지 계속되었다. 그의 이원론에서 데카르트는 마음의 세계와 신체의 세계를 구분하고 정서는 동물 정신의 흐름 같은 본능적 · 선천적인 것으로 보았다. 분트나 티치너와 같은 초기 과학적 심리학자들은 정서를 경험의 내용으로 취급하고 내성법을 통해 개인이 자신의 내부를 들여다보고 인식하는 것을 보고하도록 함으로써 연구하였다(Beck, 1990).

정서란 특정한 내적/외적 변인에 대해서 경험적 · 생리적 · 행동적으로 반응하려는, 유전적으로 결정되거나 습득된 동기적 경향이라고 정의하기도 한다(Carlson & Harfield, 1992). 정서를 동기적 경향성으로 보는 이유는 정서가 유기체로 하여금 정서를 유발한 대상에 접근하거나 회피하는 행동을 유발하기 때문이다. 정서는 개인의 적응행동의 진전에 대한 정보를 알려 주는 기능을 한다. 예를 들어, 목표를 달성하는 과정이 잘 진행될 때 우리는 기쁨을 느끼고, 실패할 것 같으면 괴로움을 느낀다. 즉, 정서는 동기의 상태를 반영한다(Reeve, 2005).

2. 정서이론

이 절에서는 현대심리학 발생 초기에 시작되고 후속 연구자들에게 전수되어 현대 정서이론의 기초를 제공하고 방향을 제시하였던 초기 이론들을 간단히 검토하고 최근까지 지지를 받는 대표적인 정서이론을 살펴본다.

1) 초기 이론

분트(Wundt)는 정서를 **쾌-불쾌**(pleasant-unpleasant), **긴장-이완**(tension-relaxation), **흥분-우울**(excitement-depression)의 세 가지 차원에서 설명하는 **정서의 3차원이론**을 제시하였다. 그는 모든 정서적 경험을 이 세 가지 차원의 적절한 조합으로 나타낼 수 있다고 주장하였다. 분트의 이러한 이론은 현대 정서연구에서 아직도 지지를 받고 있다. 분트의 제자였던 티치너(Titchener)는 인간의 정서경험은 쾌-불쾌 하나의 차원만으로도 충분히 기술할 수 있다고 주장하였고, 티치너의 제자인 영(Young, 1961)은 기쁨과 괴로움(delight-distress)이라는 하나의 차원으로 정서경험을 기술할 수 있다고 주장하였다(Beck, 1990).

정서이론의 본격적인 시작은 윌리엄 제임스(William James, 1884)라고 볼 수 있다. 제임스는 어떤 사건에 의해 정서가 유발되고, 그 정서에 따라 행동한다는 상식적인 생각을 뒤집어서, 정서는 어떤 사건에 대한 반응으로 발생하는 신체적인 변화에 대한 지각이라고 제안하였다(Beck, 1990에서 재인용). 즉, 정서유발 상황에서 행동이 정서경험보다 선행한다는 것으로, 정서자극에 의해 내장기나 근육에 먼저 반응이 일어나고 이어서 이 반응이 대뇌피질에 전달됨으로써 정서경험을 하게 된다는 주장이었다. 비슷한 시기에 칼 랑게(Carl Lange, 1885)도 유사한 주장을 하여 이러한 접근을 **제임스-랑게이론**이라고 부른다(Beck, 1990에서 재인용). 이러한 주장을 설명한 제임스의 예는 〈표 8-2〉와 같다. 우리가 산속에서 곰을 만났다고 하자. 상식적으로는 곰을 보자 무서운 생각이 들고 그래서 도망을 친다. 그러나 제임스는 우리가 곰을 보면 자율신경계의 흥분을 비롯한 신체적 변화가 생겨서 우선 도망치기 위해 뛰고, 뛰면서 이러한 자신의 신체적 변화에 대한 지각이 공포라는 정서체험을 하게 된다는 것이다.

제임스와 랑게의 주장에 정면으로 도전한 사람들은 캐넌(Cannon)과 바드(Bard)였는데, 이들은 정서작용의 핵심이 자율신경계 수준이 아닌 중추신경계 수준의 작용이라는 것이다. **캐넌-바드이론**에서는 정서적 자극이 먼저 시상부에 전달되고 이 신경자극은 신피질과 자율신경계와 내장기에 동시에 전달되어 정서체험과 신체변화가 동시에 일어난다는 것이다. 즉, 반응이 먼저 일어난 후에 정서체험을 한다고 제임스-랑게가 제안한 것과는 달리, 정서체험과 신체변화는 동시에 일어난다는 주장이다(Beck, 1990).

제임스-랑게이론과 캐넌-바드이론을 시작으로 정서에 대한 체계적인 연구는 정서의 생물학적 측면에 대한 탐색, 정서반응에서 사고의 역할을 포함하는 인지적 측면, 그리고 정서의 유형을 탐색하는 접근으로 진행되어 왔다. 다음 절에서는 이러한 접근에 따른 대표적인 현대 정서이론을 검토하기로 한다.

표 8-2 정서유발 사건에서 반응과 자극 간의 관계에 대한 제임스의 대안적 모형

상식적인 생각	자극 (곰)	➡	감정 (공포심)	➡	반응 (뛴다)
제임스-랑게의 주장	자극 (곰)	➡	반응 (뛴다)	➡	감정 (공포심)

2) 신경생리학적 접근

초기 심리학자들의 정서연구에 참여하였던 랑게나 바드와 같은 생리학자들의 공헌은 현대까지 계속 이어져 왔다. 생물학적 접근의 대표적인 연구는 뇌를 중심으로 한 파페즈(Papez, 1937)의 **신경회로**(Papez Circuit)에 관한 이론과 르두(LeDoux, 1996)의 **정서 뇌**(emotional brain)에 관한 이론을 들 수 있다. 파페즈(1937)는 뇌의 중심부에는 정서경험과 신체행동 조절의 기초가 되는 회로가 있고, 한 위치에서 다른 위치로 자극의 흐름이 이동하는 통로가 있다고 주장하였다. 이 파페즈의 회로는 해마에서 뇌궁을 통해서 전측시상으로 가고, 그다음 대상피질과 편도체를 통과해서 다시 해마로 가는 회로로서 현대 뇌생리학에서 **변연계**라고 부르는 정서를 주관하는 체계다(| **그림 8-6** | 참조). 변연계는 모든 포유류의 뇌 중심부 깊은 곳에 위치해 있으며 파충류 뇌의 대부분을 차지하는 것으로, 신피질과 같이 보다 최근에 진화된 뇌구조가 원시적인 변연계를 통제하는 것으로 추정된다.

파페즈의 이러한 접근에 대해 최근에 이루어진 진전은 르두에 의한 것으로 볼 수 있다. 르두(1996)는 정서를 신경계의 생물학적 기능으로 보고 정서가 뇌에서 어떻게 표상되는가를 알아내는 것이 정서를 이해하는 데 도움을 줄 수 있다고 믿는다. 이러한 접근은 뇌기제와 독립적인 심리적 상태로서 정서를 연구하는 전형적인 심리학적 접근과는 크게 대비되는 것이다. 르두는 정서를 관장하는 변연계의 편도

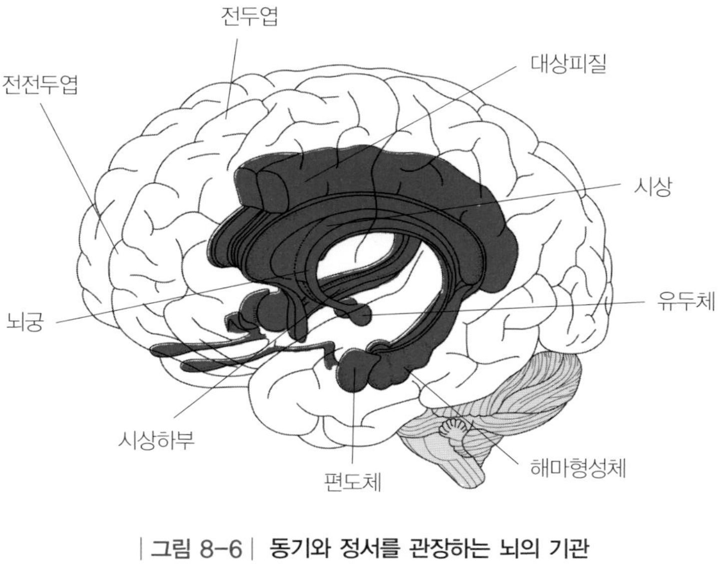

| **그림 8-6** | **동기와 정서를 관장하는 뇌의 기관**
가운데 둥근 모양 부분이 변연계로 주로 정서를 조절하는 부분이다.

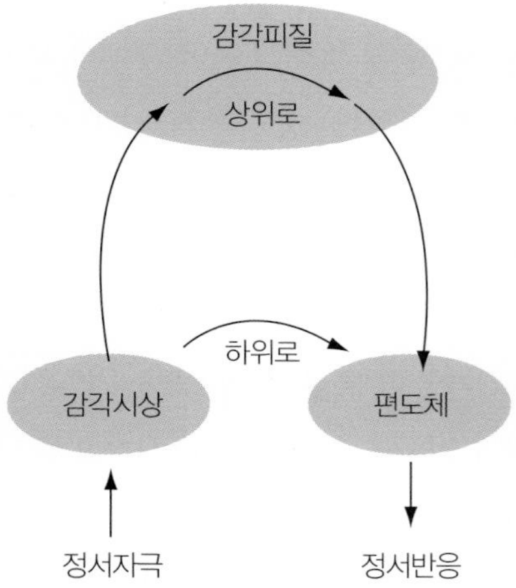

| 그림 8-7 | **정서자극이 반응으로 나타날 때까지의 흐름을 보여 주는 회로(LeDoux, 1996)**

체와 이성의 뇌인 신피질(neocortex) 사이, 그리고 정서자극을 중재하는 하위 뇌인 시상 사이에 연결되는 신경회로가 존재하기 때문에 정서 뇌와 이성 뇌(cognitive brain)는 밀접한 관계를 가진다고 주장한다. | **그림 8-7** |은 르두가 제시한 정서자극의 흐름을 그림으로 나타낸 것이다.

| **그림 8-7** |을 보면 외부에서 들어오는 정서자극이 감각시상에 접수되면 일부는 하위로(low road)를 통해 편도체로 직접 가는 경로로 보내진다. 이러한 하위로로 전달된 자극은 무의식적으로 처리되어 신속하지만 거친 정서반응으로 나타나는데, 이는 위험상황에서 유용한 기제다. 또 다른 일부는 상위로(high road)를 통해 이성 뇌인 감각피질로 전달되어 부적절한 반응을 방지한다. 르두는 편도체 가운데에서도 특히 중심핵이 다양한 정서 통제의 핵심기관이라고 주장한다(LeDoux, 1996). 르두의 모형은 정서 뇌와 이성 뇌는 밀접한 관계를 가진다는 것을 보여 줌으로써 그동안 제기되었던 정서가 먼저인가 인지가 먼저인가라는 쟁점에 대한 생물학적 기초를 제공한다.

3) 정서에 대한 인지적 접근

정서에 대한 인지적 접근의 핵심은 우리가 경험하는 정서는 처해 있는 상황에 대한 평가나 해석에 따라 좌우된다는 것이다. 한 여학생이 밤길을 혼자 가는데 뒤에서 따라오는 누군가의 발소리가 들린다. 그 소리에 대한 반응은 그 여학생이 그 상황을 어떻게 평가하느냐에 따라 두려움이라는 정서를 유발할 수도 있고 흥분이라는 정서를 유발할 수도 있다. 만약 따라오는 사람이 강도나 성추행범일지도 모른다는 생각을 하면 두려울 것이나, 혹시 아까 버스 속에서 나에게 관심을 보이던 멋있는 남학생이 아닐까 생각하면 두려움보다는 흥분을 느낄 것이다. 이와 같이 객관적 상황에 대한 정서반응에 인지활동의 역할은 전혀 다를 수 있다.

샤크터와 싱어(Schachter & Singer, 1962)는 제임스와 마찬가지로 신체적 각성 혹은 피드백이 정서경험을 만들어 내는 데 매우 중요하다고 생각했지만 제임스가 말하는 방식으로는 아니었다. 이들은 또한 캐넌과 마찬가지로 생리적 피드백은 특수성이 결여되어 있다고 믿고, 인지가 피드백의 모호성과 느끼는 경험의 구체성 사이의 간격을 메워 준다고 주장하였다. 앞에서 제임스가 이야기한 상황으로 가 보면, 곰을 만났을 때 심장이 두근거리고, 도망치기 위해 뛴다. 뛰면서 지금은 무서운 상황이라고 명명하면 공포를 느끼게 된다는 것이다. 샤크터와 싱어는 상황에 대한 이러한 **인지적 평가**와 해석이 정서경험에 필수적이라고 주장하였다.

개인이 처해 있는 물리적 · 사회적 상황과 이러한 상황에서 일어나는 정서의 유형에 대한 사전 지식에 근거해서 각성된 상태를 **명명하고**(labelling), 이렇게 명명한 것이 개인이 느끼는 정서의 특수성을 설명한다. 즉, 우리가 신체상태를 초래하는 내적 · 외적 원인에 대한 인지적 해석, 소위 귀인이라고 부르는 해석에 근거해서 정서적으로 모호한 신체적 상태를 설명함으로써 정서적 느낌이 만들어진다는 것이다(LeDoux, 1996).

이와 같이 샤크터와 싱어가 지각된 정서란 내적 각성과 그 각성에 이름을 붙이는 적절한 인지가 함께 만들어 내는 것이라고 제안하였기 때문에 정서에 대한 **이요인이론**(two-factor theory)이라고도 부르며, 많은 후속 연구를 촉발하였으나 후속연구에서 같은 결과를 얻지는 못하였다. 아널드(Arnold, 1970)는 샤크터와 싱어의 이론에 빠진 것이 있음을 지적하였다. 즉, 그들의 이론에서는 정서반응이 일어나면 어떻게 한다는 내용은 있는데 무엇이 그런 반응을 만들어 내는가는 설명하지 않았다는 주장이다. 무엇이 먼저 일어나는가? 무엇이 우리를 위험에서 도망치게 만드는가? 자극과 반응 사이에 무엇이 있는가에 대한 답이 없는데 아널드는 이것을 **인지적 평가**(cognitive appraisal)라고 칭하였다. 인지적 평가는 무의식적으로 일어나지만 그 효과는 행동경향성으로 전환되어 의식에 정서적 느낌으로 등록된다는 것이다. 아널드의 인지적 평가 개념은 보다 단순해진, **일반적 목적의 평가모형**(general purpose appraisal model)으로 후속 정서 연구자들에게 수용되고 있다(LeDoux, 1996).

한편, 1980년 자이언스(Zajonc)는 자극에 대한 선호가 즉각적인 반응이며, 이전에 경험한 인지적 평가를 요하지 않는다는 것을 보여 주었다. 예를 들어, 사람들은 예전에 어떤 자극에 노출되었던 경험이 있으면 그것을 기억하지 못하더라도 그 자극을 더 좋아한다고 보고한다는 것이다. 이것을 자이언스는 **단순노출효과**(mere exposure effect)라고 불렀다. 그는 이러한 실험을 통해 정서가 인지에 선행하고, 인지와 별개이며, 인지가 없이도 존재한다는 것을 보여 주었다(Zajonc, 1984). 자이언스의 이러한 주장은 이전의 심리학 연구들과는 대조적으로 정서가 인지에 선행하고 독립적이라고 하여 많은 논쟁을 발생시켰다.

앞에서 제시한 다양한 인지와 정서의 관계를 비교해 보면 **〈표 8-3〉**과 같다.

이 절에서는 정서와 인지 간의 관계에 대한 다양한 이론에 대해 논의하였다. 그러면 과연 정서와 인지는 독립적인가 종속적인가? 이에 대한 결론은 르두(1996)가 가장 잘 요약하고 있다. "정서와 인지는 독립적이지만 상호작용하는 뇌의 시스템에 의해 중재되는 독립적이지만 상호작용하는 정신적 기능이라고 보는 것이 가장 적합하다." (p. 69)

표 8-3 인지와 정서 간의 관계에 대한 다양한 이론(LeDoux, 1996을 참고로 변용)

샤크터와 싱어	자극 (곰)	➡	각성 (심장박동-뛴다)	➡	인지 (공포라고 명명)	➡	감정 (공포)
아널드	자극 (곰)	➡	평가 (무의식적 평가)	➡	행동경향성	➡	감정 (공포)
최근 학자들	자극 (곰)	➡	무의식적 평가			➡	감정 (공포)
자이언스	자극 (곰)	➡	무의식적 정서			➡	감정 (공포)

4) 정서의 종류에 대한 이론

(1) 비연속적 정서이론

정서에 대한 **비연속적 이론**(discrete emotion theory)들은 모든 인간에게서 볼 수 있는 몇 가지 유형의 기본정서가 존재한다는 것을 전제로 한다. 이론들마다 제시하는 기본정서의 개수는 조금씩 다르다. 그중 아이저드(Izard, 1977)는 흥미-흥분, 기쁨, 놀람, 괴로움-고통, 화-분노, 혐오, 경멸-모욕, 두려움-공포, 수치-부끄럼, 죄책감의 열 가지를 제시하였고, 플럿칙(Plutchik, 1980)은 기대, 기쁨, 놀람, 슬픔, 분노, 혐오, 두려움, 수용의 여덟 가지를 제시하였으며, 에크먼(Ekman, 1992a, 1992b, 1992c)은 행복, 놀람, 슬픔, 분노, 혐오, 경멸, 두려움의 여섯 가지를 제시하였다. 에크먼과 동료들은 이러한 정서유형에 대한 증거를 얼굴 표정 연구로 제시하였다. 에크먼과 프리슨(Ekman & Friesen, 1978)은 특정 정서와 안면근육 사이에 연결된 신경회로가 있어서 특정한 정서 체험은 특정한 얼굴 표정을 만들어 낸다는 주장을 하였다. **|그림 8-8|**에는 여섯 가지 정서에 대한 얼굴 표정이 나와 있는데, 이 여섯 가지 표정은 어느 정도 문화적 보편성이 있는 것으로 받아들이고 있다.

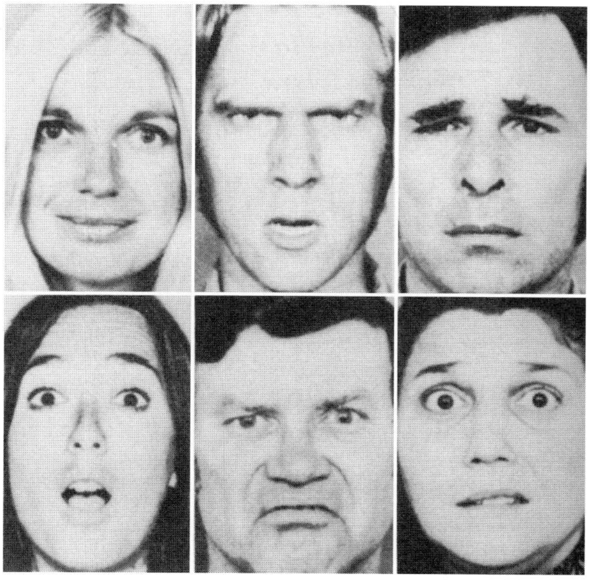

|그림 8-8| 여섯 가지 얼굴 표정

얼굴 표정은 문화 특유적인가 아니면 문화 보편적인가? 이 사진들은 이 질문에 답하기 위한 것들이다.

(2) 차원적 접근

정서에 대한 **차원론**(dimensional theory)은 앞에서 언급한 분트의 이론에서 시작된 것이다. 분트의 쾌-불쾌, 긴장-이완 그리고 흥분-우울의 삼차원 모형에서도 알 수 있는 정서의 핵심요인은 쾌-불쾌와 각성수준이라는 것이다. 러셀(Russell, 1980)은 이 두 가지 차원에서 정도 차이에 근거해서 정서에 대한 **원형모형**(circumplex model)을 제시하였다(| 그림 8-9 |).

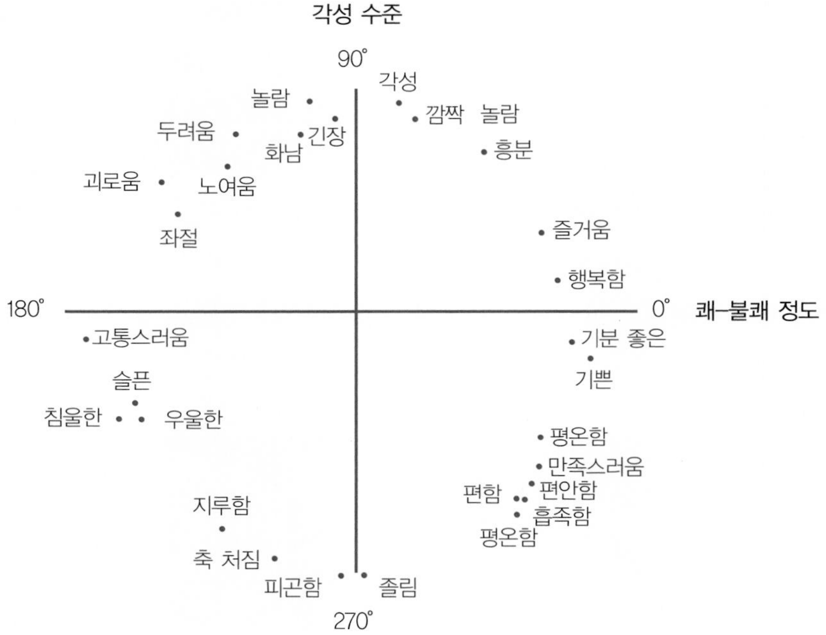

| 그림 8-10 | 쾌-불쾌 차원과 각성수준 차원을 중심으로 위치시킨 정서 유형(Russell, 1980)

그림을 보면 가로축은 쾌-불쾌 정도를 나타내며 세로축은 각성수준을 나타낸다. 제시된 단어들은 쾌-불쾌 정도와 각성수준에 따라 위치가 정해졌다. 일사분면에는 상대적으로 유쾌하면서 각성된 상태의 정서인 흥분됨, 행복함 등의 단어가 있고, 삼사분면에는 상대적으로 불쾌하면서 각성수준이 낮은 우울함, 지루함 등의 단어들이 있다. 러셀과 불록(Russell & Bullock, 1985)은 성인과 유아원 아동 모두에게서 이와 유사한 결과를 얻었음을 보고하였다.

3. 동기와 정서의 관계

동기이론에 대한 관련 개념 중에 바람(desire)과 혐오(aversion)가 있다. 벡(Beck, 1990)은 이 두 개념이 동기와 동기가 초래하는 그 결과행동 사이에 존재하는 매개변인으로 기능한다고 한다. 다시 말해서, 유기체는 원하거나 바람직한 결과(desirable outcome)가 예상되는 목표나 행위에는 접근하고, 불쾌하거나 혐오적인 결과(aversive outcome)가 예상되는 목표나 행위는 회피한다. 동기와 정서 사이에 이 욕망과 혐오 개념이 중간에서 연결기능을 한다고 보는 것이다. 즉, 욕망이라는 동기적 개념은 유쾌한 상황 혹은 중간수준의 각성(최적각성)을 예상하게 하며, 반면에 혐오라는 동기적 개념은 불쾌한 상황 혹은 지나치게 낮거나 높은 각성을 예상하게 한다. 이러한 예상은 무조건적으로 정서적 각성을 유발하는 정서적 사건에 대한 사전경험에 기초하는 것이다.

정서는 초기에는 특정한 조건하에서 발생하는 과정들이다. 동기 측면에서 보면 우리는 동일한 각성이 다시 생기리라고 기대하면서 이러한 조건을 다시 만들려고 노력할 수 있다. 이와 같은 기대가 동기(motives)인 것이다. 따라서 동기와 정서는 분리해서 생각할 수 있는 과정이 아니고 밀접하게 연결된 과정이라고 할 수 있다.

요 약

1. 동기란 행동을 시작하게 하고, 방향을 결정하고, 끈기와 강도를 결정하는 힘이다. 내적 결핍상태가 욕구를 발생시키고 이러한 욕구는 추동으로 변하여 행동의 직접적인 원인인 동기를 유발한다.
2. 동기의 근원이 어디냐에 따라 내재동기와 외재동기로 나뉜다.
3. 인간 동기는 생물학적 · 행동적 · 인지적 요소로 구성되어 있다.
4. 인간은 유쾌한 것을 추구하고 혐오적인 것을 피하는 방향으로 움직인다는 쾌락주의 원리는 많은 동기이론의 기초를 제공하였다.
5. 추동감소이론은 유기체가 내부에서 발생하는 결핍상태가 만들어 내는 욕구와 이를 해소하려는 추동을 감소시키기 위해 행동한다는 것으로 헐의 이론이 대표적이다.
6. 인간은 생리적 각성을 추구하는 방향으로 행동한다는 각성이론에서는 최적의 각성수준이 최대의 수행을 가져온다는 최적각성이론이 제시되었다.
7. 행동주의 동기이론에서는 보상이나 벌과 같은 외적 강화인자들의 역할을 중시한다.
8. 인본주의 동기이론인 매슬로의 욕구위계이론에서는 인간은 생리적 욕구로부터 자기실현의 욕구까지 위계적으로 구성된 욕구를 단계적으로 충족하기 위해 능동적으로 행동하는 존재라고 주장한다.
9. 성취동기이론은 인간의 사회적 욕구의 하나인 성취욕구를 중심으로 맥클리런드가 개발한 기대×가치이론의 하나다. 앳킨슨은 성취동기이론을 수학적 모형으로 수정하여 성공에 대한 접근 경향성과 실패를 기피하려는 경향성 간의 차이가 만들어 내는 결과성취동기가 개인의 성취상황에서의 동기를 결정한다고 주장하였다.
10. 인지적 동기이론은 개인의 기대, 원인분석(귀인), 유능성에 대한 지각, 목표 등의 사고를 동기의 기본요소로 삼아 이론을 발전시켰다.
11. 학습된 무기력은 자신의 행동이 결과에 영향을 미치지 못한다는 통제불능성에 대한 기대를 학습하면 후속 상황에서 수행이 저하되는 현상이다.
12. 귀인이론에서는 실패나 성공 같은 성취결과에 대한 원인분석 결과가 후속 행동에 영향을 준다고 한다.
13. 내재동기이론은 유능감, 보상의 유형, 원인귀인, 자기결정성, 플로 경험 등을 동기의 핵심요인으로 포함시켜 개발된 이론들로 외재동기와 내재동기의 영향을 구분하여 연구한다.
14. 내재동기이론 중에서 가장 많은 주목을 받고 있는 자기결정성이론은 다섯 가지 미니이론들로 구성된 매크로이론으로 다양한 측면에서 인간의 동기를 설명하고 있다.
15. 반두라의 자기효능감이론은 성취장면에서 가장 많이 적용되고 있는 동기이론으로 자신의 능력에 대한 신념이 수행수준을 가장 잘 예측한다고 한다.
16. 성취목표이론에서는 개인이 수행목표 지향적이냐 숙달목표 지향적이냐에 따라 성취상황에 미치는 영향을 연구한다.
17. 정서란 특정한 내적/외적 변인에 대해서 경험적 · 생리적 · 행동적으로 반응하려는 유전적으로 결정되거나

습득된 동기적 경향이다.

18. 초기 정서이론에서는 반응이 정서경험을 우선한다는 제임스-랑게이론과 정서경험이 반응을 유발한다는 캐넌-바드이론의 두 가지 대립적인 이론이 제시되었다.

19. 르두의 정서에 대한 신경생리학적 접근에서는 정서와 인지는 서로 상호작용하면서 정서반응을 유발한다는 것을 뇌의 신경회로에서의 흐름을 사용해서 설명한다.

20. 정서경험은 상황에 대한 해석이나 귀인 등의 인지적 판단에 의해 영향을 받는다는 것을 주장하는 샤크터와 싱어의 이요인이론과 인지적 요소가 관여하지 않는 단순노출효과를 제시한 자이언스의 이론이 대립하고 있다.

21. 정서의 종류에 대한 이론으로는 보편적인 몇 가지 유형의 기본정서로 구성되어 있다는 비연속 정서이론과 몇 가지 차원에 의해서 구체적인 정서의 종류로 분류할 수 있다는 차원론이 있다.

23. 정서는 특정한 조건에서 발생하는 과정들이고 동일한 각성이 다시 생기리라 기대하는 것이 동기이기 때문에 동기와 정서는 분리할 수 없는 연결된 개념이다.

제 9 장

성심리

학습목표

1. 성에 대한 역사적 관점을 이해한다.
2. 남성과 여성의 성역할과 성행동을 이해한다.
3. 우리의 삶에서 성은 중요한 부분임을 이해한다.
4. 이상적인 성행동을 이해하고 올바른 성 가치관을 알아본다.
5. 과학적으로 성에 접근하여 성과 성행동을 올바르게 이해한다.

09

제1절 성에 대한 역사적인 이해

1. 성이란 무엇인가

성이란 무엇인가? 성은 현대의 삶을 살아가는 데 아주 중요한 부분이므로, 성을 과학적 · 체계적으로 살펴보아야 한다. 원래 섹스(sex)란 단어는 라틴어의 '자른다' '나눈다'라는 어원에서 유래하였다. 즉, 남녀를 구분하는 성(gender)의 의미로 사용하였다. 그러나 요즘에는 sex를 성기관이나 성행위와 연관해서 많이 사용하고 있다. 즉, 섹스는 자위행위, 포옹, 키스, 성교, 쾌락 등 광범위한 의미를 지니고 있다.

성행동(sexual behaviors)이란 이성 간이나 파트너를 대상으로 키스, 포옹, 애무, 성교 또는 자위행위와 같이 우리의 신체를 이용해서 성적인 행동을 하는 것을 의미한다. 그러나 성(sexuality)이라 함은 인간이 성적인 존재로서 우리가 성을 경험하고 우리 자신을 표현하는 것을 포함한다. 따라서 성은 좀 더 포괄적인 의미를 가지고 있다. 동양의 문화권과 우리나라는 성(性)을 마음을 나타내는 심(心)과 몸을 나타내는 생(生)의 합성어로 사용한다. 즉, 성을 몸과 마음을 포함하는 포괄적인 의미로 사용하고 있다.

2. 성에 대한 역사적인 조명

인간의 기록된 역사는 5,000년 이상이지만, 성에 대한 고대의 기록은 B.C. 1000년경에 근친 간의 성관계를 터부시하는 것으로 기록이 되어 있다(Tannahill, 1980). 역사적으로 보면 여성은 남성의 성적인 욕망을 충족하기 위한 대상이고, 자녀 생산을 위한 소유물이었다(Bullough, 1976). 남성은 많은 여성과 성적인 관계를 갖는 것이 허용되었고, 성매매가 성행하였다.

1) 원시시대

인류학자들이나 원시인들의 유적에 의하면 남성은 주로 사냥하고 여성은 집 근처에서 채소와 과일을 채취하고 아이들을 돌보는 역할을 하였다. 석기시대에 원시인들이 그린 벽화에는 여성의 큰 가슴, 둥근 엉덩이를 강조하면서 여성이 아이를 생산하는 것에 대해서 경외심을 가졌다(Rathus, Nevid, & Fichner-Rathus, 2004). 그러나 빙하기를 거치면서 농경기 사회에서는 농작물을 경작하는 데 남성의 힘이 많이 필요함을 강조하면서 남성 성기를 숭배하는 사회로 변화하였다. 특히 이집트 등에서는 남성 성기를 상징하는 물건들이 종교의식에 많이 사용되었다. 인류의 역사를 보면 부모와 자녀 사이의 근친결혼은 금지되었으나 이집트의 왕족 사이에서는 형제자매 간에 결혼은 허용된 것을 볼 수 있다.

2) 고대 유대교

유대교에서는 여성이나 아동을 무시하는 경향이 있었고, 부부 외의 성관계는 엄격하게 금하였다. 예를 들어, 유대교의 10계명은 간음을 금하고 있다(출애굽기 20장 13절). 또한 특별히 동성애를 금기시해서 동성애자를 사형에 처하도록 명하기도 했다(레위기 21장 13절). 그러나 유대교에서는 성 자체만은 남녀가 즐길 수 있는 자연스러운 현상으로 받아들였다. 구약에서는 초기에 일부다처제를 인정하였으나, 후기는 일부일처제를 강조하였다. 그러나 유대교에서도 여성은 남성의 소유물처럼 간주되었고, 아내가 간음하면 돌로 사형을 당했다.

3) 고대 그리스

고대 그리스 시대에는 B.C. 500년에서 300년 사이가 전성기라고 할 수 있는데, 이 시기에 유명한 플라톤, 아리스토텔레스 등의 철학자가 주도하는 헬레니즘의 꽃을 피웠다. 그리스는 제우스를 신들의 신으로 섬겼고, 아폴로 신은 예술과 음악을 사랑했고, 육체적인 사랑의 여신을 아프로디테라고 불렀다. 그리스인들은 남성 동성애자들이 가정에 위협이 되지 않으면 허용적인 태도를 보여 주었다. 특히 청소년들과의 섹스는 금지되었지만, 도덕과 지능발달을 지도하는 스승과 제자 사이에는 청소년이 사춘기를 거치면서 동성애를 많이 즐겼다(Tannahill, 1980). 그러나 남성끼리만의 순수한 동성애는 사회적으로 지탄을 받았고, 미소년과의 동성애는 불법으로 간주되었다. 성매매도 성행하였고, 첩도 둘 수 있었다. 결혼과 가족을 강조했지만 여성은 교육도 받지 못하였고, 차별대우를 받았으며, 선거권도 없었다. 그리스 사람들에게 여성은 '아이를 낳는 사람(bearer of children)'이라는 이미지가 강했다(Tannahill, 1980).

4) 고대 로마시대

로마시대의 귀족들은 다양한 형태의 성행위를 즐겼다. 특히 줄리우스 시저는 양성애를 즐겼다. 로마시대에는 동성애가 성행했지만, 동성애는 가족을 유지하는 데 위협이 된다고 해서 금하였다.

현재 유행하는 성에 관한 언어는 로마에서 유래하였다. 예를 들어, 남성의 성기를 빠는 오럴섹스를 의미하는 Fellatio는 'fellare'라는 '빨다'의 의미를 가지고 있다. 또한 여성 성기를 상대로 한 오럴섹스를 의미하는 Cunnilingus는 'cunnus', 즉 여성의 성기를 의미하는 단어에서 유래하였다. 로마는 성적으로 문란한 사회였다. 폼페이는 로마의 고대 도시로서 화산의 폭발로 멸망한 도시로 유명한데, 이 도시의 유적에는 성매매를 공공연하게 하는 매춘 하우스가 있었다.

5) 초기 기독교

초기 기독교의 성에 대한 가치관은 신약 성경의 저자인 사도 바울과 성 어거스틴의 성에 대한 가치관이 주류를 이룬다. 특히 로마의 상류사회는 성적으로 문란하였기에 이 시대에 살았던 기독교인 바울은 결혼을 남녀 간에 서로 제한하고 외도를 죄로 규정하였다. 바울은 결혼보다는 독신으로 지내는 것을 강조했지만 성적인 유혹을 뿌리치기 어려우면 결혼하라고 하였다(고린도 전서 7장 1-12절).

초기 기독교는 육체적인 사랑을 나타내는 에로스(eros)와 영적이고 육체를 떠난 사랑을 나타내는 아가페(agape)로 구분했다(Gordis, 1977). 역사적으로 볼 때 기독교는 성매춘, 자위행위, 이혼을 죄로 간주했다. 인간의 성을 신학적으로 접근하면서 성을 인간 번영의 수단으로만 강조한 사람은 성 어거스틴이다(A.D. 353~430). 어거스틴에 의하면, 인류의 첫 인간인 아담은 욕망에 의해서 죄를 짓고 수치심을 느끼고 무화과 나뭇잎으로 자신의 몸을 가렸는데, 아담이 지은 이러한 원죄가 후세에 유전되어서 모든 사람이 육체적인 욕망의 죄에 빠지게 되었다고 주장한다. 그래서 이런 육체적인 욕망인 원죄에서 조금이라도 벗어나는 방법은 독신으로 하나님을 섬기는 것이라고 주장하였다. 인간의 생명을 창조하는 데 관계가 없는 성행동, 즉 부부 사이에서 이루어지는 성적인 쾌락을 위한 성행위, 자위행위, 게이, 레즈비언 등은 죄로 간주했다.

6) 이슬람교

이슬람교는 A.D. 570년에 태어난 마호메트에 의해서 창시된 종교다. 이슬람교에서는 가정을 중요하게 강조하여 결혼을 강조하고, 독신 등은 기피의 대상으로 여겼다. 또한 혼전 성관계를 금하고 여성은 공공장소에서 얼굴을 보여서는 안 된다. 결혼제도는 이중적인 기준이 적용되어서 남성은 네 명까지 아내를 가질 수 있지만 여성은 단지 한 명의 남성만 배우자로 섬겨야 한다.

7) 중 국

중국에는 B.C. 2500년부터 성에 대한 기록물들이 있는데, 특히 도교가 지배하던 고대 중국에서는 성을 긍정적으로 간주하였다. 즉, 남성과 여성이 섹스를 하는 것은 음양(陰陽)이 서로 만나서 조화를 이루는 것으로 자연스러운 현상으로 보았다. 그러나 남성은 성적인 에너지를 오래 간직하기 위해서 사정은 가능한 한 피하도록 했다. 성에 대한 개방적인 태도는 유교가 서기 약 1000년 전에 전파되면서 성을 억제하는 방향으로 바뀌게 되었다.

중국은 1949년 공산당혁명 후에 서구의 개방적인 성에 대한 태도를 비판하고, 포르노, 매춘을 금했다. 그리고 부부도 일주일에 한 번 이상 성관계하는 것은 기(氣)를 소비하는 것이라고 가르쳤다. 그러나 현재는 성적인 개방이 많이 이루어졌고, 이혼율도 급격하게 증가하고 있다.

성화

카마수트라

8) 인 도

인도는 A.D. 500년경에 카마수트라(Kāmasūtra)라는 성에 대한 매뉴얼을 제작해서 일반인에게 가르쳤는데 인간이 즐길 수 있는 성의 낭만적인 면을 강조했다. 그러나 이러한 성에 대한 개방적인 태도는 힌두교와 이슬람교의 등장으로 성을 억압하는 면이 강조되고 남성 위주의 성으로 변화하였다.

9) 중세와 르네상스 시대

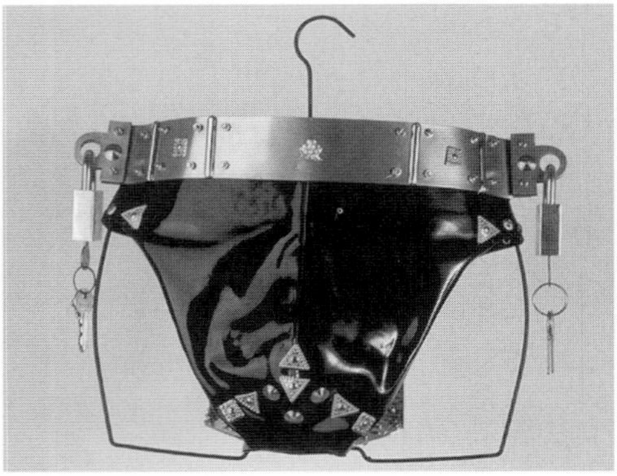
정조대

성은 단지 인간의 번식을 위해서 존재하는 것으로 해석되었고, 소위 상류층의 여성을 상대로 순수하고 고귀한 사랑과 성생활을 강조하고, 인간의 육체적인 관계는 순수한 사랑과 서로 역행하는 것이라 여기고, 남녀가 같이 동침하면서도 성관계를 갖지 않은 것이 순수한 사랑을 나누는 것이라고 찬양하였다.

16~17세기에는 성에 대해서 덜 엄격해졌고, 마르틴 루터(Martin Luther)와 칼뱅(Calvin)의 종교개혁의 무드와 함께 성에 대해서도 개혁의 물결이 일어나 성에 대해서 좀 더 긍정적인 태도를 유지하게 되었다.

10) 18~19세기

17세기에 영국과 프랑스에서는 성에 대해서 좀 더 관용적인 태도를 보였다는 증거가 있음에도(Bullough, 1976), 미국에서는 성에 대해서 청교도적인 아주 엄격한 제도가 팽배하였다. 즉, 혼외의 성관계는 사회적으로 처벌을 받았고, 외도를 한 경우에는 매를 맞거나 형틀이 씌워지기도 했고, 대중 앞에서 고백하게 했다. 1840년대는 매사추세츠 주에서 351개의 매춘하는 장소를 발견해서 처벌하였다.

한편, 1850년대 유럽은 빅토리아 시기로서 성에 대해서 억압적인 분위기가 팽배하였다. 여성은 자신의 몸을 노출해서는 안 되었고, 심지어 가정의 피아노도 다리의 노출을 피하기 위해서 덮개를 씌웠다. 도서관의 책도 저자가 남자인 책과 여자인 책을 같은 장소에 진열하지 않고 따로 진열하였다(Masters, Johnson, & Kolodny, 1995).

미국에서도 겉으로는 성에 대해서 엄격한 것 같았지만, 실제로 1870년경에 세인트루이스 시에서는 공창을 허용했다가 논란에 휩싸이기도 했다. 미국 사회에서도 상류층은 빅토리아 시기의 성에 대한 엄격한 규율을 적용했지만, 중 · 하류의 사람들은 살기 위해서 성매매에 종사하기도 했고 외도도 하였다. 주로 이 시기의 과학이나 의학계에서는 자위행위를 하면 뇌 손상을 가져오기도 하고, 정신이상의 원인이 된다고 하면서 자위행위에 대해서 부정적인 입장을 취했다. 또한 여성은 오르가슴을 느낄 능력이 없다고 하면서 여성의 성을 무시하는 태도를 보였다.

19세기에 성 연구에 선구적인 역할을 한 사람은 독일의 정신의학자인 크라프트 에빙(Kraft-Ebing)이었다. 그는 당시에 비정상적인 성에 관련된 주제들, 즉 동성애, 성에 관련된 살인, 죽은 사람과의 섹스 등을 다루면서 성의 부정적인 면을 강조하였다. 그는 현대 성에 관한 학문의 아버지라 부르기도 한다.

11) 20세기

20세기에 들어서면서 성에 관해서 좀 더 객관적이고 과학적인 방법으로 성을 다루기 시작했다.

(1) 지그문트 프로이트(Sigmund Freud)

Sigmund Freud

성에 대한 프로이트의 공헌은 성의 본능이 인간 존재의 기본적인 측면이라는 것을 강조한 점이다. 성적인 욕구를 대처하는 면에서 문제가 있거나 성적인 욕구를 충족하는 데 문제가 있으면 신경증적인 문제를 일으킨다고 보았다. 그는 또한 인간의 성적인 본능은 유아, 청소년, 성인에게까지 존재한다고 하였다.

프로이트는 성에 관련해서 남아는 약 4세경에 어머니에 대해서 성적인 매력을 느끼면서 아버지에 대해서는 사랑, 증오, 두려움, 경쟁적인 관계를 가지는 오이디푸스 콤플렉스(Oedipus complex)가 발달한다고 하였다. 한편, 여아는 남근을 선망(penis envy)하면서 아버지에 대해서 성적인 매력을 느낀다고 했다. 그러나 현대의 성심리학자들은 프로이트의 이론에 동의하지 않을 뿐만 아니라, 특히 여성주의 학자들은 여성이 남근을 부러워한다고 하는 것은 성차별적인 이론이라고 크게 반발하며, 남성은 여성의 유방을 부러워한다는 이론으로 맞서기도 한다.

(2) 해블록 엘리스(Havelock Ellis)

엘리스는 성심리학에 관한 연구의 6개 시리즈 저서를 발표하였는데, 이 시리즈에서 그는 현대의 성심리학에 아주 가까운 견해를 밝혔다. 즉, 그는 남녀가 자위행위를 한다고 인정하고 인간의 성 문제는 신체적인 면보다는 심리적인 문제 때문에 성기능에 문제가 생긴다고 주장했다.

12) 1920~1950년대

유럽은 제1, 2차 세계대전을 겪으면서 사회적인 면에서 많은 변화가 생겼다. 특히 여성의 사회 진출이 높아지면서 여권의 신장을 가져오고, 여성의 성도 빅토리아 시기에 비해서 아주 자유스러워졌다.

(1) 캐서린 데이비스(Katherine Davis)

1922년과 1927년 사이에 2,200명의 여성을 상대로 성에 관한 사회조사를 실시해서 『이상적인 결혼(Ideal Marriage)』이라는 책을 출간하였는데, 이 책에서 데이비스는 부부 사이에 구강섹스를 포함한 여러 가지의 성적인 기법에 관해서 소개했다. 당시 이 책은 베스트셀러가 되었다고 한다.

(2) 앨프리드 킨제이(Alfred C. Kinsey)

Alfred C. Kinsey

그는 성에 관한 설문지를 만들어서 자신의 수강생들에게 돌렸으나, 개인적인 인터뷰를 통해서 더 풍부한 자료를 얻을 수 있겠다고 결심하고 수많은 남녀에게 성에 관한 인터뷰를 실시하였다. 그 결과 약 1만 2,000명의 남녀에게서 인터뷰한 자료를 기초로 하여 그 당시 성에 관한 일반인의 경험을 발표해서 세상을 깜짝 놀라게 했다. 예를 들어, 약 37%의 미국 남성이 사춘기 이후에 일생동안 적어도 한 번은 오르가슴을 느낄 정도로 동성애를 경험했고, 40%의 남성이 혼외정사를 했으며, 여성의 62%가 자위행위를 했다고 보고했다. 즉, 『남성의 성행동(Sexual Behavior of Human Male)』이라는 출판물은 즉각적인 대중의 관심을 받고 10만 부 이상이 팔리면서 27주간 베스트셀러가 되었다.

그러나 킨제이의 저서는 성을 도덕적인 관점 없이 묘사했다는 면에서 많은 비판을 받았고, 인류학자인 마거릿 미드(Margaret Mead)도 '성을 비인격적이고 의미 없는 예술'로 취급했다고 비난하였다(Ernst & Loth, 1948). 그런데도 남성에 관한 책은 일반적으로 긍정적인 평가를 받았지만, 두 번째 저서인 『여성의 성행동(Sexual Behavior in the Human Female)』은 사람들을 아주 기분 나쁘게 한다는 비난을 받았고 신문에서조차 소개하기를 꺼렸다. 또한 교회 지도자들은 이 책이 비도덕적이고, 반가족적이고, 더 나아가서 공산주의적 사상으로 오염되었다고 혹독하게 비난했다.

킨제이는 이러한 비난과 비판 때문에 상처를 입고 1956년에 사망하였다. 그의 업적은 후세에 성을 구체적이고 과학적으로 접근했다는 면에서 인정을 받으면서 성에 대한 체계적인 연구자로 선구적인 역할을 했다고 평가받고 있다.

13) 1950년대

미국에서는 점차 혼전 성관계가 늘어나기 시작하고 성에 대한 개방적인 풍조가 조금씩 사회에 파고드는 시기였다. 특히 여성은 자신의 신체에서 큰 가슴 등 여성적인 특징에 관심을 가지게 되어 마릴린 먼로 같은 성적으로 매력 있는 여성이 관심의 대상으로 조금씩 다가오는 시기였다. 이 당시의 잡지에서는 여성들이 자신의 가슴을 크게 보이기 위한 장식품을 사용하면서 결혼 전에는 남편들에게 말하지 말 것을 권유하기도 했다.

14) 1960년대

1960년대는 미국의 성개방 시대로 불린다. 이러한 사회적인 요인을 살펴보면, 여성의 피임약 사용으로 여성이 임신의 공포에서 벗어날 수 있었고, 여성주의가 다시 현대주의적인 철학적 배경을 가지고 등장하면서 여성의 권리를 주장하는 사회적인 분위기가 조성되었다. 또한 젊은이들 가운데 사회의 기성 가치관과 고정된 사회의 도덕적인 기준에 반항하는 분위기가 조성되었다. 이러한 사회의 성 개방 풍조에 대해서 일부 계층은 성에 관한 도덕적인 붕괴현상이 생긴다면서 우려를 나타내고 염려하면서 이러한 운동을 비난하기도 했지만, 사회 전체적인 분위기는 성에 대해서 좀 더 개방적이고 공개적으로 문제를 드러내는 방향으로 전개되었다.

(1) 매스터스(Masters)와 존슨(Johnson)

인간의 성기능에 관해서 획기적이고 과학적인 연구를 한 사람은 매스터스와 존슨으로, 인간의 심리적 · 사회적인 요인과 신체적인 반응을 체계적으로 연구해야 한다는 입장을 취했다. 이들은 1965년까지 약 383명의 여성들과 312명의 남성들을 통해서 이들이 실제로 성관계를 맺는 장면을 자신의 실험실에서 관찰해서 약 1만여 가지의 인간 성행동을 관찰한 후 1966년에 『인간의 성반응(Human Sexual Response)』이라는 책을 출간했는데, 이는 많은 대중과 성치료에 종사하는 전문가들의 관심을 얻게 되었다.

15) 1970년대와 1980년대

1970년에 매스터스와 존슨은 『인간의 성적 기능장애(Human Sexual Inadequacy)』라는 책을 출간했는데, 이 책은 성기능장애를 체계적으로 치료할 수 있는 지침서로 약 80%의 성기능 문제에 완치율을 보일 수 있는 책으로 유명하다. 이 책의 출간 후에 많은 성치료센터가 미국 전역에 생겨났고, 헬렌 캐플런(Helen Kaplan), 잭 아론 등의 여러 유명한 성치료자들이 등장하였다.

이 기간 동안에 미국의 사회적인 분위기는 혼전동거가 증가하고, 낙태를 대법원에서 합법화했으며, 미국의 정신과학회에서는 동성애를 이상적인 정신과적인 문제라는 항목에서 배제하였다. 또한 강간과 성폭력으로 인해서 여성들이 겪는 성폭력 후유증에 관해서도 많은 대중이 인식하기 시작했고, 그 분야에 관한 치료도 활성화되었다.

특히 1978년에는 약 7만 5,000여 명의 시험관 아기를 출산하였다. 사춘기 이후의 청소년들의 성 경험이 늘어나면서 1980년대는 특히 성병이 많이 늘어나고, 에이즈, 미혼모의 증가, 낙태의 증가 등 성과 관련된 새로운 사회적인 문제들이 발생하였다. 성의 개방과 함께 성에 관련된 사회적인 문제로 미국은 그에 대한 대책으로 많은 경제적인 대가를 지불해야 하는 시기였다.

16) 1990년대

이 시기에 미국인들의 성행동에 큰 변화를 준 것은 AIDS 환자의 증가와 이에 대한 공포로 여러 사람과 성관계 갖는 것 대신, 가능한 한 자신의 파트너하고만 성관계를 갖든가, 아니면 혼전에 성관계를 자제하는 금욕적인 태도로의 변화다. 또한 동성애를 합법화하는 것에 관해서도 아직도 많은 논란이 있지만, 사회적인 쟁점이 된 시기다.

17) 2000년대

21세기는 20세기를 거쳐 오면서 성해방, 성에 대한 새로운 형태의 경험 등을 시도하면서 개인적 · 사회적인 문제도 경험하고, 좀 더 성숙하고 다양한 방향으로 성을 바라보려는 시도들이 미디어를 통해서 이루어진 시기다. 예를 들어, 안전한 성을 강조하면서 성관계 시에 콘돔 사용을 강조하고, 인간의 성을 좀 더 인격적인 맥락에서 보려는 시도들이 많이 이루어져 왔다(Gross, 2001). 특히 여성주의나 여성학자들의 영향으로 성의 관계적인 면을 강조하고, 성적인 기교보다는 성을 통해서 남녀가 서로 친밀감을 형성하고 유지하는 면을 부각시켰다.

(1) TV나 영화 프로그램

아직도 대중에게 인기가 있는 TV 프로그램들은 거의 성적인 주제나 장면을 지나칠 정도로 남용한다는 지적을 받고 있다. 예를 들어, 인기 있는 드라마는 1시간 안에 6~10회 정도로 성에 관련해서 외도, 복수, 성적인 학대 등을 소재로 다룬다고 한다(Greenberg & Busselle, 1996). 우리나라에서도 한때는 드라마에서 키스하는 장면조차 성적으로 혐오감을 준다고 해서 금지하였지만, 이제는 아주 자연스러운 장면으로 받아들이고 있다. 또한 영화에서도 성교장면은 외설이라고 해서 금했지만, 이제는 오히려 성교장면을 어느 정도 다양하게 노출하는가에 따라서 흥행의 성공 여부가 결정되기도 한다.

(2) 사이버 공간

인간은 서로 정보를 주고받는 수단과 내용에 따라서 많은 영향을 받는다. 인터넷 가입자들이 이제 전 세계적으로 12억 명을 넘을 것이라고 추산한다(Cooper, 2002). 인터넷은 성에 대한 양질의 정보보다는 상업성을 위한 포르노를 무차별적으로 제공하고 있고, 인터넷을 통해서 사이버 데이트, 동영상 대화, 동영상 성 노출의 사이버 섹스가 범람하고 있다. 앞으로 인터넷이 대중의 성문화를 주도해 나갈 것이다.

(3) 성을 이용한 광고와 잡지

청소년, 성인을 상대로 한 잡지들은 미국이건 한국이건 간에 성에 관한 주제를 빼놓지 않고 다룬다. 특히 스포츠 신문 등에서는 성인의 성을 주제로 한 내용을 만화나 기고 형식으로 다루고 있다. 광고는 여성의 신체를 상품화해서 성을 다루고 있다. 사춘기에 속한 청소년들은 특히 이러한 미디어의 광고모델 등을 모방하려고 노력하면서 자신의 성적인 매력을 향상시키려고 한다.

18) 우리나라의 성문화

우리나라는 고대에는 성에 대해서 개방적인 태도를 유지하였다. 고려시대에는 성이 문란할 정도로 개방적이어서, 탑돌이 행사를 하면서 남녀가 밤에 서로 만나는 기회로 삼아서 성관계를 즐기기도 했다. 그러나 조선 시대에는 유교 이념으로 성에 대해서 억제하는 태도를 유지하였다. 특히 유교의 여필종부 사상은 성에 대해서 이중적인 기준을 가지고 남성은 성적으로 즐겨도 되지만 여성이 성을 즐기면 부정적인 이미지를 부여했다. 특히 혼전 성관계도 남성은 별로 문제 삼지 않았지만, 여성의 혼전 성관계는 기피의 대상이 되었다.

성에 대한 가부장적이고 보수적인 입장에서 성에 대한 개방적인 태도로 바뀌는 속도가 1960년대는 미국에 비해서 약 20년 정도 뒤졌고, 1970년대는 10년 정도, 1980년대는 한 5년 정도로 미국을 따라왔지만, 21세기는 인터넷의 활성화, 무선이동전화기 등 통신수단의 혁명과 인터넷에 의한 포르노 제공, 휴대 전화 등에 의한 남녀 통신수단의 발달로 인해서 결혼 외 성관계, 외도, 성매매가 크게 성행하고 있는 실정이다. 국제적으로 성의 중요성에 관해 조사한 연구에서 우리나라 성인들의 섹스의 중요성에 관한 연구에 의하면 응답자의 87%는 자신의 삶에 중요하다고 응답해서 미국의 73%보다 더 높았다(| 그림 9-1 | 참조). 그러나 우리나라는 성이 개인적으로 중요하다는 것을 강조하지만, 남성의 성적인 만족에 관한 연구와 성의 친밀감을 강조하는 면에서는 아직도 개선해야 할 점이 많다.

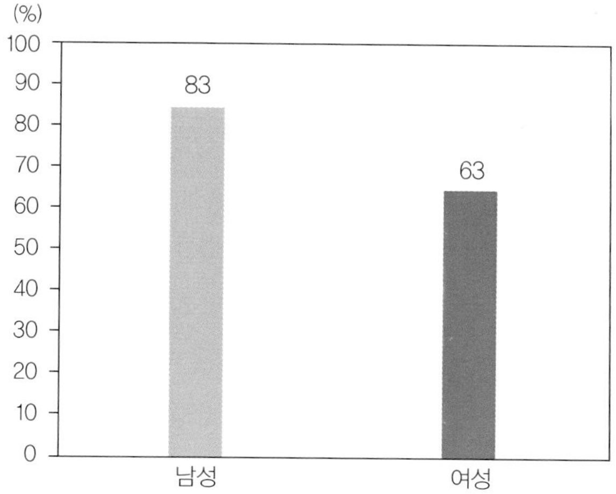

ⓐ 성별로 성이 삶에서 매우/극단적으로/적당히 중요하다고 대답한 비율

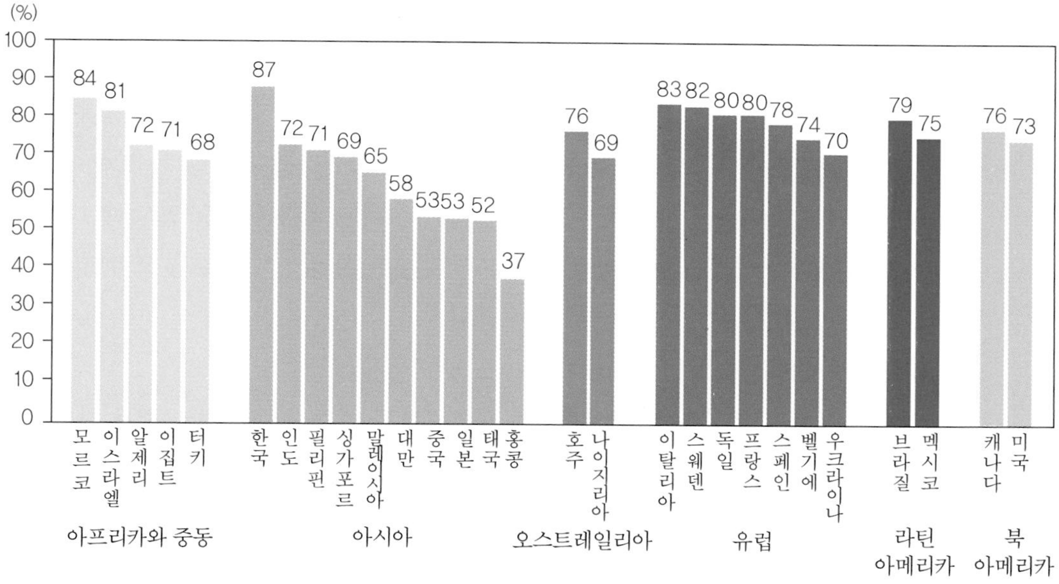

ⓑ 국가별로 성이 그들에게 매우/극단적으로/적당히 중요하다고 답한 비율

| 그림 9-1 | **파이저(Pfizer)의 성적 태도와 행동에 관한 연구: 총체적인 당신의 삶에서 성이 어느 정도 중요한가?**

3. 성에 대한 접근방법

성은 단순하고 한 가지 측면만 있는 것이 아니라 여러 가지 측면을 가지고 있다. 따라서 성에 접근하는 방법이나 방향에 따라서 여러 가지로 다양하다. 다음에는 성에 접근하는 다양한 접근방법을 소개하겠다.

1) 생물학적인 측면

성에 대한 생물학적인 접근은 종족번식을 위한 임신과정, 출산, 성적인 욕구, 성 기능 등의 다양한 면을 포함한다. 성은 구체적인 우리의 신체를 통해서 표현되는 것이기에 신체적인 기능을 포함한다. 성의 생물학적인 측면은 인류의 역사적인 면에서 항상 강조되어 왔고, 특히 중세시대에는 성의 생물학적인 측면을 강조하면서 성의 친밀한 측면과 즐거운 측면을 억제하는 경향이 있었다. 현대는 성기능장애에 대한 생물학적인 접근이 아주 활발하게 연구가 되어서 이 분야에 많은 공헌을 하고 있다.

2) 심리사회적인 측면

성의 심리적인 측면은 남녀의 성에 관련된 감정, 사고, 성격과 관련이 있다. 성이 단순한 생물학적인 욕구만 포함하는 것이 아니고 성을 통해서 남녀가 상대방과 정서적인 교감을 느끼고 연결감을 가지고 친밀해지는 것을 포함한다. 또한 성의 심리사회적인 측면은 성에 관련된 자아정체감, 성적인 취향성 등도 포함한다. 즉, 자신이 남성인가 여성인가 등에 대한 자신의 자아의식, 성정체감 등을 포함한다.

3) 행동적인 측면

성의 행동적인 측면은 성적인 욕구를 구체적으로 표현하고 느끼는 것과 관련된다. 즉, 사춘기에 성적인 욕구를 혼자서 충족하기 위한 자위행동, 성교 등의 행동을 포함한다. 이성 간에 성적인 욕구를 표현하기 위한 키스, 애무, 성관계, 성기능장애 등 구체적인 성행위를 포함한다.

4) 임상적인 측면

성에 대한 임상적인 측면은 성에 대한 부정적인 경험 또는 가치관 때문에 성에 대한 만족을 경험하지 못하고 기능적인 면에서 장애를 경험하는 것을 포함한다. 특히 부부 사이에 조루증, 발기불능, 불감증 등의 성적인 기능장애가 있을 경우에는 부부갈등의 원인이 된다. 이런 경우에는 성치료를 받아야 한다. 성폭력을 경험한 여성이 치료를 제대로 받지 않은 경우에는 불감증을 포함해서 성에 대한 혐오적인 태도를 취하는 경우가 많다. 따라서 성폭력의 후유증을 정확히 알고 그에 대한 치료를 받는 것이 중요하다.

5) 문화적인 측면

성에 대한 가치관과 행동은 그 시대의 문화적인 가치관을 반영한다. 예를 들어, 우리나라의 경우에도 최근 들어 성에 대해서 양성평등과 개방적인 가치관을 남녀가 모두 소유하게 되었는데, 이런 가치관은 성행동에 많은 영향을 준다. 즉, 데이트 중에 키스하기 또는 성관계를 갖는 것도 문화적 · 시대적인 성에 대한 가치관을 반영해 준다.

6) 도덕적 · 종교적인 측면

성에 대해서 가장 많은 영향을 주는 것은 성에 대한 도덕적인 가치관과 종교적인 태도다. 도덕적으로 보수적인 사회일수록 성을 대체로 부정적으로 바라보고 성의 표현과 성적인 행위를 억제하는 면을 강조해 왔다. 특히 종교단체의 성에 대한 입장은 신도들에게 많은 영향을 주어서 신도들의 성생활에 구체적인 가이드라인을 제시해 주고 있다. 예를 들어, 가톨릭교에서는 아직도 이혼과 피임을 공식적으로 허락하지 않기에, 특히 피임문제는 신도들이 교단의 가르침에 갈등을 경험하고 있다. 성을 섹스로만 여기고 성에 대한 논의나 생각을 회피, 억압해 온 사람들은 이제 성을 좀 더 개방적인 시각에서 바라볼 수 있는 안목을 가져야 한다.

제2절 성과 사랑

사랑이란 말은 언제 들어도 아주 좋은 말이다. 특히 젊은이들은 사랑을 위해서 자신의 인생을 걸 수도 있다. 그러나 우리가 그렇게도 원하는 사랑의 본질은 무엇일까? 사랑하면 달콤하고 즐겁고 신비스러울 줄 알았는데 사랑하는 사람들을 주위에서 보면 사랑하기에 힘들고 슬프고, 사랑하기에 싸우고, 살인도 하고, 사랑하기에 헤어지는 현실이 전개되고 있다. 사랑은 예술을 낳고 예술과 문학의 가장 중요한 주제는 사랑인 것이다.

사랑은 강한 정서와 행동적인 요소를 지닌 특별한 태도다. 사랑은 사람과 문화와 시대에 따라서 다양한 의미를 가진다.

> 사랑은 온유하고, 시기하지 아니하며, 사랑은 자랑하지 아니하고(고린도 전서 13장 4-7절)
> 사랑은 결혼이나 이러한 병이 발병한 상황에서 그 환자를 제거함으로써 치유될 수 있는 순간적으로 미친 행동이다(Bierce, 1943: 202).
> 사랑은 상대방의 행복이 자신에게 아주 중요한 조건이다(Heinlein, 1961: 345).

루빈(Rubin, 1973)은 미시간 대학교에 다니면서 데이트하는 수백 명의 커플에게 사랑의 척도를 실시해서 자신이 생각하는 로맨틱한 사랑에 관해서 설문을 한 결과, 사랑은 상대방과 신체적으로 같이 있으면서 정서적인 지지를 하는 애착관계, 상대방의 안녕(well-being)에 관심을 가지는 보살핌, 상대방과 가까우면서 비밀스러운 대화를 유지해 줄 수 있는 친밀감의 세 가지 요소를 지적하였다.

1. 스턴버그의 사랑의 삼각형이론

사랑에 대한 열정적, 온정적인 태도에 관한 연구를 통해서 심리학자 스턴버그(Sternberg, 1986)는 다음의 '사랑의 삼각형이론'을 발전시켰다.

- **열정**(passion): 열정적인 감정, 신체적인 매력, 성적인 욕구를 증진시키는 동기를 포함한다. 열정은 사랑하는 사람과 신체적으로 하나가 되고 싶어 하는 욕망을 갖게 만든다. 상대방에 대한 열정의 감정은 마치 중독과 같아서 상대방이 곁에 없으면 견디지 못하고 상대방을 그리워한다. 사랑하는 사람과 떨어져 있으면 상사병을 얻어서 상대방에 대한 강한 갈망을 일으키는 것이 열정이다.
- **친밀감**(intimacy): 상대방과의 정서적인 연결감을 말한다. 즉, 사랑하는 사람에 대한 따뜻한 마음, 삶을 나누기, 정서적인 친밀감을 의미한다. 사랑하는 사람과 친밀감이 있으면 자신의 비밀을 상대방과 나눌 수 있고, 서로의 비밀을 지켜 주고, 보호해 준다.
- **헌신적 태도**(commitment): 사랑의 사고적이고 인지적인 측면을 말한다. 사랑하는 사람과 어려움이 있더라도 의식적인 결단을 통해서 상대방과의 관계를 유

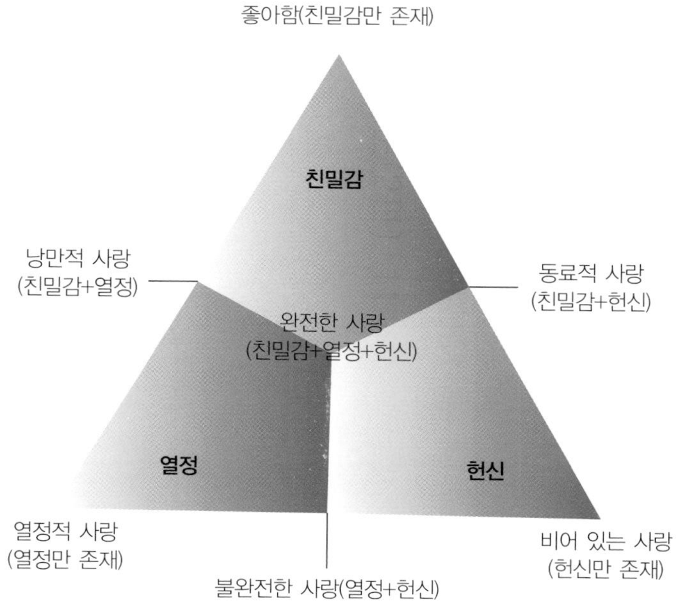

| 그림 9-2 | **스턴버그의 사랑의 삼각형**

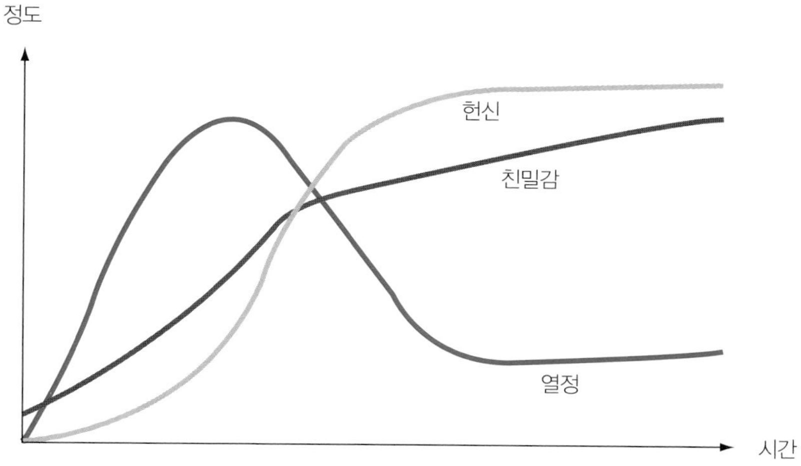

| 그림 9-3 | **스턴버그의 시간의 경과에 따른 사랑 요소 정도의 변화**

Box 1

결혼에는 사랑이 반드시 필수요소인가

결혼하는 남녀에게 사랑이 필수요소인가에 대한 대답은 문화에 따라 다르다. 우리나라는 전통적으로 중매를 강조하면서 사랑보다는 가문과 부모의 의견이 더 중요시되기도 했다. 트리언디스와 동료들(Triandis et al., 1990)의 연구에 의하면 대체로 집단의 의견을 중요시하는 문화권, 즉 인도, 파키스탄 등은 사랑보다는 조건을 중요시하고, 개인주의를 강조하는 미국, 영국 문화권 등은 대체로 상대방에 대한 감정을 중요시한다고 한다.

질문: 만일에 상대방이 당신이 원하는 모든 조건을 갖추었다면, 당신은 그 사람을 사랑하지 않아도 결혼하시겠습니까?

나라별	반응(%)		
	예	아니요	모르겠다
인도	49.0	24.0	26.9
파키스탄	50.4	10.4	39.1
타이	18.8	33.8	47.4
필리핀	11.4	63.6	25.0
미국	3.5	85.9	10.6
오스트리아	4.8	80.0	15.2
영국	7.3	83.6	9.1
브라질	4.3	85.7	10.0
홍콩	5.8	77.6	16.7
멕시코	10.2	80.5	9.3
일본	2.3	62.0	35.7

지하려는 결단과 책임감을 말한다.

스턴버그에 의하면 열정은 사랑하는 관계에서 초기에 발생하지만 시간이 지나면서 점점 강도가 줄어든다. 그러나 친밀감과 헌신적인 태도는 시간이 지나면서 서서히 발전한다. 사랑하는 사람 사이에 일어나는 성적이고 열정적인 사랑은 빨리 발전하고 급속도로 정상의 감정에 도달하고 또한 쉽게 식어 간다. 사랑하는 사람 사이에 친밀감과 헌신적인 태도가 발달되지 않으면 그러한 관계는 오래가지 못하고 시들어 간다. 완벽에 가까운 사랑을 하기 위해서는 사랑의 세 가지 요소가 항상 균형을 이루어야 한다. 젊은이들은 데이트를 하면서 열정적인 사랑의 단계에 있으면서 상대방과의 성적인 탐닉에 빠지는 경우가 많은데, 이 이론에 의하면 아주 불균형한 상태이기에 이러한 사랑의 관계는 절대로 오래가지 못한다. 사랑은 성적인 감정의 표현만이 아니고 상대방에 대한 배려와 친밀한 관계, 책임과 열정이 조화를 이루어야 한다.

2. 사랑의 스타일

존 앨런 리(John Allan Lee, 1974)는 인간들이 친밀한 관계를 형성하는 스타일에 따라서 여섯 가지 형태의 사랑이 있다고 주장했다.

- 낭만적 사랑(romantic love, eros): 신체적인 미를 강조하고, 상대방과의 스킨십이나 감각적인 쾌감을 강조한다. 즉흥적이고 순간적으로 상대방의 매력에 몰입하는 사랑이다.
- 유희적 사랑(game-playing love, ludus): 한마디로 플레이보이 같은 바람기 있는 관계를 말한다.
- 소유적인 사랑(possessive love, mania): 상대방을 소유하고 집착하는 사랑의 형태다. 대체로 질투로 얼룩진 사랑을 한다. 상대방을 소유하려고 하기에 감정의 기복이 심하고 사랑했다가 싸우고 하는 관계가 지속된다.
- 열정적 사랑(compassionate love, storge): 상대방에 대한 사랑의 감정이 서서히 발전하지만 지속적이고 안정된 관계를 유지한다. 이러한 사랑은 친구 같은 감정에서 시작해서 서서히 발전해 나가는 형태의 사랑으로 시간이 지나감에 따라서 애정과 사랑으로 발전해 나간다.
- 희생적 사랑(altruistic love, agape): 상대방에게 기대하는 것 없이 상대방을 위해 자기를 희생하는 사랑이다. 이러한 사랑은 오래 참으면서 질투나 탐내는 것이 없다.
- 실용적 사랑(pragmatic love, pragma): 서로가 합리적이고 이성적인 면에 초점을 두면서 하는 사랑이다. 서로가 서로에게 만족시켜 주면서 주고받는 것이 균형을 이룬다. 서로가 비슷한 관심을 가지면서 서로의 위치를 최대한 활용해서

서로에게 현실적인 만족을 추구한다.

사랑의 의미가 다양하기 때문에 리(1974)는 남녀가 서로 사랑을 말하면서 같은 의미로 대화하거나 서로 통하면 그 관계가 지속될 수 있지만, 서로가 다른 의미의 사랑을 말하면서 관계를 유지하려고 한다면 그 관계는 오래 지속될 수 없다고 주장하였다. 안정적인 사랑을 이루기 위해서는 자신의 사랑을 알아차릴 필요가 있다.

3. 사랑과 호감의 요소

사랑은 두 사람 사이에 호감이 있는 상호적인 친밀한 관계이기에 이러한 관계가 형성되기 위해서는 다음의 조건이 필요하다.

1) 근접성

사랑이나 호감의 요소에서 가장 중요한 것은 사람들이 서로 만나야 하는 것이다. 사회학자들에 의하면 우리가 음악, 예술품, 인간의 얼굴 등과 같은 새로운 자극에 반복적으로 노출되면 그 자극에 익숙해지고 그 대상에 대해서 호감도 일어난다고 한다(Bornstein, 1989). 학교와 직장, 동아리, 종교집단 등은 사람이 서로 만날 수 있는 공간을 제공해 주는 곳이다. 서로 자주 만나다 보면 상대방이 어떻게 행동할 것인가에 대해서 예측할 수 있고 편안하게 느낄 수 있다. 사랑의 출발은 서로의 만남에서 이루어진다.

2) 유사성

사랑하는 사람과 가치관, 생활관, 취미 등에서 서로 유사한 점은 서로가 좋아하고 사랑을 느끼는 데 아주 중요한 요소다. 사랑하는 사람들을 상대로 연구해 보면 신앙, 가치관, 태도, 관심, 지적인 능력 면에서 서로 유사한 사람들이 서로 사랑에 빠지는 경향이 있다(Byrne, 1997). 인종별로도 서로 같은 인종에 대해서 대체로 호감을 느끼고 사랑에 빠진다.

유사한 인생관이나 취미가 있으면 서로는 취미생활이나 시간을 같이 보낼 가능성이 많아진다. 예를 들어, 종교가 서로 같으면 같이 종교활동을 하면서 서로가 삶을 더 나누어 가질 수 있지만, 종교가 다르면 서로가 갈등을 일으킬 소지가 많다.

3) 상호성과 상보성

남녀가 사랑에 빠지는 또 다른 중요한 요소는 내가 상대방을 좋아하는 만큼 상대방도 나를 좋아한다는 인식이다. 상호성의 또 다른 측면은 내가 상대방에게 잘해 주고 보살펴 주는 만큼 나도 상대방에게서 받고 있다는 확신이 들어야 한다는 것이다. 일방적으로 주는 사랑이나 일방적으로 받는 사랑관계는 절대로 오래가지 못한다. 내가 상대방에게 잘해 주면 상대방도 어느 정도 비슷하게 나에게 잘해 주어야 관계가 지속될 수 있다(Byrne & Murnen, 1988).

사랑의 상보성은 내가 없는 성격이나 특징을 상대방이 가졌다고 할 때 상대방에게 호기심을 가지고 접근하는 경향이 있다. 즉 자신은 내향적이어서 차분한데, 상대방은 외향적이어서 활동적이라고 할 때 상대방에게 호감과 매력을 느낀다.

4. 신체적인 매력

신체적인 매력은 남성에게만 중요한 것처럼 생각하지만, 실제는 여성도 남성의 신체적인 매력을 중요시한다. 연구에 의하면 신체적인 호감은 대인관계와 데이트, 성관계, 결혼을 고려하는 데 중요한 요인이 되고 있다(Hatfield & Sprecher, 1986).

그러나 어떠한 요소가 신체적인 매력을 가져오는가에 관한 기준은 문화적인 영향을 받기에 사회마다 다르다. 우리나라 미의 기준은 서구의 영향을 받아서 여성이 날씬하고, 아랫입술이 약간은 두꺼워야 매력적이라고 본다. 가슴은 발달하고 허리는 가늘고 엉덩이는 좀 큰 여성이 신체적으로 매력적이다. 요즘에는 S라인을 가진 여성을 매력적이라고 본다.

여성은 가슴이 커야 남성에게 매력적이라고 믿고 가슴을 발달시키거나 유방확대수술에 관심을 많이 가지고 있다. 그러나 유방확대수술은 부작용도 많다. 남성의 입장에서 보면 너무 마른 여성은 병약해 보이고 아이를 생산하는 데 지장이 있을까 봐 어느 정도는 살이 찐 체형을 좋아한다. 여성의 입장에서 보면 키 큰 남성을 선호한다. 남성과 같이 걸어가면 여성이 하이힐을 신었을 때 적어도 자신과 키가 같거나 크기를 바란다. 남성과 여성 모두 뚱뚱한 사람은 신체적인 매력이 없다고 생각한다.

Box 2 신체적인 매력 포인트

동양이나 서양, 아프리카를 막론하고 아름다운 여성에 대한 특징이 공통적이다. 즉, 눈은 크고, 쌍꺼풀지고, 눈과 눈 사이는 넓고, 코는 적으며, 턱은 작고 좁은 형태고, 아랫입술은 두껍고, 눈썹은 선명해서 잘 보이고, 아주 정숙하게 얼굴 단장을 한 여성을 선호한다.

5. 낭만적인 사랑의 사이클

남녀가 사랑에 빠지는 과정에 관해서 많은 견해가 있다. 사랑의 사이클에 의하면 사랑하는 남녀는 다음의 과정을 거친다고 한다(Masters et al., 1995).

1) 사랑의 준비단계(love readiness)

대체로 다음의 준비단계에 있는 사람들이 사랑을 시도한다고 한다.

- 사랑은 관계를 맺는 것이기에 타인과 건강한 관계를 맺으려면 자기 자신이 자신을 수용하는 데서 출발한다. 에리히 프롬(Erich Fromm, 1965)에 의하면 자신에 대한 긍정적인 감정이 자신을 사랑하는 것이고 만족스러운 인간관계의 출발이 된다고 하였다.
- 사랑을 하려면 이성과 함께 시간을 보내고 심리적인 에너지를 투자하는 것에 대해서 아깝지 않고, 이성을 원하는 마음이 있어야 한다.
- 이성과 관계를 맺고 싶어 하는 소망과 갈망이 있어야 한다. 즉, 이성과 친밀감을 나누고, 한 이성에게 자신을 개방하면서 자신의 외로움에서 벗어나려는 동기가 있어야 한다. 이성관계는 나를 개방하고 상대방을 알고 수용하는 관계이기에 자신을 개방할 수 있는 준비가 중요하다.
- 성적인 욕구를 충족하는 데서 오는 좌절감이 이성관계를 촉진한다(Walster & Walster, 1978). 인간은 남녀 모두 성적인 본능을 충족하고 싶어 한다. 혼자 살면 자위행위를 한다든가, 또는 성 매수 등을 통해서 성적인 본능을 충족할 수도 있지만, 이러한 성적인 행동은 정서적인 친밀감과 안정을 가져올 수 없고 안정적이지 않기에 이성관계를 추구한다. 그러나 이성관계를 자신의 성적인

욕구만 충족하기 위해서 시도하게 되면 상대방을 성적인 욕구 수단으로 추구하기에 성적인 중독에 빠질 수 있고, 안정된 이성관계를 만들지 못한다. 사랑은 성기관을 가진 그 대상 자체를 인격적으로 사랑해야 한다.

이런 관점에서 보면 많은 사람이 사랑의 준비 단계에 있지 않으면서 사랑을 하고 싶어 할 수 있고 또는 사랑의 준비 단계에서 망설일 수도 있는데, 사랑을 하려면 시동을 걸어야 한다. 한편, 어제는 사랑의 준비가 된 것같이 느끼다가 오늘은 그러한 욕망이 사라질 수도 있다. 사랑의 감정은 경우에 따라서 합리적이지도 않고, 통제하기도 어려우며, 예상대로 이루어지지 않을 수 있다.

2) 사랑에 빠지는 단계(falling love)

두 남녀가 갑자기 뜨거워지는 사랑의 관계에 빠지는 과정은 자세히 설명할 수 없는 신비한 과정이기도 하다. 로맨틱한 사랑은 처음 보는 순간 이루어지는 경우도 있고, 시간이 지나면서 점진적으로 이루어지는 경우도 있다. 그러나 사랑의 준비단계가 없이 갑자기 사랑이 생기는 것은 아니다. 소설이나 영화에서는 사랑을 할 준비가 전혀 되어 있지 않은데 사랑에 빠지는 것처럼 보여 주기도 하지만, 실제의 삶에서는 서로가 서로를 알아 가는 과정에서 서로의 욕구를 충족해 줄 수 있고, 서로가 공통적인 관심사가 있는 것 등의 확신이 들어야 사랑의 관계가 이루어지는 것이다. 초기의 친구관계가 사랑의 관계로 발전할 수도 있다. 어쨌든 두 남녀가 사랑을 하기 위해서는 서로 접촉하고 만나야 한다.

사랑에 빠지면 상대방에 대한 정서적인 친밀감과 성적인 흥분을 포함한 열정을 느낀다(Sternberg & Barnes, 1988). 이러한 두 가지 감정이 서로를 긍정적으로 강화하고 서로를 잊지 못하게 하는 열애단계로 들어가게 만든다.

3) 사랑 안에 있는 단계(being in love)

남녀가 사랑에 빠져서 사랑이 지속되기 위해서는 상호성이 있어야 한다. 남녀가 사랑하는 관계 안에 있으면 서로 편안함, 만족감, 정서적인 안정감을 누린다. 또한 성적으로도 서로 매력을 느끼고 스킨십 등을 통해서 성적인 감정을 표현하려고 한다. 그러나 사랑한다고 반드시 성관계를 통해서 성을 즐기는 것은 아니다. 개인의 혼전 성에 관한 태도나 종교적인 가치관에 따라서 성관계까지는 가지 않고 자위를 한다든가, 활동을 같이하는 등의 다른 행동을 통해서 남녀 간의 직접적인 성관계를 지연하거나 통제할 수 있다. 열정적인 사랑이 지속되기 위해서는 상대방을 성적인 존재로만 바라보는 것이 아니고, 인격적인 존재로 보면서 상대방 자체를 수용하고 포용해 줄 때 가능하다.

4) 전환기의 사랑(love in transition)

전환기의 사랑의 특징은 초기의 낭만적인 감정이 식고, 성적인 매력도 떨어지고, 상대방의 약점이 밖으로 드러나면서 상대방에 대한 실망, 좌절, 불안, 화남 등의 감정을 가지는 것이다. 상대방을 만나도 초기처럼 흥분되는 감정이 없고, 일종의 권태 감정이 드는 것이다. 전환기 사랑의 다른 특징 중 하나는 상대방을 자신이 원하는 사람으로 만들려는 시도를 한다는 것이다. 이러한 과정에서 남녀 사이에 서로 권력투쟁이 일어난다(Coleman, 1977). 상대방에 대한 질투 감정, 분노, 좌절의 감정과 이전의 열정적인 사랑의 감정이 교차하면서 두 사람의 관계는 마치 롤러코스터를 타는 기분이다. 하루는 좋았다가 다음날은 서로 싸우기도 한다.

전환기의 사랑은 두 남녀가 현실을 좀 더 직시하고 사랑을 현실화할 가능성에 대해서 타진하고 알아보는 시기다. 따라서 이 시기를 잘 극복하기 위해서는 무엇보다도 상대방의 관점에서 바라보고 상대방의 관점에서 이해하고, 상대방이 원하는 것을 수용하고 받아 주려는 노력과 협동, 융통성이 절대적으로 필요하다. 자신의 욕구를 상대방이 안 들어준다는 자기중심적인 사랑에 빠져 있으면 사랑은 오래 지속되지 못하고 식기 마련이다.

전환기의 위기를 극복하고 서로가 초기의 단순한 상대방에 대한 호기심, 성적인 욕구, 열정에만 매달리지 않으면 두 사람의 사랑은 성숙한 사랑의 단계를 향해서 좀 더 다른 차원의 사랑으로 나아갈 수 있다. 서로를 신뢰하지 않고, 상호적이 아닌 사랑은 수명이 짧다.

5) 사랑에서 빠져나오는 단계(falling out of love)

사랑에 빠져 있는 연인들은 상대방의 행복과 안녕에 대해서 관심이 많고 자신을 개방하고 상대방과 같이 있어도 행복하지만, 사랑에서 빠져나오는 사람들은 반대로 상대방보다는 자신의 이익에 관심이 많고, 이전에 비해서 덜 개방적이고, 자신의 감정을 숨기거나 잘 표현하지 않고, 상대방에 대한 관심이 적고 애정이 식어 가는 것이 특징이다. 두 사람 사이에 문제가 발생하면 이전에는 서로가 해결하려고 노력했지만, 사랑에서 빠져나오려는 사람들은 문제를 방치하거나 문제를 이유로 서로가 더 멀어지는 것이 특징이다.

남녀가 사랑을 하다가 서로 헤어질 때는 약 15%만이 서로가 합의하에 헤어진다고 한다(Hill, Rubin, & Peplau, 1976). 나머지는 한 사람은 마음이 변했어도 상대방은 사랑하려고 하거나, 상처를 받아서 우울증, 심지어는 실연으로 인해 자살까지 시도하는 경우도 있다. 또한 일생 동안 연인을 그리면서 혼자 사는 사람도 있다. 사랑이 달콤하다고 시작했지만 이 단계에 있는 사람들은 사랑하기가 왜 이렇게 어려운가를 체험하고, 사랑의 쓴맛을 보는 것이다.

6) 사랑에서 완전히 벗어나는 단계(being out of love)

사랑의 반대는 증오가 아닌 무관심이다. 연인과의 사랑에서 완전히 벗어나면 그 연인과의 심리적인 증오나 사랑의 관심이 무덤덤해진다. 이러한 사람은 다시 사랑의 준비단계로 들어가서 이전의 경험을 토대로 새로운 연인을 사귀려고 시도할 수도 있다. 실연한 사람이 사랑을 다시 시도하면 종전에 비해서 더 취약한 사람도 있고, 더 개방적인 사람도 있다.

사랑을 시도하는 남녀는 이러한 과정이 사랑을 이루어가는 과정에서 있다는 것을 예상하고 연인 사이에 갈등이 있을 때 이것을 해결하는 대화 기법을 평소에 잘 익히고 습득할 필요가 있다. 건강한 결혼에 관한 연구를 보면, 결혼 생활을 유지하는 비결은 결혼 초기 사랑의 감정이 아니고 문제해결과 대화 기법에 있었다.

6. 남녀 사랑 관계에서 파생되는 문제점

1) 사랑하려면 거절을 감수해야 하는가

사랑하기를 주저하는 사람들은 데이트를 신청할 경우 거절에 대한 두려움 때문에 데이트를 신청해 보지 못했다고 하는 사람이 많다. 좋아하는 사람에게 거절당하면 자신이 부족해서 상대방에게 거절당했다는 생각에 실망과 좌절감에 빠져들기도 한다. 그러나 엄밀하게 따져 보면 연애하다가 거절당하는 것은 어느 한쪽이 부족해서라기보다는 서로가 잘 어울리지 않거나 코드가 맞지 않기 때문에 일어나는 현상이다.

2) 거절하는 사람은 죄책감을 느껴야 하는가

남녀가 데이트를 하는 과정에서 거절당한 사람이 우울증에 빠진다든가 또는 깊은 상처를 입었다는 것을 알면, 대체로 거절한 사람은 자신의 거절로 인해서 상대방이 상처를 입었다는 것에 대해서 죄책감을 느낀다. 상대방을 거절하고 싶은 사람이 때로는 상대방을 싫어하면서도 확실한 거절의 태도를 보이지 않고 모호한 상태를 유지해서 상대방에게 더 상처를 주는 경우도 있다. 데이트는 거절하고 거절당하는 것이 정상과정이기에 죄책감을 느낄 필요 없고, 데이트 중에 싫으면 싫다는 감정을 초기에 정확하게 표현하는 것이 중요하다.

3) 사랑과 섹스는 어떤 관계가 있는 것일까

사랑과 섹스는 서로 깊은 상관관계가 있지만, 항상 그렇지는 않다. 데이트를 하는 젊은이들이나 결혼한 사람들 또는 독신으로 살고 있는 사람들이라도 사랑 없이 섹스를 즐기기도 한다. 섹스가 사랑을 더 깊게 할 것인가? 아니면 오히려 사랑을 망칠 것인가? 사랑 없는 섹스는 적절하지 않은가? 섹스 없는 사랑도 가능할 것인가? 이와 같이 여러 관점이 있을 수 있기에 섹스와 사랑의 관계는 생각처럼 단순하지 않다. 섹스에 대한 의미도 개인마다 다르기에 모든 것이 쉽지는 않다. 사랑하면 섹스를 통해서 표현하고 싶어 한다. 그러나 사랑 없이도 순간적인 성적 감각을 추구하기 위해서 섹스를 시도하기도 한다. 바람직한 섹스는 서로가 사랑하는 관계에서 깊은 사랑을 표현하기 위한 섹스다.

4) 남자와 여자는 섹스에 대해서 서로 다른 견해를 가지고 있을까

일반적으로 남자와 여자는 섹스에 대해서 약간 다른 견해를 가지고 있다(Hendricks & Hendricks, 1995). 즉, 여성은 섹스와 사랑을 연관시키기에 사랑 없이 섹스를 하려고 하지 않는다. 대체적으로 남성은 여성에 대해서 정서적인 친밀감이나 사랑이 없이도 성관계를 쉽게 갖는 경향이 있다(Buss, 1999). 그러나 이러한 경향은 사랑하는 관계의 초기에 해당할 수 있겠지만 두 사람과의 관계가 더 깊어지면 남자나 여자 모두 정서적인 지지나 친밀감을 중요시하면서 성관계를 맺는다.

또한 최근에는 남성도 섹스에 있어 사랑을 중요시하는 경향으로 바뀌고 있다. 예를 들어, 퍼레이드(Parade)라는 잡지사에서 남녀에게 '사랑 없는 섹스를 할 수 있는가?' 에 대한 질문을 1984년과 1994년에 10년 간격으로 조사한 바에 의하면,

초기에는 남성의 59%, 여성의 86%가 부정적으로 답변했는데, 후기에는 남성의 71%와 여성의 86%가 부정적으로 답변했다(Clements, 1994). 즉, 남성도 성관계에서 정서적인 친밀감과 사랑을 중요시하는 경향으로 바뀌어 가고 있다는 것이다. 남성도 상대방 여성이 자신을 사랑하지 않으면서 성적인 대상이나 경제적인 이용가치로만 생각하면서 성관계를 맺는다는 것을 알면 성적인 욕구가 떨어질 수 있다. 진정한 사랑이란 상대방의 성을 포함한 인간 자체를 수용하는 것이다.

5) 이성애자와 동성애자는 사랑과 섹스에 대해서 다른 의미를 가질까

일반인이 생각하기에는 동성애자들은 양성의 부부보다는 상대방과의 친밀감에 덜 관심이 있을 것이라고 생각한다. 실제로 게이나 레즈비언 부부를 상대로 한 연구에 의하면 게이 부부는 사랑과 성을 별도로 생각해서 개인적으로 여러 사람과 성관계를 맺지만 사랑은 자신의 파트너와 나누는 경향이 있고, 레즈비언은 파트너에 대한 애정과 사랑을 중요시해서 다른 여성과 문란한 성관계를 맺지 않는다고 한다(Kurdek, 1995). 이러한 현상은 성에 대해서 남성과 여성이 보이는 성적인 차별을 보여 주는 것이라고 할 수 있다. 그러나 동성애자도 부부관계를 맺고 사는 사람은 자신의 파트너에게 충실하고 애정과 친밀감을 중요시하는 경향이 있다고 한다.

6) 성과 사랑의 관계 중 어느 것을 중요시할 것인가

우리가 흔히 말하는 성관계에는 섹스를 의미하는 성과 두 사람 사이의 인간관계를 의미하는 관계라는 두 가지 측면이 있다. 성을 중요시하는가 관계를 중요시하는가는 개인의 가치관에 달려 있다고 할 수 있고, 대체로 서로의 사랑관계를 유지하기 위해서 성을 사용하면 그 관계는 오래 지속될 수 있지만, 성을 즐기기 위해서 관계를 이용하는 경우는 그 관계가 오래가지 못한다.

7) 성에 대한 의미는 다양한가

이에 대한 대답은 '예(Yes)'다. 따라서 자신의 성에 대한 가치관이나 의미를 확인하기 위해서는 다음과 같은 성에 대한 개인적 가치관을 검토할 수 있는 질문을 스스로 해 보기 바란다.

- 지금 일어나고 있는 성에 대한 개방적인 태도를 얼마나 수용할 수 있는가?
- 혼전에 성관계를 하는 것에 대해 어떤 태도를 가지고 있는가?
- 사랑하면 성관계가 언제라도 가능한가?
- 나의 성에 대한 가치관은 누구에게서 많은 영향을 받았는가?
- 나는 성에 대한 우리나라의 전통적인 가치관을 수용하는가 거부하는가?
- 나는 현재 데이트하는 대상과 성관계를 가졌을 경우 후회하지 않을 것인가?

8) 이성 사이에 성적인 감정 없이 친구관계가 가능한가

우리는 흔히 남녀 사이에 성적인 감정 없이 순수한 우정이 가능한가에 대한 질문을 많이 한다. 엄격하게 말하면 남녀 사이에 성적인 감정이 전혀 없는 것은 아니지만, 억압하거나 주의를 다른 곳으로 분산시키면서 친구관계를 유지한다고 보는 것이 정확하다. 결혼하는 사람 중에는 처음에는 친구로 사귀다가 사랑관계에 빠졌다고 하는 사람이 많다. 친구관계와 사랑관계는 종이 한 장의 차이일 수 있는데, 서로가 성적인 욕망이나 생각을 어떻게 억제하고 통제하는가에 따라서 친구로 남아 있는가 애인으로 발전하는가의 차이다.

9) 이성관계를 섹스 없이 계속해서 지속할 수 있을까

엄밀히 말해서 남녀가 이성관계를 맺으면서 서로가 섹스를 하지 않기로 결심했다면 섹스 없이 데이트를 하는 것은 가능하다. 그러나 한쪽에서 성관계를 요구하는 경우 성관계 없이 오랫동안 친구관계로만 유지한다는 것은 아주 어렵다. 대체로 남자는 성적인 접촉과 성관계를 원하는데 여성들은 스킨십 정도는 즐기지만 성관계까지는 원하지 않는 경우가 많다. 어떤 경우, 즉 남성이 여성에게 성적인 접촉을 전혀 시도하지 않는 경우에 여성의 입장에서는 자신이 성적인 매력이 없다고 생각하면서 상처를 받을 수도 있다. 따라서 이성관계에서 상대방의 성에 대한 가치관을 솔직하게 밝혀서 서로가 편안한 관계를 유지할 필요가 있다.

10) 상대가 성적인 접근을 할 때 '아니요(No)'라고 말해도 괜찮은가

한마디로 말해서 자신이 성관계를 맺을 준비가 안 되었을 때 '아니요'라고 말하는 것은 건강한 데이트다. 성관계를 응해 주지 않으면 남자친구가 기분 나빠할까 염려해서 또는 자신을 떠날까 두려워서 성관계를 맺는 것은 건강하지 못하고, 그

러한 관계는 오래 지속되지 못한다. 남성 역시 여성을 진정으로 사랑한다면 여성이 소중하게 여기는 것을 보호해 주고 상대방이 준비될 때까지 기다려 주는 것이 진정한 사랑이다.

제3절 이상 성행동

1. 정상적인 성행동과 이상 성행동의 구별

성행동 중 정상적인 성행동과 비정상적인 성행동을 구별하는 것은 우리가 살고 있는 문화와 시대의 가치관에 따라서 변화하고 또 동시대에 살고 있다고 하더라도 성에 대한 개인차가 있고 취향이 달라서 이상 성행동과 정상적인 성행동과의 구별은 쉽지 않다. 정상과 이상은 흑백으로 구별되는 것이 아니고 다음과 같은 내용에서 연속선상에 있다고 보아야 한다.

1) 사회적으로 규범에서 벗어난 정도

우리는 규범에서 벗어난 행동을 하면 이상 행동으로 간주한다. 예를 들어, 우리나라에서는 전통적으로 할아버지나 할머니가 손자의 성기를 만지면서 "이 고추 잘 생겼구나." "고추 좀 따먹자." "이 고추 맛있다."라고 하면서 아들에 대한 선호 사상을 표현하였다. 현재는 이러한 행동을 하면 성추행범으로 처벌을 받는다. 사회적인 통속적 규범에서 벗어나면 우리는 이상 성행동이라고 한다.

2) 빈도와 지속적인 행동의 정도

어느 사람이 순간적인 실수로 또는 호기심에서 단 한 번 여성의 신체를 만졌다고 해서 그 사람을 성도착자로 몰아붙이거나 진단을 내리지는 않는다. 이상 성행동을 지속적으로 한다든가 그 행동의 빈도가 높을 경우에 이상 성도착 행위라고 규정한다.

3) 심리적인 의존성

성도착 행위를 보이는 사람들은 그러한 성행위에 대해서 심리적인 호기심을 가지고 있을 뿐 아니라, 이상 행위를 하면서 성적인 흥분을 느낀다. 자신이 한 행동이 나쁘다는 것을 알지만 그러한 행동을 반복적으로 한다.

4) 사회적인 기능 면에 지장을 주는 정도

변태적인 성행위를 판단하는 중요한 단서 중 하나는 그러한 행동이 자신의 삶과 사회생활에 미치는 문제점이다. 예를 들어, 자위행위를 지나치게 하면 그러한 행동을 하려고 친구를 멀리하고 집 안에서 고립되어 살 수도 있다. 따라서 그러한 행동으로 인해서 자신의 사회생활이 위축된다면 이상 행동이고, 자신의 변태행동으로 인해서 타인이 피해를 보거나 심리적인 충격을 받는다면 그러한 변태적인 행동을 보인 당사자에게 책임이 있고 문제가 있다고 진단을 받게 된다.

2. 성도착적인 성행위자에 대한 심리학적인 이론

성도착자들의 일탈행동의 원인이 무엇일까에 관한 의문을 제시할 수 있는데, 성행동을 포함한 인간의 행동은 여러 요인들이 영향을 미치므로 성도착의 행동 역시 다음과 같은 여러 원인이 관여하리라고 생각된다.

1) 생물학적인 요인

인간의 성욕은 테스토스테론이라는 호르몬에 의해서 영향을 받기에 성노출자들의 호르몬 수준이 일반인보다 높을 것이라는 가정을 세울 수 있다. 한 연구에서는 남성 노출증 환자가 정상인에 비해서 테스토스테론 호르몬의 수준이 약간 높다고 보고했다(Lang et al., 1989). 또 다른 연구에서는 대체로 많은 성도착증자들은 정상인들에 비해서 성적인 욕구가 강하고(Kalfka, 2003), 오르가슴을 느끼고 다시 성적으로 흥분하는 주기가 짧다(Haake et al., 2003)고 한다.

특히 성적 피학자(masochism)들에 관한 연구들은 쾌감이나 통증을 느끼는 부위가 동시에 작동된다고 한다. 즉, 통증을 받아서 두뇌에서는 쾌감을 느낀다고 한다(Beccera et al., 2001). 성도착을 보이는 사람들의 호르몬 수준이나 쾌 중추, EEG 등에 관한 연구를 통해서 생물학적인 원인을 밝히려고 시도는 하고 있지만, 아직까지는 생물학적인 원인들을 확실하게 밝혀내지 못하고 있다. 인간의 행동은 환경에 영향을 받고 학습되기 때문이다.

2) 정신분석적인 입장

정신분석적인 입장에서는 성도착증이 남아들이 남근기에 경험하는 거세공포증을 미해결한 결과로 생기는 증상이라고 주장한다. 즉, 남아는 약 4세 때에 이성인 어머니를 성적으로 좋아하지만, 아버지가 자신의 성기를 거세할까 봐 두려워서 이러한 성적인 욕구를 억제하고 오히려 아버지와 동일시하여 남성의 역할을 배움으로써 위기를 해결해야 하는데, 남근기에 고착되어서 거세공포증을 방어하려는 시도가 도착적인 성행동이라고 주장한다. 예를 들면, 이성 복장 착용자들은 여성의 성기가 남근이 없는 것을 보고 자신도 여성과 같이 거세당할 수 있다는 공포를 느낀다. 그리하여 자신의 성기를 여성의 옷 뒤에 숨기고 여성도 남근이 있다고 믿음으로써 거세당할 공포심을 극복하려는 시도로 여장을 한다는 것이다.

3) 학습이론적인 입장

학습이론적인 입장에서는 성도착증적인 행동 역시 학습을 통해서 배운다고 주장한다. 예를 들면, 남아가 자위를 하는데 우연히도 엄마의 브래지어나 팬티 등의 속옷을 보면서 오르가슴을 느꼈다면, 차후에 자위를 하면서 그 장면을 계속 반복해서 떠올리게 될 경우 물품음란증으로 발전할 수 있다는 것이다. 이 경우에 자위를 할 때 사용하는 여성의 옷이 다양해지면서 여러 가지 여성 속옷을 모으거나 사용하면 전형적인 물품음란증자가 된다고 주장한다(Breslow, 1989).

여성에게 성기를 노출하는 남성은 자신이 우연히 소변을 보는 동안에 여성이 지나가는 장면을 경험했고, 순간적으로 창피하기도 했지만 흥분도 되고 짜릿한 기분이 들어서 이 장면을 환상으로 많이 상상하다가 실행하다 보니까 성기노출자가 된 것이라고 주장한다(McGuire et al., 1965).

4) 사회학적인 입장

사회학적인 입장에서는 사회적인 분위기나 가치관이 성도착증 행동에 기여한다고 주장한다. 이 이론은 특히 성적 가학 · 피학자들의 행동을 효과적으로 설명한다. 특히 남성이 지배적이고 적극적인 행동을 하는 반면에 여성은 순종적이고 수동적인 역할을 하는 사회적인 구조에서 성적인 행동 역시 남성이 지배성을 극단적으로 발휘하는 것이 가학적인 성행동이고 이것을 수동적으로 받아들이면서 여성으로서 만족을 느끼는 것이 피학적인 성행동이라는 것이다. 그러나 이런 사회학적인 입장에서 성에 대한 가치관이 성도착증에 기여한다는 개연성은 쉽게 받아들일 수 있지만, 이를 과학적으로 증명하는 데는 어려움이 있다.

5) 외상경험의 입장

외상경험의 입장은 아동이 발달하는 과정에서 경험한 외상이 성도착증적인 행동을 유발한다는 것이다. 예를 들어, 아동이 성폭력을 당하면 자신도 남을 가해하거나 성적인 일탈 행동을 보인다는 것이다. 이 이론은 성 피해자들이 성도착 증상을 보이기도 한다는 점에서 어느 정도 설명력이 있지만, 대부분의 성 피해자들은 성도착 증상을 보이기보다는 성 피해 후유증으로 인해서 심리적인 고통을 더 많이 경험한다.

6) 성도착증에 대한 통합적인 입장

성도착증은 어느 한 이론으로 설명하기보다는 위에서 밝힌 여러 이론들을 통합적으로 적용하면 좀 더 잘 설명할 수 있다. 즉, 성도착증자의 특징에 따라서 미완성된 무의식적인 욕구, 발달과정에서 학습하거나 모방하는 행동, 사회적인 성에 대한 가치관과 태도 등의 영향을 받아 변태적인 성행동을 시도할 수 있다.

3. 노출증

1) 증 상

노출증(exhibitionism) 환자들은 기대치 않는 낯선 사람들에게 반복적으로 자신의 성적인 기관을 노출하면서 성적인 흥분이나 만족을 누리고자 하는 사람들을 말한다. 노출증 환자의 대부분은 남자이지만 극소수의 여성도 있다(Stoller, 1977). 많은 노출증 환자는 이성의 관계에서 무능력하며 통제할 수 없는 충동 때문에 노출증적인 행동으로 이어진다고 한다.

노출증은 보통 18세 전에 증세를 보이며, 가장 많이 보이는 나이는 20대이고 아주 흔치 않은 경우만이 40대 이후에 이러한 노출증의 증세를 보이는데, 이들은 청소년기부터 노출하고 싶은 충동을 느꼈다고 한다(Freund et al., 1988). 대부분의 노출증 환자는 수줍어하고, 수동적이고, 성적으로 억제된 사람들이다. 많은 경우에는 가정 내의 갈등이나 권위자들과의 충돌이 노출증을 촉발하는 원인이 된다고 한다(Tollison & Adams, 1979). 어떤 연구에 의하면, 노출증을 보인 전형적인 사람은 결혼하고, 지능이 보통 이상이고, 만족한 직장생활을 하고, 정서적인 문제가 없는 사람이라고 한다(Smukler & Schiebel, 1975). 노출증 환자들은 40대 이후에는 노출의 빈도가 감소한다.

노출증 환자들은 자신의 성기를 노출하면서 흥분하고 자위행위를 하지만 이러한 행위를 통해서 사정을 하지는 않는다. 이들은 피해자들에게 충격을 주고 공포심을 불러일으키려고 하는 데 목적이 있다. 이러한 사람들은 자신이 남성임을 이러한 방법으로 과시하려는 경우도 있다.

우리나라의 여학교 주변에는 이러한 노출증 환자들이 많이 있지만 쉽게 경찰에 검거되고 있지 않다. 노출증 환자들은 앞에서 밝혔듯이 거리의 모퉁이나 여학교의 주변에서 반복적으로 노출을 시도한다(Tollison & Admas, 1979).

2) 원 인

노출증 환자들은 자존감이 낮고 자신이 없으며 불안한 사람들이다. 그래서 자신이 이성에게 접근했을 때 거절당할까 봐 두려워하는 사람들이다. 이들은 자신의 신체를 일부 보여 줌으로써 거절당하는 느낌을 최소화하려고 한다. 다른 노출증 환자들은 여성들의 주의와 관심을 끌기 위해서 노출하는 경우도 있다. 또는 여성에 대한 적개심이 원인이 되어서 노출의 행동으로 여성을 놀라게 해서 여성에 대한 자신의 분노나 적개심을 표출하려는 동기에서 노출행동을 한다. 노출증과 강간범 간에 밀접한 관련도 있는데, 진 에이블(Gene Abel, 1981)에 의하면 강간범의 49%는 이전에 노출한 경험을 가지고 있었다.

3) 대 책

노출증 환자는 성범죄로 처벌도 받고, 노출증의 원인이 되는 자신에 대한 불안감, 여성에 대한 적개심, 이성관계의 고립감 등을 심리치료를 받아 해결해야 한다. 자신의 성기를 노출하면 상대방이 즐거워할 것이라는 노출증 환자들의 잘못된 환상은 고칠 필요가 있다. 노출증은 절대로 성에 대한 관심의 표현이 아니라 도착증이라는 것을 알고 이에 대한 치료를 받도록 노력해야 한다.

여성은 노출증 환자를 골목길에서 마주치면 아주 당황하고 두렵기도 하고 창피하다. 만일 노출증 환자가 자신에게 노출하면, 가장 무난한 방법은 관심을 보이지 않고 그냥 지나치는 것이다. 놀라거나 소리치면 노출증 환자는 좋아하면서 그러한 행동을 계속한다. 만일 상대방의 자존심을 상하게 하는 욕을 하면 오히려 공격을 당할 수도 있다.

4. 음란성 전화, 괴롭히는 전화

1) 증 상

특히 여성에게 전화를 걸고서 자신의 성에 관한 이야기를 언어로 노출하는 행위를 한다. 또는 전화하는 동안 자위행위를 하는 청소년이나 성인이 있는데 이런 행위는 일종의 다른 형태의 노출증이다. 대체로 남자가 많고 대부분 자신에 대해서 자신감이 없고 불안하고 부적절하다는 감정을 가지고 있는 사람들이다(Matek, 1988).

전형적인 음란성 전화를 하는 사람은 이성관계를 형성하지 못하고 여성과 친밀한 관계를 형성하지 못하는 사람들이다. 이성에 대한 거절의 두려움 때문에 전화라는 안전망을 가지고 여성에게 접근한다. 전화를 받은 여성이 놀라는 반응을 보이면 자신이 통제할 수 있다는 힘을 느끼기에 그런 사람들을 골라서 더 전화한다.

2) 원 인

앞에서 밝혔듯이 음란성 전화를 하는 것은 자신에 대해서 자신감이 없거나, 불안하고, 이성에게서 거절당할까 봐 두려운 사람이 자신을 노출하지 않으면서 전화로 자신을 조금만 보여 주려는 행동이다. 이러한 사람은 여성에 대한 적개심이 있고 소위 말하는 비겁한 방식으로 자신의 부정적인 감정을 표현한다.

3) 대 책

전화를 받았을 때 놀라는 반응을 보이지 말고 무시하는 반응을 보이는 것이 좋다. 놀라는 반응을 보이면, 이들은 계속 전화를 한다. 다른 방법은 자신이 마치 청각장애인처럼 행세하면서 오히려 상대방을 약올리는 방법이다. 예를 들어, "잘 안 들리는데요, 다시 한 번 말 하지?" "그래도 안 들려?" "너 더 크게 낼 수 없어?" "너 밥 좀 먹고 힘내라." 등으로 오히려 상대방에게 동문서답으로 약을 올리는 것이다.

그래도 계속하면 전화를 공개하지 않는 번호로 바꾸는 방법도 있다. 전화국의 협조를 얻어서 전화 추적을 통해서 상대방을 알아내서 벌을 주는 방법도 가능하다.

5. 관음증

1) 증 상

관음증(voyeurism)이란 상대방의 허락이 없이 낯선 사람의 나체나 성행위들을 보면서 성적인 쾌락을 즐기는 것을 말한다. 관음증 환자들은 그 대상과 성관계를 원하지는 않는다. 우리 사회에서는 포르노, 섹스영화, 음란물, 플레이보이 잡지 등을 통해서 낯선 사람들의 나체를 보는 것이 현실이기에, 관음증을 일방적으로 정의하기란 쉽지 않다. 그러나 관음증은 상대방의 나체나 성행위를 보는 행위 자체가 위험을 수반하여야 하고, 그 위험한 상황에서 성적인 흥분을 느끼는 사람을 관음증 환자라고 한다. 즉, 누드를 허용하는 해변에서 남의 신체를 보는 것을 관음증이라고 하지는 않는다(Tollison & Adams, 1979).

관음증 환자들은 창문을 통해서 다른 집 여자가 옷 벗는 것, 부부가 성행위하는 것, 여자 화장실에 몰래 들어가서 여성이 옷 벗는 것, 목욕탕에서 여성이 목욕하는 장면, 탈의실에서 몰래카메라 등을 통해서 상대 여성을 몰래 훔쳐보는 것 등을 선호한다. 요즘은 몰래카메라를 이용해서 전철역 계단, 육교, 에스컬레이터 등에서 여성들의 속옷을 촬영해서 웹상에 동영상으로 올리기도 하고 이를 즐기는 등, 그 수법이 다양하고 지능화되고 있다.

전형적인 관음증 환자들은 자신이 성적으로 부적절하다는 생각을 가지고 있고 이성과 관계를 맺는 데 어려움을 보인다. 이들은 상대방의 거절에 대한 두려움이 없이 성적인 즐거움을 누리려는 것이다. 그러나 모든 관음증 환자들이 성적으로 부적절해서 관음을 즐기는 것은 아니다. 이들은 여성의 신체기관이나 성행동을 통해서 성적으로 흥분하고 즐기며, 자위를 할 수도 있다.

2) 원 인

왜 그렇게 남에게 혐오스러운 행동을 하면서 자신은 성적으로 흥분을 느끼는 것일까? 이러한 사람들을 대상으로 한 연구에 의하면 이들은 이성을 사귈 수 있는 사회적인 기술이 덜 발달되어 있고, 자신에 대해서 부적절한 태도를 취하고, 열등감이 많은 사람이었다(Dwyer, 1988).

3) 대 책

우리나라의 경우는 관음증에 중독적인 사람보다는 청소년기에 호기심으로 관음증을 시도하는 경우가 많다. 그러나 일회성이 아니고 여러 번 일어난 관음증은 심리적인 치료와 상담을 받아서 치료하도록 해야 한다. 특히 관음증 환자들은 자신이 상대방에게 신체적인 해를 끼친 것도 아니고 단지 몰래 훔쳐본 것이기에 상대방에게 해를 끼쳤다는 생각을 하지 못하는 경우도 있다. 그러나 관음이 피해자에게는 사생활을 침해받는 것임을 분명히 알려 주고 교육을 시켜야 한다.

6. 가학적-피학적인 변태 성욕

1) 증 상

가학적인 변태 성욕(sexual sadism)이란 성적인 대상자에게 반복적인 고통을 일으키는 상처나 피해를 주면서 성적인 흥분을 느끼는 경우를 말한다. 이 이름은 상대를 학대하면서 성적인 흥분을 느끼는 소설을 주로 많이 쓴 프랑스의 저자 마르퀴스 드 사데(Marquis de Sade, 1978~1814)의 이름에서 유래하였다.

피학적인 변태 성욕(sexual masochism)이란 사람이 고통이나 창피함을 당하면서 성적인 흥분을 느끼는 경우를 말한다. 이 이름은 고통당하는 기쁨에 관해서 자세히 기술한 오스트리아의 저자 레오폴트 바론 폰 사허-마소흐(Leopold Baron Von Sacher-Masoch, 1836~1905)의 이름에서 유래했다.

일반인이 얼마나 가학적, 피학적인 성행위를 즐기는지는 자세히 밝혀지지 않지만 약 5~10%의 정상적인 부부들도 가끔 이러한 성행위에서 성적인 만족을 느꼈다고 한다(Hunt, 1974; Kensey et al., 1953).

가학적인 성도착증, 즉 새디즘의 형태는 가볍게는 동의하는 상대에게 장난 삼아서 약간의 공격적인 행동을 보이는 것부터 고문, 강간, 또는 쾌락 살인까지를 포함할 수 있다. 어떤 경우는 동의하지 않는 상대자에게 쾌의 감정을 느끼도록 강요하기도 한다. 또한 동의하는 상대에게 고통을 가해 놓고 상대가 고통을 느끼면 성적으로 흥분하는 경우도 있다.

피학적인 성도착증, 즉 마조히즘의 형태도 경미한 형태에서 심한 형태까지 다양하다. 경미한 경우는 성적인 흥분을 느끼기 위해서 손발이 묶이는 것이다. 또는 신뢰할 수 있는 상대에게 한두 대 얻어맞기도 하고 강제로 성관계를 당하기도 한다. 심한 경우는 채찍으로 얻어맞는 방법, 절반 정도로 목을 졸리는 방법, 신체에 상처를 내는 방법 등이 있다. 피학적인 성도착자는 적절한 성 대상자를 고르기가 쉽지 않다. 정상적인 남자는 여자에게 이러한 학대행위를 보이려고 하지 않기 때문이다.

2) 원 인

이러한 가학-피학적인 성도착자들은 일반적으로 통용되는 규칙을 깨는 데서 오는 기쁨을 만끽하려고 한다. 이러한 면에서 본다면 정상적인 부부 사이에서도 일부는 적절한 범위에서 성의 규칙을 깨면서 안전한 분위기 가운데 가학-피학적인 성행위를 할 수도 있다.

피학적인 성행위를 즐기는 사람들 가운데는 회사의 중역, 정치인, 판사, 은행가 등의 남자들도 보이는데, 이들은 성행동을 자신들의 사회적인 통제나 지배 심리에서 벗어나기 위한 탈출구로서 이용하지 않을까 하는 추측도 있다. 반면에 가학적인 성행위자는 남을 가학함으로써 자신의 자존감을 고양시키려고 시도한다고 하는 견해도 있다.

가학적인 성행위를 하는 사람을 상대로 한 연구들에 의하면 이들은 성적인 흥분을 일으키기 위해서 가학적인 행동을 하는데, 이것이 어떤 동물들이 성관계를 갖기 전에 몸에 상처를 내는 행위를 하는데 이것은 성적인 흥분을 증가시키고, 혈압을 올려 주고, 호흡을 증가시켜서 수태를 돕는 행위와 비슷하다고 하는 주장도 있다(Gebhard et al., 1965).

낮에는 직장에서 높은 위치에 있는 사장이 밤에는 역할을 바꾸어서 상대에게 굴종하는 데서 쾌감을 느끼려고 할 수도 있고, 수동적이고 힘이 약한 사람이 남을 통제하고 싶은 의도로 가학-피학적인 성행위를 한다고도 한다.

가학-피학적인 사람들을 상대로 한 임상연구에 의하면, 이러한 사람들은 어린 시절에 자위행위를 하다가 처벌을 받은 경험으로 인해서 성과 고통에 연관성이 있다고 보기도 한다(Gebhard et al., 1965).

3) 대 책

성행위를 하면서 평소에 습관적으로 하는 것을 벗어나서 약간의 변형을 추구하려고 상대의 신체에 상처나 피해를 주지 않는 범위에서 상징적으로 하는 가학행위는 임상적으로는 문제 삼지 않지만, 상대방의 신체에 상처를 줄 뿐만 아니라 상대방이 원하지 않는데 강요하는 상황에서 이루어지는 가학행위는 비정상으로 보고 그에 대한 조치를 취해야 한다.

7. 주물 숭배 색욕 이상증

1) 증 상

주물 숭배 색욕 이상증(fetishism)은 무생물이나 혹은 인간 신체의 일부분에 대해서 성적인 홍분을 느끼는 경우를 말한다. 일반적으로 남성은 여성의 팬티나 브래지어 등에서 성적인 홍분을 느낀다. 또한 여성의 미끈한 다리나 날씬한 허리, 엉덩이를 보면 성적으로 홍분하기에 정상과 이상을 구별하기란 쉽지는 않다. 그러나 주물 숭배자들은 이러한 물건들이 주위에 없으면 전혀 성적으로 홍분을 하지 못한다. 이러한 증상은 남성에게 많으며, 물건의 대상은 가장 흔한 것이 여성의 팬티, 브래지어, 란제리, 팬티호스, 슬립, 스타킹, 신발, 장갑 등이다. 이들은 도둑질해서 모으거나 또는 사서 모으기도 한다.

2) 원 인

주물에 관한 성적인 도착증자는 어린 시절에 성적인 홍분을 느꼈거나 자신이 좋아했던 사람의 특정한 물건과 연상경험이 있었다고 추정한다(Freund & Blanchard, 1993). 이들은 처음에 여성의 속옷을 보거나 만지면서 자위행위를 하다 보면 여성의 속옷만 봐도 성적으로 홍분할 수 있다. 실제로 실험실에서 남성에게 주물 숭배 색욕 이상증, 즉 페티시즘을 실험적으로 조작했는데, 실험실에서 포르노를 보여 주면서 여성의 부츠를 계속해서 보여 주었더니 나중에는 여성의 부츠만 보아도 성적으로 홍분했다고 한다(O'Donohue & Plaud, 1994). 이러한 성향을 여성의 부츠뿐만 아니라 여성의 다른 속옷으로 일반화하면 페티시즘의 습관이 형성되는 것이다.

이 분야에 관한 다른 설명은 어린 시절에 자신과 가까운 사람들의 속옷이나 팬티에서 정서적인 부드러움과 안정을 느끼는데, 특히 엄마나 큰누나에게서 이러한 정을 느낀다고 한다(Freund & Blanchard, 1993). 이러한 과정이 진행되어서 물건에서 정을 느끼고 그러한 물건과 항상 가까이하려고 하면, 그러한 물건들은 페티시즘 환자에게는 강력한 힘이 되고 이들은 인간관계에서보다는 물건에서 정서적인 만족과 성적인 만족을 얻는다고 한다.

3) 대 책

대체로 이런 사람들은 성적으로 공격적인 행동을 하지는 않는다. 그러나 주물도착증자들은 냄새나는 여성의 팬티를 선호하기도 하기에 상습적으로 도둑질을 해서 사회적으로 물의를 일으키고 법적 처벌을 받기도 한다. 이들은 심리치료를 받아야 한다.

8. 의복도착증

1) 증 상

> 남편이 처음에 내 속옷을 입어 보자고 해서 처음에 농담으로 알고 도와주었지요. 내 팬티와 브래지어를 남편이 착용하고서 좋은 기분을 느끼는 것을 보았어요. 그런데 그 후에 농담이 아니고 정말로 내 옷을 입기 시작하고, 내 속옷을 입지 않고는 성적으로 흥분을 할 수 없어서 성관계할 때마다 남편은 내 속옷 입기를 원했어요……. 지금 생각하면 정말 지겨워요…….
>
> - 상담기록 중에서 -

의복도착증(transvestism)은 남성으로서 여성의 복장을 착용하면서 성적으로 흥분을 느끼는 것을 말한다. 이러한 남성들은 결혼을 했거나 신체적으로 건장하다. 그러나 이들은 가발이나 화장술로 아주 교묘하게 여장을 해서 여성처럼 행세하기 때문에 어지간한 사람들도 속기 마련이다. 이성복장착용자는 성전환증자와 구별해야 하는데 성전환증자는 여성의 복장을 통해서 성적으로 흥분을 하지는 않는다. 그러나 어떤 이성복장 착용자는 여성으로 성전환을 하는 사람도 있다(Stoller, 1977).

이성복장 착용자는 여성의 복장을 함으로써 사람들을 즐겁게 하는 연기를 하는 남성이나 가끔 이성의 복장을 하는 동성애자들과 구별된다. 이들은 이성의 복장을 통해서 성적으로 흥분하거나 혹은 자신의 긴장을 풀려고 하는 심리적인 의존성을 보이지는 않는다.

이성의 복장 착용은 어린아이의 시절부터 시작되거나 초기 청소년기에 시작한다. 이들은 어린 시절에 남아가 여아의 복장을 했다고 해서 어른들에게 벌을 받은 경험을 가지고 있다고 한다(Stoller, 1977). 어른이 되면 이들 대부분은 집 안에서 이성의 복장을 하면서 비밀리에 즐긴다고 하며 대부분의 경우 부인도 이 사실을 알면서 오히려 도와주는 경우도 있다고 한다. 이성복장 착용자는 남성이 대부분이지만 여성이 남장을 하고 남자의 행세를 하는 경우도 있다. 남자들이 즐겨 하는 이성 복장은 여성의 브래지어, 팬티, 란제리, 치마 등이다.

2) 원인

다른 성적인 도착증자와 같이 의복 도착증자도 어린 시절에 이성 복장을 착용한 것에 대해서 강화를 받았을 것이라고 추정한다. 또한 이런 사람들은 어린 시절에 남자가 여장을 한 경험이 있다고 보고하고 있다(Bullough et al., 1993).

때로는 남성이 여성적이어서 여성이 되어 보고 싶은 욕망을 표현하는 것이기도 하다. 이성복장 착용은 인간의 양면을 나타내 주는 것이라고도 한다. 낮에는 강한 남성의 이미지를 유지하면서도 가정에서는 자신의 부드러움과 여성적인 이미지를 표현해 보고 싶은 욕망을 나타낸 것이라고도 한다. 필자의 상담경험에 의하면, 부모가 이혼을 했는데 어머니와 떨어져 사는 아들이 어머니의 사랑이 그리워서 새엄마의 팬티와 브래지어를 몰래 착용하다가 들켜서 상담을 받으러 온 경우가 있었다.

3) 대책

문제의 심각성에 따라서 대책이 달라지겠지만 대체로 청소년이나 성인이 호기심에서 이성 복장을 착용한 경우는 문제를 삼지는 않지만, 상습적이고 가족이나 남에게 혐오감을 주는 경우에는 전문가와 상담하고 원인을 알아보고 대책을 논의해야 한다. 전문가에게 오기 전에 가정에서 할 수 있는 대책으로는 자신의 이성복장 착용으로 인해서 남에게 끼치는 혐오감을 가족과 함께 이야기하고 자신의 감정을 표현하는 것이 좋다.

9. 성전환증

우리나라에서는 하리수가 성전환을 한 후에 '여자보다 예쁜 여자'라고 상업 광고에 인용하면서 사회적인 관심을 갖게 되었다. 그동안 성전환 수술을 한 사람들이 자신의 신분을 감추고 살아왔지만, 점차 성전환을 한 사람에 대한 수용성이 증가하면서 이들도 자신의 신분을 밝히려는 시도가 일고 있다.

성전환증(transsexualism)이란 일반적으로 유전에 따라 결정된 성을 나중에 변환하는 경우를 말한다. 성전환증이란 용어는 1949년 콜드웰(Cauldwell)이 처음 언급하였으나 1953년에 성전환의 공식적인 보고가 있다. 생물학적인 성전환을 원하는 심리는 개인의 해부학적인 성에 대한 부적절감과 자신의 성기를 제거하고 이성의 구성원으로 살고 싶은 욕망이다.

남성이 성전환하고 싶은 경우는 모자간에 공생기간이 너무 길거나 밀착되어 자신을 여성과 동일시한다는 것이다. 이 경우 아버지는 수동적이기 때문에 남성의 성역할을 제대로 보여 주지 못한다. 여성이 남성이 되고 싶어 하는 경우를 보면 어릴 때부터 남성처럼 행동해 왔고 여성의 아름다움을 표현하지 못하는 사람들이 성전환에 관심이 있다. 여아가 출생할 당시 부모들이 남성을 선호하여서 무의식적으로 남성과 같이 되어서 부모의 욕망을 만족시키고자 하는 욕망도 있다.

여성이 외모에서 느끼는 좌절감, 상처, 욕구 좌절감, 사회적인 편견 때문에 성전환을 받으려는 사람들도 있다. 또한 사회에서 동성적인 욕구를 질책할 것에 대한 두려움을 느끼고 성전환을 시도하는 사람들도 있다(Leitenberg & Slavin, 1983).

성전환 수술로 유명한 혼스홉킨스(Hons Hopkins) 의과대학에 부설된 '성정체성 치료소(Gender Identity Clinic)'에서는 약 2,500명이 성전환을 받았던 것으로 추산된다(Gagnon, 1977). 성전환을 요하는 사람들은 심리상담을 통해서 성전환에 대한 자신의 가치관과 원인을 살펴보고 신중하게 결정해야 한다. 개인이 겪는 심리적인 문제는 성전환을 했다고 해서 없어지는 것은 아니기 때문이다.

10. 소아기호증

1) 증 상

소아기호증(pedophilia)는 선택의 여지가 있는 상황에서 성인을 배제하고 사춘기 이하의 아동과 성관계나 성적인 접촉을 즐기는 경우를 아동 선호증을 의미하는 기아증이라고 부른다. 본래 pedophilia는 '아동 사랑'을 의미한다. 대부분의 기아증자들은 성인 남자이지만 간혹 여성도 있다. 대체로 이러한 사람들 중 피해자의 2/3는 여자 아동이다. 기아증이나 아동 성희롱자의 피해는 10.3%만이 낯선 사람들에 의해 이루어졌고 대부분의 경우는 아는 사람 사이에서 일어났다(Mohr, Turner, & Jerry, 1964). 15%가 아동의 친척으로서 근친에 의한 성희롱을 보고하였다. 대부분의 기아증 환자들은 이성관계를 즐기는 결혼한 가장이다. 이러한 사람들은 대부분 알코올중독이나 결혼관계의 어려움을 겪고 있다(Kolodny, Masters, & Johnson, 1979).

소아기호증을 보이는 사람들이 경찰에 체포되면 상투적으로 하는 이야기는 술에 취해서 우발적으로 저질렀다고 자신의 행동을 변명한다.

소아기호증을 보이는 사람들은 대체로 50대 후반인 사람, 30대 중반인 사람, 청소년기에 있는 사람의 세 그룹으로 분류가 된다. 이러한 사람들 중에서 한 번 정도만 우발적로 아동을 성적으로 접촉한 사람은 기아증자라고 하지는 않는다. 이러한 사람들은 자신의 삶에서 성적인 면에서 좌절감, 이로움, 개인적인 갈등을 순간적으로 풀어내는 것일 수 있다.

2) 원 인

기아증을 연구한 사람들에 의하면 다음과 같은 세 종류의 기아증자가 있다(Cohen, Seghorn, & Calmas, 1969).

- 미숙한 기아증자: 이들은 자신의 또래 집단과의 정상적인 대인관계 기술이 발달되지 못했기 때문에 자신의 성적인 욕구 충족을 위해 미성년자에게 접근하는 자들이다. 미성년자들은 자신이 쉽게 통제할 수 있고 조정할 수 있기 때문에 접근의 대상으로 삼는다. 이 경우 피해자들은 대체로 잘 아는 처지의 아동들이고 이들은 아동들의 신임을 악용한다.
- 퇴행적인 기아증자: 개인적인 문제 없이 정상적인 부부나 이성의 관계를 가지고 있지만 어떠한 시기에 심한 개인적인 문제를 발단으로 성적인 면에서 부적절하고, 스트레스 때문에 알코올중독자가 된 후에 충동적으로 아동에게 접근하여 성적인 만족을 추구하는 경우다.

• 공격적인 기아증자: 이들은 반사회적인 성격의 사람들로서 여성에 대해서 강한 적대감을 느낀다. 이러한 사람들은 여성을 공격하거나 강간함으로써 성적인 만족을 느낀다.

어린아이들을 상대로 한 성관계는 성기를 희롱하는 것부터 자신의 성기를 빨도록 하는 행위 또는 어린아이와 성교를 하는 행위 등 다양하다.

3) 대 책

청소년들이 아동을 상대로 보이는 기아증은 성폭행으로 다루어야 한다. 아동을 상대로 한 어떠한 공격적 또는 혐오적인 성행동은 호기심의 발로라는 차원에서 다루어져야 할 성질의 것이 아니다. 왜냐하면 그러한 단순한 행동이라도 아동은 성적인 피해를 입기 때문이다. 가해 청소년은 자신의 행동에 대한 법적인 처벌을 감수해야 하고, 피해 아동은 성문제 치료 전문가에게 치료를 받아야 한다.

11. 동물수음

동물과의 성적인 접촉을 갖는 경우를 수간(bestiality)이라고 부른다. 특히 동물과 반복적인 성행위나 환상에 빠져 있는 것이 수간자들의 특징이다. 킨제이(Kinsey)의 보고에 의하면 자신들이 연구한 남성의 8%, 여성의 3.6%가 동물과의 성 접촉을 가졌다. 여성의 경우는 집 안에서 키우는 애완동물을 성 대상으로 삼고 남성의 경우는 양, 어린 젖소, 당나귀를 성 대상으로 한다. 남성은 동물의 성기관에 삽입을 시도하지만, 여성은 동물로 하여금 성기를 빨도록 하거나 동물의 성기를 마스터베이션 해 주기도 한다. 어떤 여성들은 정기적으로 개와 자신의 몸 위에서 남성과 성관계를 맺듯이 하는 경우도 있었다.

동물수음(zoophlia)을 하는 사람들은 호기심에서 또는 새로운 것을 시도해 보려는 목적으로 시작한 경우와 성적인 상대자를 구할 수 없을 때 시도하는 경우가 있다 (Tollison & Adams, 1979).

12. 색 광

색광(hypersexuality)은 보통 사람보다 지나칠 정도로 성적인 욕구가 많아서 여러 사람과 성관계를 가져도 계속해서 성관계를 갖고 싶어 하는 사람들이다. 여자의 경우는 nymphomania라고 부르고 남자의 경우는 satryiasis 또는 Don Juanism이라고 부른다. 우리나라에서는 연산군이 이러한 색광이라고 할 수 있는데, 역사학자들은 연산군이 궁녀를 포함해서 기생들, 이복여동생(휘숙 공주), 백모(월산대군의 부인)까지도 능욕하였다고 밝히고 있다.

색광을 정의하기는 쉽지 않지만 그 특징은 다음과 같다.

- 성적인 욕구가 너무 강해서 일상적인 삶의 영역에서도 지장을 받고 있다.
- 성적인 관계가 기계적이어서 성관계에서 친밀한 점은 찾아볼 수 없다.
- 빈번한 오르가슴에도 불구하고 성적인 욕구와 행동이 중단되지 않는다.

남성에게 있어서 여성이 성적인 욕구가 강할 때 위협이 되는데, 이러한 여성이 비정상적임을 강조하기 위해서 님포매니아라는 이름을 붙였다.

13. 기타 이상 성행동

- **청각성 색욕 이상증**(audiosetishism): 성에 관한 신음 비슷한 청각을 듣고서 흥분하는 현상
- **후각 및 촉각성 색욕이상증**: 비단, 고무 등의 부드러운 제품, 땀내 나는 양말, 냄새나는 여성의 팬티, 향수 냄새 등에 흥분하는 현상, 동물의 페로몬 현상과도 같다.
- **소변 색욕 이상증**: 상대방의 소변을 만지거나 소변 누는 것을 보려는 행위, 창녀들이 손님에게 소변을 누는 행위들을 들 수 있다.
- **대변 색욕 이상증**: 대변에 관한 집착
- **불구 도착증자**(apotemnophilia): 자신을 수술을 통해서 절단해 놓고서 성적인 매력을 느끼는 사람들이다. 이러한 사람들은 정형 외과의사들을 잘 설득해서 불필요한 절단을 하는 데서 성적인 흥분을 느낀다고 한다(Money, Jobaris, &

Furth, 1977).

- 분변기호증(coprophilia)과 오줌기애증(urophilia): 대변이나 오줌을 접촉하면서 성적인 흥분을 느끼는 사람들이다.
- 관장애자(klismaphilia): 관장기를 사용할 때만 성적인 흥분을 느끼는 사람들이다.
- 접촉도착증(frotteurism): 사람들이 만원인 전철이나 버스 안에서 옷을 입고 있는 상대방에게 성기를 비비거나 접촉하는 데서 성적인 흥분을 느끼는 사람들이다. 우리나라같이 붐비는 지하철 등의 대중교통 수단에서 흔히 볼 수 있다. 필자가 이런 사람들과 상담한 경험에 의하면 이들은 여성의 엉덩이 등의 신체에 자신의 성기를 비빌 경우에 저항하지 않거나 가만히 있으면 여성들이 자신의 신체적인 접촉을 즐긴다는 환상을 가지고 있다. 그리고 여성이 싫어하는 눈치를 보이면 빨리 피하거나 그만둔다고 한다. 대처방법은 확실한 근거를 잡아서 정확하게 항의를 하는 것이다. 섣불리 항의하면 가해자는 오히려 역습하며 욕하면서 위협을 할 수 있다.
- 시체성애자(necrophilia): 시체와 성관계를 하는 데서 성적인 흥분을 느끼는 사람들이다(Tollison & Adams, 1979).

요 약

1. 성은 인간의 중요한 부분이기에 성에 대해서 터부시하거나 은폐하기보다는 성에 대한 주인의식을 가지고 성에 접근하는 것이 중요하다.
2. 우리나라는 성에 대해서 가부장적인 성 관념을 가지고 있었지만 이제는 남녀의 평등한 성의 가치관을 가져야 한다.
3. 최근의 성에 관한 연구 경향은 성을 다차원적인 면에서 다문화적인 관점을 가지고 남녀의 상호작용을 강조하면서 연구하는 방향으로 가고 있다.
4. 결혼의 형태는 이성 간의 결혼, 독신, 동거 등의 여러 형태가 있는데, 특히 동거가 부부만족도와 상관관계가 높지 않은 연구를 고려하면 동거문화가 무분별하게 받아들여져서는 안 된다.
5. 남녀의 성차는 대체로 후천적인 교육에 영향을 받는다. 또한 전통적인 성관념보다는 양성적인 태도가 부부간의 만족도를 더 증가시켜 준다.
6. 성희롱, 성폭력은 상대방이 원하지 않은 방식으로의 성적인 접촉, 농담, 사회적인 행동 등을 포함한다. 성폭력의 후유증 피해가 심각하기에 남성과 여성은 성피해 예방적인 측면에서 상호 협조를 해야 한다. 자신의 의사에 반한 성적인 접촉을 하면 초기에 분명한 의사를 보여야 한다.
7. 이상 성행동은 대체로 타인에게 혐오감, 성피해, 불쾌감 등을 유발한다. 이상 성행동에 대한 대책은 증상이 심각할 경우에는 본인뿐만 아니라 주위에서도 관심을 가지고 심리치료 등을 통해서 전문적인 도움을 받는 것이다.

제 10 장

성격과 개인차

학습목표

1. 성격과 성격심리학이 무엇인지를 이해한다.
2. 자신이나 다른 사람의 성격을 분석하는 방법에 대해 알아본다.
3. 성격이 어떤 구조를 가지고 있는지를 이해한다.
4. 성격이 어떻게 형성되는지를 이해한다.

10

사람은 모두 다르다. 예를 들어, 우리는 매일 아침 신문을 읽는다. 이때 어떤 신문을 볼 것이고, 신문의 내용 중 어떤 것을 먼저 볼 것인지부터도 사람마다 동일하지 않다. 주요 기사만 훑어보는 사람이 있고, 신문의 삽화만화부터 보는 사람이 있고, 사설의 제목부터 살펴보는 사람이 있으며, 스포츠 기사나 연예 기사부터 보는 사람이 있다. 똑같은 사실을 앞에 놓고도 내용을 해석하는 방법에서부터 그에 반응하는 방법까지 똑같은 경우란 거의 존재하지 않는다.

그러면 왜 이렇게 사람들은 서로 다른가? 성격심리학이란 바로 개인 간에 생기는 이러한 개인차를 규명하고자 하는 학문이다. 한마디로 말하면 사람들 간에 생기는 차이를 기술하고, 사람들이 왜 이런 행동을 하게 되었는지를 설명하고, 이런 이해를 토대로 앞으로 사람들이 어떤 행동을 할 것인지를 예측하고자 하는 것이다.

성격심리학은 심리학에서 다루는 모든 분야의 교차지점에 있는 영역이라는 점에서 심리학의 꽃이라고 할 수 있다(민경환, 2002). 다루는 영역도 아주 기초적인 측면에서 개인차를 밝히고자 하는 기초연구 분야부터, 이런 개인차에 대한 연구를 토대로 현실장면에 적용하는 응용 분야까지 다양하다. 기본적으로 성격심리학은 두 가지 목표를 가지고 있다(Hjelle & Ziegler, 1992). 첫째는 사람들 간의 개인차를 과학적으로 규명하고자 하는 것이고, 둘째는 이런 이해를 토대로 개인의 삶의 질을 개선하고자 하는 것이다. 우리가 성격심리학을 공부하게 되는 이유도 이 두 가지로 설명할 수 있을 것이다. 즉, 자신이 남과 다른 점이 무엇인지를 과학적으로 이해하는 것과 이를 토대로 자신의 삶이나 주위 사람의 삶을 풍요롭고 행복하게 만들고자 하는 것이다.

제1절 성격이란 무엇인가

성격이란 용어는 누구나 일상적으로 사용하는 용어다. 일반 사람들은 성격이라는 말을 통해 무엇을 지칭하고자 하는 것일까? 이성 친구를 친구에게 처음 소개해 준 후에 소개자는 반드시 친구에게 묻는다. "그 사람 어때?" 이때 흔히 하는 대답이 "응, 성격 괜찮아!"이다. 부부간의 이혼 사유로 가장 많이 거론되는 것이 성격이 안 좋아서 헤어진다는 것이다. 이렇게 성격이라는 말은 우리의 일상생활에서 흔하게 사용되는 용어가 되었다.

일반인에게 성격이 좋다는 말은 어떤 의미인가? 잠시 여러분이 가장 친하게 지내는 친구 한 명을 떠올려 보자. 그리고 빈 종이에 이 친구의 성격을 기술해 보자. 이럴 경우 대부분의 사람은 친구가 가지고 있는 바람직한 특징을 기술하게 될 것이다. 사교적이다, 신뢰성이 있다, 책임감이 강하다, 정열적이다 등. 이렇게 일반인이 사용하는 성격이 좋다는 말은 어떤 사람이 다른 사람과 잘 어울리고, 분위기를 편하게 만들어 주며, 배려심이 강하다는 것 등을 의미하는 말이다.

그러면 심리학에서는 성격을 어떻게 정의하는가? 성격에 대한 정의는 최초로 성격심리학 교재를 저술한 올포트(Allport)로부터 시작된다. 올포트는 1937년 『성격: 심리학적 해석』이라는 최초의 성격심리학 교재를 저술하면서 성격을 "환경에 대한 개인의 독특한 적응을 결정하는 개인 내의 정신적 · 신체적 체계들의 역동적 조직"이라고 정의하였다.

과학적 성격심리학에 대한 최초의 정의라 할 수 있는 올포트의 정의는 일반 사람들이 생각하는 성격에 대한 정의를 잘 대변해 주고 있다. 올포트의 정의에 따라 성격심리학의 특징을 살펴보면 다음과 같은 몇 가지 특징이 있다. 첫째, 성격은 개인 내의 여러 요소(즉, 욕구, 감정, 가치관, 태도 등) 간의 역동적인 관계로 형성되는 것이다. 둘째, 성격은 정신적인 체계와 신체적인 체계 모두에 의해 형성되는 것이다. 셋째, 성격은 각자의 독자적인 영역을 가지고 그 내에 또 다른 하위 시스템을 가지는 여러 가지 시스템으로 구성되어 있다. 넷째, 성격은 개인이 겉으로 표출하는 외현적인 행동, 사고, 감정을 결정하고, 그 방향을 제시해 주는 것이다. 다섯째, 성격은 개인이 다른 사람과 구별되는 독특한 속성을 가지게 해 주는 것이다. 여섯째, 성격은 외현적으로 나타나는 행동과 내적인 사고과정 모두와 관련되어 나타나는 것이다.

성격에 대한 비교적 최근의 정의라 할 수 있는 리버트와 리버트(Liebert & Liebert, 1998)의 정의도 올포트의 정의와 유사하다. 이들은 성격을 "사회적 · 물리적 환경에 대한 개인의 행동과 반응에 영향을 주는, 개인의(신체적 · 심리적) 특징들의 독특하고 역동적인 조직"이라고 정의하였다. 성격에 대한 과학적 정의에서 나타나는 성격심리학의 공통점은 개인차라고 할 수 있다. 즉, 성격심리학은 개인 간에 나타나는 개인차를 찾아내고 분석하는 학문이라고 할 수 있다.

성격이라는 개념과 자주 대비되는 개념으로 기질(temperament)과 품성(character)이 있다. 여기서 기질이란 유전적 소인으로 인해 태어날 때부터 가지게 되는 개인 고유의 특성을 말하는 것으로 감정적이고 충동적인 기질, 활달하고 사교적인 기질, 주도적이고 적극적인 기질과 같은 특징을 말한다. 이에 비해 품성이란 사회적으로 바람직하게 여겨지는 특성을 말하는 것으로 우리가 흔히 성격이 좋다라든가 성격이 나쁘다라든가 할 때 사용하는 개념이다. 품성은 사회적 판단이 개입된 것으로써 한 사회 시스템 내에서 긍정적으로 받아들이는 특성을 주로 지칭하는 것이다. 이에 비해 성격이란 이들 모두를 포괄하는 개념으로써 태어날 때부터 유전적으로 가지고 있는 것뿐 아니라 성장과 함께 학습하면서 생기게 된 것, 그리고 개인이 가지고 있는 긍정적인 특성과 부정적인 특성 모두를 포함해서 어느 한 개인을 다른 사람과 구별해 주는 것을 지칭하는 개념이다.

어떤 사람이 가지고 있는 성격이 무엇인지를 우리는 어떻게 알 수 있을까? 아들러(Adler)는 다른 사람이 가지고 있는 성격을 알아내는 간단한 두 가지 방법을 제안한다. 첫째는 특정 개인에게 자신의 어린 시절을 이야기해 보라고 하는 것이다. 둘째는 이 사람이 위기 시에 어떻게 행동하는지를 살펴보는 것이다. 어린 시절을 비관적이고 어둡게 기억하는 사람은 삶을 비관적이고 어둡게 보는 사람이다. 개인이 위기에 닥쳤을 때나 어려운 상황에서 보여 주는 것이 그 개인의 참 모습이다. 이 방법은 애인의 성격이 어떤지 의심이 간다면 유용하게 활용할 수 있을 것이다.

개인의 성격을 구분하기 위한 시도는 고대 그리스 시대에도 있었고, 우리나라의 경우도 인간의 체질을 소음인, 소양인, 태음인, 태양인으로 나눈 조선시대 이제마의 체질론에서 그 기원을 찾아볼 수 있다. 히포크라테스(Hippocrates)는 체액의 유형에 따라 개인의 성격 특성이 나뉜다고 보고, 담즙질, 점액질, 다혈질, 우울질으로 개인의 특성을 나누었다. 셸던(Sheldon)은 개인의 신체적 특성이 개인의 성격을 결정한다고 보고 내배엽형, 중배엽형, 외배엽형으로 구분하였다(| 그림 10-1 | 참조). 혈액형을 가지고 성격유형을 나누려는 시도도 이에 해당된다고 할 수 있다.

그러나 이렇게 유형(type)을 가지고 개인을 나누려는 시도에는 한계가 있다. 첫째, 유형을 어떻게 나누어야 하는가라는 문제가 발생할 수 있다. 유형을 나누는 방

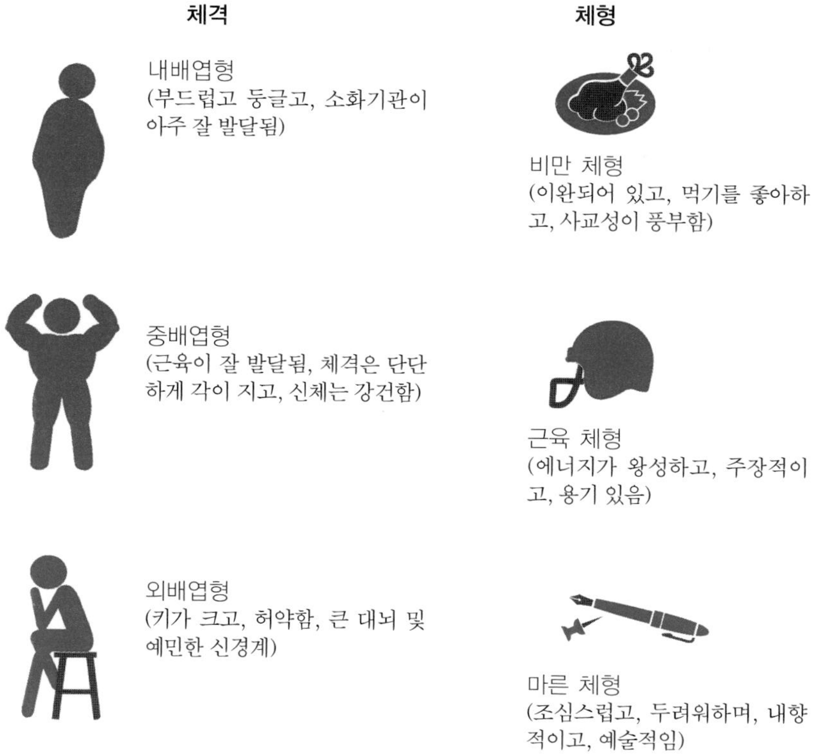

| 그림 10-1 | **셸던의 체격 차원과 연합된 기질**

법이 너무 많다 보니 유형 구분에 따른 성격 특성이 옳을 수도 있고 틀릴 수도 있다. 둘째, 개인이 어느 한 유형에만 속하는 것이 아니라 여러 유형에 속할 수도 있다. 즉, 친구들과 만날 때는 외향적인 사람이 수업시간에는 극히 내향적인 모습을 보일 수도 있다. 셋째, 어느 한 유형에 속하는 것이 아니라 중간 경계선에 속할 수도 있으며, 경계선이 모호할 수도 있다. 즉, 체격에 따라 구분한다면 뚱뚱하다는 것이 어느 정도를 말하는 것인지가 명확하지 않아 개인이 가지고 있는 기준에 따라 날씬한 사람도 뚱뚱한 사람으로 여길 수 있다. 이런 여러 가지 이유로, 과학적 심리학을 지향하는 최근에 들어서는 개인을 유형에 따라 구분하려는 시도는 잘 하지 않는다.

제2절 자신이나 남의 성격을 어떻게 알 수 있나

우리는 어떻게 자신이나 다른 사람의 성격을 알 수 있을까? 이 물음은 결국 성격을 연구하는 방법에 대한 질문이라고 할 수 있다. 성격을 연구하는 방법도 다른 과학적 심리학과 마찬가지로 크게 세 가지 방법을 들 수 있다(민경환, 2002; 홍숙기, 2000; Pervin & John, 2001). 첫째, 역사적으로 가장 오래된 방법으로, 전체적인 인간의 특성을 잘 분석하게 해 주는 방법이라 할 수 있는 사례연구법이 있다. 둘째, 과학을 지향하는 심리학적 특성을 가장 잘 나타내는 방법으로 실험연구법이 있다. 셋째, 현재 성격심리학을 연구하는 방법으로써 가장 보편적이며 널리 사용되는 방법이라 할 수 있는 설문조사 연구법을 들 수 있다.

1. 사례연구법

한 개인 또는 소수의 집단을 종합적으로 관찰해서 보편적인 사람의 속성을 찾아내려고 한다. 주로 임상연구에서 사용하던 방법으로 임상장면에서 한 개인을 집중적으로 관찰하고 분석하던 방법에 뿌리를 두고 있다. 성격심리학의 초기 이론을 구축한 연구들은 주로 임상적인 연구전통에서 밝혀진 것들이라고 할 수 있다. 히스테리 환자들에 대한 임상적인 관찰과 분석을 통해 정신역동이론을 정립한 프로이트의 연구가 대표적이라고 할 수 있다. 개인이 자신의 삶 속에서 현재 체험하고 있는 내용이 무엇인지를 개인적인 면접을 통해 밝혀내는 방법을 통해 개인차를 이해하려고 하였던 현상학적 연구들도 주로 임상적인 사례연구법을 통해 이루어졌다.

최근 들어 한 개인이 아니라 비슷한 문제나 상황에 처한 사람들을 한꺼번에 연구하는 다중사례연구가 진행되기도 한다. 예를 들어, 노숙자 문제를 연구하기 위해 서울역의 노숙자를 체계적으로 관찰하고 면접하여 노숙자의 특성을 정리하거나, 최근 증가하고 있는 황혼이혼 부부의 특성을 연구하기 위해 이들을 집단적으로 분석하는 연구 등을 할 수 있다.

2. 실험연구법

가장 과학적인 심리학을 지향하는 연구전통에서 나온 것으로 관심 있는 하나 이상의 변인을 조작하거나 변화시킨 다음 이런 변화가 또 다른 변인에 어떤 영향을 끼치게 되는지를 알아본다. 관심 있는 변인 이외에 다른 변인이 주는 영향을 통제하기 때문에 특정 변인이 미치는 영향을 확실하게 분석할 수 있다는 장점이 있다. 예를 들어, 어린아이들의 폭력비디오 시청과 공격행동 간의 관계를 연구하는 경우를 들 수 있다. 한 집단의 아이들에게는 주인공이 총이나 칼 또는 주먹으로 싸움을 해서 적을 물리치고 자신의 목적을 달성하는 비디오를 보게 한다. 그리고 다른 집단의 아이들에게는 폭력이 아닌 순정만화나 학습용 만화를 똑같은 시간 동안 보게 한다. 그런 다음 아이들을 일방경 유리가 설치된 다른 방으로 데려가서 1시간 동안 방 안에 있는 여러 가지 놀이기구를 가지고 놀게 한다. 실험자는 이때 일방경 유리 밖에서 아이들이 노는 행태를 관찰하여 공격적인 행동이 얼마나 나오는지를 기록하게 된다.

1971년에 짐바르도(Zimbardo) 박사가 수행한 환경변화에 따른 심리변화를 살펴본 실험을 영화장면으로 옮긴 독일 영화감독 올리버 히르슈비겔(Oliver Hirschbiegel)의 〈실험(Experiment)〉이라는 영화에서는 몹시 압박적인 환경조건하에서 인간의 행동이 어떻게 변하는지를 잘 보여 주고 있다. 이 영화 속에서 자율적으로 실험에 참가한 20명 중 12명은 죄수로, 8명은 간수로 나뉘게 된다. 물리적인 폭력은 사용할 수 없고, 죄수는 간수의 명령에 절대 복종하며, 음식은 절대 남기지 말 것이라는 세 가지 규칙만이 주어진 상황에서 참가자들은 시간이 지나면서 역할에 동화된다. 연구 참여자들은 5일도 지나지 않아 원래의 정체성을 잃어버리고 억압적인 간수와 반항하는 죄수로 양극화된다. 5일째가 되자 살인사건이 발생하고 통제불능 상태에 처하게 된다. 이와 같이 특정 상황을 실험적으로 조작해 놓은 상태에서 개인이 어떤 모습을 보이고 변화하는지를 실험적으로 연구할 수 있다. 오늘날에는 윤리적으로 문제가 되어 이와 같은 실험을 진행할 수 없다.

3. 설문조사 연구법

동시에 여러 가지 변인을 조사하여 변인들 간의 관계를 분석할 수 있다는 점과 여러 가지 특성을 한번에 연구할 수 있다는 점, 그리고 동시에 많은 사람을 연구할 수 있다는 점 때문에 가장 많이 활용되는 성격 연구법이다. 설문조사 연구법은 변인 간의 관계의 방향과 크기에 관심을 가질 때 사용되는 방법으로, 개인차, 측정, 변인 간의 통계적 관계 등에 주로 관심을 갖는 경우에 활용되는 연구법이다(민경환, 2002). 예를 들어, 권위주의 성격 유형과 리더십, 자존심 및 자기통제 능력과 주관적 안녕감 간의 관계 등을 연구할 수 있을 것이다.

성격을 연구하기 위해 우리는 어떤 자료를 활용할 수 있을까? 성격연구에 쓰이는 자료는 크게 네 가지로 나눌 수 있다(Block, 1993). 소위 L, O, T, S라고 부르는데, 생활기록자료(Life-record data), 관찰자평정(Observer ratings), 객관적 검사(Objective tests), 자기보고자료(Self-report data)를 말한다.

- 생활기록자료: 한 개인의 일생에 걸친 생활사적인 기록물로서 학교생활기록부,

Box 1 성격 연구방법 간의 장단점 비교

장점	단점
사례연구 및 임상연구법	
① 실험실의 인위성을 피할 수 있다. ② 개인과 환경 간의 복잡한 관계를 연구할 수 있다. ③ 개인에 대한 심층적인 연구를 할 수 있다.	① 비체계적인 관찰을 할 가능성이 있다. ② 자료에 대한 주관적인 해석이 가능하다. ③ 변인 간의 관계가 복잡할 수 있다.
실험실연구 및 실험연구법	
① 변인을 구체적으로 조작할 수 있다. ② 자료를 객관적으로 기록할 수 있다. ③ 인과관계를 설정할 수 있다.	① 실험실에서 연구할 수 없는 변인은 제외된다. ② 일반화가 어려운 인위적인 환경을 조성한다. ③ 요구 특성과 실험자 기대효과의 영향을 받는다.
설문지연구 및 상관연구법	
① 다양한 변인을 한꺼번에 연구할 수 있다. ② 많은 변인 간의 관계를 연구할 수 있다. ③ 많은 표본을 쉽게 구할 수 있다.	① 인과관계가 아닌 연합관계만을 보여 준다. ② 자기보고 설문지의 신뢰도, 타당도 문제가 있다. ③ 개인을 심층적으로 연구하지 못한다.

출처: Pervin & John(2001).

병원진료기록, 성적부, 일기 등 특정 개인에 대한 생활자료를 기록해 놓은 자료들을 말한다.

- 관찰자평정: 부모, 친구, 선생님 및 회사의 상사나 후배 등 주위 사람들이 특정 개인에 대해 평가한 자료를 말한다.
- 객관적 검사: 표준화된 실험절차나 검사를 거쳐 나온 자료로 특정 영역에 대해 개인이 보여 주는 검사기록을 말한다.
- 자기보고자료: 성격연구에서 가장 흔히 사용되는 자료로 각 개인이 자신의 행동, 감정 및 사고에 대해 스스로 평정하는 자료를 말한다.

제3절 성격은 어떻게 구성되어 있는가

개인의 성격은 어떻게 구성되어 있는가? 개인의 성격이 어떻게 구성되어 있는지를 설명하려는 다양한 의견이 제시되었다. 우선 성격 자체가 존재하는 것이 아니라 환경에 대한 반응만 존재한다는 극단적인 행동주의 학파의 생각에서부터, 성격이란 뇌 속에 있는 것으로서 인간의 모든 행동을 지배하는 중추라고 보는 머레이(Murray)의 의견까지 성격의 구조를 보는 관점은 학자에 따라 상당한 편차가 있다(Hjelle & Ziegler, 1992). 이중 성격의 구조에 관한 가장 대표적인 이론은 프로이트의 삼층 구조이론이라 할 것이다. 이와 더불어 최근에 가장 많이 받아들여지고 있는 성격의 5요인 구조를 살펴볼 것이다.

1. 성격의 삼층구조: 원초아, 자아, 초자아

프로이트(Freud)는 인간의 마음, 즉 성격이 삼층구조로 이루어져 있다고 보았다. 처음에는 이를 무의식, 전의식, 의식으로 구분하였고, 후기에 들어와서는 원초아, 자아, 초자아로 구분하였다. 프로이트는 기본적으로 개인의 성격에는 이 세 가지 요소가 함께 존재하며 이들 간의 역동적인 관계에 의해 개인의 성격이 결정된다고 보았다. 여기서 역동적인 관계란 세 요소가 정적인 상태로 존재하는 것이 아니라 움직이는 상태로 존재하여, 개인이 처한 상황이나 조건, 발달단계에 따라 이 세 가지 요소는 상대적인 우위에 차이가 있으며, 항시 상호 갈등관계를 이루고 상호 간 긴장관계 또한 변화한다는 것을 말하는 것이다.

프로이트에 따르면 의식(consciousness)이란 어떤 특정한 순간에 개인에 의해 지각되는 모든 감각과 경험을 말한다. 그러나 우리의 정신생활 중 극히 일부분만이 의식의 범주 안에 포함될 뿐이며, 이때 우리가 의식하는 모든 내용은 외부단서에 의해 선택적으로 여과되어 나타난 결과일 뿐이다. 전의식(preconsciousness)은 바로 그 순간에 의식되지는 않지만 조금만 노력하면 의식해 낼 수 있는 모든 경험을 말한다. 예를 들어, 지난주 금요일에 내가 무슨 옷을 입었는지 또는 지금 애인과 첫 만남을 가졌던 장소가 어디였는지와 같이 조금만 기억하려고 노력하면 기억에 떠오르는 생각을 말한다. 무의식(unconsciousness)은 의식의 범위 밖에 있는 충동과 욕구들로 이루어진 것으로 전혀 의식되지 않는데도 우리의 행동과 의식을 결정하는 데 중요한 영향을 미치는 요소를 말한다. 이전의 철학자들도 무의식의 존재와 영향을 언급하였으나, 무의식의 개념을 철학적 사유의 대상이 아니라 경험적으로 연구하였고, 추상적인 영역이 아니라 삶에 영향을 미치는 실체로 이끌어 낸 사람은 프로이트였다(Hjelle & Ziegler, 1992).

1920년대에 프로이트는 이 개념모형을 수정하여 상호 연관되고 상호작용하는

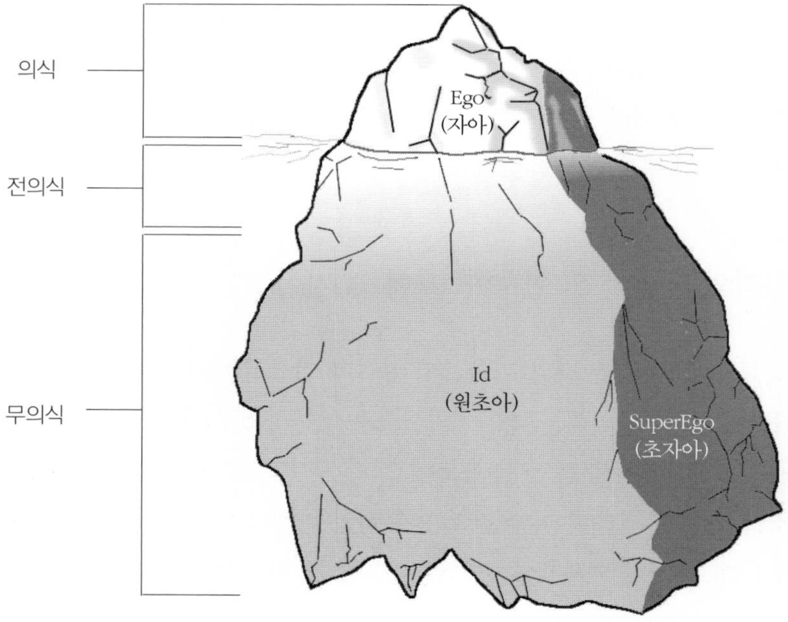

| 그림 10-2 | 성격의 삼층구조

체계로 재정리하여 원초아(Id), 자아(Ego), 초자아(SuperEgo)라는 세 개의 기본적인 정신구조를 제시하였다. 프로이트가 원래 이 세 가지 구조에 대해 붙인 이름은 Es(영어로 it), Ich(영어로 I), ÜberIch(영어로 Over-I)로 일상적이며 편리하게 사용되는 용어들이었는데, 영어로 번역되면서 학문적인 권위를 붙인다는 의미에서 난해한 라틴어인 Id, Ego, SuperEgo로 바뀌었다(윤순임, 1995).

1) 원초아(Id)

원초아란 성격 중에서 생물학적이고 본능적인 요소를 지칭하는 것이다. 인간이 태어날 때부터 존재하는 가장 원시적이며 유전된 것, 성적인 것, 공격적인 에너지를 모두 포함하는 것으로 인간이 가진 모든 충동, 즉 리비도의 저장고다. 원초아를 움직이는 기본적이며 중심적인 원리는 쾌락원칙(pleasure principle)이며, 반사적이고 일차적인 욕구를 충족해 주는 것을 목적으로 한다. 즉, 맛있는 음식을 보면 먹고 싶고, 미인을 보면 다가가 이야기하고 싶어 하는 욕망과 같이 기본적이며 반사적인 욕구에 따라 움직인다. 이런 의미에서 프로이트는 원초아의 정보처리과정을 일차적 처리과정(primary process)이라고 불렀다.

2) 자아(Ego)

자아는 외부 현실과 초자아의 제한 속에서 원초아의 욕구를 표현하고 만족시키는 정신기제를 말한다. 자아는 개체의 보존과 안전이 유지되고 위험에 빠지지 않도록 하는 범위 내에서 원초아의 욕구가 실현되도록 의사결정을 하는 의식적인 요소로, 눈먼 왕이라 불리는 원초아의 힘을 안내하는 길잡이 역할을 하는 것으로 비유된다. 자아를 움직이는 원리는 현실원칙(reality principle)이다. 즉, 적절한 배출구나 욕구를 충족하기에 적합한 환경적 조건이 성숙될 때까지 원초아로부터 발생하는 본능적인 욕구를 지연시킴으로써 유기체의 안정을 보존해 주는 역할을 한다. 프로이트는 개인과 타인의 안녕을 해치지 않으면서 본능적 욕구를 충족하는 알맞은 처리과정을 발달시킨다는 의미에서 자아의 정보처리과정을 이차적 처리과정(secondary process)이라고 불렀다.

자아는 사람들로 하여금 현실과 환상을 구분하고 적절한 양의 긴장을 유지하게 하며, 합리적이고 인지적으로 행동하게 하는 등의 지적 기능과 문제해결자 역할을 수행하게 된다.

3) 초자아(SuperEgo)

초자아는 프로이트의 성격구조에서 마지막으로 발달하는 체계로서 사회규범과 기준이 내면화된 것을 말한다. 인간은 사회화 과정을 통해 합리적인 사회적 가치, 규범, 윤리체계를 받아들이게 된다. 이런 사회화 과정에서 부모나 선생님 및 다른 여러 '존경할 만한 사람'들과의 상호작용이 중요한 역할을 하게 된다.

초자아는 양심(Conscience)과 자아 이상(Ego ideal)이라는 두 가지 과정에 의해 형성된다. 우선 양심은 처음에는 부모에게서 받는 처벌을 통해 형성되는 것으로 부모의 지적과 야단 및 비판이 내재화되면서 형성된다. 이는 자신에 대한 비판적 평가, 도덕적 금지, 죄의식 등의 형태로 나타난다. 자아 이상은 부모가 선별적으로 보여 주는 인정이나 중요하고 가치 있게 여기는 것을 내재화하면서 개인이 형성하게 되는 목표 및 포부를 말한다. 개인은 자아 이상을 달성함으로써 자존심과 자긍심을 키우게 된다. 개인의 판단기준이 부모의 통제에서 자아통제로 바뀔 때 초자아는 완전한 형상을 갖추게 된다.

2. 성격의 5요인

성격의 5요인의 정리 또는 발견은 성격심리학 분야에서 최근에 이루어진 가장 괄목할 만한 성과라고 할 수 있다. 보통 사람들이 성격이라고 이야기할 때 사용하는 개념을 살펴보면 성격이라는 말 대신 외향적이다, 성실하다, 예의 바르다와 같이 특정한 속성을 가지고 사람들을 구분하는 것을 알 수 있다. 다음에 살펴보겠지만 이들을 특성이라고 하는데 이런 특성들이 얼마나 되며, 개인이 속한 문화 간에 이런 속성에서 차이가 있는지 등에 대해 많은 심리학자가 분석해 본 결과, 사람들이 성격 특성이라고 이야기하는 개념에는 크게 다섯 가지가 있으며, 이런 특성들은 문화마다 일관성이 있고 심지어는 동물들에게도 나타난다는 것이 밝혀졌다(John, 1990; Miseandino, 2012; Nettle, 2007). 이 다섯 가지 성격 특성이 조합하여 이루어지는 것이 특정 개인이 보여 주는 성격인 것이다. 이 다섯 가지 기본적인 특성은 외향성(extraversion), 성실성(conscientiousness), 우호성(agreeableness), 안정성(stability), 개방성(openness)이다. 물론 문화에 따라 다섯 가지가 아닌 여섯 가지, 일곱 가지 특성이 나타나기도 하지만 가장 대표적인 기본 성격 특성으로 받아들여지는 것이 다음 다섯 가지 특성이다.

1) 외향성

사람들이 성격 특성을 이야기할 때 가장 많이 나오는 개념이 외향성이다. '철수는 외향적이야.' '오늘 만난 영희는 내향적이야!' 와 같은 말은 우리가 일상생활에서 가장 많이 사용하는 개념이다. 외향성의 상대적 개념은 내향성이다. 이 특성의 차이는 개인적인 관심의 초점이 사회적이고 활동적이고 남들과 어울리는 데 주로 집중되어 있느냐, 아니면 자신에게 집중되어 있고 남들과 어울리기보다는 혼자서 책을 읽고 글을 쓰고 생각하는 것을 중시하느냐 하는 면에서의 차이를 말한다. 개인이 내향적이냐 외향적이냐에 따라 생각, 행동, 가치관 등에서 많은 차이가 생기게 된다.

2) 성실성

누군가의 장단점을 판단할 때 가장 많이 언급되는 개념이 '그 사람 성실해.'와 같은 개념일 것이다. 누군가와 사업을 하거나 장차 계속해서 친구로 사귈지 아닐지를 결정하는 데 있어 가장 중요하게 고려하는 것이 성실성일 것이다. 성실하다는 것은 책임감이 있고 목표지향적이며 규칙적으로 사는 사람의 특성을 말한다. 따라서 성실성은 기업이나 조직에서 채용할 때 가장 중요하게 고려하는 요소이기도 하고, 학생을 선발하는 장면에서도 가장 중시되는 개념이기도 하다.

3) 우호성

우호적이라는 것은 어떤 사람과 첫 대면을 했을 때 가장 먼저 느끼는 감정일 것이다. '저 사람 호감이 가는데!' '나한테 부드럽고 친근하게 대해 주는 것 같아!' 같은 말을 사용할 때 우리가 사용하는 개념이 우호성이다. 호감성이라고도 하고 친애성이라고도 하는데 이의 상대적인 개념은 적대성이다. 우호적이고 친근한 사람과는 친구 같고, 계속해서 대화하고 싶고, 왠지 이 사람은 내편이라는 생각이 들 것이다. 누군가의 첫인상을 이야기할 때 "그 사람 친절하고 나한테 호감을 표시하던데." 하고 말하는 개념이 우호성이다.

4) 안정성

안정성은 정서적 안정성(emotional stability)이라는 말과 함께 쓰이거나 상대적인 개념으로 신경증적 성향(neuroticism)으로 불리는 개념이다. 안정적이란 것은 어떤 일이 닥쳐도 쉽게 흥분하지 않고 차분하게 사람들을 대하고 상황을 해결하려고 하며, 이 사람의 특성이 어제 오늘 다르거나 만나는 사람마다 다르지 않고 일관적이라는 것을 말한다. 불안하고 변덕스럽고 자신의 기분에 따라 왔다 갔다 하는 사람과는 함께하기 힘들다. 안정적이지 않고 신경증적인 사람은 어디로 튈지 모르고 왠지 믿음이 가지 않을 것이다. 신경증적인 성향이 짙어지면 정신적인 문제를 가진 사람으로 발전하기 쉽다.

5) 개방성

마지막으로 개방성은 자신을 열어 놓고 다른 사람이나 다른 견해를 받아들이고 상황에 맞게 유연하게 처신하는 것을 말한다. 흔히 경험에 대한 개방성(openness to experience)이라 불리는데, 개방적인 사람은 탐구심이 강하고 새로운 상황에 도전하는 것을 즐기며, 고정되고 고착된 사고에 머물지 않고 다양한 것을 수용하고자 한다. 어린아이의 경우에 개방성이 높은 아이들은 창의적이고 새로운 도전을 즐기며 특정한 주제에 국한하여 관심을 갖지 않는다. 또한 개방적인 사람들은 노인이 되어서도 항상 새로운 것을 배우려 하고 자신이 가진 기존의 것에 국한되지 않는 자유로운 삶을 살고자 한다. 따라서 개방적인 노인은 자신에 대해 만족하고 끝없이 새로운 것을 추구하므로 보다 활동적이고 생산적인 활동에 종사하게 된다.

제4절 성격은 어떻게 만들어지는가

개인의 성격은 어떻게 만들어지는가? 성격 형성에 영향을 미치는 요소에는 어떤 것들이 있을까? 유전적인 요소가 더 많은 영향을 주는가, 환경적인 요소가 더 많은 영향을 주는가? 이에 대한 논쟁과 이슈는 여전히 성격심리학의 주요한 주제가 되고 있다. 최근에는 환경과 유전적 요소가 모두 영향을 주며, 이들의 상호작용에 의해 성격이 형성된다는 관점을 중시하고 있다(Plomin, 1990). 성격 형성에 대한 관점 또한 다양할 수 있으나 이 절에서는 성격심리학의 형성에 중요한 영향을 준 대표적인 학자들의 의견에 따라 우리의 성격이 어떻게 형성되는지를 살펴보고자 한다.

1. 마음속의 삼국 전쟁이 낳은 상처: 프로이트

먼저 프로이트는 사람들이 발달단계별로 원초아, 자아, 초자아 간의 갈등구조를 어떻게 극복하고 이해하였는가에 따라 개인의 성격이 결정된다고 보았다. 특히 발달단계별로 중요하게 부상되는 원초아의 욕구나 충동을 자아와 초자아가 얼마나 효과적으로 통제하고 조절하였는가에 따라 개인의 성격이 형성된다고 보았다. 각 개인에게 요구되는 발달단계별 원초아의 욕구가 제대로 충족되거나 해소되지 않게 되면 개인은 해당 단계에 고착(fixation)되거나 그 이전 단계로 퇴행(regression)하는 모습을 보여 주게 되며, 이때의 흔적이 남아 개인의 성격을 형성한다고 보았다. 프로이트는 무의식 속에 잠재되어 있는 우리 성격의 요소를 알 수 있는 가장 좋은 방법으로 자유연상과 꿈의 분석을 들었다. 이들을 분석해 보면 우리 무의식에 잠재되어 있는 것이 무엇인지를 알 수 있다는 것이다.

1) 구순기적 성격

구순기적 성격은 1~2세경, 어머니와 갖게 되는 수유경험에서 형성되는 성격이며, 유아가 세상에서 처음 경험하게 되는 중요한 타자인 어머니와 갖게 되는 경험의 질에 의해 형성되는 성격이다. 구순기의 경험을 통해 인간은 의존, 신뢰, 신용, 독립심 등과 같은 일반적 태도를 형성하게 된다. 구순기적 성격은 이빨이 나기 전에 어머니가 주는 젖을 수동적으로 받아먹게 되는 단계에서 형성되는 구순 수동적 성격과 이빨이 난 후 보다 적극적으로 수유 행위를 시작하는 단계에서 형성되는 구순 공격적 성격으로 나뉜다. 전자의 특징은 지나친 낙관주의, 과잉 신뢰, 타인의 평가에 대한 지나친 의식, 마마보이로 대표되며, 수동적 낙천주의에 빠져 자신이 어떻게 하든 세상이 자신의 욕구를 채워 주리라 기대하거나 수동적 비관론에 빠져 자신의 처지를 개선하기 위해 아무것도 할 것이 없다는 듯 행동하게 된다. 후자의 특징은 논쟁적, 비꼼, 괴롭힘으로 대표되는데, 능동적 낙천성에 사로잡혀 자신의 욕구를 채우기 위해 주위 세계에 있는 모든 것을 적극적으로 취하려 하거나 능동적 비관론에 사로잡혀 세상에 대해 냉소적이고 적대적이며 무차별적인 공격성을 보이기도 한다.

2) 항문기적 성격

유아가 2~4세경에 겪게 되는 배변훈련은 유아가 세상에서 처음 접하게 되는 세상의 질서다. 배변훈련을 통해 유아는 처음으로 세상의 질서를 배우게 되고, 자신의 욕구를 관리하는 방법을 배우게 된다. 항문기에 고착되면 질서, 인색함, 고집의 3대 항문기적 성격이 나타나게 된다. 항문기적 성격도 항문기 가학적 성격(내보내기 성격)과 항문기 보유적 성격(지니기 성격)으로 대별된다. 전자의 특징으로는 어지르기, 무질서, 부주의, 낭비벽, 사치벽, 무자비함, 반항적임, 공격적임, 잔인함, 파괴, 난폭함, 적개심을 들 수 있다. 후자의 특징으로는 과도한 청결주의, 시간 엄수, 질서, 신중성, 지나친 청결, 인색, 모으고 쌓아 두기, 정확하고 빠름, 수동적 공격성을 들 수 있다.

3) 남근기적 성격

4~6세경이 되면 유아는 이제 자신의 성정체성에 대해 생각하게 된다. 남자와 여자 간에 신체구조가 다른 것에 대해 관심을 가지게 되고, 성인과 동일시하게 된다. 이때 남자아이는 오이디푸스 콤플렉스, 여자아이는 남근 선망, 엘렉트라 콤플렉스를 겪는 시기로, 남근기적 성격은 자신의 아름다움과 비범함에 도취하여, 남들로부터 끊임없이 인정받고 싶어 하는 것이 주요 특징이라 할 수 있다. 일명 나르시시즘적 성격이라고 불리기도 한다. 남근기에 고착된 남성은 경솔, 과장, 야심만만함, 강함과 남자다움에 집착함, 바람기 등의 특징을 나타내고, 남성다움과 정력을 과시하는 남근적 공격성이나 나이 많은 이성이나 임자 있는 사람만 유혹하는 특징을 나타낸다. 한편, 남근기에 고착된 여성은 순진무구함과 난잡함의 공유, 유혹적이고 경박한 행동, 지나친 자기주장적 특성으로 모든 면에서 남성을 능가하고자 하는 모습이나 외설스러운 행동과 옷차림으로 남성을 유혹하려 하는 성향 등을 나타낸다.

2. 열등감의 극복과정과 출생순위에 따른 차이: 아들러

아들러(Adler)는 사람들이 선천적으로 가지게 되는 열등감을 어떻게 극복하고 받아들이는가에 따라 각자의 생활양식(life style)이 달라지고, 이런 생활양식이 각 개인의 성격을 형성하게 된다고 보았다. 또한 개인의 사회적 조건(social condition)

이 성격 형성에 영향을 준다고 보아 출생순위별로 성격에 차이가 생긴다는 이론을 제안하였다. 아들러는 열등감 자체가 원래 모든 인간에게 보다 나은 것을 추구하고자 하는 동기유발의 근거가 되는 것이므로 인간 성장의 기폭제가 되는 것이라고 생각하였다. 그러나 병적인 열등감에 빠지면 개인은 성장보다는 자기파괴적이고, 병리적인 성격을 형성하게 된다고 보았다. 개인을 병적 열등감에 빠지게 만드는 원인으로 신체기관의 결함, 지나친 애정, 과잉보호하에 버릇없이 응석받이로 성장하는 것, 무관심과 거부로 인한 방임의 경험, 부모의 지나친 기대 등을 들 수 있다.

Alfred Adler

아들러는 또한 개인의 성격은 개인이 자라게 된 사회적 환경의 산물이라는 생각을 하였다. 개인이 경험하게 되는 가장 중요한 사회적 환경은 바로 가족으로서 가족 내에서 개인의 위치가 주요한 성격 형성의 원천이 된다고 보았다. 아들러에 따르면 개인의 성격은 자신의 신체적 한계점에 대한 의식에서 출발하여 이것이 열등감을 보상하기 위한 아동 각자의 고유한 행동양식으로 굳어지는데, 이런 특징은 4~5세에 형성되어 거의 불변한다. 그에 따르면 성격 형성에 중요한 영향을 주는 요소로는, 첫째 개인이 열등감을 극복해 온 방식, 둘째 부모의 양육 태도, 셋째 출생순위, 넷째 성, 여성의 사회적 지위 및 성역할, 강한 남자 증후군 등으로 표현되는 각 개인의 사회적 위치를 들 수 있다.

출생순위에 따라 전형적으로 나타나는 성격 차이를 살펴보면 다음과 같다.

1) 첫째 아이

첫째 아이가 처하는 사회적 조건은 폐위된 왕에 비유할 수 있다. 즉, 세상의 모든 권위와 칭송을 한 몸에 받다가 어느 날 갑자기 폐위된 왕의 신세가 바로 첫째 아이의 신세라 할 수 있다. 이런 사회적 조건으로 인해 첫째 아이는 책임감, 배려심 같은 긍정적 요소가 발달되기도 한다. 또한 부정적 요소로 자신감 상실, 현재 상황이 좋은데도 일이 나빠질 것을 두려워함, 적대적이며 비관적인 성향, 보수적이며 규칙을 중시하는 성향을 나타내기도 한다. 상실의 경험으로 인해 첫째 아이는 문제아나 부적응자가 될 소지 또한 많다고 한다.

2) 둘째 아이

이들이 처하게 되는 사회적 조건은 언제나 위의 형제들이 모델이 되고 처음부터 애정을 형제들과 나누어 생활해야 한다는 것이다. 이로 인한 긍정적 결과로 이들은 야심이 크고 공동체 지향적이며 적응력이 뛰어나다. 그러나 부정적인 결과로 반항적이며 질투가 심하고, 항상 이기려 하고 추종자가 되기를 거부한다.

3) 막내 아이

막내가 처하게 되는 사회적 조건은 따라야 할 모델이 많고 여러 사람에게서 많은 애정을 받는다는 것이다. 또한 이들은 애정을 나누기는 해도 쉽사리 자신의 모든 것을 내놓지는 않는다는 것이다. 때로는 지나친 애정을 받기도 한다. 이 때문에 나타나는 긍정적 결과로 이들은 항상 많은 자극과 많은 경쟁 속에 성장하게 되고 형제를 앞지르고자 하는 욕구가 강하다. 부정적인 결과로 막내는 누구에게나 열등의식을 가질 수 있고, 과잉보호로 인한 부적응을 보일 가능성이 있다.

4) 외동 아이

이들이 처하는 사회적 조건은 부모의 애정을 독차지하는 존재라는 것으로 표현할 수 있다. 특히 남자아이의 경우 아버지와 경쟁하려 하고 부모의 지나친 애정을 받게 되는 경우가 많다. 이 때문에 나타나는 긍정적 결과로 이들은 자부심이 강하고 자기중심적이며, 독립적으로 일을 추진하려는 성향을 나타낸다. 부정적인 결과로는 공주병이나 왕자병의 증후로 인해 유아독존적일 수 있으며, 남들과 경쟁을 피하려 하고 항상 자신만이 옳은 듯이 행동하려는 경향을 나타낼 수 있다.

3. 자기를 바라보는 관점과 주관적 경험의 차이: 켈리, 로저스

현상학적 또는 인본주의적 입장에서는 개인이 세상을 바라보는 차이에 의해 개인 간의 성격 차이가 발생하게 된다고 보았다. 우선 **켈리**(Kelly)는 세상에 절대적인 진리는 존재하지 않는다고 보았다. 켈리에 따르면 특정한 사물이 A로 보이는 것은 이 사물을 바라보는 사람이 사물을 A로 바라보기 때문이라는 것이다. 켈리는 자신의 생각을 **구성개념적 대안론**(constructive alternativism)이라고 불렀다. 구성개념적 대안론에서는 절대적이고 불변적인 것을 거부한다. 즉, 현실에 대한 개인의 지각은 해석에 따라 가변적인 것이며, 객관적인 실체나 절대적인 진리란 존재하지 않는다.

켈리의 구성개념적 대안론에 따르면 사람들은 각기 다른 개인적 구성개념을 가지고 있다. 이 구성개념의 차이가 바로 성격이라고 할 수 있다. 구성개념이란 사람들이 '자신의 개인적인 경험 세계를 해석하고 구성하는 사고 범주'를 말하는 것이다. 따라서 개인의 성격을 이해하려면 개인이 가지고 있는 구성개념이 무엇인지를 알아야 한다. 최근 의과대학을 졸업한 학생이 의과대학원에 들어가서 의사가 되겠다는 애초의 계획을 버리고 연인과 함께 전원생활을 하기 위해 떠나는 경우를 예로 들어 보자. 이 젊은이의 아버지는 이 현상을 권위주의적이면서 가부장적인 사회에서 벗어나려는 신세대의 특징이라고 해석하는 반면에 어머니는 사랑에 눈먼 젊은 아이들의 철부지 행동이라고 생각할 수 있다. 학교 상담교사는 정체성 위기를 겪고 있는 방황이라고 해석하고, 사회학 교수는 소비 지향적인 사회의 규범을 벗어나고자 하는 행위라고 해석할 수 있다. 그러나 정작 젊은이 자신은 이런 행동을 자유롭게 살고 싶은 자연스러운 욕구의 발로라고 해석할 수도 있다.

켈리와 유사하게 로저스(Rogers)도 개인의 행동을 이해하려면 개인의 주관적 경험과 자아의 개념을 이해해야 한다고 보았다. 그는 개인의 행위를 지배하는 것은 자극상황에 대한 개인의 해석과 그것에 대한 개인적 의미라고 보았다. 또한 개인을 이해하려면 현재 지금-여기서(now and here) 그 개인이 무엇을 지각하고 있고, 어떻게 해석하고 있는지를 알아야 한다고 보았다.

로저스에 의하면 자기(self)는 개인이 자신에 대해 가지고 있는 현상학 혹은 지각적 장이 분화된 부분으로써 '주체적인 나(I)'와 '객체적인 나(Me)'에 대한 의식적 지각과 가치 부여가 포함되어 형성되는 것이다. 자기개념(self-concept)은 현재의 자신이 어떤 인간인가에 대한 개인의 신념을 말하는 것인데, 이 자기개념의 차이가 개인 간의 성격 차이를 나타내 준다.

개인의 자기개념은 어떻게 발달하게 되는가? 로저스는 개인의 자기개념은 두 가지 작용에 의해 발달한다고 보았다.

첫 번째 기제는 개인이 자신에 대해 가지는 유기체적 평가과정이다. 인간은 누구나 자기실현을 하고자 하는 동기를 가지고 있으며 더 나은 자아, 완전히 기능하는 자아를 달성하기 위해 노력하게 된다. 인간이 보여 주는 모든 행위는 자기실현을 하고자 하는 동기와 관련되어 있는 것으로써, 개인이 겪게 되는 모든 경험은 인간이 가지고 있는 자기실현 경향을 촉진시켜 주는지 아니면 방해하는 것인지에 의해 좋고 나쁨이 평가된다. 따라서 자기에게 도움이 되는 것은 내 것이고, 나의 자기개념에 속하는 것이 되고 그렇지 않은 것은 내 것이 아닌 것이 된다.

두 번째 기제는 긍정적 대우에 대한 욕구다. 아동은 성장하면서 점차 중요한 사람들로부터 존중받고 인정받고 싶어 하는 욕구를 발달시키게 된다. 이 욕구는 첫 번째 기제보다 더 강하게 작용하게 된다. 아동은 유기체적 평가과정보다도 자신이 받게 되는 긍정적 대우(positive regard)에 의해 자기개념을 발달시키게 된다. 이때 아동은 조건적 긍정적 대우와 무조건적 긍정적 대우를 받게 되는데, 완전한 자기개념의 발달을 위해서는 무조건적 긍정적 대우가 중요하다. 조건적 긍정적 대우란 긍정적 대우를 해 주는 데 조건을 다는 것으로서 이런 대우를 받으며 자란 사람은 타인이 바라는 기대에 따라 행동하고 칭찬이나 남의 관심 또는 남의 인정을 받기 위해 행동하게 된다. 무조건적 긍정적 대우란 조건 없이 있는 그대로 어떤 사람을 수용하는 것을 말한다. 완전히 기능하는 자기개념을 형성하기 위해서는 무조건적 긍정적 대우의 경험이 필요하다.

이와 같이 개인이 어떤 경험을 하고 자랐는가와 개인이 현재 시점에서 자신의 과거 경험이나 현실을 어떻게 바라보느냐가 개인의 성격을 결정해 주는 것이다.

4. 인간이 가진 특성의 차이: 올포트

Gordon W. Allport

특성론적 입장에서는 **특성**(traits)의 차이에 의해 개인 간에 성격 차이가 생긴다고 본다. 이들은 이런 특성이 어떻게 형성되었고, 개인의 과거 경험과 어떻게 연계되어 있는지에 관심 갖기보다는 특성이 어떻게 구성되어 있으며, 얼마나 안정적이고 일관되게 행동에 영향을 주는지에 더 관심을 가진다.

올포트(Allport)는 특성을 "많은 자극을 기능적으로 동등하게 만들고, 동등한(의미 있게 일관성 있는) 형태의 적응적 · 표현적 행동을 시작하게 하고 이끌어 가는 능력을 지닌 신경정신적 구조"라고 정의하였다. 이 정의에 따르면 특성은 다음과 같은 특징을 지닌다.

첫째, 특성은 개인이 다양한 종류의 자극에 대해 동등한 양식의 반응을 보이게 해 주는 성향이다. 예를 들어, 진보주의적이라는 특성을 가진 사람은 현실에서 부

Box 2 특성진단을 통해 자기분석하기

다음 척도를 이용하여 귀하의 성격 특성과 일치한다고 생각되는 번호에 V표 하시오.

나는

1. 무언가를 간절히 열망한다	5	4	3	2	1	고요하고 평온하다
2. 다른 사람과 함께하는 것을 좋아한다	5	4	3	2	1	혼자 있는 것을 좋아한다
3. 몽상가다	5	4	3	2	1	공상을 싫어한다
4. 예의 바르다	5	4	3	2	1	저돌적이다
5. 정돈을 잘하는 편이다	5	4	3	2	1	어질러 놓는 편이다
6. 걱정이 많다	5	4	3	2	1	자신만만하다
7. 낙관적이다	5	4	3	2	1	비관적이다
8. 이론의 개발을 중시한다	5	4	3	2	1	실용성을 중시한다
9. 관대하고 아량이 있다	5	4	3	2	1	이기적이고 자기중심적이다
10. 확실히 마무리를 짓는다	5	4	3	2	1	결정 시 변경의 여지를 둔다
11. 낙담해 있다	5	4	3	2	1	의욕이 넘친다
12. 남에게 내보이는 편이다	5	4	3	2	1	사적인 것을 중요시한다
13. 상상력에 의지한다	5	4	3	2	1	권위체에 의지한다
14. 따뜻하다	5	4	3	2	1	냉정하다
15. 집중해서 일을 처리한다	5	4	3	2	1	쉽게 주의가 분산된다
16. 쉽게 당황한다	5	4	3	2	1	흔들리지 않는다
17. 사교적이다	5	4	3	2	1	차고 냉정하다
18. 새로운 것을 찾는다	5	4	3	2	1	늘 하던 것을 쫓는다
19. 팀 중심적이다	5	4	3	2	1	개인 중심적이다
20. 질서를 선호한다	5	4	3	2	1	혼돈에 불편해하지 않는다
21. 주의가 산만하다	5	4	3	2	1	침착하다
22. 이야기를 많이 한다	5	4	3	2	1	생각을 많이 한다
23. 애매함이 불편하지 않다	5	4	3	2	1	분명한 것을 좋아한다

24. 신뢰한다	5	4	3	2	1	의심한다
25. 시간(납기)을 잘 지킨다	5	4	3	2	1	시간을 잘 안 지킨다

해석 요령

1) 1, 6, 11, 16, 21번은 정서적 안정성 및 적응도를 나타내는 요인으로 점수가 높을수록 불안정성이 높다는 것을 의미한다. '안정적인, 변덕스럽지 않은, 합리적인, 죄책감이 없는' 특성과 '쉽게 흥분하는, 걱정이 많은, 반응적인, 신경질적인' 특성을 비교한다. 개인의 심리적 스트레스, 비현실적인 생각, 비적응적인 대처행동에 빠지기 쉬운 성향을 판별해 낸다
2) 2, 7, 12, 17, 22번은 외향성 및 사교성을 나타내는 요인으로 점수가 높을수록 외향적이고 사교적이라는 것을 의미한다. '사적인, 독립적인, 혼자 일하기 좋아하는, 위축된, 쉽게 이해하기 힘든' 특성 대 '주장적인, 사교적인, 온화한, 낙관적인, 말이 많은' 특성을 비교한다. 대인 간 상호작용의 빈도와 강도, 활동성 수준, 자극적인 것에 대한 추구 정도, 삶을 향유하고자 하는 특성 정도 등을 판별한다.
3) 3, 8, 13, 18, 23번은 새로운 것에 대한 개방성, 수용성을 나타내는 요인으로, 점수가 높을수록 개방적이라는 것을 의미한다. '실용적인, 보수적인, 지식의 깊이를 추구하는, 효과를 중시하는, 특정 분야를 잘 아는' 특성 대 '다양한 관심을 가지고 있는, 호기심이 많은, 낭만적인, 실용적인 것을 너무 추구하지 않는, 새 것을 좋아하는' 특성을 비교한다. 이 요인은 새로운 경험거리를 적극적으로 찾으려 하고, 그 자체를 즐기려고 하는 성향, 친숙하지 않은 것에 대한 인내 정도와 탐구심 등을 평가한다.
4) 4, 9, 14, 19, 24번은 우호성, 순응성을 나타내는 요인으로 점수가 높을수록 순응적이고 조화를 추구한다는 것을 의미한다. 이 차원은 '의심이 많은, 의문을 많이 갖는, 거친, 공격적인, 자기 이익을 우선시하는' 특성 대 '신뢰할 만한, 겸손한, 이타적인, 팀을 우선시하는, 갈등을 피하고자 하는, 솔직한' 특성을 비교한다. 이 차원은 사고, 감정, 행동 등에서 동정적이고 배려적인 성향과 적대적이고 반대적으로 처신하려는 성향을 비교 · 평가해 준다.
5) 5, 10, 15, 20, 25번은 근면성, 성실성을 나타내는 요인으로 점수가 높을수록 성실하고 근면하다는 것을 의미한다. 이 차원은 '엉성한, 자기식으로 하는, 혼자 일하기 좋아하는, 뒤로 미루는' 특성과 '믿을 만한, 조직적으로 생활하는, 잘 훈련된, 조심성이 많은, 원칙을 중시하는' 특성을 비교한다. 개인의 체계성, 인내성, 목표 지향적 행동을 하려는 성향 등을 평가해 주며, 게으르고 나태함에 젖어 있는 사람과 신뢰할 만하고 굳건함을 중시하는 사람을 분별해 준다.

출처: Medina & Howard(1996).

닞히게 되는 여러 자극에 유사한 반응을 보이게 될 것이다. 둘째, 특성은 인지된 동일성(유사성)을 기초로 결합되어 표현된다. 즉, 다양한 자극과 다양한 반응을 이론적으로 통합하는 역할을 해 준다. 셋째, 특성은 비교적 일반적이고 지속적이다. 따라서 여러 가지 자극에 대한 반응을 통합해 줌으로써 우리가 매우 일관되게 행동할 수 있도록 해 주고, 우리가 보이는 행동의 지속적이며 범상황적인 특징을 설명해 준다. 넷째, 특성은 우리 성격구조의 필수 요소를 이루며, 초점을 가지고 있다. 즉, 아무 때나 나타나는 것이 아니고, 사회적 상황과 관련지어 변별적으로 나타난다. 또한 물이 눈이나 비 또는 우박으로 변형되듯이 상황에 따라 변형되어 나타날 수도 있다. 그러나 그 핵심적인 특성은 언제나 동일하다. 다섯째, 특성은 우리로 하여금 단순히 상황 의존적으로 행동하지 않고 상황 개척적으로 행동하게 한다. 예를 들어, 사교적인 사람은 스스로 자신의 특성을 발휘할 상황을 찾고 상황을 조성한다.

특성론자들의 관심은 인간을 일반적으로 설명해 주는 특질이 얼마나 되며, 핵심적인 특성은 어떤 것인지를 찾고자 하는 데 있다. 올포트는 연구 초반기에 특성을 기본특성(cardinal traits), 중심특성(central traits), 이차적 특성(secondary traits)으로 구분하였다. **기본특성**은 영향력이 매우 커서 개인의 행동 전반에 영향력을 발휘하는 것으로 소수의 사람에게서만 나타난다. 돈판, 스크루지, 잔다르크 등의 특질이 여기 해당된다. **중심특성**은 개인을 특징지어 주는 상당히 일반화된 특징들로 개인별로 5~10개 정도를 보유한다. 예를 들어, 잘 아는 사람을 특징짓는 단어, 구 또는 문장을 기술하게 할 경우 나타나는 외향적이다, 근면하다, 성실하다와 같은 특징들이다. 보통 한 개인은 평균 7~8개의 중심특성으로 설명된다. **이차적 특성**은 뚜렷하지도 않고, 덜 일반적이며, 일관성은 적으나 개인을 특징지어 주는 것을 말한다. 예컨대, 음식에 대한 기호, 굉장히 지배적이고 독단적인 사람이 경찰관 앞에만 서면 복종적으로 변하는 태도와 같이 특정 상황에서만 나타나는 성향을 말한다.

연구 후반기에 올포트는 특성을 **공통특성**(common traits)과 **개별특성**(individual traits)으로 구분하였다. 전자는 한 문화권의 사람들을 합리적으로 상호 비교해 줄 수 있는 소질을 말한다. 이런 일반적인 요인을 찾고자 하는 최근의 연구성과는 앞에서 설명한 성격의 5요인 모형이론으로 대표된다. 이에 비해 개별 특성은 개인 간에 비교될 수 없는 특정 개인만이 가지고 있는 독특한 특징으로 개인마다 초점이 다르게 조직화될 수도 있다. 올포트에 따르면 개인의 참된 성격은 이러한 개별적 특성을 조사할 때 나타나는 것이며, 개인의 사례사, 일기, 편지 및 개인적 기록으로 파악할 수 있다.

5. 모델에 대한 학습과 자기효능감의 차이: 반두라

지금까지 살펴본 성격에 대한 이론들은 개인 내적인 요소를 강조하는 것들이었다. 그러나 사실 우리가 가지고 있는 성격 중 많은 요소가 우리가 받아 온 사회화와 학습의 결과라는 것은 아무도 부인할 수 없을 것이다. 성격의 학습론적 측면은 스키너(Skinner)의 행동주의 이론에서 절정을 이루게 되고, 후속 학자들은 개인 내적 요소와 환경적 요소 간의 상호작용적 입장을 취하게 된다. 즉, 성격이 환경의 지배를 받아 결정되는 것도 반대하고, 개인 내적인 요소에 의해 환경과 무관하게 형성된다는 입장도 거부한다. 이런 반두라(Bandura)의 입장을 **사회학습이론**이라 부르며, 다음과 같은 특징이 있다.

첫째, 인간의 내부과정(동기, 충동, 욕구 및 여타 동기적 영향들)만으로 또는 외부 환경적 요인만으로 인간의 행동을 설명하는 데는 한계가 있다고 보고 상호 결정주의적 입장을 취한다. 둘째, 처벌이나 보상과 같은 외적 강화물이 우리 행동에 미치는 직접적인 역할은 많지 않다고 본다. 예를 들어, 우리의 행동은 외부에서 주어지는 단순한 강화에 의해 결정되기보다는, 머릿속에서 추론되고 예상되는 결과에 의해 규제되기도 한다. 따라서 직접적인 강화가 없어도 행동 습득이 가능하며, 본보기나 관찰을 통해 학습이 이루어지는 것이 가능하다. 셋째, 인간의 행동, 특히 성인의 행동을 설명하려면 자기 규제와 인지의 역할이 중요하다고 본다. 따라서 사회학습이론에서는 인간이 환경에 새로운 의미를 부여하고 재배치하는 것과 같이 창조적이며 자기생성적인 모습을 가진다는 것을 강조한다.

이런 관점에 따라 반두라는 개인의 행동을 설명하는 데 대리강화(vicarious reinforcement)와 자기강화(self reinforcement)의 개념을 제시하였고, 최근에는 이런 개념을 통합하여 자기효능감(self-efficacy)이라는 개념을 제시하였다.

대리강화란 타인의 행동에서 관찰된 대리적 결과(보상과 처벌)에 의해 행동이 규제되는 것을 말한다. 다시 말해 직접적인 보상이 없어도 다른 사람이 받는 대리보상이나 처벌이 관찰자의 행동을 촉진시키거나 억제할 수 있다는 것이다.

자기강화란 개인이 자기 자신에게 부여해 주는 강화를 말하는 것으로 자기 자신

Box 3

심리학의 적용: 비현실적인 강한 자존감은 폭력행동을 초래하는가

21세기의 초입에 들어선 요즘, 널리 유포되고 있는 사회적 신념 중의 하나로 사람들이 가지고 있는 자존감을 키워 주기 위해 모든 노력을 다 기울여야 한다는 것을 들 수 있다. 대부분의 경우 높은 자존감을 가지는 것이 인생에서의 성공과 탁월한 성취를 이루는 데 기본이 되는 것이며, 낮은 자존감을 가지는 것은 치유해야만 하는 문제점으로 간주된다.

그러나 모든 사람이 이런 의견에 동의하는 것은 아니다. 심리학자 부시맨과 바우마이스터(Bushman & Baumeister, 1998)에 따르면 지나치게 높은 자존감은 이것을 가지고 있는 사람에게 치명적인 심리적 문제를 초래할 수도 있다. 예컨대, 실제적인 성취상황에서 자신이 가지고 있던 높은 자존감이 충족되지 못할 경우에 폭력행동을 초래할 수도 있다는 것이다. 이들에 따르면, 폭력행위를 하게 된 몇몇 사람들은 자신의 행위를 바람직하게 여기고 있었으며, 자신에 대한 정당화 노력이 과장되어 나타나기도 한다는 것이다. 전형적으로 자존감을 낮추는 상황—예컨대, 학교나 업무에서의 실패상황—에서도 그런 사람들은 자신에 대한 긍정적인 관점을 유지하였으며, 이런 부당한 자존감 형성이 폭력행동을 유발하기도 한다는 것이다.

비현실적인 높은 자존감(또 다른 말로 나르시시즘)이 도전을 받거나 다른 사람에게 위협을 받을 때 폭력적인 성격이 표출될 수 있다는 관점은, 높은 자존감을 가진 사람들은 자신에 대한 긍정적인 자존감을 유지하기 위해 격정적으로, 때론 폭력적으로 반응할 수도 있다는 것을 시사하는 것이다. 대조적으로 낮은 자존감을 가진 사람들은 자신의 자존감이 도전받거나 위협받는 상황에 처하더라도 이런 위협이나 도전상황 자체가 자신이 가진 낮은 자존감을 확증해 주는 증거라고 받아들이게 된다. 그러나 자존감이 지나치게 높은 사람들은 자신의 자존감이 확증되면 자기에게 주어진 도전이나 위협상황을 무시하게 된다(Baumeister, Bushman, & Campbel, 2000).

실험결과는 이런 관점을 지지해 준다. 부시맨과 바우마이스터는 한 연구에서 참가자들에게 에세이를 쓰도록 하였다. 그리고 한 집단에게는 심한 비평을 하고, 한 집단에게는 칭찬을 하였다. 그런 다음 참가자들에게 게임에 참여하도록 하였다. 게임은 상대편에게 시끄러운 소음을 쏟아붓는 것이었다. 이것이 공격성에 대한 척도였다. 실험 결과 비현실적인 자기애적 자존감을 가진 참가자들은 비판을 받게 될 때 현실적인 자존감을 가진 참가자들보다 유의미하게 공격행위를 더 많이 하였다.

이런 발견은 무비판적으로 자존감을 키우도록 고안된 각종 사회교육 프로그램을 신중하게 재검토해야 한다는 것을 시사해 준다. 모든 사람이 높은 자존감을 가지도록 하는 것(우리는 모두 특별한 존재다, 우리는 우리 자신이 자랑스럽다 등)이 목표일 수 있지만, 이

> 런 정책이 얼토당토않은 자만심으로 발전할 수도 있는 것이다. 따라서 부모, 학교 및 지역 사회 여러 기관은 사람들이 자신의 실질적인 노력을 통해 자존감을 키우는 기회를 얻도록 해야 한다(Begley, 1998).
>
> 자존감에 대한 이슈가 특히 중요하게 작용하는 특별한 사회집단이 있는가? 예를 들어, 대통령 후보에 오르려는 정치가가 부당하게 높이 설정된 자존감을 가지고 있다면 어떤 일이 발생하게 될까?
>
> – 출처: Feldman(2002)
>
> ※ **토의 주제** 2002년 월드컵 4강 진출을 통해 우리 국민의 자존감이 상당히 높아졌다. 이것은 정당한 자존감인가? 아니면 부당하게 높이 설정된 자존감인가? 이것이 주는 장점은 무엇이고 경계해야 할 점은 무엇인가?

의 행동에 의해 자발적으로 생산된 결과에 자기 스스로 지배되는 것을 말한다. 성인은 누가 시키지 않아도 스스로 목표를 설정하고 이 목표를 달성하거나 달성하지 못한 결과에 따라 자신을 통제하게 된다. 자기 행동을 규제하는 과정은 자기관찰과정, 판단과정 그리고 자기반응과정의 3단계 과정을 거쳐 일어나게 된다. 즉, 개인은 자신의 행동을 관찰하고 내재적으로 결정한 기준에 의해 자신이 이루어 낸 성과를 평가하게 된다. 그런 다음, 평가결과에 따라 자기처벌을 하거나 보상을 주게 된다. 이러한 자기강화의 역사가 개인 간 성격의 차이를 만들어 내는 것이다.

자기효능감이란 특정한 시기에 특정한 유형의 과제를 잘 수행할 수 있을 것인지에 관한 자신의 능력에 대한 판단을 말한다. 자신에 대한 전반적인 지각, 감정을 나타내는 자존감(self-esteem)과 달리, 특정한 시기, 특정한 상황에서 자신이 어떤 일을 해낼 수 있다는 믿음을 말하는 것으로, 자신이 이번에 담당하게 된 과제를 잘 해낼 것이라는 믿음을 예로 들 수 있다. 이런 믿음은 자신이 일반적으로 학업능력이 우수하다고 생각하는 자존감과는 구별된다.

반두라는 개인이 자기효능감을 얻게 되는 근원을 네 가지로 들었다. 첫째, 과거의 실제 경험이다. 즉, 개인이 경험한 성공과 실패의 경험, 특히 과제가 어려웠는데도 자신의 노력에 의해 과제를 달성하였고, 이런 성공의 이유를 내부에서 찾을 수 있을 때 자기효능감이 커지게 된다. 둘째, 대리경험을 통한 경험이다. 같이 공부하는 동년배가 성공적으로 과제를 수행해 내는 것을 보면 자기효능감이 커지게 된다. 수영이나 스키, 다이빙 등의 스포츠에 대한 강습을 받을 때 흔히 볼 수 있는 경우다. 셋째, 좋아하는 사람이나 중요하게 생각하는 사람의 언어적 설득이다. 시험에 실패하여 실의에 빠져 있을 때 교사나 부모가 해 주는 격려와 지원은 자기효능감을 키워 주게 된다. 특히 애인이나 부모와 같이 신뢰하는 사람의 격려가 중요하다. 경기장에 나와 격려해 주는 애인의 말 한마디로 슬럼프에서 벗어나고 자기효능감을 키운 운동선수의 예를 주변에서 흔히 볼 수 있을 것이다. 넷째, 자기효능감을 키워 주는 근원으로 생리적 각성을 들 수 있다. 불안할 때 식은땀이 나고 가슴이 울렁거리면 더더욱 불안감이 증가하게 된다. 따라서 적절한 이완훈련을 통해 편안한 마음을 가지고, 과제에 대한 지나친 집착을 억제함으로써 평온하고 냉정한 상태를 유지하는 것이 자기효능감을 키워 주게 된다. 이와 같은 자기효능감의 차이도 개인 간의 성격 차이를 나타내는 근원이 된다.

요 약

1. 심리학에서 다루는 모든 분야의 교차지점에 있는 영역이며 심리학의 꽃이라 할 수 있는 성격심리학은 사람들 간에 보이는 개인차에 대한 과학적 규명과 이런 이해를 토대로 개인의 삶의 질을 개선해 주고자 하는 목적을 가지고 있다.
2. 성격심리학에 대한 여러 과학적 정의에서 나타나는 공통점은 개인차를 분석하고자 한다는 것이다. 한마디로 성격심리학이란 개인차를 찾아내고 분석하고자 하는 학문이라고 할 수 있다.
3. 성격을 연구하는 방법은 크게 세 가지로 나눌 수 있다. 첫째, 역사적으로 가장 오래되었고, 전체적인 인간의 특성을 분석하는 데 적합한 방법으로 사례연구법이 있다. 둘째, 과학적인 심리학을 지향하는 특성을 가장 잘 나타내는 방법으로 실험을 통한 연구방법이 있다. 셋째, 성격심리학을 연구하는 방법으로써 가장 보편적이며 널리 사용되는 방법으로 설문조사를 통한 상관연구법이다.
4. 개인의 성격이 어떻게 구성되어 있는지에 대해서는 다양한 의견이 제시되었다. 프로이트는 처음에 성격이 의식, 전의식, 무의식의 삼층구조로 이루어졌다고 보고, 후기에 이를 정교화하여 원초아, 자아, 초자아의 삼층으로 이루어져 있다고 보았다.
5. 최근 들어 개인의 성격을 구성하는 5요인이 있고, 이 다섯 가지 특성이 모여 개인의 성격을 구성하게 된다고 본다. 이 5대 기본 성격 특성은 외향성, 성실성, 우호성, 안정성, 개방성이다.
6. 프로이트는 발달단계별로 나타나는 원초아, 자아, 초자아 간의 갈등구조를 어떻게 극복하고 이해하였는가에 따라 개인의 성격이 결정된다고 보았다. 특히 발달단계별로 중요하게 부상되는 원초아의 욕구나 충동을 자아와 초자아가 얼마나 효과적으로 통제하고 조절하였는가에 따라 개인의 성격이 형성된다고 보고, 구순기적 성격, 항문기적 성격, 남근기적 성격이 형성된다고 보았다.
7. 아들러는 인간이 선천적으로 가지게 되는 열등감을 어떻게 극복하고 받아들이는가에 따라 각 개인의 생활양식(life style)이 달라지고, 이런 생활양식의 차이가 각 개인의 성격을 형성하게 된다고 보았다.
8. 현상학적 또는 인본주의적 입장에서는 개인이 세상을 바라보는 차이에 의해 개인 간의 성격 차이가 발생하게 된다고 보았다. 켈리에 따르면 개인이 세상을 보는 눈인 개인적 구성개념의 차이가 바로 성격이라고 할 수 있다. 켈리와 유사하게 로저스도 개인의 행동을 이해하려면 개인의 주관적 경험과 자아개념을 이해해야 한다고 보았다. 자극상황에 대한 개인적인 해석과 그에 대한 개인적 의미 부여, 그리고 자기가 어떤 인간인가에 대한 개인의 신념을 말하는 자기개념의 차이가 개인 간의 성격 차이를 만드는 것이다.
9. 특성론적 입장에서는 개인이 가지고 있는 특성(traits)의 차이에 의해 개인 간에 성격 차이가 생긴다고 본다. 올포트는 기본특성, 중심특성, 이차적 특성으로 특성을 구분하였고, 최근 보편적인 인간의 특성을 규명하려는 연구들은 5요인 모형을 제시하고 있다.
10. 반두라는 성격 형성에 개인 내적 요소와 환경적 요소 간의 상호작용적 입장을 취하고, 개인의 사회학습과정을 통한 자기조절 능력과 자기효능감의 차이가 성격을 형성한다고 보았다.

제 11 장

지능과 심리검사

학습목표

1. 심리검사가 갖추어야 할 요건과 심리검사의 종류를 이해한다.
2. 지능검사에 대한 전반적인 내용을 이해한다.
3. 지능에 대한 정의를 살펴보고, 여러 가지 지능이론을 이해한다.

11

초등학교에 입학하면서부터 우리는 각종 시험을 치르게 된다. 대부분의 시험이 표준화되지 않은 성취검사이고 심리검사의 요건을 완벽하게 갖춘 검사는 아니지만, 이러한 시험도 물리적 속성이 아닌 정신적 속성을 측정한다는 점에서 분명히 심리검사의 일종이다. 대학 진학을 위한 과거의 대입학력고사나 현재의 대입수학능력시험, TOEFL, TOEIC 그리고 지능검사와 성격검사 등이 심리검사의 특징을 본격적으로 갖춘 표준화된 검사다. 이러한 검사는 학교에서 교과목에 대한 지식을 측정하는 시험에 비해 엄격한 통제하에서 실시된다.

요즘은 신입사원을 선발하기 위해 심리검사를 실시하는 기업이 많아지고 있다. 이는 지원자의 잠재력을 평가하기 위한 것으로, 적성검사가 전공필기시험을 대신하고 있는 것이다. 또한 적성검사뿐만 아니라 면접도 심리검사의 일종이라고 할 수 있다. 일반적으로 말해서 시험의 형식에 상관없이 심리적 속성의 개인차를 측정하는 모든 도구가 심리검사다. 그동안 개인차는 인간행동의 보편적인 법칙을 찾아내기 위해서 무시되거나 오류로 간주되어 온 경향이 있으나, 개인차는 심리적 현상에 대한 일반적 법칙을 찾아내는 데 도움을 줄 수 있을 뿐 아니라, 그 자체로 중요하고 의미 있는 연구주제며, 일상생활의 문제를 이해하고 해결하는 데 긴요한 정보를 제공한다. 이러한 유용한 정보를 얻기 위한 수단으로 심리검사가 만들어졌다.

20세기 초 일반적 인지능력을 측정하려는 심리학자들의 노력으로 지능검사가 최초로 개발되었으며, 이것이 오늘날 다양한 종류의 표준화된 심리검사로 이어졌다. 근래 들어서는 정신적 능력이나 행동적 속성을 측정하는 심리검사가 전 세계적으로 수천 종이 개발되었다.

제1절 심리검사의 요건

심리검사는 인간행동 표본을 평가하는 표준화된 측정도구로서 사람들의 지능, 적성, 흥미, 성격의 개인차를 측정하는 데 이용된다. 그러나 수검자가 심리검사에서 보인 반응은 수검자의 전체 행동 중에서 일부 표본에 해당한다. 바로 이 점이 심리검사가 안고 있는 한계다. 심리검사는 환경부가 한강, 영산강, 낙동강의 수질검사를 하기 위해서 소량의 강물을 채취하여 분석하는 것과 마찬가지로, 행동이라는 강물에서 표본을 채취(표집)한다. 강물 전체를 검사할 수 없듯이 인간의 모든 행동을 검사할 수는 없다. 채취된 소량의 강물이 강물 전체를 대표하지 못할 가능성이 있는 것처럼 표본행동도 사람들의 전체적인 행동 특징을 나타내지 못할 가능성이 항상 존재한다. 따라서 심리검사의 결과는 반드시 주의를 기울여 해석해야 한다.

1. 표준화와 규준

앞에서 언급한 바와 같이 심리검사는 행동에 대한 표준화된 측정도구다. 표준화(standardization)란 검사의 실시와 채점에 동일한 절차를 사용함을 의미한다. 모든 수검자에게 동일한 지시, 동일한 질문, 동일한 시간을 부여한다. 따라서 이러한 절차를 통해 얻은 점수들의 비교는 의미가 있다. 예를 들어, 대입수학능력시험을 서울에서 본 학생이든 광주, 부산, 대전, 강릉 등 여타 지역에서 본 학생이든 이들 모두는 동일한 검사 내용과 동일한 검사절차를 따르게 된다.

검사의 표준화에는 검사점수의 체계화를 위한 검사규준의 개발이 포함된다. 규준(norm)은 모집단을 대표할 수 있도록 선정된 사람들의 대표본, 즉 표준화 집단(standardization group)에 검사를 실시하여 구성된다. 검사규준은 심리검사에서 특정 개인의 점수가 다른 사람의 검사점수와 비교하여 어느 곳에 위치하고 있는지를 알려 준다. 심리검사에서 규준이 필요한 이유는 심리검사 점수를 상대적으로 해석할 수밖에 없기 때문이다. 키나 몸무게와 같은 물리적인 변인의 개별 측정값은 그 자체로 절대적인 의미가 있으므로 다른 사람들의 키나 몸무게 값이 없어도 해석이 가능하다. 그러나 성취검사를 제외한 모든 심리검사는 개개의 점수만으로는 그 점수의 의미를 찾을 수 없다. 이는 심리적 속성에 대한 절대영점의 상태를 알 수 없기 때문이다. 그러므로 심리적 속성은 측정값을 상대적으로 해석하여 의미를 찾는다. 예를 들어, 어떤 사람이 '창조성 면에서 평균수준이다.' '사무능력 면에서 평균을 조금 넘는 수준이다.' 혹은 '불안 측면에서 극도로 평균 이하다.'와 같은 방식으로, 획득한 원점수를 해석하는 것이다. 이러한 해석은 검사규준을 바탕으로 나온 것으로, 검사규준은 검사점수의 의미를 이해하는 데 도움이 된다.

검사규준을 정하는 한 예로 백분위 점수를 들 수 있다. 검사에서 받은 원점수를 가지고 그 점수 아래의 점수를 받은 사람들을 백분율로 바꾸어 백분위 점수로 환산한다. 만일 40개 항목의 공격성을 재는 검사에서 26점이라는 원점수를 받았다고 가정해 보자. 즉, 26개의 질문에서 공격적 성향을 나타내는 방향으로 답변을 한 것이다. 이 26점이라는 점수는 검사규준을 참조하여, 가령 백분위 점수 82에 해당한다는 것을 알기 전까지는 무의미한 것이다.

2. 신뢰도

체중계, 초시계 등 모든 측정도구가 반드시 일관성이 있어야 하듯이 심리검사 역시 측정도구로서 일관성을 지녀야 한다. 이는 반복측정에서 항상 동일한 결과가 나와야 한다는 것을 의미한다. 이러한 특성을 심리학에서는 신뢰도(reliability)라고 부른다. 만일 동일한 사람이 체중계에 오를 때마다 매번 다른 수치를 얻는다면 그 체중계는 신뢰성이 없는 측정도구다. 이와 같이 일관성은 정확한 측정의 핵심이다.

신뢰성 있는 검사는 검사를 반복하였을 때 비슷한 결과를 산출한다. 물리적인 측정도구와 마찬가지로 심리검사 역시 완벽한 신뢰도를 갖지는 못한다. 검사 시의 개인의 기분, 건강 등으로 행동이 일시적으로 변하기 때문에 측정의 오차가 발생할 수 있다. 예를 들어, 어떤 사람이 동일한 지능검사를 이틀 간격으로 두 번 본다고 할 때, 두 번 모두 모든 문항에 정확히 이전과 같은 응답을 할 가능성은 그리 높지 않다. 신뢰도는 크게 검사-재검사 신뢰도, 동형검사 신뢰도와 내적 일관성 신뢰도로 분류할 수 있다.

3. 타당도

검사에서 매번 똑같은 점수를 얻는다고 해서 그 검사로 측정하고자 하는 것을 정확히 측정하고 있다고 말할 수는 없다. 검사가 측정하려는 것을 측정하는 정도를 타당도(validity)라고 한다. 신뢰도는 타당도의 필요조건이긴 하지만 충분조건은 아니다. 지능을 재는 지능검사를 개발한다면 개발된 검사가 정말 지능을 측정하고 있다는 증거를 제시해야 한다. 키나 몸무게와 같은 물리적인 개념과는 달리 지능 같은 심리적 개념은 정의하기도 어렵고 직접 눈으로 확인할 수도 없기 때문에 심리적 개념을 측정하고자 하는 척도가 의도하는 개념을 제대로 측정하고 있는지를 확인하는 일은 쉽지 않다. 따라서 타당도의 문제는 매우 중요하다. 타당도는 검사의 내용과 용도에 따라 추정방법을 크게 세 가지로 구별할 수 있다.

1) 내용 타당도

교실에서 실시하는 시험과 같은 학업성취검사는 반드시 내용 타당도(content validity)가 있어야 한다. 내용 타당도는 다루고자 하는 영역을 검사의 내용이 대표하고 있는 정도를 나타낸다. 심리학개론 시험에서 수업시간에 다루지 않았거나 교과서에 실리지 않은 내용에 관한 문제가 출제되었다면 내용 타당도가 부족한 검사가 된다. 내용 타당도는 통계에 의존하기보다는 논리적으로 평가된다.

2) 준거관련 타당도

심리검사는 흔히 인간행동의 특정 측면을 예언하기 위하여 사용된다. 대학에서의 학업수행이나 직장에서의 직무수행 능력, 교육훈련과정에 대한 적합성을 예언하기 위하여 심리검사가 사용되는 경우 준거관련 타당도(criterion-related validity)가 확립되어야 한다.

준거관련 타당도는 검사점수와 예측되는 준거 간의 상관계수를 구하여 추정하는 방법이다. 비행 조종사로서 잠재력을 측정하기 위한 검사를 개발한다면, 수검자의 적성검사 점수와 조종사 훈련과정에서의 수행 평가치 간의 상관관계를 산출하여 적성검사의 준거관련 타당도를 검토해야 한다. 적성검사가 타당도가 있다면 검사점수가 높은 사람은 훈련평가 점수가 높고 검사점수가 낮은 사람은 훈련평가 점수가 낮을 것이다.

3) 구성 타당도

많은 심리검사는 지능, 공격성, 창의성과 같이 심리학자들이 인간의 행동을 설명하기 위해서 만든 가설적 구성개념(hypothetical construct)을 측정하기 위해서 개발된다. 구성 타당도(construct validity)는 검사가 특정한 가설적 구성개념을 측정하는 정도를 나타낸다.

구성 타당도를 확립하기 위한 과정은 여러 단계로 이루어진다. 첫 번째 단계는 검사의 내적 구조가 측정하려고 하는 개념에 대한 이론에 부합되는지 알아보는 단계다. 예를 들어, 지능이 언어 이해력과 수리 추리력으로 구성된다는 이론이 있다면 검사의 내용이 이 두 능력을 포함한다는 것을 입증해야 한다. 두 번째 단계로는 측정하려는 구성개념과 외적 준거에 대한 이론이 실제 자료와 합치되어야 한다. 지능이 학교 성적의 결정요인 중의 하나라는 이론이 있다면 실제로 지능검사 점수와 학교 성적이 상관이 있는지를 조사함으로써 검사의 구성 타당도를 확인할 수 있다. 어떤 검사의 구성 타당도는 단지 하나의 가설을 검증하여 확인되는 것이 아니라 많은 가설을 지속적으로 검증함으로써 확고해진다.

4. 심리검사의 유형

심리검사는 동시에 여러 사람에게 집단적으로 실시하는 집단검사와 개별적으로 실시하는 개인검사로 나눌 수 있다. 개인검사가 갖는 장점은 검사자가 수검자의 동기수준을 가늠할 수 있고 검사가 재는 특성 이외의 요인(예, 충동성 혹은 불안)이 검사결과에 미치는 영향을 평가할 수 있다. 또한 심리검사는 내용 혹은 목적에 따라서 지능검사, 적성검사, 성취검사 그리고 성격검사의 네 유형으로 구분할 수 있다.

1) 지능검사

지능검사는 개인의 일반적 정신능력을 추정하기 위해서 여러 가지 유형의 능력을 표집한다. 오늘날의 지능검사도 과거의 전통에 따라 우리 문화에서 중요하게 받아들이는 여러 가지 능력을 반영하는 행동을 표집한다. 일반적으로 지능검사라는 용어는 이질적인 문항을 실시한 결과를 바탕으로 하나의 총점을 산출하는 검사를 일컫는다.

2) 적성검사

적성검사는 하나 혹은 그 이상의, 명확히 정의되고 비교적 동질적인 능력을 측정한다. 적성검사에는 단일적성검사와 다중적성검사총집의 두 유형이 있다. 단일적성검사는 단 하나의 능력만을 측정하는 반면에 다중적성검사총집은 여러 가지 적성에 대한 점수의 양상을 제공한다. 적성검사는 흔히 직업이나 교육훈련 등에서의 성패를 예언하는 데 사용된다. 대입수학능력시험은 적성검사의 대표적인 예다.

(예) 화살표 방향으로 막대를 민다면, 바퀴 '가'는 어느 방향으로 돌게 될까?

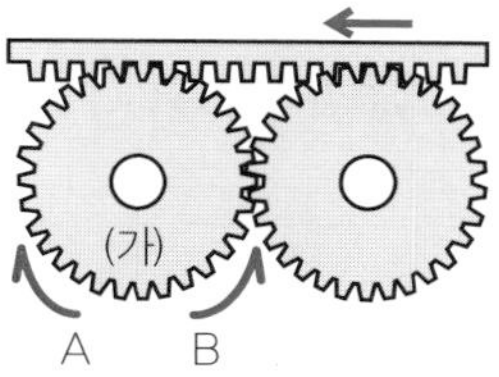

① A 방향 ② B 방향 ③ 돌지 않는다

| 그림 11-1 | **적성검사 문항의 예**

3) 성취검사

성취검사는 특정 주제 영역에서 개인의 학습 정도, 성패 정도 혹은 성취 정도를 측정하는 검사다. 대부분의 성취검사는 학교에서 특정한 주제를 직접적으로 가르쳤다는 것을 암묵적으로 가정한다. 그러므로 성취검사의 목적은 수검자가 특정 주제를 자기 것으로 소화한 정도를 측정하는 것이다. 적성검사와 성취검사는 내용보다는 용도에 따라 구분된다. 실제로 어떤 검사라도 미래의 수행을 예언하는 데 도움이 된다면 적성검사가 될 수 있다. 대학의 교양영어 과목 시험점수는 개인이 달성한 교양영어의 성취수준을 잰다는 점에서는 성취검사에 해당된다. 만일 어떤 기업에서 지원자의 교양영어 과목 시험점수를 채용의 기준으로 사용한다면 교양영어 시험은 미래의 업무수행을 예언하는 점수로 사용되었기 때문에 적성검사가 된다.

4) 성격검사

사람의 개별성을 표현하는 내향성, 공격성, 보수성과 같은 단어들은 성격 특성을 나타내는 말이다. 성격검사는 동기, 가치, 태도 등 성격의 다양한 측면을 측정한다. 정신능력검사와는 달리 이 검사의 질문에 대한 답변에는 옳고 그른 것이 없다. 성격검사는 자기보고식 검사와 투사검사로 대별할 수 있다.

제2절 지능검사에 관한 기본 개념

지능검사에 관해서는 그동안 많은 오해가 있었던 것이 사실이다. 따라서 이 절에서는 지능검사와 관련하여 알아 두어야 할 기본 개념을 살펴보겠다.

1. 지능검사의 측정대상: 잠재력 대 지식

지능검사의 목적은 지적 잠재력을 측정하는 데 있다. 즉, 단순히 사실적인 지식을 묻는 문항보다는 익숙하지 않은 문항을 제시함으로써 잠재력을 측정하려는 것이다. 그러나 사람들은 각기 다른 배경을 갖고 있으므로 이미 알고 있는 것의 차이로부터 영향을 받지 않는 문항을 고안해 낸다는 것이 결코 쉬운 일은 아니다. 이런 이유 때문에 검사 개발자들은 수검자로 하여금 아주 상식적인 지식을 적용하여 풀 수 있는 문항을 작성하여 이러한 문제점을 피하려고 한다. 그럼에도 불구하고 IQ 검사는 수검자의 사전학습에 따른 지식의 차이에 영향을 받는 문항을 피할 수 없는 것이 사실이다. 따라서 IQ검사는 잠재력과 지식의 혼합물을 측정하는 것이다.

2. 지능검사 점수의 의미

앞서 논의된 바와 같이 최초의 지능검사 점수는 생활연령에 대한 정신연령의 비율로 계산되었다. 그러나 이러한 방식은 웩슬러에 의해 정상분포와 표준편차에 바탕을 둔 점수체계로 전환되었는데, 정상분포는 |그림 11-2|에서 보는 바와 같이 종 모양의 좌우대칭인 분포로 인간의 많은 특성이 정상분포를 나타내는 것으로 알

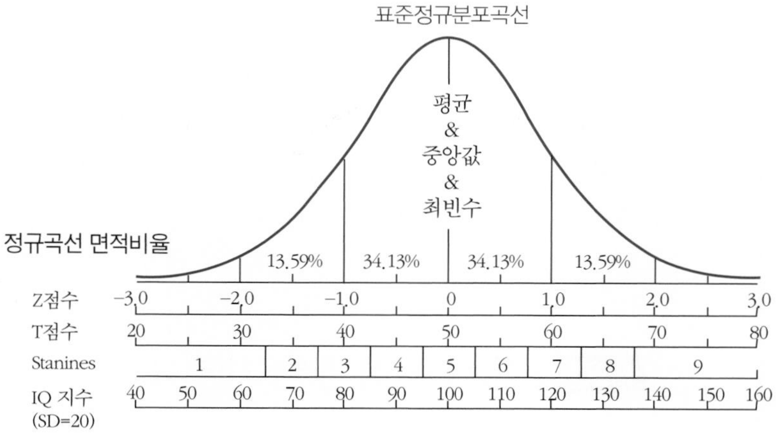

|그림 11-2| 정상분포에서 종류가 다른 검사점수 간의 관계

려져 있다. 예를 들어, 어떤 심리적 속성이 정상적으로 분포되어 있다고 가정한다면 대부분의 사람은 그 심리적 속성치가 분포의 중심(평균점수)에 몰려 있고, 그 중심에서 양측으로 멀어질수록 그 심리적 속성치에 해당하는 사람들의 숫자가 감소한다는 것을 의미한다.

심리학자들은 다른 많은 인간의 특성과 마찬가지로 지능검사 점수도 정상분포를 따른다는 것을 발견하였다. 웩슬러는 정상분포의 개념을 바탕으로 한 지능검사의 새로운 점수체계를 고안하였는데, 오늘날 대부분의 지능검사는 이 방식을 채택하고 있다. 이 점수체계에서는 원점수를 편차 IQ점수로 바꾸어 주는데, 편차 IQ점수란 표준편차를 측정의 단위로 삼아 수검자의 원점수를 정상분포상의 점수로 전환한 점수를 말한다. 대부분의 지능검사에서는 분포의 평균을 100, 표준편차를 15로 하고 있는데, 만일 지능검사 점수가 115라 함은 평균보다 1표준편차 높은 점수를 받았음을 의미한다. 똑같은 방식으로 85점을 받은 사람은 평균보다 1표준편차 아래의 점수를 받았음을 의미한다. 요컨대, 현재의 IQ검사 점수는 지능의 정상분포상 수검자가 어디에 위치하는지를 말해 준다.

대부분의 지능검사는 연령에 따라 각각의 규준을 마련하고 있어서 원점수를 수검자의 연령에 해당하는 규준과 비교하여 지능검사 점수를 산출하게 된다. 즉, 5세의 아동은 그 또래의 아동집단과 비교하게 되며 성인은 성인집단의 규준과 비교하게 되는 것이다. 그렇기 때문에 수검자가 받은 IQ점수는 자신의 연령집단에서의 상대적인 위치를 나타낸다.

3. 지능검사의 신뢰도

다른 유형의 심리검사와 비교해 볼 때 지능검사는 대체로 높은 신뢰도를 가지고 있는 것으로 연구되었다. 그러나 여타 다른 검사와 마찬가지로 지능검사도 행동을 표집하기 때문에 검사 시행에서 대표적이지 못한 점수가 나올 가능성이 얼마든지 있는데, 가장 흔한 예로 검사를 받으려는 동기가 낮거나 검사에 대한 불안 때문에 검사점수가 낮게 나오는 경우를 들 수 있다. 그러므로 지능검사의 신뢰도가 매우 높다 할지라도 해석할 때 항상 주의를 해야 한다.

4. 지능검사의 타당도

지능검사가 실제로 지능을 측정하고 있는지의 타당도에 대한 논의는 다각도로 이루어져야 한다. 기존의 IQ검사는 그 검사가 학교에서 필요한 지능을 측정하고 있는지의 관점에서는 타당성이 있는 측정도구였지만, 보다 포괄적인 의미에서의 지능을 재고 있느냐 하는 점에서는 타당도가 부족할 수 있다. 원래 IQ검사는 학업 수행의 예언이라는 제한된 목적을 염두에 두고 고안된 것이고, 이것은 아직까지도 대부분의 IQ검사의 주된 목적이 되고 있다. 따라서 IQ검사의 타당도 연구는 지능검사 점수와 학교 성적 간의 상관계수를 검토하는 데 치중되어 왔던 것이 사실이고, 많은 연구결과들에서 일반적으로 .50 내지 .60의 정적 상관이 나타났다.

이러한 상관은 지능을 제외한 많은 요인이 학교 성적에 영향을 준다는 점을 감안할 때 아마 예상할 수 있는 최대의 값일 수도 있다. 학교 성적은 학생의 동기수준, 근면성 그리고 성격과 같은 요인에 의해서도 영향을 받는다. 그러므로 기존의 IQ검사는 학교와 연관된 지적 능력에 대한 타당한 지표라고 볼 수 있다.

그러나 오랫동안 일반인은 지능검사가 포괄적 의미의 정신능력을 측정한다는 잘못된 믿음을 가지고 있었다. 실제로 IQ검사는 학교에서의 성공에 핵심 요인인 추상적 논리와 언어적 유창성의 측정에 중점을 두고, 사회적 능력, 문제해결 능력, 창의성, 기계적 능력 혹은 예술적 재능과 같은 것을 등한시한 것이 사실이다.

스턴버그(R. Sternberg)는 일반인에게 지적 행동의 예를 열거해 보라고 하였을 때, 열거된 예들이 세 가지 유형의 지능을 나타내는 세 가지 범주로 묶인다는 점을 발견하였다(Sternberg et al., 1981). 그 세 가지 범주는 다음과 같다.

- **언어적 지능**(verbal intelligence, 예: 독서할 때 높은 이해력을 나타낸다. 풍부한 어휘력을 보인다.)
- **실용적 문제해결 지능**(practical problem solving intelligence, 예: 상황판단을 잘한다. 바람직한 양식으로 문제제기를 한다.)
- **사회적 지능**(social intelligence, 예: 남을 있는 그대로 받아들인다. 말하거나 행동하기 전에 먼저 생각한다.)

대부분의 IQ검사는 일반인이 생각하는 세 가지 유형의 지능 중 첫 번째 유형의

표 11-1 일반인과 전문가가 생각하고 있는 지능의 개념과 구성요인의 중요도 순위 비교

일반인	전문가
실용적 문제해결 능력	문제해결 능력
논리적 추론	직면한 문제해결에 지식의 적용
개념 간 연결 발견	우수한 결정
문제의 모든 측면 조망	가장 바람직한 방식으로 문제를 제기
열린 마음을 가짐	상식적인 행동을 보임
언어능력	언어지능
분명하고 명료하게 말함	풍부한 어휘를 보임
언어적으로 유창	높은 이해도를 가지고 독서
우수한 대화능력	지적인 호기심을 보임
특정 분야에 대한 풍부한 지식	실용적 지능
사회적 능력	사태 파악을 잘함
상대방을 있는 그대로 받아들임	어떻게 목표를 성취할 것인지 결정
실수를 인정	세상에 대한 인식
세상에 대한 관심 표명	세상에 대한 관심 표명
약속시간 준수	

지능만을 측정하는 것으로, 진정한 의미에서의 일반적 지능은 측정하지 않는 것 같다. 〈표 11-1〉은 일반인이 생각하는 지능과 지능 연구자가 생각하는 지능의 본질을 비교한 것이다.

5. 정신지체와 영재성

정신지체와 영재성에 대한 통계적 기준은 지능검사 점수가 평균으로부터 2표준편차 이상 떨어져 있는 경우를 말한다. 대부분의 IQ검사에서 70점 이하의 점수는 정신지체를 나타내는 것으로 판정된다. 그러나 지능검사를 유일한 기준으로 삼아서 정신지체 여부를 판정하지는 않는다. 여기에 일상생활 능력에서의 결함 여부가 또 하나의 기준이 된다. 다시 말하면 정신지체는 일상적 생활을 해 나갈 수 있는 능력에 결함이 있으면서, 지능검사 점수가 70점 이하인 18세 이전 사람의 일반 정신능력을 말하는 것이다. 여기에 나이의 제한을 두는 이유는 정신지체를 아동기에 발생하는 현상으로 규정하기 위한 것이다.

미국정신결함학회(American Association on Mental Deficiency)는 정신지체를

표 11-2 정신지체의 네 가지 수준과 전형적 행동 특성

정신지체의 수준	IQ 범위	전형적인 행동의 특성
경미한 수준	50~55에서 70~75	• 어느 정도의 사회적 능력과 의사소통 능력 • 특수교육으로 6학년 수준의 학습능력 습득 • 특수교육과 훈련을 통해 사회 적응력 습득 • 일상생활에서 부분적으로 독립
보통 수준	35~40에서 50~55	• 어느 정도의 사회적 능력과 의사소통 능력을 가지고 있으나 자기인식이 부족 • 일정 기간의 특수교육을 통해 4학년 수준의 학습능력 습득 • 보호된 장소에서는 활동이 가능하나 일상생활을 하는 데 있어서는 보살핌을 받아야 함
심각한 수준	20~25에서 35~40	• 의사소통 능력이 거의 없음 • 감각과 운동능력 손상 • 학교교육에서 얻는 것이 없음
매우 심각한 수준	20~25 이하	• 최소한의 기능만 수행 • 자기유지 능력 없음 • 철저한 보살핌과 감독 필요

'경미한 수준' '보통 수준' '심각한 수준' '매우 심각한 수준'의 네 수준으로 분류하고 있는데, 〈표 11-2〉는 정신지체의 수준, 각 범주에 속하는 IQ 범위, 그리고 각 범주의 사람들이 보이는 전형적인 행동 특성을 보여 주고 있다.

원칙적으로 영재는 일반적 지능, 특별한 학문 적성(예, 수학), 창조성, 리더십, 예술활동, 신체활동의 여섯 개 영역 중 어느 하나에서 매우 우수한 잠재력을 가지고 있는지의 여부로 판단된다. 그러나 실제로 아동의 영재성은 주로 지능검사 점수를 근거로 판정하는데, 일반적으로 IQ점수가 평균보다 2표준편차 이상의 점수를 보이는 아동은 지능 면에서 영재성을 갖고 있는 것으로 간주된다.

6. 연령에 따른 지능의 변화

2~3세 정도의 취학 전 아동의 IQ점수는 불안정하기 때문에 이것을 가지고 청소년기 및 성인기의 IQ점수를 예측하기란 쉽지 않은 일이다. 그러나 아동의 연령이 7세나 8세쯤 되면 IQ점수가 안정이 되고(Sontag, Baker, & Nelson, 1958), 이것

을 통해 비교적 정확하게 성인 IQ를 예측할 수 있게 된다. 물론 아동기 초기에 이르면 IQ점수가 안정이 되기는 하지만 완전히 고정되는 것은 아니다. 또한 노년기가 되면 일반적으로 IQ가 감퇴하는 것으로 알려져 있으며, Salthouse(2004)는 이를 처리속도의 감퇴로 설명하였다.

많은 사람이 IQ점수는 변하지 않는 것이라고 생각하지만 이는 IQ검사가 전적으로 선천적 능력을 측정하는 것이라는 잘못된 믿음 때문이다. 많은 학자는 지능검사 점수에는 유전뿐 아니라 환경도 기여한다는 점에 의견을 같이한다. 지능에 대한 유전과 환경의 문제에 대해서는 다음 절에서 자세히 다루도록 한다.

7. 지능검사와 직업적 성공

1980년대 후반 통합분석(여러 연구결과를 통합하는 통계적 방법)을 통해 지능검사가 직업적 성공을 예측하는 데 매우 유용한 도구임이 밝혀졌다. IQ점수와 직업적 성공지표(예, 업무수행평가) 사이의 상관을 살펴보면 IQ점수가 직업적 성공과 직접적인 인과관계가 있음이 확실하다. 지능검사 점수는 지원자가 얼마나 쉽게 훈련을 받을 수 있는지, 직무에 얼마나 잘 적응하고 직무상의 문제를 어느 정도 유능하게 해결할 수 있는지, 직무상의 여러 가지 요구를 어느 정도 잘 충족할 수 있는지를 가늠하게 해 준다. 그리고 지능검사에서 높은 점수를 받은 사람은 공식적인 교육훈련에서 다른 사람보다 더 많은 것을 얻을 수 있을 뿐만 아니라, 직무상의 경험을 통해서 직무상에 도움이 되는 지식을 효과적으로 습득할 가능성이 높다고 생각할 수 있다(Harrel & Harrel, 1945). 연구 결과, 높은 인지적 능력은 직장에서의 직무수행(job performance)을 유의미하게 예측한다는 것이 밝혀졌다. 특히 인지적 능력은 성취동기와 상호작용하여 수행을 향상시키는 것으로 밝혀졌다(Lowery, Beadles, & Krilowicz, 2004). 또한 인지능력이 훈련 및 전이 수행에 미치는 효과에 대하여 정홍천 등(2005)이 수행한 국내 연구에 따르면, 인지능력의 수준은 훈련수행에 유의미한 영향을 주었으며, 훈련의 난이도가 전이수행에 미치는 효과에서도 인지능력의 수준에 따른 차이가 발생한다는 것으로 나타났다.

물론 IQ가 직업적 성취의 절대적인 결정요인은 아니다. IQ 이외에 직업적 적성과 직무동기도 직업적 성취에 영향을 주는 것으로 알려져 있다. 그러므로 IQ검사에서 총명한 것으로 평가받은 사람이 직업적 적성이 맞지 않거나 직무동기가 낮아서 업무성과가 부진할 수도 있다.

IQ와 직업적 성공 간의 상관계수가 낮게 나오는 경우도 있다. 예를 들어, 어떤 사람의 지능지수가 120 정도며, 사법고시에 합격하여 사법연수원을 수료한 판사라고 가정해 보자. 그러면 이 120이라는 점수는 훌륭한 판사가 될 수 있을지를 예언하는 데 별로 도움이 되지 못한다. 이것은 피어슨(Pearson) 상관계수가 갖는 한계에 기인한 통계적 문제로 볼 수 있는데, 즉 판사들 대부분의 IQ점수가 115에서 130 사이에 집중되어 예언변인(여기서는 IQ점수) 내의 변산이 크지 않기 때문에 직업적 성공이나 다른 어떤 준거변인도 예언할 수 없다는 것이다.

IQ검사는 직무수행의 좋은 예언변인이기 때문에 신입사원을 선발할 때 선발절차의 하나로 포함시키고 있다. 그러나 기존의 지능검사는 주로 학술적 지능을 측정하기 때문에 업무수행의 예언에는 한계를 지닌다. 따라서 뒤에 언급하게 될 실용적 지능과 관계된 문항을 검사에 포함시킨다면 예언력을 향상시킬 수 있을 것이다. 또한 직무수행의 수준은 능력에 의해서뿐만 아니라 동기에 의해서도 결정되므로 예언력을 높이기 위해서는 동기를 측정하는 성격검사도 선발도구에 포함시키는 것이 바람직하다.

제3절 지능결정인자로서의 유전과 환경

지능의 유전에 관한 논쟁은 '진화론'으로 유명한 찰스 다윈(Charles Darwin)으로부터 비롯되었다. 그는 자신의 저서 『인간의 유래(The Descent of Man)』(1871)에서 다른 특성들과 마찬가지로 지능 역시 유전된다고 주장하였다. 또한 골턴과 터먼 등의 초기의 지능검사 연구자들은 지능이 유전되는 것이라고 생각하였고, 이러한 견해에 많은 사람이 별반 의심을 품지 않았다. 그러나 유전뿐만 아니라 환경이 지능에 영향을 미친다는 사실이 점차 밝혀지면서 지능의 결정인자로 환경적인 요소를 인정하려 하고 있다. 그러나 이것이 '성숙 대 학습'에 대한 논쟁의 끝을 의미하는 것은 아니다. 아직도 유전과 환경이 지능에 관여하는 비중에 관한 학자들 간의 논쟁은 계속되고 있다.

1. 유전적 영향

지능이 가계(家系)를 통해 유전된다는 골턴의 관찰은 비교적 정확했다. 그러나 가계도 연구를 통해서 어떤 특성에 대한 유전적 영향력의 가능성을 알 수는 있지만 그것을 확신할 수 있는 것은 아니다. 왜냐하면 가족 구성원은 동일한 유전자뿐 아니라 비슷한 환경도 공유하기 때문이다. 만일 높은 지능(혹은 낮은 지능)을 여러 세대에 걸쳐 한 가계에서 관찰할 수 있다면 이는 공유된 유전자 때문일 수도 있고 공유된 환경에 기인한 것일 수도 있다. 이러한 문제점 때문에 유전이 지능에 영향을 미치는지에 대해 좀 더 확실한 증거를 얻는 수단으로써 쌍생아 연구나 입양아 연구를 실시한다.

1) 쌍생아 연구

유전이 지능의 개인차에 기여한다는 증거는 일란성 및 이란성 쌍생아의 지능 유사성 연구에서 나왔다. 쌍생아 연구의 이론적 근거는 일란성 쌍생아와 이란성 쌍생아 모두가 유사한 환경에서 자라나지만 일란성 쌍생아는 이란성 쌍생아보다 유전적 요소를 더 많이 공유한다는 사실이다. 따라서 만약 일란성 쌍생아가 이란성 쌍생아보다 지능검사 점수의 유사성이 높다면 이는 일란성 쌍생아가 유전적으로 보다 유사하기 때문이라고 결론지을 수 있다. 지능에 관한 그동안의 쌍생아 연구를 종합해 보면, 함께 양육된 일란성 쌍생아 간의 지능검사 점수의 상관관계 계수의 중앙값은 .85이고, 따로 양육된 일란성 쌍생아 간의 상관은 .67에 이르러 일란성 쌍생아가 지능에서 매우 유사함을 보여 준다. 그리고 이란성 쌍생아의 경우도 .58로서 일란성의 경우보다는 낮긴 하지만 여전히 지능 면에서 상당히 유사함을 나타낸다. 이러한 연구결과는 IQ가 유전에 의해서 상당 수준 결정된다는 주장을 지지하고 있다.

그러나 환경론자는 이러한 결과가 달리 해석될 수 있다는 주장을 제기하였다. 부모나 친지가 이란성 쌍생아에 비해서 일란성 쌍생아를 좀 더 유사하게 대하기 때문에 지능지수가 그만큼 비슷해졌다는 주장이다. 그러나 이러한 환경론자의 주장은 일란성 쌍생아를 이란성 쌍생아로 착각한 경우와 그 반대의 경우를 조사한 기발한 연구를 통해서 비판받았다.

이 연구에서는 동일한 성별을 가진 400쌍의 쌍생아에게 IQ검사를 실시하였다.

연구집단은 다음과 같이 총 네 집단이었다.

- 일란성 쌍생아라고 제대로 알려진 쌍생아
- 이란성 쌍생아라고 잘못 알려진 일란성 쌍생아
- 이란성 쌍생아라고 제대로 알려진 이란성 쌍생아
- 일란성 쌍생아라고 잘못 알려진 이란성 쌍생아

만일 일란성 쌍생아가 훨씬 비슷하게 양육되기 때문에 지능 면에서 더 비슷하다면 일란성 쌍생아로 양육된 이란성 쌍생아들 역시 지능 면에서 이와 같은 정도로 매우 비슷해야 한다. 또한 이란성 쌍생아로 오인된 일란성 쌍생아는 일란성 쌍생아로 제대로 알고 양육된 일란성 쌍생아보다는 지능의 유사성이 낮아야 한다. 연구결과는 이러한 가설을 지지하지 않았다. 즉, 지능의 유사성은 쌍생아가 일란성 혹은 이란성 쌍생아로 양육되었느냐보다는 실제로 그들이 일란성 쌍생아인지 혹은 이란성 쌍생아인지에 따라서 결정되는 것으로 밝혀졌다. 이는 지능에 대한 유전의 강력한 영향력을 뒷받침하는 증거라 할 수 있다.

한편, 시걸(Segal, 2000)은 가상 쌍생아에 대한 연구를 수행하여 지능의 발달에 결정적인 것은 환경적 요인이 아닌 유전적 요인이라는 견해에 지지를 표시했다. 연구결과에서 나타난 가상 쌍생아 사이의 IQ점수의 상관 .26은 유의미한 상관이며 그 값은 환경에 의한 것으로 설명할 수 있지만, 이는 일란성 쌍생아(.86), 이란성 쌍생아(.55), 심지어 쌍생아가 아닌 형제들(.47)에게서 얻은 계수에 비해서도 현저히 작다는 것이다. 즉, 환경적 요인의 영향력을 인정하되, 그것은 유전적 요인의 영향력에 비해 현저히 작다는 것이 그의 주장이다.

2. 환경적 영향

유전이 지능에 영향을 미친다는 것은 의심할 여지가 없는 사실이지만, 양육과 교육 등의 환경적 요인 역시 정신능력의 발달에 기여한다는 사실이 여러 연구에서 밝혀졌다. 20세기 초, 행동주의 심리학자들은 환경이 인간의 능력을 결정한다는 점을 강조했다. 교육심리학자 에드워드 손다이크(Edward Thorndike, 1913)는 동물의 비교학습 실험에서 연습이나 반복이 문제의 해결 정도를 높여 준다는 결과를 얻어 냈다. 환경적 영향에 관한 연구에는 입양아 연구와 환경적 결핍 및 풍요에 관한 연구가 있다.

1) 입양아 연구

입양된 아동을 대상으로 한 연구는 유전뿐만 아니라 환경의 효과에 대한 유용한 정보를 제공한다. 입양된 아동의 지능지수와 양부모의 지능지수 간 상관의 중앙값은 .20으로서, 이들 간에는 어느 정도 유사성을 보인다. 이러한 유사성은 오직 환경적 요인에서 그 원인을 찾을 수밖에 없다. 또한 함께 자란 형제들 사이의 IQ점수가 따로 떨어져 자란 형제의 IQ점수보다 더 유사하였다. 이는 동일한 유전인자를 물려받은 일란성 쌍생아의 경우도 마찬가지였다. 더욱이 유전적으로 아무런 관련이 없지만 같은 집에서 함께 자란 아동들도 지능 면에서 상당히 유사함을 나타냈다. 카우프만과 리히텐버거(Kaufman & Lichtenberger, 2006)에 따르면, 유전적으로 아무런 관련이 없지만 함께 양육되는 아동들 사이의 IQ점수 상관성(.30)은 서로 떨어져서 양육되는 생물학적 형제들 사이의 IQ 상관(.24)보다 높게 나타났다. 이들 연구로부터 환경이 지능에 관여한다는 사실을 알 수 있다.

2) 결핍된 환경과 풍요로운 환경

환경이 지능에 관여한다면 열악한 환경에서 자라난 아동은 성장함에 따라 IQ가 점차적으로 감소될 것이라고 예상할 수 있다. 이에 대한 연구로 시설이 제대로 갖추어지지 않은 고아원의 아동을 조사한 결과, 환경적 결핍이 예상대로 지능의 퇴보를 가져옴을 발견하였다.

환경적인 열악함이 IQ점수에 미치는 부정적인 영향은 미국의 흑인계 학생의 낮은 IQ점수에서도 드러난다. 연구결과에 따르면 백인은 평균적으로 아프리카계 흑인 미국인들보다 높은 IQ점수를 얻는다. 예를 들어, 웩슬러 검사를 이용한 카우프만과 리히텐버거(2006)의 연구에서는 두 집단의 IQ점수에서 약 15점 정도의 차이가 나타났다. 많은 심리학자는 미국의 흑인계 학생의 IQ점수가 백인계 학생보다 낮은 이유로 학교에서나 사회에서 문화적 불이익을 초래하는 피폐한 환경을 지적한다.

일반적으로 흑인과 백인이 서로 다른 환경에서 자란다는 사실은 반론의 여지가 없다. 왜냐하면 미국 사회의 흑인은 오랫동안 경제적 차별을 받았고, 이에 따라 하위계층에 머물러 있기 때문이다. 하위계층의 양육에는 아동의 지적 잠재력의 발달을 방해하는 많은 문화적 불이익이 수반되는 경향이 있다(Wolf, 1965). 이러한 문화적 불이익에 비추어 볼 때 상위계층 아동의 IQ점수가 높은 것은 당연한 것 같다(Bouchard & Segal, 1985; White, 1982). 가장 낮은 계층의 평균 IQ는 가장 상위계층의 평균 IQ보다 10～20점 뒤처져 있다. 이는 백인만을 대상으로 하여 인종요인을 제외한 연구에서도 동일하게 나타났다.

반대로 결핍된 환경에서 벗어나 정상적인 교육을 받을 수 있는 환경으로 옮겨진 아동들의 IQ점수는 풍요로운 환경으로 인하여 점차적으로 증가해야 한다. 실제로 열악한 조건의 고아원이나 환경이 좋지 못한 집안에서 중산층 가정으로 입양된 아동을 연구한 결과 이 아동의 IQ가 상당히 증가한 사실을 발견하였다.

3. 유전과 환경의 상호작용

현재 연구자들은 지능의 발달에 유전과 환경 중 어느 것이 더 중요한지에 대한 논의보다는 지능과 환경 사이의 상호작용에 대한 연구에 더 관심을 기울이고 있다. 많은 학자는 유전에 의해서 지능 잠재력의 상한선과 하한선이 정해지고 그 잠재력의 범위 내에서 환경적 요인에 의해 개인이 실제 나타내는 지능의 정도가 결정된다고 가정한다. 이러한 지능의 범위를 반응범위라고 부른다. 이러한 가정에 의하면 아무리 환경이 이상적이라도 넘을 수 없는 개인 IQ의 상한선이 있고, 또한 가장 최악의 환경에서도 더 이상 내려갈 수 없는 개인 IQ의 하한선이 있다는 것이다. 다시 말하면 지능의 발달은 키의 성장과 비슷하다. 키가 중간이 되는 유전인자를 가진 사람이 열악한 환경에서 자라난다면 평균보다 작은 키가 되고 풍요로운 환경에서 자라난다면 평균보다 큰 키가 될 수 있다. 그러나 아무리 영양을 잘 공급해 준다고 해도 키가 작은 유전인자를 가진 사람은 어느 정도 이상의 키가 될 수가 없다. 반응범위 모형에 따르면 지능발달을 자극하는 좋은 환경에서 자란 아동은 잠재적 IQ 범위(반응범위) 내에서 가장 높은 점수를 받을 것이다. 반대로 좋지 않은 환경에서 자란 아동은 반응범위 내에서 낮은 점수를 받을 것이다. 이 반응범위는 IQ 척도상에서 20～25점의 간격으로 추정된다. 대부분의 사람은 대략 90～110의 반응범위를 가진다.

한편, Herber와 Garber(1977)의 연구에서는 아동의 지능을 발달시킬 수 있는 풍요한 환경을 체계적, 조직적, 지속적으로 투입하면 지능은 계발될 수 있는 것으로 나타났다. 이들은 타고난 유전적 형질이 어떠하건 그것은 환경에 의해 상당 부분 극복될 수 있다고 주장하였다.

제4절 지능이론

지능은 심리학에서 가장 많이 연구되는 주제 중 하나로, 지능의 본질과 측정에 관한 수천 편의 논문이 발표되었다. 이렇게 많은 연구논문이 쏟아져 나오고 있음에도 불구하고 지능이 무엇인지에 대해 학자들 간에 합의가 이루어지지 않은 채로 지능의 정의는 여전히 안개 속에 있다. 검사 분야에서는 심리측정학자들이 지능의 개념화보다는 측정에 더 능숙하다는 자조의 소리도 있다. 그러나 기존의 모든 지능검사는 이론이 훌륭하든 그렇지 않든 특정 지능이론을 바탕으로 제작된 것이다. 이 절에서는 지능에 대한 학자들의 정의를 살펴보고, 나아가 지능이 어떤 요인으로 구성되어 있는지를 설명하는 여러 가지 이론들을 살펴본다.

1. 지능이란 무엇인가

지능은 개인의 지적 능력을 포괄적으로 지칭하는 용어로 널리 사용되고 있다. 그러나 지능에 대한 정의는 심리학자들 간에 의견의 일치가 이루어지지 못한 상태며, 아직까지도 학자들 간에 논쟁이 지속되고 있다.

몇몇 학자의 지능에 대한 정의를 살펴보면 다음과 같다. 웩슬러(Wechsler, 1958)는 "지능이란 어떤 목적을 향하여 행동하고 합리적으로 사고하며 환경을 효과적으로 다루는 개인의 총체적이고 전체적인 능력이다."라고 정의를 내렸으며, 비네(Binet, 1905)는 지능을 '인식능력'으로 보았고, 그 인식능력에는 이해력, 창조력, 비판력, 행동의 방향설정 능력이 포함된다고 주장하였다.

이 외에도 여러 심리학자에 의해서 내려진 정의가 있지만 하나의 일치된 견해는 없으며, "지능이란 지능검사가 측정하는 것이다."라고 정의를 내린 학자도 있다(Anastasi, 1997).

그렇다면 지능에 대한 정의를 내리는 데 걸림돌이 되는 것은 무엇인가? 첫째, 인간의 행동 속에서 지능의 작용을 분리 추출한다는 것이 매우 어렵다는 점이다. 둘째, 지능이란 하나의 요인으로 구성되어 있는 것이 아니라 여러 가지 요인으로 구성되어 있다는 점이다.

2. 스피어먼과 g요인

지능검사가 활발히 연구되던 20세기 초는 지능의 구조에 대한 스피어먼(Charles E. Spearman)의 생각이 주류를 이루고 있는 시기였다. 스피어먼은 지능의 본질을 규명하기 위하여 자신이 개발한 요인분석이라는 통계적 절차를 사용하였다. 요인분석은 여러 변인 간의 상관을 분석하여 밀접하게 관련된 변인군을 찾아내는 방법이다. 만일 변인 간의 상관이 높다면 하나의 잠재요인이 그 변인 모두에 영향을 미치고 있다고 판단할 수 있다. 요인분석은 이러한 숨겨진 요인을 찾아내는 데 사용된다.

스피어먼은 다양한 정신능력 영역을 측정하고 있는 많은 심리검사 간의 상관을 요인 분석하였다. 요인분석을 토대로 모든 인지능력검사들은 하나의 핵심적인 잠재요인을 공유하고 있다고 결론짓고, 그 요인을 일반지능요인(general mental ability), 'g'라고 명명하였다. 스피어먼은 수리 추리력, 언어 이해력 등 각 인지능력검사만이 공유하는 특수요인 's'도 존재함을 인정하였으나, 어떤 특정 능력검사에서의 수행은 대체로 개인의 일반지능요인에 따라 결정된다고 생각하였다. 스피어먼의 지능이론은 일반지능요인이론이라고도 하고, 일반요인과 특수요인을 구분하였다고 하여 2요인이론이라고도 한다(| 그림 11-3 | 참조). 이러한 스피어먼의 영향으로 한동안 지능검사는 g요인을 측정하는 데 주력하였다.

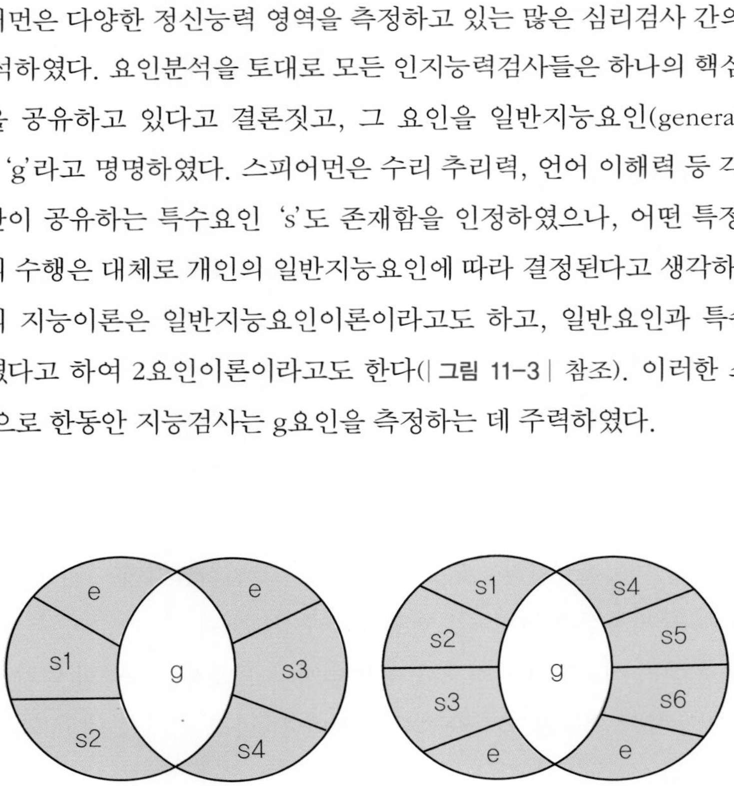

| 그림 11-3 | 스피어먼의 2요인이론

3. 커텔의 유동지능과 결정지능

커텔(Cattell, 1941, 1971)과 혼(Horn, 1968, 1985)은 다른 연구자와 마찬가지로 요인분석을 사용하여 유동지능(fluent intelligence: gf)과 결정지능(crystalized intelligence: gc)을 구분 하였다.

유동지능은 주로 비언어적이며 비교적 특정한 문화적 환경에 국한되지 않는 형태의 정신능력으로, 여기에는 선천적으로 타고난 학습능력과 문제해결 능력이 포함된다. 그러므로 새로운 상황에 적응하는 것을 요구하는 과제에서 유동지능이 사용된다. 반대로 결정지능은 유동지능을 사용하여 학습된 것을 기반으로 하기 때문에 학습된 반응을 요구하는 과제에 사용된다. 유동지능과 결정지능의 구분은 스탠퍼드-비네 검사 1986년판 제작의 근간이 된 지능에 대한 위계모형의 중심을 이루고 있다.

4. 서스턴의 기초정신능력

미국에서는 지능의 구조에 대한 스피어먼의 생각과 다른 견해가 1940년대부터 나오기 시작하였다. 서스턴(Thurstone, 1938, 1955)은 지능이 서로 독립적인 다양한 능력으로 구성되어 있다고 주장하였다. 서스턴은 스피어먼과는 다른 형태의 요인분석을 사용한 결과, 단어 유창성, 언어 이해력, 공간능력, 지각속도, 수리능력, 귀납적 추리능력, 기억력 등 지능을 구성하는 일곱 가지의 기초정신능력 요인(primary mental ability)을 발견하였다.

5. 길퍼드의 지적 구조모형

J. P. Guilford

길퍼드(Guilford, 1967)는 지능이 다수의 요인으로 구성된다는 견해에는 동의하면서도 서스턴이 제안한 7요인으로는 지능의 구조를 설명하기에 부족하다고 생각하였다. 한 가지 예로 창의적 사고능력은 서스턴의 이론으로 설명할 수 없다는 점이다.

길퍼드는 지능을 구성하는 요인들이 | **그림 11-4** |와 같이 세 가지의 주요 차원을 기준으로 묶일 수 있다고 생각하였다. 이 주요 차원은 조

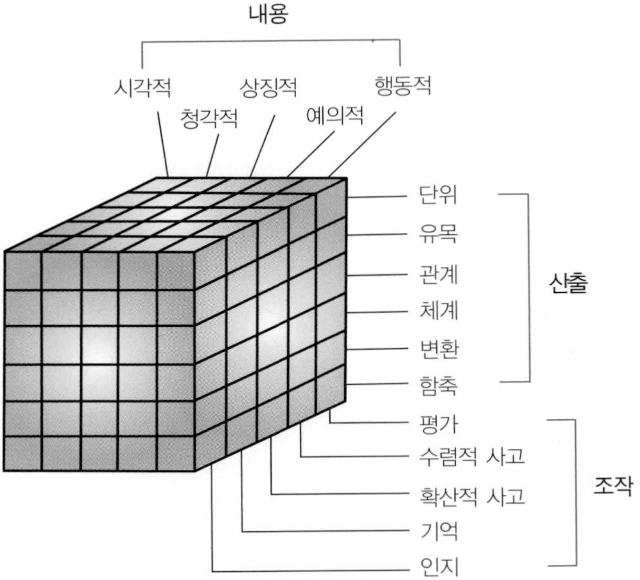

| 그림 11-4 | 길퍼드의 지적 구조모형

작(operation), 내용(content) 그리고 산출(product)의 차원이다.

조작차원에는 검사에 의해서 요구되는 다섯 개의 지적 조작들이 포함된다. 내용차원은 수검자에게 제시되는 검사재료나 정보의 성격을 의미하며, 네 개의 내용유목들로 구성된다. 산출차원은 정답을 도출해 내기 위해서 뇌가 산출해야 하는 지적 구조의 유형을 말하며, 여섯 개의 산출 유형이 있다. 이렇게 하여 세 가지 주요 차원을 바탕으로 한 길퍼드의 모형에서는 내용 5개, 조작 6개, 결과 6개를 조합한 총 180개의 요인이 지능을 구성한다.

6. 가드너의 다중지능

가드너(Gardner, 1983, 1993)는 지능에 대한 개념을 다원화하여, 지능이 여러 개의 독립적인 영역으로 구성되어 있다는 다중지능(Multiple Intelligences)이론을 제시하였다. 가드너는 이 주장을 뒷받침하기 위해 다양한 자료를 연구하였는데, 천재 아이들의 발달, 뇌손상 환자들의 인지기능 결함, 자폐증 아동, 조기성숙아 등이 그 예다. 특히 대뇌손상을 입은 환자들에 대한 연구로 다중지능이론에 대한 증거를 제시하였다. 즉, 어떤 종류의 대뇌손상은 특정 능력의 결함만을 야기하고 다른 능력에는 영향을 주지 않을 수 있다는 것이다. 예를 들어, 특정 부분의 뇌손상을 입은 사람은 그림을 이해하지 못하지만 그 밖의 다른 능력은 여전히 유지할 수 있다.

다중지능이론에 대한 또 다른 증거는 특수한 능력을 지닌 정신지체자들에 대한 연구에서 나왔다. 이들은 전체적으로 보통 사람보다 낮은 수준의 인지능력을 가지고 있지만 특정 분야(예, 예술, 수학적 계산, 기억 등)에서는 뛰어난 재능을 보인다. 한 예로, 레슬리 렘케(Leslie Lemke)는 정신지체자로 태어났지만 음악적 분야에서는 뛰어난 재능을 보여 피아노곡을 한 번만 들으면 그대로 다시 연주할 수 있었다.

이러한 증거를 바탕으로 가드너는 일곱 개의 독립적인 지능을 제시하였다. 이 일곱 가지 지능들이란 음악적 지능(Musical Intelligence), 신체-운동적 지능(Bodily-Kinesthetic Intelligence), 논리-수학적 지능(Logical-Mathematical Intelligence), 언어적 지능(Linguistic Intelligence), 공간적 지능(Spatial Intelligence), 대인관계 지능(Interpersonal Intelligence), 자기이해 지능(Intrapersonal Intelligence)이다.

그러나 가드너가 제시한 다중지능에 대한 증거 중 일부는 반론의 여지가 있다. 만약 여러 지능이 실제로 독립적이라면 특수한 재능을 지닌 정신지체자가 보다 많이 존재하여야 한다. 그러나 실제 이러한 경우는 매우 드물어 1천 명당 1명 꼴로 조사된다(Hill, 1978). 또한 이들이 가지고 있는 특별한 재능도 자세히 조사해 보면 그다지 창조적이고 특출한 재능이라 할 수 없다는 주장도 있다.

최근에 가드너(1998)는 앞의 일곱 가지 지능에 덧붙여 몇 가지 영역을 추가로 제시하였다. 첫 번째는 자연 지능(naturalistic intelligence)으로, 이는 자연에서 새로운 패턴을 감지해 내는 능력을 말한다. 이는 서로 다른 종의 존재를 인식하고 여러 종간의 관계를 도식화할 수 있는 능력으로, 다윈이 소유한 능력이 자연 지능의 대표적인 예라 할 수 있다. 두 번째는 영적 지능(spiritual intelligence)으로, 여기에는 우주적이고 실존적인 문제에 관심을 갖는 능력과 삶의 궁극적인 의미를 발견하는 능력 등이 포함된다.

7. 스턴버그의 3유형이론

약 1세기 동안 지능에 관한 연구들은 주로 개인이 가진 지능의 양을 측정하고, 개인 간 지적 능력에 차이가 생기는 이유를 밝히는 데 초점을 두어 왔다. 하지만 최근의 심리학자들은 지능을 포함한 다양한 심리학 주제를 인지적 관점에서 연구하려 하고 있으며, 인지적 관점의 지능연구는 지능이 발현되는 정보처리과정을 밝히려고 한다. 이런 새로운 관점은 지능을 근본적으로 다시 생각하게끔 하는 계기를 마련해 주었다.

스턴버그(Sternberg, 1984, 1985)는 이전의 어느 학자보다 지능의 개념을 훨씬 광범위한 것으로 본 이론을 제시하였다. 지적 행동이 나타나기까지의 여러 정신과정을 제안하여 인지적 관점을 도입했을 뿐 아니라 현실적 환경에 적응하는 능력도 지능에 포함시켜야 함을 강조하였다.

| **그림 11-5** |에서 보듯이 지능이 요소적 지능, 경험적 지능 및 맥락적 지능의 세 유형으로 구성되어 있고, 각 지능유형은 다시 하위요소로 구성되어 있다고 본 스턴버그의 지능이론을 3유형이론(triarchic theory)이라고 한다.

요소적 지능은 지적 행동을 관할하는 세 가지 정신과정 요소로 구성되어 있다. 초요소는 나머지 요소들의 활동에 방향을 정하고, 일종의 행정을 담당하는 지적

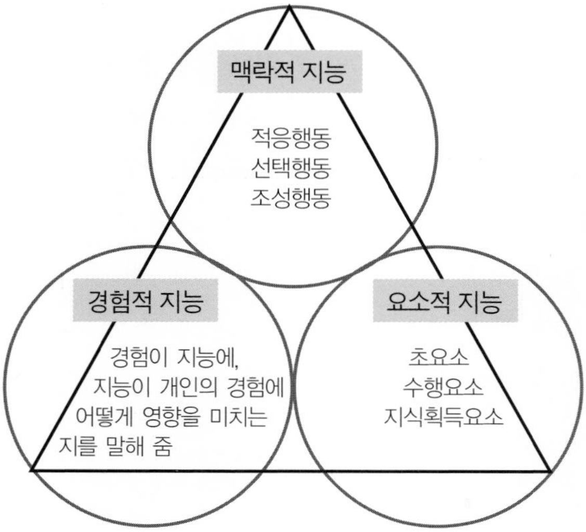

| **그림 11-5** | **스턴버그의 3유형이론**

과정으로써, 지적 문제의 성격을 규정하고 문제해결 전략을 선택하며, 해결이 완수되었는지를 확인한다. 지능이 높은 사람은 부분적이고 저차원적인 기획보다는 전반적이고 고차원적인 기획에 더 많은 시간을 할애한다. 수행요소는 단기기억과 연역추리 등과 같이 문제해결이나 과업수행에서 사용될 수 있는 정신과정으로써, 기존의 심리검사를 통해서 가장 잘 측정되는 요소다. 지식획득요소는 정보를 학습하고 저장하는 것과 관련된 것으로 암기력 향상을 위해 채택하는 전략이 속한다.

경험적 지능은 새로운 과제를 효과적으로 다루는 능력을 말한다. 기존의 지능검사는 수검자가 이미 경험한 적이 있는 과제를 제시하므로 이미 학습한 것을 측정한다. 따라서 경험적 지능을 측정하지 못한다. 스턴버그에 의하면 지능에는 경험한 적이 있는 과업을 수행하는 능력뿐만 아니라 새로운 개념적 틀 내에서 학습하고 생각하는 능력도 포함된다. 독서는 의식적 노력 없이 대부분 수행되는 것으로써 자동화의 한 예다.

맥락적 지능은 개인이 생존을 위하여 처해 있는 환경에서 요구하는 능력을 계발하는 적응행동, 기존의 환경에 맞지 않을 때 자신의 요구와 재능에 적합한 새로운 환경을 찾는 선택행동, 새로운 환경의 선택이 여의치 않을 때 기존의 환경을 자신의 요구에 맞게끔 고치려는 조성행동에 필요한 정신적 활동으로 정의된다.

스턴버그는 기존의 지능검사가 경험적 지능과 맥락적 지능의 측정을 전적으로 간과하고 있고 요소적 지능에서도 주로 수행요소의 측정에만 치중하고 있다고 주장한다. 이러한 주장이 충분한 설득력을 갖기 위해서는 인지적 요소에 관한 더 많은 연구와 세 유형의 지능 간의 상호작용에 대한 연구가 후속되어야 한다.

요 약

1. 심리검사는 인간의 행동에 대한 표준화된 측정도구며, 검사의 원점수는 상대적인 값이므로 검사규준과 비교하여 해석하여야만 비로소 의미를 갖는다. 심리검사의 결과는 일관성이 있어야 하며, 이 일관성의 정도를 신뢰도라 한다.
2. 타당도는 심리검사가 측정하고자 하는 심리적 속성을 측정하고 있는 정도를 의미한다. 내용 타당도는 학교에서 학업성취도를 평가하기 위해 치르는 시험에서 중요하고, 준거관련 타당도는 수행을 예언할 목적으로 검사를 사용하는 경우에 중요하다. 구성 타당도는 가설적 구성개념을 측정하기 위하여 제작되는 검사에 필수적이다.
3. 심리검사는 집단검사와 개인검사로 나눌 수 있으며, 개인검사는 수검자의 동기수준 등 검사가 측정하고자 하는 것 이외의 요인을 평가할 수 있는 장점이 있다. 또한 심리검사는 내용 혹은 목적에 따라서 성취검사, 지능검사, 적성검사 그리고 성격검사로 구분할 수 있다.
4. 지능의 측정은 골턴에 의해 최초로 시도되었으며, 현대 지능검사의 효시는 정신지체아를 선별하기 위하여 제작된 비네-시몽 검사다. 비네-시몽 검사는 터먼에 의해서 개정되어 오늘날 많이 사용되는 스탠퍼드-비네 검사로 발전되었다. 스탠퍼드-비네 검사에는 지능지수(IQ)라는 개념이 처음으로 도입되었는데, 이는 아동의 정신연령을 생활연령으로 나눈 값에 100을 곱한 것이다.
5. 웩슬러는 언어적 지능뿐만 아니라 비언어적 지능도 잴 수 있는 성인용 지능검사를 만들었다. 웩슬러는 정상분포와 편차점수를 이용한 새로운 점수체계를 도입하였고, 그 후의 거의 모든 지능검사가 이를 채택하게 되었다.
6. 지능검사의 목적은 지적 잠재력을 측정하는 것이지만 수검자의 사전지식이 미치는 영향을 완전히 배제하는 것은 대단히 어렵다. 대부분의 지능검사는 학술적 지능의 측정에는 타당하지만 실용적 지능은 측정하지 못하고 있다.
7. 수검자가 70점(평균으로부터 2표준편차) 이하의 IQ점수를 받았을 때 흔히 정신지체라고 진단하지만 정신지체의 진단을 전적으로 지능검사 점수에 의존해 판단해서는 안 된다. 정신지체 여부를 판정할 때는 일상생활을 영위할 수 있는 능력을 보유하고 있는지의 여부도 함께 검토하여야 한다.
8. 지능검사와 직무성과 간의 상관은 비교적 높기 때문에 기업의 채용도구로 유용하게 쓰일 수 있다. 직무성과에 대한 예언력을 높이기 위해서는 검사에 실용적 지능을 측정하는 문항을 포함시키고 지능검사와 더불어 동기를 측정하는 성격검사를 사용하는 것이 바람직하다.
9. 유전과 환경 모두 지능에 영향을 주는 요인으로 밝혀졌다. 유전과 환경의 상호작용에 의해 유전이 지능의 잠재적인 범위를 정하고 환경은 그 범위 내에서 개인의 지능을 결정한다는 반응범위모형이 많은 지지를 받고 있다.
10. 지능에 대한 정의는 학자마다 달라 하나의 일치된 견해가 없이 다양한 정의가 존재한다. 이는 인간의 행동 속에서 지능의 작용을 분리 추출하는 것이 매우 어렵고, 지능이 하나의 요인이 아닌 여러 가지 요인들로 구성되어 있기 때문이다.
11. 지능에 대한 이론에는 요인분석을 통해 일반지능요인(g)과 특수요인(s)을 제안한 스피어먼의 2요인이론, 지능이 서로 독립적인 다양한 능력으로 구성되어 있다고 주장한 서스턴의 기초정신능력요인 이론, 지능의 요인을 조작, 내용, 산출의 세 가지 차원으로 분류한 길퍼드의 지적 구조모형이론, 지능을 유동지능과 결정지능으로 구분한 커텔의 유동지능과 결정지능이론, 지능이 요소적 지능, 경험적 지능 및 맥락적 지능의 세 유형으로 구성되어 있다고 주장한 스턴버그의 3유형 이론, 일곱 가지의 서로 독립적인 지능을 제시한 가드너의 다중지능이론 등이 있다.

제 12 장

사회심리학

학습목표

1. 타인을 알게 되고 이해하는 과정을 이해한다.
2. 타인과 좋거나 나쁜 관계를 맺는 과정을 이해한다.
3. 타인과 영향을 주고받음으로써 나타나는 현상들을 이해한다.
4. 집단 속에서 이루어지는 주요 역동을 이해한다.

12

이 장에서는 '사회 속의 인간'을 다루는 사회심리학의 주요 연구주제를 살펴보고자 한다. 우리는 타인이 어떤 사람인지를 알고 싶어 하며, 여러 사람과 좋거나 나쁜 관계를 맺고, 또한 그들과 서로 영향을 주고받으며 살아가고 있어서 타인과 연결되지 않는 삶은 상상하기 어렵다. 고향에 계신 부모님을 그리워하거나, 애인과 데이트하거나, 또는 대통령 후보의 TV 연설을 시청하는 경우처럼 적어도 두 사람 이상이 개입되어 있는 상황을 사회적 상황이라고 한다. 사회심리학은 사회적 상황에서 발생하는 개인의 사고, 감정 및 행동을 연구하는 과학이다.

19세기 후반에 사회심리학 연구가 처음으로 시작된 이래 사회심리학자들의 관심 영역은 매우 광범위해졌으며, 현재의 사회심리학은 사회현상을 기술하고 설명하는 기초과학적 측면과 다양한 사회문제의 해결에 초점을 두는 응용과학적 측면이 모두 강조되고 있다. 사회현상의 분석에 있어서 사회심리학은 주로 타인의 행동이나 타인과의 관계 등과 같은 개인을 둘러싸고 있는 환경이나 상황에서 그 원인을 찾는다. 반면에 인접 분야인 사회학은 사회구조나 제도와 같은 거시적인 사회적 원인을 강조하고, 성격심리학에서는 개인의 성격이나 내력 등 개인차 요인에 주목한다. 따라서 어떤 사회현상을 보다 객관적으로 이해하기 위해서는 이와 같은 여러 관점에서의 분석이 종합되어야 한다.

제1절 사회적 지각

열 길 물속은 알아도 한 길 사람 속은 모른다고 하지만 우리는 끊임없이 타인이 어떤 사람인지를 알고 싶어 한다. 사람들은 타인의 동기나 정서 상태 또는 태도를 직접적으로 알 수 없기 때문에 개인적 특징, 행동 및 상황과 같은 겉으로 드러난 단서를 관찰하여 '사람 속'을 주관적으로 판단할 수밖에 없다. 이와 같이 사람들이 타인을 이해하는 주관적 과정을 사회적 지각(social perception)이라고 하는데, 사회적 지각은 |**그림 12-1**|과 같이 관찰, 귀인, 통합 및 확증 과정으로 이루어진다(Brehm, Kassin, & Fein, 2005).

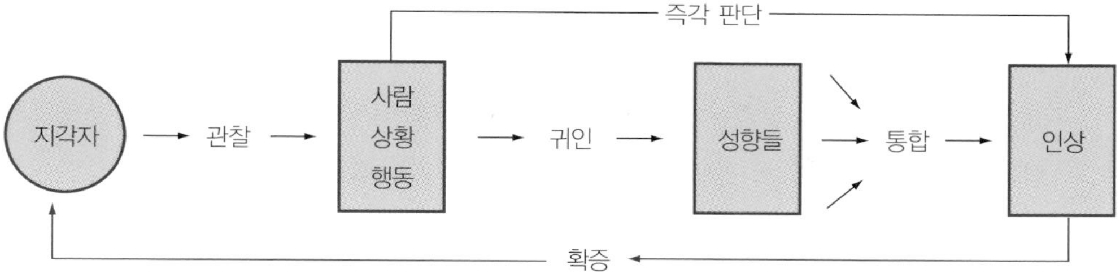

| 그림 12-1 | 사회적 지각과정

1. 귀인: 개별 정보로부터 성향 추론

사람들은 호기심이 많아서 재벌 총수는 어떻게 해서 그렇게 많은 돈을 벌었으며, 내게 유독 쌀쌀맞게 대하는 그녀의 속마음은 무엇인지를 궁금해한다. 이를 알기 위해서는 그들의 말이나 행동 또는 상황을 관찰한 결과를 토대로 추론하게 되는데, 이와 같이 타인이나 자신의 행동에 관해 인과적 설명에 이르는 과정을 귀인(歸因, attribution)이라고 한다.

1) 귀인방식

사람들은 행동의 원인을 다양하게 지각하지만 크게 개인 내부의 원인과 개인과 무관한 외부의 원인으로 구분할 수 있다(Heider, 1958). 즉, 자신이나 타인의 행동을 행동한 사람의 성격, 태도, 동기 또는 능력과 같은 개인 성향에 귀인하는 경우를 내부귀인이라고 하고, 환경, 운 또는 과제 난이도와 같은 상황요인에 귀인하는 경우를 외부귀인이라고 한다. 예를 들어, 심리학개론 과목에서 A학점 성적을 받은 이유를 공부를 열심히 했기 때문이라고 생각하면 내부귀인이고, 문제가 쉬웠다고 생각하면 외부귀인하는 것이다.

2) 공변모형

평소에는 명랑하나 비가 오면 항상 기분이 가라앉는 사람이 있다면 그의 우울한 기분은 비가 원인이라고 볼 수 있다. 이와 같이 특정 원인이 존재할 때만 어떤 효과가 나타나서 원인과 효과가 공변하면 그 효과를 그 원인에 귀인하게 되는데, 이를 공변원리(covariation principle)라고 한다. 켈리(Kelley, 1967)는 귀인과정을 설명하는 이론으로 공변원리를 확장하여 사람들이 인과추론에 있어서 세 유형의 공변관계, 즉 어떤 행동이 상황, 대상 및 행위자에 따라 어떻게 다른지에 주목함으로써 합리적이고 객관적으로 판단한다는 공변모형을 제안하였다.

구체적으로, 사람들은 일관성(행위자의 행동은 다른 때나 다른 맥락에서도 항상 나타나는가?), 독특성(그 행동은 특정 대상에게만 나타나는가?) 및 합의성(다른 사람들도 그 상황에서 그렇게 행동하는가?)의 세 가지 정보를 검토하여 내부 또는 외부귀인에 이르게 된다. 세 가지 모든 물음에 대하여 긍정적 대답이 나오면 외부(대상)귀인하게 되며, 일관성에 관해서만 긍정적 대답을 얻고 나머지 두 물음에 관해서는 부정적 대답을 얻으면 내부(행위자)귀인하게 된다. 그리고 독특성 물음에는 긍정적 대답이고, 나머지 두 물음에는 부정적 대답이 나온다면 외부(상황)귀인하게 된다. 연예인 이승기에게 열광하는 여고생 수정이의 행동을 분석해 보면 |그림 12-2|와 같다.

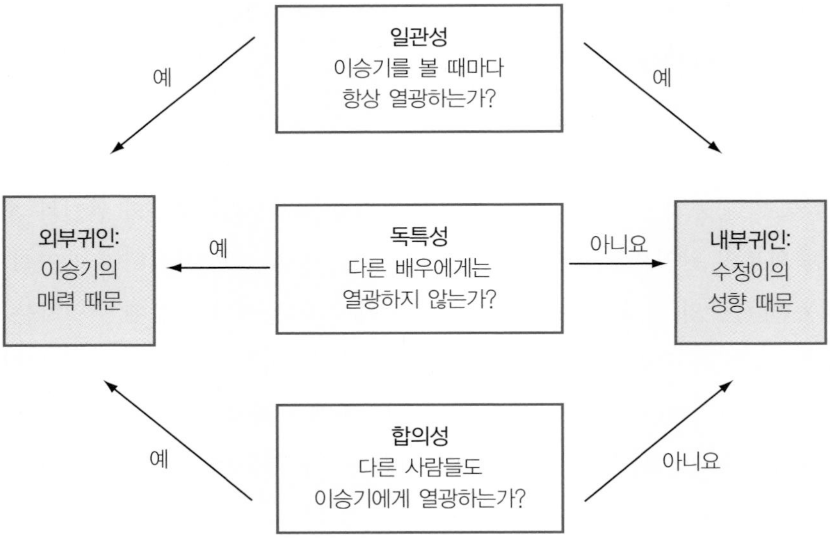

|그림 12-2| **공변모형에 따른 행동분석의 예**

3) 귀인편파

사람들의 귀인방식이 합리적일 것이라는 공변모형의 가정과는 달리 실제 귀인과정에서는 많은 편파가 발생하는데, 대표적인 귀인편파는 다음과 같다.

| 그림 12-3 | **서울올림픽 복싱경기장에서 일어난 한국 코치들의 주심 폭행사건**

미국의 모 방송사는 이 사건을 한국인의 문화적 저질성에 기인한 것으로 보도함으로써 당시 반미시위를 유발하였다. 반면에 한국인들은 편파적 판정에 원인을 돌렸는데, 여기서도 민족 간의 기본적 귀인오류를 발견할 수 있다.

(1) 기본귀인오류

우리는 친구가 장학금을 받게 된 원인을 그가 운이 좋았다기보다는 노력했기 때문으로 생각하며, 동사무소 직원의 불친절은 더운 날씨 때문이 아니라 그의 고약한 성격 탓으로 돌린다. 이와 같이 타인의 행동을 설명할 때 상황의 영향은 과소평가하고 개인 특성의 영향은 과대평가해서 내부귀인하는 경향이 강한데, 이를 기본귀인오류(fundamental attribution error)라고 부른다. 그러나 이 경향은 자신의 행동을 설명할 때는 잘 나타나지 않는다. 장학금 받은 친구에게 원인을 직접 물어보면 아마도 운이 좋았다고 겸손해할지도 모르며, 동사무소 직원은 찜통더위 때문에 신경질을 부렸다고 변명할 것이다.

(2) 자기기여편파

자신의 행동을 설명할 때 나타나는 현상으로서 자신을 호의적으로 지각하고 드러내 보이려는 일련의 경향들을 자기기여편파(self-serving bias)라고 한다. 대표적인 자기기여편파로는 방어적 귀인을 들 수 있다. 이는 "잘되면 내 탓, 못되면 조상 탓"이라는 속담처럼 자신의 성공은 내부귀인, 실패는 외부귀인을 하는 경향을 의미한다. 그러나 한국과 중국 등의 동양인들에게는 자기기여편파가 약하게 나타나서 동서양 문화에 따른 차이가 있는 것으로 알려져 있다(Smith & Bond, 1998).

귀인편파는 사실을 왜곡한 것이기는 하지만 때로는 상당한 적응적 가치를 지닌다. 자신의 실패를 불운에 귀인한 사람은 능력 부족에 귀인한 사람에 비해서 자존심을 보호할 수 있고 재기의 희망을 계속 유지할 수 있을 것이다.

2. 통합: 추론한 성향을 토대로 인상형성

여대생 혜진은 명호와 세 시간 동안 소개팅을 하고 나서 그가 자신이 찾던 이상형임을 확신하고 다시 만날 날을 손꼽아 기다리고 있다. 한 번의 짧은 만남에서 알 수 있는 것은 상대의 외모나 취향과 같은 피상적인 정보에 지나지 않는데 혜진은 어떻게 명호의 인물됨에 관해 확고한 결론에 이르게 되었을까? 그리고 그녀의 결론은 정확할까?

1) 인상형성과정

혜진이 명호에 대한 분명한 인상을 형성하게 된 이유는 명호의 외모나 행동을 통해서 그의 성격이나 기타 특성을 추론할 수 있었기 때문이다. 명호에 관해 실제로 확인한 정보는 소수에 지나지 않지만 소수 정보를 바탕으로 더 많은 정보를 추론해 냄으로써 그에 대해 아주 많이 안다고 판단하여 나름대로의 확신을 가지고 인상을 형성한 것이다. 즉, 인상을 형성하는 과정은 먼저 상대방에 대한 몇 가지 피상적인 인상정보를 알면 이를 바탕으로 다수의 미확인 정보를 추론하게 된다. 그런 다음 수집한 정보들 중에서 최종 인상 판단에 사용할 정보를 선별하고, 마지막으로 선별한 정보들을 통합하여 전반적인 인상을 형성하게 된다.

(1) 인상정보의 추론

맞선을 볼 남성이 185cm의 신장을 가진 ROTC 출신의 장교이며 고향은 서울이고 1남 2녀 중 장남이라면 어떤 사람일 것 같은가?

인상정보의 추론은 도식(schema)에 크게 의존한다. 도식이란 어떤 대상이나 개념에 관한 조직화되고 구조화된 신념을 말한다. 위의 남성과 맞선을 볼 여성은 '키가 큰 남자' '학군장교' '서울사람' '장남'에 관한 도식을 바탕으로 이 남성의 여러 특징을 추론해 낼 것이다. 도식은 여러 가지 유형이 있으며, 인상형성에 큰 영향을 미치는 도식으로는 고정관념과 내현성격이론(implicit personality theory)을 들 수 있다.

고정관념은 어떤 집단이나 사회적 범주 구성원의 전형적 특성에 관한 신념을 말한다. 진실과는 거리가 있지만 '노처녀는 신경질적'이고, '곱슬머리를 가진 사람은 고집이 세다' 등의 고정관념은 우리가 익히 들어 온 예들이다. 일단 어떤 고정관념을 갖게 되면 그 범주의 모든 구성원이 그 특징을 공유하는 것으로 과잉일반화하게 된다. 그리고 사람들은 자신의 고정관념과 일치하는 정보만을 선택적으로 받아들이기 때문에 고정관념은 잘 변하지 않을뿐더러 부정적인 내용의 고정관념은 흔히 편견으로 발전하여 인종차별이나 지역감정과 같은 심각한 폐해를 낳기도 한다.

내현성격이론은 성격 특성들 간의 관련성에 관한 개인의 신념을 의미하며, 드러나지 않은 성격 특성을 판단하는 틀로 이용된다. 예를 들어, 어떤 사람과 대화를 나누어 보고서 그가 유머러스하다는 사실을 알았다면 내현성격이론에 따라서 그가 사교적이고, 낙천적이며, 부드러운 사람일 거라는 추론이 가능할 것이다.

(2) 인상정보의 통합

직접 확인하였거나 추론한 인상정보들은 개인의 주관적 판단에 의해서 인상형성에 중요하거나 중요하지 않은 정보로 구분되고, 중요하다고 판단된 정보들은 통합과정을 거쳐서 최종 인상으로 마무리된다.

인상정보가 통합되는 방식에 관해서 앤더슨(Anderson, 1965)은 모든 인상정보의 호오도(好惡度)를 평균한 값이 전반적 인상이라는 평균모형을 제안하였다. 예를 들어, 각 정보의 호오도를 +10(매우 긍정적)부터 −10(매우 부정적)까지의 척도로 평가해서 어떤 사람의 특성과 그 호오도가 각각 '잘생겼다(+8)' '친절하다(+5)' 및 '허영심이 많다(−7)'라고 한다면 그의 전반적 인상은 (8+5−7)/3=+2로 약간 긍정적이라는 설명이다. 앤더슨(1968)은 이후 이 모형을 수정하여 모든 정보의 호오도를 평균하되 중요하다고 판단되는 정보에 더 많은 비중을 두고 인상을 형성한다는 가중평균모형(weighted average model)을 제시하였다. 즉, 인상정보의 호오도와 중요도를 함께 고려해야 한다는 것이다. '잘생겼다'와 '지적이다'라는 특성이 동일한 호오도를 가진다고 해도 대학교수의 인상평가에서는 '지적이다'라는 특성이, 그리고 패션모델을 선발할 때는 '잘생겼다'라는 특성을 더 중요하게 고려하여야 한다.

2) 인상형성에서의 편파

인상정보의 추론, 선별 및 통합은 매우 신속하고 자동적인 과정이기 때문에 여러 가지 오류와 왜곡이 발생한다. 첫째, 첫인상은 강렬해서 나중에 다른 정보를 알게 되더라도 잘 변하지 않는다. 즉, 처음에 알게 된 정보가 나중에 추가로 알게 된 정보보다 인상형성에 더 큰 영향을 미친다. 이 현상을 초두효과(primacy effect)라고 한다.

| 그림 12-4 | **후광효과의 발생**

콩쥐팥쥐, 신데렐라, 백설공주 등 많은 동화 주인공들은 한결같이 '마음씨 고운 미인'으로 그려지고 있어서 외모의 후광효과는 어릴 때부터 나타나게 된다.

둘째, 후광효과(halo effect)를 들 수 있는데, 타인을 내적으로 일관되게 평가하려는 경향을 의미한다. 하나를 보면 열을 안다는 속담처럼 어떤 입사지원자의 단정한 외모를 좋게 본 면접관은 그 지원자가 예의 바르고, 성격이 좋으며, 능력도 뛰어날 것이라고 추론하여 후한 점수를 줄 가능성이 크다. 반대로 한 가지 특징을 부정적으로 보았다면 나머지 특징들도 부정적일 것으로 추론하게 된다.

셋째, 편파는 부정성 효과(negativity effect)다. 어떤 여성이 상냥하고, 재치 있으며, 정숙하다면 여러분은 이 여성에 대해 아마도 상당히 긍정적인 인상을 형성할 것이다. 그런데 그녀가 게으르다는 사실을 추가로 알게 되면 어떨까? 아마 부정적인 인상으로 반전될 것이다. 그러나 그녀가 이해심이 많다는 새로운 긍정적인 정보를 알더라도 부정적 인상이 그다지 변하지 않을 것이다. 이 예로부터 알 수 있듯이 인상형성과정에서는 긍정적 특성보다 부정적 특성이 더 큰 영향을 미치는데, 이를 부정성 효과라고 한다. 즉, 나쁜 인상에서 좋은 인상으로 바뀌기는 어렵지만 좋은 인상에서 나쁜 인상으로 바뀌기는 쉽다.

3. 확증: 인상에서 현실로

몇 년 전 인기가수 타블로의 스탠퍼드 대학교 졸업 학력을 의심한 사람들은 졸업한 것이 사실이라는 많은 근거를 접하고도 인정하기를 거부하여 사회적 물의를 빚었다. 이와 같이 사람들은 어떤 일에 대해 일단 마음을 정하면 반대되는 새로운 증거가 제시되더라도 자신의 생각을 잘 바꾸려 하지 않는다. 왜 이런 일이 발생하는 것일까? 사람들은 자신의 신념을 확증하는 방향으로 정보를 해석하고, 신념을 지지하는 정보를 적극적으로 구하거나 만들어 내는 경향이 있기 때문이다. 이를 확증편파(confirmation bias)라고 하는데, 신념이 확고할수록 이런 경향은 더 강해진다. 따라서 인상의 확증과정은 객관적이라기보다는 인지적 왜곡이 개입되는 과정이다.

1) 도식적 정보처리

사람들의 정보처리 능력은 한계가 있기 때문에 사회적 정보를 처리할 때 심사숙고하고 꼼꼼하게 검토하기보다는 지름길로 질러가고 노력을 최소화하려고 하는데, 인간의 이러한 특성에 대해 '인간은 인지적 구두쇠(cognitive miser)'라고 칭하기도 한다(Taylor, 1981). 이런 식으로 정보를 처리하면 신속하고 효율적이기는 하지만 정확성은 그만큼 떨어지게 된다.

신속한 정보처리를 위해서 사람들이 동원하는 대표적인 방법이 선입견이나 도식을 적용하는 것이다.

도식적 정보처리의 장점은 다음과 같다. 첫째, 회상을 용이하게 한다. 도식과 일치하거나 상반되는 정보는 도식과 무관한 정보보다 더 잘 기억되고 더 쉽게 회상된다. 도서관 사서인 혜정이 클래식 음악을 즐기고(사서도식과 일치), 철인3종경기 동호회원(사서도식과 불일치)이라는 사실은 진보적 정치관(사서도식과 무관)을 지니고 있다는 사실보다 더 잘 기억될 것이다. 둘째, 정보처리 시간을 단축시킨다. 어떤 대상에 대한 도식을 가진 사람들이 도식을 갖지 않은 사람보다 그 대상에 관한 정보를 더 신속하게 처리한다. 셋째, 누락된 정보를 메워 준다. 도식은 명료하지 못한 사항에 관해서 자신 있는 추론을 가능하게 하여 기억에서 빠진 부분을 보충하는 역할을 한다.

한편, 도식적 정보처리의 단점은 모두 상황을 과잉 단순화하는 데서 비롯되는 문제들이다. 즉, 사람들은 도식에 부합되는 정보만을 수용하며, 도식과 일치하는 정보만으로 기억의 갭을 메우고, 또한 잘 맞지 않는 경우에도 무리하게 도식을 적용하게 된다.

2) 자성예언

도식은 우리의 사고에 영향을 줄 뿐만 아니라 우리의 행동과 나아가 타인의 행동에도 영향을 준다. 사람들은 타인에 대해서 어떤 기대나 신념을 가지면 타인으로 하여금 기대와 일치하는 행동을 하도록 유도하여 자신의 기대를 확증시키는 경향이 있는데, 이를 자성예언(自成豫言, self-fulfilling prophecy) 혹은 피그말리온(Pygmalion) 효과라고 한다.

| 그림 12-5 | 신통력인가, 자성예언인가?

궁합을 봐 주는 이 노인의 예언이 들어맞는다면 그가 신통력을 지녔다기보다는 이 연인들 스스로 그의 예언에 맞추어 나간 결과일 가능성이 크다.

로젠탈과 제이컵슨(Rosenthal & Jacobson, 1968)은 초등학교 교사들에게 지능검사 결과를 토대로 지능이 조만간 급성장할 것으로 예상되는 학생들의 명단을 알려주었다. 사실은 지능검사 결과와 관계없이 무선적으로 선정한 학생명단이었으나 8개월 후 실제 지능검사를 한 결과 명단에 포함된 학생들의 지능이 그렇지 않은 학생들의 지능보다 더 향상되었으며, 교사들로부터 더 호의적으로 평가되었다.

로젠탈과 제이컵슨은 이 결과를 교사가 학생들에 대해서 어떤 인상을 형성하면 인상과 일관된 방향으로 자신의 행동을 조정하였으며, 이에 따라 학생의 행동도 달라졌기 때문이라고 해석하였다. 즉, 교사가 지능, 외모 또는 평판 등으로 어떤 학생에 대해서 호의적인 인상을 형성하면 그에게 더 많은 칭찬과 관심을 보이고 더 좋은 피드백을 주게 된다. 교사의 이런 행동에 따라 학생 역시 힘을 얻게 되고 더 열심히 공부하여 결과적으로 좋은 성적을 얻게 된다. 교사는 이런 결과를 보고 이 학생에 대한 자신의 기대가 확증되었다고 믿게 된다. 만약에 이와 반대로 교사의 기대가 부정적이라면 학생의 성과도 부정적으로 나타나게 될 것이다. 자성예언

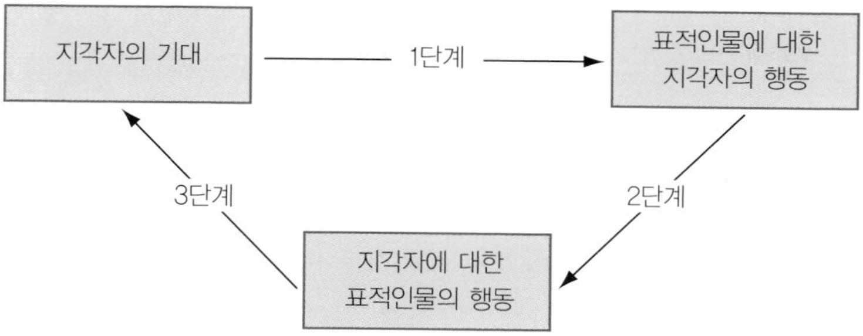

| 그림 12-6 | **자성예언의 과정**

과정은 | 그림 12-6 | 에 제시되었다.

제2절 사회적 관계

우리는 많은 사람과 다양한 관계를 맺으며 살고 있다. 사람들은 혼자서 살아갈 수 없기 때문에 누구와 어떤 관계를 형성하느냐는 삶의 질과 직결되는 중요한 문제다. 여기서는 인간관계의 긍정적 측면인 호감과 사랑, 그리고 부정적 측면인 편견에 관해서 살펴본다.

1. 친밀한 관계

1) 호 감

여러분은 어떤 사람을 좋아하는가? 많은 연구 결과, 다음의 네 가지 요인이 매력을 느끼는 데 결정적인 역할을 하는 것으로 밝혀졌다.

(1) 근접성

먼 친척보다 이웃사촌이 낫다는 속담과 같이 사람들은 물리적으로 가까이 있는 사람을 좋아하게 된다. 군대 간 애인을 점차 잊게 되고 학교를 졸업하고 몇 년이 흐르면 동창들과의 관계가 서먹서먹해지곤 하는데, 이를 보면

| 그림 12-7 | **이별의 시간**

사람들의 적응능력은 대단해서 애인을 군대로 떠나보낸 후 허전하기만 하던 마음도 시간이 흐르면 점차 안정된다.

'눈에서 멀어지면 마음도 멀어진다.'는 격언이 옳다고 느껴진다.

근접성이 호감을 증가시키는 이유는 우선 자주 만날 수 있어서 친숙해지기 때문이다. '열 번 찍어 안 넘어가는 나무가 없다.'는 말처럼 낯선 자극을 반복해서 접하게 되면 호감이 증가하는 경향이 있는데, 이를 단순접촉효과(mere exposure effect)라고 한다. 다만, 첫인상이 부정적이면 단순접촉효과는 나타나지 않는 것으로 알려져 있다. 또 다른 이유로, 가까이 있는 사람은 쉽게 만날 수 있어 만남에 따르는 시간이나 노력 등 부담이 적기 때문에 자주 만나고 친해지게 된다.

(2) 외모

사람들은 남녀노소를 불문하고 잘생긴 사람을 좋아한다. 외모는 특히 동성보다는 이성 간의 관계에서, 그리고 관계의 초기단계에서 상대적으로 더 큰 영향력을 지닌다. 그러나 관계가 진전될수록 외모보다는 가치관 등 다른 요인이 더 중요하게 작용한다. 잘생긴 사람을 좋아하는 이유는 잘생긴 사람은 똑똑하고 성격도 좋다는 등 다른 특징들도 긍정적일 것으로 지각하는 후광효과 때문이다. 그리고 잘생긴 사람과 함께 있음으로 해서 자신의 이미지가 고양되는 미모의 발산효과도 또 다른 이유가 된다.

(3) 유사성

사람들은 자신과 태도, 가치관, 기호, 성격 또는 배경 등이 비슷하다고 지각하는 사람을 좋아한다. 유사성-매력 효과는 외모-매력 효과보다 더 강하다. 즉, 사람들은 일반적으로 잘생긴 사람이나 유능한 사람을 좋아하지만 궁극적으로 자신과 유사한 수준의 외모나 능력을 지닌 사람에게 더 끌린다. 왜냐하면 매우 잘생긴 사람이나 능력이 아주 뛰어난 사람은 자신이 프러포즈를 하더라도 성공할 가능성이 낮다고 생각하거나 인간적인 면이 부족하다고 생각하여 접근하기를 꺼리는 경향이 있다. 이처럼 데이트와 결혼에 있어서 외모나 다른 특성이 자신과 엇비슷한 상대를 선택하는 경향을 걸맞추기현상(matching phenomenon)이라고 한다.

누군가가 자신과 비슷한 특징을 지니거나 자신과 유사한 견해를 가지고 있다는 것을 알면 기분이 좋아지고 그와 편하게 활동을 같이할 수 있을 것이라고 생각되며, 또한 자신의 견해가 타당함을 확인받는 계기도 된다. 이런 이유에서 사람들은 자신과 유사한 사람을 좋아한다.

(4) 상대의 호의

사람들은 또한 자신을 좋아하고 긍정적으로 평가하는 사람을 좋아한다. 새로 산 옷을 입고 학교에 갔는데 새 옷을 알아보지 못하는 무심한 친구보다 빈말이라도 잘 어울린다고 한마디 해 주는 친구가 더 좋게 마련이다. 자신에게 호의를 보이는 상대를 좋아하는 이유는 상대에게 호의를 받은 만큼 자신도 동일한 정서로 보답해야 한다는 일종의 의무감을 느끼게 되기 때문이라고 해석되고 있다. 이를 호혜성 원리(reciprocity principle)라고 한다.

2) 사 랑

스턴버그(Sternberg, 1986)는 사랑의 삼각형이론을 통해서 사랑은 열정(초기의 사랑으로서 신체적 매력이나 성적 흥분과 관련된 욕망), 친밀감(서로 가깝고 맺어져 있다는 느낌) 및 의사결정/헌신(누군가를 사랑한다는 결심 및 관계에 헌신하려는 의지)의 세 요소로 구성되며, 세 요소가 정삼각형처럼 각각 충분한 강도로 균형을 이룰 때 가장 바람직한 사랑의 형태가 된다고 제안하였다.

흔히 열정과 사랑을 혼동하는 경우가 많은데, 두 개념의 차이를 분명히 알아 둘 필요가 있다. 열정은 관계의 초기에 급속하게 타올랐다가 금방 식는 감정인 데 비해서 사랑은 친밀감과 의사결정/헌신 요소가 어느 정도 시간이 흘러야 생기기 때문에 두 사람의 관계가 무르익어야 가능하다. 많은 젊은이가 열정이 식으면 사랑이 식었다고 성급하게 판단하는데, 사실은 사랑도 뿌리내릴 시간이 필요한 것이다. 그리고 열정에 빠진 상태에서는 상대를 이상적이며 완전하다고 착각하는 반면에 사랑하는 관계에서는 상대의 불완전함을 인식하고 수용한다. 또한 열정은 불안정하고 변덕스러운 감정이지만 사랑은 안정적이고 기복이 별로 없는 감정이다.

사랑하는 사이로 발전하기 위해서는 자신의 사적인 측면을 상대에게 공개하는 자기노출(self-disclosure)이 결정적인 역할을 한다. 상대가 어떤 사람인지 모르고서 어찌 그를 사랑할 수 있겠으며, 내가 누구인지 보여 주지 않고 어떻게 사랑받을 수 있겠는가? 상대로부터 노출을 받은 사람은 상대를 이해하고 신뢰하게 되며, 자신도 상대에게 노출함으로써 두 사람은 친밀한 관계로 발전하게 된다. 또한 사람들은 자기를 노출함으로써 자신을 더욱 명료하게 이해하게 되고, 자신의 입장을 타당화할 수 있으며, 감정이 정화되는 이른바 카타르시스(catharsis)를 경험할 수도 있다(김교헌, 1992).

2. 편 견

편견은 어떤 집단이나 집단구성원에 대한 비합리적인 부정적 평가로 정의되며, 객관적 사실보다는 집단소속에 근거하여 발생한다. 이와 유사한 개념인 고정관념은 어떤 집단이나 구성원의 특징에 관한 인지적 신념이라는 점에서 평가적 감정을 의미하는 편견과 구별된다. 예를 들어, 여자는 순종적이어야 한다는 생각은 고정관념이며, 순종적이지 않은 여자를 싫어하는 감정은 편견이다.

대표적인 편견인 인종편견이나 여성편견은 최근까지 꾸준히 감소되어 왔다. 그러나 사람들은 흑인의 인권도 존중되어야 하며, 같은 일을 하는 남녀는 동일한 임금을 받아야 한다는 등의 일반 원칙에는 동의하면서도 구체적인 행동의 실천에는 비협조적이어서 편견은 미묘한 형태로 여전히 존재하고 있다.

1) 편견의 발생 원인

(1) 학습

편견은 당시의 사회상을 반영하는 일종의 사회적 규범으로서 어릴 때부터 학습된다. 편견을 습득하는 데는 부모, 또래집단, 매체 및 교과서 등이 중요한 역할을 한다. 한국인의 지역편견이 2세에게 그대로 전수된다는 연구결과(김혜숙, 1988)는 부모역할의 중요성을 보여 주고 있다. 대중매체에서도 여성은 주로 가사에 전념한다거나, 특정 지역 사투리를 쓰는 인물의 성격을 획일적으로 묘사하는 등 편견을 은연중에 전파하고 있다. 또한 초 · 중 · 고의 교과서 역시 남성 위주의 인물편성과 전통적 여성상을 강조하여 편견의 학습에 일조하고 있다.

(2) 현실적 집단갈등

이스라엘과 팔레스타인 간의 영토분쟁처럼 한정된 자원을 놓고 두 집단이 경쟁할 때 서로 적대감을 가지고 상대를 부정적으로 평가하게 된다. 1992년에 미국 로스앤젤레스의 코리아타운에서 발생했던 흑인들의 한인 상가 습격사건도 한인-흑인 간의 상권 확보를 둘러싼 현실적 집단갈등에 기인한 것으로 볼 수 있다.

(3) 사회적 불평등

불평등한 지위나 분배는 만족스러운 쪽과 불만스러운 쪽 모두 상대에 대한 편견을 갖게 만든다. 지위나 분배에 불만을 지닌 개인이나 집단은 상대적 박탈감을 느껴서 자신보다 더 혜택을 받았다고 생각되는 개인이나 집단에 분개하고 편견을 가지게 된다. 한편, 혜택받은 집단 또는 강자는 불평등이나 차별을 합리화하기 위해서 약자에 대한 편견을 조장한다. 과거 일본은 우리 민족이 자립능력과 의지가 부족하다고 폄하함으로써 불법적인 식민통치를 정당화하고자 하였다.

(4) 범주화

현실적 갈등이나 불평등이 없더라도 사람을 지각하는 과정에서 자연 발생하는 인지적 편파들로 인해서 고정관념과 편견이 생기기도 한다. 사람들은 타인을 남자와 여자, 젊은이와 늙은이 등 집단으로 범주화해서 지각하는 경향이 강하다. 범주화하게 되면 정보를 신속하게 처리할 수 있는 장점이 있는 반면에 도식적으로 처리하여 오류를 범할 가능성이 커진다. 특히 사람들을 '우리'와 '남들', 즉 내집단(ingroup)과 외집단(outgroup)으로 범주화하게 되면 내집단 구성원을 무조건 호의적으로 평가하고 대우하는 내집단 편애현상이 나타난다. 내집단 편애는 결과적으로 외집단 구성원에 대해서 편견을 가지고 차별대우를 하도록 만든다.

2) 편견의 감소방안

편견을 감소시키기 위해서는 적대적 집단 간의 직접 접촉이 가장 중요하다. 미국의 인종차별은 1954년 흑백분리교육이 위헌이라는 판결에 따라 흑인과 백인이 같은 학교에 다니게 된 이후로 꾸준히 감소되어 왔다. 그러나 단순한 접촉만으로는 성과를 기대하기 어렵고 다음의 네 가지 조건이 충족되어야 한다(Brewer & Miller, 1984).

첫째, 한두 번 정도 피상적인 만남에 그쳐서는 안 되고, 지속적이고 친밀한 접촉이 이루어져야 한다. 둘째, 공동의 위협에 대처하거나 공동목표를 달성하기 위해서 상호 의존적으로 협동하여야 한다. 그러나 두 집단이 축구경기를 하는 등의 경쟁을 통한 접촉은 부정적 감정을 더 증폭시킬 수 있다. 셋째, 두 집단이 동등한 지위를 가지고 접촉해야 한다. 팔도 사나이들이 함께 모여 친밀한 접촉이 이루어지는 군대생활이 지역편견의 해소에 도움이 되지 않는다면, 군대가 엄격한 계급사회여서 동등한 지위의 상호작용이 어려운 것이 한 가지 이유가 될 수 있다. 넷째, 사회규범이 편견타파나 평등을 지지해야 한다. 편견을 은연중에 부추기고 접촉을 반

| 그림 12-8 | 남북의 만남

부산아시안게임(2002)에서 남과 북의 선수단이 공동 입장하고 있다. 남북이 더 자주 만남으로써 편견과 반목을 벗어나기를 기대해 본다.

대하는 사회적 분위기에서 강요된 접촉은 편견감소에 도움이 되지 않는다.

한국 청소년과 성인들을 대상으로 이주민에 대한 편견을 조사한 김혜숙 등(2011)의 연구에서는 새터민이나 다문화가정 자녀와 같은 이주민에 대한 태도보다 한국인에 대한 태도가 더 우호적이어서 내집단 편애현상이 나타났으나, 이주민과 자주 접촉한 사람일수록 이주민에 대한 편견이 낮았다.

제3절 사회적 영향

우리는 신문이나 TV의 광고 공세로부터 자유롭기 어렵고, 거리를 휩쓰는 유행의 물결에 초연하기도 쉽지 않다. 사람들은 이처럼 늘 누군가로부터 영향을 받고 있고 동시에 누군가에게 영향을 주고 있다. 따라서 사람들의 사고와 행동은 여러 유형의 사회적 영향에 의해서 직접 또는 간접적으로 조형된 결과다. 여기서는 각종 사회적 영향현상이 일상생활에서 어떻게 작용하고 개인의 사고와 행동에 어떤 효과를 갖는지 살펴본다.

1. 태도와 태도변화

태도는 어떤 사람이나 대상에 대한 신념, 감정 및 행동 의도를 총칭하는 개념으로서 사회심리학자들이 태도에 주목한 이유는 어떤 사람의 태도를 알면 그의 행동을 예측할 수 있으며, 나아가서 그의 태도를 변화시키면 행동도 변화할 것이라고 믿었기 때문이었다. 그러나 사람들은 자신의 생각대로 행동하지 않는 경우가 많아서 태도와 행동의 관계는 애초의 예상보다 훨씬 더 복잡하다.

1) 태도와 행동의 관계

(1) 태도로부터 행동의 예측

태도가 행동을 결정한다는 가설에 대해서는 지지증거와 반대증거가 혼재하고 있다. 백인 교수였던 라피에르(LaPiere, 1934)는 젊은 중국인 부부와 함께 미국 내 250개의 호텔과 식당을 방문했는데, 당시 동양인에 대한 미국인의 강한 편견이 존재했음에도 불구하고 단 한 곳에서만 입장을 거절당했다. 여행을 마친 후 그는 방문했던 모든 업소에 중국인 고객을 받을 것인지를 편지로 문의한 결과, 답신의 92%가 거절의사를 표명하여 사람들의 태도와 행동이 일치하지 않는다고 결론을 내렸다. 이와는 달리 1952년부터 1964년까지 네 번의 미국 대통령선거에 관한 여론조사 결과, 85%의 응답자가 자신이 지지하는 정당에 투표했다고 밝힘으로써 태도와 행동이 대체로 일치하는 경향을 보였다(Kelly & Mirer, 1974).

그 후 많은 연구에 의해서 태도와 행동 간의 일관성은 상황에 따라서 달라지는 것으로 밝혀지고 있다. 다음과 같은 상황에서는 태도와 행동이 대체로 일치하기 때문에 어떤 사람의 태도를 알면 그의 행동을 비교적 정확하게 예측할 수 있다.

- 태도가 강하고 명료할수록 태도와 일치하는 행동이 나타날 가능성이 크다. 직접 경험을 통해서 태도가 형성되었거나, 자신의 태도를 공개적으로 표현한 적이 있거나 또는 자신의 이득과 직결되는 경우에 태도는 강하고 명료해진다.
- 태도는 시간에 따라 변하기 때문에 태도와 행동이 거의 동시에 측정될 때 일관성이 확보될 수 있다. 선거 여론조사는 선거일이 가까울수록 더 정확해진다.
- 일반적 태도보다는 행동에 대한 태도를 측정하면 태도와 행동의 일관성이 더 높아진다. 예를 들어, 새치기 행동은 공중도덕에 관한 일반적 태도보다는 새

치기에 대한 태도와 더 일치할 것이다.

- 태도와 행동에 미치는 상황적 압력이 적을수록 일관성은 증가한다. 부모가 반대하지 않는다면 사랑(태도)하는 연인들이 결혼(행동)할 가능성은 더 커진다.

(2) 행동으로부터 태도의 예측

이와 같이 태도로부터 행동을 예측하기는 상황에 따라서 가변적이지만 행동으로부터 태도를 예측하는 일은 비교적 명확하다. 어떤 사람에게 호의를 베풀면 그에 대한 호감이 증가하고, 금연하고 나면 담배가 싫어지는 등 어떤 행동을 한 후에 그 행동과 일관되는 태도를 갖게 되는 경우를 흔히 볼 수 있다.

페스팅거(Festinger, 1957)의 인지부조화이론(cognitive dissonance theory)은 이런 현상을 잘 설명한다. 이 이론은 사람들이 심리적 일관성을 추구하는 경향이 있음을 가정하고, 태도와 행동이 불일치하는 이른바 인지부조화 상태가 되면 불편감이 생겨서 심리적 일관성을 회복하려는 동기가 유발된다고 주장한다. 그런데 행동은 대개 취소하거나 변경 불가능하기 때문에 사람들은 주로 행동과 일관되도록 태도를 변화시킴으로써 인지부조화를 감소시키고 심리적 평정을 회복한다.

페스팅거와 칼스미스(Festinger & Carlsmith, 1959)는 피험자들에게 아주 지루한 일을 시킨 다음, 대기 중인 다른 피험자에게 재미있는 일이라고 거짓으로 알려 주는 대가로 1달러 또는 20달러를 주었다. 며칠 후 피험자들에게 실제로 그 일이 얼마나 재미있었는지를 물어본 결과, 1달러를 받은 피험자들은 태도를 바꾸어 재미있었다고 대답한 반면에 20달러를 받은 피험자들은 재미없다고 진술하였다. 피험자들의 대답이 왜 다른 것일까? 20달러를 받은 피험자들은 자신의 태도와 상반된 진술(행동)을 한 점에 대해서 큰 액수의 대가를 받았기 때문이라고 정당화할 수 있어서 인지부조화를 별로 느끼지 않았고, 따라서 태도를 바꿀 필요 없이 여전히 그 일을 재미없다고 생각한 것이다. 그러나 1달러를 받은 피험자들은 거짓말을 정당화하기엔 불충분한 보상이었기 때문에 인지부조화를 경험하였고, 결국 재미있는 일이었다고 태도를 바꿈으로써 자신의 행동을 정당화할 수밖에 없었다.

이와 같이 인지부조화이론은 사람들이 자신의 행동을 합리화하는 경향이 있음을 강조하고, 부조화 감소과정을 곧 행동의 합리화과정이라고 보았다. 따라서 어떤 행동을 한 후에 개인의 태도는 그 행동과 일관되게 조정되곤 한다.

2) 태도변화

사람들의 태도를 변화시키기 위한 방법으로는 주로 설득기법이 이용된다. 설득기법의 효과는 설득자, 설득내용, 설득대상 그리고 설득상황이라는 네 가지 요인에 따라 달라진다.

설득대상이 설득자를 호의적으로 평가할수록 설득효과는 커진다. 설득자가 설득하는 사항에 관해서 전문성을 갖추고 있거나 신뢰감을 주거나 또는 매력적인 사람이면 호의적으로 평가되어 그의 주장에 설득될 가능성이 커진다.

설득 메시지는 논리적 설명이나 객관적 통계치를 제시하는 이성적 내용보다는 유머를 구사하여 기분을 좋게 하거나 공포를 유발하는 등 상대의 감성에 호소하는 내용이 일반적으로 더 효과적이다. 또한 설득자의 견해만 일방적으로 제시하는 내용보다 설득자의 견해와 아울러 반대 견해 및 그것에 관한 반박을 함께 제시하는 양방적 내용이 더 신뢰성 있게 지각되기 때문에 설득효과가 더 크다.

설득대상과 관련된 요인으로는 자아관여(ego involvement)와 태도면역을 들 수 있다. 설득주제가 설득대상에게 중요한 의미를 지니고 있어서 자아관여 수준이 높으면 대상은 설득내용을 심사숙고해서 반응을 하고, 반면에 관여수준이 낮으면 설득자의 외모와 같은 주변적 단서에 의해 반응이 좌우되는 경향이 있다(Petty & Cacioppo, 1986). 예를 들어, 대학생들은 내년에 등록금을 인상하겠다는 학교 측의 주장에 대해서는 면밀히 검토한 다음 받아들이거나 거부하지만, 졸업한 뒤인 5년 후에 등록금을 인상한다는 주장을 접하면 관여수준이 낮기 때문에 피상적으로 판단하여 설득될 가능성이 커진다. 그리고 예방주사를 맞고 질병에 대한 면역을 기르는 과정과 마찬가지로 설득대상이 자신의 태도에 대해 약한 공격을 받고 방어한 경험이 있어서 이른바 태도면역이 된 상태라면 더 강한 설득 메시지에도 저항할 수 있어서 잘 설득되지 않는다.

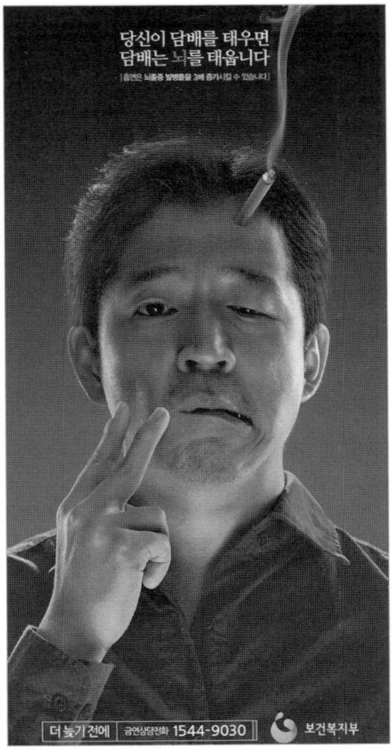

| 그림 12-9 | 공포유발 메시지

보건복지부는 2014년 6월부터 금연 포스터를 주요 장소에 부착하여 흡연의 위험성을 경고하고 있다. 이 포스터는 흡연이 뇌손상을 초래할 수 있다는 공포를 유발하여 금연효과를 극대화하고자 하였다.

마지막으로, 설득이 이루어지는 상황이 다소 주의가 분산되는 분위기라면 효과적이다. 왜냐하면 설득대상이 설득 메시지에 주의 집중할 수 있는 상황에서는 음악소리나 타인의 대화소리 등 약간의 방해자극이 있는 경우보다 메시지에 대한 반대 주장을 떠올리기가 더 쉽기 때문에 설득이 더 어려워진다.

2. 동조와 복종

1) 동 조

미니스커트가 유행하면 너도 나도 따라서 입는 것처럼 타인이 어떤 행위를 하기 때문에 자의적으로 그 행위를 수행하는 것을 동조라고 한다. 사람들은 결정하기가 애매모호한 상황에서는 타인의 행위를 판단기준으로 삼아서 그대로 따르곤 한다.

그런데 애쉬(Asch, 1955)는 진실이 명확한 상황에서도 동조가 일어남을 실험을 통해 확인하고자 세 개의 비교선분 중에서 표준선분과 동일한 길이의 선분을 찾는 매우 쉬운 과제(| **그림 12-10** | 참조)를 다섯 명의 피험자들에게 차례로 실시하였다. 먼저 대답하게 되는 네 명은 실제로는 실험협조자였으며, 마지막에 대답하는 한 명만 순수한 피험자였다. 실험협조자들이 모두 A라고 틀리게 대답하자 피험자 중 35%가 틀린 대답에 동조하였다. 실험이 끝난 후 피험자들이 혼자 있을 때 다시 물어보았더니 모두 정답(B)을 제시하였다. 이와 같이 사람들은 공개적으로 행동할 때는 자신의 소신과 일치하지 않더라도 다수의 입장에 동조하는 경향이 강하다.

사람들이 동조하는 이유는 다음과 같다. 첫째, 타인의 행동이 현실을 판단하는 데 유용한 정보가 되기 때문이다. 해외여행을 가서는 가이드의 설명을 전적으로 신봉하여 따르게 되며, 시험 부정행위를 하는 학생은 우등생의 답을 정답으로 믿고 그대로 베낀다. 둘째, 사람들은 타인에게 인정받거나 배척당하지 않으려고 타인의 입장에 동조한다. 이런 경우 자신의 속마음과는 달리 표면적으로만 동조하는

| **그림 12-10** | **애쉬의 실험에서 사용된 자극**

경우가 많다. 평소에 정장을 싫어하는 사람이 예식장에 갈 때는 어쩔 수 없이 정장 차림으로 격식을 갖추는 행위라든지 애쉬의 실험결과는 모두 이런 이유에 기인한 것으로 볼 수 있다.

2) 복 종

사람들은 권위 있는 인물의 명령에 대체로 잘 복종한다. 심지어 권위 있는 인물의 요구가 자신의 소신이나 사회적 규범에 어긋나더라도 맹목적으로 복종하는 경향이 있다.

밀그램(Milgram, 1963)의 유명한 실험은 권위에 맹종하는 인간을 잘 보여 준다. 그는 피험자들에게 처벌이 학습에 미치는 영향을 연구한다고 일러 주고 두 명(그중 한 명은 실험협조자)을 한 조로 하여 추첨으로 선생과 학생의 역할을 정하였다. 학생은 단어를 암기해야 하고, 선생은 학생이 틀리면 전기쇼크를 집행하는데, 피험자가 항상 선생 역할을 맡도록 조작되었다. 두 사람은 **| 그림 12-11 |**과 같이 칸막이 된 방에서 서로 얼굴을 볼 수 없었으며, 실험 시작 전에 선생(피험자)에게 약한 쇼크라고 알려 주고 상당히 아픈 표본쇼크를 경험하게 하였다. 실험이 진행되는 동

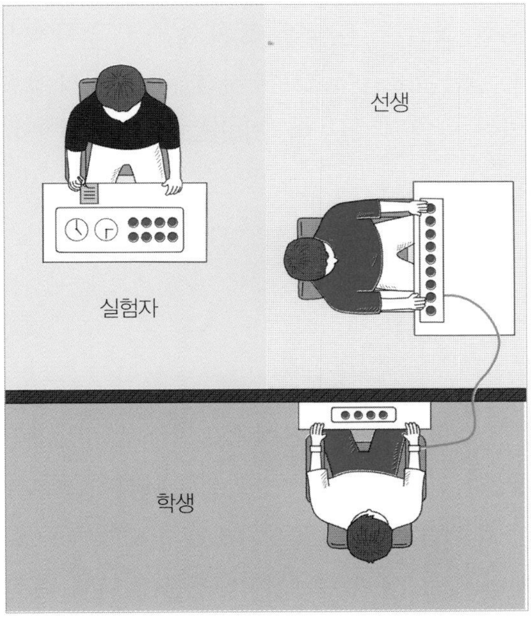

| 그림 12-11 | **밀그램의 실험**

안 학생은 미리 정해진 대로 계속 오답을 말하고, 선생은 실험자로부터 쇼크 강도를 점차 높이도록 지시받는다. 전기쇼크는 15V부터 450V까지의 강도로 가해졌는데, 학생은 120V에서 고통을 호소하기 시작하여 강도가 높아질수록 더 큰 비명을 질렀다. 그러나 실제로는 전기가 통하지 않았으며, 학생의 불평과 비명은 사전에 녹음된 것이었다.

여러분이 만일 선생 역할을 하였다면 어느 정도까지의 쇼크를 주었겠는가? 밀그램의 실험결과는 놀랍게도 피험자의 63%가 최대강도인 450V의 쇼크 집행명령을 그대로 따라서 인간의 강력한 복종성향을 보여 주었다.

권위에 맹종하는 현상은 피해자의 고통이 매우 심하다고 판단되거나, 피해자가 근접해 있어서 서로의 얼굴을 확인할 수 있으면 줄어든다. 그리고 명령자의 합법성이나 동기가 의문시되거나, 자신의 행위에 대해서 개인적인 책임감을 느낄 때도 잘 복종하지 않는다. 마지막으로 동조와 마찬가지로 불복종 모델을 목격하게 되면 복종은 크게 감소한다.

제4절 집단에서의 행동

사람들은 가족, 직장, 동아리 그리고 동창회 등 각종 조직이나 집단의 한 구성원으로 살아가고 있다. 집단에 소속됨으로써 사람들은 자신의 중요한 욕구를 충족하고, 긍정적인 정체감을 가질 수 있으며, 집단으로부터 보호받아서 안정감을 느낄 수 있게 된다.

1. 집단에서의 정체감

1) 사회적 정체감

개인이 어떤 집단에 소속되어 그 집단에 동일시하게 되면 개인적 정체감을 대체하는 새로운 정체감, 즉 집단의 한 구성원으로서 자신을 정의하는 사회적 정체감(social identity)을 갖게 된다. 집단에 동일시하는 정도가 클수록 그 집단의 일원이라는 사실이 자기개념의 중요한 부분으로 자리 잡게 되며, 자신을 타인에게 소개할 때 그 집단의 일원임을 우선적으로 내세우게 된다. 개인적 정체감을 지닐 경우 사람들을 자신과 타인으로 범주화하지만, 사회적 정체감을 갖게 되면 내집단과 외집단으로 구분하여 지각한다. 일반적으로 혼자 있을 때는 개인적 정체감이 특출해지고, 집단활동을 할 때는 사회적 정체감이 특출해진다. 따라서 집단에서의 개인의 사고와 행동은 대체로 사회적 정체감을 바탕으로 이루어진다고 볼 수 있다(Turner, 1985).

2) 몰개인화

집단 속에서 활동할 때 사람들은 자신에 대한 인식이 약해지고, 대신에 집단구성원의 행동이나 정서 또는 상황에 주의 집중하게 되어 개인적으로는 행하지 못할 극단적이며 비이성적인 행동을 저지르기도 한다. 시위군중의 과격한 행위에서 볼 수 있듯이, 집단 내에서 구성원이 개인적 정체감과 책임감을 상실하여 집단행위에 민감해지는 현상을 몰개인화(deindividuation)라고 한다.

몰개인화에 결정적으로 영향을 미치는 요인은 익명성이다. 집단구성원이 개인적으로 식별되기가 어려울수록 행동 및 그 결과에 대한 개인적 책임감을 덜 느끼며, 구성원들의 행동은 당시 상황의 순간적 단서에 의해 좌우된다. 따라서 익명성이 크고 구성원이 흥분된 상황에서는 개인으로서의 정체감은 집단에 함몰되어 법과 도덕의 통제력은 무너지고 충동적이며 감정적인 행동을 분출할 가능성이 커진다.

2. 집단에서의 수행

1) 사회적 촉진

혼자서 일하는 경우와 집단에서 일하는 경우 중 어느 쪽이 더 능률적일까? 집단 또는 타인이 개인의 수행에 미치는 영향을 최초로 연구한 트리플릿(Triplett, 1898)은 사이클 경기를 관람하다가 단독주행방식보다 집단경쟁방식이 더 좋은 기록을 낸다는 사실을 발견하고, 실험실에서 아동을 대상으로 낚싯줄 감기 게임을 실시하여 집단수행이 개인수행보다 더 우수함을 입증하였다. 이와 같이 혼자일 때보다 타인이 존재할 때 개인의 수행이 더 좋아지는 현상을 사회적 촉진(social facilitation)이라고 한다. 이 현상은 타인이 공동행위자인 경우뿐만 아니라 구경꾼이거나 단순히 옆에 있기만 해도 일어난다.

그러나 연습시간에는 잘하던 피아니스트가 연주회에서는 실수를 연발하는 경우

| 그림 12-12 | 서커스 공연

곡예사들이 대규모 관중 앞에서 더 잘할 수 있는 비결은 부단한 연습을 통해서 어려운 곡예를 쉬운 일로 변화시켜 무대공포에서 벗어났기 때문이다.

처럼 타인의 존재가 오히려 수행을 방해하는 경우도 흔하다. 이러한 차이는 수행되는 과제의 특성에 기인하는 것으로서, 쉽거나 잘 학습된 과제에서는 타인의 존재가 수행을 촉진시키는 반면에 어렵거나 잘 학습되지 않은 과제에서는 타인이 존재하면 수행이 떨어진다. 다시 말하면, 타인이 있으면 잘하는 일은 더 잘하고 못하는 일은 더 못하게 된다. 자이언스(Zajonc, 1965)는 과제 특성에 따른 차별적 효과를 종합하여 쉬운 과제에서는 성공이 우세반응이며, 어려운 과제에서는 실패가 우세반응이므로 사회적 촉진이란 결국 타인의 존재가 우세반응을 강화하는 현상이라고 재정의하였다.

사회적 촉진의 원인에 관한 설명으로는 자이언스(1965)의 추동이론(drive theory)이 대표적이다. 이 이론에 따르면 타인이 존재하면 개인의 추동수준이 증가하며, 추동이 증가하면 우세반응이 강화된다. 그런데 타인이 왜 추동을 유발하는지에 관해서는 두 가지 주장이 공존하고 있다. 평가우려설은 타인이 자신의 능력을 평가할 것이라는 걱정이 추동을 일으킨다는 주장이며, 주의분산-갈등설은 타인이 존재하면 과제에만 집중하지 못하고 타인에게 주의가 분산되는데, 과제에 주의하는 일과 타인에 주의하는 일 사이에 갈등이 생겨 추동이 증가한다고 설명한다.

2) 경쟁과 협동

집단 내에서 서로 협동할 수도 있고 경쟁할 수도 있을 때 사람들은 어떤 선택을 할까? 이에 관한 연구는 주로 실험실에서 게임 상황을 설정하여 피험자들의 선택을 관찰하는데, 아래에 제시한 죄수의 딜레마게임(Prisoner's Dilemma Game: PDG)이 대표적이다.

체포되더라도 여죄를 절대 자백하지 않기로 약속한 A와 B 두 범죄자가 체포되어 각각 여죄를 추궁받고 있다. 그들 모두 여죄를 자백하지 않으면 각자 1년

		죄수 A	
		자백 안 함	자백함
죄수 B	자백 안 함	둘 다 1년	A는 석방 B는 15년
	자백함	A는 15년 B는 석방	둘 다 10년

| 그림 12-13 | 죄수의 딜레마게임의 예

형을 받으며, 둘 중 한 명만 자백하면 자백한 자는 집행유예로 석방되지만 자백하지 않은 자는 15년형을 받게 된다. 그리고 둘 다 자백하면 각자 10년형을 받는다(| **그림 12-13** |). 만일 여러분이 이런 상황에 처했다면 어떤 결정을 내리겠는가?

두 죄수에게 공히 유리한 전략은 약속대로 자백을 하지 않는 것(협동)이다. 그러나 상대가 자백하지 않으리라고 확신한다면 자신은 자백해서(경쟁) 석방되는 편이 더 낫다. 누구나 이 상황에서는 자백해서 석방되고 싶은 생각이 앞서지만 상대방 역시 자백할 수도 있다는 걱정이 들고 그렇게 되면 최악의 결과를 초래하기 때문에 신의와 배신 사이에서 갈등을 하게 된다. 이런 갈등을 혼합동기갈등(mixed-motive conflict)이라고 한다. 실험실에서는 현실성을 높이기 위해서 이와 유사한 방식으로 점수나 돈을 따기 위한 게임을 하는데, 많은 연구결과들을 종합해 보면 피험자들의 2/3 정도가 협동보다 경쟁을 택하며, 게임이 반복될수록 경쟁 경향이 더 커진다.

협동과 경쟁이 모두 가능한 상황에서 경쟁이 더 빈번하게 선택되는 원인은 상대가 과연 협동할지가 불확실하기 때문이다. 그리고 단일 또는 단기적 상황에서는 경쟁하면 더 이익이 되기 때문이다. | **그림 12-13** |에서 A가 경쟁을 택하면 B가 어떤 선택을 하더라도 A는 더 약한 벌을 받는다. 그러나 장기적으로 보면 협동은 협동을 낳고 경쟁은 경쟁을 유발하기 때문에 경쟁전략은 손해만 입게 된다.

3. 집단의사결정

1) 집단극화

어떤 사안에 대한 개인의 결정과 집단의 결정은 차이가 있을까? 결론부터 말하면 집단결정이 개인결정보다 더 극단적이다. 구체적으로, 집단구성원들의 전반적인 성향이 진보적이라면 집단토론이나 의사교환과 같은 상호작용 후에는 더 진보적인 결정을 하게 되고, 집단구성원들의 전반적 성향이 보수적이라면 집단결정은 더 보수적이게 된다. 즉, 집단 상호작용 이후 구성원들의 태도나 의견의 평균은 상호작용 이전의 평균과 동일한 방향으로 더 극단화되는데, 이 현상을 집단극화(集團極化, group polarization)라고 한다(Myers & Lamm, 1976). 우리 사회에서 가끔 발생하는 조직폭력배의 끔찍한 폭력사태는 폭력적 성향을 지닌 자들끼리의 상호작용으로 말미암아 폭력성이 더욱 증폭되어 빚어진 일로 볼 수 있다.

집단극화의 발생 원인에 관해서는 세 가지 설명이 지지되고 있다(성한기, 1991). 첫째, 집단극화를 설득효과로 보는 입장이다. 집단 상호작용을 통해 혼자서는 생각하지 못했던 새로운 주장들을 접하게 되는데, 이 중에서 집단의 전반적 성향과 일치하는 주장이 설득적으로 지각되어 그 주장의 방향으로 구성원의 의견이 변화된 결과라는 설명이다. 둘째, 사회비교를 통한 자기과시의 산물이라는 주장이다. 사람들은 자신과 남을 비교하려는 사회비교 욕구와 자신을 호의적으로 나타내려는 자기과시 욕구가 있어서 집단 상호작용을 통한 사회비교 결과, 자신의 입장이 타인보다 덜 바람직하다고 판단되면 바람직한 방향으로 자신의 입장을 바꾸게 되어 결과적으로 집단극화가 일어난다. 셋째, 사회적 정체감을 집단극화의 결정적 조건으로 보는 입장이다. 구체적으로, 집단토의는 구성원으로 하여금 내집단 인식을 불러일으켜 내집단에 동일시하게 한다. 자신을 집단에 동일시한 구성원들은 집단규범에 동조하게 된다. 그런데 대체로 집단규범은 집단평균보다 약간 더 극단적으로 지각되기 때문에 규범에 동조하면 곧 집단극화의 결과로 나타나게 된다.

2) 집단사고

일반적으로 집단이 개인보다 더 현명한 판단을 할 것으로 믿지만 반드시 그렇지만은 않다. 1961년 미국의 케네디 대통령은 쿠바 공산정권을 전복시키려고 국무회의의 결정에 따라 쿠바의 픽스만을 침공하였으나 처참한 패배를 당하고 전 세계로부터 무력침공에 대한 비난을 받아야 했다. 제니스(Janis, 1972)는 이 사건을 비롯하여 트루먼 대통령의 한국전쟁 당시 맥아더 장군의 만주 진격요청 거부 등 미국 대통령들의 역사적 큰 실수 사례를 분석하여 집단의사결정 과정에서 중대한 결함이 있었음을 밝혀내고, 응집성이 높은 집단에서 나타날 수 있는 비합리적이고 비생산적인 결정이나 판단을 집단사고(groupthink)라고 불렀다.

집단의 응집성이 매우 높고, 리더가 지시적이며, 집단이 외부로부터 단절되어 있고, 집단 내에서 대안을 심사숙고하는 절차가 미비할 때 집단구성원은 집단사고 경향을 보이게 된다. 이런 조건에서는 내집단을 과대평가하고, 외부에 대해서 폐쇄적인 입장을 취하며, 집단 내에 일치를 추구하는 압력이 크게 작용하게 된다. 그 결과, 집단 내에서 정보수집, 대안검토, 비상대책 등에 관한 토론과정이 원활하게 진행되지 못하고 비효율적인 결정에 이르게 된다.

1995년 6월에 발생한 서울의 삼풍백화점 붕괴 참사에서도 이런 증후를 찾아볼 수 있었다. 건물붕괴 직전에 열린 백화점의 대책회의 멤버는 회장과 그의 친인척 간부들을 중심으로 구성되어 응집성이 매우 높았고, 회장이 걱정할까 봐 아무도 붕괴위험과 영업중지를 건의하지 않았으며, 붕괴를 포함한 여러 가지 가능한 결과를 고려하지 않은 채 보수계획과 보수시기만을 집중적으로 논의하는 등 합리적인 의사결정과는 거리가 멀었다(주간조선, 1995. 7. 13.).

집단사고는 불가피한 일이 아니다. 다음과 같은 조치들이 적절하게 취해진다면 집단사고를 예방하고 파국적인 결과를 막을 수 있다.

| 그림 12-14 | **집단사고의 참혹한 결과**

삼풍백화점의 붕괴 직전 대책회의는 집단사고로 말미암아 502명 사망이라는 참혹한 결과를 낳은 살인회의가 되고 말았다.

- 리더는 구성원들에게 모든 제안들에 대한 반론과 의문을 제기하도록 권장해야 한다.
- 리더 자신의 견해를 표명하는 것을 삼가야 한다. 자신의 선호를 밝힐 경우는 최후에 표명해야 하며, 구성원들의 비판을 받아들일 자세가 되어 있어야 한다.
- 적어도 한 사람은 다른 구성원들의 아이디어에 비판만 하는 역할을 하도록 지명한다.
- 외부의 전문가들을 때때로 초빙하여 집단토의에 참여시켜야 한다.
- 집단을 여러 개의 하위집단으로 나누어 독립적으로 토의한 후 함께 모여서 차이를 조정하도록 하는 것이 좋다.

요약

1. 타인이나 자신의 행동에 관한 인과적 설명에 이르는 과정을 귀인이라고 하며, 주로 개인의 기질적 원인이나 외부의 상황적 원인으로 귀인한다. 귀인과정은 오류가 많아서 타인의 행동을 대체로 내부 귀인하는 기본적 귀인오류와, 자신을 호의적으로 지각하는 자기기여편파가 나타난다.
2. 사람들은 고정관념이나 내현성격이론을 바탕으로 타인의 외모나 행동을 보고 그의 성격이나 기타 특성을 추론하며, 이를 통합하여 단일한 인상을 형성한다. 인상형성은 신속하고 자동적인 과정이기 때문에 편파가 발생할 수 있다.
3. 사람들은 사회적 정보처리를 할 때 노력을 절감하려는 경향이 있는데, 대표적인 절감방법은 도식을 활용하는 것이다. 도식적 처리를 하면 신속한 판단이 가능한 반면에 정확성은 떨어진다.
4. 우리는 물리적으로 가까이 있거나, 잘생기거나, 자신과 유사하거나 또는 자신을 좋아하는 사람을 좋아한다.
5. 편견은 사회화 과정에서 학습되며, 현실적 집단갈등, 사회적 불평등 및 범주화로 말미암아 생기게 된다. 편견을 감소시키기 위해서는 적대적 집단 간의 지속적이고 협동적인 접촉이 중요하다.
6. 태도를 통해서 행동을 예측하는 경우보다는 사람들이 자신의 행동을 합리화하는 경향이 있으므로 행동을 토대로 태도를 예측하는 경우가 훨씬 더 정확하다. 그리고 사람들을 설득하기 위해서는 설득자, 설득내용, 설득대상 및 설득상황을 종합적으로 고려해야 한다.
7. 사람들이 다수에 동조하는 이유는 다수의 행동이 현실판단에 유용한 정보가 되거나 다수로부터 배척당하기를 꺼리기 때문이다.
8. 집단에 소속된 개인은 집단의 일원으로 자신을 정의하는 사회적 정체감을 갖게 되는데, 이로 인하여 익명성이 큰 대규모 집단 속에서는 개인적으로는 행하지 못할 비이성적인 행동을 저지르기도 한다.
9. 쉽거나 익숙한 과제에서는 타인의 존재가 개인의 수행을 촉진하고, 어렵거나 생소한 과제에서는 타인의 존재가 오히려 수행을 저해한다.
10. 사람들은 협동할 수도 있고 경쟁할 수도 있는 상황에서 대체로 경쟁을 택하는 경향이 있다. 이는 단기적으로는 경쟁이 협동보다 개인에게 더 큰 이익이 되기 때문인데, 장기적으로 볼 때 협동이 집단 전체에 더 많은 이익을 가져다준다.
11. 집단의사결정은 개인의사결정보다 더 극단적인 경향이 있으며, 질적인 측면에서도 응집력이 지나치게 높은 집단은 개인보다 더욱 졸렬한 결정을 하여 파국적인 결과를 초래하기도 한다.

제 13 장

건강심리학

학습목표

1. 전인적인 건강이란 무엇이며, 심리학이 건강의 유지와 향상에 어떻게 기여할 수 있는가를 이해한다.
2. 스트레스에 관한 정의와 스트레스 이론의 특징과 주요 내용에 대해 이해한다.
3. 스트레스 유발원과 그에 대한 평가와 반응 및 결과의 과정을 이해한다.
4. 건강을 손상시키거나 증진시키는 습관적 행동에 대해 이해한다.

13

제1절 건강의 의미

건강은 우리 삶에서 매우 소중한 것이다. 그러나 건강이 무엇인가에 대해 간단하고 분명한 답을 하기는 어렵다. 시대나 문화에 따라서 건강을 바라보는 관점은 다양하게 변화해 왔다. 건강을 어떤 관점에서 바라보느냐에 따라 건강을 어떻게 추구할 것이며, 건강에 대한 일차적 책임이 누구에게 있는지가 달라진다.

인류 역사의 초기에는 자연현상에 대해서와 마찬가지로 인간의 건강이나 질병에 대해서도 '초자연적 힘에 의해 결정되는 인체의 상태'라는 초자연적 건강관(supernatural model)이 지배적이었다고 할 수 있다. 정체를 알 수 없는 전염성 질환으로 많은 사람이 고통을 받거나 죽어 갈 때 자연을 거역했다거나 신이 노했다거나 악령이 들었다고 생각하고 건강이나 장수는 신의 은총이나 우주 기운과의 조화 덕분이라고 생각하였다. 이런 관점의 건강관에서는 신의 뜻이나 초자연적 힘에 순응하며 살아가는 것이 건강을 도모하는 길이며 질병을 예방하거나 치료하는 방법이 될 것이다. 이 시대엔 사제나 무당 등 초자연적 힘과 교류할 수 있는 집단이 질병치료의 일차적 책임자였다.

몸과 마음이 분리되어 있고 몸은 자연법칙에 따라 움직인다고 보는 데카르트(Descartes)의 주장이 널리 수용되고 세균성 질병은 육안으로 보이지 않는 미생물이 몸에 침범하고 세력을 얻어서 일어난다는 사실이 밝혀진 19세기 이래, 생물의학적 모형(biomedical model)이 건강과 질병을 조망하는 지배적 관점으로 자리 잡게 되었다. 이 모형에서는 건강은 질병이 없는 상태를 의미하며, 질병은 병원체(pathogen)에 의해 발생하고, 그 병원체를 없애거나 세력을 약화시킴으로써 치료될 수 있다고 본다.

20세기를 거치면서 생물의학적 모형은 많은 전염성 질병의 병원체 확인과 예방백신 및 치료약물의 성공적 개발을 통해 널리 확산되었고, 건강과 질병을 조망하는 표준 관점으로 자리 잡게 되었다. 그래서 질병을 특정한 신체부위의 기계적 고장으로 생각하고 문제가 되는 부품을 수리하거나 교체함으로써 치료가 가능하며, 치료에 대한 일차적 책임과 권리는 생물의학적 전문지식과 기술을 갖춘 의사에게 있다는 생각이 지배적이 되었다.

그러나 생물의학적 모형은 현대인의 건강에 대한 욕구에 부응하고 질병을 효율적으로 치료하는 데 적지 않은 문제점을 드러내고 있다. 첫 번째 문제점은 한국을 비롯한 산업화된 국가에서 사망이나 질병의 양상이 크게 변화해서 생물의학적 모형으로는 이를 잘 설명하고 대처할 수 없게 되었다는 것이다. 예를 들어, 폐렴이나 결핵과 같은 전염성 질환 대신 심혈관계 질환, 암, 고혈압, 당뇨병 등의 만성질환이 사람들을 괴롭히고 죽게 만드는 일차적 원인으로 등장하였다. 이런 질환은 단일한 병원체 때문에 생기는 것이 아니라 일상적인 습관이나 생활양식 등이 중요하게 작용해서 발생하고 유지된다. 〈표 13-1〉에서 보듯이 현대인의 주요 사망 원인은 생물학적 요인(23.3%)이나 환경적 요인(18.7%)보다는 건강습관과 생활양식의 영향(48.9%)에 의해서 주로 좌우된다.

두 번째 문제점은 만성질환에 대한 생물의학적인 접근이 비효율적이라는 사실이다. 노령화와 만성질환의 증가는 의료 수요를 크게 증가시켰다. 수많은 신약의 개발과 새로운 수술기법 및 첨단의료장비의 발달에도 불구하고 만성질환은 줄어들지 않았고 환자들의 의료 서비스에 대한 만족도도 낮다. 반면 의료 비용은 크게 증가하였다. 미국의 경우, 1975년에는 건강관리를 위해 연간 지출하는 비용이 1인당 582달러였으나 1995년에는 3,633달러로 600% 이상 증가하였다. 2003년에 미국인들이 건강관리를 위해 지출한 전체 비용은 국민총생산(GDP)의 15.3%에 달했으며, 이는 국방비를 넘어서는 수치이며, 이러한 추세는 지금도 계속되고 있다. 한국의 경우도 노령화의 급속한 진전과 함께 만성질환에 대한 건강관리 비용이 계속적으로 증가하고 있다.

표 13-1 질병에 미치는 행동적 · 환경적 · 생물학적 요인의 상대적 기여도 (단위: %)

사망 원인	건강습관 · 생활양식	환경적 요인	생물학적 요인
심장병	54.0	09.0	28.0
암	37.0	24.0	29.0
뇌혈관계 질환	50.0	22.0	21.0
교통사고	69.0	18.0	00.6
기타 사고	51.0	31.0	04.0
독감 및 폐렴	23.0	20.0	39.0
당뇨병	26.0	00.0	68.0
자살	60.0	35.0	02.0
평균	48.9	18.7	23.3

출처: Center for Disease Control, Public Health Service(1979).

의료 비용의 증가를 억제하기 위해서 질병의 조기발견과 예방 및 건강한 생활습관이 강조되기 시작하였다. 예를 들어, 고혈압과 높은 혈청 콜레스테롤 수준 및 흡연 등이 심장질환의 위험요인으로 밝혀졌다면, 이런 조건들을 사전에 통제함으로써 심장질환이라는 심각한 질병의 발생이나 이로 인한 사망 위험성을 낮출 수 있다. 아울러 만성질환은 치료가 어렵고 환자 및 주위 사람들의 생활의 질을 크게 떨어뜨린다. 건강한 생활습관을 통해 건강을 유지하는 것이 질병이 발생한 후에 치료나 회복을 시도하는 것보다 더 쉽고 비용도 적게 든다. 따라서 건강한 생활양식을 통해 질병을 예방하고 질환의 초기 증상을 미리 발견하여 위험을 줄이고 예방하는 것이 건강관리 분야의 새로운 시대정신이 되었다.

이런 시대정신을 반영하는 건강 개념은 단순히 질병이 없는 상태로만 조망하기에는 부족하다. 세계보건기구(WHO, 1946)는 건강을 "단순히 질병이 없는 상태가 아니라 신체적 · 심리적 · 사회적 수준에 걸친 생활의 모든 측면에서 완전한 안녕을 보이는 상태"로 정의하고 있다. 이와 유사하게 엥겔(Engel, 1977)은 신체적 요소뿐만 아니라 심리와 사회적 요소까지 포함시킨 질병에 관한 '생물심리사회적 모형(biopsychosocial model)'을 제안하였고, 이는 건강심리학을 비롯한 많은 건강 관련 학문 분야의 지배적인 패러다임으로 자리 잡아 가고 있다. 이와 함께 최근 심리학의 큰 흐름으로 등장하고 있는 긍정심리학의 건강에 대한 관점을 포섭할 필요가 있다. 긍정심리학의 주창자인 셀리그먼과 칙센트미할리(Seligman & Csikszentmihalyi, 2000)는 심리학이 인간의 병리나 나약함 혹은 손상과 같은 부정적인 측면뿐만 아니라 인간의 강점이나 힘 혹은 덕성과 같은 긍정적인 측면을 함께 연구해야 한다고 주장한다. 긍정심리학에서는 건강이란 병원체나 장애의 부재만을 의미하는 것이 아니라 긍정적인 상태와 번성을 포함해야 한다고 주장한다.

그런데 정신질환이나 신체질환, 그리고 건강과 삶의 질에 이르기까지 현대인의 웰빙은 스트레스와 이에 대한 대처의 결과에 의해 크게 영향을 받는다고 볼 수 있다. 따라서 이 장에서는 스트레스와 대처를 중심으로 현대인의 전인적 건강을 조망해 보려 한다.

제2절 스트레스와 질병 및 건강

1. 스트레스란 무엇인가

현대를 '스트레스의 시대'라고 하거나 '현대인의 바이러스는 스트레스'라고 말하기도 한다. 이는 스트레스가 현대인의 생활 속에 만연해 있고 건강에 미치는 영향이 종전에 바이러스가 건강에 미치는 영향에 필적하거나 그 이상이라는 의미다. 일반적으로 1차 의료기관을 찾는 환자의 75%에서 90%는 스트레스로 인한 문제로 고생하고 있다고 추산된다.

스트레스라는 용어가 널리 사용되고 많은 연구자가 다양한 연구를 수행하고 있지만, 스트레스에 대한 정의는 통일되지 않고 다양하다. 스트레스는 흔히 다음의 세 가지 방식으로 정의된다. 첫째는 스트레스를 반응으로 보는 것이다. "나는 스트레스를 받으면 심장이 뛰고 혈압이 올라가고 골치가 아프다."라고 말할 때처럼, 스트레스는 생리적 반응으로 정의된다. 둘째는 스트레스를 자극으로 정의하는 방식이다. 목전에 두고 있는 중요한 시험이나 갚아야 할 기일이 도래한 은행 채무, 전쟁이나 자연재해 등의 외적 자극을 스트레스 자극으로 본다. 셋째는 스트레스를 개인과 환경 사이의 부적합한 관계라는 상호 교섭적 관점에서 정의하는 것이다. 이 관점에서는 스트레스를 '자신이 가진 자원에 부담이 되거나 자원을 초과하는 것으로 평가되어 자신의 복지나 안녕이 위협을 받는 상황과 개인 사이의 부적합한 관계와 그 과정'으로 정의한다.

스트레스를 반응으로 보면 무엇이 스트레스이고, 무엇이 스트레스가 아닌가를 그 반응으로부터 결정할 수밖에 없다. 즉, 사후적으로 스트레스를 정의하게 된다. 반면, 스트레스를 자극으로 보면 동일한 자극이라도 개인마다 다르게 지각하고 반응하는 차이를 감안할 수 없다. 즉, 목전의 중요한 시험에 대해서도 어떤 사람은 한번 해 볼 만한 도전으로 생각하는 반면, 다른 사람은 심각한 위협으로 생각하는 개인차를 감안하기 어렵다. 관계적(혹은 상호 교섭적이라고도 함) 관점에서 스트레스를 정의할 때는 객관적 자극의 성질로서 스트레스와 개인의 주관적 평가 및 스트레스 반응을 함께 고려해서 과정으로 접근할 수 있다는 장점이 있다. 자극으로서 스트레스를 정의하는 관점이 사회학에서 지배적이라면, 반응으로서 정의하는 관점은 의학에서 많이 사용하며, 관계적 관점으로서의 스트레스 정의는 심리학에서 많이 사용되고 있다.

2. 스트레스 이론

스트레스를 어떤 관점에서 보느냐에 따라 스트레스 이론도 달라진다. 스트레스를 반응으로 보는 셀리에의 이론, 스트레스를 자극으로 보는 홈스와 라헤의 이론, 그리고 환경과 개인 사이의 관계적 관점에서 조망하는 라자러스의 이론에 대해 살펴보자.

1) 셀리에 이론

Hans Selye

셀리에(Selye)는 1930년대부터 1982년 사망할 때까지 스트레스의 개념 및 신체질환과 스트레스의 관계를 연구하고 그 결과를 대중에게 널리 알리는 역할을 하였다. 그의 초기 연구는 스트레스를 산출하는 환경조건을 밝히는 데 초점을 두었다. 그러나 1950년대에 들어서 그는 스트레스라는 용어를 유기체의 반응을 지칭하는 데 사용하기 시작했다. 셀리에는 이 둘을 구분해서 스트레스 유발자극에 대해서는 '스트레스원(stressor)'이라는 용어를 사용하고 스트레스 반응에 대해서는 '스트레스(stress)'라는 용어를 사용하였다.

셀리에는 스트레스를 "수많은 스트레스원에 의해 야기되는 일반적인 신체적 적응반응"이라고 정의하였다. 그는 매우 다양한 이질적인 상황이 스트레스 반응을 일으킬 수 있지만, 그 반응은 항상 동일한 과정을 거친다고 믿었다. 셀리에는 소의 난소에서 추출한 물질을 쥐에게 주사한 결과, 첫째, 부신피질이 확장되고, 둘째, 갑상선, 췌장, 림프절 및 모든 림프 구조가 수축되고, 셋째, 위와 십이지장 상부의 출혈성 궤양이 나타나는 것을 발견했다. 이 연구에 이어 다양한 종류의 독성자극(예, 더위, 추위, 전기쇼크, 약물 등)들도 실험동물들에게 위와 유사한 결과를 초래함을 발견하였다. 이런 연구결과에 기초해서 셀리에는 자극의 종류에 관계없이 스트레스 반응은 비특정적으로 발생한다고 주장하였으며, 이런 반응을 일러서 일반적응증후군(General Adaptation Syndrome: GAS)이라 불렀다.

이 일반적응증후군은 세 단계로 진행되는데, 그 첫째는 경보반응 단계(alarm reaction stage)다. 이 단계에서 신체는 교감신경계를 주로 활용해서 긴급한 상황에 대비할 수 있는 일종의 전시 동원체제를 마련한다. 에피네프린(일명 아드레날린)이 급속하게 방출되고 심장박동과 혈압이 증가하며, 호흡이 빨라지고 혈액이 내장기관에서 골격근으로 몰리며 땀샘이 활성화되고 위장기관의 활동이 감소하는 등, 자신이 가진 힘을 총동원해서 위급상황에 대해 '투쟁하거나 도피하는 반응(fight or flight reaction)'에 해당하는 준비 태세를 갖추게 해 준다.

둘째는 저항단계(resistance stage)다. 이 단계에서는 유기체가 스트레스에 대하여 나름대로 적절한 반응을 보인다. 따라서 신체적으로 특별한 반응상태를 보이지 않으며 겉으로 보기에는 잘 적응하고 있는 것처럼 보인다. 그러나 스트레스가 지속되면 계속적인 신경계와 내분비계의 변화를 야기할 것이며, 이는 질병이나 죽음이라는 대가를 지불하게 한다. 이 단계가 얼마 동안이나 지속될 것인가는 스트레스 유발자극의 심각성과 유기체의 적응능력에 달려 있다. 단기적이고 적응 자원을 크게 초과하지 않는 경우는 별 문제가 없지만 스트레스가 지속되면 셋째 단계인 소진단계로 이행된다.

소진단계(exhaustion stage)는 적응 에너지의 고갈이 특징이다. 인간이 소유하고 있는 적응 에너지는 무한하지 않기 때문에 지속적인 스트레스는 결국 적응 에너지의 소진으로 귀결된다. 이 단계에서는 부교감신경계가 활성화된다. 정상적 상황에서의 부교감신경의 활성화는 고갈된 에너지를 회복시켜서 신체를 균형상태에 이르게 한다. 그러나 소진단계에서는 앞서 발생한 비정상적으로 높은 수준의 교감신경 활성화를 보상하기 위해 비정상적으로 높은 수준의 부교감신경 활성화가 일어난다. 셀리에는 이런 단계에서 신체의 자원이 새로 보충되지 않거나 추가로 스트레스원이 발생하면 인체는 질병이나 죽음에 이르게 된다고 보았다.

셀리에의 스트레스 이론은 유기체가 스트레스에 어떻게 반응하고, 이런 스트레스 반응이 질병이나 죽음과 어떻게 연관되는가에 대한 세부적인 정보를 제공하고 스트레스를 과학적으로 연구할 수 있는 길을 열었으며, 스트레스에 대한 대중적 관심을 모았다는 점에서 큰 공헌을 하였다. 그러나 스트레스의 생리학을 배타적으로 강조하고 동물에 대한 연구에 초점을 맞춤으로써 인간에게 중요하고도 독특한 스트레스원에 대한 지각이나 해석과 같은 인지적 평가요인을 무시하고 있다는 비판을 받고 있다.

2) 홈스와 라헤 이론

앞서 소개한 셀리에의 이론은 동물을 대상으로 하는 생물학적 연구결과에 기초하고 있다. 그 결과 인간이 실제로 경험하는 스트레스와는 거리가 있었다. 이러한 제한점을 극복하는 데 큰 기여를 한 것이 홈스와 라헤(Holmes & Rahe, 1967)의 연구다. 이들은 사회재적응평정척도(Social Readjustment Rating Scale: SRRS)를 개발하여 사람들이 일상생활에서 경험하고 있는 스트레스의 정도를 손쉽게 측정할 수 있는 도구를 개발하였다. 이들의 척도에 힘입어 스트레스 연구의 초점은 동물 스트레스 연구에서 인간을 대상으로 하는 생활 스트레스 연구로 바뀌었다.

홈스와 라헤는 스트레스를 인간에게 '재적응 노력을 요구하는 생활의 변화'로 보고, 이를 측정하기 위한 도구를 개발하려 하였다. 그들은 셀리에와 유사하게 개인이 보유하고 있는 재적응 에너지는 한정되어 있기 때문에 너무 많은 생활사건을 경험하게 되면 질병이 유발될 것이라고 가정하였다. 홈스와 라헤는 척도개발의 첫 단계로 5,000여 명에 이르는 환자들의 병력자료를 분석하여 이들이 질병 전에 경험한 생활사건을 추출하였다. 다음으로 질병과 연관이 되는 43개의 생활사건을 구성하였고, 이를 349명을 대상으로 각각의 생활사건에 필요한 재적응 노력이 어느 정도인가를 평가하도록 하였다. 이때 '결혼'이라는 생활사건에 필요한 재적응 노력의 양을 인위적으로 500이라고 기준 잡았을 때 각 사건들의 재적응에 필요할 것으로 추정되는 점수를 추산하도록 하였다. 이렇게 얻은 평점 점수를 다시 10으로 나누어 최종 재적응 평점점수를 산출하였다. Box 1은 이런 연구결과 중요한 생활사건과 재적응에 필요한 정도를 나타내고 있는 것이다.

홈스와 라헤는 사회재적응평정척도를 사용해서 다양한 참여자를 대상으로 생활변화 단위의 총합계 점수와 질병 발생 사이의 관계를 연구하였다. 지난 1년 동안 경험한 생활변화 단위의 총합 점수가 300점 이상인 경우는 그다음 해에 발병할 확률이 약 80%인 반면, 150~299점 사이는 50%, 150 이하인 경우는 30% 정도로 나타났다. 즉, 일정기간에 생활 스트레스를 많이 경험할수록 질병에 걸릴 확률이 높아짐을 뜻한다. 그러나 이 방면의 연구는 각 생활사건의 의미가 개인마다 상당히 다를 수 있고, 긍정적 방향의 변화사건은 질병과의 관련성이 적고, Box 1의 스트레스 척도에 질병 관련 사건들이 이미 포함되어 있어 질병과의 관련성은 인위적인 것이라는 비판을 받고 있다.

Box 1

사회재적응평정척도

지난 1년 동안 당신이 경험한 사건들을 체크해 보십시오. 당신이 체크한 사건들의 생활 변화 단위 점수를 더하면 지난 1년간 당신이 경험한 스트레스의 강도를 알 수 있습니다. 그 점수가 300점 이상이면 당신의 건강은 매우 높은 위험에 처해 있고, 점수가 150~299점 사이에 있다면 상당한 위험수준에 처해 있다고 해석할 수 있습니다.

순위	주요 생활사건	생활변화 단위
1	배우자의 사망	100
2	이혼	73
3	부부의 별거	65
4	교도소에 수감	63
5	가족의 사망	63
6	자신이 다치거나 질병에 걸림	53
7	결혼	50
8	실직	47
9	부부간의 화해	45
10	은퇴	45
11	가족구성원의 건강 변화	44
12	임신	40
13	성생활에서의 문제	39
14	새로운 식구가 생김	39
15	사업상 재적응 상황	39
16	경제적 지위(재정 상태)의 변화	38
17	친한 친구의 사망	37
18	직장 부서의 변화	36
19	배우자와의 다툼 횟수의 변화	35
20	1만 달러 이상의 저당이나 융자	31
21	저당권 상실	30
22	직장에서 책임의 변화	29
23	자녀의 출가(예: 결혼이나 대학 입학 등)	29
24	시댁이나 처가와의 갈등	29
25	두드러진 개인적 성취	28
26	아내가 직장에 나가기 시작하거나 중단함	26
27	학교를 다니기 시작하거나 그만둠	26
28	생활환경의 주요 변화	25
29	개인적 습관의 변화	24
30	상사와의 갈등	23

31	직장에서 작업 시간이나 조건의 주요 변화	20
32	거주지의 변화	20
33	학교에서의 변화	20
34	취미활동에서의 변화	19
35	교회활동의 수나 유형의 변화	19
36	사회활동의 수나 유형의 변화	18
37	1만 달러 이하의 저당이나 융자	17
38	수면습관의 변화	16
39	가족 모임 횟수의 변화	15
40	식사습관의 변화	15
41	휴가	13
42	크리스마스	12
43	사소한 법률 위반(예, 교통 위반 등)	11

3) 라자러스 이론

셀리에의 이론이 생물학적 관점에서 스트레스를 반응으로 보고 있고, 홈스와 라헤의 이론이 사회적 관점에서 자극으로서의 스트레스를 강조하고 있는 데 반해서, 라자러스(Lazarus)의 이론은 스트레스의 자극과 반응을 모두 아우르고 개인의 지각과 평가를 강조하는 심리학적 관점을 강조하고 있다. 라자러스의 관점에서는 스트레스 사건 자체보다 그 사건에 대한 개인의 해석이 더욱 중요하다. 인간은 다른 동물에게는 없는 고등 인지기능이 있고, 생활사건 자체가 스트레스를 일으키기보다는 상황에 대한 인지적 평가가 스트레스를 만든다고 본다.

라자러스와 포크먼(Lazarus & Folkamn, 1984)은 사람들이 상황을 평가할 때 1차 평가(primary appraisal), 2차 평가(secondary appraisal) 그리고 재평가(reappraisal)를 거쳐 간다고 본다. 이때 1차 평가는 더 중요하다는 뜻이 아니라 시간적으로 볼 때 최초라는 의미다. 예를 들어, '시험'이나 '승진'과 같은 생활사건은 자신의 안녕이나 복지의 관점에서 평가된다. 개별 사건들은 나의 복지나 안녕에 '무관한 것' '긍정적인 것' 또는 '스트레스적(부정적)인 것'으로 평가된다. 스트레스적인 것은 상황의 세부적인 의미에 따라 상해나 상실(harm/loss), 위협(threat) 및 도전(challenge)으로 평가될 수 있다. 상해나 상실은 질병이나 사고와 같이 이미 발생해 버린 상황이라는 평가에서, 위협은 장차 있을 수 있는 위험에 대한 평가에서, 도전은 자신이 하기에 따라서는 위험만 있는 것이 아니라 긍정적인 결과도 초래될 수 있다고 판단하는 데서 유래한다.

2차 평가는 스트레스적으로 평가된 상황에 대하여 자신이 사용할 수 있는 대처자원과 관련된다. 1차 평가가 특정 상황이나 사건이 '나에게 어떤 의미가 있는가?' 에 대한 것이라면, 2차 평가는 '내가 이 상황이나 사건에 대하여 무엇을 할 수 있는가?' 에 초점이 맞추어져 있다. 2차 평가에서는 흔히 세 가지 질문을 하게 된다. '내가 이용 가능한 대처 안에는 어떤 것들이 있는가?' '내가 이런 대처안을 성공적으로 적용할 수 있는 가능성은 어느 정도인가?' '그것이 스트레스를 경감시켜 줄 확률은 어느 정도인가?' 의 질문이 그것이다. 1차 평가에서 스트레스적으로 평가된 사건들은 2차 평가과정을 통해 그 강도가 달라진다. 예를 들어, 1차 평가에서는 입사를 위해 앞두고 있는 면접시험이 매우 위협적인 사건으로 평가되었으나, 그 시험에 대해 자신이 지니고 있는 대처자원과 그 결과를 예측해 볼 때 위협평가 정도는 줄어들고 도전평가가 더 지배적이 될 수도 있다.

재평가란 새로운 정보가 입수되어 평가가 변화하는 것을 의미한다. 예를 들어, 실직한 사람이 입사지원서를 작성하고 면접을 받는 자신의 기술이 종전에 생각하던 것보다 높다거나 눈높이를 조금만 낮추면 재취업 시장이 생각보다 나쁘지 않다는 새로운 정보를 입수하게 되면 스트레스 평가는 상당 부분 줄어들 수 있다. 물론 재평가가 스트레스를 늘 감소시키는 것은 아니고 증가시킬 수도 있다. 종전에는 긍정적으로 평가되던 상황이 변하거나 다르게 보이기 시작하면 위협적이거나 도전적인 양상으로 다가올 수 있다.

라자러스의 이론에서 중요한 또 다른 성분은 대처(coping)다. 대처는 "자신의 자원에 부담을 주거나 자원을 압도하는 것으로 평가되는 상황의 요구를 처리하려는 끊임없이 변화하는 인지적 · 행동적인 노력"(Lazarus & Folkman, 1984)으로 정의된다. 라자러스는 사람들은 삶을 살아가는 동안 누구나 스트레스를 겪을 수밖에 없고, 스트레스 자체보다 그 스트레스에 대해 어떻게 대처하고 대처의 효과가 어떠한가가 건강에 더욱 중요한 의미를 지닌다고 본다.

대처를 얼마나 잘하는가는 대처자원과 이의 효과적 활용에 달려 있다. 라자러스와 포크먼은 의미 있는 대처자원으로 다음과 같은 것을 들고 있다.

- 건강과 에너지: 건강하고 힘이 넘치는 사람은 아프고 약한 사람보다 외적 및 내적 스트레스 요구를 더 잘 관리할 수 있다.

- **긍정적 신념**: 자신이 바라는 결과를 성공적으로 성취할 수 있다는 믿음이 강할수록 대처능력이 증진된다.
- **문제해결 기술**: 당면 문제를 해결하는 데 필요한 기술이 있으면 더 효과적으로 대처할 수 있다.
- **사회적 기술**: 다른 사람들로 하여금 협조하게 만드는 사회적 기술이 있는 경우 스트레스를 보다 효과적으로 다룰 수 있으며, 스트레스의 극복에 힘을 주는 사회적 지원(social support)을 끌어낼 수 있다.
- **물질적 자원**: 자동차가 고장 났을 경우 수리에 드는 비용을 댈 수 있는 충분한 돈이 있다면 그 스트레스를 쉽게 극복할 것이다.

라자러스의 이론은 스트레스원과 스트레스 반응 사이를 인지적 평가가 어떻게 매개하고 대처가 스트레스의 효과를 어떻게 매개하는지를 조망할 수 있게 해 주어서, 자극이나 반응으로만 스트레스를 다루었던 종전의 관점을 넘어서서 스트레스의 역동적이고 변화하는 과정을 이해할 수 있게 도와주는 틀을 제공하고 있다. 아울러 인간의 핵심적 특징인 인지기능과 현상적 해석의 중요성을 강조하고 있다는 점에서 강점을 지닌 이론이라 하겠다. 그러나 라자러스의 이론은 2차 평가와 대처의 개념이 서로 섞이고 스트레스원의 객관적 측면의 중요성을 소홀히 하고 있다는 비판을 받을 수 있다.

3. 스트레스의 종합모형

앞서 소개한 스트레스 이론의 주장을 포괄하고 스트레스의 역동적이고 다양한 측면을 이해하는 데 도움을 줄 수 있는 종합적 모형을 소개하고 이를 중심으로 스트레스의 과정적인 측면에 대해 논의해 보기로 하자. 스트레스원과 이에 대한 평가, 스트레스 반응 및 결과의 관계는 |**그림 13-1**|과 같이 도식화할 수 있다.

1) 잠재적 스트레스원

스트레스를 유발할 수 있는 자극이 누구에게나 동일한 의미로 지각되지는 않겠지만 상당한 정도의 객관적 성질도 있다. 예를 들어, 전쟁이나 자연재난, 부부 사이의 격렬한 논쟁 등은 대부분의 사람에게 스트레스적인 평가를 일으킬 것이다.

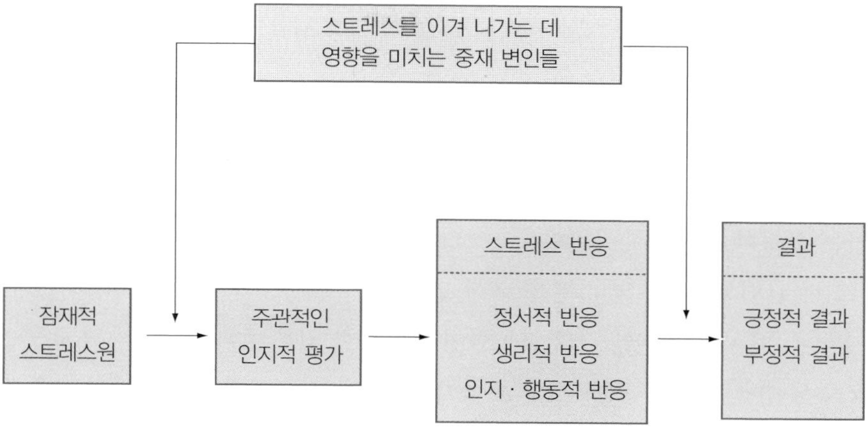

| 그림 13-1 | **스트레스 과정에 대한 절충적 과정모형**

잠재적 스트레스원으로 알려져 있는 요인들로는 물리적 환경, 직업, 대인관계 및 생활사건 등을 들 수 있다.

(1) 물리적 환경

함께 거주하는 사람들의 수가 많아져서 생기는 밀집은 도시화가 빨리 진척되는 현대사회의 피할 수 없는 한 단면이다. 대기 및 수질 오염이나 소음 등도 현대인이 흔히 경험하게 되는 스트레스의 원천이다. 이런 물리적 환경은 한편으로는 인지적 평가과정이 관여되지 않고 생리적 과정에 직접적으로 영향을 미칠 수도 있고, 그 자극들의 '유해함에 대한 염려'나 '통제할 수 없음' 등의 인지적 평가과정을 거쳐서 스트레스로 작용할 수도 있다.

(2) 직업

열악한 작업환경이 물리적 스트레스원이 되겠지만, 직업 스트레스를 결정하는 더 중요한 요인은 자신이 맡고 있는 직무 역할의 성격이다. 스트레스 관련 질병 발생이 가장 높은 직업군으로는 건설 노동자, 비서, 실험 기술자, 웨이터나 웨이트리스, 기계 조작자, 도장공 등을 들 수 있다. 이 직업군들은 모두 일이 요구하는 정도는 높은 데 반해 일에 관한 의사결정의 통제력은 낮은 특징을 가진다. 또 요구가 높고 통제력이 낮은 역할은 일의 다른 조건들(예, 환경 소음)과 결합해서 직무 스트레스를 가중시킨다.

일의 부담과 가족 의무 간의 갈등은 남녀 모두에 영향을 주지만, 전통적으로 가족 의무에 관한 부담을 더 크게 부과받고 이를 내면화하고 있는 여성들의 경우가 더 취약하다. 일과 가족 역할의 효과는 그 사람이 이용 가능한 자원에 따라 달라지는데, 좋은 수입, 집안일에 대한 다른 가족구성원의 도움과 정서적 지원 등이 직업을 갖는 긍정적 효과를 조장한다.

직업과 관련되는 스트레스원은 다시 조명이나 소음 등의 열악한 작업조건과 같은 '물리적 요구', 해야 할 일의 과도함이나 따분한 업무 등과 같은 '과제 요구', 역할 모호성이나 갈등과 같은 '역할 요구' 및 동료나 상사와의 대인관계의 갈등에서 유래하는 '대인 간 요구' 등으로 나누어 볼 수 있다. 최근 직무에서 요구되는 자질이나 기술에서의 전문성이 급격하게 증가하고 기업환경의 변화도 심해지는 데 반해 이를 따라잡기는 어려워지는 상황도 직무 스트레스의 중요한 근원이 되고 있다(탁진국, 2002).

직업이 현대인에게 여러 가지 기능을 하고 중요한 만큼 실직이나 실업은 큰 위협요인이 된다. 최근 '이태백' '사오정' '88만 원 세대'로 대표되고 있는 경제와 기술 환경의 극심한 변화에 따른 고용 시장의 불안정과 기대에 못 미치는 불완전 고용상태 등은 한국인에게 커다란 스트레스원이 되고 있다.

(3) 대인관계

대인관계는 잠재적 스트레스원이 될 수도 있고 다른 한편 스트레스의 나쁜 효과를 완충해 주는 역할을 할 수도 있다. 일반적으로 대인관계가 적은 사람은 더 많은 관계를 갖는 사람에 비해 위험이 더 높다(Hobfoll & Vaux, 1993). 그러나 더 많은 대인관계가 건강상 이득을 자동적으로 제공하는 것은 아니다. 때로는 더 많은 부담을 지우기도 한다. 청소년과 대학생을 대상으로 한 연구(김교헌, 전겸구, 1993a; 전겸구, 김교헌, 1991; Ptacek, Smith & Zanas, 1992)에 따르면, 경험하는 스트레스 사건들의 1/3 이상이 대인관계와 관련이 있었다. 스트레스를 유발할 수 있는 대인관계는 가족이나 배우자, 연인, 친구 등의 가까운 관계만이 아니라 직장 동료, 이웃, 급우, 함께 살아가야 하는 낯선 사람들에 이르기까지 다양하다.

(4) 생활사건

사람들이 생활 속에서 경험하는 다양한 사건 또한 잠재적인 스트레스원이 된다. 전쟁이나 지진 혹은 홍수와 같은 재난에서부터 실직이나 이혼 및 사별 등의 중요한 생활사건, 교통규칙 위반, 지각, 가족 사이의 말다툼 등과 같은 사소한 골칫거리에 이르기까지 그 영향이 미치는 범위나 강도가 다양한 생활사건이 존재한다. 생활사건에 대한 연구는 초기에는 전쟁과 같은 재난의 연구에서 시작해서 실직이나 이혼 등의 중요 생활사건 연구와 최근 들어 사소한 생활의 골칫거리들이 건강과 적응에 미치는 영향을 연구하는 방향으로 변화해 왔다. 앞에서 소개한 홈스와 라헤의 사회재적응평정척도는 주요 생활사건이 유발하는 변화를 스트레스의 핵심으로 간주하고 있다. 이들의 연구는 생활 스트레스 연구를 폭발적으로 증가하게 만드는 기폭제가 되기도 했다.

스트레스원을 서로 중첩되지 않게 구분하기는 거의 불가능하다. 실제 인간 생활 속에서 경험하게 되는 스트레스원의 성질은 앞에서 살핀 스트레스원의 다양한 조합과 상호작용 및 이런 사건들의 시간적 변화과정으로 구성된다고 볼 수 있다. 예를 들어, 높은 소음과 온도의 작업장에서 평소 사이가 좋지 않던 동료와 업무상 책임을 놓고 언쟁을 벌이다 상사에게 질책을 받고 충동적으로 사표를 던지고 집에 와서 부인과 함께 고민하는 식의, 특정한 시간 및 공간적 맥락 속에서 일어나는 연쇄적 과정이 현실의 묘사에 가깝다.

2) 주관적인 인지적 평가

인지적 평가는 라자러스 이론의 1차 평가와 2차 평가 및 재평가에 해당한다. 주관적인 인지적 평가과정을 통해서 스트레스원은 개인마다 다른 의미를 갖게 된다. 즉, 동일한 시험이 한 사람에게는 도전으로, 다른 사람에게는 위협으로 지각되기도 하고, 동일한 위협이라도 그 강도가 달라지기도 한다. 생리적 수준의 스트레스원의 경우를 일부 제외하고 대부분 인간이 경험하는 스트레스는 대뇌피질의 처리를 거치는 인지적 평가과정을 거친다고 볼 수 있다. 인지적 평가과정에 영향을 미치는 요인으로는 다음의 몇 가지를 들 수 있다.

(1) 성격

골드스타인은 위협단서에 민감하고 이를 확대해서 반응하는 민감성이 스트레스 평가와 관련해서 의미 있는 영향을 미친다고 주장한다. 아울러 만성적으로 초조하거나 우울하거나 충동적이고 고립되어 있는 성격의 사람들은 같은 위협도 더 크게 받아들일 것이다.

(2) 대처자원

당면한 스트레스원을 잘 다룰 수 있는 대처자원을 얼마나 풍부하게 지니고 있느냐에 따라 그 스트레스원을 위협이나 상실로 평가하느냐 아니면 도전으로 평가하느냐 하는 정도가 달라질 것이다. 중요한 거래 상담이나 취업 면접을 앞두고 있는 경우도, 자신의 전문지식이나 발표기술에 상당한 확신을 가지고 있다면 큰 위협을 느끼지 않을 것이다.

(3) 친숙성

일반적으로 스트레스원이나 상황이 친숙한 것일수록 위협을 덜 느끼는 데 반해 생소한 것일수록 더 큰 위협을 느낄 것이다.

(4) 위협의 긴박성과 지속기간

예상되는 위협의 긴박성이 높을수록 경험하는 스트레스의 정도는 커질 것이다. 위협이 먼 미래의 일일 때와는 달리 내일 치를 시험이나 코앞에 다가온 중요한 발표는 더욱 위협적이 된다. 문제의 지속기간이 미치는 영향은 좀 더 복잡하다. 문제가 지속되면 점차 그 문제에 익숙해져 위협을 덜 느낀다. 그러나 셀리에의 이론에서 보았듯이 문제에 대응할 수 있는 우리의 자원에는 한계가 있다. 오랫동안 계속되는 문제는 심신을 지치게 하고 무력감을 느끼게 만들 수 있다.

(5) 지각된 통제력과 예측 가능성

일반적으로 문제에 대한 통제력을 많이 가지고 있다고 지각할수록 스트레스 평가는 낮아진다. 그러나 예외적으로 더 많은 통제력을 갖는 것이 더 큰 부담이나 스트레스로 작용하는 경우도 있다. 특히 예측 가능성이 낮은 문제에 대해 자신이 그 결과에 대해 책임져야 하는 의미의 통제력은 더 큰 부담이 될 수 있다. 앞으로의 결과나 과정을 예측할 수 있는 정도가 높을수록 문제의 위협적 평가는 줄어든다. 예측 가능성은 어떤 의미에서 지각된 통제력의 한 하위 요소로 볼 수도 있다.

3) 스트레스 반응

스트레스적인 평가는 다양한 스트레스 반응을 유발한다. | 그림 13-1 |의 모형에서는 정서적 · 생리적 · 행동적인 반응을 구분해서 다루고 있지만, 실제의 양상은 이런 반응이 상호 영향을 준다고 볼 수 있다. 스트레스 반응은 정서적, 생리적, 인지 · 행동적인 것으로 나눌 수 있는데, 이에 대해 차례로 살펴보자.

(1) 정서적 반응

정서적 반응은 스트레스 경험 시에 우리가 가장 예민하게 자각할 수 있는 측면이다. 화가 치솟고 두려움에 떨며 슬픔에 잠기는 등의 정서적 동요상태는 우리로 하여금 일상과 다른 적응행동을 요구한다. 강한 정서적 반응과 이로 인한 부적절한 대처는 스트레스와 건강 사이를 연결하는 핵심 고리일 수도 있다. 예를 들어, 사회재적응평정척도에서 가장 충격적인 생활 스트레스 사건에 해당하는 '배우자의 죽음'의 경우도, 배우자의 죽음이 슬픔이나 분노 혹은 죄책감 등의 정서적 반응을 유발하지 않는 경우라면 건강이나 질병에 큰 영향을 미치지 않을 것이다. 스트레스 상황에서 다양한 정서경험을 하겠지만 다음과 같은 세 가지 방향이 더 흔하다.

- 짜증, 분노, 격노: 좌절을 경험할 때 빈번하게 나타나는 정서다. 자신의 목표나 기대가 좌절되거나 좌절당할 가능성이 높게 예측되고, 그 이유가 다른 사람이나 제도의 의도적이고 부당한 간섭이나 행동 때문에 그렇다고 평가하며, 상황에 대해 어느 정도의 통제력을 지각할 때 가장 전형적으로 경험하게 되며, 흔히 공격행동이 유발된다.
- 걱정, 불안, 공포: 위협평가와 관련성이 가장 높은 정서경험이다. 자신의 신체적 안녕이나 심리적 복지가 손상당할 위험이 높게 평가되나 그에 대한 대처자원은 충분하지 못하다고 평가될 때 전형적으로 경험하게 되며, 도피나 회피 행동 혹은 보다 철저한 대비행동이 유발된다. 현대인들의 스트레스와 가장 밀접히 관련되는 정서이기도 하다.
- 낙담, 슬픔, 비탄: 되돌이킬 수 없는 상해나 상실 평가와 밀접하게 관련되는 정서다. 자신에게 중요한 목표나 자원이 좌절되었거나 상실되었으며, 이를 회복할 기회나 가능성이 매우 낮다고 평가될 때 전형적으로 경험하게 되며, 관련 대상에 대해 더 이상의 개입이나 투자를 멈추거나 철수하는 행동이 유발된다.

정서경험은 생리적 각성을 동반한다. 예를 들어, 두려움이나 분노 경험에는 심장박동률, 혈압, 호흡속도의 증가 등이 수반된다. 이런 각성이 그 자체로 좋거나 나쁜 것은 아니지만 인지적 수행의 효율성을 떨어뜨리는 역할을 할 수 있다. 특히 높은 수준의 정서적 각성은 주의력의 범위를 축소시키고, 판단력과 기억의 효율성을 나쁘게 만든다. 예를 들어, '시험불안'은 평소에 잘 알고 있던 문제도 해결할 수 없게 만든다.

(2) 생리적 반응

스트레스는 정서적 반응과 함께 극적인 생리적 변화를 유발한다. 앞서 셀리에 이론에서 살펴본 '일반적응증후군(GAS)'이 스트레스에 대한 생리적 반응의 과정을 기술한 대표적 예에 해당한다. 스트레스의 생리적 반응은 매우 복잡하나 신경계와 내분비계의 대표적 반응은 | **그림 13-2** |와 같다.

사람들이 스트레스를 지각할 때, 자율신경의 교감신경계는 카테콜아민(catecholamines)을 생산하는 부신수질을 자극함으로써 그 사람을 휴식상태로부터 신속하게 각성시킨다. 다른 한편, 뇌하수체는 부신피질자극호르몬(ACTH)을 방출

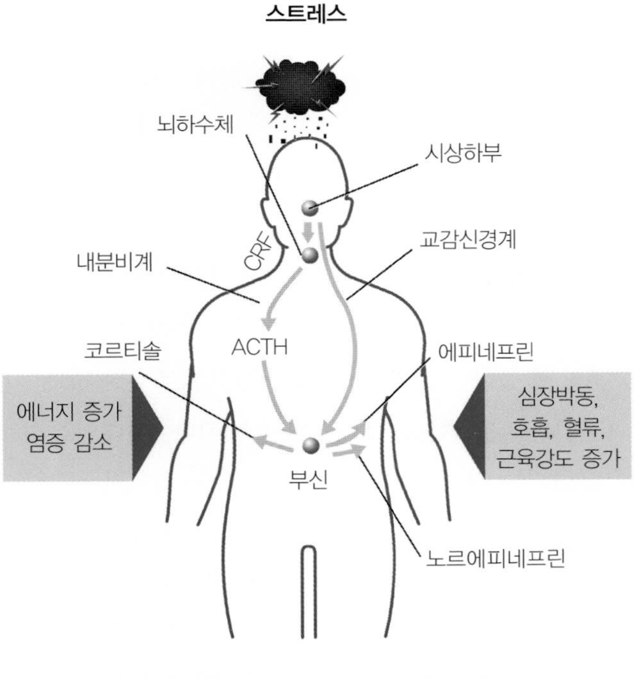

| **그림 13-2** | **스트레스의 생리적 반응**

하고 이는 부신피질에 영향을 미쳐 글루코코르티코이드(glucocorticoids), 특히 코르티솔(cortisol)을 분비하게 한다. 코르티솔의 분비는 신체가 에너지 자원을 동원하고 상처에 대비할 수 있게 도와준다. 혈당수준을 올려서 세포에 에너지를 공급하게 해 주며, 염증반응을 억제하여 투쟁 혹은 도피 반응을 도와준다.

부신수질이 활성화되면 노르에피네프린(norepinephrine)과 에피네프린(epinephrine)을 포함하는 카테콜아민이 분비된다. 노르에피네프린은 호르몬으로 작용하기도 하지만 자율신경계의 신경전달물질이기도 하다. 노르에피네프린은 호르몬과 신경전달물질의 두 가지 작용을 모두 하며 부신수질 외에도 신체의 여러 부분에서 생산된다. 에피네프린은 부신수질에서만 분비되어서 스트레스의 생리적 지표로 자주 사용된다.

스트레스의 생리적 반응은 위급한 상황에 대처하고 생존할 수 있는 장치로 훌륭하지만, 현대인들이 당면하게 되는 만성적이고 널리 퍼져 있는 스트레스 상황에 대처하는 과정에서는 여러 가지 문제를 유발할 가능성이 있다. 이는 생리적 항상성(homeostasis)의 혼란으로, 요약 정리해 보면 | 그림 13-3 |과 같다.

최근 심리신경면역학(psychoneuroimmunology) 분야의 연구결과에 따르면, 만성적 스트레스에 따른 자율신경계, 내분비계 및 면역계 반응의 교란이 질병의 핵

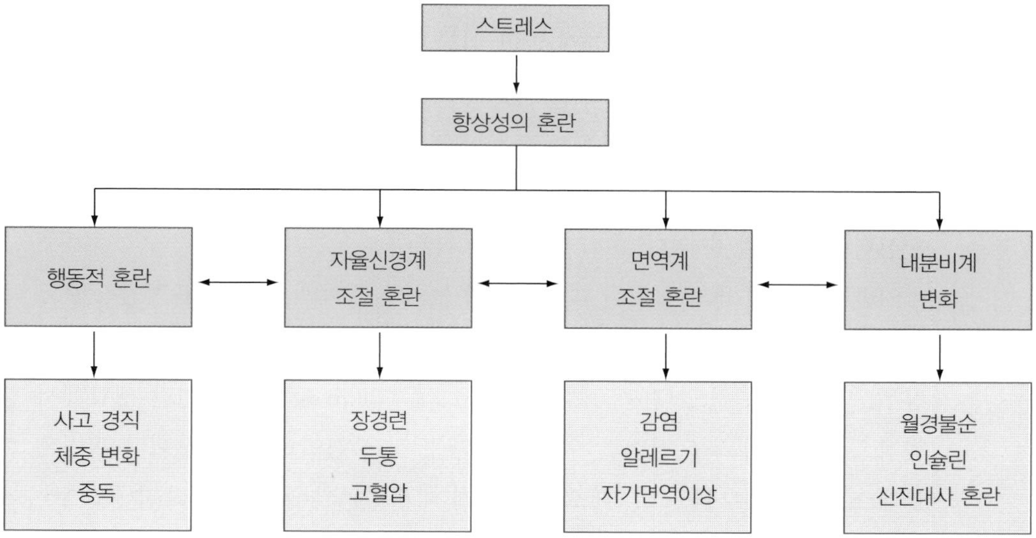

| 그림 13-3 | **스트레스가 항상성에 미치는 효과**

심요인으로 밝혀지고 있다(Aldwin, 2007; Cacioppo & Berntson, 2007; Kemeny, 2007; Sapolsky, 2007). 스트레스에 따른 정서반응은 신경계와 내분비계 및 면역계와 상호 밀접한 영향을 주고받으면서 전체적으로 작용하고, 이는 다시 행동반응과 영향을 주고받는다.

(3) 인지 · 행동적 반응

스트레스의 정서적 반응과 생리적 반응이 자동적으로 진행되는 성격이 강한 데 반해, 스트레스의 인지 · 행동적 반응은 이들 반응의 자동성을 조절하고 의식적인 선택을 하며, 문화나 학습에 의해 영향을 받는 성격이 강하다. 스트레스에 대한 인지 · 행동적 반응은 흔히 대처 혹은 자기조절이라는 이름으로 불린다. 대처는 '스트레스 상황에서 발생한 요구를 줄이거나 극복하거나 견디려는 인지 · 행동적인 노력'으로 정의할 수 있다.

라자러스와 포크먼은 대처를 크게 문제 중심적인 것과 정서 중심적인 것으로 나눈다. 문제 중심적 대처는 스트레스를 유발하는 문제를 해결하기 위해 직접적으로 노력하는 것을 의미하는 것으로, 자신의 대처자원이나 기술을 믿으며 문제해결 노력을 지속하는 것이다. 이에 반해 정서 중심적 대처는 문제 자체가 아니라 문제 상황에서 발생하는 부정적인 정서상태를 완화하려는 노력을 의미한다. 예를 들어, 직장 상사와의 관계에서 스트레스를 경험하고 있는 사원이 상사와의 대화를 통하여 상사의 요구를 보다 분명하게 알아 이를 잘 처리하거나 상사 요구의 부당성에 대항해서 문제를 바로잡으려는 노력을 한다면 이를 문제 중심적 대처라 할 수 있다. 반면, 상사와의 갈등에서 오는 분노나 불안 등의 정서를 감소시키기 위하여 술을 마시거나 오락에 빠져들거나 직장생활의 중요성을 평가절하한다면 이는 정서 중심적 대처라 할 수 있다.

일반적으로 문제 중심적인 대처가 대부분의 상황에서 보다 효율적인 것으로 나타나고 있지만, 통제가 불가능한 상황에서는 정서 중심적인 대처가 더 효과적인 경우도 있다(김교헌, 전겸구, 1993b; Lazarus & Folkman, 1984). 인간 생활에서 필연적으로 스트레스를 경험할 수밖에 없다는 점을 감안하면, 건강이나 질병은 스트레스 그 자체보다는 스트레스에 어떻게 대처하는가에 따라 달라진다고 보아야 한다.

4) 스트레스의 결과

대부분의 스트레스 경험은 장기간 영향을 끼치지는 않는다. 우리는 매일 수많은 작은 스트레스와 싸우지만 이들 대부분은 지속적인 영향을 주지 않고 일시적인 파문으로 끝난다. 그러나 때로 스트레스의 정도가 심각하거나 여러 가지 스트레스가 함께 작용한 결과로 장기간 영향을 미치기도 한다. 스트레스의 결과는 긍정적인 것과 부정적인 것, 장기적인 것과 단기적인 것 등으로 나누어 볼 수 있다.

(1) 긍정적 결과

스트레스의 긍정적 결과는 부정적 결과에 비해 보다 미묘하거나 장기적이어서 깨닫기 어려울 수 있지만, 스트레스가 반드시 부정적인 결과로만 귀결되는 것은 아니다.

기본 욕구의 충족 만약 스트레스가 전혀 없는 상태로 살아간다면 우리는 숨이 막히는 듯한 권태를 경험할지도 모른다. 최적각성이론에 따르면, 사람은 어느 정도의 자극과 변화와 도전을 요구한다. 인생에 도전이 없다면 너무 덤덤할 수 있다. 이런 면에서 어느 정도의 스트레스는 우리의 욕구를 충족해 주는 측면이 있다.

성장과 발달의 기회 스트레스 경험을 통해 개인적 성장이 촉진될 수 있다. 어려운 과제를 성공적으로 수행하거나 심지어 실패하는 경우에도 그런 경험이 없었다면 깨닫지 못할 인생의 깊은 의미나 통찰력을 얻게 되거나 새로운 기술을 배울 기회를 갖게 된다. '비 온 뒤에 땅이 더욱 굳어진다.'는 말이 있듯이, 스트레스나 실패경험은 인생의 폭과 깊이를 더하고 성취의 기쁨을 배가시킬 수 있다. 어려운 일을 성취하였을 때 맛보는 자긍심 또한 스트레스의 긍정적 산물일 수 있다. 외상적 수준의 스트레스와 맞서 싸운 뒤에 얻는 긍정적인 변화를 외상후성장이라고 부른다. 사람들은 심각한 삶의 위기를 극복하는 과정을 통해, 삶에 대한 깊은 통찰이나 이해, 대인관계의 친밀감 증가, 자신의 숨겨진 역량 발견, 인생의 새로운 면 발견, 실존적이고 영적인 삶 살기 등의 긍정적 변화를 성취할 수 있다(송승훈, 이홍석, 박준호, 김교헌, 2009; Calhoun & Tedeschi, 2006).

미래 스트레스에 대한 면역효과 오늘의 스트레스는 내일 맞게 되는 유사한 스트레스에 대한 면역력을 키우는 역할을 할 수 있다. 우호적인 조건에서 앞으로 닥칠 수도 있는 것과 유사한 스트레스 상황에 대처해 봄으로써 미래에 대한 대비를 할 수 있다. 여러 문화권에서 이루어지는 엘리트 교육에는 미래의 스트레스에 대비하는 내용이 핵심 성분으로 포함되어 있다.

(2) 부정적 결과

인지적 기능의 손상 스트레스의 일반적인 영향은 인지적 기능의 손상이다. 생리적으로나 정서적으로 각성이 되었을 때, 흔히 주의의 폭이 좁아지고 사고의 융통성이 감소하며 주의 집중과 기억의 효율성이 떨어진다. 이런 인지과정의 손상은 전반적인 문제해결 능력의 감소를 초래하기가 쉽다. 특히 자신이 깊이 개입되어 있는 어려운 문제를 해결해야 하는 상황에서는 스트레스의 인지기능 손상 효과가 심각하다.

충격과 방향성 상실 극심한 강도의 스트레스는 사람을 망연자실하게 하고 방향성(orientation)을 상실케 한다. 인생의 기본적 방향성은 시간, 장소 및 자신에 대한 현실적 인식이다. 극심한 스트레스 상황에서 사람들은 무감각해지는 경향이 있으며, 스트레스 경험 후에도 자주 멍해지고 조리 있는 사고를 하기가 어렵다. 행동은 경직되고 판에 박힌 듯하게 된다. 화재나 홍수, 지진 혹은 폭력적 강간 등과 같은 재앙을 겪은 사람들에게서 이런 반응이 흔하다.

소진 소진(burnout)증후군은 신체적 · 정서적 · 심리적 소진상태를 말한다. 신체적 소진은 만성적 피로, 기운 없음, 허약함 등을 특징으로 하며, 정서적 소진은 무기력감, 절망감 및 우울감 등을, 심리적 소진은 자신이나 일에 대한 부정적인 태도 등을 특징으로 드러낸다. 논란이 있기는 하지만 만성적 스트레스가 소진증후군의 일차적 원인으로 지목받고 있다.

사회적 관계의 붕괴 스트레스가 정상적인 사회적 관계들을 손상시킬 수 있다. 이런 관계의 손상은 소외감, 배우자나 친구들과의 관계 유지의 어려움 및 타인에 대한 신뢰와 사랑 능력의 상실 등으로 나타난다. 베트남 참전군인들이나 외상적인 성적 폭행을 경험한 사람 등에서 흔하게 나타나는 외상후 스트레스 장애(PTSD)에서 사회적 관계의 손상이 발견된다.

심리적 문제와 장애 심리학자들은 임상적 관찰에 근거해서 스트레스가 심리적 문제와 정신장애의 주요 원인이라고 오랫동안 생각해 왔다. 그러나 지난 40여 년에 걸친 스트레스 연구는 이런 생각이 반드시 옳지는 않음을 밝히고 있다. 스트레스가 저조한 학업수행, 불면증, 성적 기능의 손상, 과도한 불안, 약물남용 및 우울 등에 영향을 준다는 점은 분명하지만, 스트레스가 심리적 문제나 정신장애에 기여하는 여러 요인 중 하나고, 유전적 요인을 비롯한 사전 경향성에 의해서도 함께 영향을 받고 있음을 인식해야 한다.

신체적 문제와 질병 심리적 문제와 마찬가지로, 스트레스와 신체질병 사이의 관계에 대한 인식은 매우 오래된 것이다. 이 장의 서두에서도 밝혔듯이 현대인의 질병에 스트레스가 관계하는 정도는 크다. 초기에는 고혈압, 편두통, 위와 십이지장 궤양 및 천식 등이 스트레스와 관련되는 것으로 언급되었다. 그러나 최근에는 질병의 발생 원인이 순전히 신체기관이나 병원균에만 있다고 생각해 왔던 감기, 설사, 결핵, 관절염, 당뇨병, 백혈병, 암 그리고 심장질환 등에서도 스트레스가 크게 영향을 마치고 있음이 드러났다. 물론 스트레스만으로 이런 질병이 발생하고 진행된다기보다는 복잡한 질병 발달과정에서 작용하는 요인 중 하나로 스트레스를 들 수 있다. 그러나 스트레스가 질병의 발생이나 진전 및 회복에 기여하는 정도는 상당하다고 알려져 있다. 건강심리학에서 스트레스를 중요하게 다루고 있는 까닭도 여기에 있다.

5) 스트레스를 이겨 나가는 데 영향을 주는 요인

스트레스 내성(stress tolerance)이라는 용어는 스트레스의 부정적 효과를 잘 견디어 내는 능력을 의미한다. 스트레스 내성은 시간이나 상황에 따라 다소 변동적이기는 하지만 상당히 지속적인 개인의 특성으로 알려져 있다.

(1) 사회적 지원

사회적 지원은 사회적 연결망에서 유래하는 지원으로 스트레스의 부정적 효과를 완충시키는 것으로 알려져 있다. 국가나 지역사회 등에서 제공하는 사회적 지원(예, 사회보장제도에서 오는 실직자 수당이나 의료보호 지원 등)도 의미가 있지만, 가까운 관계(예, 가족이나 친구, 동료 등)에서 유래하는 지원의 효과가 더 큰 것으로 알려져 있다. 또한 사회적 관계의 망이 얼마나 크고 상호 교류의 빈도가 많으냐 하는 객관적 측면보다는 자신이 받고 있다고 지각하는 사회적 지원의 질이 어느 정도라고 보느냐가 건강이나 질병과 더 밀접하게 관련되는 것으로 나타났다.

사회적 지원은 몇 가지 하위 유형으로 나뉜다. 자신의 문제를 기꺼이 들어주고 수용해 주고 애정과 흥미와 관심을 표현해 주는 등의 '정서적 지원'은 자기존중감을 고양시킨다. 문제를 명확히 하고 당면하고 있는 스트레스가 어느 정도 위협적이고 중요한지에 대한 객관적 피드백을 주는 등의 '평가적 지원'은 나의 지각에 대한 사회적 타당화를 가능하게 해 준다. 문제를 다루는 방법이나 대안적인 대처전략에 관한 정보를 제공하는 등의 '정보적 지원'이나 물질적 원조나 필요한 자원의 제공과 같은 '수단적 지지'도 사회적 지원의 한 형태다. 이와 같이 사랑이나 우정 및 보살핌 등은 우리가 깨닫지 못하는 미묘한 여러 방법으로 우리의 어려움을 극복하도록 도와준다. 심장발작을 경험한 사람 중에서 높은 사회적 지원을 받고 있는 사람들은 그렇지 못한 사람들에 비해 심장발작의 재발 빈도가 낮았다.

(2) 성격

코바사(Kobasa)는 스트레스가 많은 상황에서 이를 잘 극복하는 사람들의 특성이 어떠한가를 연구하였다. 그녀는 조직의 변혁이 진행되고 성과급이 시행되는 등 급격한 변화를 경험하는 시기의 회사 간부진에게 18개 차원의 성격검사를 실시하였다. 수년 후에 스트레스 상황에도 불구하고 성공적이고 건강한 사람들과 그렇지 못한 사람들의 집단을 구분하고, 양 집단을 구별해 주는 성격 차원을 찾아보았다. 그 결과 스트레스를 잘 극복하는 사람들이 보이는 특성을 밝히고, 이를 강건성이라 명명했다. 강건성은 잘 정의된 인생의 목적과 자신이 하는 일에 대한 가치감 등으로 대표되는 '개입', 변화를 적극적으로 받아들이고 안정성보다는 변화를 추구하는 '도전', 그리고 자신의 성공 또는 실패가 외적 요인(예, 운이나 우연)에 따라 결정된다기보다는 자신의 행위와 노력에 따라 결정된다고 보는 '통제감' 등의 하위 성분으로 구성되어 있다.

강건성 외에 스트레스를 이겨 나가는 데 도움이 된다고 언급되는 성격 특성으로는 필요한 수행을 실행에 옮길 수 있는 능력과 전략이 자신에게 있다는 믿음에 해당하는 '자기효능감', 세상이나 자신이 경험한 일들을 의미 있고 일관되게 설명할 수 있는 '응집성', 불확실성과 어려움에도 불구하고 장차 좋은 결과가 나타날 것이라고 믿는 '낙관주의' 등을 들 수 있다.

제3절 전인적 건강

건강과 질병과 스트레스와 행동은 서로 매우 밀접한 관계를 맺고 있다. 또 이들은 모두 인간이 추구하는 동기와 깊이 관련된다. 인간은 신체적, 심리적, 사회적, 영적인 이상상태를 추구하려고 동기화된 존재라 할 수 있다. 아무런 동기가 없다면 스트레스도 없을 것이다. 동기가 좌절되거나 동기 좌절이 예상될 때 스트레스가 발생하고, 동기가 충족되거나 동기 충족이 예상될 때 웰빙이 초래된다(김정호, 김선주, 1998). 이때 복지나 안녕감은 적극적 의미의 건강 개념과 동일하다고 볼 수 있다.

현대인에게는 스트레스에 어떻게 대처하느냐가 건강과 질병에 중요한 역할을 담당한다고 볼 수 있다. 의식적 자각 없이 자동적으로 진행되는 생리적 반응과 정서적 반응에 비해 자각과 조절이 가능한 대처과정이 인간이 조절력을 행사할 수 있는 핵심 대상이 된다. 노화연구의 대가인 로이젠(Roizen, 1999)은 2만 5,000여 건에 달하는 임상연구 결과를 분석해서 〈표 13-2〉와 같은 건강과 장수에 도움이

표 13-2 건강과 장수에 이르는 열한 가지 수칙(Roizen, 1999)

① 비타민을 복용하라(6년 젊어진다).
② 담배를 끊으라(8년 젊어진다).
③ 혈압을 관리하라(15년 젊어진다).
④ 치아와 잇몸을 관리하라(6.2년 젊어진다).
⑤ 규칙적으로 운동하라(9년 젊어진다).
⑥ 안전벨트를 매라(3.4년 젊어진다).
⑦ 단일한 상대와 건전한 성생활을 즐기라(8년 젊어진다).
⑧ 정기적으로 건강검진을 받으라(12년 젊어진다).
⑨ 호르몬 대체요법을 받으라(8년 젊어진다).
⑩ 평생 공부하는 자세를 가지라(2.4년 젊어진다).
⑪ 스트레스를 관리하라(32년 젊어진다).

되는 열한 가지 수칙을 제안하였다. 이 열한 가지 수칙 중에서 가장 중요한 것은 '스트레스 관리'이며, 이는 건강심리학의 핵심주제다.

흔히 집착하기 쉬운 신체 건강은 안녕의 한 요소일 뿐이다. 안녕은 혈액 콜레스테롤이나 골밀도 수준 그 이상의 것이다. 심리적 예민성, 배우려는 열정, 나와 다른 생각에 대한 개방성, 공감, 연민, 낙관적 조망, 인생에 대한 감투정신, 신뢰와 희망의 태도 등이 필요하다. 심리적, 사회적, 영적 수준의 안녕이 달성되면 신체적 건강(안녕)은 자연스럽게 달성된다.

하펜 등(Hafen et al., 1996)의 제안을 참고하여 전인적 건강과 안녕을 위한 지침을 제시하면 Box 2와 같다.

Box 2 **당신의 전인적 건강을 지키기 위한 지침**

1. 기본에 충실하라. 규칙적으로 운동하고, 충분히 자고, 신선한 음식을 적당히 먹으라.
2. 열심히 일하라. 그러나 즐거움을 잃지 않는 수준에서 열정적으로 일하라.
3. 일하거나 놀 때, 권태와 안일을 피하라. 언제나 새로운 탐색과 실험의 여지를 마련하라.
4. 배우는 것을 멈추지 말라.
5. 즐거운 여가시간을 가지라.
6. 창조적인 무언가를 하라. 완벽한 무엇이 아니라 당신을 표현할 수 있는 즐거운 무언가를 하라.
7. 놀 때나 일할 때 웃음을 달고 다니라. 웃을 수 있는 한 많이 웃으라.
8. 필요할 때 울라. 울어서 기분이 나아지리라고 생각될 때 울라.
9. 자기신뢰를 쌓는 시간을 가지라. 다정한 친구가 나에게 하듯 나를 따뜻하게 대하라.
10. 스트레스를 줄이라. 15분 일찍 일어나고, 약속시간에 10분 일찍 가고, 자동차 열쇠는 지정 장소에 두고, 가끔 전화 코드를 뽑고 따뜻한 물로 목욕하고 낮잠도 자고 명상도 하라.
11. 줄이기 어려운 스트레스는 다른 방법으로 조절하라. 이완하라. 운동, 호흡훈련, 목욕이나 사우나, 요가, 명상 등 여러 방법으로 신체적 · 정서적 긴장을 풀어라.
12. 애완동물을 가까이 하라.
13. 스트레스를 새로운 관점에서 바라보라. 스트레스와 인생은 승부만이 아니다. 즐거운 게임이기도 하다.
14. 교회나 절에 나가는 등 종교활동을 하라.

15. 세상과 사람들에 대한 분노와 적대감을 줄이라.
16. 사랑하라. 사람, 일, 세상, 작은 것들을 사랑하라. 사랑에는 실패가 없다.
17. 다른 사람을 돕는 일에 관여하라.
18. 이웃과 지역사회 일에 참여하라.
19. 속마음을 털어놓을 수 있는 사람을 만들라. 다른 사람의 지원을 받으라.
20. 일기를 쓰라. 당신 인생의 대소사에 대한 자신의 감정과 태도를 내용이나 글씨에 신경 쓰지 말고, 연필 가는 대로 자유롭게 적어 보라.
21. 불확실성과 아픔이 함께 있는 세상을 희망을 가지고 직면하라.
22. 나 자신에 대해 (비)웃어 보는 유머를 배우라.
23. 이 세상에 대해 포기하지 않는 감투정신(fighting spirit)을 가지라.
24. 기도하라.
25. 낙관적 신념을 가지라.

요 약

1. 건강은 단순히 신체적으로 병이 없는 상태만을 의미하기보다는 신체, 심리, 사회 및 영적인 수준에서 최적의 균형상태를 유지하고 회복할 수 있는 능력을 의미한다.
2. 건강심리학은 심리학의 지식을 통해서 건강과 질병의 예방과 치료 및 건강 정책의 개선을 도모하려 한다. 건강과 질병이 개인의 생활양식과 심리적 상태에 의해 크게 좌우되는 상황이 건강심리학의 수요를 증가시키고 있다.
3. 스트레스에 대한 정의는 다양하다. 셀리에는 스트레스를 유기체의 일반적인 적응반응으로 보고 스트레스의 생리적 반응에 초점을 맞춘 이론을 제안하였다. 홈스와 라헤는 스트레스를 적응을 요구하는 자극으로 보고, 생활 스트레스 사건을 중심으로 하는 이론을 제안하였다. 라자러스는 스트레스를 환경과 유기체 사이의 부적합한 관계의 측면에서 조망하고, 인지적 평가와 대처가 그 과정에서 핵심적인 역할을 하는 상호 교섭적 모형을 제안하였다.
4. 잠재적으로 스트레스를 유발할 가능성이 높은 자극을 분류해 볼 수 있다. 밀집과 오염 혹은 소음 등의 물리적 환경의 측면과 직업, 대인관계 및 생활사건 등을 중요한 스트레스원으로 들 수 있다.
5. 스트레스 평가는 생리, 정서, 인지·행동적 반응을 유발한다. 스트레스 반응은 다차원적이고 복합적으로 진행된다. 스트레스에 대한 생리적 반응과 정서적 반응은 자동적으로 진행되는 경향이 있는 반면, 인지·행동적인 반응(대처 혹은 자기조절)은 보다 의식적으로 조절할 수 있으며 학습과 문화에 의해 영향을 많이 받는다.
6. 스트레스는 부정적 결과뿐만 아니라 긍정적인 결과를 초래할 수 있다. 스트레스의 결과는 대처에 의해 크게 영향을 받는다고 볼 수 있다.
7. 스트레스 상황에서 자신과 환경 사이의 부적합한 관계(문제)를 직접적으로 변화시키려고 하는 시도를 문제 중심적 대처라 하며, 문제 자체가 아니라 문제상황에서 발생하는 부정적인 정서 상태를 완화하려는 노력을 시도하는 것을 정서 중심적 대처라 한다.
8. 전인적인 건강을 도모하기 위해서는 능동적인 스트레스의 관리와 함께 삶의 의미를 적극적으로 추구하려는 영적 측면의 노력이 수반되어야 한다.

제 14 장

이상행동의 심리학

학습목표

1. 이상행동은 정상행동과 어떻게 구분되는지를 이해한다.
2. 이상행동에 대한 관점 및 접근법에는 어떤 것들이 있는지를 이해한다.
3. 정신장애에는 어떤 유형이 있는지를 이해한다.
4. 각 정신장애의 임상 양상은 무엇인지를 이해한다.
5. 각 정신장애의 원인은 무엇인지를 이해한다.

14

이 장에서는 사람들의 이상행동에 대해 살펴보려고 한다. 우선 이상행동 또는 정신장애가 정상행동과 어떻게 구분되는지와 이상행동을 연구하기 위해 어떤 접근법이 사용되고 있는지를 알아보고자 한다. 그다음 정신장애에는 어떤 유형이 있는지와 각 정신장애의 특징과 임상 양상은 어떠한지를 설명하고자 한다. 마지막으로 각 정신장애의 특징과 원인에 대한 이론을 간략하게 살펴볼 것이다.

제1절 이상행동의 정의

사람들은 살아가면서 자신이나 다른 사람들의 행동이 이상하다고 느끼는 경우가 있다. 보통 사람들은 이 같은 행동을 하는 사람을 '또라이' '사이코' 또는 '변태'라고 부른다. 전문가들은 정신질환, 정신장애, 심리장애, 정신병, 신경증, 성격장애 등과 같은 용어로 이러한 행동을 지칭한다. 이 용어들은 비슷한 의미로 사용되는 것들도 있으며, 어떤 용어들은 서로 다른 이상행동을 의미하는 경우도 있다.

그러면 이상행동이란 무엇인가? 이상과 정상을 구분하는 것은 그리 쉬운 일이 아니다. 늘 자신이 나폴레옹이라고 믿고 나폴레옹처럼 행동하는 정신분열증 환자에 대해서는 대부분의 사람이 그가 이상하다고 판단할 수 있을 것이다. 그러나 정신장애를 가진 많은 사람이 대부분의 시간 동안 정상적으로 행동하고, 보통 사람들도 어떤 경우에는 이해할 수 없는 행동을 한다. 이 같은 이유 때문에 여러 학자가 이상행동을 어떤 기준으로 구별할 수 있는지에 대해 나름대로의 의견을 제시하고 있다. 여기에서는 제프리 네비드 등(Nevid, Rathus, & Greene, 2014)이 저술한 『변화하는 세상의 이상행동(Abnormal Psychology in a Changing World)』 9판에 제시된 이상행동의 기준을 소개하겠다.

1. 보편적이지 않은 행동

그저 평범하게 생활하고 있는 사람들의 행동과 다른 행동을 할 때 이상행동이라

할 수 있다. 보통 사람들이 듣지 못하는 소리를 듣는다거나 보지 못하는 것을 보거나, 흔하지 않은 빈도로 나타나는 태도나 말 또는 특이한 행동 등이 비정상적인 행동으로 간주된다. 즉, 쉽게 말해 일상적이지 않은 행동은 이상행동이라고 판단될 수 있다. 남들은 아무렇지도 않게 타는 승강기를 무서워하며 20여 층 위의 사무실을 가기 위해 계단을 사용한다거나, 다른 사람에게 들리지 않는 소리를 듣고 이야기를 나눈다거나, 있지도 않은 사실을 분명하게 믿고 주장한다면 이상행동이 될 수 있다.

2. 사회적 일탈의 정도

모든 사회는 그 사회가 받아들일 수 있는 행동에 대한 규범을 가지고 있다. 만일 어떤 사람이 자신이 속한 사회규범을 어기고 생활을 한다면, 이 사람은 적응하지 못하는 사람이 될 것이다. 이렇게 한 사회의 규범에 적응하지 못하고 일탈행동을 하는 경우에 이상행동으로 본다. 물론 이러한 기준은 문화적인 상대성이라는 문제를 가지고 있다. 즉, 한 문화에서 정상이라고 생각되는 행동이 다른 문화에서는 이상이라고 간주될 수 있다.

3. 현실에 대한 지각이나 해석이 잘못된 경우

우리는 감각과 인지과정을 통해 외부환경에 대한 심리적인 표상을 형성하게 된다. 따라서 실재하지 않은 사물을 보거나 목소리를 듣는 경우(환각), 또는 근거 없는 생각이나 터무니없는 의심이나 공상을 현실처럼 굳게 믿는 경우(망상)를 심리장애의 징후로 본다.

4. 주관적 고통이 심각한 경우

자신이 불편하고 괴롭다는 것이 어쩌면 가장 중요한 기준일 수 있다. 외견상 아무런 문제가 없어 보이는데, 그 사람은 심각한 고통을 겪는 경우가 있다. 예를 들어, 우울증이나 불안장애, 특히 강박장애의 경우 주변 사람들보다는 본인에게 더 큰 고통이 있기 때문에 이러한 증상을 비정상으로 간주하고 개입할 필요가 있다.

그러나 이와 반대로 당사자는 아무런 고통이나 문제를 느끼지 않지만, 주변 사람들이나 본인에게 심각하게 해로운 결과를 가져오는 문제도 있다. 예를 들어, 양심의 가책이나 책임감을 별로 느끼지 못하는 반사회적 성격장애자의 경우 자신은 아무런 심리적인 고통을 느끼지 못하지만 타인에게 피해를 줄 수 있다.

5. 부적응적이거나 자기패배적인 행동

자기만족감보다는 오히려 불행감을 유발하는 행동을 이상행동으로 보는 견해다. 자신에게 기대되는 역할에 맞추어 기능하는 능력이나 외부환경에 대한 적응을 제한하는 행동 또한 이상으로 본다. 예를 들어, 알코올 남용은 자신의 건강이나 사회적 · 직업적 기능을 저해하기 때문에 이상행동으로 간주된다.

6. 위험한 행동

자신이나 타인에게 위험한 행동을 하는 경우를 이상행동으로 보는 견해다. 이는 사회적인 맥락을 고려한 기준이라고 볼 수 있다. 전쟁상황에서는 자신을 희생하거나 자신의 안전을 돌보지 않고 적을 공격하는 사람들이 용감한 애국자로 여겨지지만, 일상생활에서 타인을 공격하거나 일상생활의 압력 때문에 자살을 시도하는 사람들의 행동은 이상행동으로 여겨진다.

제2절 이상행동에 대한 관점 및 접근법

이상행동은 역사 이전에 인간이 존재하면서부터 있었다고 추측된다. 고대 원시사회에서는 정신장애를 초자연적인 힘에 의해 생긴 것으로 보았다. 이상행동을 보이는 사람들을 신의 특별한 계시를 받았다거나 저주를 받았다고 여기거나 귀신이 씌었다고 생각하였다. 또한 별자리나 월식의 영향으로 또는 별똥별이 떨어지기 때문에 이상행동이 생긴다고 보기도 하고, 다른 사람이 저주를 해서 생긴다고 생각하였다. 따라서 이를 고치는 방법으로 귀신 달래는 굿을 한다든가, 귀신을 쫓는 의례를 시행하기도 했다. 이상행동에 대한 이 같은 견해를 귀신론(demonology) 또는 초자연적인 견해라고 한다.

고대에는 이 같은 견해가 지배적이었으나, 기원전 4세기경 그리스의 히포크라테스는 정신장애를 혈액이나 담즙과 같은 체액의 불균형 때문이라고 보았다. 그의 견해가 이상행동에 대한 신체적 원인론(somatogenesis) 또는 생물학적 원인론(biogenesis)의 시초라 할 수 있다. 동양에서는 기원전 3세기경 '음양오행설'이 잘 알려져 있었다. 이 학설은 사람의 몸과 마음을 하나라고 보았다. 또한 정신을 몸보다 더 중요하게 생각하였지만, 정신작용의 기초를 신체의 주요 부분인 오장육부에 두었다. 이런 견해가 의학에도 영향을 주어서 정신의 병이나 신체의 병은 음양의 조화가 깨져서 생기는 것으로 보았다.

이후 여러 의사나 학자에 의해 신체적 원인론이 계승 · 발전되었으나, 중세에 들어서면서 초자연적인 견해가 다시 성행하게 되었다. 중세에는 종교적인 입장에서 귀신론적 견해가 지배적이었다. 정신장애자는 죄를 지어서 하나님으로부터 벌을 받거나 마귀의 사주를 받은 것으로 보았다. 이 시대에는 곳곳에서 마녀사냥이라는 이름으로 정신장애자들을 잔인하게 다루었으며, 후기에는 정신장애자들이 수용소에서 쇠사슬로 묶인 채 인간 이하의 대우를 받았다.

중세 이후에는 인간심리에 대해 과학적 연구의 필요성이 대두되었다. 또한 18세기 말 피넬(Pinel)이 정신장애자들을 인도적인 입장에서 대우하고 치료할 것을 주장하였다. 정신장애자의 수용기관이 감옥 같은 수용소에서 서서히 정신병원이나 요양소로 바뀌게 되었고, 정신장애자들에게 보다 인간적인 치료를 해야 한다는 주장이 나타나기 시작하였다.

근대에 들어서면서는 여러 자연과학 분야가 발전하였다. 이를 계기로 정신장애에 대해서도 보다 과학적인 견해가 생겨나기 시작하였다. 그 대표적인 것이 크레펠린(Kraepelin)과 프로이트의 이론이다. 크레펠린은 정신장애가 신체, 특히 뇌의 기질적인 병변에서 기인한다고 주장하였으며, 정신장애에 대한 현대적인 생물학적 원인론의 토대를 제공하였다. 이에 비해 프로이트는 정신장애가 심리 내적인 문제에 기인한다고 주장하였다. 이는 정신장애에 대한 심리적 원인론의 시초라 할 수 있다.

20세기에 들어서면서 심리학은 급속도로 발전하게 되었다. 이에 따라 이상행동이나 정신장애에 대한 다양한 심리학적 접근법도 발전하였다. 다음은 이상행동에 대한 몇 가지 주요한 관점 및 접근법이다.

1. 정신분석적 접근

| 그림 14-1 | 무속신앙에서는 귀신이 씌어 마음과 몸에 병이 온다고 믿기 때문에 무당을 통해 귀신을 쫓아내는 굿을 한다.

정신분석이론에서는 정신장애를 무의식적인 갈등과 내적 결핍의 표현으로 본다. 정신분석의 창시자인 프로이트는 사람의 성격구조가 원초아, 자아, 초자아로 구성되어, 이 세 가지 구조 간의 복합적인 상호작용이 개인의 행동을 결정한다고 보았다. 어린 시절 쾌락과 규율 간의 갈등을 제대로 해결하지 못하면 성격구조 내에서 균형이 와해되면서 불안이 유발되고, 이 과정에서 갈등과 해결되지 못한 문제들이 무의식 속에 묻히게 된다는 것이다. 성인이 된 후 이와 유사한 스트레스나 갈등에 부딪히게 되면 무의식에 잠재되어 있던 문제가 다양한 방식으로 반복 경험되면서 정신장애가 발생한다고 설명한다.

2. 인간 중심적 접근

비지시적인 상담과 내담자 중심 치료를 발전시킨 로저스(Rogers)의 이론에 의하면, 인간은 누구나 자아실현과 성장이라는 목표를 향해 끊임없이 변화하려는 의지가 있고, 환경과의 상호작용을 통해 자기 자신을 확인하게 된다고 한다. 이러한 개인의 긍정적인 성장과 발전을 방해하는 것으로 환경적인 위협이 있는데, 개인이 주관적으로 경험하는 낯설거나 새로운 자극이 이미 조직화되어 있는 개인의 자기구조 안으로 동화되지 못하거나 불협화음을 일으킬 때, 갈등과 부적응 문제가 발생한다고 하였다.

3. 실존주의적 접근

실존주의적 입장을 취하는 이론가와 치료자들은 인간을 '세계를 지각하고 자신이 보고 듣고 느끼는 사실을 통합하여 의미를 부여하는 존재'로 본다. 한 개인은 수많은 갈등과 선택 그리고 결정이라는 적극적인 과정을 통해 삶의 지향을 찾는다고 하였다. 이러한 선택과 결정의 과정에서 손해나 실수의 가능성에 대한 불확실성과 그로 인해 야기되는 불안과 좌절을 직면하면서 인간은 성장한다고 보았으며, 또한 자기책임을 실현함으로써 진실하고 의미 있는 삶을 기대할 수 있다고 하였다.

4. 행동주의적 접근

행동주의적 접근을 주장하는 사람들은 이상행동도 정상행동과 같이 학습된다고 본다. 고전적 조건화의 원리에 따라 혐오자극과 연합된 무해한 자극이 불안을 일으킬 수 있고, 조작적 조건화의 원리에 따라 이상행동이 강화를 통해 유지될 수 있다고 설명하고 있다. 또한 관찰학습 원리에 따라 이상행동이 관찰을 통해 모방될 수 있다고 주장한다.

5. 인지적 접근

이 접근에서는 이상행동이 인지적인 정보처리과정의 오류에 의해 발생한다고 본다. 같은 사건을 경험하더라도 그 사건 자체보다는 개인이 사건을 어떻게 지각하고 해석하느냐 하는 것이 더 중요하다고 주장한다. 인지적 접근의 대표자로 아론 벡(Aaron Beck)을 들 수 있는데, 그는 우울증에 대한 인지치료적 접근을 통해 인지적 접근의 발전과 확장에 기여하였다. 최근에는 인지적 접근에 행동주의적 접근이 결합되면서 인지행동적 접근으로 발전하게 되었다.

6. 생물학적 접근

이 접근은 정신장애가 신체가 기능하는 과정상의 이상에 기인한다는 견해를 기초로 하고 있다. 생물학적 접근은 의학적 모형(medical model) 또는 질병모형(disease model)과 동의어로 사용되기도 하나, 그것들에 비해 보다 광범위하며, 주로 유전적이고 생화학적인 요인에 초점을 둔다는 점에서 차이가 있다. 신체구조와 기능에 대한 연구방법이 발전되고 이에 따른 많은 연구결과가 축적되면서, 여러 가지 정신장애가 생물학적인 과정의 이상에서 비롯된다는 것이 확인되고 있다.

7. 소질-스트레스 모형 접근

소질-스트레스 모형(diathesis-stress model)은 개인의 특성과 환경의 상호작용을 강조하는 입장이다. 즉, 특정한 유전적 소인이나 뇌신경계의 이상을 지닌 개인이 살아가면서 특정한 스트레스에 노출되면 특정한 정신장애를 일으키게 된다는 것이다. 이러한 개인의 소질이나 취약성은 신체적인 것일 수도 있고 심리사회적인 것일 수도 있다. 이 모형을 적용하여, 다양한 정신장애의 소질 요인과 스트레스 요인이 밝혀지고 있다. 또한 이 접근에서는 어떤 정신장애의 소질 요인이나 스트레스 요인에 각각 두 가지 이상의 복합적인 요인이 관여될 수 있다는 점을 인정하고 있다.

제3절 이상행동의 실제

1. 정신병과 신경증

1980년 DSM 3판에서 공식적으로 신경증과 정신병의 구분을 없앤 이후에도, 많은 임상가는 실제 임상장면에서 정신병과 신경증을 구분하고 있다. 왜냐하면 이 구분이 임상적으로 적절한 치료계획을 수립하는 데 이점이 있기 때문이다. 그러면 우리가 흔히 '사이코'라고 하는 정신병(psychosis)과 '노이로제'라고 부르는 신경증(neurosis)의 차이에 대해 알아보자.

정신병은 현실이 심하게 왜곡되는 보다 심각한 정신장애다. 이른바 현실검증력이 상실되어 자신의 객관적 현실이 망상이나 환각을 통해 주관적으로 왜곡된다. 또한 현실과 동떨어진 경험을 하기 때문에 사회생활이나 직업기능을 수행하는 데 큰 어려움이 있으며, 일상생활에서 뚜렷한 손상을 보일 수도 있다. 따라서 입원해서 치료를 해야 할 경우가 많다. 정신병의 경우 통찰력이 부족하여 자신의 문제를 인정하지 못하고 치료가 필요하다는 점도 대개 받아들이지 못한다. 정신병에 포함되는 장애로는 정신분열증, 양극성 장애, 정신병적 우울증, 망상장애 등이 있다.

이에 비해 신경증은 주로 불안과 관련된 증상을 보이며, 사회생활이나 직업기능 수행에서 그다지 심한 손상을 보이지 않는다. 대부분 통원치료를 하는 것이 보통이며, 자신의 문제에 대해 통찰력이 있고 자발적으로 변화하고자 하는 노력을 기울인다. 신경증에는 불안장애, 신체증상 및 관련장애, 해리장애 등이 포함된다.

1) 정신분열증

정신분열증의 가장 두드러진 특징은 사고장애와 지각장애다. 실제로 있지 않은 사실에 대해 자기중심적으로 그리고 극단적으로 왜곡하고 자신의 상상을 굳게 믿고 현실적인 검증에 대해 거부하는 '망상'은 대표적인 사고장애다. 실제로는 없는 대상을 보거나, 소리를 듣거나, 촉감을 느끼는 환시, 환청 또는 환촉과 같은 '환각'을 경험하는 것이 대표적인 지각장애다.

표정이 자연스럽지 못하고 의미 없는 반복적인 몸짓을 보이는 것과 같은 운동장애를 보이기도 한다. 드물지만 밀랍인형처럼 몸이 경직되어 한 자세가 오랫동안 유지되는 납굴증 증상을 보이기도 한다. 정서적으로는 부적절한 정서반응과 단순하고 깊이가 얕은 정서상태를 보이기도 한다.

어떤 경우에는 뚜렷하게 외적으로 드러나는 증상 없이 심한 무기력과 무반응 상태를 보이기도 하는데, 내면의 사고과정에서 현실과 동떨어진 비논리적이고 비현실적인 내용의 흐름이 있고 실제 적응과 기능상에 이상이 분명하게 나타난다면 정신분열증으로 진단되기도 한다. 많은 경우 외부환경이나 다른 사람들로부터 고립되어 회피적인 생활을 해 나가는 경우가 많고 사회적 관계가 단절되는 경우가 많다.

입양아 연구와 쌍생아 연구를 통해 정신분열증이 유전에 의한 것이라는 연구결과가 나오고 있지만, 유전이 어떤 방식으로 영향을 미치는지에 대해서는 명확하게 밝혀지지 않았다. 또한 도파민이라는 신경전달물질의 과잉활동과 관계된다는 도파민 가설이 주장되고 있다.

전통적인 정신분석에서는 정신분열증을 불안에 압도되어 자아가 생기기 이전인 유아기로 퇴행하는 것으로 보았다. 그러나 후기의 정신분석가들은 모자관계의 손상에 의한 결과로 설명하기도 한다.

행동주의적 견해는 사회환경적 자극에 적절하게 반응하는 것을 학습하지 못한 것으로 정신분열증을 설명하고 있다. 정신분열증 환자들은 사회적인 자극에 주의를 기울이지 못하기 때문에 사회상황에서 주어지는 자극에 기이한 방식으로 반응하여 다른 사람에게 배척당하게 된다. 그리고 이러한 것들이 다시 소외감과 행동의 어색함을 증가시킨다는 것이다. 또한 기이한 행동은 타인의 관심이나 동정심을 유발하고 책임을 면제받음으로써 계속 강화되어 습관화된다고 설명한다.

정신분열증에 대한 가장 핵심적인 치료로 약물치료를 들 수 있다. 또한 전기경련요법도 논란이 되고 있지만 다른 치료방법으로 증상이 호전되지 않는 환자에게 시행되기도 한다. 어떤 방식이든 심리치료의 주요 초점은 환자를 환상의 세계에서 현실로 돌아올 수 있도록 하는 것이다. 또한 집단생활이 결핍된 정신분열증 환자에게는 집단심리치료도 유익하다. 집단치료의 한 양식으로 사회기술훈련이 있고, 이것을 통해 환자는 사회에서 경험할 수 있는 여러 상황에 대한 대처방법이나 독립적으로 생활해 나가는 데 필요한 능력을 기를 수 있다.

2) 주요우울증

우울증은 우울한 기분을 주된 증상으로 하는 기분 조절의 장애지만, 다양한 심리적 문제들이 같이 나타난다. 일상생활에서 흥미와 즐거움을 거의 느끼지 못하고 무기력하며 활동 수준도 감소한다. 자기비난, 자책, 무가치감, 죄책감 등 부정적인 사고에 빠져서 죽음이나 자살에 대한 생각을 반복적으로 하는 경향이 있다. 신체적으로 피로감을 느끼고 활기가 없으며 식욕 및 체중이 감소 혹은 증가하는 경우가 있고 불면증이나 과면증을 보이기도 한다. 이러한 증상이 2주 이상 지속될 때 주요우울증으로 분류된다.

정신분석적 입장에서는 우울증을 사랑하는 대상의 상실에 대한 반응으로 본다. 중요한 대상을 상실한 후 그 대상에 대한 감정 중 분노나 적개심을 무의식적으로 자기 자신에게 돌림으로써 자신을 공격하고 우울해진다고 본다.

우울증에 대한 이론 중 인지적 이론은 벡이 창안한 것으로, 우울증이 인지적 정보처리과정에서 생기는 오류에서 기인한다고 본다. 우울증 환자들은 우울도식이라는 인지구조를 가지고 있어서 세상이나 자신 또는 미래에 대해 부정적인 방향으로 지각하고 해석함으로써 우울증상이 나타나게 된다고 하였다.

우울증에 대한 학습된 무기력이론과 여기서 발전된 귀인적 이론 역시 인지적인 요소의 중요성을 강조한다. 학습된 무기력이론은 실패를 반복해서 경험하게 되면 자신이 환경에 대해 통제력이 부족하다는 확신, 즉 무기력을 학습하게 되는데, 이와 같은 학습된 무기력 상태가 우울증의 증상과 유사하다는 것이다(Seligman, 1975). 귀인적 이론은 부정적인 사건을 경험한 후 그 사건을 내적이고, 안정적이고,

총체적인 원인에 귀인함으로써 우울증이 지속되고 악화된다는 것이다(Abramson, Seligman, & Teasdale, 1978).

우울증이 호르몬이나 신경전달물질의 이상과 관련된다는 생화학적 이론은 우울증에 대한 약물치료를 뒷받침하고 있다. 갑상선 호르몬이나 에스트로겐이 우울증과 관련된다는 증거들이 있으며, 신경전달물질 중 노르에피네프린과 세로토닌의 활동수준이 낮은 것이 우울증과 관련된다는 보고가 있다.

우울증에 대한 가장 대표적인 치료법으로 인지치료를 들 수 있다. 이것은 우울증을 유발하는 인지적 요인을 찾아내 변화시킴으로써 우울증을 치료하는 방법이다. 이러한 인지적 요인으로는 부정적인 자동적 사고, 인지적 오류, 역기능적 신념 등이 있다. 그 밖에도 약물치료와 대인관계치료가 비교적 효과적인 것으로 알려져 있다.

3) 양극성 장애

양극성 장애는 우울한 기분상태와 고양된 기분상태가 교대로 나타나는 경우를 말한다. 따라서 양극성 장애를 조울증이라고 부르기도 한다.

우울증상태는 앞의 주요우울증에서 언급한 바와 같은 증상이 나타난다. 반면, 조증상태에서는 기분이 고양되거나 안절부절못하고 여러 방면에서 활동수준이 증가한다. 말이 많고 말의 속도가 매우 빠르고 사고과정에서도 논리의 비약이 나타나며, 어느 한곳에 주의를 기울이거나 집중하지 못한다. 과대망상을 보이기도 하고 지나치게 흥분되어 지칠 줄 모르는 경우가 많다.

일반적으로 양극성 장애는 생물학적 원인이 중요한 역할을 한다고 알려져 있는데, 특히 노르에피네프린, 세로토닌 및 도파민 등의 신경전달물질이 중요한 역할을 하는 것으로 알려져 있다. 양극성 장애 환자 가족 중에는 동일한 양극성 장애 또는 주요우울증을 앓았던 사람이 있는 경우가 많으며, 유전적인 영향이 큰 편이다.

정신분석적 접근에서는 조증상태를 우울증과 핵심갈등은 같지만 에너지의 방향이 외부 환경이나 불특정한 대상으로 향하는 것이라고 본다. 따라서 고통스러운 현실에 대해 부정하고 자신에 대해 큰 열망과 포부를 가진다고 보았는데, 과대망상이 그러한 과정에서 나타날 수 있다.

4) 불안장애: 공황장애/공포증

불안장애에는 공황장애, 공포증, 범불안장애, 분리불안장애, 선택적 무언증 등이 포함된다. 우선 여기서는 공황장애와 공포증에 대해 알아보자. 공황장애란 '죽을 것 같은' 매우 극심한 공포감이 갑작스럽게 느껴지고, 그 순간에 식은땀이 흐르며 가슴이 두근거리고 머리 뒤끝이 다 서는 것 같은 신체반응을 경험하는 것을 말한다. 공황장애를 경험하는 사람들은 집 밖에서 공황발작이 나타날까 봐 나가기를 두려워하여 광장공포증으로 발전되는 경우가 많다.

공포증은 불안이 어떤 대상이나 상황에 대한 강렬하고 비합리적인 공포에 집중되어, 공포에 의해 부적응적 회피행동이 나타나는 것을 말한다. 공포증에는 넓은 장소에 나가는 것을 두려워하는 광장공포증과 사람들이 있는 장소를 두려워하고 피하는 사회공포증이 있다. 이와는 달리 개, 곤충, 귀신, 높은 곳 혹은 지하 등 대상이나 상황에 대한 공포증들은 앞의 두 가지에 비해 장애의 정도가 덜 심각하며, 이들을 단순공포증 또는 특정공포증으로 분류한다.

| 그림 14-2 | 고소공포증 환자는 높은 곳에 올라갈 때 극심한 공포감을 느낀다.

정신분석에서는 공포증을 원초아의 충동에 의해 유발된 불안을 상징적인 대상에 치환함으로써 방어하는 것으로 설명하고 있다. 학습이론의 관점에서는 중성자극과 유해자극의 연합에 의해 공포증이 생겨날 수 있다고 설명한다.

공황장애에 대해서는 유전적인 요인이 영향을 미친다는 주장이 있고, 생물학적인 원인에 대한 연구가 많은 편이다. 공황장애에 대한 심리학적 이론으로는 '공포에 대한 공포가설'이 있다. 이 가설은 광장공포증을 가진 공황장애 환자들이 두려워하는 것이 넓은 공공장소 자체가 아니라 많은 사람 앞에서 공포를 느껴서 공황발작을 하는 것 그 자체이거나 자신의 신체반응에 대한 예기불안 때문이라고 주장한다.

5) 강박장애

강박장애는 내적으로 조절하고 감당하기 어려운 불안이나 긴장이 강박사고나 강박행동으로 표현되는 장애다. 강박사고란 어떤 생각, 충동, 의심 또는 심상들이 자신의 의지로는 조절하기 어려울 정도로 지속적으로 떠오르는 것을 말한다. 강박행동이란 어떤 행동을 하지 않으려 함에도 불구하고 지속적으로 반복하게 되고 반복하지 않으면 더욱 불안해져 할 수밖에 없는 경우를 말한다.

| 그림 14-3 | 영화 〈이보다 더 좋을 순 없다〉의 한 장면. 주인공 멜빈 유달(잭 니콜슨 분)은 전형적인 강박증상을 가지고 있다.

인지적 관점에서는 강박장애 환자들이 바람직하지 못하거나 해로운 가능성이 있는 상황에 처했을 때 해로운 결과가 나타날 가능성을 과대평가하기 때문에 그 상황을 회피하려 하고 강박증상을 보인다고 설명한다. 정신분석적 입장에서는 강박사고나 강박행동이 항문기에 지나치게 가혹한 배변훈련으로 인해 통제되지 않은 성적·공격적 본능의 힘에 의해 생겨난다고 설명한다. 학습적 관점에서는 강박사고나 강박행동이 그 결과에 의해 강화되어 학습된다는 입장을 취한다. 생물학적으로는 세로토닌이라는 신경전달물질의 낮은 활동수준이 강박증상을 일으킨다는 주장이 있다.

6) 신체증상 및 관련장애

신체증상 및 관련장애는 심리적 원인이 신체증상의 형태로 나타나는 경우다. 신체증상 및 관련장애에는 신체증상장애, 전환장애, 질병불안장애가 있다. 신체증상장애는 통증, 위장증상, 성적 증상, 가성 신경학적 증상 등 다양한 신체증상이 혼합되어 나타나는 것이 특징이다. 주요 증상으로 두통, 어지러움, 졸도, 구역질, 구토, 복통, 소화장애, 설사, 변비, 호흡곤란, 빈맥, 성기능장애, 월경 불순 등이 있다.

전환장애는 신경학적인 근거 없이 근육운동 기능이나 감각기능에 이상이 나타나는 것이다. 팔다리의 마비, 시력 상실 또는 함구증 등이 흔히 나타나는 증상이다. 대부분 증상을 통해 책임을 회피하고 관심을 받으려는 이차적 이득이 발견되며, 자신의 증세에 무관심한 태도를 보인다.

질병불안장애는 특정한 신체기관에 질병이 있다고 주장하며, 자기 나름대로 의학 용어를 사용하면서 그 타당성을 설명하려 하며, 자신이 심각한 질병에 걸렸다는 두려움이나 생각에 집착하는 것이다.

고전적인 정신분석적 입장에서는 어린 시절의 성적 충동이나 성적 외상 경험이 어른이 된 후에 성적 흥분으로 재경험되려 할 때, 이를 억압하여 신체증상으로 전환함으로써 전환장애가 생겨난다고 보았다. 후기 정신분석적 입장에서는 전환증상이 성적 충동 외에 공격충동이나 의존욕구에 의해서도 생겨날 수 있다고 보았다. 악독한 시어머니 밑에서 시집살이를 하는 며느리가 부엌에서 칼로 음식을 요리하다가 칼을 들고 있던 오른팔이 마비되는 경우가 전형적인 예다. 팔이 마비되는 증상은 자신의 금지된 살인충동에 대한 처벌이며, 그 충동이 행동화될 것에 대한 두려움을 막아 준다.

학습적인 관점에서는 전환증상이 강화에 의해 학습되는 것이라고 보고 있다. 신체증상이 나타남으로써 불안이 감소되고 주위 사람들에게서 특별한 관심을 받게 되며, 때로 책임을 면제받는 것과 같은 결과를 가져오기 때문에 강화된다는 것이다. 인지적인 입장에서는 신체증상 및 관련장애 환자들이 자신의 신체기능에 지나치게 주의를 기울이고, 자신에게 나타나는 사소한 신체적 이상에 대해서 신체감각을 지나치게 확대 해석하는 경향이 있다고 보고 있다. 또한 사회문화적 입장에서는 심리적으로 문제를 나타내는 것에 비해 신체적으로 아픈 것이 사회적으로 더 쉽게 용납되는 문화에서 신체증상 및 관련장애가 더 많이 나타난다고 보고 있다.

2. 성격장애

개인이 가지고 있는 성격 특성이 융통성이 없고 부적응적이며, 사회적 · 직업적 기능상에 중대한 손상이나 주관적 고통을 야기할 때 성격장애라고 할 수 있다. 신경증이나 정신병에 비해 비교적 오랜 기간 동안 지속적으로 문제를 보인다는 점이 성격장애의 특징이다.

성격장애에는 다양하고 이질적인 성격 특성으로 인해 문제가 되는 사람들이 포함된다. DSM-5에서는 이들을 크게 세 가지 군집으로 나누고 있다. 여기에는 특이하고 괴짜의 행동패턴을 보이는 군집 A(편집성, 분열성, 분열형 성격장애), 극적이고 감정적이며 변덕스러운 행동패턴을 보이는 군집 B(반사회성, 경계선, 연기성, 자기애성 성격장애), 불안하거나 두려워하는 특성을 보이는 군집 C(회피성, 의존성, 강박성 성격장애)가 포함된다. 몇 가지 대표적인 성격장애를 살펴보기로 하자.

1) 의존성 성격장애

의존성 성격장애는 자신의 욕구를 타인의 욕구에 종속시키고 자신의 삶의 중요한 부분에 대한 책임을 타인에게 지우며, 자신감이 결여되고 혼자 있게 되었을 때 심하게 괴로움을 느끼는 성격장애다.

의존성 성격장애 환자들의 주요한 특징은 의존과 복종이다. 이들은 자기확신이 결여되어 있어 타인의 도움과 보살핌을 항상 필요로 하며, 자신의 삶에 대한 책임을 타인에게 맡긴다. 염세적이고 수동적이며, 성적이거나 공격적인 느낌을 표현하는 데 두려움을 갖고 있는 것이 특징이다. 이들은 자신이 책임져야 할 입장을 회피할 뿐만 아니라 어쩔 수 없이 책임져야 할 때에는 매우 불안해한다. 또한 사소한 일도 자신이 결정하지 못하고 상대방의 주장에 따르기만 하고, 자기의 욕구를 억제한다. 이는 자신을 도와주는 사람과의 밀착관계가 깨어질까 두려워하기 때문이다. 또한 친밀한 관계가 끝나면 자신을 돌봐 주고 지지해 줄 근원으로서 다른 관계를 시급히 찾는다.

의존성 성격장애의 원인에 대해서는 심리사회적 영향으로 보는 견해가 지배적인데, 어릴 때 아이들이 어떤 일을 독자적으로 하려고 시도할 때 부모가 미묘한 방법으로 처벌하는 경우, 또는 아이들의 어떤 자율적 행동이 부모와의 밀착관계에 손상을 가져올 수 있다는 것을 부모가 아이들에게 주입시킬 경우 성인이 될 때까지 자율적 행동을 습득하지 못하게 된다. 또한 의존성 성격장애는 어린 시절 만성 신체질환을 앓은 경우가 많다는 주장도 있다.

2) 연기성 성격장애

연기성 성격장애는 다른 사람들의 관심을 집중시키기 위해 자신의 외모를 이용하고, 끊임없이 과장된 감정표현을 한다. 또한 이들은 남을 조종하고 통제하려 하고, 상대방의 의견도 자기중심적으로 해석하려는 경향이 있다. 대인관계에서는 다른 사람에게 관심과 주목을 받는 것에 과도하게 집착하여, 그것이 충족되지 않으면 견딜 수 없을 만큼 불안해진다. 그러므로 다른 사람들의 생각과 태도에 지나치게 민감해한다.

| 그림 14-4 | 〈바람과 함께 사라지다〉의 여주인공 스칼렛 오하라는 연기성 성격장애의 대표적인 예다. 그녀는 타인을 사랑하기보다는 타인에 의해 사랑받는 것에 집착한다.

정신분석적 관점에서는 연기성 성격장애가 심리성

적 발달단계에서 어려움이 있었다고 본다. 이들은 구강기에 상대적인 모성 박탈을 경험하고, 오이디푸스적 상황의 해결에 어려움이 있어 명백한 성적 주체성을 형성하지 못한다는 것이다. 그러므로 이들은 약한 자아강도, 빈약한 충동 통제력, 약한 현실 검증력 그리고 원시적이고 부적응적인 자아방어(예, 퇴행과 부인)를 보인다.

인지적인 관점에서는 이들이 '내가 사람들을 사로잡지 못한다면, 나는 아무것도 아니다.' '만약 내가 사람을 즐겁게 할 수 없다면, 그들은 나를 버릴 것이다.'와 같은 핵심적인 신념을 가지고 있다고 보았다. 생물사회적 학습이론의 관점(Millon & Everly, Jr., 1985)에서는 연기성 성격장애가 부모나 다른 사람이 제공하는 일관성 없는 형태의 대인관계적 강화에 의해서 형성된다고 보고 있다.

3) 편집성 성격장애

편집성 성격장애의 주된 특징은, 첫째, 타인에 대한 만연된 의심과 불신이다. 이들은 다른 사람에 의해 부당한 취급을 받거나 이용당할 것이라고 짐작하여, 혹시나 이용당하지 않을까 늘 과도하게 긴장한다. 또한 이들은 자신의 짐작을 확신시킬 단서를 찾기 위해 끊임없이 조사하고 남들을 감시한다. 둘째, 이들은 또한 잘 싸우며, 불편한 상황에서 감정을 조절하지 못한다. 이들은 타인이 자신을 인정하지 않으면 분노하고 그에게 악한 감정을 갖게 된다. 셋째, 이들은 정의와 공평함에 과도하게 집착하는 한편, 자신의 권익을 보호하는 데 지나치게 몰두한다.

정신역동적 입장에서는 편집성 성격장애를 대상 항상성의 발달이 실패했다는 관점에서 보고 있다. 이로 인해 내적 대상 표상과 사랑하는 관계를 유지하지 못하기 때문에 환자는 다른 사람과의 관계가 위험하고 불안정한 것이라고 믿는다는 것이다.

인지적 입장에서는 '사람들은 언제나 나를 이용하려 들기 때문에 믿을 수 없다.' '누가 나를 모욕한다면 별것 아니더라도 꼭 보복해야 한다.'와 같은 특정한 신념이 편집성 성격장애의 핵심이라고 본다.

4) 반사회성 성격장애

반사회성 성격장애의 주된 증상은 타인의 권리를 무시하거나 침해하는 것이다. 이들은 사회적 규범을 따르지 못하여 절도나 폭행 등의 범죄를 쉽게 일으키며, 자신의 행동에 대해 잘못했다는 느낌을 전혀 갖지 않는다. 설사 이들이 잘못을 시인한다할지라도 이는 순간을 모면하기 위한 속임수에 불과하다. 또한 이들은 공감능력이 결여되어 있고, 타인의 감정이나 고통을 무시하는 경향이 있으며, 자기의 이득을 위해선 쉽게 거짓말을 하고 꾀병을 부리기도 한다.

생물학적 관점에서는 이들의 공격성이 호르몬이나 신경생화학적 요인과 관계가 있다고 한다. 또한 경험을 통해 학습하는 것이 불가능한 것은 자율신경계의 기능 저하가 원인일 수 있다고 보기도 한다. 한편, 신경계통 조절의 장애가 있으면 난폭한 행동의 가능성이 높아진다는 설명도 있다.

정신역동적 관점에서는 분리-개별화가 끝나고 대상항상성이 발달되는 시기에 어머니를 제3자나 약탈자로 경험하여 정서적 애착을 형성하지 못하여, 오이디푸스 시기로 정상적으로 발달해 가는 데 어려움이 생겼기 때문이라고 설명하고 있다. 이들은 다른 사람들도 스스로의 감정을 가진 독립된 존재라는 것을 배우지 못하게 되고, 이에 따라 자신의 과격한 행동과 관련한 불안이나 죄의식을 발달시키지 못하게 된다. 또한 내재화 기제가 심각하게 손상되어 초자아가 정상적으로 발달하지 못한 것으로 설명된다.

| **그림 14-5** | 영화 〈친구〉의 한 장면. 조직폭력 집단 내에서 보이는 폭력성이나 비양심성은 마치 그들 안에서는 신성하고 당연한 사회적 규범과 같다.

5) 경계선 성격장애

경계선 성격장애의 주된 특징은 감정의 기복이 매우 심하며, 변덕스럽고 충동적인 반응양상을 보인다. 이들은 타인과 쉽게 가까워지는 한편, 쉽게 실망과 환멸을 느껴서 멀어지게 되는 극단적인 대인관계 양상을 반복한다. 이들은 사람을 모두 좋거나 모두 나쁜 것으로 본다. 또는 같은 사람이지만 한순간 좋은 사람이었다가 한순간 나쁜 사람이 된다. 이들의 행동에는 일관성이 없으며, 빈번한 자해와 과도한 약물복용이 반복

| **그림 14-6** | 영화 〈베티블루〉의 여주인공 베티는 경계선 성격장애의 한 예다. 그녀는 강렬하고 육감적인 외모만큼이나 예측 불허의 성격이다. 본인의 기대대로 되지 않는 현실을 받아들이기 어렵고 어린아이처럼 억지와 고집스러움, 너무나 약하고 지나친 변덕스러움으로 사소한 스트레스도 견디기 어려워하며 자해를 할 만큼 자신의 격정적인 내면의 소용돌이를 주체하지 못한다.

된다. 또한 이들은 많은 분노와 불안을 경험하지만 이들의 기본 바탕을 이루는 정서는 우울함과 공허함이 특징이다.

대상관계이론에서는 경계선 성격장애 환자들이 유아기의 분리-개별화 단계에서 심한 갈등을 겪고, 이 단계에 고착되어 있다고 설명한다. 고착의 이유로는 어머니가 아이에게 안정된 애정을 보여 줄 수 없었거나, 아이가 가지고 있는 선천적인 공격적 특성이 부모와 아이 간의 안정된 정서관계를 형성하는 데 어려움을 주기 때문이라고 설명한다.

경계선 성격장애에 대한 인지적 입장에서는 흑백논리적인 인지 왜곡에 초점을 두고 있다. 이들은 대인관계도 전적으로 좋거나 전적으로 나쁜 것으로 보는 경향이 있다. 즉, 사람이 한편으로 좋을 수도 한편으로 나쁠 수도 있다는 것을 받아들이지 않는다. 이와 함께 '나는 기본적으로 받아들여지지 못한다.'라는 식의 부정적인 자기상을 가지고 있어서, 만성적인 긴장과 불안을 경험하기도 한다.

3. 유아기, 아동기 및 청소년기에 시작되는 정신장애

대체로 정신장애가 처음 시작되는 시기는 장애에 따라 다르며, 같은 장애라 하더라도 개인에 따라 다를 수 있다. 정신분열증이나 우울증과 같은 정신장애는 어른이 된 다음 시작되는 경우가 많지만, 아동기나 청소년기에도 적지 않게 나타나고 있다. 또한 어떤 장애는 주로 어린 나이에 처음 시작된다.

유아기, 아동기 및 청소년기에 시작되는 정신장애에는 여러 가지가 포함된다. 우선 발달과 관련되는 장애가 포함되는데, 지적장애와 학습장애가 이에 해당된다. 또한 통제결여와 관련되는 장애도 주로 아동기에 시작되는데, 여기에는 주의력결핍 과잉행동장애, 품행장애, 적대적 반항장애 등이 포함된다. 과잉통제와 관련된 장애에는 학교공포증, 야뇨증, 틱장애 등이 포함된다.

1) 학습장애

학습장애라는 진단은 전반적으로 지능발달에 지체가 없지만, 듣기, 말하기, 읽기, 추론 및 수학적 계산 등과 같은 특정 학습 영역에 어려움이 있는 경우에 사용된다. 학습장애는 언어적 · 비언어적 능력의 발달, 통합 및 표현과 관련하여 신경학적 결함에 그 기원이 있는 것으로 추정되며, 일차적으로 시청각 및 운동능력의 결함, 지적장애, 정서행동장애 및 환경적 결핍으로 인한 학습문제는 학습장애에 포함되지 않는다.

학습상의 특이한 곤란은 주로 학령기에 나타나지만, 주의 깊은 관찰을 하지 않는 한 단순히 '말이 늦되다' '굼뜨다' '배우는 것이 더디다' 등으로 넘어가는 경우도 있다. 국어, 영어, 수학, 사회 등 모든 과목의 성취에 문제를 보이는 경우도 있고, 특정 과목에서만 문제가 두드러지는 경우도 있다. 학습장애는 흔히 주의력 결핍, 사회성 부족 및 정서적 문제가 동반되는 경우가 있으며, 이 때문에 시간이 지나면서 문제가 심해질 수 있다. 따라서 조기에 발견하고 도움을 주는 것이 중요하며, 장기적인 관점에서 전문적이고 체계적인 개입이 요구된다.

2) 주의력결핍 과잉행동장애

주의력결핍 과잉행동장애로 진단 내리기 위해서는 이 장애로 인한 증상이 적어도 두 가지 이상의 상황에서 나타나야 한다. 만약 학교에서는 아무 문제가 없고 집에서만 과잉활동과 부주의를 보인다면, 그것은 가족과의 관계나 집단 분위기와 관련된 것일 수 있다. 이런 경우에는 주의력결핍 과잉행동장애라고 단정할 수 없다.

이 장애에서 나타나는 대표적인 증상은 다음과 같다.

첫째, 부주의로, 학업, 직업, 사회 상황에서 드러난다. 이 장애가 있는 아동들은 세부적인 면에 면밀히 주의를 기울이지 못하고, 학업이나 다른 과업에서 자주 실수를 범한다. 둘째, 과잉활동이다. 무언가를 계속 만지작거리거나 자리에서 옴지락거리고 가만히 앉아 있어야 할 경우에 잠시도 가만히 앉아 있지 못하고, 상황에 맞지 않게 지나치게 뛰어다니거나, 아무 데나 기어오르고, 일을 조용하고 차분하게 하지 못한다. 셋째, 충동성이다. 성급하게 말하거나 행동하는 것이다. 충동성에 문제가 있는 아동은 질문이 채 끝나기도 전에 성급하게 대답하고, 자기 차례를 기다리지 못하고, 사회, 학업, 직업 장면에서 장해를 초래할 정도로 다른 사람의 활동을 방해하고 간섭한다.

이 장애의 원인으로는 다양한 것이 제안되고 있다. 신경생물학적인 입장에서는 뇌 속의 신경전달물질 중 노르에피네프린이나 도파민의 문제가 원인이라는 가설이 있으며, 유전적인 측면도 어느 정도 있다고 알려져 있다. 한편, 부모의 성격과 양육방식이 영향을 준다는 보고도 있는데, 야단을 많이 치거나 일관성 없는 양육방식이 주의집중력을 더 떨어뜨린다고 알려져 있다.

3) 자폐스펙트럼장애

자폐스펙트럼장애는 대부분 출생 직후부터 3세 사이에 발생하지만, 정상 발달을 하다가 3세 이후에 발병하는 경우도 간혹 있다. 거의 출생 직후부터 뭔가 다른 점이 있으나 상당수의 부모는 이를 잘 느끼지 못하고 나중에 언어발달의 지연을 통해 알게 된다. 유아기에는 신체적인 접촉을 피하고 잘 안기지 않으려고 한다. 어떤 아동들은 아주 수동적이어서 부모에게 어떤 요구를 하지 않는 반면, 다른 아동들은 지나치게 흥분하여 쉬지 않고 울어 댄다.

자폐스펙트럼장애의 가장 큰 결함은 대인관계에서 정서적 표현을 이해하고 감정을 조절하는 능력의 결함이다. 유아기에는 사람에 대해 무관심한 반면, 사물에 관심이 많고, 다른 사람과 눈 을 마주 친다거나 신체접촉을 피한다. 사회적 미소가 거의 나타나지 않고, 부모에 대한 애착을 형성하지 못하며, 낯가림이나 분리불안이 없는 경우가 많다. 학령기에는 부모에 대한 애착행동이 늘어나고 사회성이 다소 좋아지기는 하지만, 또래와의 놀이를 즐기지 않고 친구가 없다. 타인의 행동을 모방하지도 않으며, 공감능력의 발달도 어렵다.

| 그림 14-7 | 영화 〈레인맨〉에서 주인공(더스틴 호프만)은 자폐스펙트럼장애 환자의 행동을 잘 보여 주고 있다.

자폐스펙트럼장애 아동은 유아기에 울거나 소리를 지름으로써 욕구를 나타내고 원하는 것을 얻기 위해서 타인의 손을 끌거나 구체적인 몸짓을 한다. 하지만 의사표현에 걸맞은 표정이나 몸짓이 수반되지 않는다. 상대방이 사용하는 비언어적 의사소통의 표현에도 둔감하다.

자폐스펙트럼장애 아동들의 언어는 평생 제대로 대화할 정도로 발달되지 못하는 경우가 반수에 이른다. 정상아의 언어발달을 보면 이해가 표현보다 먼저 발달하지만, 자폐스펙트럼장애 아동들은 이와 반대로 제대로 이해하지 못하고 이야기를 한다. 자폐 아동들은 어휘 구사력도 부족하며, 실제 대화상황에서 자신이 가지고 있는 어휘를 충분히 사용하지 못한다. 또한 타인의 관점을 이해하는 능력에 문제가 있으므로 언어의 사회적 이용에도 문제가 있다. 이러한 특징 이외에도 행동상의 문제, 인지장애, 감각장애 등이 같이 나타날 수 있다.

자폐스펙트럼장애의 원인은 아직 명확하게 알려지지

않았다. 초기에는 심리사회적 요인으로 설명하려 했으나, 최근 연구결과에 따르면 유전적 · 생물학적 요인에 의한 중추신경계의 장애로 보는 견해가 우세하다. 하지만 현재까지 자폐스펙트럼장애의 2/3 이상은 특별한 생물학적 이상 소견을 확인할 수 없는 실정이다. 자폐스펙트럼장애 아동의 예후는 약 만 5세 이전에 지능과 언어구사 능력이 얼마나 발달되어 있는가에 좌우되는 것으로 알려져 있기 때문에, 가능한 한 빨리 진단하여 적절한 조기치료를 받게 하는 것이 중요하다.

4. 기타 정신장애

1) 섭식장애

섭식장애에는 신경성 식욕부진증과 신경성 폭식증이 있다. 신경성 식욕부진증은 날씬해지고 싶은 욕구와 살을 빼야 한다는 욕구가 매우 높으며, 살이 찌는 데 대해 공포를 느껴 음식 섭취를 거부하는 것이다. 과도한 체중 감소로 인해 신체적인 이상이 발생되기도 하는데, 무월경이 대표적이다.

신경성 폭식증의 증상은 음식을 자주 폭식하고, 스스로 토하거나 하제나 이뇨제를 사용하여 먹은 것을 배설한다. 신경성 폭식증 환자들은 대부분 다이어트를 하면서 굶거나 운동을 심하게 하는 경향이 있다. 특징적인 증상은 일시적으로 과도하게 또는 정기적으로 달고 칼로리가 많으며 삼키기 쉬운 다량의 음식을 한두 시간에 걸쳐 자신도 통제할 수 없는 식욕으로 폭식하는 것이다. 먹고 난 다음에 잠을 자거나, 사회활동을 중단하거나 또는 구토를 한다. 충동적으로 폭식을 한 뒤에 우울해지고 괴로워하는 경우도 있다.

섭식장애는 유전적이고 생물학적인 요인이 관련되어 있는 것 같다. 그러나 심리적인 영향이나 사회적인 영향이 중요하다고 보는 견해가 지배적이다. 특징적으로 이들은 자율성과 자기감(sense of self)이 결여되어 있는데, 음식과 체중에 대한 아주 독특한 자기원칙을 지키면서 자신의 빈약한 자율성과 자기감을 유지해 나가는 것이다. 정신분석적 입장에서는 이들 젊은 여성 환자들이 엄마로부터 심리적으로 분리되어 있지 못하다는 점을 지적하며, 이들이 음식을 먹지 않으려는 것은 엄마로 상징되는 신체의 성장을 막고, 심지어는 이를 파괴하려고 하는 무의식적인 시도일 수 있다고 본다.

2) 성기능장애, 성도착증, 성불편증

성기능장애는 정상적인 성반응이 억제되어 어떤 형태로든 성행위에 곤란을 느끼는 경우에 진단된다. 성기능장애에는 남성의 경우 성욕감퇴장애, 발기장애, 조루증, 그리고 지루증이 있고, 여성의 경우에는 여성 성적 관심 및 흥분장애, 여성절정감장애, 생식기-골반통증/삽입장애가 있다. 이러한 성기능장애는 심한 고통과 대인관계의 어려움을 일으킨다.

성도착증은 성적 흥분이나 만족을 비정상적인 대상이나 방법을 통해 추구하며, 이로 인해 사회적 · 직업적 또는 기타 중요한 기능 영역에서 심각한 지장을 일으키는 것을 말한다. 성도착증은 노출증, 물품음란증, 마찰도착증, 소아기호증, 성적 피학증, 성적 가학증, 복장도착증, 관음증 등이 포함된다.

성불편증은 강하고 지속적으로 반대 성에 대해 동일시하는 것인데, 생물학적으로 지정된 자신의 성역할에 대해 상당한 고통을 경험하는 것을 말한다. 성불편증을 가진 사람들은 대부분 성전환 수술을 통해 생물학적으로 자신이 원하는 성으로 살아가기를 원한다.

성기능장애의 원인에는 성과 성생리에 대한 무지와 같은 직접적 원인이 있으며, 상대방과의 상호관계에 있어 거부, 증오, 무관심, 결혼생활의 불화 등 대화와 감정교류의 결핍이 중요한 원인이 된다. 또한 성행위 시 성공적 수행에 대한 불안이 원인이 되기도 한다.

성도착증의 원인은 정신분석적, 행동주의적, 생물학적으로 설명할 수 있다. 정신분석적 관점에서는 심리성적 발달단계에서 해결되지 않은 갈등이 반영된 것으로 보고 있다. 행동주의적 관점에서는 도착적인 성행동을 모델링, 강화, 자극연합 등을 통해 학습된 것으로 이해하고 있다. 생물학적 관점에서는 호르몬장애, 중추신경계장애, 염색체 이상 등과 관련되어 있다고 보고 있다.

성불편증의 원인은 성 호르몬의 비정상성과 같은 생물학적인 측면으로 설명하는 경우가 있으며, 양육 시 부모의 태도, 아동의 기질, 대인관계에 영향을 받는다는 심리사회적 측면이 있다. 정신분석적 입장에서는 이성의 부모를 과도하게 동일시한 결과 성불편증이 발생할 수 있다고 한다.

3) 알코올중독, 도박중독, 인터넷중독

알코올중독 또는 알코올사용장애에는 알코올의존과 알코올남용이 있다. 알코올

의존은 습관성 음주로 인해 내성과 금단증상이 존재한다는 증거에 의해 진단된다. 알코올 금단증상은 장기간 많은 양의 음주를 하다가 양을 줄인 지 12시간 이상 경과한 후 나타나는데, 오심과 구토, 무력감과 나른함, 불안, 우울, 입이 마르는 증상 등을 경험하는 것이다. 금단증상이 매우 불쾌하기 때문에 금단증상을 피하기 위해 알코올 사용이 반복된다. 알코올남용은 알코올의 과도한 사용으로 직장이나 가정에서 역할수행에 지장을 겪게 되는 것이다.

도박중독자들은 만성적이고 점진적인 도박에 대한 충동이 있고, 지나치게 자신만만하고, 상당히 열정적이며, 스트레스, 불안 또는 우울감이 있을 때 돈을 낭비하는 경향이 있다. 알코올중독의 경우와 마찬가지로 내성과 금단증상을 보이며, 시간이 지날수록 거는 돈의 액수가 커지고, 도박을 못하게 할 경우 우울, 무기력, 불안, 초조 등의 증상을 보인다. 이들은 도박 자금을 마련하기 위하여 문서위조, 공금횡령, 거짓말을 하기도 하고, 반사회적 행동을 저질러 범법자가 되기도 한다. 결국 빚을 지거나 재정적 곤란에 직면하여 가족이나 친지, 사회로부터 신용을 잃고 소외당하게 되고 실직하게 되며, 자살을 시도하기도 한다.

인터넷중독 역시 알코올이나 도박 문제와 같이 지나치게 컴퓨터와 인터넷에 탐닉하여 일상생활이나 사회적 기능 또는 직업적 기능에 손상을 입는다. 인터넷중독의 경우도 내성과 금단증상이 나타나며, 여러 가지 심리사회적 문제를 수반한다. 컴퓨터나 인터넷이 생활에서 점차 중요한 위치를 점해 감에 따라 인터넷중독 문제가 늘어 가고 있으며, 최근에는 스마트폰중독 역시 상당히 심각한 문제로 부상하고 있다.

알코올중독의 원인은 상당히 복합적인데, 사회문화적 요인과 가족적 요인, 약물의 입수 가능성, 음주를 시작하는 기회, 개인의 정신병리 등이 상호작용한 결과며, 동시에 개인의 신체적 소인과 생물학적 요인들도 관계될 것으로 추정된다. 특히 유전은 알코올중독에 있어서 중요한 소인으로 생각된다.

도박중독의 원인에 대해서는 여러 가지 이론이 있는데, 정신분석적으로는 돈을 잃으려는 무의식적 욕구와 무의식적인 죄의식의 완화로 설명한다. 행동이론에서는 학습된 부적응적 행동으로 설명하는 반면, 인지이론은 도박결과를 통제할 수 있다는 잘못된 신념에 기인한다고 설명하고 있다.

요 약

1. 이상행동을 구분하는 기준에는 보편적이지 않은 행동, 사회적 일탈의 정도, 현실에 대한 지각이나 해석이 잘못된 경우, 주관적 고통이 심각한 경우, 부적응적이거나 자기패배적인 행동, 위험한 행동 등이 있다.

2. 이상행동에 대한 관점은 귀신론, 신체적 원인론, 심리적 원인론 등으로 시대에 따라 변천되어 왔다. 현대의 관점 및 접근법에는 정신분석적, 인간중심적, 실존주의적, 행동주의적, 인지적, 생물학적 그리고 소질-스트레스 모형적 접근 등이 있다.

3. 현재 전문가들에 의해 주로 사용되고 있는 정신장애의 분류체계는 DSM-5와 ICD-10이다.

4. 실제 임상장면에서 정신병과 신경증은 구분되어 사용되고 있다. 정신병은 현실이 심하게 왜곡되는 이른바 현실검증력이 상실되는 보다 심각한 정신장애며, 신경증은 불안과 관련된 증상을 주로 보이며 기능의 손상은 그다지 심하지 않다. 정신병에 포함되는 장애로는 정신분열증, 양극성 장애, 정신병적 우울증, 망상장애 등이 있으며, 신경증에는 불안장애, 신체증상장애, 해리장애 등이 포함된다.

5. 정신분열증은 사고장애, 지각의 장애, 주의집중 곤란, 운동장애, 부적절한 정서, 사회적 고립 등의 증상을 보인다. 정신분열증의 원인으로는 유전적 영향이나 도파민의 높은 활동수준과 같은 생물학적 견해가 주목을 받고 있다.

6. 일상생활에서 느끼는 지속적인 기분 조절의 문제에는 우울증과 조증이 포함된다. 우울증의 원인에 대해서는 생물학적인 이론과 벡의 인지적 이론이 주목을 받고 있다.

7. 불안이란 무서움, 걱정 또는 공포의 감정으로 심장박동의 증가, 발한, 근육 긴장 및 빠른 호흡 등과 같은 생리적 변화를 수반한다. 불안장애에는 공황장애, 공포증, 범불안장애 등이 포함된다.

8. 신체증상 및 관련장애는 생리학적 근거가 없는 신체증상을 지속적으로 나타내는 것이다. 신체증상 및 관련장애에는 신체증상장애, 전환장애, 질병불안장애 등이 포함된다. 신체증상 및 관련장애의 원인에 대한 이론으로는 정신분석적 이론, 행동주의적 이론 및 인지적 이론 등이 있다.

9. 성격장애는 개인이 가지고 있는 성격 특성이 융통성이 없고 부적응적이며, 사회적 · 직업적 기능상에 중대한 손상이나 주관적 고통을 야기하는 것을 말한다. DSM-5에서는 성격장애를 특이하고 괴짜의 행동패턴을 보이는 군집 A(편집성, 분열성, 분열형 성격장애), 극적이고 감정적이며 변덕스러운 행동패턴을 보이는 군집 B(반사회성, 경계선, 연기성, 자기애성 성격장애), 불안하거나 두려워하는 특성을 보이는 군집 C(회피성, 의존성, 강박성 성격장애)의 세 가지 군집으로 구분하고 있다.

10. 유아기, 아동기 및 청소년기에 시작되는 정신장애에는 지적장애나 학습장애와 같은 발달과 관련되는 장애, 주의력결핍 과잉행동장애, 품행장애, 적대적 반항장애 등과 같은 통제 결여와 관련되는 장애, 그리고 학교공포증, 야뇨증, 틱장애 등과 같은 과잉통제와 관련된 장애 등이 포함된다.

11. 앞에서 언급한 정신장애 외에도 다양한 유형의 지적장애나 있다. 이 중 최근에 많은 관심을 불러일으키고 있는 장애로 알코올중독, 도박중독, 인터넷중독, 섭식장애, 성기능장애, 성도착증 그리고 성불편증 등이 있다.

제 15 장

이상행동의 치료

학습목표

1. 이상행동을 어떻게 치료할 것인지를 알아본다.
2. 심리치료란 무엇이며, 어떻게 진행되는지를 알아본다.
3. 각 심리치료법의 차이점과 유사점을 이해한다.
4. 생물의학적 치료에 대해 이해한다.
5. 치료효과에 대해 이해한다.

15

앞 장에서 이상행동에 관해 배우면서 "나도 그런데……." 혹은 "내 주위에도 이런 사람이 있는데……." 하는 학생이 있을 것이다. 어떻게 해야 하나? 그런 이상행동을 고칠 수 있을 것인가?

이상이 생겼을 때 정상상태로 복귀해 주는 것이 치료다. 이 장에서는 이상행동을 치료하기 위한 방법에 대해 배운다. 여러 가지 방법이 있는데, 크게 두 가지 접근법으로 나눌 수 있다. 심리적 치료(psychological treatment 혹은 psychotherapy)와 생물의학적 치료(biomedical therapy)가 바로 그것이다.

심리적 치료 혹은 심리치료(psychotherapy)에서는 전문적인 수련을 거친 심리치료자(psychotherapist)와의 상담과 상호작용을 통해 이상행동을 치료한다. 반면, 생물의학적 치료에서는 의사들이 '몸'을 치료함으로써 심리적 문제를 치료한다.

신체적 이상과 마찬가지로 심리적인 이상도 고치기 쉬운 것이 있고 어려운 것이 있다. 또 문제의 종류에 따라 치료방법이 달라질 수 있다. 반가운 사실은 신체적 이상을 고치기 위한 신약과 기술이 나날이 개발되듯이 심리적인 문제를 고치는 새로운 치료법도 속속 개발되고 있으며, 기존의 치료법도 개선되고 있다는 점이다.

제1절 심리치료[1]

심리치료는 두 사람(물론 집단심리치료에서는 두 사람 이상) 사이의 상호작용으로 이루어진다. 둘 사이의 상호작용은 제스처, 동작, 얼굴 표정, 감정 표현을 통해서도 이루어지지만 주로 언어를 통해서 이루어진다. 그중의 한 명인 환자 혹은 내담자[2]는 치료를 통해 도움을 받고자 한다. 다른 한 사람은 필요한 도움을 제공할 수 있도록 전문적인 훈련을 받고 소양을 갖춘 치료자다. '용한' 심리치료자라면 환자들이

---

1 • 이 장에서는 심리치료와 (심리)상담을 구분하지 않고 혼용하였다.

2 • 심리학에서는 '상담하러 온 사람'을 내담자라고 부르기도 한다. 본문에서는 내담자와 환자를 구분하지 않고 혼용하였다.

문제를 해결하도록, 또한 자신의 삶을 새로운 방식으로 생각해 보도록 돕는다.

실제로 심리치료라는 단일의 독립적인 전문직은 존재하지 않는다. 대신 여러 종류의 전문가들(임상심리학자가 한 예다)과 비전문가들이 다양한 유형의 상담과 심리치료에 종사하고 있다. 전문적인 심리치료는 19세기 후반 프로이트와 그의 제자들이 시작했다고 말할 수 있다.

1940년대에 심리학자인 칼 로저스(Carl Rogers)가 '비지시적 치료(nondirective therapy)'라고 부른 새로운 형태의 심리치료를 선보였고, 그 후로 여러 새로운 접근법이 속속 등장했다. 1980년대에 이미 캐즈딘(Kazdin, 1986)은 4백 가지 이상의 다양한 심리치료법이 있노라고 보고했다. 매스미디어의 영향으로 이젠 일반인이 심리치료가 어떠한 것인지에 대해 대충 알게 되었고 그 이용률이 나날이 높아지는 추세다. 심리치료가 널리 알려지고 받아들여짐에 따라 단독으로 사용하든, 아니면 다른 치료법(예, 약물)과 같이 사용하든 심리치료를 통해 다양한 문제와 병리를 고칠 수 있다는 인식이 높아지고 있다.

이제 심리치료 중에 널리 쓰이는 종류를 개발된 순서대로 살펴보자.

1. 정신분석 심리치료

정신분석 심리치료의 창시자는 프로이트지만 그 자신도 평생에 걸쳐서 그 이론과 기법을 수정하였고, 제자와 추종자들이 '프로이트식' 정신분석과 차별화되는 분파를 많이 만들어 냈다. 이들은 모두 공통적으로 무의식을 강조한다.

1) 치료목표

정신분석에서는 성격문제나 이상행동이 주로 무의식적인 욕구와 갈등에 기인한다고 가정한다. 그리고 개인이 그 욕구나 갈등을 무의식 속에 묻어 버린 것(억압)은 그것들을 직시하기가 너무 고통스러워서 그 고통으로부터 자신을 '방어'하기 위해서라고 본다. 그리고 그 억압된 갈등이 해결되지 않는다면 완전한 치유가 아니라고 하였다. 따라서 정신분석에서의 1차적인 치료 목표는 증상 제거가 아니라 무의식 속에 있는 욕구와 갈등을 찾아서 자각하게 하는 것이다.

2) 치료기법 및 치료과정

고전적인 프로이트식 정신분석에서는 일주일에 거의 매일(4~6회) 치료를 받아야 한다. 당연히 돈과 시간이 많이 든다. 환자는 소파나 긴 의자에 누워서 '머리에 떠오르는 대로' 자유로이 말하거나(이하 '자유연상'이라고 부르는 절차임) 꿈을 보고한다. 치료자는 적절한 때에 환자가 얘기한 자유연상의 내용이나 꿈의 의미를 해석해 준다. 분파인 정신역동치료(psychodynamic therapy)에서는 치료 횟수를 줄이고 환자를 의자에 앉히기도 한다. 그리고 환자와 치료자 간의 '역동', 즉 상호작용의 의미를 캔다. 환자의 과거와 무의식적인 동기를 분석하면 왜 환자가 그러한 증상을 보이는지 이해할 수 있게 되는데, 이를 '통찰(insight)'이라 한다. 애당초 환자가 무의식 속에 묻어 버린 것들은 용납할 수 없었던 매우 고통스러웠던 내용이므로 이를 직시하지 않으려고 환자는 '저항(resistance)'하게 된다. 저항은 자기방어를 위한 노력으로서, 치료시간에 치료자의 해석을 부인하기, 지각하기, 잡담하기, 분석가에게 무례하게 행동하기 등 여러 가지 형태로 나타난다. 치료자는 이러한

Box 1 이상행동을 치료하는 사람들

- 임상심리전문가: 대학원 심리학과에서 임상심리학을 전공하고(석사 이상) 병원 정신과나 상담소 등에서 3년 이상 지도감독을 받으면서 수련을 거친 뒤 필기 및 구술시험을 거쳐서 전문가가 된다.
- 상담심리전문가: 대학원에서 심리학 및 심리학 관련 학과를 전공하고 상담소 등에서 3년 이상 지도감독을 받으면서 수련을 거친 뒤 필기 및 구술시험을 거쳐서 전문가가 된다.
- 정신과 의사: 정신과를 전공한 의사로서, 심리전문가들과는 달리 약물 처방권 등을 가지고 있다.
- (임상)사회복지사: 사회복지학을 전공한다.

이 외에도 정신간호사, 직업치료사, 목회상담가 등 다양한 인력이 이상행동의 치료활동에 관여하고 있다.

* 심한 장애를 보이거나 현실 검증력을 상실한 환자들은 보통 생물의학적 치료를 요하므로 정신과 의사에게 가는 것이 현명할 것이며, 그렇지 않은 경우라면 선택의 폭이 넓다.

행동의 의미를 해석해 줌으로써 환자가 저항의 원인을 깨닫고 치료의 진전을 저해하지 않도록 이끈다.

프로이트는 세계 각지에서 열광적인 신봉자들을 거느리게 되었다. 재미있는 사실은 프로이트의 초기 추종자들 중 상당수가 프로이트와는 다른 접근법을 제창하였다는 점이다. 융(C. G. Jung), 아들러(A. Adler) 등이 그러했다.

정신역동적 치료자들은 정신분석의 기본적인 가정을 따르면서 몇 가지 달라진 면모를 보였다. 예를 들어, 호나이(Horney)는 신경증의 원인이 무의식적인 동기와 갈등이라는 관점에는 이의를 제기하지 않았지만 프로이트와 달리 생물적 요인이 아닌 사회적 요인이 심리성적(psychosexual) 발달과 성격 형성은 물론, 심리적 장애에서 중요한 역할을 한다고 주장하였다.

분파 중 하나인 대상관계이론(object relations theory)에서는 성과 오이디푸스 주제와 관련된 갈등 대신 대인관계의 중요성을 강조한다. 대상관계이론은 1940년대와 1950년대에 클라인(Klein)과 페어번(Fairbairn)의 연구로부터 독자적으로 발달하였다.[3] 또 다른 분파는 코헛(Kohut)의 자기심리학(self psychology)이다. 심리성적 발달단계 대신 자기(self)의 발달에 초점을 맞췄다.

프로이트 시대와 그 직후 정신분석과 정신역동으로 수련 받은 치료자들은 존경을 받았으며 제 2차 세계대전 이후에 그 대표자들은 정신과 및 임상심리학 프로그램에서 지도자의 역할을 차지하였다. 그러나 최근 이런 추세가 눈에 띄게 위축되었는데 아마도 정신분석과 정신역동적 접근법에 관한 연구가 부족했던 점이 결정적인 원인이었던 것 같다.

2. 인본주의 심리치료

인본주의 심리치료는 인본주의 철학에 뿌리를 두고 '사람들은 누구나 자기실현, 자기완성을 추구한다.'는 가정에서 출발한다. 치료자가 할 일은 내담자[4]의 자기실현, 자기완성을 촉진하는 것이라고 본다. 인본주의 심리치료에서는 과거

3 • 여기서 대상이란 물질이나 무생물체라기보다 생명이 있는 대상, 즉 사람을 말한다.

4 • 치료를 받으러 온 사람을 '환자(patient)'라고 부르지 않고 '내담자(client)'라고 부르는 것도 인본주의자들이 주창한 것이다. '병에 걸린 사람'이 아니라 단지 '문제를 안고 있는 사람'이라는 것을 강조한다.

사를 파헤치기보다는 내담자들이 자신을 긍정적으로 여기고 스스로 부여한 자신의 한계로부터 자유로워지도록 돕는다. 내담자중심 치료, 실존주의 치료, 게슈탈트 치료 등이 이 부류에 속한다. 여기서는 내담자중심 치료만을 간략히 살펴볼 것이다.

1) 내담자 중심 치료(client-centered therapy)

Carl Rogers

1940년대 초반 로저스(C. Rogers)는 비지시적(nondirective) 상담(심리치료)이라는 접근법을 창안했고, 후에 내담자 중심 치료(Client-Centered Therapy)라고 그 이름을 바꾸었다(Rogers, 1942).

그는 의사나 변호사처럼 심리치료자가 환자를 위해 업무를 '대신'하며 환자에게 충고하고 '처방하는' 역할을 못마땅하게 여겼다. 환자 자신이 스스로 탐색하고 변화할 수 있는 능력을 가지고 있다고 가정했으므로 치료자가 할 일이란 환자가 무엇을 원하는지 귀 기울여 듣고, 환자를 비난하지 않고 있는 그대로 받아들이고 이에 반응하는 것이라고 믿었다. 이러한 치료과정 속에서 환자는 자신이 존중받고 있다고 느끼며 자신감을 회복하게 된다는 것이다. 치료자는 치료회기 중에 진솔성(genuineness), 공감(empathy), 수용(acceptance) 등의 자질을 발휘하면 된다. 다시 말해, 치료자가 자신의 감정에 솔직하고 환자의 감정이나 욕구에 공감하고 반응해 주며 무조건적으로 환자를 수용하는 태도를 보이면 된다(Fearing & Clark, 2000). 중요한 것은 환자가 이를 느끼는 것인데, 그럴 때 환자는 자신을 이해하게 되고 받아들이게 된다.

로저스는 치료기법으로서 '적극적 경청(active listening)' 혹은 '공감적 경청(empathic listening)'의 중요성을 강조하였다. 이는 듣는 이(치료자)가 말하는 이(내담자)의 말을 되풀이하고, 다른 말로 바꾸어 말하며, 명료하게 해 주는 것이다.

이제 '적극적 경청'은 내담자중심 치료에서뿐만 아니라 여러 다른 접근법에서도 차용되고 있는 보편적 기법 중 하나가 되었다. 또한 치료자의 따스함이나 공감이 중요한 자질이라는 점에 이제 거의 모든 치료자가 동의한다.

3. 인지행동치료[5]

행동주의적 관점과 인지적 관점이 심리치료 분야에 공헌하게 된 것은 비교적 최근의 일이다. 우리는 굳이 유아기 경험에 대해 심층분석을 가하고 무의식적 동기를 탐색하고 내적인 갈등을 해결할 필요가 없는 문제를 겪는 경우가 있다. 예를 들어, 고소공포증, 발표공포증, 가족 간 갈등, 성적인 문제 등이다. 이런 경우 인지행동치료가 다른 치료보다 더 적절할 수 있다. 또한 다른 심리치료법보다도 효과가 빠르며, 비용이 적게 든다.

행동주의적 접근은 파블로프(Pavlov)의 조건화 연구와 그 이후에 발달한 학습이론에서 유래하였다. 행동주의적 접근법의 커다란 강점은 일관성 있는 개념체계다. 정신분석이나 정신역동과 달리 행동주의 치료자들은 무의식적 동기나 갈등을 다루지 않았다. 대신에 이름에서도 볼 수 있듯이 행동주의 치료자들은 행동을 강조하는데, 여기서의 행동이란 포괄적인 의미를 띤다. 몸을 움직이는 행동뿐만이 아니라 말하기, 꿈꾸기, 상상하기, 생각하기 등이 모두 포함된다. 행동주의치료에서는 환자의 이상행동을 내면적 갈등에서 비롯된 외현적인 증상이 아닌, 있는 그대로의 문제라는 차원에서 보았다. 즉, 환자의 문제를 잘못된 학습의 결과일 뿐이라고 보았다. 따라서 두려움, 공포증, 강박행동 등의 문제는 학습에 의해 획득되었으며, 학습원리를 적절하게 적용하면 교정할 수 있다고 보았다. 굳이 무의식적 기제 따위를 들먹일 필요가 없이 배운 것(학습된 것)은 잊어버릴 수도 있고 다시 제대로 잘 배울 수도 있다는 것이다.

인지행동치료에서는 다양한 기법을 사용하는데 동시에 하나 이상을 사용하기도 한다. 보통 치료과정은 다음과 같다. 첫째, 문제의 속성, 빈도, 심각도 등을 체계적으로 파악한다. 둘째, 내담자에게 맞는 치료계획을 수립한다. 가령, 같은 사회공포증의 진단이 내려져도 한 사람은 기본적인 사람 사귀는 기술이 없을 수 있고 다른 사람은 단지 사람들 앞에서 불안을 느낄 뿐 기본적인 사람 사귀는 기술을 갖춘 경우일 수 있다. 전자의 내담자에게는 사람 사귀는 기술이나 사회규범 등을 먼저 가

5 • 여기서는 행동치료와 인지행동치료, 인지적 치료 등을 모두 '인지행동치료'라는 커다란 범주 속에 포함시켰다. 그러나 '행동'이라는 개념에 '인지'도 포함되기 때문에 '인지행동치료'라는 용어 대신 간편하게 '행동치료'라고 부르는 사람도 많다.

르친다. 셋째, 지속적으로 변화를 평가한다.

여기서는 몇 가지 기본적인 기법만 간단히 살펴본다.

1) 행동적 기법

(1) 고전적 조건화와 관련된 기법: 역조건화

역조건화 역조건화(countercounditioning)란 기존의 자극에 대해 새로운 반응을 하도록 배우는 과정이다. 예를 들어, 비행기공포증에서는 비행기 타기에 대해 불안과 공포라는 반응을 겪는데 역조건화를 통해 비행기 타기에 대해 즐거움과 안락함이라는 반응을 하도록 배울 수 있다.

조셉 월피(Joseph Wolpe)가 처음으로 주창했던 기법으로 다음의 체계적 둔감화를 대표적으로 꼽을 수 있다.

체계적 둔감화(systematic desensitization) 월피는 사람들이 불안해하면서 동시에 긴장이 풀려 있을 수는 없다고 가정한다. 따라서 불안을 유발하는 자극에 맞닥뜨렸을 때 긴장을 풀어 준다면 점차로 그 불안을 극복할 수 있을 것이다.

가령, 여러분이 여러 사람 앞에서 말하는 것을 두려워한다고 치자. 사람들 앞에서 자기를 소개하는 모습을 생각만 해도 진땀이 나고 떨리기 때문에 아예 그런 기회를 피하려 들 것이다. 여러분의 인지행동치료자는 우선 여러분에게 긴장을 푸는 이완훈련을 실시해서 언제, 어느 때라도 손쉽게 긴장을 푸는 연습을 시킬 것이다. 그런 뒤 두려운 순서대로 상황을 나열한다(이를 '불안의 위계를 정한다.'고 한다).

여러분의 치료자는 이제 그동안 배운 이완훈련을 시행한 뒤 여러분에게 눈을 감고 가장 만만한 첫 번째 장면을 상상하라고 지시할 것이다. 그리 긴장하지 않은 상태에서 첫 장면을 버틸 수 있었다면 다음 장면으로 넘어갈 것이다. 이런 식으로 가장 두려운 장면을 향해 점차적으로 상상의 날개를 펼친다. 나중에는 실제로 앞의 장면들을 맞닥뜨린다.

앞에서 대체적인 치료방향을 설명했지만 실제 치료를 받을 때는 치료자의 도움으로 훨씬 세밀하고 구체적인 장면을 위계 속에 집어넣게 된다.

(2) 조작적 조건화와 관련된 기법

조작적 조건화는 다양한 장면에서 여러 가지 문제를 치료하기 위해 쓰이고 있다. 장애가 심하고 다른 접근으로는 치료되지 않아서 포기할 수밖에 없었던 사람들에게도 적용이 가능하다. 따라서 조작적 조건화 원리는 만성정신병 입원환자, 심하게 위축된 아동, 자폐증 아동, 주의력결핍장애 아동, 그리고 심한 정신지체를 보이는 사람들을 대상으로 한 치료 프로그램에도 적용되고 있다.

부적 강화/강화물, 정적 강화/강화물, 처벌 등의 용어 사용법과 구별법은 학습심리학 장에서 배웠으므로 여기서는 간단히 언급하고자 한다. 혐오적 자극을 제거하거나 원하는 자극을 제시하면 바람직한 행동을 가르칠 수도 있고 그 행동의 빈도를 높일 수도 있다. 가령, 아이가 청소를 할 때마다 원하는 자극인 돈을 주면 그 아이는 청소를 자주 할 것이다(정적 강화). 혹은 청소를 안 하고 가만히 있을 때 마구 때리면(혐오자극) 그 아이는 혐오 상황을 피하기 위해 청소를 할 것이다(부적 강화). 바람직하지 않은 행동에 대해 원하는 것을 주지 않거나 혐오스런 자극을 주면 그 행동은 일어나지 않거나 일어나는 빈도가 줄어들 것이다.

토큰경제 사람들이 통상 '보상'이라고 생각하는 것이 실제로는 개인에게 정적 강화물의 역할을 하지 못할 수 있다. 가령, 어른들은 아이가 동생과 놀아 줄 때마다 초콜릿을 주지만 이미 초콜릿으로 배를 채운 아이에게는 그것이 매력적인 정적 강화물이 아닐 것이다. 다시 말해, 주는 사람은 정적 강화물이라고 생각하지만 실제로는 사람이나 때에 따라 무엇이 정적 강화물이 될지 달라진다. 이런 이유로 '토큰'을 도입하게 되었다. 토큰경제에서 개인은 바람직한 행동을 할 때마다 1차적인 정적 강화물 대신 토큰을 받는다. 토큰을 모아서 개인은 자신이 원하는 정적 강화물을 얻는다. 토큰경제의 이점은 바람직한 행동을 즉각적으로 강화해 준다는 점이다. 즉각적 강화가 지연되는 강화보다 효과적임은 굳이 학습심리학의 장에서 배우지 않았어도 이미 알고 있는 상식일 것이다.

이 토큰경제는 우리 생활에서 이미 보편화되어 있는 문화다. 백화점에서 구매실적을 올리기 위해 물건을 살 때마다(이때 물론 백화점 측에서 볼 때의 바람직한 행동은 '쇼핑', 특히 '고액쇼핑'일 것이다) 구매확인증(혹은 영수증)을 주고 일정액이 모이면 상품권을 비롯한 각종 사은품 중에서 손님이 원하는 것을 상으로 준다. 물론 구매 총액이 클수록 사은품의 종류도 많아지고(많은 금액으로 얻을 수 있는 사은품은 물론 적은 금액으로 얻을 수 있는 사은품도 원한다면 얻을 수 있으므로) 고급화된다. 교실에서 학생들은 바람직한 행동을 할 때마다 스티커를 받는다. 스티커가 웬만큼 모이면 학생들은 배지를 받든지 상장을 받는다. 정신과 폐쇄병동에서도 환자가 바람직한 행동(환자마다 다를 것이다. 가령, 거식증 환자의 경우라면 제대로 식사를 하고 심리치료 프로그램에 적극적으로 참가하는 행동일 것이다)을 할 때마다 토큰을 준다. 환자는 모은 토큰을 내고 외출을 나가거나 전용 텔레비전을 병실에 들여놓을 수 있다. 당연한 말이지만, 어떤 행동의 어떤 정도(혹은 빈도)에 대해 몇 개의 토큰을 주며 토큰의 개수에 따른 보상은 어떠한 것이라는 규칙은 사전에 정하고 피차 숙지하고 있어야 한다.

소거 제4장 학습심리학에서 배운 대로, 강화물을 주지 않으면 행동이 소거된다. 부모의 관심을 끌기 위해 소리를 질러 대는 아이가 있다고 하자. TV 연속극을 보다가 아이가 소리를 질러 대자 "조용히 해. 연속극 좀 보자." 하면서 아이에게 주의를 기울이면 아이는 그 자리에서 소리를 더 높이 지르든지 나중에 비슷한 상황에서도 소리를 지를 것이다. 이때 관심을 '끄고' 계속 아이의 행동을 무시해 버리면 처음엔 아이가 평소보다도 더 소리를 지르지만 결국엔 소리를 지르는 행동이 없어진다. 물론 부모는 아이가 소리 지르지 않을 때(평상시에) 많은 사랑과 관심을 기울여야 한다.

(3) 본뜨기(modeling)

모델인 다른 사람이 본을 보이는 대로 심리적 문제를 해결하는 기술과 방식을 체계적으로 학습하는 과정이다. 가령, 개를 무서워하는 아동이라면 친한 친구가 여러 번 개에게 다가가서 만지고 어울려 노는 것을 지켜봄으로써 무서움을 극복할 수 있다. 특히 모델이 행동에 대해 보상을 받으면 더욱 효과적으로 문제가 해결되는 것을 볼 수 있었다(Bandura, Grusec, & Menlove, 1967; St. Onge, 1995).

2) 인지적 기법

인지적 접근에서는 심리적 문제가 적응에 해가 되는(부적응적) 인지와 관련이 있다고 보고 세상이나 자신들에 대한 인지를 바꾸도록, 그리고 생각하는 방식을 바꾸도록 가르친다. 물론 가르치는 방법에서는 학습의 기본원리를 사용한다.

여기서는 여러 형태의 인지적 접근 중 앨버트 엘리스(Albert Ellis)의 합리적-정서적 행동치료(Rational-emotive behavior therapy)와 벡(Beck)의 인지치료

(Cognitive therapy) 그리고 마이켄바움(Meichenbaum)의 접근법을 살펴보겠다.

(1) 엘리스의 접근법

엘리스는 1960년대에 합리적-정서적 행동치료라고 불리는 접근법을 창시하였다. 그는 논리적 · 이성적인 사고과정의 중요성을 강조하고 이상행동은 잘못된, 비이성적인 '사고' 패턴이 야기한다고 가정하였다(Ellis & Harper, 1961). 잘못된 사고과정을 이성적인 사고과정으로 바꾸면 부적응과 이상행동이 사라질 것이라고 믿었다. 따라서 치료의 주목표는 비이성적인 신념을 심어 준 과거의 생활사건을 검토한 뒤 환자의 비이성적인 사고패턴을 찾아서 줄이고, 보다 효율적인 사고를 채택하도록 돕는 것이다. 이 목표를 달성하기 위해 치료자는 적극적이고 지시적인 입장을 취해서 내담자의 생각에서 엿볼 수 있는 허점을 파고들어서 그 생각을 바꾸려고 한다.

(2) 벡의 접근법

합리적-이성적 접근법과 마찬가지로 벡의 인지치료 역시 사람들의 비논리적인 생각을 바꾸는 것을 기본 목표로 삼으며, 많은 점에서 유사하다. 단지 합리적-이성적 치료에서보다는 치료자의 스타일이 덜 직면적 · 지시적이다. 즉, 치료자가 '따진다'는 느낌이 적으며 내담자 자신이 치료자 역할을 하도록 이끈다. 다시 말해, 내담자 자신이 자신과 타인에 대해 이성적으로, 적응적으로 생각하는 방법을 발견하도록 돕는다.

(3) 마이켄바움의 접근법

마이켄바움 등은 사람들이 자기 자신에게 무엇을 말하는지에 따라 행동이 달라진다고 믿는다. 따라서 치료회기에서 사람들이 자신에게 말하는 내용을 바꿈으로써 스트레스 상황에 잘 적응하게 된다고 하였다(Meichenbaum, 1993). 가령, 중요한 시험을 치르기 전에 '어이구, 왜 이렇게 떨리지? 큰일 났네. 떨면 안 되는데…… 아는 것도 못 쓰겠군.' 하는 말을 속으로 중얼거리면서 긴장하는 대신, '떠는 게 당연하지. 중요한 시험이니까…… 다른 사람들도 다들 속으로는 꽤 긴장되어 있을 거야. 열심히 준비했으니까 최선을 다하면 되는 거야. 적절히 긴장되어야지 실력도 제대로 발휘된다잖아?' 라는 고무적이고 생산적인 말을 중얼거리면 도움이 된다는 것이다.

4. 집단치료

앞에서 개인치료를 중심으로 설명하였지만 대부분의 치료법을 집단에 적용할 수 있다. 집단치료(Group Therapy)란 두 명 이상의 사람을 대상으로 하는 치료다. 대개 3명에서 15명 정도의 내담자들로 구성된다.

집단치료의 이점으로는 여러 가지를 들 수 있다. 우선 경제성이다. 한 치료자(혹은 한 명 이상의 치료자)가 여럿을 한꺼번에 치료하므로 환자 입장에서는 치료비 부담을 다른 사람들과 나누는 셈이다. 다음으로는 구성원들끼리 동병상련으로 서로를 위로해 주고 지지해 줄 수가 있어서 사회적 지지체계로서 작용한다는 점이다. 자기만 특정 문제를 가진 줄 알고 불행해하였던 환자라면 다른 환자들을 보면서 안심하고 기분이 나아질 것이다. 또한 다른 집단원을 도우면서 존재가치를 확인하고 자존감도 제고된다. 치료자와의 상호작용으로 얻기 힘든 것들을 집단원들끼리의 상호작용으로 얻기도 한다(Yalom, 1995). 가령, 자신이 못생겼다고 믿는 환자에게 치료자가 그렇지 않다고 말해 주는 경우와 집단 내의 이성이 "매력이 있는데요, 뭐. 보기 딱 좋아요."라고 하는 경우를 대비해 보라. 또한 집단 중 한 사람을 본뜨기 모델로 정해(인지행동치료 참조) 다른 환자들이 따라 할 수도 있다. 역할연습(role play)의 대상도 집단 안에서 고르면 된다. 가령, 어떤 개인이 이성에게 데이트를 신청하는 연습을 하기 위해 집단원 중 그럴듯한 대상을 찾아 리허설을 시행하면 된다.

집단치료의 기법은 집단의 특성이나 치료자의 접근법(가령, 정신분석 쪽이냐, 인지행동 쪽이냐 등등)에 따라 달라진다. 그러나 집단원들이 서로의 경험을 나누고 그에 대해 반응을 보이는 시간을 활용한다는 점은 공통적이다. 집단에 따라 혹은 치료자에 따라 심리적 문제를 치료자가 적극적으로 나서서 해결할 수도 있고 집단원들 자체 내에서 자주적으로 해결할 수도 있다.

5. 심리치료의 효과

이렇게 다양한 치료법 중 어느 것을 선택하겠는가? 무슨 수로 가장 좋은 심리치료가 바로 이것이다라고 확신할 수 있는가? 만일 표준화된 종합검사가 있어서 타당한 준거를 가지고 다양한 형태의 심리치료를 비교할 수 있다면 이런 질문에 답하는 것이 가능할지도 모르겠다. 그러나 현재로써는 미국의 식품의약국(FDA)이나 우리나라의 보건복지부에서 식품과 의약품을 관리하듯이 다양한 심리치료의 효능과 부작용의 가능성을 검증하기 위한 정부 차원의 중개기관도 없는 실정이다. 그나마 심리치료를 선택할 때 참고할 수 있는 가장 믿을 만한 지침은 연구 문헌이라 하겠으나 이 또한 여러 면에서 제한되어 있고 광범위하게 산재해 있는 데다가 대부분의 심리치료 접근에서 연구보고가 잘 이루어지지 않고 있는 실정이다.

그러나 현재 대부분의 심리학자들은 심리치료가 효과가 있다는 결론에 동의한다(Seligman, 1996). 분명히 심리치료를 받으면 안 받은 경우보다 낫다.

미국심리학회에서는 경험적 연구를 통해서 특정 문제에 대해 효과가 있는 것으로 결론이 난 치료법들의 목록을 만들어서 공표하고 있다. 가령, 공황장애에는 노출치료가 효과 있다고 공지되었다. 특정 접근법마다 치료원리가 다 다르고 실제로 효과를 내는 기제가 다를 것이다. 그러나 치료 접근법이 다르더라도 치료자와 내담자 간의 좋은 관계, 자신의 문제에 대한 이해(혹은 통찰), 감정의 표현이나 해소, 장애와 그 대처에 관한 교육, 안심시키기, 지지해 주기 등의 요인들이 공통적으로 작용해서 치료의 효과를 내는 것 같다(김미리혜, 김진영 외, 2000).

어떤 심리치료의 효과가 더 좋은가? 이에 대한 답은 확실하지 않으며 복잡하다(Pratt & Moreland, 1996). 아마도 "어느 심리치료가 더 나은가?"라는 일반적인 질문보다는 "어떤 문제에, 어떤 사람에게, 어떤 심리치료가 더 효과가 있는가?"라고 구체적으로 묻는 것이 현명할 것이다.

여러 연구를 통합하는 메타분석(meta-analysis)을 근거로 다음과 같은 일반론적인 결론을 내릴 수 있다. 대부분의 사람에게 심리치료는 효과가 있다(Spiegel, 1999). 물론 예외도 많아서 모든 사람에게 효과가 있는 것은 아니다(Lambert, Shapiro, & Bergin). 그리고 특정 문제에 대해 더 나은 특정 치료법이 있는 경우가 많다(Miller & Magruder, 1999). 그러나 모든 문제에 잘 듣는 치료법은 없다.

제2절 생물의학적 치료[6]

심리장애라는 현상과 그 원인은 여러 각도에서 볼 수 있다. 제2장 신경과학과 행동에서 보았듯이 우리의 모든 '심리적인' 현상의 밑에는 생물학적인 현상이 깔려

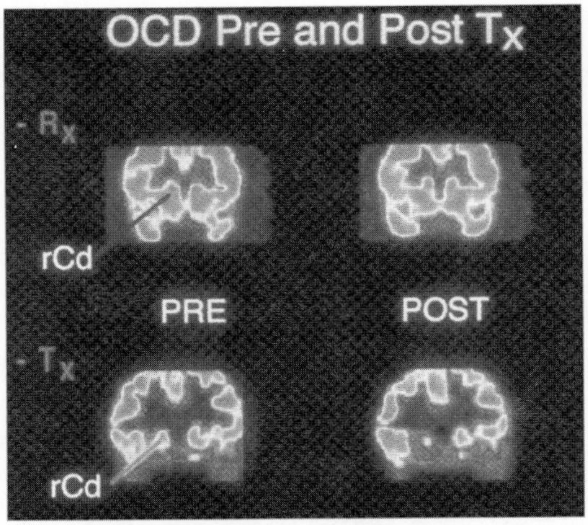

| 그림 15-1 | **심리치료 후에 달라진 뇌의 모습**

행동치료를 받기 전과 후의 뇌 PET 스캔 사진과 약물치료를 받기 전과 후의 뇌 PET 스캔 사진. 두 경우가 동일한 양상을 보인다. 즉, 행동치료와 약물치료가 뇌에 같은 영향을 미친 것이다(Schwartz et al., 1996).

있다. 우리가 보고 듣고 생각하고 말할 때 관여하는 생리적인 기제들이 당연히 '이상행동'에도 관여한다. 심리치료가 이상행동의 원인으로 '과거의 갈등'이나 '현재의 스트레스'를 꼽는다고 해서 신경계의 이상을 부인하는 것은 아니다. 단지 접근을 할 때 치료의 주안점을 어디다 두느냐의 문제라고 보면 된다.

생물학적 · 의학적인 관점에서는 신경계의 기능이상을 교정함으로써 이상행동을 치료하려는 접근법을 취한다.

어떤 사람들은 어떤 심리장애의 원인이 생물학적인 이상이라고 해서 생물학적인 치료가 최선의 방책이라고 주장하는데, 이 주장은 커다란 논리적 오류를 안고 있다. 가령, 심리치료를 통해 행동과 생각을 변화시켜도 뇌의 기능에 영향을 미치기 때문이다. 예를 들어, 항우울제인 프라작(Prazac)을 투여하면 뇌의 글루코스 대사가 촉진되어 증상의 개선을 가져온다. 백스터 등(Baxter et al., 1992)과 슈워츠 등(Schwartz et al., 1996)의 연구를 보면 약물을 투여하지 않고 행동치료를 받은 환자의 뇌에서도 똑같은 변화가 목격되었다. 더 나아가 인지행동치료가 우울증 환자들의 수면 중 뇌파 형태를 정상으로 복구시킬 수 있었으며, 항우울제는 그러한 치료 효과를 보이지 않는다는 연구결과도 있다(Thase et al., 1998). 또한 약물치료만 하

6 • 제2절의 감수자: 최영희(정신과 전문의/메타인지행동치료연구소장)

기보다는 심리치료를 병행하면 치료효과가 더욱 커진다는 연구보고가 많다.

심한 우울증, 양극성 장애, 정신분열증 등의 증상을 경감시키기 위해서 심리치료만 시도한다면 환자와 치료자 간 상호작용과 의사소통을 전제로 하는 전형적인 심리치료 기법이 제대로 적용되지 않아 효과를 보지 못하든지 효과를 보더라도 충분하지 않다. 이때는 생물의학적인 방법을 동원해야 한다. 약물을 투여하고 때에 따라서는 입원시키기도 한다.

생물의학적인 치료들은 약물치료(종종 쓰인다), 전기충격요법(가끔 쓰인다), 수술(거의 쓰이지 않는다)로 나뉜다.

1. 약물치료

앞에서 언급하였듯이 생물의학적인 치료법 중에 약물치료가 가장 많이 쓰인다. 약물치료는 정신약물학에 기초하여 환자들의 증상을 완화하는 치료법이다. 정신약물학에서는 우리의 뇌에서 분비되는 신경전달물질이 많아지거나 작아질 때 감정이나 행동의 변화가 일어나는지를 연구한다.

이상행동을 치료하기 위해 처방하는 약물은 사용목적에 따라 항정신병제, 항우울제, 항조증제, 항불안제 등으로 부른다.

일반인은 약물치료를 지나치게 맹신하는가 하면 또한 지나치게 염려한다. 일부 정신과의사들과 제약회사들이 대중에게 약물의 제한점은 알리지 않고 장점만 '약장수처럼' 말하고 있는데, 현명한 소비자라면 다음과 같은 점을 알아 두어야 한다.

1) 위약효과(placebo effect)[7]

약물이 새로 개발될 때마다 이 약이야말로 빨리 효과를 보는 치료제라고 선전한다. 위약효과의 원칙에 따라 신약을 둘러싼 열기와 기대 때문에 개발 초기 몇몇 사람이 효과를 본다. 잠시 후 위약효과는 사그라들고 진실이 밝혀진다. 대부분의 약은 처음 기대하였던 것만큼 효과적이지도 않고, 누구에게나 효과가 있는 게 아니다. 신약이 개발될 때마다 이러한 과정이 되풀이된다.

항우울제의 경우를 보자. 항우울제를 개발한 사람들이나 처방한 사람들은 그 효과를 믿어 의심치 않았다. 그러나 한 메타분석(Kirsch & Sapirstein, 1998)을 보면, 2,000명의 우울증 환자들에게 약을 투여한 결과 약 효과의 25%만 약의 화학성분

덕택이라고 볼 수 있었다. 나머지 75%의 효과는 위약효과 등 약의 화학성분과 무관한 요인이 작용한 것이다. 프라작이 처음 나왔을 때 미국 사람들은 열광하다시피 하였다. 그러나 기존의 항우울제와 그 효과가 다를 바 없었다(Greenberg et al., 1994).

2) 높은 중도 탈락률과 재발률

환자들이 항정신병제나 항우울제를 복용해서 단기적 효과를 볼지 모르나 부작용 등의 이유로 반이나 2/3 정도의 환자들이 복용을 중지한다(McGrath et al., 1990). 또한 우울증 환자가 삶의 어려움에 어떻게 대처해야 하는지 여전히 모르는 채 항우울제만 복용한다면 살아가면서 자꾸 재발되는 것이 당연하다.

3) 장기적 위험

항정신병제의 장기복용이 위험할 수 있다는 말은 이미 앞에서 했다. 항우울제는 안전하다고 알려져 있지만 장기복용의 위험성에 관해서는 아직 모른다. 새로 개발된 약들의 경우 단지 수주나 수개월간만 수백 명의 환자에게 임상실험하기 때문에 장기적인 위험에 대해서는 알 도리가 없다. 가령, 주의력결핍 과잉행동장애의 진단을 받은 아동들에게 리탈린(Ritalin)을 처방하는데, 그 효과를 보는 연구에서 14개월 이상 이 약을 복용한 아동들을 대상으로 한 경우가 없다(National Institutes of Health). 어떤 약물이 당장 효과가 있다고 해도 장기적으로 어떤 해를 가져올지 모른다는 점을 명심해야 한다.

많은 의사가 진단 후 심리치료를 선행하거나 병행하지 않고 약물을 처방하는데 우리는 이에 대해 비판적인 시각을 견지해야 할 것이다.

2. 수술, 전기충격요법, 경두개 자기 자극술

심리적 장애를 치료하기 위한 수술은 결국 뇌에 칼을 대는 뇌수술이다.

오늘날 테크놀로지의 발달로 수술의 정확도가 높아졌음에도 불구하고 수술은 거의 쓰이지 않는데, 그 이유는 다음과 같다.

- 약물치료가 수술보다 효과적임이 입증되었다.

- 수술이 장기적으로도 효과가 있는지 의혹이 확대되었다.
- 수술은 한번 시행되면 돌이킬 수 없으므로 도덕적으로 문제가 될 소지가 있다.

전기충격요법(Electroconvulsive therapy: ECT)은 잠깐 동안 전기를 환자의 머리에 흐르게 해서 경련 발작을 야기한다. 심리치료, 약물치료 등 다른 형태의 치료에도 낫지 않는 만성적이고 심각한 우울증에 사용된다. 전기충격은 1초도 안 걸리며, 미리 근육이완제를 투여해서 심한 경련을 예방한다. 어떻게 해서 우울증을 경감하는지 확실한 기제는 규명되어 있지 않으며 비교적 안전한 것으로 보고되었지만 부작용 또한 보고되고 있다.

경두개 자기 자극술(Transcranial Magnetic Stimulation: TMS)은 두부 가까이에서 강력한 자기장으로 두개골을 통과시켜 경두개 피질의 신경세포를 활성화하도록 자극하는 새로운 비침습적 시술이다. 두뇌피질을 국소적으로 자극할 수 있다는 특징으로 우울증 질환에 대한 효과가 밝혀져 사용되고 있다. 신체 다른 부위에 대한 영향이 없고, 약물치료에 비해 부작용이 적지만 임상자료가 부족한 상태다.

요 약

1. 이 장에서는 이상행동을 치료하는 방법에 관해 배웠다. 크게 심리적 접근법과 생물의학적 접근법으로 나뉜다.
2. 심리치료는 치료자와 내담자 간에 대화 등의 상호작용으로 이루어지며 정신분석 심리치료, 인본주의 심리치료, 인지행동치료 등의 다양한 접근법이 있다.
3. 정신분석 심리치료에서는 이상행동의 근본 원인이 무의식 속에 숨어 있는 욕구와 갈등이라고 본다. 따라서 무의식 속의 욕구와 갈등에 대한 통찰을 얻는 것이 1차적인 치료목표이고, 훈습을 통해 통찰한 것을 소화한다. 치료기법으로는 자유연상, 꿈의 분석, 저항과 전이의 분석을 사용한다. 고전적 정신분석은 시간과 돈이 많이 들고 그 효과에 관한 연구가 활발히 이루어지지 않았기 때문에 최근에는 위축되었다. 정신역동치료는 정신분석과는 차별화되는 면모를 보이지만 정신분석에서와 마찬가지로 어린 시절 경험과 방어기제에 초점을 맞춘다.
4. 환자의 어린 시절을 중시하는 정신분석과 달리 인본주의적 치료에서는 현재의 감정과 자신의 상황에 대한 책임에 초점을 맞춘다. 사람들은 누구나 자기실현을 추구하며 변화할 수 있는 능력을 가지고 있다고 본다. 내담자중심 치료에서는 진솔성과 수용, 공감을 표현하기 위해 적극적 경청법을 사용한다. 실존주의적 치료에서는 내담자들이 존재의 의미, 현실경험의 의미를 탐구하게 하고 실존의 문제를 직시하도록 돕는다. 또한 게슈탈트 치료에서는 '불완전한 게슈탈트'를 다루면서 현실과 자유로운 감정 표현을 강조한다.
5. 인지적 접근법이 전통적 행동주의 접근법에 가세한 인지행동치료에서는 무의식적 동기나 갈등을 다루는 대신 포괄적인 의미의 '행동'에 초점을 맞춘다. 또한 문제행동이 학습된 것이라고 보고 재학습과정을 거쳐서 행동을 고친다. 역조건화 등의 고전적 조건화의 원리, 혹은 토큰경제 등의 조작적 조건화의 원리를 적용한 기법을 사용한다. 인지적 접근에서는 적응을 저해하는 자기패배적 사고를 줄이고 적응에 도움이 되는 방식으로 자신과 세상을 보도록 이끈다. 새로운 사고법과 말하기 법을 훈련시킨다.
6. 집단심리치료는 개인심리치료에서와 마찬가지로 내담자들의 특성이나 치료자의 접근법에 따라 다양한 형태로 시행된다. 사이코드라마와 참만남집단은 다소 특수한 유형이라고 볼 수 있다. 가족치료에서는 가족 중 한 개인의 문제 때문에 치료를 받으러 왔더라도 가족 전체를 하나의 단위로 보고 그 구조와 조직에 초점을 맞춘다.
7. 심리치료의 효과를 되풀이 연구한 결과, 심리학자들은 ① 심리치료를 받은 것이 받지 않은 것보다 나으며, ② 특정 문제에 대해서 특정 치료법이 더 효과가 있을 수 있고, ③ 모든 문제, 모든 사람에게 두루 잘 듣는 만병통치 치료법은 없다는 데 동의한다.
8. 생물의학적 치료법은 생물학적 · 의학적인 관점에서 중추신경계(뇌), 신경전달물질에 영향을 줌으로써 이상행동을 치료한다. 생물의학적 치료법으로 약물치료, 수술 및 전기충격요법을 들 수 있다.

제 16 장

일상생활에서의 심리학 응용

학습목표

1. 심리학이 일상생활에 어떻게 응용되고 있고, 또 응용될 수 있는지를 이해한다.
2. 기초심리학과 응용심리학 간의 관계를 이해한다.
3. 기업, 군대, 경찰, 공공기관 등에서 심리학의 어떤 지식과 원리가 응용되는지를 이해한다.
4. 교통문제, 건강문제와 같이 우리 사회에서 흔히 접하는 문제를 해결하기 위해 심리학이 어떻게 응용될 수 있는지를 이해한다.
5. 사이버 공간에서 심리학이 어떻게 응용될 수 있는지를 이해한다.
6. 현재는 심리학 지식이 응용되고 있지 않지만 앞으로 심리학을 응용하여 해결할 수 있는 문제나 분야가 무엇인지를 생각해 보고, 스스로 해결책을 제시할 수 있도록 한다.

16

제1절 서론

심리학은 인간의 행동과 정신과정에 관하여 연구하는 학문이기 때문에 우리의 일상생활과 밀접한 관련이 있고, 심리학 지식들이 우리의 생활에 매우 큰 공헌을 하고 있다. 심리학자들이 연구를 통해 알아낸 사실들이 우리 사회의 다양한 장면이나 분야에 유용하게 활용되고 있다. 예를 들어, 설득의 원리는 영업사원들이 고객의 마음을 움직여서 상품을 판매하는 데 활용될 수도 있고, 학습의 원리는 기업에서의 교육에 활용되어 종업원의 회사에 대한 태도변화를 일으킬 수도 있다. 이처럼 심리학은 우리 생활의 거의 모든 분야에 응용되고 있다고 해도 과언이 아니다. 이 장에서는 앞에서 다루었던 심리학의 여러 분야에서 발견된 지식과 원리들이 일상생활에 어떻게 응용되고 있고, 또 앞으로 어떻게 응용될 수 있는지를 다룬다.

기초심리학과 응용심리학 연구는 동전의 양면과 같이 서로 긴밀한 관련성을 지니고 있지만, 기초심리학이 심리학 지식이나 원리의 발견 그 자체에 관심을 갖는 반면, 응용심리학은 심리학의 원리를 실생활에 적용하여 실제 문제를 해결하는 데 관심을 둔다. 우리나라 심리학의 역사를 돌이켜 볼 때 응용심리학의 두 가지 큰 줄기는 임상 및 상담 심리학과 산업 및 조직심리학이었다. 하지만 최근에는 환경의 문제, 범죄 및 법률에 관한 문제, 중독에 관한 문제 등 매우 다양한 분야에서 심리학이 응용되고 있다.

우리나라에는 1946년에 설립된 한국심리학회(www.koreanpsychology.or.kr) 산하에 2015년 현재 15개 학회(설립 순으로 임상심리학회, 상담심리학회, 산업 및 조직심리학회, 사회 및 성격심리학회, 발달심리학회, 인지 및 생물심리학회, 문화 및 사회문제심리학회, 건강심리학회, 여성심리학회, 소비자·광고심리학회, 학교심리학회, 법심리학회, 중독심리학회, 코칭심리학회, 측정평가심리학회)에 약 1만 3,500명의 회원 및 준회원이 등록되어 있으며, 40여 개 대학에 심리학 학부 및 대학원 과정이 개설되어 있다. 이들 중에서 심리학의 응용에 관심을 더 두고 있는 분과학회는 임상심리학회(www.kcp.or.kr), 상담심리학회(www.krcpa.or.kr), 산업 및 조직심리학회(www.ksiop.or.kr), 문화 및 사회문제심리학회(www.kpacsi.or.kr), 건강심리학회(www.healthpsy.or.kr), 소비자·광고심리학회(www.kscap.or.kr), 학교심리학회(schoolpsych.or.kr), 중독심리학회(www.addictpsy.or.kr), 코칭심리학회

(coachingpsychology.or.kr) 등이다. 요즈음은 모든 분과학회가 웹사이트를 가지고 있어서 그곳에서 심리학에 관한 다양한 지식이나 자료뿐만 아니라 자격증과 관련된 정보도 얻을 수 있다. 현재 임상심리, 상담심리, 발달심리, 건강심리, 산업 및 조직심리, 범죄심리, 인지학습심리, 중독심리 분야에서 자격증 제도를 운영하고 있다.

제2절 심리학의 응용

1. 기업에서의 심리학 응용

기업에서 주로 응용되는 심리학 지식은 산업 및 조직심리학이다. 산업 및 조직심리학은 심리학의 지식 및 원리를 기업, 산업체, 공공기관, 병원 등 다양한 형태의 조직에 응용하고 일과 관련되어 일어날 수 있는 많은 실제적 문제의 해결을 다룬다(유태용 역, 2012). 오늘날 기업이 처한 환경이 급변하고 인적자원의 확보와 종업원의 심리에 대한 이해가 절실히 요구됨에 따라 산업 및 조직심리학의 중요성은 더욱 부각되고 있다. 산업 및 조직심리학은 우수한 종업원을 선발하고, 적성에 맞는 일에 배치하고, 교육을 통해 종업원의 역량을 개발하고, 업무성과를 공정하게 평가하고, 조직 내 의사소통을 개선하고, 직무만족을 증진시키고, 직무 스트레스를 줄이는 등 기업 내에서 다양한 분야에 응용된다. 이처럼 산업 및 조직심리학은 '심리학의 방법, 사실, 원리들을 다양한 조직에서 일하는 사람들에게 응용하는 학문'이라고 정의할 수 있다.

1) 인사심리학

인사심리학은 종업원의 개인차와 관련된 문제를 다룬다. 인사심리학은 산업 및 조직심리학의 역사를 고려해 볼 때 가장 오래되고 전통적인 분야다. 산업심리학이라는 명칭이 사용되었던 초창기에 연구되었던 대부분의 주제가 이러한 인사심리학적 주제들이었으므로 초창기에는 산업심리학이 곧 인사심리학이었다고 해도 과언이 아니다. 여기서 인사(personnel)라는 용어 속에는 종업원의 선발, 배치, 승진, 근무평가, 교육 등과 관련된 모든 문제가 포함되어 있다. 따라서 인사심리학은 어떤 직무에 필요한 인간의 지식, 기술, 능력, 성격, 흥미 등이 무엇인가를 알아내어서 그 직무에 적합한 사람들을 선발하고, 그들을 적성에 맞게 배치하고, 직무를 효율적으로 수행할 수 있도록 그들에게 필요한 교육을 시키고, 합리적인 인사고과를 통하여 임금이나 승진 등을 결정하는 것을 포함한다.

지원자들로부터 우수한 사람을 선발하기 위해서는 먼저 직무분석이 선행되어야 한다. 왜냐하면 직무분석의 결과로부터 그 직무에 요구되는 활동 및 인적 특성을 알아낼 수 있기 때문이다. 선발방법에는 서류전형, 심리검사, 면접 등 다양한 방법이 사용되고 있지만 면접이 가장 자주 사용되고, 성격검사 또는 적성검사를 채용에 도입하는 기업들도 늘어나는 추세다(이동선, 손향신, 김상규, 고득영, 김응재, 최정락, 은영신, 유태용, 2010). 채용을 위한 이러한 적성 및 성격검사의 개발에 심리학자들이 적극적으로 참여하고 있고, 정부나 기업체로부터의 채용도구 개발에 대한 요구도 늘어나고 있다. 뿐만 아니라 최근에 우리나라에서도 신입사원이나 기존 사원의 교육에 많은 돈을 투자하고 있다. 이러한 교육의 설계 및 평가에 있어서 학습이나 심리측정에 관한 심리학 지식이 활발하게 응용되고 있다. 또한 인사고과 분야에서도 척도개발에 관한 절차와 지식들이 활용되고 있고, 최근에 역량평가를 위한 평가센터 개발에 대한 요구도 급증하고 있다.

2) 조직심리학

조직 내에서 일하는 모든 종업원의 태도와 행동은 필연적으로 조직에 의해 영향을 받는다. 조직심리학 분야에서 주로 다루고 있는 연구주제는 종업원들의 직무만족, 작업동기, 조직에 대한 몰입, 종업원 상호 간의 의사소통, 리더십, 조직개발, 노사관계 등이다. 인사심리학이 누구를 선발하고 누구를 승진시킬 것인가와 같은 개인수준의 문제에 관련되어 있는 분야인 반면, 조직심리학은 조직 내의 사회적 혹은 집단적 영향과 관련되어 있는 분야다. 따라서 태도나 집단역학에 관한 사회심리학 지식이 조직심리학에 많이 응용된다. 조직을 보다 효율적으로 만들기 위하여 조직의 문제를 진단하고 변화를 도입하고 변화가 조직에 미치는 효과를 평가하는 조직개발도 조직심리학에서 다루는 주제다. 또한 조직풍토나 조직문화도 조직심리학의 중요한 연구주제다. 노사관계 분야에서는 고용주와 종업원 간에 일어나는 심리적 갈등의 해결을 다루고 노동조합과 관련된 문제도 연구한다. 노사관계를 전문적으로 다루는 조직심리학자들은 노사 간 갈등 및 분쟁, 작업집단들 간의 갈

| 그림 16-1 | 심리학의 응용 분야인 산업 및 조직심리학은 고용주와 종업원들 간에 일어나는 심리적 갈등을 해결하고 노동조합과 관련된 문제들도 연구한다.

등, 단체교섭이나 협상에 관심을 갖는다. 이를 위해 노동관계 법률에 전문적 지식을 가지고 있는 사람들과 긴밀한 접촉을 가지며 종업원의 권리 보장, 분쟁 해결을 위하여 노력한다. 따라서 노사관계를 다루는 조직심리학자들은 심리학 지식뿐만 아니라 노동법에 관련된 지식들도 필요하다. 공인노무사 자격증을 취득하여 기업에서 활동하고 있는 심리학 전공자들의 수도 늘어나고 있는 추세다.

3) 산업상담

산업상담 분야는 상담심리학과 산업 및 조직심리학 지식을 둘 다 필요로 한다. 상담심리학 지식을 응용하여 직장에서 일어나는 갈등을 해결하는 분야로서 직업이나 일에서 겪는 종업원의 문제를 상담을 통해 그들이 일이나 직업에 보다 잘 적응할 수 있도록 돕는다. 즉, 산업장면에서의 상담자들은 종업원들이 가치 있고 만족스러운 직업을 선택하고, 경력을 개발해 가고, 직장에서의 갈등이나 직장과 가정 사이에 일어날 수 있는 갈등을 해소하고, 변화하는 직무에 적응하도록 도와준다. 최근에 우리나라에서도 종업원 지원 프로그램(Employee Assistance Program: EAP)을 운영하는 기업이 늘어나고 있다. EAP란 종업원의 직무만족이나 생산성에 부정적인 영향을 미칠 수 있는 문제를 해결하기 위하여 회사가 종업원이나 그 가족에게 상담이나 교육 서비스를 제공하는 것이다(최수찬, 2005). 또한 우리나라에서는 현재 한국산업인력공단에서 주관하는 직업상담사 자격제도가 시행되고 있다. 직업상담사는 직업안정기관이나 인력관련기관에서 개인의 직업 선택, 직업 전환, 재취업 및 퇴직에 관한 서비스를 제공하고 있다. 이러한 과정에서 직업상담사는 개인의 능력과 흥미를 파악하고, 적절한 정보와 자료를 제공하고, 상담을 통해 개인의 취업, 직장 적응, 경력개발에 도움을 준다. 직업상담사는 노동부 지방관서, 고용안정센터, 인력은행, 직업훈련기관, 장애인 고용촉진기관, 기업체의 고충처리 상담실 등에 고용될 수 있다(한국 산업 및 조직심리학회 편, 2000).

2. 군대에서의 심리학 응용

군대는 위계질서와 명령을 중요시하고 엄격한 통제를 요구한다는 점에서 일반 사회의 조직과는 다른 특성을 지니고 있다. 하지만 다른 조직과 마찬가지로 사람들이 모여서 조직을 형성하고 있고, 국토방위라는 뚜렷한 목적을 지니고 운영되는 조직이기 때문에, 심리학의 기본원리와 지식이 군대의 인력관리나 전투임무의 수행에 광범위하게 적용될 수 있다. 즉, 군대는 일반 사회의 다양한 직무와 기능이 거의 모두 망라되어 있기 때문에 심리학의 거대한 응용장면이라고 할 수 있다.

1) 군대 인력의 선발과 배치

군대에 입영대상이 되는 장정들은 신체검사뿐만 아니라 성격검사를 비롯한 각종 심리검사를 받는다. 이러한 과정을 통하여 부적격자를 가려내고, 입영 후에 훈련소에서 적성검사를 실시하여 그 결과에 따라 군 인력을 적재적소에 배치함으로써 군 인력 활용의 효율성을 높일 수 있다. 이러한 적성검사의 실시는 자신의 전공과 적성을 살려서 군복무를 할 수 있는 기회를 제공할 수 있기 때문에, 군 전력 향상을 가져올 수 있을 뿐만 아니라 개인적 측면에서도 군대생활에 대한 적응력을 높일 수 있다. 따라서 군대 인력의 효과적인 선발과 배치를 위해서는 인간의 지능, 성격, 흥미에 관한 심리학적 이론을 적극적으로 활용할 필요가 있다. 국내에서도 심리학자들이 제작한 육군 선발용 성격검사가 사용되고 있다.

2) 군대 인력의 교육 및 훈련

군대 조직에서는 유사시에 대비한 끊임없는 교육 및 훈련이 요구된다. 군대에서의 교육 및 훈련은 단기적이면서도 교육의 목적이 분명하고 교육 후 곧바로 적용된다는 점에서 일반 학교 교육과 차이가 있다. 이런 분명한 교육목적을 달성하기 위하여 효과적인 교육훈련 프로그램의 개발, 교재의 개발, 교수방법 및 지휘 통솔법 개발, 교육의 성과측정이 중요시된다. 군대에서의 교육 및 훈련에서도 심리학의 학습원리, 동기부여 방안 등이 그대로 활용될 수 있다. 또한 요즘 입영하는 세대들의 생각과 행동이 과거와 다를 수 있기 때문에 교육의 효율성을 높이기 위하여 교육 및 훈련 과정의 설계에서도 이러한 변화를 고려할 필요가 있다.

3) 사기 진작 및 효과적인 전투임무 수행

집단역학, 태도변화, 가치관 등에 관련된 사회심리학 지식과 작업동기, 리더십, 직무만족 등과 관련된 조직심리학 지식들을 응용하여 동료 간의 전우애 및 단결력을 증진시키고, 집단의 사기를 진작시키고, 효과적인 의사소통 및 명령체계를 세울 수 있다. 또한 실제 전투상황에서 효율적인 행동을 수행할 수 있도록 공포 및 긴장 감소를 위한 심리학적 지식을 응용하고, 심리전에 관한 지식을 가르쳐서 분대 혹은 소대 단위의 전투임무 수행의 효율성을 높일 수 있다. 또한 지휘관의 통솔력을 증진시키기 위하여 리더십에 관한 이론들을 활용할 수 있다.

| **그림 16-2** | 군대에서 심리학은 동료 간의 전우애 및 단결력을 증진하고, 집단의 사기를 높이며, 분대 혹은 소대 단위의 전투임무 수행의 효율성을 높이는 데 활용할 수 있다.

4) 군대생활 적응을 위한 상담활동

요즘 군대에 입영하는 나이가 주로 10대 후반에서 20대 초반으로서 타인의 간섭과 통제에 대하여 가장 민감한 시기이기 때문에 신병들의 군대생활 적응에 많은 관심을 가질 필요가 있다. 일반 사회와는 달리 명령과 통제가 중요시되고 단체생활이 강조되기 때문에 군대생활 초기에 그들은 심리적 불안과 갈등을 겪을 가능성이 크다. 예를 들어, 병영 내에서의 총기난사 사건이나 탈영병의 총기난동 사건 등은 당사자의 군대생활 부적응에서 발생하는 문제들이다. 따라서 사병들의 불만이나 심리적 부적응에 대해 상담 및 임상 심리학 지식을 활용하여 그들의 정신건강을 유지하고 사고를 미연에 방지할 수 있는 대책을 강구해야 한다.

3. 정부에서의 심리학 응용

심리학은 정부조직이나 국가의 행정기관에도 다양하게 활용될 수 있다. 먼저 기업조직과 마찬가지로 정부조직도 하나의 조직이므로 기업조직에서 응용되는 종업원의 선발, 배치, 교육훈련, 근무평가, 조직설계 및 조직개발, 직무설계, 리더십, 동기부여 및 사기앙양 등과 관련된 산업 및 조직심리학의 원리와 지식들이 정부조직에도 그대로 활용될 수 있다. 현재 고용노동부에서는 구직자들의 직업적성을 측정하기 위한 목적으로, 심리학자들의 연구로 개발된 적성검사를 사용하고 있다. 또한 경찰청에서는 신임 경찰관을 채용할 때 심리학자들이 개발한 경찰 적성검사를 실시하고 있다. 최근에는 정부조직도 일반 기업조직의 경쟁원리를 도입하여 조직을 개편하고 공무원 개개인의 역량을 키우기 위한 교육연수에 많은 관심을 기울이고 있기 때문에, 기업조직에서 활용되는 산업 및 조직심리학 지식들이 정부조직에서 더욱더 활발하게 응용될 전망이다. 현재 우리나라 정부는 고위공무원들의 역량을 평가하기 위하여 평가센터 기법을 응용한 역량평가제도를 시행하고 있다(조성주, 2007).

정부조직의 구성과 효과적인 인력관리뿐만 아니라 행정기관에서 수립하는 정책의 결정과 실행에도 심리학이 활용될 수 있다. 예를 들어, 대기 및 수질 오염, 노년층의 소외감, 청소년 범죄 및 비행, 교통문제, 인구문제 등과 같은 사회문제에 내포된 심리적 요인이 무엇인지를 밝히고, 대학입시제도를 비롯한 교육제도, 신도시 개발, 교도소 재소자의 재활 및 갱생보호제도, 극빈자 구호 및 청소년 가장 보호대책 등 다양한 행정제도의 수립에 심리학적 지식을 응용할 수 있다. 또한 인간의 지각이나 착각현상에 관한 심리학적 실험결과를 응용하여 도로 교통표지판의 구성 및 글자 크기의 결정에 활용할 수도 있다. 이러한 심리학적 지식을 활용함으로써 정부는 국민이 느끼기에 더 우수하고 효과적인 정책을 제시하여 진정으로 국민을 위한 행정을 실현할 수 있다.

4. 공학에서의 심리학 응용

공학심리학은 작업자의 생산성과 안전을 증진시키기 위하여 기계나 장비를 어떻게 설계하는 것이 바람직한지에 관심을 갖고 실험 및 인지심리학 지식들을 산업현장에 응용하는 분야다. 즉, 인간의 자연스러운 동작과 지각 능력에 기초하여 장비나 기계들을 어떻게 설계하는 것이 작업 오류를 최소화하고 작업능률을 최대화할 것인지에 관한 인간과 기계 간의 상호작용체계를 연구한다. 예를 들어, 자동차나 비행기의 계기판을 어떻게 배치하는 것이 작동 오류를 줄일 것인지를 연구하고, 인간의 기술과 능력에 걸맞도록 작업환경을 어떻게 설계할 것인지를 다룬다. 인적요인 심리학(Human factors psychology)이나 인간공학(Ergonomics)은 공학심리학과 같은 의미로 사용되는 용어들이다.

기계나 장비 자체의 성능과 더불어 조작의 편리함과 안전을 증진시키기 위하여 심리학 연구결과는 제품의 설계에 많은 기여를 할 수 있다. 심리학에서 발견된 지식과 원리들로부터 인간의 신체적 · 생리적 · 심리적 특징을 알아내고 이를 각종 기계 및 생활용품의 설계에 응용한다. 예를 들어, 자동차나 비행기의 조작을 위한 여러 가지 조종기구나 스위치, 계기판을 인간의 신체적 조건과 감각, 지각, 운동, 학습능력을 감안하여 효율적으로 설계함으로써 신체적 · 심리적 피로를 줄이고 사고를 예방하며 보다 편리한 조작이 가능하도록 한다. 최근에는 컴퓨터를 비롯한 각종 가전제품이나 책상이나 침대와 같은 가구에 이르기까지 한국인의 신체조건을 고려하여 만들어지고 있는 추세다. 또한 최근에 인간의 감정 및 정서에 관한 심

| **그림 16-3** | 공학심리학은 보다 효율적이고 쾌적한 일터를 만들기 위하여 사무실 내의 책상과 가구의 설계나 배치에도 활용된다.

리학적 지식을 각종 기계의 설계에 응용하고자 하는 '감성공학'에 대한 관심이 부각되었고, 인간의 느낌을 감지하여 적절하게 작동함으로써 인간에게 가장 쾌적함을 제공하는 기계나 장비가 제작되고 있다.

또한 공학심리학은 작업환경이 수행에 미치는 효과를 연구하여 작업자에게 보다 효율적이고 쾌적한 일터를 설계하는 데 공헌한다. 예를 들어, 조명, 작업실의 채색, 온도, 음악 등이 작업수행에 미치는 영향을 연구하여 작업능률을 올리는 데 기여한다. 이와 더불어 작업시간과 휴식시간의 조정, 효과적인 근무시간 등도 공학심리학에서 심리학을 응용하여 다루는 분야다.

5. 광고 및 소비자 행동에서의 심리학 응용

심리학의 지식과 원리를 광고 및 소비자 행동 분야에 응용하는 광고심리학이나 소비자심리학은 상품에 대한 소비자들의 지각이나 태도, 상품에 대한 정보통합과정 및 기억, 구매동기 및 구매행동, 상품구매에서의 의사결정과정 등을 다룬다. 또한 광고와 관련하여 소비자들에게 상품에 관한 정보를 효과적으로 제시하는 기법을 개발하고 시장조사 및 광고 효과 조사를 실시한다. 소비자 및 광고심리학도 심리학의 응용 분야인 만큼 소비자들의 행동을 이해하기 위하여 인간의 정보처리과정이나 기억, 정서, 동기, 태도, 학습, 귀인 등에 관한 심리학적 원리가 활용된다.

소비자심리학은 광고, 소비자의 행동, 상품의 포장, 기억과 지각과 같은 심리적 요인에 관한 연구를 포함한다. 소비자가 어떤 물건을 구매할 때는 보통 매체에 의한 광고에 의해 어떤 제품이 존재하는지를 먼저 인식하고, 제품의 속성에 관한 정보를 획득하고, 특정 제품에 관한 좋은 태도를 형성하고, 그 상품을 좋아하게 되고, 그 상품을 구입하는 것이 현명하다는 확신을 갖게 되고, 결국 그 상품을 구입하는 과정을 거치게 된다. 이러한 각 단계에서 소비자의 정보처리과정과 심리과정을 이해하기 위해서는 이 책의 앞부분에서 다룬 인지심리학과 사회심리학 지식이 필수적으로 요구된다.

광고라는 말 자체는 사람들에게 널리 알린다는 것이다. 많은 사람에게 널리 알리고 사람들의 관심을 유도하고 광고에서 원하는 방향으로 소비자가 행동하도록 하기 위해서는 심리학 지식이 필연적으로 요구된다. 즉, 광고에서 제시된 자극에 대하여 인간이 어떻게 지각하고, 처리하고, 통합하고, 저장하는지에 관한 이해가

| 그림 16-4 | 상품의 진열이나 상품에 대한 가격정보는 소비자의 구매행동에 영향을 미친다. 소비자는 구매에 있어서 합리적 의사결정과정을 거치지만 때로는 충동구매를 하기도 한다.

필요하다. 인간의 감각 중에서 가장 영향력을 발휘하는 것은 시각이므로 인쇄광고나 TV광고는 주로 시각정보를 효과적으로 전달하려고 노력한다. 광고에서 제시되는 정보는 주의를 끌어야 하는데, 먼저 다른 광고들과 대조를 이루는 것이 보는 이들의 관심을 끌 수 있다. 예를 들어, 요즈음은 대부분이 컬러광고이므로 흑백광고가 시선을 끌 수 있으며, 소리 없이 화면에 글자만 제시되는 TV광고도 다른 광고에 비해 차별성을 지닐 수 있다.

광고에서 전달하고자 하는 메시지가 복잡하면 복잡할수록 이해도가 떨어진다. 따라서 광고에서 전달하고자 하는 메시지를 가능한 한 쉽게 만들어야 한다. 또 광고에서 전하는 말의 속도도 이해와 관련되어 있다. 대체로 말이 느릴수록 이해력은 높아지는 반면, 그 말에 쉽게 수긍하지 않으려는 경향이 있다. 광고에서 그림과 단어 중 그림이 주의를 더 끌고, 하나의 광고 안에 너무 많은 정보가 담겨 있는 경우에는 기억하기 힘들다. 이 외에도 수많은 심리학적 연구결과가 광고에 활용된다.

6. 교통에서의 심리학 응용

우리나라는 최근 자동차의 급속한 증가로 교통사고와 대기오염, 교통체증의 몸살을 앓고 있다. 교통사고로 인하여 매년 수많은 사람이 사망하거나 부상을 당하고 있다. 교통심리학은 교통환경이 교통행동에 미치는 영향, 교통사고 발생에서의 인적 요인, 운전자와 보행자의 교통행동을 연구하며, 그 결과를 교통문제 해결에 응용하는 학문이다(이순철, 2000). 즉, 교통심리학은 교통환경 속에서 일어나는 인간의 교통행동에 관심을 두고 운전자 및 보행자의 행동 특성을 파악하고, 교통사고의 원인을 규명하여 교통행동의 무질서와 교통사고를 줄이는 데 관심을 두고 있다. 이처럼 심리학은 교통장면에도 응용되어 보행자나 운전자의 무질서와 사고를 줄이는 데 기여할 수 있다.

1) 운전자의 행동에 관한 심리적 연구

운전을 할 때 운전자는 먼저 도로상황과 교통상황을 정확하게 파악해야 하고, 다른 차량이나 보행자의 행동을 예측하고, 실제로 발생하는 상황에 적절하게 대처할 수 있도록 자동차를 조작해야 한다. 무질서와 교통사고의 중요한 원인 중의 하나는 운전자와 운전자, 운전자와 보행자 간의 의사소통이 제대로 이루어지지 않아 서로의 의도 및 행동을 잘못 파악하는 데 있다. 이 때문에 서로 간에 불쾌한 감정과 경쟁심이 유발되고, 이러한 운전자의 심리는 난폭운전과 무질서한 운전행동으로 이어지며, 결국 교통사고의 원인이 된다.

2) 운전 적성에 관한 연구

운전 적성이란 운전자에게 기본적으로 요구되는 신체적 · 정신적 조건을 말한다. 운전 적성은 적성검사에 의해 평가되는데, 특정 직무에 요구되는 적성을 찾아내어 선발이나 배치에 활용하는 일반적성검사와는 달리, 운전적성검사에서는 운전에 부적격한 사람을 가려내는 것에 초점을 둔다. 우리나라에서 운전면허를 취득하기 위해서는 적성검사를 반드시 거쳐야 한다. 하지만 현재 시행되고 있는 적성검사에서는 운전에 필요한 시력, 색맹, 청력 등 신체적 운동능력만을 측정하고 있고 정신질환, 마약 및 알코올 중독 등에 관한 검사는 실시되고 있지 않다. 운전에 있어서 신체적 부적격자뿐만 아니라 정신적 부적격자도 가려낼 필요가 있다. 특히 다수의 승객을 태우고 운행하는 버스나 택시와 같은 사업용 차량 운전자에 의한 사고는 자가용 운전자에 의한 사고에 비해 훨씬 더 심각하므로 이러한 종류의 사고 가능성을 줄이기 위해서 부적격자를 가려내는 타당한 검사의 개발에 심리학적 지식이 적극적으로 활용되어야 한다. 우리나라에서도 사업용 차량의 운전에 부적합한 사람들을 가려내는 적성검사의 개발에 심리학자들이 관여하고 있다(김명언, 김청택, 권기동, 2003).

3) 물리적 교통환경이 교통행동에 미치는 영향

운전자는 운전을 하면서 도로의 노면상태, 신호등, 교통표지판으로부터 정보를 획득하여 적절한 대처행동을 한다. 또한 운전시간, 휴식시간, 버스나 택시운전 기사와 같은 직업운전자의 근무체계 등은 운전자의 주의력과 피로에 영향을 미친다. 보행자 신호등의 점멸시간을 결정하는 경우에도 점멸신호가 보행자와 운전자에게 미치는 심리적 영향을 연구할 필요가 있다.

운전자는 도로안내 표지판을 보면서 가고자 하는 방향과 목적지에 관한 정보를 획득하기 때문에 표지판은 운전자에게 쉽고 정확하게 정보를 전달할 수 있도록 만들어야 한다. 특히 글자의 크기 및 굵기, 글자의 수와 간격, 글자색과 배경색 등이 운전자의 시지각 및 정보처리에 어떠한 영향을 미치는지를 알아내는 것은 지각 및 인지심리학이 교통장면에 활용될 수 있는 대표적인 예다. 하나의 표지판 안에 글자가 너무 많이 들어 있거나 글자 크기가 작거나 글자의 배열이 적절하지 못할 때, 운전자가 표지판에 포함된 정보를 처리하는 속도나 인지속도는 떨어진다.

7. 스포츠에서의 심리학 응용

각종 스포츠에서 운동선수들의 경기력에는 개인의 평소 기량뿐만 아니라 심리적 요인이 작용한다. 운동선수들에게 심리적 요인이 작용하는 예는 일상생활에서 자주 볼 수 있다. 예를 들어, 기대를 모았던 국가대표 선수가 국민의 지나친 기대가 부담이 되어 국제대회에서 저조한 기록을 보이기도 하는 반면, 전혀 기대하지 않았던 선수가 의외의 정신력을 발휘하여 올림픽에서 금메달을 획득하는 경우도 있다. 국내에서도 스포츠에 관한 체계적인 연구를 위해 스포츠 과학연구소가 설립되었으며, 스포츠심리학을 전공하는 학자들이 선수들의 경기력 향상에 많은 기여를 하고 있다. 스포츠에 심리학의 각 전문 분야가 응용될 수 있는 영역들은 다양한데 몇 가지 예를 들면 다음과 같다.

사회심리학은 선수들 간의 경쟁과 협동을 유발하는 요인이 무엇인지, 선수들의 사기를 높이기 위해서는 어떻게 해야 하는지, 운동 종목이나 선수의 개성에 따라 어떤 지휘통솔법이 효과적인지에 대한 답을 제공할 수 있다. 또한 사회적 촉진현상이나 모험이행에 관한 지식은 관중이 경기자에게 어떤 영향을 주는지를 이해하는 데 많은 도움을 준다. 발달심리학은 생애 초기경험이 운동기술 향상에 어떤 영향을 주는지, 운동선수의 유전적 또는 환경적 요인이 운동수행에 어떤 영향을 주는지, 다양한 운동 종목의 기능을 효과적으로 학습하기 위한 최적연령이 몇 세인지, 종목별 운동수행에 있어서 남녀 차이와 연령 차이가 있는지를 알려 줄 수 있다.

임상심리학은 부상을 자주 당하는 선수의 심리적 요인이 무엇인지, 이기고자 하는 욕망은 강하나 계속적으로 지는 선수의 심리적 문제는 무엇인지, 합숙이나 단체훈련에 적응하지 못하는 선수나 경기를 쉽게 포기하는 선수의 심리적 원인은 무엇인지에 대한 답을 제공할 수 있다. 성격심리학은 챔피언과 일반 운동선수의 성격 특성 차이, 운동선수와 일반인의 성격 특성 차이, 다른 운동 종목의 선수들 간의 성격 차이, 스포츠를 즐기는 사람과 그렇지 않은 사람의 성격 차이 등을 이해하는 데 도움을 준다.

학습심리학은 연습시간과 휴식시간의 적절한 안배와 같은 훈련계획, 강화 및 처벌의 적절한 사용 및 강화 계획, 선수들의 동기유발, 연습 때 습득된 기능이나 기술의 실전에서의 전이, 학습된 내용의 기억과 장시간 후의 회상에 관하여 응용될 수 있다. 마지막으로 교육심리학은 지도자의 운동기능 지도에 있어서 효과적인 교수방법이 무엇인지, 시청각 교재 이용의 효과가 어떤 것인지, 기능습득을 위한 일련의 체계적 훈련법은 무엇인지 등에 대한 답을 제공할 수 있다.

최근 스포츠심리학의 연구과제는 두 가지로 나뉘고 있다. 첫째는 운동선수의 경기력 향상을 위한 과제로서 경기력 향상을 위한 학습원리의 응용, 심리적 불안감 극복, 자신감을 키우기 위한 극기훈련, 동료와의 협동과 단결, 정신집중훈련에 관한 것이다. 둘째는 경기자의 경기력 향상에 초점을 둔 것이 아니라 일반인이 스포

| 그림 16-5 | 팀을 이루어서 하는 운동 종목에 있어서는 집단응집력, 협동심, 리더십에 관한 사회심리학 지식들이 많이 활용된다.

츠를 통하여 스트레스 및 공격행동을 감소시킴으로써 정신건강을 유지하도록 하고 스포츠를 매개로 하여 애국심, 애향심, 애교심과 같은 일체감과 자부심을 키우는 것에 관한 과제다.

8. 법에서의 심리학 응용

법은 사회적으로 바람직하지 않은 행동을 억제하고 사회적으로 바람직한 행동을 권장하는 기능을 지닌다. 심리학은 인간의 행동을 이해하고 설명하고 예측하고 통제하는 학문이기 때문에 인간행동의 통제라는 측면에서 심리학과 법은 긴밀한 관계를 가진다. 법의 공정한 집행을 위하여 전문가의 의견을 구하는 경우가 있는데, 심리학자는 재판에 관련된 사람들에 대한 전문가적 소견을 법정에서 증언하기도 하고, 많은 심리학 연구에서 밝혀진 원리나 지식을 토대로 판결에 참고자료를 제공하기도 한다. 심리학자들이 법정에서 전문가로서 진술하는 증언에 관련된 연구 영역을 법정심리학(forensic psychology)이라고 부른다. 그러나 최근에는 법정심리학의 영역을 넘어서 법과 관련된 전반적인 인간행위로 영역이 보다 확장되었다. 예를 들어, 판사의 판결이 얼마나 일관성을 지니는가, 조세법의 변화가 탈세행위에 어떠한 영향을 미치는가, 법집행 절차는 합리적인가 등과 같이 법의 합리성이나 심리적 정당성에 관해서까지 확장되었다. 따라서 종래의 법정심리학, 범죄심리학 등의 분야는 법과 관련된 인간행위 전반에 걸친 법심리학으로 통합되고 있다.

심리학자들은 경찰, 법정, 교도소 장면에서 활동하면서 심리학 지식과 원리를 응용할 수 있다. 심리학자들은 경찰이 범죄를 예방하고 수사하는 데 도움을 주고, 법정에서 공정한 판결이 이루어지도록 도움을 주고, 형을 선고받고 교도소에 복역하는 사람들을 감정하고 그들이 사회에 다시 복귀하는 데 도움을 준다. 이처럼 심리학이 법에 응용될 수 있는 분야는 다양하고 광범하다. 다음에는 법과 관련된 경찰, 법정, 교도소 장면에서 심리학이 어떻게 응용되는지를 살펴본다.

1) 경찰에서의 심리학 응용

경찰은 사회의 치안을 위하여 필수적인 역할을 하고 심한 스트레스 속에서 직무를 수행하게 되는 경우가 많다. 경찰은 민중의 지팡이로서 봉사하여야 하고, 법을 공정하게 적용하여야 하고, 건전한 정신의 소유자이어야 한다. 따라서 경찰관을 선발할 때 정신건강의 수준, 성격이상의 여부 등을 심리검사 및 면접을 통하여 알아보아야 한다. 앞의 여러 장에서 살펴보았듯이, 심리학자들은 인간의 성격, 동기, 태도, 지각, 능력을 평가할 수 있는 지식을 가지고 있고, 심리검사, 관찰, 면접을 실시하는 기법을 알고 있기 때문에 경찰관으로서 적합한 사람들을 선발하는 데 많은 도움을 준다. 이처럼 경찰관의 선발의 중요성이 부각됨에 따라 경찰청에서는 한국심리학회에 경찰관의 선발을 위한 적성검사 개발을 요청을 하였고, 한국심리학회는 특별 프로젝트 팀을 구성하여 검사를 개발하기도 하였다. 심리학자들은 경찰관의 선발뿐만 아니라 경찰의 직무수행에 필요한 인간에 관한 다양한 지식을 가르칠 수 있다. 예를 들어, 인간의 공격성, 편견, 성격, 동기, 이상행동에 관한 정보는 경찰관의 임무수행에 많은 도움이 된다.

심리학자들은 경찰관의 선발, 교육훈련, 근무평가에 관여할 뿐만 아니라 범죄를 수사하고 예방하는 데 도움을 준다. 고도로 산업화된 현대사회에서 절도, 폭력, 살인과 같은 강력범죄가 늘어나고 있다. 따라서 범죄자를 체포하기 위해서는 보다 과학적인 수사가 요구되는데, 심리학자들은 범인의 심리 파악 및 범행동기에 관한 정보를 제공하여 수사에 도움을 줄 수 있다. 또한 심리학자들은 범인의 심리상황을 파악하여 보다 심각한 범행을 미연에 방지할 수도 있다. 예를 들어, 범인이 인질극을 벌이며 경찰과 대치하고 있는 상황에서 범인의 감정을 자극하지 않고 심경의 변화를 일으키도록 심리학 지식을 활용할 수 있다. 한국심리학회에서는 2001년부터 범죄심리사 자격증 제도를 운영하고 있다. 이러한 자격을 갖춘 범죄심리 전문가는 범죄자에 대한 심리적 평가와 교정 프로그램 운영 등을 담당한다. 끝으로 용의자의 생리적 · 정서적 반응을 측정하여 범죄 여부를 판정하는 데 도움을 주는 거짓말탐지기를 효과적으로 사용하는 데 심리학이 활용되기도 한다. 국립과학수사연구소에서는 심리학 지식을 활용하여 범죄의 동기 및 유형을 분석하고 범죄자의 성격적인 특징을 파악한다. 범죄심리실에서는 거짓말탐지기를 활용하여 수사에 도움을 주고, 범죄분석실에서는 범죄의 실태를 분석하고 용의자에 대한 효과적인 심문기법 등을 연구한다.

2) 법정에서의 심리학 응용

심리학자가 법정에서 재판절차에 관여할 수 있다. 먼저 재판 이전 단계에서 심리검사를 통하여 피고가 재판을 받을 정신능력이 있는가를 결정할 수 있다. 심리학자

| 그림 16-6 | 심리학자들은 법정에서 피고의 정신 감정을 담당하고, 피고의 증언의 신뢰성을 평가하고, 판사의 최종판결에 도움이 되는 정보를 제공함으로써 재판절차에 관여하기도 한다.

는 피고의 정신 감정을 담당하고 피고의 증언의 신뢰성 여부를 재판 전에 평가한다. 이러한 정신적 진단을 위하여 심리학자는 성격 및 지능 검사를 실시한다. 재판 및 판결 단계에서는 피고인을 교도소에서 복역하도록 할 것인지, 집행유예를 시킬 것인지, 아니면 정신질환을 앓고 있는 경우에는 정신병원에 입원시키도록 할 것인지에 관한 정보를 제공함으로써 판사의 판결에 참고가 되는 자료를 제공하기도 한다.

우리는 일상생활에서 "내 눈으로 똑똑히 보았다."라고 주장하는 경우를 흔히 볼 수 있다. 하지만 기억에 관한 장에서 보았듯이 인간의 기억은 사실과 달리 재구성될 수 있다. 법정에서 목격자 증언이 판결에 심각한 영향을 미칠 수 있기 때문에 목격자 증언의 신빙성 여부를 신중하게 판단할 필요가 있다. 예를 들어, 어떤 사람이 두 대의 자동차가 관련된 교통사고의 목격자라고 가정하자. 만일 검사가 그 사람에게 "두 대가 **접촉했을** 때 서로 얼마나 빨리 달렸는가?"라고 묻는 경우와 "두 대가 **충돌했을** 때 서로 얼마나 빨리 달렸는가?"라고 묻는 경우에 그 사람이 실제로 본 상황은 동일하다 하더라도 단어 하나 차이가 상당히 다른 반응을 유도해 낼 수 있다(Loftus, 1979). 이처럼 편파적인 질문은 사건에 대하여 부정확한 기술을 유도할 수 있다. 벅아웃(Buckhout, 1980)은 가상적인 범죄에 관한 필름을 보여 준 후 범인을 확인하라고 하였을 때 단지 14%만이 정확하게 식별할 수 있음을 밝혔다. 다른 연구들(예, Wells & Murray, 1983)도 목격에 대한 자신감과 증언의 정확성 간에는 관계가 없다고 밝혔다. 법정에서 이러한 목격자 증언의 진실성에 관한 판단에 심리학자가 도움을 줄 수 있다.

3) 교도소에서의 심리학 응용

교도소 장면에서는 심리학자들이 새로 들어온 재소자들의 평가에 관한 자문을 하고 기존 재소자들에 대한 상담과 교도관들의 훈련을 담당한다. 주로 임상 및 상담 심리학자들이 교도소 장면에서 일한다. 새로 들어온 재소자들의 효과적인 적응과 재활을 위하여 지능, 흥미, 성격검사를 실시한다. 또한 기존 재소자들의 사회에의 재적응을 위한 상담을 실시하기도 하고 교도관들에 대한 교육훈련을 실시하기도 한다. 환경심리학자들은 교도소 시설 및 개인적 공간이 재소자에게 미치는 영향에 대한 정보를 제공하고 교정심리학자는 가석방에 관한 결정에 관여한다.

교도소는 범법자를 처벌하여 사회에서 격리시키는 목적보다는 그들이 형기를 마치고 다시 정상적인 사회생활을 할 수 있도록 잘못된 가치관과 인생관을 바로잡아 주는 교정의 기능이 더 중요하다. 따라서 심리학자들은 처음 입소한 재소자들에게 적성검사 및 성격검사 등의 심리검사를 실시하고, 그들과의 면담을 통하여 교도소 내에서 맡을 일을 결정하고 교정계획을 세우는 데 도움을 줄 수 있다. 즉, 교도소 내의 기술교육을 위한 분류 및 배치, 재소자의 가석방 결정 등에 있어서 심리학자의 진단과 소견이 중요한 역할을 할 수 있다.

9. 건강에서의 심리학 응용

현대사회에서 건강에 대한 관심이 어느 때보다도 높다. 신체적 건강에 대한 관심뿐만 아니라 정신건강에 대한 관심도 높고 심리적 · 정신적 요인이 신체적 건강에 미치는 영향에 대한 관심이 부각되었다. 예를 들어, 정신적 스트레스로 야기되는 각종 신체질환을 연구하고 스트레스 대처방안에 관한 연구도 활발하다. 신체와 정신 간의 관계는 오래전부터 논의되어 온 문제다. 특히 정신질환의 경우에는 생리적 · 기질적 · 신체적 장애보다는 심리적 장애에 의해 발병되는 것으로 밝혀져서 심신이원론이 부정되고 있다. 따라서 최근 의학계에서도 의과대학 교육과정에 심리학을 포함시키고 신체적 질환과 심리적 · 환경적 특성 간의 관계를 이해하려는 시도를 하고 있다. 국내에서도 심리학자들이 건강과 심리학의 관계에 관심을 가지기 시작하였고, 1994년에는 건강심리학회가 창립되었다.

건강심리학이란 건강의 유지와 증진, 질병의 예방과 치료, 건강, 질병 및 이와 관련된 기능장애에 대한 병인론적, 진단적인 정립, 그리고 건강관리체계와 건강정

| 그림 16-7 | 현대인은 과거보다 정신적으로 더 많은 스트레스를 경험하고 있고, 스트레스는 다양한 신체질환을 유발할 가능성이 높다. 건강심리학은 건강의 유지와 증진을 위해 심리학을 응용하는 분야다.

책의 개선을 도모하기 위한 심리학의 한 분야다. 이러한 건강심리학은 심리학의 또 다른 응용 분야인 임상심리학과 유사한 면이 있지만 세 가지 면에서 다르다(전겸구, 한덕웅, 1993).

- 임상심리학은 전통적으로 신체적 병리보다는 정신적 병리에 더 관심을 가지고 있는 반면, 건강심리학은 신체적 병리에 일차적인 관심을 갖는다.
- 임상심리학은 질병의 치료와 건강의 회복에 강조를 둔 반면, 건강심리학은 건강의 회복이나 질병의 치료뿐만 아니라 건강의 유지와 증진, 그리고 질병의 예방을 강조한다.
- 건강심리학은 여러 다른 학문과의 공동협력을 더 강조한다.

건강심리학에서 심리학 지식을 이용하여 건강문제를 다루는 연구 분야는 다양하다. 그중에서 몇 가지를 들어 보면 다음과 같다.

- 생활 속의 스트레스와 신체적 질병 간의 관계를 파악하고 효과적인 스트레스 대처전략을 마련한다. 이를 위해 스트레스에 대한 개인의 지각, 생리적 반응, 정신적 해석을 연구한다.
- 일상생활에서 일어나는 주요 사건 및 변화가 심장질환, 고혈압, 암 등에 미치

는 영향을 연구한다. 또한 성격유형과 심장질환의 관계를 파악하는 데 심리학 지식을 응용한다.

- 피부질환, 근육 고통, 호흡 부진, 순환계 질환, 소화계통 질환, 비뇨기계통 질환, 내분비선계통 질환 등 생리심리학적 장애에 관하여 연구한다.
- 입원환자의 행동이 질병치료에 미치는 영향, 환자의 행동이 의사, 간호사 등 의료진에 미치는 영향, 수술에 대한 두려움의 극복방법, 치료와 처방에 대한 환자의 순종행동 등을 연구한다.
- 행동치료법, 근육이완법, 체계적 둔감법, 바이오피드백 등을 통한 인지적 또는 행동적 치료법의 효과를 연구한다.
- 최면술, 침술, 인지적 책략을 이용한 통증완화방법을 연구한다.
- 비만증의 예방과 치료, 식사조절방법, 알코올중독이나 금연을 위한 치료 등을 연구한다.

이처럼 심리학은 일반 국민의 건강유지와 증진을 위하여 기여할 수 있다. 심리학은 병원에서 의료전문가와 환자와의 원만한 의사소통을 통한 치료의 효율성 증가, 환자가 느끼는 고통과 통증의 완화, 알코올과 약물 중독을 비롯한 습관성 중독 환자들의 예방과 치료과정에 크게 공헌할 수 있을 것이다. 따라서 앞으로 의료전문가들은 질병의 원인이 되는 심리적 · 사회적 요인을 이해하고 질병의 예방과 치료에 심리학의 원리를 활용하는 것에 더 많은 관심을 가질 필요가 있다.

10. 사이버 공간에서의 심리학 응용

최근 우리는 인터넷을 통해 필요한 정보를 찾고, 물건을 구매하고, 멀리 떨어져 있는 사람과도 통신료의 부담 없이 전자우편을 주고받고 채팅을 하는 것이 일상생활화되었다. 실제 공간에서의 활동에서 벗어나 사이버 공간에서의 활동이 늘어난 것이다. 사이버 공간이란 컴퓨터와 이것들을 연결하는 통신망을 통해 사람과 사람 간의 교류가 형성되는 가상적인 공간이다. 우리는 사이버 공간에서 여러 사람을 새로 사귀기도 하고 동호회를 형성하기도 한다. 이러한 변화에 따라 심리학자들은 사이버 공간에서 나타나는 인간의 행동과 심리현상에 대한 분석에 관심을 기울이기 시작하였다. 심리학자들은 사이버 공간의 물리적 특징인 익명성, 시간과 공간의 초월성, 기록의 보존성 등이 인간행동에 미치는 영향을 연구하고, 사이버 세계에서 나타날 수 있는 부작용인 사이버 중독증을 예방하기 위한 방안을 제시하기도 한다(황상민, 한규석 편저, 1999).

사이버 공간에서의 인간행동의 특징은 다음과 같다.

- 익명성으로 인하여 자신의 감정이나 표현을 자제하지 않는 경우가 많기 때문에, 실제 세계에서보다 욕설과 비난이 쉽게 난무하기도 하고 이와 반대로 낯선 사람과도 매우 빨리 친밀해지기도 한다.
- 말보다는 글을 통한 대화에 의존하므로 의사소통의 노력과 시간을 줄이기 위하여 새로운 약어나 줄임말을 사용하고, 자신의 감정이나 상태를 표현하기 위하여 컴퓨터 자판상의 기호를 조합하여 쓰기도 한다.
- 사이버 공간에서는 익명성으로 인해 실제 세계와는 달리 둘 이상의 복합적 자아정체성을 가질 수 있다. 청소년들의 발달과정에서 이처럼 다면적 자아를 경험하게 될 때는 심리적 혼란으로 인하여 일탈행동을 보일 수도 있다.
- 온라인 교육을 통해 학습자 중심의 자율적 교육, 능동적 탐색이 가능한 교육이 실현될 수 있다.

최근 들어 인터넷 사용이 늘어나면서, 이로 인한 부작용으로써 심리적 부적응 행동에 관한 관심도 동시에 부각되고 있다. 인터넷에 중독되는 경우에는 주변의 일상사에 흥미를 상실하고, 실생활에서 무력감을 느끼고, 인터넷을 사용하지 않으면 금단현상까지 나타난다. 심지어는 실생활의 인간관계에 관심을 잃고 대인기피증을 보일 수도 있다. 인터넷중독의 치료방안으로 컴퓨터를 아예 사용하지 않거나 인터넷 접속을 하지 않는 것을 생각해 볼 수 있다. 하지만 이러한 접근방식은 대개의 경우 실현 불가능하다. 인터넷중독자들은 대개 교육이나 연구 목적, 또는 업무 목적으로 컴퓨터를 자주 만져야 하는 학생이나 전문직 계층이 많기 때문이다. 문제행동의 소멸보다는 감소를 목표로 하듯이, 인터넷을 아주 끊기보다는 인터넷 사용시간을 점차적으로 줄여 나가는 계획을 수립하고 이를 실천하는 것이 더 현실적이다. 실천의 초기단계에는 무엇인가를 잃어버린 것 같고, 정서적으로 안정이 안 되더라도 이러한 현상은 정상적인 것이다. 자기 스스로 행동을 변화시키는 데 실패한 경우에는 임상심리학자나 상담심리학자에게 도움을 요청하는 것이 바람직하다.

요약

1. 심리학은 인간행동과 정신과정을 연구하는 학문이기 때문에 인간이 있는 곳에는 언제나 심리학이 존재하고, 심리학의 지식과 원리는 개인과 사회의 복지증진에 기여한다. 이 장에서는 심리학이 우리의 일상생활에 어떻게 응용될 수 있는지를 다루었다.
2. 이 장에서 살펴보았듯이 심리학이 응용되는 장면과 분야는 다양하다. 심리학은 교통문제나 환경문제와 같이 우리 생활에서 흔히 접하는 문제에 대한 해결책을 제시할 수 있다.
3. 이 장에서는 심리학이 기업, 군대, 정부, 공학, 광고 및 소비자 행동, 교통, 스포츠, 법, 건강에 어떻게 응용되는지를 중심으로 다루었다.
4. 기업에 주로 응용되는 심리학 지식은 산업 및 조직심리학이다. 산업 및 조직심리학은 심리학의 방법, 사실, 원리를 작업장의 사람들에게 응용하는 분야다. 구체적으로는 인사심리학, 조직심리학, 산업상담에 관한 지식들이 기업에서 활용된다.
5. 군대는 다른 조직과 마찬가지로 사람들이 모여서 조직을 형성하고 있고, 국토방위라는 뚜렷한 목적을 지니고 있기 때문에 심리학의 기본원리와 지식이 군대의 인력관리 및 전투임무의 수행에 광범하게 적용된다.
6. 기업에서 응용되는 선발, 배치, 교육훈련, 직무 및 조직설계, 리더십, 동기부여와 관련된 산업 및 조직심리학 지식이 정부기관에도 활용된다.
7. 장비의 설계나 작업장의 구조를 결정함에 있어서도 인간의 신체적 · 생리적 · 심리적 특성을 고려해야 한다. 이때 공학심리학은 큰 기여를 할 수 있다.
8. 소비자들의 지각이나 태도, 상품에 대한 정보통합 및 기억, 구매동기 및 행동, 상품구매에서의 의사결정과정을 이해하는 데 심리학이 응용된다. 이러한 분야가 소비자심리학이다.
9. 운전자 및 보행자의 행동 특성을 파악하고 교통사고의 원인을 규명하여 교통행동의 무질서와 교통사고를 줄이는 데 심리학이 응용된다.
10. 각종 스포츠에서 운동선수들의 경기력은 개인의 평소 기량뿐만 아니라 심리적 요인에 의해서도 좌우되므로 심리학의 다양한 분야가 스포츠에 응용된다.
11. 심리학은 경찰이 범죄를 예방하고 수사하는 데 응용되며, 법정에서 공정한 판결이 내려지도록 도움을 주고, 교도소의 재소자들이 사회에 다시 복귀하여 적응하는 데 도움을 준다.
12. 심리학이 건강의 유지와 증진, 질병의 예방과 치료에 응용되고 있으며, 이러한 분야를 건강심리학이라 한다.
13. 최근에 인터넷을 통한 사이버 공간에서의 인간활동이 폭발적으로 증가하고 있다. 심리학은 사이버 공간에서 나타나는 인간의 행동과 심리현상을 분석하는 데에도 유용하게 응용될 수 있다.
14. 이 외에도 심리학이 응용될 수 있는 분야는 수없이 많다. 예를 들어, 인구문제, 노인문제, 주거 및 공간 문제, 가족구성원 간의 문제, 지역 간의 갈등문제, 국가나 민족 간의 분쟁, 남북 간의 통일문제 등의 해결을 위하여 심리학이 응용될 수 있다. 더 나아가 종교 및 신앙생활, 복장과 유행에까지 심리학이 응용될 수 있다.

용어정리

5요인 모형(Big Five Model) 내향성, 성실성, 심리적 안정성, 우호성, 경험에 대한 개방성의 5대 성격요인이다.

CMC(Computer-Mediated Communication: CMC) 컴퓨터를 매개로 하는 의사소통을 의미한다. 초기에는 공학적인 의미에서 통신기술의 한 분야를 지칭하는 용어로 사용되었으나 최근에는 이를 이용한 모든 형태의 인간교류와 이를 포함하는 제 현상을 지칭하고 있다.

F2F 커뮤니케이션 일반적으로 얼굴과 얼굴을 맞대고 이루어지는 의사소통을 의미한다. 실제 공간에서 일어나는 일상적인 대화나 강의실 강의, 회의 등을 지칭한다.

HCI(Human-Computer Interaction) 인간과 컴퓨터의 상호작용을 의미하는 용어로, 사용자가 보다 편리하고 쉽게 컴퓨터를 사용할 수 있는 컴퓨터 환경을 구현하고자 하는 연구 분야를 의미하기도 한다. 이러한 작업에는 컴퓨터 분야, 인지심리학을 포함하는 인지과학 분야, 인간공학 등 다양한 분야의 사람이 참여하는 학제적 성격을 띤다.

REM(급속안구운동) 우리가 잠잘 때 규칙적으로 눈을 빨리 움직이는 현상. 이때 깨우면 거의 꿈을 꾸고 있었다고 한다.

Yerkes-Dodson 법칙 개인의 수행수준은 중간 정도의 각성상태에서 가장 높고, 너무 낮거나 너무 높은 각성상태에서는 오히려 떨어지는 원리(역전된 U함수의 형태를 보임)이다.

가변-간격계획(variable-interval schedule) 지난 강화로부터 일정한 시간이 경과한 뒤에 한 반응에 강화가 주어지도록 강화 간 시간이 평균 중심으로 변동하는 것이다.

가변-비율계획(variable-ratio schedule) 고정-비율계획과 같이 일정한 수의 반응을 한 뒤에 강화가 주어지지만, 강화와 강화 간 반응 수가 어떤 평균 수에 따라 변동하는 것이다.

가상현실(Virtual Reality: VR) 컴퓨터가 만들어 낸 환경과의 상호작용 경험을 의미한다. 가상현실 기술은 컴퓨터를 통하여 만들어진 실제 환경과 유사한 가상 환경 내에서 참여자에게 3차원 상호작용을 통하여 몰입감을 제공하는 제반 기술이다.

가소성(plasticity) 긍정적이거나 부정적인 삶의 경험에 대한 반응 안에서의 변화를 위한 역량이다.

가역적 사고(reversible thinking) 끝에서부터 처음으로 생각을 거꾸로 하는 것이다.

가족치료(family therapy) 가족구성원의 병리가 그 가족구성원 한 사람에게 있는 것이 아니라 가족 전체에게 있다는 것으로, 가족역동에 대한 이해를 통해 가족병리를 개선해 나가는 치료 형태다.

각본(script) 도식의 한 특수한 유형으로 사람들의 일상적 활동에 대해 알고 있는 조직화된 지식이다.

간뇌(diencephalon) 중뇌와 종뇌 사이의 구조물로, 시상과 시상하부로 나뉜다.

간상체(rod) 무채색을 탐지하는 망막의 수용기로, 망막의 말초부위에 많이 분포되어 있으며, 희미한 조명에서 대상을 탐지하도록 한다.

감각(sensation) 감각수용기와 신경체계가 환경에 있는 물리적인 에너지를 받아들여 신경정보로 전환하는 과정이다.

감각순응(sensory adaptaion) 지속적인 자극에 대하여 민감도가 약해지는 현상이다.

감성공학 인간의 감정 및 정서에 관한 심리학적 지식을 각종 기계의 설계에 응용하는 분야로, 기계나 장비가 인간의 느낌을 감지하여 적절하게 작동함으로써 인간에게 최고의 쾌적함을 제공한다.

강건성(hardiness) 스트레스를 잘 극복하는 사람들이 보이는 특성으로 도전, 개입, 통제감 등이 중요한 성분이다.

강박사고(obsessive thinking) 어떤 생각, 충동, 의심 또는 심상들이 자신의 의지에 반해서 마음속에 지속적으로 떠오르는 것이다.

강박행동(compulsion) 어떤 행동을 하지 않으려 하는데도 지속적으로 반복하게 되는 것을 말한다. 예로, 손을 지나치게 자주 씻는 행동을 들 수 있다.

강화(reinforcement) 반응에 이어 주어지는 자극이다.

강화계획(schedules of reinforcement) 바람직한 행동 다음에 따르는 강화의 빈도와 타이밍이다.

강화물(reinforcer) 선행행동이 반복될 확률을 증가시키는 어떤 자극이다.

개념(concept) 대상이나 행위의 의미적 속성의 범주적 표상이다.

개념적 위계(conceptual hierarchy) 정보 간의 공통적 속성에 기초한 중다수준의 분류체계다.

개인무의식(individual unconsciousness) 자아에서 억압되거나 잊힌 경험이 저장되어 형성된 것으로 프로이트가 이야기한 무의식적 요소다.

개인차(individual difference) 사람들 간이나 동종의 구성원 간의 구조나 행동이 비교적 지속적인 차이다.

개인특질(individual traits) 개인 간에 비교될 수 없는, 특정 개인만이 가지고 있는 독특한 특징이다.

객관적 검사(objective tests) 표준화된 실험절차나 검사를 거쳐 나온 자료로 특정 영역에 대해 개인이 보여 주는 수행기록이다.

건강심리학(health psychology) 건강증진, 질병의 예방 및 치료, 건강에 위험을 주는 요인들의 분류, 건강관리체계의 향상 및 건강정책에 관한 여론의 형성 등에 심리학적 지식과 기법을 적용하려는 심리학의 하위 분야다.

걸맞추기현상(matching phenomenon) 데이트나 결혼에 있어서 외모나 다른 특성이 유사해서 자신과 걸맞은 상대를 선택하는 경향이다.

검사-재검사 신뢰도(test-retest reliability) 동일한 검사를 동일한 피검자에게 두 번 시행하여 얻은 결과에 대한 상관계수. 이 상관계수는 검사의 합치성을 추정하는 추정치다.

검사규준(test norms) 어떤 심리검사에서의 특정 점수가 그 검사의 다른 점수와 비교해 볼 때 어느 위치에 있는가를 알려 주는 기준이다.

게슈탈트 치료(Gestalt therapy) 현재의 감정과 상황을 내담자가 인식하는 것을 중요시하는 치료법이다.

결가부좌(結跏趺坐) 흔히 명상 중에 취하는 자세로서 두 다리를 넓적다리 위에 포개어 놓고, 허리를 반듯이 하는 자세다.

고전적 조건화(classical conditioning) 이전의 중성자극이 자연스럽게 어떤 반응을 일으키는 자극과 연합됨으로써 그 반응을 일으키게 되는 학습의 종류다.

고정-간격계획(fixed-interval schedule) 고정된 시간 간격에 따라 강화가 주어지는 계획이다.

고정-비율계획(fixed-ratio schedule) 강화가 고정된 반응 횟수 다음에 주어지는 계획이다.

고정관념(stereotype) 어떤 집단이나 사회적 범주 구성원들의 전형적 특징에 관한 신념이다.

공격성(aggression) 다른 사람을 해치거나 다른 사람의 소유물을 취하려는 의도에서 하는 대담하고 직접적인 행동. 정당한 이유가 없는 공격이다.

공변원리(covariation principle) 어떤 원인이 있을 때만 어떤 효과가 나타나서 원인과 효과가 공변할 때 그 효과를 그 원인에 돌리는 현상이다.

공안(公案, Koan) 화두의 다른 명칭으로 참선하는 승려들이 참구(參究)하는 문제. 언어적 · 이성적 해결이 불가능한 질문으로 논리적 사고를 극도로 마비시키기 위해 이용된다.

공통특성(common traits) 한 문화권의 사람들을 합리적으로 상호 비교해 줄 수 있는 소질이다.

공포증(phobias) 특정한 대상이나 상황에 대한 강하고 불합리한 공포다.

공학심리학(engineering psychology) 작업자의 생산성과 안전을 증진시키기 위하여 기계나 장비를 어떻게 설계하는 것이 바람직한지에 관심을 갖고 실험 및 인지심리학 지식들을 산업현장에 응용하는 분야. 인적요인 심리학이나 인간공학과 유사한 의미로 사용된다.

과정당화(overjustification) 주어진 외부적 조건 때문에 자신의 행동 원인을 지나치게 외부적 조건으로 설명하는 경향. 예로, 보상 때문에 그림을 그리기 시작한 어린이가 자신은 그림 그리기를 싫어한다고 생각하는 경향을 들 수 있다.

관음증(voyeurism) 상대방의 허락 없이 낯선 사람의 나체나 성행위를 보면서 성적인 쾌락을 즐기는 것이다.

관찰자 평정(observer ratings) 부모, 친구, 선생 및 회사의 상사나 후배 등 주위 사람들이 특정 개인에 대해 평가해 주는 자료들이다.

관찰학습(observational learning) 다른 사람의 관찰과 그 행동결과에 대한 관찰을 통한 학습이다.

교(pons) 연수 위, 중뇌 아래에 위치하고 있으며, 대뇌와 소뇌를 연결시켜 주며, 수면 및 각성을 조절한다.

교감신경계(sympathetic nervous system) 자율신경계의 하위 부분으로 신체가 스트레스나 긴급상황에 대처할 수 있도록 준비시키는 역할을 담당한다.

교통심리학(traffic psychology) 교통환경 속에서 일어나는 인간의 교통행동에 관심을 두고 운전자 및 보행자의 행동 특성을 파악하고 교통사고의 원인을 규명하여 교통행동의 무질서와 교통사고를 줄이기 위한 심리학의 응용 분야이다.

구성개념적 대안론(constructive alternativism) 사람들마다 가지고 있는, 세상을 보는 관점이다.

구순기적 성격(oral personality) 1세에서 2세경, 어머니와 갖게 되는 수유경험으로부터 형성되는 성격. 의존, 신뢰, 신용, 독립심 등과 같은 일반적 태도다.

구조주의(structuralism) 마음의 기본 요소에 대한 연구를 중심으로 하는 학파다.

국재화(局在化, lateralization) 인간의 여러 기능이 뇌 속에서 각기 다른 부위에 위치하고 있음을 말한다. 인간의 두 가지 의식양식이 인간의 좌우 반구 속에 각기 다르게 위치하고 있다는 주장이다.

군사심리학(millitay psychology) 심리학의 지식과 원리를 군대조직에 응용하여 군대 인력을 효율적으로 관리하고 군의 전투임무 수행의 효율성을 증진시키기 위한 심리학의 응용 분야다.

군집화(clustering) 단기기억의 처리 부하를 감소시키기 위한 약호화 전략이다.

귀납추리(inductive reasoning) 확증되지 않은 전제 사실로부터 결론을 유도해 내는 일종의 가설검증의 사고다.

귀신론(鬼神論) 악령 또는 귀신이 사람의 몸에 들어가

서 이상행동을 일으킨다고 보는 견해다.

귀인(attribution) 자신이나 타인의 행위에 관한 인과적 설명에 이르는 과정이다.

그림자(shadow) 개인이 가지고 있는, 성적으로 수용되지 않거나 동물적인 것. 무의식의 어둠 속에 있는 자신의 분신이다.

금단증상(禁斷症狀) 약물을 습관적으로 복용하다가 중단하였을 때 나타나는 증상으로, 대개 그 약물의 효과와 반대되는 상태가 나타난다.

기(氣, ki, chi) 우리 몸속에 흐르는 미지의 에너지. 침술과 단전호흡의 원리가 된다. 아마도 자기(磁氣)나 전기(電氣) 또는 이런 형태와 유사한 힘(forces)일 가능성이 크다.

기능적 고착(functional fixedness) 대상의 일반적 지식에 고정된 해결방식이다.

기능주의(functionalism) 의식경험의 기본 요소보다는 마음의 사용 또는 기능을 강조하는 학파다.

기본과정적 사고(primary process thinking) 프로이트가 주장한 개념으로서, 무의식에서 진행되는 사고의 특징을 일컬음. 프로이트는 무의식을 인간의 의식에서 중심적 존재로 보았기 때문에 기본이 되는 심리과정이라는 의미임. 논리를 떠나서 소원 충족적 환상이 우세한 것이 특징이다.

기본적 귀인오류(fundamental attribution error) 타인의 행동을 설명할 때 상황의 영향은 과소평가하고, 개인 특성의 영향은 과대평가하는 경향이다.

기억술(mnemonics) 기억의 특성을 고려하여 학습된 내용을 최대한 그리고 오랫동안 기억 내에 유지시키기 위한 인위적인 기술이다.

기저핵(basal ganglia) 종뇌의 피질하 구조물로서 운동 통제에 관여한다.

기질(temperament) 유전적 소인으로 인해 태어날 때부터 가지게 되는 개인 고유의 특성이다.

깊이지각(depth perception) 2차원적인 망막상에서 3차원적인 세계를 구성함으로써 입체를 지각하는 것이다.

남근 선망(penis envy) 프로이트에 의하면 여아는 4세경에 자신이 남근이 없음을 깨닫고 남근을 갖지 않은 것에 대해서 자신이 열등하다고 느낀다고 한다. 그러나 이러한 남근 선망은 여성주의자들에 의해서 근거 없다고 반박을 받고 있다.

남근기적 성격(phallic personality) 4세에서 6세경이 되면 유아가 자신의 성정체성에 대해 생각하게 되면서 형성하게 되는 성격. 일명 나르시시즘적 성격이라고 부른다.

낯선 상황(strange situation) 1~2세 된 영아가 엄마나 다른 양육자와 형성한 애착의 질을 측정하기 위해 사용된 기법이다.

내담자중심 치료(client-centered therapy) 로저스가 개발한, 인본주의적 접근법의 하나. 진솔하고 수용적이며 공감적인 분위기 속에서 적극적 경청 등의 기법을 활용, 내담자의 성장을 촉진시킨다.

내면화(內面化) 아동들이 외적 표준을 자신의 것으로 받아들이는 과정이다.

내분비계(endocrine system) 호르몬이라는 화학물질을 분비하여 신체기능을 통제한다.

내성(耐性) 어떤 약물을 계속해서 복용하면 신체 내부에서 그 약물에 대해 견디는 힘이 생기는 것을 말한다. 따라서 동일한 효과를 얻기 위해서 필요한 약물의 용량이 점점 증가하게 된다.

내성법(introspecion) 자신의 정신적 내용을 묘사하는 객관적 접근법이다.

내인성 아편물질(endogeneous opiate) 일명 엔도르핀이라는 물질. 스트레스나 위험상황에서 통증을 감소시키고 쾌감을 일으킨다.

내재 동기(intrinsic motivation) 외부적 통제 없이 자기 스스로의 결정에 의해 행해진 행위이며, 다른 목적을 위한 수단이 아닌 목적 그 자체인 행동에 포함된 동기다.

내집단 편애(ingroup favoritism) 외집단 구성원보다 내집단 구성원을 무조건 더 호의적으로 평가하고 대우하는 현상이다.

내현성격이론(implicit personality theory) 성격 특성 간의 관련성에 관한 개인의 신념이다.

노출증(exhibitionism) 기대치 않는 낯선 사람들에게 반복적으로 자신의 성적인 기관을 노출하면서 성적인 흥분이나 만족을 누리고자 하는 성도착증의 하나다. 노출증자의 대부분은 거의 남자지만 극소수의 여성도 있다.

뇌전도(EEG) 머리 전체에 많은 전극을 붙여 놓고 뇌에서 발생하는 미세한 뇌파활동을 측정한 도면이다.

뉴런(neuron) 신경계의 기본단위인 특수한 세포로서 신경신호를 처리한다.

단기기억(short-term memory) 감각기억의 정보가 최대 30초간 머무르는 제한된 정보저장 능력을 지닌 기억창고다.

단순노출효과(mere exposure effect) 예전에 어떤 자극에 노출되었던 경험이 있으면 그것을 기억하지 못해도 그 자극을 더 좋아한다고 보고하는 현상이다.

단순접촉효과(mere exposure effect) 어떤 자극을 반복해서 접하면 그 자극에 대한 호감이 증가하는 현상이다.

단안단서(monocular cue) 한 눈에서 이용되는 중첩이나 선형조망 같은 거리단서다.

단어 우월성 효과(word superiority effect) 단어로 제시되면 단어에 포함된 낱자나 음절의 지각이나 기억이 촉진되는 현상이다.

단전호흡(丹田呼吸) 신체의 중심인 배 위의 한 부분[단전(丹田)]에 의식을 집중, 이곳에서 숨을 들이쉬고 내쉬는 호흡조절법을 말한다.

담화(discourse) 하나 이상의 문장으로 구성된 글말. 일반적으로 텍스트(text)라고 한다.

대뇌피질(cerebral cortex) 대뇌의 가장 바깥쪽 표면으로서 감각정보를 최종 분석하고, 운동을 통제하는 등 모든 인간행동의 중추 통제기관이다.

대리강화(vicarious reinforcement) 타인의 행동으로부터 관찰된 대리적 결과(보상과 처벌)에 의해 행동이 규제되는 것이다.

대립색설(opponent process theory) 빨강-초록, 노랑-파랑, 검정-흰색처럼 대립적으로 색채가 부호화된다는 이론이다.

대상 영속성(object permanece) 대상이 눈에 보이지 않더라도 존재한다는 것에 대한 이해다.

대처(coping) 스트레스 상황에 의해서 발생하는 요구를 극복하거나 줄이거나 혹은 수용하려는 인지적 · 행동적 노력이다.

도사(道士, Taoist) 선도(仙道) 또는 도교(道敎) 수행자다.

도식(schema) 특정한 대상이나 사건의 순서에 대한 조직화된 지식체계다.

도약전도(saltatory conduction) 유수축색에서의 활동전위 전도방식으로서 수초가 없는 랑비에 결절에서만 활동전위가 발생한다.

돈오점수(頓悟漸修) 깨달음은 갑작스럽게 나타나는 것으로서, 이 깨달음을 얻고 나서는 서서히 행동변화를 위해 수양한다는 뜻. 임제선풍에서 극도의 정신집중을 함으로써 야기되는 갑작스러운 깨달음을 돈오라고 한다.

동기(motivation) 어떤 목표를 지향하는 행동을 시작하게 하고, 방향을 결정하고, 끈기와 강도를 결정하는 힘이다.

동물 자기(animal magnetism) 메스머가 최면현상을 설명하기 위해서 주장한 개념이다. 메스머는 미지의 전자기적 힘이 상대방에게 가해져서 최면에 빠지게 된다고 생각하였다.

동물행동학(ethology) 행동의 진화론적 근거와 진화적 반응이 종의 생존과 발달에 기여한 점에 대한 과학적 연구다(행동생물학).

동성애(homosexuality) 이성이 아닌 동성에게서만 성적인 흥분이나 성적인 매력을 느끼는 것이다.

동양의 비교(esoteric) 심리학 동양에서 은밀하게 전해 내려온 정신수양법을 현대적 관점에서 심리학파의 하나로 보는 관점이다.

동질정체(homeostasis) 신체적으로 일정한 내적 균형

상태를 유지하려는 기제다(생체항상성).

동화(同化) 새로운 정보를 기존의 도식에 맞추는 것이다.

등근(isokinetic)운동 물체를 들어 올렸다가 원래의 위치로 내려놓으며, 에너지를 소비하는 형태의 운동이다.

등장(isotonic)운동 근육을 수축시키고 관절을 움직이는 형태의 운동이다.

망각곡선(forgetting curve) 시간의 경과에 따른 파지와 망각의 정도를 그래프로 나타낸 에빙하우스(Ebbinghaus)의 망각패턴 연구결과다.

망막(retina) 감각수용기가 있는 안구의 안쪽 부분이다.

망상(delusion) 현실과 동떨어진 엉뚱한 믿음을 고집하는 것으로 피해망상, 과대망상, 애정망상 등이 있다.

망상체(reticular formation) 연수에서 중뇌까지에 걸쳐 있는 작은 세포체 집단들로 주의 및 각성에 관여한다.

맹점(blind spot) 시신경이 안구를 떠나는 부위로서 감각기가 분포되어 있지 않다.

면역계(immune system) 질병과 싸우는 신체의 자연 방어체계다.

명상수행법(冥想脩行法) 우리 몸 안팎의 특정 자극(호흡, 화두, 폭포, 촛불 등)에 정신을 집중함으로써, 마음을 고요히 가라앉히고 비우는 동양 전래의 정신수양법. 명상법은 비교(esoteric)기법 중의 진수라고 할 수 있다.

몰개인화(deindividuation) 집단 내에서 구성원이 개인적 정체감과 책임감을 상실하여 집단행위에 민감해지는 현상이다.

무산소(anaerobic)운동 많은 양의 산소를 소비하지 않는 형태의 운동이다.

무의식(the unconscious) 프로이트가 정립한 의식상태. 근친상간이나 살인충동과 같이 금지된 사고와 욕망이 억압되어 저장된 곳을 말한다.

무조건반응(unconditioned response: UCR) 중성적이며 훈련을 요하지 않는 반응. 예로, 음식 냄새에 침을 흘리는 반응을 들 수 있다.

문법(grammar) 사람의 사고를 표현하게 하는 규칙 체계다.

문제 중심적 대처(problem-focused coping) 스트레스를 유발하는 문제를 해결하기 위해 직접적으로 노력하는 것으로, 문제에 직면하고 자신의 대처자원이나 기술을 믿으며, 문제해결 노력을 지속하는 것이다.

문제해결(problem solving) 목표를 성취하기 위한 전략을 구성하고 다양한 전략 중에서 목표에 적절한 전략을 선택하여 목표를 성취하는 심적 과정이다.

민감자(sensitizer) 스트레스적 위협의 가능성을 예민하게 지각하고 과장하는 경향성이 높은 특성을 가진 사람이다.

바이오피드백(biofeedback) 훈련 우리 자신의 생물학적 신호(bio)를 자신에게 되돌려서(feedback) 제시함으로써, 자기 의지대로 생리적 과정을 조절하는 훈련이다.

반응범위(reaction range) 어떤 사람의 유전자에 의해서 규정된 잠재적인 지적 능력의 범위. 이러한 개념에 의하면 풍요한, 보통의, 불우한 환경의 영향은 그 사람의 IQ를 변화시킬 것이지만, 그 사람의 유전적으로 규정된 반응범위 내에서만 그러하다.

발생적 인식론 지식의 발달에 대한 실험적 연구를 뜻하며, 피아제가 이를 발전시켰다.

백분위점수(percentile score) 특정 점수 이하의 점수를 갖는 사람들의 백분율을 나타내는 지수다.

범주(category) 대상이나 행위를 동일한 세트로 포함시키고 분류시키는 인지 표상이다.

법심리학(legal psychology) 법정심리학이나 범죄심리학의 영역을 넘어서 법과 관련된 전반적인 인간행위를 다루는 심리학의 응용 분야다.

법정심리학(forensic psychology) 심리학자들이 법정에서 전문가로서 진술하는 증언에 관련된 분야다.

변별자극(discriminative stimulus) 유기체가 자극 통제 훈련의 부분으로 반응하도록 학습하는 자극이다.

변연계(limbic system) 종뇌의 피질 일부와 피질하 구조물이 포함된 복잡한 구조물로서 정서행동 및 학습, 기억과정에 관여한다.

변화된 의식상태(Altered States of Consciousness) 의식상태가 평상시와 다르게 변화된 것을 지칭한다.

보존(保存) 어떤 물체의 외형상의 변화가 있어도 그 물체의 어떤 속성은 변하지 않는다는 원리다.

보편문법(universal grammar) 세상의 모든 언어는 유사한 내적 구조를 지닌다는 촘스키의 언어이론이다.

본뜨기(modeling) 모델을 관찰하고 따라 하는 것이다.

부교감신경계(parasympathetic nervous system) 자율신경계의 하위 부분으로서, 긴급상황이 지난 후 신체를 정상적으로 회복시키는 기능을 담당한다.

부적 강화물(negative reinforcer) 제거됨으로써 강화가 되는 자극으로, 제거를 일으키는 반응이 다시 일어날 확률이 커진다.

부정성 효과(negativity effect) 인상 형성에서 긍정적 특성보다 부정적 특성이 더 큰 영향을 미치는 현상이다.

분노억제(anger-in) 내적으로 경험하는 분노를 겉으로 드러내지 않고 속으로 삭이거나 원한을 품는 방식으로 분노경험에 대처하는 것이다.

분노통제(anger-control) 경험하는 분노감정을 상황에 알맞고 문제해결에 도움이 되는 조절된 방식으로 대처하는 것이다.

분노표출(anger-out) 경험하는 분노감정을 절제되지 않고 폭발적인 형태로 겉으로 드러내어 표현하는 방식으로 대처하는 것이다.

분리뇌(split-brain) 대뇌반구를 연결하는 뇌량이 절단된 뇌. 뇌량이 절단된 결과 각 대뇌반구는 기능적 비대칭성을 보이게 된다.

불립문자(不立文字) 책을 읽는 것을 과소평가하는 선종(선불교)의 입장을 지칭하는 것으로, '책만 읽어서는 깊은 깨달음을 얻을 수 없다.'는 생각이다.

사고(thought) 지각과 기억된 정보의 심적 단위를 조작하는 과정이다.

사고과정(process thinking) 심상, 개념 및 언어 등의 인지 표상을 변환, 조작, 조합하는 심적 변화의 과정이다.

사례연구(case study) 특정의 개인, 집단 또는 상황에서 발생한 현상에 대해서 실시하는 집중적·심층적 연구방법이다.

사이버 공간(cyber-space) 윌리엄 깁슨의 『뉴로맨서』라는 소설에서 사용되어 널리 알려진 개념으로 컴퓨터와 인터넷 같은 통신망을 통해 사람과 사람 간의 교류가 형성되는 가상적인 공간. 학자들은 가상공간(virtual space)이라는 용어를 선호한다.

사이버 공동체(cyber-community) 사이버 공간에서 컴퓨터를 매개로 이루어지는 의사소통을 통해 사람들이 지속적으로 토론하고 인간적인 감정을 나눔으로써 상호작용하는 사회적 집합체다.

사이버 교류(cyber communication) 일반적으로는 컴퓨터를 매개로 이루어지는 모든 의사소통을 의미한다. 그러나 실세계의 f2f 커뮤니케이션과는 달리 시간과 공간의 제약을 받지 않고 익명과 실명이 동시에 가능하기 때문에 인간활동의 형태와 범위에 많은 변화를 일으킨다.

사이버 심리학(cyber psychology) 사이버 공간과 관련된 인간의 행동과 정신과정에 대한 과학적 연구다.

사이버 정체성(cyber identity) 사이버 교류의 익명성을 포함하는 다양한 특성으로 인해 실세계와 달리 다중적이고 복합적으로 자기정체성이 형성된다. 익명성으로 인한 솔직한 자기개방과 의견 제시 같은 긍정적 측면 외에도 몰개성화나 악의적 행동, 실세계에서의 정체성 혼란 문제 등의 부정적 측면도 있다.

사이버 중독(cyber addiction) 사이버 공간 내의 인간관계, 게임이나 음란물 탐색과 같은 특정 행동에 과도하게 집착하여 학교 및 사회에 부적응적 문제를 일으키거나 대인관계나 가정문제, 경제적 문제를 일으키게 되는 행동장애. 도박과 같은 행동장애와 마찬가지로 내성과 금단증상을 포함한다.

사이코드라마(sociodrama) 집단원들이 자신의 상황, 감정, 역할을 연기하듯 시연하는 집단치료 기법이다.

사자(死者)의 자세 요가의 체위 중 사바사나[Shavasana, 일명 사자(死者)의 자세]를 지칭하며, 온몸의 힘을 쭉 빼고, 근육긴장을 극소화해서, 죽은 듯이 누워 있는 것을 말한다.

사회딜레마(social dilemma) 개인에게 즉각적인 보상을 주지만 장기적으로는 개인과 집단 전체에 해로운 결과를 초래하는 상황이다.

사회심리학(social psychology) 사회적 상황에서 발생하는 개인의 사고, 감정 및 행동을 연구하는 심리학 분야다.

사회원인가설(sociogenetic hypothesis) 낮은 사회계층 사람들의 낮은 학력수준, 경제적 빈곤, 사회적 보상 및 기회 부족 등과 같은 사회적 요인이 정신분열증의 발병 원인이 된다는 가설이다.

사회적 정체감(social identity) 어떤 집단에 소속되어 동일시함으로써 지니게 되는 자기개념이다.

사회적 지원(social support) 친구나 가족 등의 사회적 관계에서 유래하는 스트레스 대처에 대한 지원이다.

사회적 촉진(social facilitation) 타인의 존재가 우세반응을 강화시키는 현상이다.

사회학습이론(social learning theory) 행동주의 전통과 기능주의·인본주의 전통이 만나는 영역에서 이루어진 관점. 행동주의 전통의 반복과 강화가 학습을 돕고 유지하는 데 중요함을 인정하지만, 사람은 스스로의 기대와 가치(인본주의)를 가지고 의도적인 환경 대응을 하는 심적 기능(기능주의)도 가지고 있음을 주장한다.

산업 및 조직심리학(Industrial/Organizational Psychology) 심리학의 지식 및 원리를 기업, 산업체, 공공기관, 병원 등 다양한 형태의 조직에 응용하여 일과 관련되어 있는 문제를 다루는 심리학의 응용 분야다.

삼원색설(trichromatic theory) 망막에 있는 세 종류의 추상체들의 반응조합으로 모든 색의 지각을 설명할 수 있다는 영(Young)과 헬름홀츠(Helmholtz)의 이론이다.

상관계수(correlation coefficient) 두 조의 짝지어진 측정치들 사이의 일치 정도를 나타내는 지수. 가장 보편적인 것은 r로서 표시되는 피어슨(Pearson) 적률계수다.

색조(hue) 빛의 파장에 의해서 결정되는 색채의 차원이다.

색채항등성(color constancy) 조명이 바뀌어도 대상의 색을 일관성 있게 지각하는 현상이다.

생물학적 접근 생물학적 요인들(유전, 두뇌의 생화학적 기능 등)이 정신과정 및 행동에 미치는 영향에 중점을 두는 접근이다.

생체항상성(homeostasis) 동질정체 참고

생활기록자료(life-record data) 한 개인의 일생에 걸친 생활사적인 기록물이다.

생활양식(life style) 각 개인이 자신의 인생에서 겪게 되는 경험을 통해 독특하게 형성하게 된 삶의 방식이다.

서술적 기억(declarative memory) 흔히 어문적 정보의 형태로 구성된 사실에 관한 의식적 재생이다.

서열위치효과(serial position effect) 기억할 목록들의 처음과 마지막 항목은 중간에 위치한 것들보다 인출 성공률이 높아지는 효과다.

선불교(Zen Buddhism) 깨달음을 얻기 위하여 화두 또는 공안(公案) 참구(參究, koan exercise)를 주로 사용하는 불교 수행법의 한 가지다.

선택적 주의(selective attention) 여러 자극 중 특정 자극에만 의식적으로 주의를 주는 것이다.

설단현상(tip-of-the-tongue phenomenon) 장기기억 속에 입력되었으나 부호화 때의 기억단서가 인출 시에 존재하지 않아 기억이 실패하는 현상이다.

성격(personality) 개인을 남과 구별해 주는 특성들의 모음. 긍정적인 측면과 부정적인 측면을 모두 포괄하는 것이다.

성에 대한 정의 라틴어의 'Sexus', '자른다'와 '나눈다'의 뜻을 가진 'seco'에서 유래하였다. 동양인의 성(性)에 대한 관념은 몸과 마음을 합한 개념의 성이고 성행동의 쾌락만을 추구하는 것은 '색(色)'이라고 해야 한다.

성역할(gender role) 자신이 속한 문화에서 성별에 따라 적절하다고 여겨지는 일련의 외적 행동패턴이다.

성전환(trans sexualism) 자신의 생물학적인 성에 대해서 불만족을 느끼면서 마치 남성의 신체에 여성이, 여성의 신체에 남성이 살고 있는 느낌을 가지고 살면서 자신이 선호하는 성으로 수술을 통해서 전환하는 것을 말한다.

성취검사(achievement tests) 다양한 주제와 관련된 지식과 그 숙지 정도를 측정하는 표준화된 검사다.

성취동기(achievement motivation) 가치 있는 목표를 달성하고, 훌륭한 행위기준에 도달하려고 하는 개인의 동기 또는 욕구다.

소뇌(cerebellum) 교의 뒤쪽에 있는 대뇌의 축소판으로서 신체의 자세 유지, 운동조절, 학습 등에 관여한다.

소멸이론(decay theory) 시간이 흐름에 따라 기억흔적이 점차 쇠퇴해 간다는 망각이론이다.

소비자심리학(consumer psychology) 상품에 대한 소비자들의 지각이나 태도, 상품에 대한 정보통합과정 및 기억, 구매동기 및 구매행동, 상품구매에서의 의사결정과정 등을 다루는 심리학의 응용 분야다.

수박(手搏) 우리나라에서 고대에서부터 전해 내려온 무술의 일종. 일본의 가라데 및 유도, 중국의 쿵후(工夫)의 토대가 되었다고 생각된다. 기를 순간적으로 어느 한 곳에 집중시키는 것이 그 특징이다.

수상돌기(dendrite) 뉴런에 있는 돌기들로서 다른 뉴런들로부터 신경신호를 받아들인다.

수식관(數息觀) 불교식 명상의 첫 단계로서 공기 속의 기를 깊숙이 들이쉰다고 상상하며, 숨을 고르면서 숫자를 세는 일종의 조식법이다.

수초(myelin sheath) 축색을 둘러싸고 있는 절연물질로서 수초가 있으면 활동전위의 전도가 빠르고 에너지의 효율성이 높아진다.

수행목표지향성(performance goal orientation) 과제 자체보다는 타인의 인정과 같은 과제 외적인 것에 가치를 두어 남보다 우수하다는 평가를 받고 경쟁에서 이기고자 하는 것을 목표로 삼는 경향성이 있다.

숙달목표지향성(mastery goal orientation) 과제 자체에 가치를 두고 과제를 완성하는 것을 목표로 삼고 자신의 능력 향상에 관심을 두는 경향성이다.

순행간섭(proactive interference) 이전에 학습한 내용이 최근에 학습한 정보의 인출을 방해하는 간섭이다.

스트레스(stress) 환경과 유기체 사이의 부적합한 관계다.

스트레스 반응(stress response) 스트레스 평가로 인해 유발되는 유기체의 신체적, 정서적, 인지 · 행동적 반응

스트레스 자극(stressor) 스트레스를 유발할 잠재성이 높은 내외적 자극이다.

스포츠심리학(sports psychology) 사회심리학, 성격심리학 등 심리학의 다양한 전문 분야에서의 지식과 원리를 운동경기자의 동기유발, 수행 향상, 지도자의 리더십 등에 응용하는 분야다.

시각절벽(visual cliff) 유아나 어린 동물의 깊이지각을 검사하기 위하여 투명한 유리를 이용하여 구성해 놓은 실험기제다.

시냅스(synapse) 한 뉴런의 축색돌기 말단과 다음 뉴런의 수상돌기 사이의 연접 부위다.

시상(thalamus) 간뇌의 한 부분으로서 후각을 제외한 모든 감각의 중계센터다.

시상하부(hypothalamus) 시상의 아랫부분으로서 자율신경계와 내분비계의 중추이며, 종 특유의 행동을 통제한다.

시선수렴(convergence) 가까운 대상을 볼 때 안구가 코 쪽으로 돌아가는 현상. 깊이지각의 단서로 이용한다.

시신경(optic nerve) 눈에서 대뇌로 신경 충격을 전달하는 신경이다.

신경전달물질(neurotransmitter) 시냅스의 축색종말에서 방출되는 화학물질로서 뉴런 간의 정보전달에

관여한다.

신근성효과(recency effect) 서열위치효과에서 기억목록의 끝 부분이 단기기억의 특성 때문에 더 잘 인출된다는 것을 지지하는 증거다.

신뢰도(reliability) 검사의 결과로 나타난 점수가 얼마나 믿을 수 있는가의 정도를 여러 가지 통계적 방법으로 산출한 계수다.

신체질량지수(body mass index) 신장과 체중의 비로 흔히 비만도를 나타내는 일반적 지수로 사용된다. kg 단위의 체중을 m 단위의 제곱으로 나누어 얻는다.

실무율(all-or-none principle) 신경흥분의 법칙으로 신경신호는 활동전위가 발생하거나(on), 또는 발생하지 않거나(off) 둘 중 한 가지뿐이다.

실존주의적 치료(existential therapy) 존재와 현실경험의 의미를 탐색하고 삶의 문제에 적극적으로 맞서도록 돕는 접근법이다.

실험(experiment) 어떤 예상결과의 원인이 되는 변수(독립변수)의 상황을 조성하고 그에 대한 결과(종속변수)를 관찰하여 원인과 결과 간에 얼마나 강력한 인과관계가 있는지를 파악하는 연구방법이다.

심리신경면역학(psychoneuroimmunology) 행동, 신경계, 내분비계 및 면역계 사이의 상호작용을 연구하는 학문 분야다.

심리학(psycology) 인간과 동물의 행동 및 그 행동에 관련된 생리적 · 심리적 · 사회적 과정을 연구하는 학문이다.

심신일원론(心身一元論) 몸과 마음이 밀접하게 연결되어 있다는 동양 전통의 생각. 극동지역에서는 몸과 마음의 사이에 기(氣)라는 에너지가 있다고 주장한다. 동의보감에 의하면, 사람의 몸에는 정 · 기 · 신(精氣神)의 3요소가 있는데, 정은 한자 그대로 우리가 먹은 밥기운[쌀 미(米)]과 신선한 공기[청(靑), 공기를 의미]가 배꼽 밑의 단전(丹田)에서 화합작용을 하여 생성된다고 한다. 의식적으로 정을 생성시키고자 하는 수련법이 단전호흡이다.

아니마(anima) 남성 속에 있는 여성성이다.

아니무스(animus) 여성 속에 있는 남성성이다.

아사나(asanas) 요가 수행자(요기)들이 몸을 튼튼하게 하기 위해서 하는 일련의 체조. 온몸의 구석구석을 힘을 주었다가 풀어 주는 자세와 동작으로 구성되어 있다.

안정막전위(resting membrane potential) 자극을 받지 않은 상태에서의 뉴런의 막전위다(약 -70㎷).

암묵기억(implicit memory) 이전의 정보와 관련된 파지가 비의도적으로 혹은 무의식적으로 현현되는 기억이다.

압력(press) 욕구들이 충족되는 것을 돕거나 방해하는 외부세계의 힘. 인간, 사물, 사건과 같이 현실적으로 존재하는 압력인 알파압력과 개인이 주관적으로 지각하거나 경험한 환경을 나타내는 베타압력으로 나눌 수 있다.

애착(attachment) 삶에서 특별한 사람에게 느끼는 강력한 정서적 결속이다.

양성애(bisexuality) 양성애는 동성과 이성에서 동시에 성적인 매력을 느끼는 사람들이다.

양안단서(binocular cue) 두 눈이 있음으로써 가능한 양안부등이나 시선수렴 같은 깊이단서이다.

양안부등(binocular disparity) 대상이 가까울 때 두 눈에 맺힌 영상의 차이. 깊이지각의 단서로 이용한다.

억압자(repressor) 스트레스적 위협의 가능성을 무시하거나 회피하는 경향성이 높은 특성을 가진 사람이다.

언어(language) 인지의 내용을 상징의 형태로 구성하여 다른 사람에게 전달하거나 다른 사람으로부터 전달받는 소통기능의 상징체계다(symbolic system).

언어상대성 가설(linguistic-relaitivity hypothesis) 인간이 사용하는 언어에 따라서 인간의 사고가 결정된다는 가설이다.

언어이해(comprehension) 언어정보가 지각과 기억의 과정을 통해서 언어의 의미를 해석하고 표상하는 심적 과정이다.

에듀테인먼트(edutainment) 교육을 의미하는

education의 'edu'와 오락을 의미하는 entertainment의 뒷부분 'tainment'를 합성해 만들어 낸 신조어. 멀티미디어 기술과 인터넷 통신기술의 발달로 학습자 스스로 재미있게 놀면서 학습할 수 있게 한다는 원칙 아래 만들어진 교육용 소프트웨어 산업과 인터넷 교육사업을 지칭하기도 하며, 이를 포함하는 문화현상 자체를 지칭하기도 한다.

역기능적 인지(dysfunctional cognition) 개인의 기능과 적응을 저해하는 생각, 신념, 태도 등의 인지다.

역조건화 기존의 반응을 대치하는 새로운, 보다 적응적인 반응을 배우는 재학습과정이다.

역치(threshold) 자극을 인식할 수 있는 가장 낮은 강도의 자극. 즉, 통증에 대한 역치가 높아진다는 것은 통증을 느끼지 못한다는 뜻이다.

역하자극(subliminal stimuli) 절대역의 아래에 있는 강도를 가진 자극이다.

역하지각(subliminal perception) 우리가 자각(aware)하지 못하는 작은 크기의 자극을 지각하는 것을 말하며 무의식적 지각을 뜻한다.

역행간섭(retroactive interference) 최근에 학습한 내용이 이전에 학습한 정보의 인출을 방해하는 간섭이다.

연수(medulla oblongata) 척수 바로 위, 뇌의 가장 아랫부분으로서 생명 유지에 중요한 역할을 한다.

연역추리(deductive reasoning) 일반적 혹은 보편적 전제 사실에 근거하여 결론을 도출하는 사고다.

외도 외도는 결혼한 남녀가 다른 남녀와 성적인 관계를 맺는 것을 말한다. 단순히 정서적인 친밀감만을 가졌을 경우에는 전통적인 외도의 관념에 포함시키지 않는다.

외상후 스트레스 장애(post traumatic stress syndrome) 외상적 사건을 경험한 후에 극심한 공포와 무력감을 보이고, 악몽이나 환영을 통해 외상을 재경험하고 외상과 관련된 자극을 회피하는 행동이 지속되는 장애이다.

외현기억(explicit memory) 이전 정보에 관한 의식적 · 노력적 기억이다.

요인분석(factor analysis) 변수(변인) 간의 상관계수를 분석하는 통계적 방법으로서 변수들이 몇 개의 요인으로 분류되고, 그 상호관계가 어떠한가를 설명한다.

욕구(need) 개인이 부족하게 생각하거나 충족하길 바라는 것. 신체적으로 생기는 신체발생적(생리적) 욕구와 심리적으로 생기는 심리발생적(심리사회적) 욕구가 있다.

욕구의 위계(hierarchy of needs) 인간의 욕구는 생리적 욕구, 안전 욕구, 애정과 소속감의 욕구, 자존의 욕구 그리고 지적 성취욕구, 심미적 이해욕구, 자아실현의 욕구가 위계를 이루고 있으며, 각 욕구는 하위단계의 욕구가 충족되었을 때만 기대될 수 있다.

원초아(Id) 성격 중에서 생물학적이고 본능적인 구성성분을 나타내는 것으로 인간이 태어날 때부터 존재하는 가장 원시적이며 유전된 것, 성적인 것, 공격적인 에너지를 모두 포함하는 것으로 인간이 가진 모든 충동, 즉 리비도의 저장고다.

원형(archetype) 조상으로부터 전달되어 태어날 때부터 가지게 되는 미리 정해진 생각이나 기억, 즉 근원적 심상이다.

원형(prototype) 범주의 대표적 개념이다.

위계적 구조(hierarchical structure) 표상 단위가 수준별로 상위수준과 하위수준으로 포함관계를 구성하는 것이다.

위약효과(placebe effect) 진짜 약처럼 보이는 가짜 약의 치료효과. 보편적으로는 실제 치료의 효과라고 볼 수 없는 반응을 일컫는다.

위험보상이론 운전자가 위험하다고 느끼는 곳에서는 속도를 줄이고 위험하지 않다고 생각하는 곳에서는 속도를 증가시켜서 주관적인 위험 인식과 속도를 합쳐서 얻게 되는 객관적인 위험수준은 일정하게 유지된다는 이론이다.

유산소(aerobic)운동 오랜 시간에 걸쳐 많은 양의 산소를 소비하는 형태의 운동이다.

유전기여도(heritability) 한 특정의 모집단 내에서 유전적 차이로 귀속시킬 수 있는 어떤 특성이 전체 변량에서 차지하는 비율이다.

음소(phoneme) 말소리의 가장 작은 단위며, 자음과 모음으로 구성한다.

음운론(phontlogy) 음성의 가장 작은 단위인 음소를 연구하는 분야다.

음절(syllable) 음소의 자음과 모음이 조합된 언어 형태다.

의미망(semantic network) 장기기억의 정보들은 그 개념적 유사성에 따라 일종의 네트워크를 형성하고 있을 것이라는 가정이다.

의미적 기억(semantic memory) 축약적 사실이나 언어와 연합된 정보에 관한 기억한다.

의식양식(mode of consciousness) 분석적인(analytic) 양식과 총체적인(holistic) 양식으로 구분된다. 분석적 의식양식은 분석을 전담하는 선형적이고 이성적인 상태고, 총체적 의식양식은 종합을 전담하는 비이성적이고 직관이 우세한 의식상태를 말한다. 분석적 의식양식은 코끼리의 각 부분을 차례차례 보는 과정과 유사한 반면, 총체적 의식양식은 코끼리 전체를 한번에 보는 과정과 유사하다. 이 두 양식은 각각 고유의 기능을 가지고 있으며 상호 보완적이다.

의식(consciousness) 어떤 특정한 순간에 개인에 의해 지각되는 모든 감각과 경험한다.

의식심리학(Psychology of Consciousness) 의식상태의 변화에 대한 심리학적 접근을 말한다.

의학적 모형 이상행동 또는 정신장애를 신체적 질병과 유사한 방식으로 개념화하는 것. 질병모형이라고도 한다.

이모티콘(emoticon) 정서를 나타내는 emotion과 형상을 나타내는 icon의 결합으로 문자의 조합이나 단순한 기호의 결합으로 사람들의 정서적 상태를 나타내는 표현을 담고 있다. 처음에는 ^^ 와 같은 웃는 표정을 주로 사용했다 해서 스마일리(smiley)라고 부르기도 한다. 이모티콘은 실제 감각경험이 제한된 문자를 이용한 채팅에서 사람들 간의 교류를 촉진시키는 것으로 밝혀졌다.

이완반응(relaxation response) 벤슨(Benson)이 동서고금의 명상법의 공통점을 따서 개발한 간편 이완훈련법이다. '원(one)'이라는 소리와 함께 숨을 내쉬고 들이쉬면서 고르게 쉰다.

이중속박(dubble-bind) 아동이 부모로부터 모순되는 요구를 전달받았을 때 이러지도 저러지도 못하는 상황에 처하는 것이다.

이차강화물(secondary reinforcer) 일차강화물과 연합됨으로써 강화의 역할을 하는 자극. 예로, 일차강화물인 음식을 구할 수 있는 돈을 들 수 있다.

이차적 특성(secondary traits) 뚜렷하지도 않고 덜 일반적이고 일관성은 적으나 개인을 특징지어 주는 것이다.

이차평가(secondary appraisal) 스트레스적으로 평가된 상황에 대하여 자신이 사용할 수 있는 대처자원과 관련하여 일어나는 평가다.

인과처리(causal process) 원인사건과 결과사건을 연결하는 과정이다.

인본주의(humanistic) 개인은 자신의 의식과 자기인식을 통해서 자신을 '제작하게 된다'는 관점이다.

인사심리학(personnel psychology) 산업 및 조직심리학의 하위 분야로서 직무에 적합한 사람들의 선발, 배치, 교육, 인사고과 등에 응용하는 심리학 분야다.

인지(cognition) 세상 혹은 환경의 물리적 정보를 감각기관에 따라 독립적으로 입력하여 기억에 저장하고, 저장된 정보 혹은 지식을 사용하여 내적으로 조작하는 일련의 심적 과정이다.

인지도(cognitive map) 공간 위치와 방향의 정신적 표상이다.

인지발달이론(theory of cognitive development) 피아제가 어린이들의 지적 발달에 대해 보여 준 연구에 기초하여 이루어진, 인간의 인지적 발달과정에 대한 연구 분야다.

인지부조화이론(cognitive dissonance theory) 페스팅거

(Festinger)가 제안한 이론으로 둘 이상의 인지들 간에 부조화가 생기면 불편감이 들어서 불편감을 해소하려는 동기가 유발된다는 주장으로서 주로 태도와 행동의 불일치 상황에서 일어나는 태도변화를 설명하는 데 적용된다.

인지적 접근(gender-specitic approach) 정신과정에 연구의 초점을 두는 관점이다.

인지행동치료(cognitive behavior therapy) 실험심리학의 원리를 적용해서 무의식이 아니라 표면적 행동, 말, 생각, 이미지 등의 광의적 행동의 변화에 초점을 맞춘다.

일란성 쌍생아(monozygotic twin) 하나의 수정란에서 발달한 쌍생아. 완전히 동일한 유전자를 공유한다.

일반적응증후군(general adaptation syndrome) 스트레스 자극의 종류에 관계없이 나타나는 비특정적이고 신체적인 스트레스 반응이다.

일차과정(primary process thinking) 프로이트가 주장한 개념으로, 무의식에서 진행되는 사고의 특징을 일컫는다. 프로이트는 무의식을 인간의 의식에서 중심적 존재로 보았기 때문에 기본이 되는 심리과정이라는 뜻을 지칭한다. 논리를 떠나서 소원충족적 환상이 우세한 것이 특징이다.

일차강화물(primary reinforcer) 생물학적 요구를 만족시키며, 자연적으로 작용하는 보상한다.

일차적 추동(primary drive) 식욕, 성욕, 수면욕 등과 같이 생리적 원인으로 발생된 추동이다.

일차평가(primary appraisal) 환경과 나 사이의 관계에 대한 평가로, 상황의 세부적인 의미에 따라 상해나 상실(harm/loss), 위협(threat) 및 도전(challenge)으로 평가될 수 있다.

일화기억(episodic memory) 특정한 시 · 공간적 맥락과 연계된 정보에 관한 기억이다.

임제선파[禪派, Rinzai Zen, 임제종(臨濟宗)] 화두참선법을 주 수행법으로 하는 불교의 한 학파임. 결가부좌를 틀고 앉아서 부동(不動)〔적적성성(寂寂星星)〕의 자세로 화두에 정신을 집중한다. 중국의 고승 임제에게서 비롯되었다.

자극변별(stimulus discrimination) 유기체가 특별한 하나의 자극에만 반응하도록 제한한 자극을 구분하는 학습과정이다.

자극일반화(stimulus generalization) 조건자극과 유사하지만 다른 자극에 대한 반응. 두 자극이 유사할수록 일반화는 더 잘 일어난다.

자기(self) 인간이 추구하는 합일, 완성, 만다라의 상태다.

자기강화(self-reinforcement) 개인이 자기 자신에게 부여해 주는 강화. 자기 자신의 행동에 의해 자발적으로 생산된 결과를 통해 자기 스스로 지배되는 것이다.

자기개념(self-concept) 자아개념을 참고하라.

자기기여편파(self-serving bias) 자신을 좋게 보고 자신에게 생긴 일을 유리하게 해석하려는 성향이다.

자기보고 자료(self-report data) 각 개인이 자신의 행동, 감정 및 사고에 대해 스스로 기록하는 자료다.

자기효능감(self-efficacy) 개인이 수행을 위해 요구되는 행위를 조직하고 실행해 나가는 자신의 능력에 대한 믿음 및 기대한다.

자동적 사고(automatic thouguts) 사람들이 어떤 사건을 경험할 때 순간적으로 자기도 모르게 일어나는 생각이다.

자동적인 말하기(automatic talking) 최면상태에서 자기도 모르게 저절로 말하는 것이다.

자동적인 쓰기(automatic writing) 최면상태에서 자기도 모르게 저절로 글씨를 쓰는 것이다.

자성예언(self-fulfilling prophecy) 타인으로 하여금 그에 대한 자신의 기대와 일치하는 행동을 하도록 유도하여 자신의 기대를 확증시키는 경향이다.

자아(Ego) 외부 현실과 초자아의 제한을 고려하여 원초아의 욕구를 표현하고 만족시키는 정신기제다.

자아개념(self-concept) 현재의 자기가 어떤 인간인가에 대한 개인의 신념(자기개념)이다.

자아중심성(egocentrism) 다른 사람들도 자신과 같은 경험을 한다고 가정하는 것이다.

자유연상(free association) 정신분석에서 무의식의 세계를 탐구하기 위해 자유롭게 연상시키는 방법. 꼬리에 꼬리를 물고 연상을 해 나가다 보면, 무의식 속의 심층에 있는 심리적 갈등이나 원인을 알게 해준다고 생각한다.

자율신경계(autonomic nervous system) 말초신경계의 한 부분으로서 내장근육의 운동과 분비선의 분비를 통제한다.

자존감(self-esteem) 자신에 대해 전반적으로 가지는 자기가치에 대한 판단 결과 형성된 긍정적인 생각이나 감정이다.

자율훈련법(autogenic training) 상상을 통해서 손, 발에서 따듯한 느낌이 느껴지도록 하는 이완법이다.

작업기억(working memory) 단기기억의 특성을 능동적이고 전문화된 기능을 가진 기억저장고로 보는 이론이다.

장기 종단적 연구(long-itudiual study) 한 개인을 발달의 여러 단계에서 관찰하는 연구법이다.

장기기억(long-term memory) 의미적 부호가 주를 이루는 비교적 영속적이고 무제한적인 정보저장 능력을 지닌 기억창고다.

장소법(method of loci) 기억해야 할 항목의 심상을 친숙한 장소의 특정한 위치와 연합시켜 놓음으로써 기억을 증진시킬 수 있는 기술이다.

장소이론(place theory) 우리가 지각하는 소리의 높낮이는 달팽이관에 있는 기저막의 반응 위치에 따라 결정된다는 이론이다.

재구성(reconstruction) 기억은 중요한 내용을 중심으로 역동적으로 재조직되고 구성한다.

재인(recognition) 이전에 학습한 정보와 새로운 정보를 구분하도록 요구하는 기억과제다.

재평가(reappraisal) 새로운 정보가 입수되어 스트레스 평가가 변화하는 것이다.

저장(storage) 기억의 두 번째 단계로서 부호화된 정보가 기억 속에 유지되는 단계다.

저항(resistance) 정신분석에서 무의식 속에 숨어 있는 위협적인 내용을 의식하게 되는 것이 두려워서 방해하는 것이다.

적극적 경청(active listening) 말을 듣는 쪽의 사람이 말하는 사람의 말을 반향하고 바꾸어 말하고 명료하게 표현하는 것이다.

적성(aptitude) 학습에 대한 잠재능력. 적성검사들은 훈련의 성과를 예언하려고, 즉 현재의 능력에 기초해서 장차의 능력을 예언하려고 만들어진다.

적응(adjustment) 환경의 요구에 부합하려는 선천적인 경향이 있다.

전기충격요법 뇌에 순간적으로 전류를 흘려서 경련을 야기하는 치료법. 다른 치료법에 반응하지 않는 우울증을 치료하기 위해 흔히 쓰인다.

전의식(preconsciousness) 바로 그 순간에 의식되지는 않지만 조금만 노력하면 의식할 수 있는 모든 경험이다.

전이(transference) 정신분석에서 과거의 중요한 인물(부모)과의 관계에 얽힌 감정(사랑이나 증오 등)을 치료자에게 느끼는 것이다.

전통적 남성성과 여성성 전통적으로 남성은 공격적, 진취적, 독립적, 성취 지향적, 적극적이라고 규정하고, 여성은 양육적, 의존적, 수동적, 관계 지향적이라는 입장이다.

전형성(typicality) 상위 범주 구성원의 공통적 속성을 가장 많이 포함하며, 상위 개념과 심적 거리가 가장 가까운 특성이다.

절감원리(discounting principle) 행동에 대한 내재적 동기가 있는데 외적 보상이 주어지면 보다 현저한 외적 요인을 그 행동의 원인으로 받아들이고 내적 요인을 최소화하거나 절감하는 현상이다.

절대역(absolute threshold) 특정한 자극을 탐지하기 위한 최소한의 에너지 강도. 시행의 50%에서 자극을 탐지하는 경우다.

절차적 기억(procedural memory) 어문적 재생을 요구하지 않는 운동과 같은 기술에 관한 기억이다.

점진적 이완법(progressive relaxation) 손발에서 시작해서 온몸의 근육의 힘을 빼서 이완시키는 방법. 약 5초 정도 힘을 주었다가 숨을 내쉬면서 힘을 빼면 묵직한 느낌이 든다. 이런 느낌을 온몸 전체에서 느껴보도록 하는 훈련법이다.

정교화 시연(elaborative rehearsal) 이전에 저장된 정보와 연결고리를 풍부히 함으로써 단기기억의 정보를 장기기억으로 전이시키기 위한 통제적 절차다.

정보처리이론(information-processing theory) 인간의 정신과정을 컴퓨터의 정보처리과정에 비유하여 이해하고자 하는 연구 분야다.

정상분포(normal distribution) 좌우 대칭적인 종 모양의 빈도분포로서, 이것의 특성은 표본에서 나온 통계치들에서 통계적 추론을 하는 데에 일반적으로 사용한다.

정서우선성가설(affective primacy hypothesis) 인식할 수 없을 정도의 짧은 시간 동안 보인 정서적 자극이 차후에 이어지는 인지적 판단에 영향을 미치는 현상으로 정서가 인지적 판단에 우선한다는 가설이다.

정서(emotion) 일반적으로 생리적 · 인지적 요소 모두를 가지며, 행동에 영향을 미치는 감정이다(행복, 실망, 슬픔 등).

정서일치효과(mood congruence effect) 부호화 때와 인출 때의 정서적 상태가 동일할수록 더 나은 기억수행을 가져온다.

정서 중심적 대처(emotion-focused coping) 문제 자체가 아니라 문제상황에서 발생하는 부정적인 정서상태를 완화하려는 노력한다.

정서지능(emotional intelligence) 자신과 타인의 정서를 점검하고, 그것들의 차이를 변별하며, 생각하고 행동하는 데 정서정보를 이용할 줄 아는 능력이다.

정신물리학(psychophysics) 물리적 자극이 어떻게 감각 및 지각으로 연결되는지에 대해서 과학적으로 측정하여 그 관계를 파악하는 학문이다.

정신분석(psychoanalysis) 프로이트가 주장한 심리치료 또는 정신치료(psychotherapy) 학파. 무의식 세계를 분석해서 심리적 문제를 해결하고자 한다.

정신생리학(psychophysiology) 심리적 자극이 인간의 생리적 반응에 미치는 영향을 연구하는 분야. 예로, 두개골, 눈 근처 및 심장 부위에 전극을 놓고 피험자의 뇌파, 안구운동 및 심장활동을 기록한다.

정신연령(mental age: MA) 비네(Binet)가 지능검사를 위해 제안한 한 척도 단위. 만일에 어떤 지능검사가 적절하게 표준화되어 있다면, 6세 아동의 대표적 집단은 평균 정신연령 6세를 얻어야만 하고, 7세 아동의 대표적 집단은 정신연령 7세를 얻어야만 한다. 자기 자신의 생활연령(CA)보다 정신연령(MA)이 낮으면 이 아동은 지체되어 있는 것이다(생활연령, 지능지수).

정신 도식(精神圖式) 지각과 경험의 정신적 체계 혹은 범주다.

정적 강화물(positive reinforcer) 반응을 증가시키기 위해 환경에 부가되는 자극이다.

정체감 위기(identity crisis) 청소년들이 자신의 현재와 미래의 삶의 역할에 대해 생각할 때 느끼는 혼동감 또는 불안감을 이해하기 위해 에릭슨이 사용한 용어다.

정체성(正體性) '나는 누구인가?' 라는 질문에 대한 복잡한 대답이다.

조건반응(conditioned response: CR) 조건화 후에 중성자극에 대한 반응이다.

조건자극(conditioned stimulus: CS) 이전에는 무조건자극에 대해서만 일어났던 반응을 일으키기 위해 무조건자극과 연합된 중성자극이다.

조건화(conditioning) 하나의 자극이 조건이 되어 그에 연관된 다른 자극을 불러일으키게 되는 현상. 조건형성이라고도 한다.

조식법(調息法) 호흡조절법으로 숨을 들이쉬고 내쉴 때 천천히 고르게 쉬는 법을 말한다.

조신법(調身法) 몸을 고른다는 뜻. 체조를 통해서 몸을 골고루 풀어 주는 일련의 동작을 말함. 고요한 동작과 기(氣)를 보내는 정신집중을 통해서 기의 흐름을 원활히 하려고 한 것이 현대의 체조와 다르다(예, 태극권의 기공체조).

조절(調節) 새로운 정보에 반응하기 위해 기존의 도식을 바꾸거나 새로운 도식을 만드는 것이다.

조직심리학(Organizational Psychology) 산업 및 조직심리학의 하위 분야로서 종업원의 직무만족, 작업동기, 조직에 대한 몰입, 종업원 상호 간의 의사소통, 리더십, 조직개발, 노사관계 등을 다룬다.

종뇌(telencephalon) 대뇌의 가장 윗부분으로, 가장 바깥쪽은 대뇌피질이며, 그 아래에 기저핵과 변연계의 구조물이 있다.

종말단추(terminal button) 축색의 끝 부분으로, 다른 뉴런과 시냅스를 형성하여 정보를 전달한다.

주제(theme) 욕구와 압력 간의 상호작용으로 개인마다 독특한 기억을 형성하게 되고 독특한 개인 역사를 형성하게 되는 것이다.

주제통각검사(thematic apperception test: TAT) 임상장면에서 사용하는 심리검사 기법의 하나. 애매한 그림이 그려진 카드를 보여 주고 자신이 생각하는 이야기를 자유롭게 꾸미도록 하여 내담자의 심리상태를 알아보는 방법. 성취욕구를 측정하는 데도 사용된다.

주특성(cardinal traits) 영향력이 매우 커서 개인의 행동 전반에 영향력을 발휘하는 것이다.

주파수이론(frequency theory) 지각되는 소리의 고저는 신경충격의 발화 빈도에 의해서 결정된다는 이론이다.

준거관련 타당도(criterion-related validity) 어떤 검사에 대한 피검자의 점수와 준거점수의 상관 정도를 나타낸다. 예로, 대학입학시험이 준거관련 타당도를 갖기 위해서는 입학시험 점수가 입학 후의 평균학점이나 교과과정을 이수하고 학위를 받은 학생들의 비율과 같은 적절한 준거와 관련되어 있어야 한다.

중뇌(midbrain) 교의 위, 간뇌의 아랫부분으로, 시각반사, 청각정보의 중계, 운동조절 등에 관여한다.

중심와(fovea) 망막의 중심부로서 추상체가 밀집되어 있다.

중심특성(central traits) 개인을 특징지어 주는 상당히 일반화된 특징이다.

지각(perception) 감각정보를 조직화하고 해석하여 대상이나 사건의 의미를 파악하는 과정이다.

지각적 갖춤새(perceptual set) 대상을 어떻게 해석하려는 경향성이 있다.

지각적 적응(perceptual adaptation) 시각장을 임의로 왜곡했을 때 적응하는 능력이다.

지각항등성(perceptual constancy) 조명이나 망막의 영상이 변화되어도 밝기, 색채, 형태, 크기 등을 일관성 있게 지각하는 현상이다.

지능(intelligence) 피아제는 지능을 "유기체가 환경에 적응하도록 도와주는 근본적인 삶의 기능"으로 설명한다.

지역사회심리학(community psychology) 심리학의 한 분야로서, 지역사회에서 심리적 장애의 예방 및 최소화에 초점을 맞춘다.

진정제(sedative) 자극에 대한 반응성을 감소시키는 약물이다.

질병모형(disease model) 이상행동 또는 정신장애를 신체적 질병과 유사한 방식으로 개념화하는 것이다.

집단극화(group polarization) 집단 상호작용 이후의 반응이 상호작용 이전의 반응과 동일한 방향으로 더 극단화되는 현상이다.

집단무의식(collective unconsciousness) 인간 선조들의 경험이 다음 세대에 전달되어 우리 내면에 숨어들어 우리에게 영향을 주는 요소다.

집단사고(groupthink) 응집성이 높은 집단에서 초래될 수 있는 비합리적이고 비생산적인 결정이나 판단한다.

집단화(grouping) 자극들을 집단으로 조직화하는 경향성이 있다.

차이역(difference threshold) 50%의 시행에서 변화를 탐지할 수 있는 최소 차이다.

참만남집단(encounter group) 자신의 감정, 행동, 대인관계 패턴에 관해 더 잘 이해하기 위한 집단이다.

참조처리(reference process) 담화글 내에서 대용어의 선행어를 연결하는 과정이다.

처리수준(levels of processing) 부호화 시 기억정보의 처리가 심화될수록 더 오래 기억이 지속될 수 있다는 주장의 이론이다.

척수(spinal cord) 중추신경계의 일부로서 신체와 뇌 사이의 정보전달 통로며, 단순한 반사행동을 통제한다.

체계적 둔감화(systematic desensitization) 이완상태에서 불안을 유발하는 상황이나 자극을 위계적으로 상상하여 직면함으로써 불안을 감소시키는 행동치료의 한 기법이다.

체성신경계(somatic nervous system) 신체의 모든 감각과 골격근의 운동을 통제하는 말초신경계의 한 부분이다.

초감각적 지각(ESP) 비(非)통상적(extraordinary) 의사소통을 이르며, 인체의 다섯 가지 감각기관을 통하지 않고 이루어지는 지각현상이다.

초두성효과(primacy effect) 서열위치효과에서 기억목록의 첫 부분이 장기기억의 특성 때문에 더 잘 인출된다는 것을 지지하는 증거다.

초월심리학파(transpersonal psychology) 미국에서 발전된 최근의 심리학파. 평상시와는 다른 초월적 의식경험을 연구하는 데 주력한다.

초자아(super ego) 성격에서 마지막으로 발달하는 체계로서 사회규범과 기준이 내면화된 것이다.

최면 유도(hypnotic induction) 최면상태에 들어가게 하는 일련의 절차로, 암시하는 말귀를 주로 사용한다.

최면(hypnosis) 원래 '잠'을 의미하는 말로 최면에 걸리면 잠드는 것처럼 보이기 때문에 붙은 말이다.

최적각성이론(optimum arousal theory) 너무 낮거나 높은 각성수준에서 보다는 중간수준의 각성상태일 때 가장 수행수준이 높다는 이론이다.

추동(drive) 사람이나 동물이 신진대사에 의해 생리적 균형이 깨어진 상태로 생리적 균형을 회복하려는 강력한 힘이다.

추리(reasoning) 일반적으로 주어진 전제의 가정에 근거하여 어떤 결론을 얻고자 하는 경우에 발생하는 사고의 과정이다.

추상체(cone) 망막의 중심부에 주로 분포하며 대상의 해상도와 색채감각에 관여한다.

축색(axon) 뉴런에 있는 하나의 긴 돌기로서 다른 뉴런으로 신경신호를 전달한다.

치환(displaced) 자아 방어기제의 하나로서, 자아에 위협적인 것으로 지각되는 대상에 대한 갈등이나 감정을 덜 위협적인 대상에게 옮기는 것이다.

쾌락주의원리(hedonism) 인간은 쾌락을 추구하고 고통이나 불쾌함을 회피하는 것에 의해 동기화되고 행동한다는 그리스 철학자들로부터 현재까지 수용되는 원리다.

타당도(validity) 타당도는 검사에 대한 점수와 그 검사가 예언하려고 하는 점수, 즉 어떤 준거에 대한 점수 사이의 상관계수에 의해 측정될 수 있다.

타임아웃(time out) 조작적 조건화의 원리를 이용한 치료기법으로서 바람직하지 않은 행동이 일어났을 때 강화제를 찾을 수 있는 상황에서 격리시킨다.

탈억제효과(disinhibition effect) 자신의 정체가 드러나지 않는 익명적 상태에서 드러내는 행동양식으로, 탈억제는 때로는 불쾌한 욕구나 정서를 과장되게 표현하거나 때로는 면대면 상황에서는 감히 시도할 수 없는 솔직함을 드러내는 방식으로 표현된다.

태도면역(attitude inoculation) 태도에 대해서 약한 공격을 가하여 더 강한 공격에도 설득당하지 않는 저항력을 배양하는 과정이다.

토큰경제(token economy) 조작적 조건화의 원리를 적용한 치료기법으로서 바람직한 행동을 보였을 때 토큰을 주어서 원하는 것과 바꾸도록 한다.

통사처리(syntactic process) 문장의 단어의 문법 범주(word class, 품사)를 파악하고, 파악된 문법 범주의 단어를 통사규칙에 근거하여 언어 표상을 구성하는 과정이다.

통찰(insight) 정신분석에서 환자가 무의식 속에 억압된 욕구나 갈등을 깨닫게 되는 것이다.

특징탐지기(feature detectors) 운동, 각도, 선분 등의 자극 특징에 반응하는 대뇌의 신경세포다.

파이현상(phi phenomenon) 인접한 두 개 이상의 전구를 연속적으로 명멸시킴으로써 발생하는 운동 착각의 일종이다.

판단과 결정 판단은 환경상황을 수량, 서열, 범주에 근거하여 평가하는 과정이며, 결정이란 판단된 과정의 결과로 생성된 가능한 대안 중에서 특정 가치에 적합한 결정대안을 선택하는 과정이다.

페르소나(persona) 사회적 역할수행에 대한 심상으로 남에게 보이는 모습이다.

편견(prejudice) 어떤 집단이나 집단구성원에 대한 비합리적인 부정적 평가다.

편차지능지수(deviation IQ) 전통적인 지능지수에 대체로 일치되게끔 평균치 100, 표준편차 15(Wechsler)나 16(Stanford-Binet)의 표준점수로 계산되는 지능지수다.

표본조사(survey) 집단에서 표본이 될 개체를 선정하여 그들에게 설문이나 면접을 사용하여 행동, 태도, 신념, 의견, 의도 등을 조사하는 연구방법이다.

표준화(standardization) 검사의 실시와 채점에서의 동일한 절차의 사용한다.

품성(character) 사회적으로 바람직하게 여겨지는 특성이다.

프라나(prana) 극동지역의 기(氣)와 유사한 인도에서의 개념. 우리가 생각하는 '에너지'란 개념에 가장 가깝다. 프라나는 유기체 속의 활력소인 '생명력(life force)'으로 간주된다.

플로우 경험(flow experience) 활동이 주는 즐거움 때문에 그 행동을 반복적으로 하며 행위에 완전히 몰입한 집중상태로 이러한 상태에 들어가면 계속 흘러가게 되는 경험이다.

피(被)암시성(suggestibility) 최면에 잘 걸리는 정도를 말하며, 상상력이 풍부하고 남의 말을 잘 믿는 사람에게서 높게 나타난다.

피하지각(subliminal perception) 우리가 자각(aware)하지 못하는(피하) 작은 크기의 자극을 지각하는 것을 말함. 무의식적 지각을 뜻한다.

하이퍼텍스트(hypertext) 미국의 바네바 부시에 의해 1945년 처음 제안된 정보의 관리방식으로 정보와 정보가 하이퍼링크라는 단순한 연결관계를 갖는 방식을 의미한다. 이후 그래픽 유저 인터페이스의 발전과 마우스의 발명으로 클릭만으로 정보공간을 유영할 수 있는 형태로 발전되었고 오늘날의 인터넷의 월드와이드웹 기술로 발전되었다.

학습(learning) 훈련 또는 경험의 결과로 나타나는 비교적 영속적인 행동의 변화다.

학습된 무기력(learned helplessness) 자신의 행동이 결과에 영향을 미치지 못한다는 통제불능성에 대한 기대를 학습하면 후속 수행이 저하되는 현상이다.

합리적 · 정서적 · 행동적 치료 논리정연하고 이성적인 사고과정의 중요성을 강조하는 인지행동치료다.

항문기적 성격(anal personality) 2세에서 4세경에 겪게 되는 배변훈련의 경험을 통해 형성되는 성격. 질서, 인색함, 고집의 3대 항문기적 성격이 나타난다.

항우울제(antidepressants) 우울증상을 조절하기 위한 약물이다.

항정신병제(antipsycotic agents) 망상, 환각 등의 정신병적 증상을 조절하기 위한 약물이다.

해석(interpret) 정신분석에서 환자의 통찰을 조장하기 위해 꿈, 자유연상의 내용 등의 의미를 지적해 주는 것이다.

핵심단어법(key word method) 추상적 단어(어려운 단어)를 구체적 단어(쉬운 단어)와 연결시키고 구체적 단어를 나타내 주는 심상을 만들어 그에 짝지어진 추상적 단어를 좀 더 쉽게 기억할 수 있도록 하는 기억술이다.

행동생물학(ethology) 동물행동학을 참고하라.

행동주의(behavior) 심리학의 연구대상을 관찰 가능하고 측정 가능한 사건, 즉 외적인 행동으로 제한하는 학파다.

혐오치료(aversive therapy) 문제행동을 고통스럽거나 불쾌한 경험과 연합시켜 그 행동의 빈도를 감소시키는 행동치료의 한 방법이다.

협동원리(cooperative principle) 화용적 담화 맥락에서 화자와 청자의 언어적 공유 원리다.

형태소(morpheme) 음절의 조합에 의해 구성된 언어의 의미가 나타나는 기본 단위다.

형태주의(gestaltism) 지각된 내용을 하나의 전체로 통합하고 분리된 자극을 의미 있는 유형으로 통합하자는 경향의 학파다.

환각(hallucination) 감각자극이 없음에도 불구하고 나타나는 감각경험으로, 나타나는 기관에 따라 환시, 환청, 환후, 환미, 환촉 등으로 구분된다.

환경적 결정론(environmental determinism) 스키너(Skinner)로 대표되는 행동주의 이론에 대한 설명으로 개인의 행동은 내적인 요소보다는 주어진 환경에 따라 결정된다는 이론이다.

활동전위(action potential) 역치 이상의 자극이 주어졌을 때 나타나는 뉴런의 막전위 변화다(+40㎷).

활성화 확산(spreading activation) 장기기억의 조직에서 어떤 개념의 의미적 점화는 그물망의 경로를 따라 전파되며, 멀리 진행될수록 그 힘은 약화될 것이라는 가정이다.

회상(recall) 기억 단서가 없이 어떤 사상에 관한 기억을 최대한 이끌어 내도록 요구하는 기억과제이다.

획득된 추동(acquired drive) 사랑, 돈, 명예와 같이 사회적으로 획득된 추동이다.

효과의 법칙(law of effect) 만족을 일으킨 반응은 더 반복되기 쉽고, 만족을 일으키지 않은 반응은 덜 반복된다는 손다이크의 이론이다.

후광효과(halo effect) 사람들을 내적으로 일관되게 평가하려는 경향이 있다.

참고문헌

건설부(1991). 도로표지제작, 설치 및 관리지침.

권정혜(2005). 청소년의 인터넷 게임 중독: 시간에 따른 변화와 이에 영향을 미치는 변인들. 한국심리학회지: 임상, 24(2), 267-280.

김교헌(1992). 자기노출의 기능. 한국심리학회지: 일반, 11(1), 81-107.

김교헌(1995). 분노스트레스 상황에서 자기노출이 생리적 각성, 정서 및 인지적 이해에 미치는 영향. 한국심리학회지: 임상, 14(1), 237-252.

김교헌(1999). 전인적 건강과 시스템 이론. 사회과학논총, 12, 55-68. 충남대학교 사회과학연구소.

김교헌, 전겸구(1993a). 중학생용 생활스트레스와 대처척도의 개발연구 I. 한국심리학회지: 임상, 13(1), 197-217.

김교헌, 전겸구(1993b). 대학생의 스트레스와 대처경험 분석. 장동환 교수 정년퇴임 기념 논문집, 436-458.

김교헌, 전겸구(1997). 분노, 적대감 및 스트레스가 신체 건강에 미치는 영향. 한국심리학회지: 건강, 2(1), 79-95.

김금미(2001). 집단의 사회정체성과 지위에 따른 내집단 편애. 성균관대학교 박사학위논문.

김기석(1978). 명상의 심리학적 일고찰. 고려대학교 행동과학연구, 3, 1-24.

김기석(1990). 뇌-신경과학입문. 성원사.

김도영, 유태용(2002). 성격의 5요인과 조직에서의 맥락수행간의 관계. 한국심리학회지: 산업 및 조직, 15(2), 1-24.

김명언, 김청택, 권기동(2003). 운전정밀검사 재표준화 및 예언타당도 검증연구. 서울대학교 심리과학연구소.

김미리혜, 김진영 외(2000). 심리치료: 절충-통합적 접근. 서울: 정민사.

김선 외(1996). 심리학의 이해. 서울: 집문당.

김성일, 이재호(1995). 통사적 제약과 화용적 제약이 문장의 표상과 기억접근에 미치는 효과. 인지과학, 6, 97-116.

김아영(2010a). 학업동기: 이론, 연구와 적용. 서울: 학지사.

김아영(2010b). 자기결정성이론과 현장 적용 연구. 교육심리연구, 24(3), 583-609.

김아영, 차정은(1996). 자기효능감과 측정. 산업 및 조직심리학회 동계학술발표대회 논문집, 51-64.

김정규, 김중술(2000). 아동기 성피해의 심리적 후유증-성인기 정신건강에 미치는 영향을 중심으로. 한국심리학회지: 임상, 19(4), 747-769.

김정호, 김선주(1998). 스트레스의 이해와 관리. 서울: 도서출판 아름다운세상.

김종주 역(1987). 정신치료에서의 꿈 분석. (Lillie Weiss, 1986, Pergamon).

김진국(1988). 지역감정의 실상과 그 해소방안. 한국심리학회 편, 심리학에서 본 지역감정. 서울: 성원사.

김현택, 류재욱, 이강준(1994). 나의 뇌 뇌의 나, 87-137, 예문지.

김혜숙(1988). 지역간 고정관념과 편견의 실상. 한국심리학회 편, 심리학에서 본 지역감정. 서울: 성원사.

김혜숙, 김도영, 신희천, 이주연(2011). 다문화시대 한국인의 심리적 적응: 집단정체성, 문화적응 이데올로기와 접촉이 이

주민에 대한 편견에 미치는 영향. 한국심리학회지: 사회 및 성격, 25(2), 51-89.
남승규(1999). 소비자심리학. 서울: 학지사.
민경환(2002). 성격심리학. 서울: 법문사.
박경숙, 손희권, 손혜정(1998). 학생의 왕따(집단 따돌림 및 괴롭힘). 한국교육개발원 연구보고, RR, 98-19.
박영호(2000). 교통사고 운전자의 인적요인 분석: 버스 운전자를 중심으로. 한국심리학회지: 산업 및 조직, 13(2), 75-90.
석지현(1977). 선으로 가는 길. 서울: 일지사.
성영신, 김완석(1994). 소비자의 감정: 마케팅의 새로운 기회. 1994년도 한국심리학회 추계 심포지움 발표논문집, 73-103.
성한기(1991). 집단극화연구의 개관: 1961-1990. 한국심리학회지: 일반, 10(1), 20-42.
성한기, 한덕웅(1999). 정보출처의 집단범주 및 능력과 반응유형에 따른 집단극화 효과. 한국심리학회지: 사회 및 성격, 13(2), 107-129.
송승훈, 이홍석, 박준호, 김교헌(2009). 한국판 외상후 성장 척도의 타당도 및 신뢰도 연구. 한국심리학회지: 건강, 14(1), 193-214.
신현정(2000). 개념과 범주화. 서울: 아카넷.
염태호, 박영숙, 오경자, 김정규, 이영호(1992). K-WAIS 실시요강. 서울: 한국가이던스.
유태용 역(2000). 산업 및 조직심리학: 일의 심리학. 서울: 시그마프레스.
유태용 역(2012). 산업 및 조직심리학(10판). 서울: 시그마프레스.
유태용(1995). 한국기업의 신입사원 선발방법에 관한 실태조사: 1992년-1994년을 중심으로. 광운대학교 논문집, 제24집, 133-153.
유태용, 김도영(2002). 기업에서의 맥락수행의 구성요인에 대한 탐색적 연구. 디지털경영연구, 제2권 제1호, 59-89. 광운대학교 디지털경영연구소.
유태용, 김명언, 이도형(1997). 5요인 성격검사의 개발 및 타당화 연구. 한국심리학회지: 산업 및 조직, 10(1), 85-102.
유태용, 민병모(2001). 다양한 장면에서 수행을 예측하기 위한 5요인 성격모델의 사용가능성과 한계: 국내 연구결과의 통합분석. 한국심리학회지: 산업 및 조직, 14(2), 115-134.
윤순임(1995). 현대 상담 · 심리치료의 이론과 실제. 서울: 중앙적성.
윤호균(1982a). 정신분석, 인간중심의 상담 및 불교의 비교(Ⅰ): 인간 및 심리적 문제에 대한 견해. 임상심리학보, 3(1), 35-48.
윤호균(1982b). 정신분석, 인간중심의 상담 및 불교의 비교(Ⅱ): 심리적 문제의 해결. 임상심리학보, 3(1), 49-64.
이경순, 김교헌(2000). 분노억제경향과 문제해결이 분노 정서 경험과 혈압에 미치는 영향. 한국심리학회지: 건강, 5(1), 60-72.
이동선, 손향신, 김상규, 고득영, 김웅재, 최정락, 은영신, 유태용(2010). 한국 기업의 신입사원 선발방법에 관한 실태조사: 2004년-2009년을 중심으로. 2010년도 한국 산업 및 조직심리학회 춘계학술대회 발표논문집, 102-103.
이봉건(1984). 정신분열증 환자의 주의장애, 각성수준 및 사고장애. 충북대 논문집, 27, 677-692.
이봉건(1985). 두뇌반구의 비대칭성과 정신분열증. 충북대 논문집, 29, 425-235.
이봉건(1989). 상담 및 심리치료에 대한 의식 심리학의 시사점. 충북대학생생활연구, 1989, 2월 13, 21-30.
이봉건(1997). 바이오피드백. 스트레스과학의 이해. 대한신심스트레스학회 편, 27장, 407-427. 서울: 신광출판사.
이봉건(2006). 바이오피드백이 가미된 이완 및 호흡조절에 의한 스트레스 감소-사례연구. 한국임상심리학회지-임상, 25(3), 603-622.
이수원 외(1993). 심리학: 인간의 이해. 서울: 정민사.
이수정 외(2002). CBT 수행검사를 이용한 정서능력 측정, 2002년 한국 산업 및 조직 심리학회지, 63-77.
이순철(1991). 자동차 경적과 운전중 의사소통. 교통안전연구논집, 19-27. 도로교통안전협회.
이순철(1994). 교통문제의 심리학적 접근. 1994년도 한국심리학회 추계 심포지움 발표논문집, 158-178.
이순철(2000). 교통심리학. 서울: 학지사.
이재식, 이순철, 조대경(1990). 도로표지판의 정보전달에 관한 인간공학적 일 고찰. 한국심리학회지: 산업 및 조직, 3, 55-71.
이재호(1993). 대명사의 성별단서와 선행어격이 참조해결의 즉각성에 미치는 효과. 인지과학, 4, 51-86.
이재호, 김소영 공역(2007). 언어와 사고(Lund, N. 2003, Language and thought). 서울: 학지사.
이재호, 이정모, 김성일, 박태진(2002). 한국어 어휘의 언급순서가 문장 기억의 표상에 미치는 효과: 첫 언급, 최신 및 의미편향효과의 상호작용. 한국심리학회지: 실험 및 인지, 14, 409-427.
이재호, 조혜자, 방희정(2001). 성별 고정관념의 암묵적 표상구조: 성별단서, 범주전형성 및 성별선호도의 상호작용. 한국심리학회: 여성, 6, 49-68.
이정모(1989). 글 이해의 심리적 과정의 한 모델. 이정모 외(공저), 인지과학, pp. 215-268. 서울: 민음사.
이정모(2001). 인지심리학: 형성사, 개념적 기초, 조망. 서울: 아카넷.

이정모(2002). 마음의 재개념화: 인지과학적 재구성. 성균관대학교 심리학과.

이정모(2007). 심리학의 개념적 기초의 재구성(2): 인지과학적 접근에서 본 '마음' 개념의 재구성과 심리학 외연의 확장. 한국심리학회지: 일반, 26(2), 1-38.

이정모 외(1998). 인지심리학. 서울: 학지사.

이정모 외(2003). 인지심리학(개정판). 서울: 학지사.

이정모, 이재호(1998). 글 이해의 심리적 과정. 이정모, 이재호(공편), 인지심리학의 제 문제 II: 언어와 인지. 서울: 학지사.

이정모, 이재호(2000). 대상과 행위의 개념적 표상 차이: 명명과제의 점화효과 비교. 한국심리학회지: 실험 및 인지, 12, 201-214.

이진환, 홍기원, 정영숙 역(1997). 환경심리학. 서울: 학지사.

이창우 외(1992). 경찰 종합적성검사 개발 연구보고서. 한국심리학회.

이훈구(2000). 사회문제와 심리학. 서울: 법문사.

인터넷 진흥원(2006). 2005년 하반기 정보화 실태조사 보도 자료. http://isis.nida.or.kr/news_report/user_sum_200512.pdf.

임신영(1999). 성피해가 정신건강에 미치는 영향-남녀 성차를 중심으로. 성신여자대학교 대학원 석사학위논문.

장동환(1993). 최근 스포츠심리학 연구 개관. 장동환교수 정년퇴임 기념논문집, 86-152.

전겸구, 김교헌(1991). 대학생용 생활스트레스 척도의 개발: 제어이론적 접근. 한국심리학회지: 임상, 10(1), 137-158.

전겸구, 한덕웅(1993). 건강심리학의 발전, 과제 및 전망. 한국심리학회지: 일반, 12, 98-133.

전겸구, 한덕웅, 이장호, Spielberger(1997). 한국판 STAXI 척도 개발: 분노와 혈압. 한국심리학회지: 건강, 2(1), 60-78.

전용신, 서봉연, 이창우(1963). K-WAIS 실시요강. 서울: 중앙교육연구소.

정찬섭, 한광희(1990). 색채지각의 신경망모형. 1990년 한국인지과학회 춘계학술발표대회 논문집, 23-27.

정태혁(1971). 요가의 원리와 수행법. 서울: 법문사.

정혜정(2000). 성피해의 실태와 피해자들의 정신건강에 관한 연구-일반집단과 정신과 환자집단을 중심으로. 성신여자대학교 대학원 석사학위논문.

정홍천, 이경수, 이수지, 장주영, 이혜승, 구자영, 손영우 외(2005) The Effect of Cognitive Ability on Training and Transfer Performance. 인지과학, 16(4), 287-303.

조긍호(1998). 유학심리학: 맹자-순자편. 서울: 나남출판.

조선영, 백은하, 김현택, 현성용(1997). 토끼의 순막고전적 조건화 동안 소뇌중 간핵과 배측하올리브부핵에서 동시에 기록한 신경다단위 활동. 한국심리학회지: 생물 및 생리, 23-34.

조성주(2007). 평가센터 구축의 실제-대한민국 중앙인사위원회. 2007년도 한국 산업 및 조직심리학회 춘계학술대회 및 심포지엄 발표논문집, 57-63.

주간조선(1995. 7. 13.). 삼풍의(살인회의). 12-26.

차재호(1994). 문화설계의 심리학. 서울: 서울대학교 출판부.

청소년 대화의 광장(1996). 때리는 아이, 맞는 아이. 청소년 상담문제 연구보고서 15.

최보라(1986). 약호화시의 스키마 활성화가 덩이글의 이해와 기억에 미치는 효과. 고려대학교 대학원 석사학위논문.

최상진(2011). 한국인의 심리학. 서울: 학지사.

최수찬(2005). 근로자 지원 프로그램(EAP)의 현황과 과제. 2005년도 한국 산업 및 조직심리학회 추계학술대회 및 심포지엄 발표논문집, 269-278.

최정윤(2000). 다 사용자 온라인 게임(MMPOG)의 상호작용과 가상 현실 경험에 관한 연구: 리니지를 중심으로. 이화여자대학교 석사학위논문.

최정훈 외(1993). 인간행동의 이해-심리학. 서울: 법문사.

탁진국(2002). 직종에 따른 직무스트레스원과 직무스트레스에서의 차이. 한국심리학회지: 건강, 7(1), 125-141.

한광희, 정찬섭(1991). 역동적 광순응 신경망을 이용한 색채항등성의 구현. 한국심리학회지, 10, 61-96.

한국 산업 및 조직심리학회 편(2000). 직업심리 및 상담. 서울: 학지사.

한국형사정책연구원(1990). 성폭력의 실태와 대책에 관한 연구. 서울: 한국형사정책연구원.

한국형사정책연구원(1996). 성폭력의 실태와 대책에 관현 연구 II. 서울: 한국형사정책연구원.

한규석, 신수진(1999). 한국인의 선호가치 변화-수직적 집단주의에서 수평적 개인주의로. 한국심리학회지: 사회 및 성격, 13(2), 293-310.

한덕웅(1994). 퇴계심리학: 성격 및 사회심리학적 접근. 서울: 성균관대학교 출판부.

한덕웅(2003). 한국유학심리학. 서울: 시그마프레스.

한덕웅, 김승현, 심홍섭, 전겸구(1998). 자동차 운전적성검사 개선을 위한 검사지 개발 연구. 도로교통안전협회.

홍성태(1992). 소비자심리의 이해. 서울: 나남.

홍숙기(2000). 성격심리(상). 서울: 박영사.

황상민, 김도환(2001). 발달심리학의 발달과 심리학적 정체성. 한국심리학회지: 발달, 14(1), 1-13.

황상민, 한규석 편저(1999). 사이버 공간의 심리: 인간적 정보화 사회를 향해서. 서울: 박영사.

황태호 역(1996). 감성지능. 서울: 비전코리아.

Abramson, L. Y., Metalsky, G. I., & Alloy, L. B. (1989). Hopelessness depression: A theory-based subtype. *Psychological Review, 96*, 358-372.

Abramson, L. Y., Seligman, M. E. P., & Teasdale, J. D. (1978). Learned helplessness in humans: Critique and reformulation. *Journal of Abnormal Psychology, 87*, 49-74.

Adams, L. T., Kasserman, J. E., Yearwood, A. A., Perfetto, G. A., Bransford, J. D., & Franks, J. J. (1988). Memory access: The effects of fact-oriented versus problem-oriented acquisition. *Memory & Cognition, 16*, 167-175.

Ader, R., & Cohen, N. (1981). Conditioned immunopharmacologic responses. In R. Ader (Ed.), *Psychoneuroimmunology.* New York: Academic Press.

Ader, R., & Cohen, N. (1984). Behavior and the immune system. In W. D. Gentry (Ed.), *Handbook of behavioral medicine.* New York: Guilford Press.

Agosti, M., & Crestani, F. (1993). A methodology for the automatic construction of a Hypertext for Information Retrieval. *In Proceedings of the ACM Symposiumon Applied Computing*, 745-753, Indianapolis, USA.

Aldwin, C. M. (2007). *Stress, coping, and development.* New York: Guilford Press.

Alexander, F. G. (1939). Emotion factors in essential hypertension. *Psychosomatic Medicine, 1*, 175-179.

Allport, G. W. (1937). *Personality: A psychological interpretation.* New York: Holt, Rinehart & Winston.

Alterman, E. (1997). Sex in the '90s. *Elle*, November, 128-134.

Amabile, T. M. (1979). Effects of external evaluations on artistic creativity. *Journal of Personality and Social Psychology, 37*, 221-233.

Amabile, T. M. (1983). *The social psychology of creativity.* New York: Springer-Verlag.

American Psychiatric Association. (1994). *Diagnostic and statistical manual of mental disorders* (4th ed.). Washington, DC: Author.

American Psychological Association(APA). Task Force on Health Research. (1976). Contributions of psychology to health research: Patters, problems, and potentials. *American Psychologist, 31*, 263-274.

American Psychological Association. (1986). *Careers in Psychology.* Washington, DC: Author.

Ames, C. A., & Acher, J. (1988). Achievement goals in the classroom: Student learning strategies and motivational processes. *Journal of Educational Psychology, 80*, 260-267.

Anderson, C. A., & Dill, K. E. (2000). Video Game and aggressive thoughts, Feelings, and behavior in laboratory and in life. *Journal of Personality and Social Psychology, 78*, 772-790.

Anderson, J. R., Reder, L. M., & Simon, H. A. (1996). Situated learning and education. *Educational Researcher, 25*, 5-11.

Anderson, J. R., Reder, L. M., & Simon, H. A. (1997). Situative versus Cognitive Perspectives. Form versus Substance. *Educational Researcher, 26*, 18-21.

Anderson, N. H. (1965). Averaging versus adding as a stimulus combination rule in impression formation. *Journal of Experimental Psychology, 70*, 394-400.

Anderson, N. H. (1968). A simple model for information integration. In R. P. Abelson et al. (Eds.), *Theories of cognitive consistency: A sourcebook.* Chicago: Rand McNally.

Anderson, P. B., & Aymami, R. (1993). Reports of female initiating of sexual contact: Male and differences. *Archives of Sexual Behavior, 22*, 335-343.

Anne, A., & Susana, U. (1997). *Psychological testing* (7th ed.). Upper Saddle River, NJ: Prentice Hall.

Arnold, M. B. (1970). Perennial problems in the field of emotion. In M. B. Arnold (Ed.), *Feelings and emotions* (pp. 169-185). New York: Academic Press.

Asch, S. E. (1955). Opinions and social pressure. *Scientific American, 19*, 31-35.

Aslin, R. N., & Smith, L. B. (1988). Perceptual development. *Annual Review of Psychology, 39*, 435-473.

Atkinson, J. W. (1964). *An introduction to motivation.* New York: Van Nostand.

Atkinson, J. W., & Litwin, G. H. (1960). Achievement motive and test anxiety conceived as motive to approach success and motive to avoid failure. *Journal of Abnormal and Social Psychology, 60*, 52-63.

Atkinson, R. C., & Shiffrin, R. M. (1968). Human memory: A proposed system and its control processes. In K. W. Spence & J. T. Spence (Eds.), *The psychology of learning and motivation* (Vol. 2). New York: Academic Press.

Atkinson, R. C., & Shiffrin, R. M. (1971). The control of short-term memory. *Scientific American, 225*, 82-90.

Aycock, A. (1993). Virtual play: Baudrillard online. *Arachnet Electronic Journal on Virtual Culture*, 1.

Baars, B. J., & McGovern, K. (1994). Conscious. In V. Ramachandran (Ed.), *Encyclopedia of human behavior*. Orlando, FL: Aademic Press.

Badcock, C. (2000). *Evolutionary psychology: A critical introduction*. Cambridge, UK: Polity Press.

Baddeley, A. D. (1986). *Working memory*. Oxford: Oxford University Press.

Baddeley, A. D., & Hitch, G. (1974). Working memory. In G. H. Bower (Ed.), *The psychology of learning and motivation, Vol. 8* (pp. 17-90). Orlando, FL: Academic Press.

Bagley, C., & Ramsey, R. (1986). Sexual abuse in Childhood: Psychosocial outcomes and implications for social work practices. *Social Work and Human Sexuality, 4*, 33-47.

Bahrick, H. P., Bahrick, P. O., & Wittlinger, R. P. (1975). Fifty years of memory for names and faces: A Cross-sectional approach. *Journal of Experimental Psychology: General, 104*, 54-75.

Bailey, M. B., & Bailey, R. E. (1993). "Misbehavior": A case history. *American Psychologist, 48*, 1157-1158.

Baillargeon, R. (1987). Object permanence in 31/2 and 41/2 month-old infants. *Developmental Psychology, 23*, 5, 655-664.

Baillargeon, R., Spelke, E. S., & Wasserman, S. (1985). Object permanence in five-month-old infants. *Cognition, 20*, 191-208.

Baker, A. W., & Duncan, S. P. (1985). Child sexual abuse: A study of Prevalence in Great Britain. *Child Abuse and Neglect, 9*, 457-467.

Baldwin, J. M. (1895). *Mental development in the child and the race: Methods and processes*. Macmillan.

Ball, W., & Tronick, E. (1971). Infant responses to impending collision: Optical and real. *Science, 171*, 818-820.

Baltes, P. B. (1987). Theoretical propositions of life-span developmental psychology: On the dynamics between growth and decline. *Developmental Psychology, 23*, 5, 611-626.

Baltes, P. B., & Schaie, K. W. (Eds.). (1973). *Life-span developmental psychology: Personality and socialization*. New York: Academic Press.

Baltes, P. B., Reese, H. W., & Lipsitt, L. P. (1980). Life-span developmental psychology. *Annual Review of Psychology, 31*, 65-100.

Baltes, P. B., Smith, J., & Staudinger, U. M. (1992). Wisdom and successful aging. In T. B. Sonderegger (Ed.), *Nebraska Symposium on Motivation, Vol. 39* (pp. 123-167). Lincoln, NE: University of Nebraska.

Bandura, A. (1977). Self-efficacy: Toward a unifying theory of behavioral change. *Psychological Review, 84*, 191-215.

Bandura, A. (1997). *Self-efficacy: The exercise of control*. New York: W. H. Freeman.

Bandura, A. (1986). *Social foundation of thought and action: A social-cognitive theory*. Englewood Cliffs, NJ: Prentice-Hall.

Bandura, A., Ross, D., & Ross, S. A. (1961). Transmission of aggression through imitation of aggressive models. *Journal of Abnormal and Social Psychology, 63*, 575-582.

Bandura, A., Ross, D., & Ross, S. A. (1963). Imitation of film-mediated aggressive models. *Journal of Abnormal and Social Psychology, 66*, 3-11.

Bandura, M., & Dweck, C. S. (1985). *The relationship of conceptions of intelligence and achievement goals to achievement-related cognition, affect, and behavior*. Unpublished manuscript, Harvard University.

Barlow, H. B. (1953). Summation and inhibition in the frog's retina. *Journal of Physiology, 199*, 69-88.

Barron, K. E., & Harackiewicz, J. M. (2001). Achievement goals and optimal motivation: Testing multiple goal models. *Journal of Personality and Social Psychology, 80*(5), 706-722.

Barsalou, L. W. (1992). *Cognitive psychology*. Hove, UK: LEA.

Bartlett, F. C. (1932). *Remembering: A study in experimental and social psychology*. Cambridge, UK: Cambridge University Press.

Baum, A., Gatchel, R. J., & Schaeffer, M. A. (1983). Emotional, behavioral, and physiological effects of chronic stress at Three Mile Island. *Journal of Consulting and Clinical Psychology, 51*, 565–572.

Baumeister, R. F., Bushman, B. J., & Campbel, W. K. (2000). Self-esteem, narcissism, and aggression: Does violence result from low self esteem or from threatened egotism? *Current Directions in Psychological Science, 9*, 26–29.

Baxter, L. R., Schwartz, J. M., Bergman, K. S. et al. (1992). Caudate glucose metabolic rate changes with both drug and behavior therapy for obsessive-compulsive disorder. *Archives of General Psychiatry, 49*, 681–689.

Beck, A. T., & Freeman, A. (1990). *Cognitive therapy of personality disorders*. New York: Guilford Press.

Becklen, R., & Cervone, D. (1983). Selective looking and the noticing of unexpected events. *Memory and Cognition, 11*, 601–608.

Beck, R. C. (1990). *Motivation: Theories and principles* (3rd ed.). New Jersey: Prentice-Hall.

Beckwith, B. E., Petros, T. V., Couk, D. I., & Tinius, T. P. (1990). The effects of vasopressin on memory in healthy young adult volunteers. Theoretical and methodological issues. *Annals of New York Academic Science, 579*, 215–226.

Beeman, M. J., & Chiarello, C. (1998). Complementary right- and left-hemisphere language comprehension. *Current Directions in Psychological Science, 7*, 2–8.

Beggs, J. M., Brown, T. H., Byrne, J. H., Crow, T., LeDoux, J. E., LeBar, K. et al. (1999). Learning and memory: Basic mechanisms. In M. J. Zigmond, F. E. Bloom, S. C. Landis, J. L. Roberts, & L. R. Squire (Eds.), *Fundamentals of neuroscience* (pp. 1411–1454). San Diego, CA: Academic Press.

Begley, S. (1998). You are OK, I'm terrific: "Self esteem" backfires. *Newsweek*, p. 69.

Belar, C. D. (1997). Clinical health psychology: A specialty for the 21st century. *Health Psychology, 16*, 411–416.

Bem, S. L. (1993). *The lenses of gender: Transforming the the debate on sexual inequality*. New Haven, Yale University Press.

Berlin, B., & Kay, P. (1969). *Basic color terms: Their universality and evolution*. Berkeley and Los Angeles: University of California Press.

Berlyne, D. E. (1960). *Conflict, arousal and curiosity*. New York: McGraw-Hill.

Bine, A., & Simon, T. (1905). Methodes nouvelles pour le diagnostic du niveau intellectuel des anormaux. *L'Annee Psychologique, 11*, 191–244.

Binet, A. (1903). *L'edude experimentale de l'intelligence*. Schleicher.

Bjorklund, D. F., & Kipp, K. (1996). Parental investment theory and gender differences in the evolution of inhibition mechanism. *Psychological Bulletin, 120*, 163–188.

Blanchard, E. B., & Epstein, L. H. (1978). *A biofeedback primer*. Addison Wesley Publishing Company.

Blaney, P. H. (1986). Affect and memory: A review. *Psychological Bulletin, 99*, 229–246.

Blasi, A. (1980). Bridging moral cognition and moral action: A critical review of the literature. *Psychological Bulletin, 88*, 1–45.

Block, J. (1993). Studying personality the long way. In D. C. Funder, R. D. Parke, C. Tomlinson-Keasey, & K. Widaman (Eds), *Studying lives through time* (pp. 9–41). Washington, DC: American Psychological Association.

Blum, M. L., & Naylor, J. C. (1968). *Industrial psychology: Its theoretical and social foundations*. New York: Harper & Row.

Blumstein, R., & Schwartz, P. (1993). *American cdouples*. New York: Morrow.

Bogen, J. E. (1969). The Other Side of the Brain: An Appositional Mind. *Bulletin of the Los Angeles Neurological Societies, 34*(3), 135–162. Reprinted in R. Ornstein's (Ed.), *The Nature of Human Consciousness*, Viking Press, 1973.

Bolles, R. C. (1972). Reinforcement, expectancy, and learning. *Psychological Review, 79*, 32–48.

Boring, E. G. (1930). A new ambiguous figure. *American Journal of Psychology, 42*, 444–445.

Bornstein, R. (1989). Exposure and effect: Overview and meta-anaylsis of research, 1968–1987. *Psychological Bulletin, 106*, 265–289.

Bornstein, R. F., & Pittman, T. S. (1992). *Perception without awareness: Cognitive, clinical, and social perspectives*.

New York: Guilford Press.

Boroditsky, L. (2003). Linguistic Relativity. In L. Nadel (Ed.), *Encyclopedia of Cognitive Science* (pp. 917-921). London, UK: MacMillan Press.

Bousfield, W. A. (1953). The occurrence of clustering in recall of randomly arranged associations. *Journal of General Psychology, 49*, 229-240.

Bowden, E. M., & Beeman, M. J. (1998). Getting the right idea: Semantic activation in the right hemisphere may help solve insight problems. *Psychological Sciences, 9*, 435-440.

Bower, G. H. (1970). Organizational factors in memory. *Cognitive Psychology, 1*, 18-46.

Bower, G. H. (1981). Mood and memory. *American Psychologist, 36*, 129-148.

Bower, G. H., & Clark, M. C. (1969). Narrative stories as mediators of serial learning. *Psychonomic Science, 14*, 181-182.

Bower, G. H., Black, J. B., & Turner, T. J. (1979). Scripts in memory for text. *Cognitive Psychology, 11*, 177-190.

Bowerman, M., & Choi, S. (2001). Shaping meanings for language: universal and language-specific in the acquisition of spatial semantic categories. In M. Bowerman & S. C. Levinson (Eds.), *Language acquisition and conceptual development* (pp. 475-511). Cambridge: Cambridge University Press.

Bowlby, J. (1958). The nature of the child's tie to his mother. *International Journal of Psychoanalysis, 39*, 350-370.

Bowlby, J. (1969). *Attachment and loss. Vol. 1: Attachment.* New York: Basic Books.

Bowlby, J. (1982). Attachment and loss: Retrospect and prospect. *American Journal of Orthopsychiatry, 52*, 644-678.

Boynton, R. M. (1979). *Human color vision.* New York: Holt, Rinehart & Winston.

Brainerd, C. J., Reyna, V. F., Howe, M. L., & Kevershan, J. (1990). The last shall be first: How memory strength affects children's retrieval. *Psychological Science, 1*(4), 247-252.

Bransford, J. D., & Johnson, M. K. (1973). Considerations of some problems of comprehension. In W. G. Chase (Ed.), *Visual information processing.* New York: Academic Press.

Brehm, S. S., Kassin, S., & Fein, S. (2005). *Social psychology* (6th ed.). Boston: Houghton Mifflin.

Breland, K., & Breland, M. (1961). A misbehavior of organisms. *American Psychologist, 16*, 681-684.

Brewer, M. B., & Kramer, R. M. (1986). Choice behavior in social dilemmas: Effects of social identity, group size, and decision framing. *Journal of Personality and Social Psychology, 50*, 543-549.

Brewer, M. B., & Miller, N. (1984). Beyond the contact hypothesis: Theoretical perspectives on desegregation. In N. Miller & M. B. Brewer (Eds.), *Group in contact: The psychology of desegregation.* New York: Academic Press.

Brewer, W. F., & Nakamura, G. V. (1984). The nature and function of schemas. In R. S. Wyer & T. K. Stroll (Eds.), *Handbook of social cognition.* Hillsdale, NJ: Erlbaum.

Brewer, W. F., & Treyens, J. C. (1981). Role of schemata in memory for places. *Cognitive Psychology, 13*, 207-230.

Brody, J. E. (1998). Personal health: Giving men directions to the road to better health. *The New York Times.*

Bronfenbrenner, U. (1977). Toward an experimental ecology of human development. *American Psychologist, 32*, 513-531

Brooks, V. R. (1982). Sex differences in student dominance behaviors in female an male professors' classroom. *Sex Roles, 8*, 683-690.

Brown, B. B. (1974). *New mind, new body.* New York: Harper & Row.

Brown, E. L., & Deffenbacher, K. (1979). *Perception and the senses.* New York: Oxford University Press.

Brown, J. D. (1991). Accuracy and bias in self knowledge. In C. R. Snyder & D. F. Forsyth (Eds.), *Handbook of social and clinical psychology: the health perspective.* New York: Pergamon Press.

Brown, R., & Kulik, J. (1977). Flashbulb memories. *Cognition, 5*, 73-99.

Buckhout, R. (1980). Nearly 2,000 witnesses can be wrong. *Bulletin of the Psychonomic Society, 16*, 307-310.

Budzynski, T. H., Stoyva, J. M., & Peffer, K. E. (1980). Biofeedback Techniques in Psychosomatic Disorders. In A. Goldstein & E. B. Foa's (Eds.), *Handbook of Behavioral Interventions.* John Wiley & Sons.

Bullough, V. L. (1976). *Sexual variance in society and*

history. New York: Wiley.

Bullough, V. L., & Bullough, B. (1993). *Cross dressing, sex, and gender*. Philadelphia: University of Pennsylvania Press.

Burnam, A. (1985). Personal communication to D. Finkelhor, Concerning the Los Angles Epidemiological Catchment Area Study.

Bushman, B. J., & Baumeister, R. F. (1998). Threatened egotism, narcissism, self-esteem, and direct and displaced aggression: Does self-love or self-hate lead to violence? *Journal of Personality and Social Psychology, 75*, 219-229.

Buss, A. H., & Plomin, R. (1984). *Temperament: Early developing personality traits*. Hillsdale, NJ: Erlbaum.

Byrne, D. (1997). An overview (and underview) and research and theory within the attraction paradigm. *Journal of Personality and Social Psychology, 14*, 417-431.

Byrne, D., & Murnen, S. (1988). Maintaining loving relationships. In R. Sternberg & Barnes (Eds.), *The Psychology of Loving*. New Haven, CT: Yale University Press.

Cacioppo, J. T., & Berntson, G. C. (2007). The brain, homeostasis, and health. In H. S. Friedman & R. C. Silver (Eds.), *Foundations of health psychology* (pp. 73-91). New York: Oxford University Press.

Cairns, R. B. (1979). *Social development: The origins and plasticity of interchanges*. Freeman.

Calhoun, J. B. (1956). A comparative study of the social behavior of two inbred strains of house mice. *Ecological Monogram, 26*, 81.

Calhoun, J. B. (1962, February). Population density and social pathology. *Scientific American, 206*, 139-148.

Calhoun, L. G., & Tedeschi, R. G. (2006). The foundations of posttraumatic growth: An expanded framework. In L. G. Calhoun & R. G. Tedeschi (Eds.), *The handbook of posttraumatic growth: Research and practice* (pp. 1-23). Mahwah, NJ: Lawrence Erlbaum Associates.

Campos, J. J., Bertenthal, B. I., & Kermorian, R. (1992). Early experience and emotional development: The emergence of wariness and heights. *Psychological Science, 3*, 61-64.

Campos, J. J., Hiatt, S., Ramsay, D., Henderson, C., & Svejda, M. (1978a). The emergence of fear of heights. In M. Lewis & L. Rosenblum (Eds.), *The development of affect*. Plenem.

Campos, J. J., Hiatt, S., Ramsay, D., Henderson, C., & Svejda, M. (1978b). The emergence of fear on the visual cliff. In M. Lewis and L. Rosenblum (Eds.), *The origins of affect*. New York: Wiley.

Campos, J. J., Langer, A., & Krowitz, A. (1970a). Cardiac responses on the visual cliff in prelocomotor human infants. *Science, 170*, 136-197.

Campos, J. J., Langer, A., & Krowitz, A. (1970b). Cardiac responses on the visual cliff in prelocomotor human infants. *Science, 170*, 196-197.

Cannon, W. (1932). *The wisdom of the body*. New York: Norton.

Carlson, J. G., & Harfield, E. (1992). *Psychology of emotion*. New York: Harcourt, Brace, Jovanovich.

Carroll, D. W. (1994). *Psychology of language* (2nd ed.). CA: Brooks/Cole.

Carroll, D. W. (2004). *Psychology of language* (4th ed.). CA: Brooks/Cole.

Cattell, M., & Horn, J. L. (1966). Refinement and test of the theory of fluid and crystallized general intelligences. *Journal of Educational Psychology, 57*, 253-270.

Cattell, R. B. (1941). Some theoretical issues in adult intelligence testing. *Psychological Bulletin, 38*, 592.

Cattell, R. B. (1971). *Abilities: Their structure, growth, and action*. Boston: Houghton Mifflin.

Charny, I. W., & Parnass, S. (1995). The impact of extramarital relationships on the continuation of marriages. *Journal of Sex and Martial Therapy, 21*, 100-115.

Chase, G. (1986). Visual information processing. In K. Boff, L. Kaufman, & J. Thomas (Eds.), *Handbooks of perception and human performance* (Vol. 2). New York: Wiley.

Chellappah, N. K., Viegnehas, H., Milgrom, P., & Lo, B. L. (1990). Prevalence of dental anxiety and fear in children in Singapore. *Community Dentistry Oral Epidemiology, 18*, 269-271.

Chirkov, V. I., Ryan, R. M., Kim, Y., & Kaplan, U. (2003). Differentiating autonomy from individualism and independence: A self-determination theory perspective on internalization of cultural orientations and well-being.

Journal of Personality and Social Psychology, 84(1), 97-110.

Chism, N. (1998). *Handbook for instructors on the use of electronic class discussion.* Ohio State University: Office of Faculty and TA Development.

Choi, S. C., Kim, U., & Choi, S. H. (1993). Indigenous analysis of collective representations: A Korean Perspective. In U. Kim & J. W. Berry (Eds.), *Research and experience in cultural context* (193-210). Newbury Park, CA: Sage.

Chung, C. S., & Han, K. H. (1990). A neural network for color vision. *Proceedings of the International Conference on Fuzzy Logic & Neural Networks* (Iizuka, Japan, July 20-24), 485-491.

Clark, H. H., & Clark, E. V. (1977). *Psychology and language.* N.Y.: Harcourt Brace Jovanovich.

Clark, R. E., & Squire, L. R. (1998). Classical conditioning and brain systems: The role of awareness. *Science, 280,* 77-81.

Clement, S. (1990). Survey of heterosexual behavior. *Annual Review of Sex Research, 1,* 45-74.

Clements, M. (1994). Sex in America Today. *Parade,* August 7, 4-6.

Clifford, M. M. (1984). Thought on a theory of constructive failure. *Educational Psychologist, 19* (2), 108-120.

Cohen, D. (1996). Law, social policy, and violence: The impact of regional cultures. *Journal of Personality and Social Psychology, 70,* 961-978.

Cohen, L. B., & Younger, B. A. (1984). Infant perception of angular relations. *Infant Behavior and Development, 7,* 37-47.

Cohen, M. L., Seghorn, T., & Calmas, W. (1969). Sociometric Study of the Sex Offender. *Journal of Abnormal Psychology, 74,* 249-255.

Cohen, R. J., & Swerdlik, M. E. (1999). *Psychological testing and assessment: An introduction to tests and measurement* (4th ed.). Mountain View, CA: Mayfield Publishing.

Cohen, R. J., & Swerdlik, M. E. (2001). *Psychological testing and assessment: An Introduction to tests and measurement.* McGraw Hill.

Cohen, R. J., Swerdlik, M. E., & Smith, D. K. (1988). *Psychological testing and assessment: An Introduction to tests and measurement.* Mayfield Publishing Company.

Coleman, S. (1977). A Developmental Stage Hypothesis for Nonmarital Dyadic Relationships. *Journal of Marriage and Family Counseling, 3,* 71-76.

Collaer, H. L., & Hines, M. (1995). Human behavioral sex differences: A role for gonadal hormones during early development. *Psychological Bulletin, 118,* 55-107.

Collins, A. M., & Loftus, E. R. (1975). A spreading-activation theory of semantic processing. *Psychological Review, 82,* 407-428.

Collins, A. M., & Quillian, M. R. (1969). Retrieval time from semantic memory. *Journal of Verbal Learning and Verbal Behavior, 8,* 240-248.

Cone, J. D., & Hayes, S. C. (1980). *Environmental problems/behavioral solutions.* Monterey, CA: Brooks/Cole Publishing Co.

Conklin, J. (1987). Hypertext: A Survey and Introduction. *IEEE Computer, 20*(9), 17-41.

Cook, P. (1988). *An encyclopedia publisher's perspective, interactive multimedia.* Apple Computer Inc., Microsoft Press.

Cooper, A. (2002). *Sex and internet philadelphia.* Brunner Routledge.

Cooper, J., & Mackie, D. (1986). Video games and aggression in children. *Journal of Applied Social Psychology, 16,* 726-744.

Corina, D. P. (1998). The processing of sign language: Evidence from aphasia. In B. Stemmer & H. A. Whittaker (Eds.), *Handbook of neurolinguisrics.* Sandiego: Academic Press.

Covington, M. V., & Omelich, C. L. (1979). Effort: The double-edged sword in school achievement. *Journal of Educational Psychology, 71,* 169-182.

Craik, F. I. M., & Lockhart, R. S. (1972). Levels of processing: A framework for memory research. *Journal of Verbal Learning and Verbal Behavior, 11,* 671-684.

Craik, F. I. M., & Tulving, E. (1975). Depth of processing and the retention of words in episodic memory. *Journal of Experimental Psychology: General, 104,* 268-294.

Crocker, J., & Wolfe, C. (1999). Rescuing self esteem: A contingencies of worth perspective. Unpublished manuscript, University of Michigan.

Crombie, A. C. (1964). Early concepts of the senses and the mind. *Scientific American*, 108-116.

Cronbach, L. J. (1990). *Essentials of psychological testing* (5th ed.). New York: Harper & Row.

Csikszentmihalyi, M. (1975). *Beyond boredom and anxiety: The experience of flow in work and play.* San Francisco: Jossey-Bass.

Csikszentmihalyi, M. (1978). Intrinsic rewards and emergent motivation. In M. R. Lepper & Green(Eds.), *The hidden costs of reward.* Hillsdale, NJ: Erlbaum.

Csikszentmihalyi, M., & Nakamura, J. (1989). The dynamics of intrinsic motivation: A study of adolescents. In C. A. Ames & R. Ames(Eds.), *Research on motivation in education* (Vol. 3, pp. 45-61). San Diego: Academic Press.

Cutler, W. B., Friedman, E., & McCoy, N. L. (1998). Pheromonal influences on sociosexual behavior in men. *Archives of Sexual Behavior, 27*, 1-13.

Danet, B., & Ruedenberg, L. (1994). "Smoking dope" at a virtual party: Writing, play and performance on internet relay chat. In S. Rafaeli, F. Sudweeks, & M. McLaughlin (Eds.), *Network and netplay: Virtual groups on the internet.* Cambridge, MA: MIT Press.

Darwin, C. (1871). *The descent of man, and selection in relation to sex.* London: Murray.

De Martino, M. (1990). How women want men to make love. *Sexology*, Oct, 4-7.

Deci, E. L. (1971). Effects of externally mediated rewards on intrinsic motivation. *Journal of Personality and Social Psychology, 18*, 105-115.

Deci, E. L. (1972). Intrinsic motivation, extrinsic reinforcement, and inequity. *Journal of Personal and Social Psychology, 22*, 113-120.

Deci, E. L. (1975). *Intrinsic motivation.* New York: Plenum.

Deci, E. L., & Ryan, R. (1985). *Intrinsic motivation and self-determination in human behavior.* New York: Plenum.

Deci, E. L., & Ryan, R. M. (2000). The "what" and "why" of goal pursuits: Human needs and the self-determination of behavior. *Psychological Inquiry, 11*, 227-268.

Deikman, A. J. (1966). Deautomatization and the mystic experience. *Psychiatry, 29*, 324-338. Reprinted in R. Ornstein's (Ed.), *The nature of human consciousness.* San Francisco: W. H. Freeman; New York: Viking Press, 1973.

Deikman, A. J. (1971). Bimodal consciousness. *Archieves of General Psychiatry, 25*, 481-489. Reprinted in R. Ornstein's (Ed.), *The nature of human consciousness.* San Francisco: W. H. Freeman; New York: Viking Press, 1973.

Deregowski, J. B. (1989). Real space and represented space: Cross-cultural perspectives. *Behavioral and Brain Sciences, 12*, 51-119.

DeValois, R. L., & DeValois, K. K. (1975). Neural coding of color. In E. C. Carerette & M. P. Friedman (Eds.), *Handbook of perception: Vol. V. Seeing.* New York: Academic Press.

Dietz, T. L. (1998). An examination of violence and gender role portrayals in video games: Implications for gender socialization and aggressive behavior. *Sex Roles, 38*, 425-442.

Diener, C. I., & Dweck, C. S. (1978). An analysis of learned helplessness: Continuous changes in performance, strategy, and achievement cognitions following failure. *Journal of Personality and Social Psychology, 36*, 451-462.

Dignan, M. H. (1965). Ego identity and maternal identification. *Journal of Personality and Social Psychology, 1*(2), 476-483.

Dindia, K., & Allen, M. (1992). Sex differences in self-disclosure: A meta-analysis. *Psychological Bulletin, 112*, 106-124.

Dolezal, H. (1982). *Living in a world transformed.* New York: Academic Press.

Domjan, M. (1992). A adult learning and mate choice: Possibilities and experimental evidence. *American Zoologist, 32*, 48-61.

Domjan, M. (1994). Formulation of a behavior system for sexual conditioning. *Psychonomic Bulletin & Review, 1*, 421-428.

Domjan, M. (1997). Behavior systems and the demise of equipotentiality: Historical antecedent and evidence from sexual conditioning. In M. E. Bouton & M. A. Fanselow (Eds.), *Learning, motivation, and cognition: The functional behaviorism of Robert C. Bolles.* Washington, DC: American Psychological Association.

Domjan, M., Blesbois, E., & Williams, J. (1998). The adaptive significance of sexual conditioning: Pavlovian control of sperm release. *Psychological Science, 9*, 411–415.

Drummond, D. C., Tiffany, S. T., Glautier, S., & Remington, B. (Eds.). (1995). *Addictive behaviour: Cue exposure theory and practice.* Chicherster, England: Wiley.

Duncan, B. L. (1976). Differential social perception and attribution of intergroup violence: Testing the lower limits of stereotyping of blacks. *Journal of Personality and Social Psychology, 34*, 590–598.

Duncker, K. (1945). On problem–solving (L. E. Lees, trans.). *Psychological Monographs, 58* (5, Whole No. 270). Ch. VII.

Dweck, C. S. (1975). The role of expectancies and attributions in the alleviation of learned helplessness. *Journal of Personality and Social Psychology, 31*, 674–685.

Dweck, C. S. (1986). Motivational processes affecting learning. *American Psychologist, 41*, 1040–1048.

Dworkin, B. R., & Miller, N. E. (1986). Failure to replacate visceral learning in the acute curarized rat preparation. *Behavioral Neuroscience, 100*, 299–314.

Dwyer, M. (1998). Exhibitionism/voyeurism. *Journal of Social Work and Human Sexuality, 7*, 101–112.

Eccles, J., & Wigfield, A. (1995). In the Mind of the Actor: The Structure of Adolescents' Achievement Task Values and Expectancy–Related Beliefs. *Personality and Social Psychology Bulletin, 21* (3), 215–225.

Eden, D., & Aviram, A. (1993). Self–efficacy training to speed reemployment: Helping people to Help Themselves, *Journal of Applied Psychology, 78* (3), 352–360.

Edinger, J. A., & Patterson, M. L. (1982). Nonverbal involvement and social control. *Psychological Bulletin, 93* (1), 30–56.

Edwards, E. A., & Acker, L. E. (1972). A demonstration of long retention of a conditional GSR. *Psychosomatic Science, 26*, 27–28.

Egan, D. E., & Schwartz, B. J. (1979). Chunking in recall of circuit diagrams. *Memory & Cognition, 7*, 149–158.

Eich, J. E. (1980). State–dependent retrieval of information in human episodic memory. In I. M. Birnbaum & E. S. Parker (Eds.), *Alcohol and human memory.* Hillsdale, NJ: Erlbaum.

Ekman, P. (1992a). Are there basic emotions? *Psychological review, 99*, 550–553.

Ekman, P. (1992b). An argument for basic emotion. *Cognition and Emotion, 6*, 169–200.

Ekman, P. (1992c). Facial expressions of emotion: New findings, new questions. *Psychological Science, 3*, 34–38.

Ekman, P., & Friesen, W. V. (1971). Constants across cultures in the face and emotion. *Journal of Personality and Social Psychology, 17*, 124–129.

Ekman, P., & Friesen, W. V. (1978). *Facial action coding system.* Palo Alto, CA: Consulting Psychologists Press.

Elder, G. H., Jr. (1974). *Children of the great depression.* Chicago, IL: University of Chicago Press.

Elder, G. H., Jr., Shanahan, M. J., & Clipp, E. C. (1994). When war comes to men's lives: Life course patterns in family, work, and Health (special issue). *Psychology and Aging, 9* (1), 5–16.

Elliot, A. J., & Harackiewicz, J. (1996). Approach and avoidance achievement goals and intrinsic motivation: A mediational analysis. *Journal of Personality and Social Psychology, 70*, 461–475.

Elliot, A. J., & McGregor, H. A. (2001). A 2 X 2 achievement goal framework. *Journal of Personality and Social Psychology, 80*(3), 501–519.

Ellis, A., & Harper, R. A. (1961). *A guide to rational living.* North Hollywood, CA: Wilshire.

Ellis, H. C. (1973). Stimulus encoding processes in human learning and memory. In G. H. Bower (Ed.), *The psychology of learning and motivation* (Vol. 7). N.Y.: Academic Press.

Engel, B. T. (1998). An historical and critical review of the articles on blood pressure published in Psychosomatic Medicine between 1939 and 1997. *Psychosomatic Medicine, 60*(6), 682–696.

Engel, G. L. (1977). The need for a new medical model: A challenge for biomedicine. *Science, 196*, 129–136.

Ericsson, K. A., & Polson, P. G. (1988). An experimental analysis of the mechanisms of a memory skill. *Journal of*

Experimental Psychology: Learning, Memory and Cognition, 14 (2), 305-316.

Erikson, E. (1963). *Chilldhood and society* (2nd ed.). New York: Norton.

Etaugh, C., & Rathus, S. A. (1995). *The world of children*. Fort Worth: Harcourt Brace College Publishers.

Eysenck, M. W., & Keane, M. T. (1995). *Cognitive psychology: A student's handbook* (3rd ed.). Hove, UK: LEA.

Eysenck, M. W., & Keane, M. T. (2005). *Cognitive psychology: A student's handbook* (5th ed.). Hove, UK: LEA.

Fanselow, M. S., & Baackes, M. P. (1982). Conditioned fear-induced opiate anagesia on the formalin test: Evidence for two aversive motivational systems. *Learning and Motivation, 13*, 220-221.

Farb, P., & Armelagos, G. (1980). *Consumming passions: The anthropology of eating*. Boston: Houghton Mifflin Co.

Feingold, A. (1994). Gender differences in personality: A meta analysis. *Psychological Bulletin, 116*, 429-456.

Feldman, R. S. (1987). *Understanding psychology*. New York: McGraw-Hill.

Feldman, R. S. (2002). *Understanding psychology* (6th ed.). New York: McGraw-Hill.

Festinger, L. (1957). *A theory of cognitive dissonance*. Evanston, IL: Row & Peterson.

Festinger, L., & Carlsmith, J. M. (1959). Cognitive consequences of forced compliance. *Journal of Abnormal and Social Psychology, 58*, 203-210.

Festinger, L., Schachter, S., & Back, K. (1950). *Social pressures in informal groups: A study of human factors in housing*. Stanford University Press.

Field, T. M., Schanberg, S. M., Scafidi, F., Bauer, C. R., Vega-Lahr, N., Garcia, R., Nystrom, J., & Kuhn, C. M. (1986). Effects of tactile/kinesthetic stimulation on preterm neonates. *Pediatrics, 77*, 654-658.

Finkelhor, D. (1984b). Boys as Victims: Review of the evidence. In D. Finkelhor (Ed.), *Child sexual abuse: New theory and research*. New York: Free Press.

Fisher, J. L., & Hinde, R. A. (1949). The opening of milk bottles by birds. *British Birds, 42*, 347-357.

Fisher, R. P., Geiselman, R. E., & Amador, M. (1989). Field test of the cognitive interview: Enhancing the recollection of actual victims and witnesses of crime. *Journal of Applied Psychology, 74*, 722-727.

Fisher, W. A., & Byrne, D. (1978) Sex Differences in Response to Erotica? Loves vs. Lust. *Journal of Personality and Social Psychology, 36*, 117-125.

Forgas, J. P., Levinger, G., & Moylan, S. J. (1994). Feeling good and feeling close: Affective influences on the perception of intimate relationships. *Personal Relationships, 1*(2), 165, 184.

Forge, A., Li, L., Corwin, J. T., & Nevill, G. (1993). Ultrastructural evidence hair cell regeneration in the mammalian inner ear. *Science, 259*, 1616-1619.

Fox, R., Aslin, R. N., Shea, S., & Dumais, S. (1980). Stereopsis in human infants. *Science, 207*.

Franken, R. (1994). *Human motivation*. Pacific Grove, CA: Brooks/Cole.

Frankl, V. E. (1955). *The doctor and the soul: An introduction to logotherapy*. New York: Knopf.

Fredrikson, M., & Matthews, K. A. (1990). Cardiovascular responces to behavioral stress and hypertension: A meta-analytical review. *Annals of Behavioral Medicine, 12*, 1069-1076.

Freeman, W. J. (1991). The physiology of perception. *Scientific American*, 78-85.

Freud, S. (1901/1960). The Psychopathology of everyday life. In J. Strachey (Ed.), *The standard edition of the complete psychological works of Sigmund Freud* (Vol. 6). Sondon: Hogarth.

Freund, K., & Blanchard, R. (1986). The concept of courtship disorders. *Journal of Sex and Martial Therapy, 12*, 79-92.

Fromm, E., & Suzuki, D. (1959). *Zen buddhism and psychoanalysis*. Harper & Row.

Gagnon, J. H. (1977). *Human sexualities*. Glenview, IL: Scott, Foresman.

Galanter, E. (1962). Contemporary psychophysics. In R. Brown, E. Galanter, E. H. Hess, & G. Mandler (Eds.), *New directions in psychology*. New York: Holt, Rinehart & Winston.

Galatzer-Levy, R. M., & Cohler, B. J. (1993). *The essential other*. New York: Persus Books/Basic Books.

Gale, N., Golledge, R. G., Pellegrino, J. W., & Doherty, S.

(1990). The acquisition and integration of route knowledge in an unfamiliar neighborhood. *Journal of Environmental Psychology, 10*, 3-25.

Garcia, J., & Koelling, R. A. (1966). The relation of cue to consequence in avoidance in learning. *Psychonomic Science, 4*, 123-124.

Gardner, H. (1983). *Frames of mind: The theory of multiple intelligences*. New York: Basic Books.

Gardner, H. (1995). *Multiple intelligences: the theory in practice*. New York: Basic Books.

Garling, T. (1989). The role of cognitive maps in spatial decisions. *Journal of Environmental Psychology, 9*, 269-278.

Gazzaniga, M. S. (1970). *The bisected brain*. New York: Appleton-Century-Crofts.

Gazzaniga, M. S. (1992). *Nature's mind: The biological roots of thinking, emotions, sexuality, language, and intelligence*. New York: Basic Books.

Gebhard, P. et al., (1965). *Sex offenders: An analysis of types*. New York: Harper & Row.

Geiselman, R. E., Fisher, R. P., Mackinnon, D. P., & Holland, H. L. (1985). Eyewitness memory enhancement in the police interview: Cognitive retrieval mnemonics versus hypnosis. *Journal of Applied Psychology, 70*, 401-412.

Geldard, F. A. (1972). *The human senses* (2nd ed.). New York: Wiley.

Gergen, K. J. (1994). *Realities and relationships: Soundings in social constructionism*. Cambridge, Harvard University Press.

Germer, C. K., Siegel, R. D., & Fulton, P. R. (Eds.). (2005/2012). *Mindfulness and psychotherapy* (1st ed.). Guilford Press, 2005 (김재성 역, 마음챙김과 심리치료-불교 명상과 심리학의 만남. 학지사, 2012.)

Gernsbacher, M. A., & Kaschak, M. (2003). Neuroimages of Psycholinguistics. *Annual Review of Psychology*.

Gibson, E. J., & Walk, R. D. (1960). The "visual cliff". *Scientific American*, 64-71.

Gibson, W. (1984). *Neuromancer*. New York: Ace Books.

Gil, E. (1988). *Treatment of Adult Survivors of Childhood Abuse*. Walnut Creek Calf: Launch Press.

Gilovich, T., & Savitsky, K. (1999). The spotlight effect and the illusion of transparency: Egocentric assessments how we are seen by others. *Current Directions in Psychological Science, 8*, 165-168.

Glass, D. C., & Singer, J. E. (1972). *Urban stress: Experiments on noise and social stressor*. New York: Academic Press.

Glasser, W. (1969). *Schools without failure*. New York. Harper & Row.

Godden, D. R., & Baddeley, A. D. (1975). Context dependent memory in two natural environments: On land and underwater. *British Journal of Psychology, 66*, 325-331.

Goldhaber, G. (1970). Listener comprehension of compressed speech as a function of the academic grade level of the subjects. *Journal of communication research, 20*, 167-173.

Goleman, D. (1995). *Emotional intelligence*. New York: Bantam Books.

Gomez, J. (2000). Otherwise engaged: Marriage is an offer I can refuse. *Ms.*, June/July, 67-70.

Gorn, G. H. (1982). The effects of music in advertizing on choice behavior: A classical conditioning approach. *Journal of Marketing, 46*, 94-101.

Gottman, J. (1994). *Why marriages succeed or fail*. New York: Simon & Schuster.

Gottman, J. M. (1987). The world of coordinated play: Same and cross-sex friendship in young children. In J. M. Gottman & J. Parker (Eds.), *Conversations of friends*. NY: Cambridge University Press.

Gould, E., Reeves, A. J., Graziano, M. S. A., & Gross, C. G. (1999). Neurogenesis in the neocortex of adilt primates. *Science, 286*, 548-552.

Green, G. M. (1996). *Pragmatics and language understanding*. N.J.: Lawrence Erlbaum Associates.

Greenberg, B., & Busselle, R. (1996). Soap operas and sex activity: A decade later. *Journal of Communication, 46* (4), 153-161.

Greenberg, J. H. (1963). Some universals of grammar with particular reference to the order of meaningful elements. In J. H. Greenberg (Ed.), *Universals of language*, 58-90. Cambridge, Mass.: MIT Press.

Greenberg, R. P., Bornstein, R. F., Greenberg, M. D., & Fisher, S. (1992). A meta-analysis of antidepressant outcome under "blinder" conditions. *Journal of Consulting and*

Clinical Psychology, 60, 664-669.

Greenfield, D. N. (1999). *Virtual addiction: Help for netheads, cyberfreaks, and those who love them.* Oakland, CA: New Harbinger Publications.

Greenfield, P. (1999). The approaches to the psychology of culture: Where do they come from: Where can they go? *Paper presented at the 3rd Conference of Asian Association of Social Psychology.* August, Taipei, Taiwan.

Gregory, R. J. (2000). *Psychological testing-history, principles, and applications.* Allyn and Bacon.

Gregory, R. L. (1978). *Eye and brain: The psychology of seeing* (3rd ed.). New York: McGraw-Hill.

Greist, J. H., Klein, M. H., & VanCura, L. J. (1973). A computer interview by psychiatric patient target symptoms. *Archives of General Psychiatry, 29*, 247-253.

Grice, H. P. (1975). Logic and communication. In P. Cole & J. L. Morgan (Eds.), *Syntax and semantics*, 41-58. N.Y.: Seminar Press.

Griffiths, M. (1996). Technological addictions. *Clinical Psychology Forum*, 161-162.

Griffiths, M. (1997). Does Internet and computer addiction exist? Some case study evidence. *Paper presented at the 105th annual meeting of the American Psychological Association*, August 15, 1997. Chicago, IL.

Griffiths, M. (1997). Video games and aggression. *Psychologist, 10*, 397-401.

Grosof, D. H., Shapley, R. M., & Hawken, M. J. (1993). Macaque V1 neurons can signal 'illusory' contours. *Nature, 365*, 550-552.

Guerin, P. J, Jr., & Chabot, D. R. (1997). Development of family systems theory. In P. L Wachtel & S. B. Messer (Eds.), *Theories of psychotherapy: Origins and evolution* (pp. 181-226). Washington, DC: American Psychological Association.

Guilford, J. P. (1967). *The nature of human intelligence.* New York: McGraw-Hill.

Guion, R. M. (1965). Industrial psychology as an academic discipline. *American Psychologist, 20*, 815-821.

Haaga, D. A., & Davison, G. C. (1986). Cognitive Change Methods. In F. H. Kanfer & A. P. Goldstein's (Eds.), *Helping people change.* Pergamon Press.

Haberlandt, K. (1997). *Cognitive psychology* (2nd. ed.). Boston: Allyn and Bacon.

Hafen, B. Q., Karren, K. J., Frandsen, K. J., & Smith, N. L. (1996). *Mind/body health: The effects of attitudes, emotions, and relationships.* Boston: Allyn and Bacon.

Haier, R. J. (2002). *Is "g" only in the Frontal Lobe? Paper presented in the Third Annual Conference of International Society for Intelligence Research.* December 5-8, Nashville, TE: Vanderbilt University.

Hall, G. S. (1904). *Adolescence: Its psychology and its relations to physiology and anthropology, sociology, sex, crime, religeon, and education*, Vol. 2. Appleton.

Harley, T. A. (1995). *The psychology of language: From data to theory.* UK: Psychology Press.

Harley, T. A. (2001). *The psychology of language: From data to theory* (2nd ed.). UK: Psychology Press.

Harlow, H. F., & Zimmerman, R. R. (1959). Affectional responses in the infant monkey. *Science, 130*, 431-432.

Harrel, T. W., & Harrel. (1945). Applications of psychology in the American Army. *Psychological Bulletin, 42*, 453-460.

Harris, C. R. (2003). A review of sex differences in sexual jealousy, including self-report data, psychophysiological responses, interpersonal violence, and morbid jealousy. *Personality & Social Psychology Review, 7*(2), 102-128.

Harter, S. (1978). Effectance motivation reconsidered: Toward a developmental model. *Human Development, 21*, 34-64.

Harton, J. J. (1939). An investigation of the influence of success and failure on the estimation of time. *Journal of General Psychology, 21*, 51-62.

Hatfield, E. (1982). Passionate Love, Companionate Love, and Intimacy. In M. Fisher, & G. Stricker (Eds.), *Intimacy.* New York: Plenum Press.

Hatfield, E., & Sprecher, S. (1986). Measuring passionate love in intimate relationships. *Journal of Adolescence, 9*, 383-410.

Hayes, J. R. (1989). *The complete problem solver* (2nd ed.). Hillsdale, NJ: Erlbaum.

Hayes, J. R., & Flower, L. (1980). Identifying the organization of writing processes. In L. Gregg & E. R. Steinberg (Eds.), *Cognitive processes in writing* (pp. 3-30). Hillsdale, NJ: Erlbaum.

Hebb, D. O. (1955). Drives and the C. N. S: Conceptual

nervous system. *Psychological Review, 62*, 245-254.

Heider, F. (1958). *The psychology of interpersonal relations.* New York: John Wiley.

Hendricks, S., & Hendricks, C. (1995). Gender differences and similarities in sex and love. *Personal Relationships, 2*, 5-65.

Herber, R., & Garber, H. (1977). The Milwaukee project. In P. Mittler (Ed.), *Research to practice in mental retardation.* Baltimore: University Park Press.

Hershenson, M. (1989). *The moon illusion.* Hillsdale, NJ: Erlbaum.

Heth, C. D., & Rescorla, R. A. (1973). Simultaneous and backward fear conditioning in the rat. *Journal of Comparative and Physiological Psychology, 82*, 434-443.

Hickok, G., Bellugi, U., & Klima, E. S. (2001). Sign language in the brain. *Scientific American, 284*, 58-65.

Hill, C. T., Rubin, Z., & Peplau, L. A. (1976). Breakups Before Marriage: The End of 103 Affairs. *Journal of Social Issues, 32*, 147-168.

Hill, M. (1978). *The united nations system: Coordinating its economic and social work.* New York: Cambridge University Press.

Hill, W. F. (1982). *Principles of learning.* Palo Alto, CA: Mayfield.

Hiroto, D. S. (1974). Locus of control and learned helplessness. *Journal of Experimental Psychology, 102*, 183-193.

Hiroto, D. S., & Seligman, M. E. P. (1975). Generality of learned helplessness in man. *Journal of Personality and Social Psychology, 31*, 331-327.

Hjelle, L. A., & Ziegler, D. J. (1992). *Personality theories.* N.Y.: McGraw-Hill, INC.

Hobfoll, S. E., & Vaux, A. (1993). Social support: Resources and context. In L. Goldberger & S. Breznitz (Eds.), *Handbook of stress: Theoretical and clinical aspects* (2nd ed.), 685-705. New York: Free Press.

Hoffman, H. G., Garcia-Palacios, A., Carlin, C., Furness, T. A. III, & Botella-Arbona, C. (in press). Interfaces that heal: Coupling real and virtual objects to cure spider phobia. *International Journal of Human-Computer Interaction.*

Hokanson, J. E., & Burgess, M. (1962a). The effects of three types of aggression on vascular processes. *Journal of Abnormal and Social Psychology, 64*, 446-449.

Hokanson, J. E., & Burgess, M. (1962b). The effects of status, type of frustration, and aggression on vascular processes. *Journal of Abnormal and Social Psychology, 65*, 232-237.

Hokanson, J. E., & Shetler, S. (1961). The effect of overt aggression on physiological arousal. *Journal of Abnormal and Social Psychology, 63*, 446-448.

Hokanson, J. E., Burgess, M., & Cohen, M. F. (1963). The effects of displaced aggression on systolic blood pressure. *Journal of Abnormal and Social Psychology, 67*, 214-218.

Hollis, K. L. (1997). Contemporary research on Pavlovian conditioning: A "new" functional analysis. *American Psychologist, 52*, 956-965.

Hollon, S. D., DeRubeis, R. J., Shelton, R. C., & Weiss, B. (2002). *The emperor's new drugs: Effect size and moderation effects.* Prevention & Treatment.

Holmes, D. S. (1997). *Abnormal psychology* (3rd ed.). New York: HarperCollins.

Holmes, T. H., & Rahe, R. H. (1967). The Social Readjustment Rating Scale. *Journal of Psychosomatic Research, 11*, 213-218.

Hothersall, D. (1984). *History of psychology.* New York, NY: Random House, Inc.

Hubel, D. H., & Wiesel, T. N. (1979). Brain Mechanisms of vision. *Scientific American*, 150-162.

Hull, C. L. (1943). *Principles of behavior: An introduction to behavior theory.* New York: Appleton-Century-Crofts.

Hull, C. L. (1943). *Principles of behavior.* New York: Appleton-Century-Crofts.

Hunt, E., & Agnoli, F. (1991). The Worfian hypothesis: A Cognitive psychology perspective. *Psychological Review, 98*, 377-389.

Hurvich, L. M., & Jameson, D. (1974). Opponent processes as a model of neural organization. *American Psychologist, 29*, 88-102.

Huxley, A. (1954). *The Doors of perception.* Harper & Row, pp. 22-26. Reprinted in R. Ornstein's (Ed.).

Hyde, J. S., & Lynn, M. C. (1988). Gender differences in verbal ability: A meta analysis. *Psychological Bulletin, 104*, 53-69.

Hyde, J. S., Fennema, E., & Lamon, S. J. (1990). Gender differences in verbal ability: A meta analysis. *Psychological Bulletin, 107*, 139-155.

Inhelder B., & Piaget, J. (1958). *The growth of logical thinking: From childhood to adolescence*. New York: Basic Books.

Isabella, R. A., Belsky, J., & von Eye, A. (1989). Origins of infant-mother attachment: An examination of interactional synchrony during the infant's first year. *Developmental Psychology, 25* (1), 12-21.

Izard, C. E. (1977). *Human emotions*. New York: Plenum.

Jackson, J. M., & Williams, K. D. (1988). *A review and theoretical analysis of social loafing*. Unpublished manuscript. Fordham University.

Jacobson, N. S. (1991). Behavioral Versus Insight-Oriented Marital Therapy: Labels Can Be Misleading. *Journal of Consulting and Clinical Psychology. 59*, 142.

Jaffe, M. et al. (n.d.). Gender, pseudonyms, and CMC masking identities and baring, souls, http://research.haifa.ac.il/~jmjaffe/genderpseudocmc/

James, W. (1890). *The principles of psychology* (Vol. 1, 2). N.Y.: Holt.

Jameson, D. (1985). Opponent-colors theory in light of physiological findings. In D. Ottoson & S. Zeki (Eds.). *Central and peripheral mechanisms of color vision*. New York: Macmillan.

Janis, I. L. (1972). *Victims of groupthink*. Boston: Houghton-Mifflin.

Jenkins, J. G., & Dallenbach, K. M. (1924). Oblivescence during sleep and waking. *American Journal of Psychology, 35*, 605-612.

Jenks, R. (1985). Swinging: A replication and test of a theory. *The Journal of Sex Research, 21*, 199-210.

Jerusalem, M., & Schwarzer, R. (1992). Self-efficacy as a resource factor on stress appraisal processes. In R. Schwarzer (Ed.) *Self-efficacy: Thought control of action* (pp. 195-213). Washington, D. C.: Hemisphere.

John, O. P. (1990). The "Big Five" factor taxonomy: Dimensions of personality in the natural language and in questionaires. In L. A. Pervin (Ed.), *Handbook of personality: theory and research* (pp. 66-100). New York: Guilford press.

Johnson, R. D., & Downing, L. L. (1979). Deindividuation and valence of cues: Effects on prosocial and antisocial behavior. *Journal of Personality and Social Psychology, 37*, 1532-1538.

Just, M. A., & Carpenter, P. A. (1987). *The psychology of reading and language comprehension*. Boston: Allyn and Bacon, Inc.

Kagan, J. (1969). Pluralization rules and the conceptualization of number. *Developmental Psychology, 1, part 1*, 697-706.

Kagan, J. (1972). *Change and continuity in infancy*. Wiley.

Kagan, J. (1984). *The nature of the child*. New York: Basic Books.

Kalish, H. I. (1981). *From behavioral science to behavior modification*. New York: McGraw-Hill.

Kamin, L. J. (1965). Temporal and intensity characteristics of the conditioned stimulus. In W. F. Prokasy (Ed.), *Classical conditioning*. New York: Appleton-Century-Crofts.

Kamin, L. J. (1969). Predictability, Surprise, Attention, and Conditioning. In B. A. Campbell & R. M. Church (Eds.). *Publishment and aversive behavior*. New York: Appleton-Century-Crofts.

Kamin, L. (1975). Social and legal consequences of I.Q. tests as classification instruments: Some warnings from our past. *Journal of School Psychology, 13*, 317-323.

Kammeyer, K. C. W., Ritzer, G., & Yetman, N. R. (1990). *Sociology: Experiencing changing societies*. Boston: Allyn & Bacon.

Kaplan, H. S. (1979). *Disorders of sexual desire*. New York: Brunner/Mazel.

Kapleau, P. (Ed.). (1965). *The three pillars of zen: Teaching, practice and enlightenment*. Boston: Beacon Press.

Kasamatsu, A., & Hirai, T. (1966). Study of Zen Meditation. *Folio Psychiatry & Neurological Japanica, 20*, 315-336. Reprinted in R. Ornstein's (Ed.).

Kasser, T., & Ryan, R. M. (1993). A dark side of the American dream: Correlates of financial success as a central life aspiration. *Journal of Personality and Social Psychology, 65*, 410-422.

Kasser, T., & Ryan, R. M. (2001). Be careful what you wish for: Optimal functioning and the relative attainment of intrinsic and extrinsic goals. In P. Schmuck & K. Sheldon (Eds.) *Life goals and well-being*. Gottingen: Hogrefe.

Kaufman, A. S., & Lichtenberger, E. O. (2006). *Assessing adolescent and adult intelligence* (3rd ed.). New York:

Wiley.

Kaufman, L., & Rock, I. (1962). The moon illusion I. *Science, 136*, 953–961.

Kawamura, S. (1963). The process of sub-cultural propagation among Japanese macaques. In C. H. Southwick (Ed.), *Primate social behavior*. New York: Van Nostrand.

Kazdin, A. E. (1986). Comparative outcome studies of psychotherapy: Methodological issues and strategies. *Journal of Consulting and Clinical Psychology, 54*, 95–105.

Keckley Market Research. (1983). *Sexual abuse in Nashville: A report on incidence and longterm effects*. Nashville, TN: Keckley Market Research.

Kelley, H. H. (1967). Attribution theory in social psychology. In D. Levine (Ed.), *Nebraska symposium on motivation*. Lincoln: University of Nebraska Press.

Kelley, H. H. (1971). Attribution in social interaction. In E. E. Jones, D. E. Kanause, H. H. Kelley, R. E. Nisbett, S. Valens, & B. Weiner (Eds.), *Attribution: Perceiving the causes of behavior*. Morristown, NJ: General Learning Press.

Kelly, S. Jr., & Mirer, T. W. (1974). The simple act of voting. *American Political Science Review, 68*, 572–592.

Kemeny, M. (2007). Psychoneuroimmunology. In H. S. Friedman and R. C. Silver (Eds.), *Foundations of health psychology* (pp. 92–116). New York: Oxford University Press.

Kempermann, G., & Gage, F. H. (1999, May). New nerve cells for the about brain. *Scientific American*, 48–53.

Kendel, E. R., Schwartz, J. H., & Jessell, T. M. (1995). *Essentials of neural science and behavior*. Norwalk, CT: Appleton & Lange.

Kercher, G., & McShane, M. (1984). The prevalence of child sexual abuse: Victimization in an adult sample of Texas residents. *Child Abuse and Neglect, 8*, 495–502.

Kiesler, S., Siegel, J., & McGuire, T. W. (1984). Social psychological aspects of computer-mediated communication. *American Psychologist, 39*, 1123–1134.

Kim, A., & Clifford, M. M. (1988). Goal source, goal difficulty, and individual difference variables as predictors of response to failure. *British Journal of Educational Psychology, 58*, 28–43.

Kintsch, W. (1994). Text comprehension, memory, and learning. *American Psychologist, 49*, 294–303.

Kintsch, W. (1998). *Comprehension: A paradigm for cognition*. New York: Cambridge University Press.

Kirsch, I., & Sapirstein, G. (1998). Listening to Prozac but hearing placebo: A meta-analysis of antidepressant medication. *Prevention & Treatment, 1, Article 0002a*, posted electronically June 26, 1998 on the website of the American Psychological Association.

Klingberg, G., & Hwang, C. P. (1994). Children's dental fear picture test(CDFP): A projective test for the assesment of children dental fear. *Journal of Dentistry for Children, 62*, 89–96.

Knox, D., Schacht, C., & Zusman, M. E. (1999). Love relationships among college students. *College Student Journal, 33* (1), 149–151.

Kofta, M., & Sedak, G. (1989). Repeated failure: A source of helplessness or a factor irrelevant to its emergence? *Journal of Experimental Psychology: General, 118*, 3–12.

Kohlberg, L. (1966). A cognitive developmental analysis of children sex role concepts and attitudes. In E. E. Maroby (Ed.), *The development of sex differences*. Stanford, CA: Stanford University Press.

Kohlberg, L. (1969). Stages and sequence: The eognitive-developmental approach to socialization. In A. A. Goslin (Ed.), *Handbook of socialization theory and research*. Skokie, IL: Rand McNally.

Köhler, I. (1962). Experiments with goggles. *Scientific American*, 66–73.

Kolb, B., & Whishaw, I. Q. (1998). Brain plasticity and behavior. *Annual Review of Psychology, 49*, 43–64.

Kolodny, R. C., Masters, W. H., & Johson, V. E. (1979). *Textbook of sexual medicine*. Boston: Little, Brown.

Konishi, M. (1993). Listening with two ears. *Scientific American*, 66–73.

Kosslyn, S. M., & Koenig, O. (1992). *Wet mind: The new cognitive neuroscience*. New York: Free Press.

Krosnick, J. A., Betz, A. L., Jussim, L. J., & Lynn, A. R. (1992). Subliminal conditioning of attitudes. *Personality and Social Psychology Bulletin, 18*, 152–162.

Krueger, W. C. F. (1929). The effect of overlearning on

retention. *Journal of Experimental Psychology, 12*, 71-78.

Kruglanski, A. W., Freedman, I., & Zeevi, G. (1971). The effects of extrinsic incentive on some qualitative aspects of task performance. *Journal of Personality, 39*, 606-617.

Kruglanski. A. W. (1975). The endogenous-exogenous partition in attribution theory. *Psychological Review, 82*, 387-406.

Kuhl, J. (1985). Volitional mediators of cognition-behavior consistency: Self-regulatory processes and action versus state orientation. In J. Kuhl & J. Beckman (Eds.), *Action control: From cognition to behavior.* Berlin: Springer-Verlag.

Kunda, Z. (1999). *Social cognition: Making sense of people.* Cambridge, Mass.: MIT Press.

Kuo, Z. Y. (1921). Giving up instincts in psychology. *Journal of Philosophy, 17*, 645-664.

Kurdek, L. (1995). Lesbian and gay couples. In A. D'Augelli & C. Patterson (Eds.), *Lesbian, gay, and bisexual identities over the lifespan.* New York: Oxford University Press.

Kurtines, W., & Grief, E. (1974). Development of moral thought: A review and evaluation of Kohlberg's approach. *Psychological Bulletin, 81*, 453-470.

Lacey, H. J. (1993). Self-damaging and addictive behavior in bulimia nervosa: A catchment area study. *British Journal of Psychiatry, 163*, 190-194.

Lamanna, M. A., & Riedmann, A. (1997). *Marrages and families* (6th ed.). Belmont, CA: Wadsworth.

LaPiere, R. T. (1934). Attitudes vs. actions. *Social Forces, 13*, 230-237.

Laumann, E. O., Gagnon, J. H., Michael, R. T., & Michaels, S. (1994). *The social organization of sexuality: Sexual practies in the United States.* Chicago: University of Chicago Press.

Lazarus, R. S. (1984). On the primacy of cognition. *American Psychologist, 39*, 124-129.

Lazarus, R. S., & Folkman, S. (1984). *Stress, appraisal, and coping.* New York: Springer.

Lea, M., O'Shea, T., Fung, P., & Spears, R. (1992). "Flaming" in computer-mediated communication. In M. Lea (Ed.), *Contexts of computer-mediated communication*, 91-112. Hemel Hempstead: Harvester Wheatsheaf.

Leary, M. R. (1999). The social and psychological importance of self esteem. In R. M. Kowalski & M. R. Leary (Eds.), *The social psychology of emotional and behavioral problems.* Washington, DC: APA Books.

LeDoux, J. (1996). *The emotional brain.* London: Simon & Schuster.

LeDoux, J. E. (1992). Brain mechanisms of emotion and emotional learning. *Current Opinion in Neurobiology, 2*, 191-197.

Lee, A. J. (1974). The style of Loving. *Psychology Today, 8*, 43-51.

Lee, S. (2007). *Testing a comprehensive model of adults' pathological internet use.* Unpublished doctoral dissertation. Seoul, Korea: Korea University.

Leggett, E. L. (1985, March). *Childrens entity and incremental theories of intelligence: Relationships to achievement behavior.* Paper presented at the annual meeting of the Eastern Psychological Association, Boston.

Leggett, E. L., & Dweck, C. S. (1986). *Individual differences in goals and inference rules: Sources of causal judgments.* Unpublished manuscript.

Leiblum, S. et al. (1983). Vaginal Atrophy in the Postmenopausal Woman: The Importance of Sexual Activity and Hormones. *Journal of the American Medical Association, 249*, 2195-2198.

Leibowitz, H. W. (1985). Grade crossing accidents and human factors engineering. *American Scientist, 73*, 558-562.

Lepper, M. R., & Greene, D. (Eds.). (1978). *The hidden costs of reward.* Hillsdale, NJ: Erlbaum.

Lepper, M. R., Greene, D., & Nisbett, R. E. (1973). Undermining children's intrinsic interest with extrinsic reward: A test of the "overjustification" hypothesis. *Journal of Personality and Social Psychology, 28*, 129-137.

Lepper, M. R., Greene, D., & Nisbett, R. E. (1973). Understanding children's intrinsic interest with extrinsic rewards: A test of the overjustification hypothesis. *Journal of Personality and Social Psychology, 28*, 129-137.

Leslie, L. (1988). Electronic and Computer Games, the History of an Interactive Medium. *Screen, 29*(2), 52-75.

Levinger, G. (1980). Toward the analysis of close relationships. *Journal of Experimental Social Psychology, 16*, 510-544.

Levy, D. S., & Carter, D. B. (1989). Gender schema, gender constancy, and gender knowledge: the roles of cognitive factors in preschooler's gender-role stereotype attributions. *Developmental Psychology, 25*, 444-449.

Lewis, M. (1999). On the development of personality. In L. A. Pervin & O. P. John (Eds.), *Handbook of personality theory and research* (2nd ed.). New York: Guilford.

Liddell, H. (1950). Some specific factors that modify tolerance for environmental stress. In H. G. Wolff & C. C. Hare (Eds.), *Life stress and bodily disease*. Baltimore: Williams & Wilkins.

Lieberman, M. A., Yalom, I. E., & Miles, M. B. (1973). *Encounter groups: First facts*. New York: Basic Books.

Liebert, R. M., & Liebert, L. L. (1998). *Personality: Strategies & issues*. Pacific Grove: Brooks/Cole Publishing Company.

Lindsley, D. B. (1957). Psychophysiology and motivation. In M. R. Jones (Ed.), *Nebraska symposium on motivation*. Lincoln: University of Nebraska Press.

Linn, S., Reznick, J. S., Kagan, J., & Hans, S. (1982). Salience of visual patterns in the human infant. *Developmental Psychology, 18*, 651-657.

Livingstone, M., & Hubel, D. (1988). Segregation of form, color, movement, and depth: Anatomy, physiology, and perception, *Science, 240*, 740-749.

Locke, E. A., & Latham, G. P. (1990). *A theory of goal setting and task performance*. Englewood Cliffs, New Jersey: Prentice Hall.

Locke, E. A., & Latham, G. P. (2002). Building a practically useful theory of goal setting and task motivation: A 35-year odyssey. *American Psychologist, 57*, 705-717.

Locke, S. D., & Gilbert, B. O. (1995). Method of psychological assessment, self-disclosure, and experimental differences: A study of computer, questionnaire and interview assessment formats. *Journal of Social Behavior & Personality, 10*, 255-263.

Loehlin, J. C., Horn, J. M., & Willerman, L. (1982). Personality resemblance between unwed mothers and their adopted-away offspring. *Journal of Personality and Social Psychology, 42*, 1089-1099.

Loftus, E. F. (1979). *Eyewitness testimony*. Cambridge, MA: Harvard University Press.

Loftus, E. F. (1993). The reality of repressed memories. *American Psychologist, 48*, 518-537.

Loftus, E. F., & Palmer, J. C. (1974). Reconstruction of automobile destruction: An example of the interaction between language and memory. *Journal of Verbal Learning and Verbal Behavior, 13*, 585-589.

Logothetis, N. K., & Schall, J. D. (1989). Neuronal correlates of subjective visual perception. *Science, 245*, 761-763.

Lowery, M., Beadles, N. A., & Krilowicz, T. J. (2004). Using personality and cognitive ability to predict job performance: An empirical study. *International Journal Of Management, 21*(3), 300-306.

Maccoby, E. E., & Jacklin, C. N. (1974). *The psychology of sex differences*. CA: Stanford University Press.

Mackenzie. (1984). Explaining race differences in IQ: The logic, the methodology, and the evidence. *American Psychologist, 39*, 1214-1233.

Macklin, E. (1987). Nontraditional Family Forms. In M. B. Sussman & S. K. Steinmetz (Eds.), *Handbook of marriage and the family*. New York: Plenum Press.

MacQueen, G., Marshall, J., Perdue, M., Siegel, S., & Bienenstock, J. (1989). Pavlovian conditioning of rat mucosal mast cells to secrete rat mast cell protease II. *Science, 243*, 83-86.

Marcel, A. (1983). Conscious and unconscious perception: Experiments on visual masking and word recognition. *Cognitive Psychology, 15*, 197-237.

Marcia, J. E. (1966). Development and validation of ego identity status. *Journal of Personality and Social Psychology, 3*, 551-558.

Marr, D. (1982). *Vision*. San Francisco: W. H. Freeman.

Marshall, G. (1994). *The Concise Oxford Dictionary of Sociology*. Oxford: Oxford University Press.

Marshall, J. C., & Halligan, P. W. (1988). Blindsight and insight in visuo-spatial neglect. *Nature, 336*, 766-767.

Maslow, A. H. (1943). A theory of human motivation. *Psychological Review, 50*, 370-396.

Maslow, A. H. (1968). *Toward a psychology of being* (2nd ed.). New York: Van Nostrand.

Maslow, A. H. (1970). *Motivation and personalit* (2nd ed.). New York: Harper.

Masters, W. H., Johnson, V. E., & Kolodny, R. C. (1988). *Crisis: Heterosexual behavior in the age of AIDS*. New York: Grove Press.

Masters, W. H., Johnson, V., & Kolodny, R. C. (1995). *Human sexuality*. Harper Collins College Publishers.

Matarazzo, J. D. (1980). Behavioral health and behavioral medicine: Frontiers for a new health psychology. *American Psychologist, 35*, 807-817.

Matarazzo, J. D. (1994). Health and Behavior: The coming together of science and practice in psychology and medicine after a century of benign neglect. *Journal of Clinical Psychology in Medical Settings, 1*, 7-39.

Matek, O. (1998). Obscene phone callers. *Journal of Social Work and Human Sexuality, 7*, 113-130.

Matheson, K., & Zanna, M. P. (1992). Computer-mediated communications: The focus is on me. *Social Science Computer Review, 8*, 1, 1-12.

Matute, H. (1994). Learned helplessness and superstitious behavior as opposite effects of uncontrollable reinforcement in humans. *Learning and Motivation, 25*, 216-232.

Matute, H. (1995). Human reaction to uncontrollable outcomes: Futher evidence for superstitious rather than helplessness. *Quarterly Journal of Experimental Psychology Comparative and Physiological Psychology, 48*, 142-157.

Mayer, J. D., & Salovey, P. (1997). What is emotional intelligence? In P. Salovey & D. J. Sluyter (Eds.), *Emotional development and emotional intelligence: Educational implications* (pp. 3-34). New York: Basic Books.

McBurney, D. H., & Collings, V. B. (1984). *Introduction to sensatiom and percetion* (2nd ed.). Englewood Cliffs, NJ: Prentice-Hall.

McClelland, D. C. (1961). *The achieving society*. New York: Van Nostrand.

McCelland, D. C. (1985). *Human motivation*. San Francisco: Scott, Foresman.

McClelland, D. C., Atkinson, J. W., Clark, R. A., & Lowell, E. L. (1953). *The achievement motive*. New York: Appleton-Century-Crofts.

McCelland, D. C. (1985). *Human motivation*. San Francisco: Scott, Foresman.

McClelland, D. C., Atkinson, J. W., Clark, R. A., & Lowell, E. L. (1953). *The achievement motive*. New York: Appleton.

McDaniel, M. A., & Einstein, G. O. (1986). Bizarre imagery as an effective memory aid: The importance of distinctiveness. *Journal of Experimental Psychology: Learning, Memory, and cognition, 12*, 54-65.

McDougall, W. (1970). The nature of instincts and their place in the constitution of the human mind. In W. A. Russell (Ed.), *Milestones in motivation*. New York: Appleton-Century-Crofts.

McGeoch, J. A., & McDonald, W. T. (1931). Meaningful relation and retroactive inhibition. *American Journal of Psychology, 43*, 579-588.

Mead, M. (1935). *Sex and temperament in three primitive societies*. New York: Dell.

Meador, B. D., & Rogers, C. R. (1979). Person-centered therapy. In R. J. Corsini (Ed.), *Current psychotherapies* (2nd ed., pp. 131-184). Itasca, IL: Peacock.

Meador, B., & Rogers, C. R. (1984). Person-centered therapy. In R. J. Corsini (Ed.), *Current psychotherapies*. Itasca, Ill. (F. E. Peacock) 31984, 142-195.

Medin, D. L., Lynch, E. B., & Solomon, K. O. (2000). Are there kinds of concepts? *Annual Review of Psychology, 51*, 121-147.

Meichenbaum, D. (1993). Stress inoculation training: A 20 year update. In P. M. Leher & R. L. Woolfolk (Eds.), *Principles and pratice of stress management* (2nd ed.). New York: Guilford Press.

Mendelsohn, E. (1980). The continuous and the discrete in the history of science. In O. G. Brim, Jr., & J. Kagan (Eds.), *Constancy and change in human development*. Harvard University Press.

Meyer, D. E., & Schvaneveldt, R. W. (1976). Meaning, Memory structure, and mental processes. *Science, 192*, 27-33.

Michael A., Terry, D., & White, K. (1995). A Tale of Two Theories: A Critical Comparison of Identity Theory with Social Identity Theory. *Social Psychology Quarterly, 58* (4), 255-269.

Michael, R. T., Gagnon, J. H., Laumann, E. O., & Kolata, G. (1994). *Sex in America: A definitive survey*. Boston: Little, Brown.

Middlebrooks, J. C., & Green, D. M. (1991). Sound localization by human listeners. *Annual Review of Psychology, 42*, 135–159.

Milgram, S. (1963). Behavioral study of obedience. *Journal of Abnormal and Social Psychology, 67*, 371–378.

Milgrom, P., Quang, J. Z., & Tay, K. M. (1994). Cross cultural validity of a parent's version of the Dental Fear Survey Schedule for children in Chinese. *Behavior Research and Therapy, 32*, 131–135.

Miller, G. A. (1956). The magical number seven, plus or minus two: Some limits on our capacity for processing information. *Psychological Review, 63*, 81–97.

Miller, I. W., & Norman, W. H. (1979). Learned helplessness in humans: A review and attribution-theory model. *Psychological Bulletin, 86*, 93–118.

Miller, N. E. (1969). Learning of visceral and glandular responses. *Science, 163*, 434–445.

Millon, T., & Everly, Jr. G. S. (1985). *Personality and its disorders: A biosocial learning approach*. New York: Wiley.

Mineka, S., & Henderson, R. H. (1985). Controllability and predictability in acquired motivation. *Annual Review of Psychology, 36*, 495–529.

Mischel, W. (1968). *Personality and assessment*. New York: Wiley.

Miseandino, M. (2012). 최신 연구에 기초한 성격심리학(정영숙, 조옥귀, 조현주, 장문선 역, 2013). 서울: 시그마프레스.

Mobilia, P. (1993). Gambling as a rational addiction. *Journal of Gambling Studies, 9*(2), 121–151.

Mohr, J. W., Turner, R. E., & Jerry, M. B. (1964). *Pedophilia and exhibitionism*. Toronto: University of Toronto Press.

Money, J., Jobaris, R., & Furth, G. (1977). Apotemnophilia: Two cases of self-Demend amputation as a paraphilia. *Journal of Sex Research, 13*, 115–125.

Moore, K. A., & Stief, T. M. (1992). Changes in marriage and fertility behavior: Behavior versus attiudes of young adults. *Youth and Society, 22*, 362–386.

Moore, T. E. (1988). The case against subliminal manipulation. *Psychology and Marketing, 5*, 297–316.

Morawitz, D. (1989). Behavioral self-help treatment for insomnsia: A controlled evaluation. *Behavioral Therapy, 20*, 365–379.

Morris, C. D., Bransford, J. D., & Franks, J. J. (1977). Levels of processing versus transfer appropriate processing. *Journal of Verbal Learning and Verbal Behavior, 16*, 519–533.

Morris, P. E., Jones, S., & Hampson, P. (1978). An imagery mnemonic for the learning of people's names. *British Journal of Psychology, 69*, 335–336.

Morris, R. G. M., Garrud, P., Rawlins, J. N. P., & O'Keefe, J. (1982). Place navigation impaired in rats with hippocampal lesions. *Nature, 297*, 681–683.

Morse, L. E. (1993). Standard and alternative taxonomic data in the multi-institutional Natural Heritage Data Center Network. Pages 69–79 in F. A. Bisby, G. F. Russell, & R. J. Pankhurst (Eds.), *Designs for a global plant species information system*. Oxford: Oxford University Press.

Moser, P. W. (1987). Are cats smart? Yes, at being cats. *Discover*, 77–88.

Muchinsky, P. M. (1993). *Psychology applied to work: An introduction to industrial and organizational psychology*. Pacific Grove, Calif.

Mueller, C. M., & Dweck, C. S. (1997). *Implicit theories of intelligence: Malleability beliefs, definitions, and judgments of intelligence*. Unpublished data.

Murphy, S. T., & Zajonc, R. B. (1993). Affect, cognition, and awareness: Affective priming with optimal and suboptimal stimulus exposure. *Journal of Personality and Social Psychology, 64*, 723–739.

Murphy, S. T., Monahan, J. L., & Zajonc, R. B. (1993). Affect, cognition, and awareness: Affective priming with suboptimal and optimal stimulus. *Journal of Personality and Social Psychology, 64*, 723–739.

Murphy, S. T., Monahan, J. L., & Zajonc, R. B. (1995). Additivity of nonconscious affect: Combined effects of priming and exposure. *Journal of Personality and Social Psychology, 69*, 589–602.

Murray, H. A. (1938). *Explorations in personality*. New York: Oxford University Press.

Murstein, B. I. (1976). *Love, Who will marry whom? Theories and research on martial choice*. New York: Springer.

Mussen, P. H., Conger J. J., & Kagan, J. (1974). *Child development and personality*. New York: Harper & Row.

Myers, D. G. (1995). *Psychology* (4th ed.). New York: Worth Publishers.

Myers, D. G. (1999). *Social psychology.* Boston: Mcgraw-Hill College.

Myers, D. G. (2002). *Exploring psychology.* U.S.A.: Worth Publishers.

Myers, D. G., & Lamm, H. (1976). The group polarization phenomenon. *Psychological Bulletin, 83*, 602-627.

Naranjo, C. (1970). Present-Centeredness in Gestalt Therapy. In J. Fagan & I. L. Shepherd's (Eds.), *Gestalt Therapy Now.* Science & Behavior Books, Inc. pp. 47-69. Reprinted in R. Ornstein's (Ed.).

Naranjo, C., & Ornstein, R. (1971). *On the psychology of meditation.* New York: Viking Press.

Neisser, U. (1968). The Processes of vision. *Scientific American, 219* (3), 204-214. Reprinted in R. Ornstein's (Ed.).

Neisser, U. (1979). The control of information pickup in selective looking. In A. D. Pick (Ed.), *Perception and its development: A tribute to Eleanor J. Gibson.* Hillsdale, NJ: Erlbaum.

Neitz, J., Geist, T., & Jacobs, G. H. (1989). Color vision in the dog. *Visual Neuroscience, 3*, 119-125.

Nettle, D. (2007). 성격의 탄생: 뇌과학, 진화 심리학이 들려주는 성격의 모든 것 (김상우 역, 2009). 서울: 와이즈북.

Neverlien, P. O., & Johnsen, T. P. (1991). Optimism-passivism dimension and dental anxiety in children aged 10-12. *Community Dentistry Oral Epidemiology, 19*, 342-346.

Nevid, J. S., Rathus, S. A., & Greene, B. (2000). *Abnormal psychology in a changing world* (6th ed.). New Jersey: Prentice Hall.

Nevid, J. S., Rathus, S. A., & Greene, B. (2006). *Abnormal psychology in a changing world* (6th ed.). New Jersey: Prentice Hall.

Nicholls, J. G. (1984). Achievement motivation: Conceptions of ability, subjective experience, task choice, and performance. *Psychological Review, 91*, 328-346.

Nivision, M. E., & Endresen, I. M. (1993). An analysis of relationships among environmental noise, annoyance and sensitivity to noise, and the consequences for health and sleep. *Journal of Behavioral Medicine, 16*, 257-276.

Nock, S. (1995). A comparison of marriage and cohabiting relationships. *Journal of Family Issues, 16*, 53-76.

Norman, D. (1998). *The invisible computer.* Cambridge, MA: MIT Press.

North, M. M., North, S. M., & Coble, J. R. (1997, submitted). *Virtual reality therapy: Combating fear of public speaking.*

O'Keefe, J., & Dostrvsky, T. (1971). The hippocampus as a spatial map: Preliminary evidence from unit activity in the freely moving rat. *Brain Research, 34*, 171-175.

O'Neill, B. A. (1977). A decision theory model of danger compensation. *Accid. Anal. Prev., 3*, 157-165.

Ornstein, R. (1977). *The psychology of consciousness.* (2nd ed.) Harcourt, Brace, & Jovanvich, Inc. (이봉건 역, 의식심리학. 청주: 충북대출판부, 2000.)

Paivio, A. (1969). Mental imagery in associative learning and memory. *Psychological Review, 76*, 241-263.

Paivio, A. (1986). *Mental representations: A dual coding approach.* New York: Oxford University Press.

Paivio, A., Smythe, P. E., & Yuille, J. C. (1968). Imagery versus meaningfulness of nouns in paired associate learning. *Canadian Journal of Psuchology, 22*, 427-441.

Papez, J. W. (1937). A proposed mechanism of emotion. *Archives of Neurology and Psychiatry. 38*, 725-743.

Paulus, P. B., McCain, G., & Cox, V. C. (1978). Death rates, psychiatric commitments, blood pressure, and perceived crowding as a function of institutional crowding. *Environmental Psychology and Nonverbal Behavior, 3*, 107-116.

Penfield, W., & Perot, P. (1963). The brain's record of auditory and visual experience. *Brain, 86*, 595-696.

Perrett, D. I., Harries, M., Misflin, A. J., & Chitty, A. J. (1988). Three stages in the classification of body movements by visual neurons. In H. B. Barlow, C. Blakemore, & M. Weston Smith (Eds.), *Images and understsnding.* Cambrodge, England: Cambridge University Press.

Perron, K., & Worthington, Jr., E. (2001). Factors influencing ratings of marital quality by individuals withen dual-career marriages: A conceptual model. *Journal of Counseling Psychology, 48*, 3-9.

Perry, D. G., & Bussey, K. (1979). The social learning theory of sex difference: Imitation is alive and well. *Journal of Personality and Social Psychology, 37*, 1699-1712.

Pervin, L. A., & John, O. P. (2001). *Personality: Theory & research* (8th ed.). New York: John Wiely & Sons.

Peterson, L. R., & Peterson, M. J. (1959). Short-term retention of individual verbal items. *Journal of Experimental psychology, 58*, 193-198.

Pettijohn, T. F. (1989). *Psychology: A concise introduction* (2nd ed.). The Dushkin Publishing Group, Inc.

Petty, R. E., & Cacioppo, J. T. (1986). *Communication and persuasion: Central and peripheral routes to attitude change.* New York: Springer-Verlag.

Piaget, J. (1926). *The language and thought of the child.* New York: Meridian Books.

Piaget, J. (1927). *La causalite physique chez l'enfant.* Libraire Felix Alcan.

Piaget, J. (1936). *The origin of intelligence in children.* Translated (1952). New York: International University Press.

Pinker, S. (1994). *The language instinct.* N.Y.: Morrow.

Plomin, R. (1990). The role of inheritance in behavior. *Science, 248*, 183-188.

Plumert, J. M., Carswell, C., De Vet. K., & Ihrig, D. (1995). The content and organization of communication about object locations. *Journal of Memory and Language, 34*, 477-498.

Plutchik, R. (1980). *Emotion: A psychoevolutionary analysis.* New York: Harper & Row.

Pons, T. P., Garraghty, P. E., Ommaya, A. K., Kaas, J. H., Taub, E., & Mishkin, M. (1991). Massive cortical reorganization after sensory deafferentation in adult macaques. *Science, 252*, 1875-1860.

Postmes, T. (1997). Social influence in computer-mediated groups. *Javnost-the Public, 4*, 98-99.

Pratkanis, A. R. (1992). The cargo-cult science of subliminal persuation. *Skeptical Inquirer, 16*, 260-272.

Pratkanis, A. R., & Greenwald, A. G. (1988). Recent perspectives on conscious processing: Still no marketing applications. *Psychology and Marketing, 5*, 337-353.

Premack, D. (1965). Reinforcement theory. In D. Levine (Ed.), *Nebraska symposium on motivation* (pp.123-188). Lincoln, NE: University of Nebraska Press.

Prentice-Dunn, S., & Rogers, R. W. (1982). Effects of public and private self-awareness on deindividuation and aggression. *Journal of Personality & Social Psychology, 43*, 503-513.

Preyer, W. T. (1882). *Die seele des kindes.* Fernau.

Prichard, R. M. (1961). Stabilized images on the retina. *Scientific American*, 72-78.

Pritchard, R. M. (1961). Stabilized Images on the Retina. *Scientific American*, June, 72-78. cited in R. Ornstein's (Ed.).

Ptacek, J. T., Smith, R. E., & Zanas, J. (1992). Gender, appraisal, and coping: A longitudinal analysis. *Journal of Personality, 60*, 747-770.

Rahula, W. (1959). *What the buddha tanght.* New York: Grove Press.

Ramachandran, V. S. (1988). Perceiving shape from shading. *Scientific American*, 76-83.

Rathus, S. A. (1990). *Psychology* (4th ed.). Chicago, IL: Holt, Rinehart, and Winston.

Rathus, S. A., Nevid, J. S., & Fichner-Rathus, L. (2004). *Human sexuality in the world of diversity pearson.*

Raymond, D. R., & Tompa, F. (1988). Hypertext and the Oxford English Dictionary, *Communications of the ACM*, July.

Raymond, E. S. (1991). *The new hackers' dictionary.* With assistance and illustrations by G. L. Steele, Jr. Cambridge, MA: MIT Press.

Reed, D. (1998). In J. S. Greenberg, C. E. Bruess & D. W. Haffner (Eds.), *Exploring the dimensions of human sexuality.* Sudbury, MA: Jones and Bartlett.

Reeve, J. (2005). *Understanding motivation and emotion*, (4th ed.) John Wiley & Sons, Inc., New York, 2005.

Reeve, J., Deci, E. L., & Ryan, R. M. (2004). Self-determination theory: A dialectical framework for understanding socio-cultural influences on student motivation. In S. Van Etten & M. Pressley (Eds.) *Big theories revisited* (pp. 31-60). Greenwich, CT: Information Age Press.

Reinisch, J. M. (1991). *The Kinsey Institute new report on sex: What you must know to be sexually literate.* New York: St. Martin's Press.

Rescorla, R. A. (1968). Probability of shock in the presence and absence of CS in fear conditioning. *Journal of Comparative and Physiological Psychology, 66*, 1-55.

Rescorla, R. A. (1980). *Pavlovian second-order conditioning.* Hillsdale, N.J.: Erlbaum.

Rescorla, R. A. (1987). A Pavlovian analysis of goal-directed behavior. *American Psychologist, 42*, 119-129.

Rescorla, R. A. (1988). Pavlovian conditioning: It's not what you think it is. *American Psychologist, 43*, 151-160.

Reznick, J. S., & Kagan, J. (1982). Category detection in infancy. In L. Lipsitt (Ed.), *Advances in infancy research* (Vol. 2). Norwood, NJ: Ablex.

Rheingold, H. (1993). *The virtual community: Homesteading on the electronic frontier.* Reading, Mass.: Addison-Wesley.

Rivera K., Cooke N., & Bauhs J. (1996). *The effects of emotional icons on remote communication in Tauber M.* (Ed.) CHI 96, 99-100.

Robbins, S. J. (1990). Mechanisms underlying spontaneous recovery in autoshaping. *Journal of Experimental Psychology: Animal Behavior Processes, 16*, 235-249.

Rock, I., & Palmer, S. (1990). The legacy of Gestalt psychology. *Scientific American*, 84-90.

Rodin, J., & Stone, G. C. (1987). Historical highlights in the emergence of the field. In G. C. Stone, S. M. Weiss, J. D. matarazzo, N. E. Miller, J. Rodin, C. D. Belar, M. J. Follick, & J. E. Singer (Eds.), *Health psychology: A discipline and a profession* (pp. 15-26). Chicago: University of Chicago Press.

Roediger, H. L. (1990). Implicit memory: Retention without remembering. *American Psychologist, 45*, 1043-1056.

Rogers, C. R. (1942). *Counseling and psychotherapy.* Boston: Houghton Mifflin.

Rogers, C. R. (1974). In retrospect: Forty-six years. *American Psychologist, 29*, 115-123.

Rogers, T. B., Kuiper, N. A., & Kirker, W. S. (1977). Self reference and the encoding of personal information. *Journal of Personality and Social Psychology, 35*, 677-688.

Rosch, E. H. (1973). Natural categories. *Cognitive psychology, 4*, 328-350.

Rosenthal, H. R. (1980). *The discovery of the subunconscious in a new approach to dream analysis.* South Miami, FL: Banyan Books.

Rosenthal, R., & Jacobson, L. (1968). *Pygmalion in the classroom: Teacher expectation and pupils' intellectual development.* New York: Holt, Rinehart and Winston.

Ross, H. (1975). Mist, murk, and visaul perception. *New Scientist*, 658-660.

Roth, S., & Bootzin, R. R. (1974). The effects of experimentally induced expectancies of external control. *Personality and Social Psychology, 29*, 253-264.

Rothbaum, B. O., Hodges, L. F., Kooper, R., Opdyke, D., Williford, J., & North, M. M. (1995). Effectiveness of computer-generated (virtual reality) graded exposure in the treatment of acrophobia. *American Journal of Psychiatry, 152*(4), 626-628.

Rubin, Z. (1973). *Liking and loving: An invitation to social psychology.* New York: Holt, Rinehart and Winston.

Rumelhart, D. E. (1989). The architecture of mind: A connectionist approach. In M. Posner (Ed.), *Foundations of cognitive science.* Cambridge, MA: MIT Press.

Rundus, D. (1971). Analysis of rehearsal processes in free recall. *Journal of Experimental Psychology, 89*, 63-77.

Russell, D. (1986). *The secret trauma: Incest in the Lives of girls and woman.* New York: Basic Books.

Russell, J. A. (1980). A circumplex model of affect *Journal of Personality and Social Psychology, 37*, 345-356.

Russell, J. A., & Bullock, M. (1985). Multidimensional scaling of emotional facial expressions: Similarity from preschoolers to adults. *Journal of Personality and Social Psychology, 48*, 1290-1298.

Ryan, R. M., & Connell, J. P. (1989). Perceived locus of causality and internalization: Examining reasons for acting in two domains. *Journal of Personality and Social Psychology, 57*, 749-761.

Ryan, R. M., & Deci, E. L. (2000). Self-determination theory and the facilitation of intrinsic motivation, social development, and well-being, *American Psychologist, 55*, 68-78.

Ryan, R. M., & Deci, E. L. (2002). Overview of self-determination theory: An organismic dialectical perspective. *Handbook of self-determination research* (pp. 3-33). The University of Rochester Press.

Sacks, O. (1985). *The man who mistook his wife for a hat.* New York, NY: Summit Books.

Sadato, N., Pascual-Leone, A., Grafman, J., Ibanez, V., Deiber, M-P., Dold, G., & Hallett, M. (1996). Activation of the primary visual cortex by braille reading in blind subjects. *Nature, 380*, 526-528.

Sadker, M., & Sadker, D. (1994). *How America's school cheat girls.* New York Scribners.

Salthouse, T. A. (2004). Localizing age-related individual differences in a hierarchical structure. *Intelligence, Vol. 32*, 541-561.

Saluter, A. F. (1992). Marital status and living arrangements. *Current Population Reports, March*, 20-468.

Sapolsky, R. M. (2007). Stress, stress-related disease, and emotion regulation. In J. J. Gross (Ed.), *Handbook of emotion regulation* (pp. 606-615). New York: Guilford Press.

Scarr, S., & Kidd, K. K. (1983). Behavior genetics. In M. Haith & J. Campos (Eds.), *Manual of child psychology: infancy and the biology of development* (Vol. 2). New York: Wiley.

Schachter, D. L. (1987). Implicit memory: History and current status. *Journal of Experimental Psychology; Learning, Memory and Cognition, 14* (3), 501-518.

Schachter, S., & Singer, J. E. (1962). Cognitive, social, and physiological determinants of emotional state. *Psychological Review, 69*, 379-399.

Schank, R. C., & Abelson, R. P. (1977). *Scripts, plans, goals and understanding.* Hillsdale, NJ: Erlbaum.

Schreinder, C. E., Read, H. L., & Sutter, M. L. (2000). Modular organization of frequency integration in primary auditory cortex. *Annual Review of Neuroscience, 23*, 501-529.

Schunk, D. H. (1984). Sequential attributional feedback and children's achievement behaviors. *Journal of Educational Psychology, 76*, 1159-1169.

Schunk, D. H. (1989). Self-efficacy and achievement behaviors. *Educational Psychology Review, 1*, 173-208.

Schwartz, J., Stoessel, P. W., Baxter, L. R. et al. (1996). Systematic changes in cerebral glucose metabolic rate after successful behavior modification treatment of obsessive-compulsive disorder. *Archives of General Psychiatry, 53*, 109-113.

Segal, N. L. (2000). Virtual twins: New findings on within-family environmental influences on intelligence. *Journal of Educational Psychology, 92*(3), Sep. 2000, 442-448.

Segall, M. H., Dasen, P. R., Berry, J. W., & Poortinga, Y. H. (1990). *Human behavior in global perspective: An introduction to cross-cultural psychology.* New York: Peramon.

Selfe, C. A., & Meyer, P. R. (1991). Testing claims for on-line conferences. *Written Communication, 8* (2), 163-192.

Seligman, M. E. P. (1975). *Helplessness: On depression, development, and death.* San Francisco: Freeman.

Seligman, M. E. P., & Csikszentmihalyi, M. (2000). Positive psychology: An introduction. *American Psychologist, 55*, 5-14.

Seligman, M. E. P., & Maier, S. F. (1967). Failure to escape traumatic shock. *Journal of Experimental Psychology, 94*, 1-9.

Shackelford, T. K., Buss, D. M., & Bennett, K. (2002). forgiveness or breakup: Sex differences in responding to a partner's infidelity. *Cognition & Emotion, 16* (2), 299-307.

Shah, I. (1970). *Tales of the deraishes.* New York: E. P. Dutton.

Shah, I. (1972). *The exploits of the incomparable mulla nasrudin.* New York: E. P. Dutton.

Shapiro, D. H. (1978). *Precision nirvana.* Prentice-Hall.

Sheldon, K. M., & Kasser, T. (1994). Coherence and congruence: Two aspects of personality integration. *Journal of Personality and Social Psychology, 68*, 531-543.

Shepard, R. N. (1990). *Mind sights.* New York: Freeman.

Sherer, M., & Adams, C. H. (1983). Construct validation of the self-efficacy scale. *Psychological Reports, 53*, 899-902.

Shevrin, H. (1992). Subliminal perception, memory, and consciousness: Cognitive and dynamic perspectives. In R. F. Bornstein, & T. S. Pittman (Eds.), *Perception without awareness: Cognitive, clinical, and social perspectives.* (pp. 123-142). New York, NY: Guilford Press.

Short, J., Williams, E., & Christie, B. (1976). *The psychology of telecommunication.* London: Wiley.

Shotton, M. (1991). The costs and benefits of "computer addiction." *Behavior and Information Technology, 10*, 219-230.

Siegel, S. (2001). Pavlovian conditioning and drug overdose: When tolerance fails. *Addiction Research and Theory*, *9*(5), 203-513.

Siegman, A. W. (1994). From Type A to hostility to anger. In A. W. Siegman & T. W. Smith (Eds.), *Anger, hostility and heart* (pp. 1-22). NJ: Lawrence Erlbaum.

Simon, H. A. (1974). How big is a chunk? *Science*, *183*, 482-488.

Skinner, B. F. (1938). *The behavior of organisms*. New York: Appleton-Century.

Skinner, B. F. (1988, June). Skinner joins aversive debate. *American Psychological Association APA Monitor*, 22.

Smith, A. (1987). Personal communication.

Smith, A., & Sugar, O. (1975). Development of above normal language and intelligence 21 years after left hemispherectomy. *Neurology*, *25*, 813-818.

Smith, M. A. (1992). *Voices from the well: The logic of the virtual common*. unpublished.

Smith, P., & Bond, M. (1998). *Social psychology across culture* (2nd ed.). Boston: Allyn and Bacon.

Solso, R. L. (1995). *Cognitive psychology* (4th ed.). Boston: Allyn and Bacon.

Solso, R. L., MacLin, M. K., & MacLin, O. H. (2005). *Cognitive psychology* (7th ed.). Boston: Allyn and Bacon.

Sontag, L. W., Baker, C. T., & Nelson, V. L. (1958). Personality and IQ change. *Journal of Abnormal and Social Psychology*, *56*, 261-266.

Sperling, G. (1960). The information available in brief visual presentations. *Psychological Monographs*, *74*: No. 498.

Sperry, R. W. (1956). The eye and the brain. *Scientific American*, 48-52.

Sperry, R. W. (1966). Brain Bisection and consciousness. In J. Eccles (Ed.), *Brain and Conscious Experience*. N.Y.: Springer-Verlag.

Squire, L. R. (1987). ECT and memory loss. *American Journal of Psychiatry*, *134*, 997-1001.

Sroufe, L. A., & Fleeson, J. (1986). Attachment and the construction of relationships. In W. W. Hartup & Z. Rubin (Eds.), *Relationships and development* (pp. 51-72). Hillsdale, NJ: Erlbaum.

Staudinger, U. M., Smith J., & Baltes, P. B. (1992). Wisdom-related knowledge in a life review task: age differences and the role of professional specialization. *Psychology and Aging*, *7*(2), 271-281.

Stenhauer, J. (1995). No marriage, no apologies. *The New York Times*, July, pp. C1, C7.

Stern, W. (1914). *The Psychological methods of testing intelligence*. Baltimore: Warwick.

Sternberg, R. J. (1984). The Kaufman Assessment Battery for Children: An information processing analysis and critique. *Journal of Special Education*, *18*, 269-279.

Sternberg, R. J. (1985). *Beyond IQ: a triarchic theory of human intelligence*. New York: Cambridge University Press.

Sternberg, R. J. (1986). A triangular theory of love. *Psychological Review*, *93*, 119-135.

Sternberg, R., & Barnes, M. L. (1988). *The psychology of love*. New Heaven, CT: Yale University Press.

Sternberg, R. J., & Lubart, T. (1996). Investing in creativity. *American Psychologists*, *51*, 677-688.

Stoller, R. J. (1977). Sexual deviations. In R. Beach (Ed.), *Human sexuality in four perspectives* (pp. 190-214). Baltimore: Johns Hopkins University Press.

Storey, A. E., Walcy, C. L., Quinton, R. L., & Wynne-Edward, K. E. (2000). Hormonal correlates of paternal responsiveness in new and expectant fathers. *Evolution and Human Behavior*, *21*, 79-95.

Stratton, G. M. (1896). Some preliminary experiments on vision without inversion of the retinal image. *Psychological Review*, *3*, 611-617.

Stryker, S. (1968). Identity salience anf role performance: The relevance of symbolic interaction theory for family research. *Journal of Marriage and the family*, *30*, 558-564.

Suler, J. (1996). Computer and cyberspace addiction. *America Online: Article: Computer and Cyberspace Addiction*, 1-5.

Sulin, R. A., & Dooling, D. J. (1974). Intrusion of a thematic idea in retention of prose. *Journal of Experimental Psychology*, *103*, 255-262.

Sundstrom, E. (1978). Crowding as a consequential process: Review of research on the effects of population density on humans. In A. Baum & Y. M. Epstein (Eds.), *Human responses to crowding* (pp. 31-116). Hillsdale, NJ:

Erlbaum.

Sutherland, R. J., & Rudy, J. W. (1989). Configural association theory: The role of the hippocampal formation in learning, memory, and amnesia. *Psychobiology, 17*, 129-144.

Sweet, J. J., Rozensky, R. H., & Tovian, S. M. (1991). Clinical psychology in medical settings: Past and present. In J. J. Sweet, R. H. Rozensky, & S. M. Tovian (Eds.), *Handbook of clinical psychology in medical settings*. New York: Plenum Press.

Tafarodi, R. W., & Vu, C. (1997). Two-dimensional self esteem and reactions to success and failure. *Personality and Social Psychology Bulletin, 23*, 626-635.

Tajfel, H. (1969). Cognitive aspects of prejudice. *Journal of Social Issues, 25*, 79-97.

Tannahill, R. (1980). *Sex in History*. New York: Stein & Day.

Taylor, S. E. (1981). A categorization approach to stereotyping. In D. L. Hamilton (Ed.), *Cognitive processes in stereotyping and intergroup behavior*. Hillsdale, NJ: Erlbaum.

Teghtsoonian, R. (1971). On the exponents in Steven's law and the constant in Ekman's law. *Psychological Review, 78*, 71-80.

Thase, M. E., Fasiczka, A. L., Berman, S. R. et al. (1998). Electroencephalographic sleep profiles before and after cognitive behavior therapy of depression. *Archives of General Psychiatry, 55*, 138-144.

The I Ching : *The book of change* [주역]. (C. F. Bayes에 의해 영어로 번역됨), Princeton University Press, 1967, p. 3, 10-11. Reprinted in R. Ornstein's (Ed.).

Thorndike, E. L. (1913). *Educational psychology* (Vol. 3). New York: Teachers College, Columbia University.

Thorndyke, P. W. (1984). Applications of schema theory in cognitive research. In J. R. Anderson & S. M. Kosslyn (Eds.), *Tutorials in learning and memory*. San Francisco: Freeman.

Thorndyke, P. W., & Hayes-Roth, B. (1979). The use of schemata in the acquisition and transfer of knowledge. *Cognitive Psychology, 11*, 83-106.

Thurstone, L. L. (1938). *Primary mental abilities*. Chicago: University of Chicago Press.

Thurstone, L. L. (1955). The psychophysics of semantics: an experimental investigation. *Journal of Applied Psychology, 39*(1), February, 31-36.

Tobias, S. (1982). Sexist equations. *Psychology Today, 16*(1), 14-17.

Tollison, C. D., & Adams, H. E. (1979). *Sexual disorders: treatment, theory, research*. New York: Gardner Press.

Tolman, E. C. (1932). *Purpose behavior in animals and men*. New York: Appleton-Century-Crofts. (Reprinted 1967. New York: Irvington).

Tolman, E. C., & Honzik, C. H. (1930). Introduction and removal of reward and maze performance in rats. *University of California Publication in Psychology, 4*, 257-275.

Tolson, J. (2000). No wedding? No ring? No problem. *U.S. News & World Report, March 13*, 48.

Tomaka, J., Blascovich, J., Kelsey, R. M., & Leitten, C. L. (1993). Subjective, physiological, and behavioral effects of threat and challenge appraisal. *Journal of Personality and Social Psychology, 65*, 248-260.

Townsend, J. M. (1995). Sex without emotional involvement: An evolutionary interpretation of sex differences. *Archives of Sexual Behavior, 24*, 173-206.

Treas, J., & Giesen, D. (2000). Sexual infidelity among married and cohabiting Americans. *Journal of Marriag and the Family, 62*, 48-60.

Treisman, A. (1987). Properties, parts, and objects. In K. R. Boff, L. Kaufman, & J. P. Thomas (Eds.), *Handbook of perception and human performance*. New York: Wiley.

Triplett, N. (1898). The dynamogenic factors in pacemaking and competition. *American Journal of Psychology, 9*, 507-533.

Tsien, J. Z. (2000). Building a brainier mouse. *Science, 282*, 62-68.

Tulving, E. (1962). Subjective organization in free recall of unrelated words. *Psychological Review, 69*, 344-354.

Tulving, E. (1986). What kind of a hypothesis is the distinction between episodic and semantic memory? *Journal of Experimental Psychology: Learning, Memory and Cognition, 12*, 307-311.

Tulving, E., & Thomson, D. M. (1973). Encoding specificity and retrieval processes in episodic memory. *Psychological Review, 80*, 352-373.

Turkle, S. (1995). *Life on the screen: Identity in the age of the internet*. New York: Simon and Schuster.

Turnbull, C. (1961). *The forest people*. New York: Simon and Schuster.

Turner, J. C. (1985). Social categorization and self-concept: A social cognitive theory of group behavior. In E. J. Lawler (Ed.), *Advances in group processes: Theory and research* (Vol. 2). Greenwich, CT: JAI Press.

U.S. Department of Health and Human Services (USDHHS). (1998). *Health, United States*, 1998 (DHHS publication No. PHS 98-1232). Washington, DC: U.S. Government Printing Office.

Valenstein, E. (1986). *Great and desperate cures*. New York: Basic Books.

Van Dijk, T. A., & Kintsch, W. (1983). *Strategies of discourse comprehension*. N.Y.: Academic Press.

Van Ginkel, R. (1990). Fisherman, taboos, and ominous animals: A comparative perspective. *Anthrozoos, 4*, 73-81.

Von Békésy, G. (1957). The ear. *Scientific American*, 66-78.

Voss, J. F., & Wiley, J. (1995). Acquiring Intellectual Skills. *Annual Review of Psychology, 46*, 115-181.

Voyer, D., Voyers, S., & Bryden, M. P. (1995). Magnititude of sex differences in spatial abilities: A meta analysis and condideration of critical variables. *Psychological Bulletin, 117*, 25-270.

Wait, L., & Joyner, K. (2001). Emotional satisfaction and physical pleasure in sexual unions: Time horizon, sexual behaivior, and sexual exclussivity. *Journal of Family, 63*, 247-264.

Walk, R. D. (1978). Perceptual learning. In E. C. Carterette & M. P. Friedman (Eds.), *Handbook of perception, Vol. IX* (pp. 257-298). New York: Academic Press.

Walk, R. D., & Gibson, E. J. (1961). A comparative and analytical study of visual depth perception. *Psychological Monographs, 75* (Whole No. 519).

Wallace, R. K. (1971). *The Physiological Effects of Transcendental Meditation: A Proposed Fourth State of Consciousness*. Unpublished Doctoral Thesis. Physiology Department, University of California, Los Angeles, 1970. Dissertation Abstracts International, 31, 4303-13.

Wallace, R. K., & Benson, H. (1972). The physiology of meditation. *Scientific American, 226*, 84-90.

Wallace, R. K., Benson, H., & Wilson, A. F. (1971). A wakeful hypo-metabolic physiologic state. *American Journal of Physiology, 221*, 795-799.

Wallas, G. (1926). *The art of thought*. N.Y.: Harcourt Brace.

Walster, E., & Walster, G. W. (1978). *A new look at love*. Reading, MA: Addison-Wesley.

Walters, G., & Grusec, J. E. (1977). *Punishment*. San Francisco: W. H. Freeman.

Warchol, M. E., Lambert, P. R., Goldstein, B. J., Forge, A., & Corwin, J. T. (1993). Regenerative proliferation in inner ear sensory epithelia from adult guinea pigs and humans. *Science, 259*, 1619-1622.

Warm, J. S., & Dember, W. N. (1968). Awake at the switch. *Psychology Today*, 46-53.

Warner, P. K. (1980). Aural Assault: Obscene Telephone Calls. *Qualitative Sociology, 11* (4), 302-318.

Warrington, E. K., & Weiskrantz, L. (1970). Amnesic syndrome: Consolidation or retrival? *Nature, 228*, 629-630.

Wason, P. C. (1966). Reasoning. In B. M. Foss (Ed.), *New horizons in psychology*. Harmondsworth, UK: Penguin.

Wasserman, E. A., & Miller, R. R. (1997). What's elementary about associative learning? *Annual Review of Psychology, 48*, 573-607.

Watson, J. B. (1927). What to do when your child is afraid (interview with Beatrice Black). *Children* (March), 25-27.

Watson, J. B., & Rayner, R. (1920). Conditioned emotional reaction. *Journal of Experimental Psychology, 3*, 1-14.

Wechsler, D. (1955). *Manual for the Wechsler Adult Intelligence Scale (WAIS)*. New York: The Psychological Corporation.

Wechsler, D. (1958). *The measurement and appraisal of adult intelligence* (4th ed.). Baltimore, Williams and Wilkins.

Wechsler, D. (1981). *Manual for the Wechsler Adult Intelligence Scale (WAIS-R)*. San Antonio, TX: The Psychological Corporation.

Weinberg, M. S. et al. (1994). *Dual attraction*. New York: Oxford University Press.

Weiner, B. (1972). *Theories of motivation: From mechanism to cognition*. Chicago: Rand McNally.

Weiner, B. (1979). A theory of motivation for some classroom experiences. *Journal of Educational Psychology, 71*, 3–25.

Weiner, B. (1985). An attributional theory of achievement motivation and emotion. *Psychological Review, 92*, 548- 573.

Weiner, B. (1990). History of motivational research in education. *Journal of Educational Psychology, 82*, 616–622.

Weiner, B. (1992). *Human motivation: Metaphors, theories, and research*. Newbury Park, CA: Sage.

Weiner, B., Russell, D., & Lerman, D. (1978). Affective consequences of causal ascriptions. In J. Harvey, W. J. Ickes, & R. F. Kidd (Eds.), *New directions in attribution research* (Vol. 2, pp. 59–88). Hillsdale, NJ: Erlbaum.

Weiten, W. (1992). *Psychology: Themes and variations*. Pacific Grove, CA: Brooks/Cole.

Weitzenhoffer, A. M., & Hilgard, E. R. (1959). *The Stanford scale of hypnotic susceptibility, Forms A and B*. Palo Alto, CA: Consulting Psychologists.

Wells, G. L., & Murray, D. M. (1983). What can psychology say about Neil vs. Biggers criteria for judging eyewitness accuracy? *Journal of Applied Psychology, 68*, 347–362.

Wenderoth, P. (1992). Perceptual illusions. *Australian Journal of Psychology, 44*, 147–151.

Wertsch, J. V., Minick, N., & Arns, F. J. (1984). The creation of context in Joint Problem-Solving. In B. Rogoff & J. Lave (Eds.), *Everyday cognition: Its development in social context*. Cambridge, MA: Harvard Univ. Press.

Wever, E. G. (1949). *Theory of hearing*. New York: Wiley.

Whaley, D. L., & Mallot, R. W. (1971). *Elementary principles of behavior*. Englewood Cliffs, NJ: Prentice-Hall.

White, J. W. (1983). Sex and gender issues in aggression research. In R. G. Green & Donnerstein (Eds.), *Aggression, Theoretical and empirical review* (Vol. 2). New York: Academic Press.

White, L. (1982). *Grammatical theory and language acquisition*. Dordrecht, Holland; Cinnaminson, U.S.A.: Foris Publications.

White, R. W. (1959). Motivation reconsidered: The concept of competence. *Psychological Review, 66*, 297–333.

Whitten, P. (2001). *Anthropology: Contemporary perspectives* (8th ed.). Boston: Allyn & Bacon.

Wickens, C. D. (1992). *Engineering psychology and human performance* (2nd ed.). New York: HarperCollins.

Wiesel, T. N. (1982). Postnatal development of the visual cortex and the influence of environment. *Nature, 299*, 583–591.

Wilson, R. S. (1979). Analysis of longitudinal twin data: Basic model and applications to physical growth measures. *Acta Geneticae medicae et Gemellologiae, 28*, 93–105.

Winckelgren, I. (1992). How the Brain sees borders where there are none. *Science, 256*, 1520–1521.

Winograd, T. (1975). Frame representations and the declarative-procedural controversy. In D. Bobrow & A. Collins (Eds.), *Representation and understanding: Studies in cognitive science*. New York: Academic Press.

Wolf, E. S. (1982). Self-theory and Intimacy. In M. Fisher & G. Stricker (Eds.). *Intimacy*. New York: Plenum Press.

Woodruff-Pak, D. S. (1999). New directions for a classical paradigm: Human eyeblink conditioning. *Psychological Science, 10*, 1–7.

Woodworth, R. S. (1958). *Dynamics of behavior*. New York: Holt.

Woolfolk, A. E. (2001). *Educational psychology* (8th ed.). MA: A Pearson Education Company.

World Health Organization. (1993). *Manual of the international statistical classification of diseases* (10th rev.). Geneva: Author.

Worringham, C. J., & Messick, D. M. (1983). Social facilitation of running: An unobtrusive study. *Journal of Social Psychology, 121*, 23–29.

Worthman, C. B. et al. (1976). Self-disclosure: An attributional perspective. *Journal of Personality and Social Psychology, 33*, 184–191.

Worthman, C. M. (1999). Faster, farther, higher: Biology and the discourses on human sexuality. In D. N. Suggs & A. W. Miracle (Eds.), *Culture, biology, and sexuality*. Athens: University of Georgia Press.

Wortman, C. B., & Brehm, J. W. (1975). Responses to uncontrollable outcomes: An integration of reactance theory and the learned helplessness model. In L. Berkowitz (Ed.), *Advances in experimental social psychology* (Vol. 8, pp. 277–336). New York: Academic

Press.

Wyatt, G. E. (1985). The sexual abuse of Afro american and white american woman in childhood. *Child Abuse & Neglect*, *9*, 507-519.

Yalom, I. D. (1995). *The theory and practice of group psychotherapy* (4th ed.). New York: Basic Books.

Yerkes, R. M., & Dodson, J, D. (1908). The relation of strength of stimulus to rapidity of habit formation. *Journal of Comparative Neurology and Psychology*, *18*, 459-482.

Young, K. (1998). *Caught in the net: How to recognize the signs of internet addiction and a winning strategy for recovery*. New York: John Wiley & Sons.

Young, K. S. (1996). Pathological Internet Use: A case that breaks the stereotype. *Psychological Reports*, *79*, 899-902.

Young, P. T. (1961). *Motivation and emotion: A survey of the determinants of human and animal activity*. New York: Wiley.

Young-Ok, K., & Stevens, J. H. Jr. (1987). The socialization of presocial behavior in children. *Childhood Education*, *63*, 206-220.

Zajonc, R. B. (1965). Social facilitation. *Science*, *149*, 269-274.

Zajonc, R. B. (1980). Feeling and thinking: Preferences need no inferences. *American Psychologist*, *35*, 151-175.

Zajonc, R. B. (1984). On the primacy of affect. *American Psychologist*, *39*, 117-123.

Zechmeister, E. B., & Nyberg, S. E. (1982). *Human memory: An introduction to research and theory*. Pacific Grove, CA: Brooks/Cole.

http://www.uwsp.edu/psych/dog/dog.html

관련 Web Page

Association for Behavioral Analysis: 행동에 대한 실험적, 이론적, 응용적 분석을 추구-기초적인 학습원리를 응용한 연구 및 정보 제공

http://www.wmich.edu/aba/index.html

B. F. Skinner 재단 (B. F. Skinner Foundation)-스키너의 업적에 대한 간략한 기록

http://www.bfskinner.org/index.asp

Bandura의 성격이론-관찰학습의 내용 포함

http://www.ship.edu/~cgboeree/bandura.html

Brooks/Cole Online Psychology Study Center

http://psychstudy.wadsworth.com

James 박사의 '사이버심리학' 홈페이지

http://www.soc.hawaii.edu/leonj/leonj/leonpsy/cyber.html

Journal of Applied Behavior Analysis

http://envmed.rochester.edu/wwwrap/behavior/jaba/jabahome.htm

Rheingold의 홈페이지

http://www.rheingold.com

Suler 박사의 '사이버심리학' 홈페이지

http://www.rider.edu/users/suler/psycyber/psycyber.html

고전적 조건화

http://www.as.wvu.edu/~sbb/comm221/chapters/pavlov.htm

고전적 조건화(Information on Classical Conditioning)

http://www.psychology.org/links/Environment_Behavior_Relationships/Learning

미신에 대한 심리학(Psychology of Superstition)

http://www.oup-usa.org/publicity/pr_0195078829.html
사회(관찰) 학습
http://chiron.valdosta.edu/whuitt/col/soccog/soclrn.html
사회학습이론(Social Learning Theory)
http://www.gwu.edu/~tip/bandura.html
시월드(Sea World)의 동물훈련
http://www.seaworld.org/infobooks/Training/atlearn.html
온라인중독센터(COLA: Center for On-Line Addiction)
http://netaddiction.com
정적 강화와 부적 강화(Positive and Negative Reinforcers)
http://www.naswpress.org/publications/books/clinical/clinical_practice_individuals/2707chapter.html
조건화
http://www.science.wayne.edu/~wpoff/cor/mem/conditnl.html
조작적 조건화 기법으로 말 훈련시키기-Introduction to Clicker Training
http://www.angelfire.com/az/clickryder/intro.html
조작적 조건화와 행동주의: 간략한 역사
http://www.biozentrum.uni-wuerzburg.de/genetics/ behavior/learning/behaviorism.html
(초기 행동주의에 대한 요약, 손다이크의 업적, 고전적 조건화와 조작적 조건화의 관련성 그리고 행동주의에 대한 톨먼의 비판과 잠재학습에 대해 기술되어 있음)
처벌과 관련한 논문(Numerous Articles on Punishment)
http://www.envmed.rochester.edu/wwwrap/behavior/jeab/jeabindx.htm
특정 대상에 대한 공포(Specific Phobias)
http://www.psyweb.com/Mdisord/AnxietyDis/specphobia.html
학습 이론(Theories on Learning)
http://www.gwu.edu/~tip/index.html
행동주의 원리를 이용한 개 훈련-Dr. P's Dog Training

찾아보기

인 명

내 용

◇ 저자 소개(집필순서)

이순묵(1장)

Ohio State University 심리학(박사)

현재 성균관대학교 심리학과/인지개발학과 교수

〈저서 · 역서〉

요인분석 I(학지사, 1995)

공변량구조분석(성원사, 1990)

요인분석의 기초(교육과학사, 2000)

사회과학을 위한 측정의 원리(학지사, 2002)

산업훈련(역, 시그마프레스, 2004)

현대심리학의 이해(3판, 공저, 학지사, 2015)

현성용(2장)

고려대학교 심리학과(석사, 박사)

현재 대구대학교 심리학과 교수

〈논문〉

측핵 도파민계가 장소선호과제의 수행에 미치는 영향

기억과정에 관여하는 신경화학물질들의 역할

토끼의 순막 고전적 조건화 동안 소뇌 중간핵과 배측 하올리브부핵에서 동시에 기록한 신경다단위활동 외 다수

〈저서 · 역서〉

동기와 정서의 이해(공역, 박학사)

생리심리학(공역, 박학사)

현대심리학의 이해(3판, 공저, 학지사, 2015)

한광희(3장)

연세대학교 심리학과(석사, 박사)

University of Califonia, Irvine Post-Doc.

현재 연세대학교 심리학과 교수

〈저서 · 역서〉

생각있는 디자인(공역, 학지사, 1998)

인지과학의 형성 및 발전 상황, 인지과학-마음, 언어, 기계(공저, 학지사, 2000)

인지공학심리학: 인간-시스템 상호작용의 이해(공저, 시그마프레스, 2007)

현대심리학의 이해(3판, 공저, 학지사, 2015)

김현택(4장)

고려대학교 심리학과 생리심리학전공(박사)

현재 고려대학교 심리학과 교수

〈저서 · 역서〉

심리학: 인간의 이해(공저, 학지사, 1996)

인간의 마음과 행동(공역, 시그마프레스, 2000)

뇌 기능 행동검사집(시그마프레스, 2006)

뇌질환 행동검사집(시그마프레스, 2006)

현대심리학의 이해(3판, 공저, 학지사, 2015)

윤병수(4장)

부산대학교 심리학과 심리학전공(박사)

현 대구가톨릭대학교 객원교수

〈저서 · 역서〉

동기와 정서의 이해(공역, 박학사, 2003)

현대심리학의 이해(3판, 공저, 학지사, 2015)

진영선(5장)

University of Florida 실험심리 박사

현재 경북대학교 심리학과 교수

〈저서 · 역서〉

공학심리학(역, 성원사)

교양심리학(공저, 시그마프레스, 2002)

현대심리학의 이해(3판, 공저, 학지사, 2015)

이재호(6장)

고려대학교 심리학과(문학박사)

현재 계명대학교 심리학과 초빙교수

〈저서 · 역서〉

인지심리학의 제 문제 II: 언어와 인지(학지사, 1998)

언어와 사고(공역, 학지사, 2007)

인지심리학(3판, 학지사, 2008)

현대심리학의 이해(3판, 공저, 학지사, 2015)

황상민(7장)

Harvard University 심리학과(박사)

현재 연세대학교 심리학과 교수

〈저서 · 역서〉

심리학(공저, 학지사, 1996)

적응을 위한 지식의 기능(역, 세종연구원, 1999)

인터넷 세계의 인간심리와 행동(김영사, 2000)

현대심리학의 이해(3판, 공저, 학지사, 2015)

김아영(8장)
University of Iowa 교육심리학과 Ph. D.
현재 이화여자대학교 심리학전공 교수
〈저서 · 역서〉
통계분석 논리의 기초(공역, 박학사, 2006)
학업적 자기효능감(편저, 학지사, 2007)
교육심리학(공역, 박학사, 2008)
현대심리학의 이해(3판, 공저, 학지사, 2015)

채규만(9장)
서울대학원 심리학 석사
Illinois Institute of Technology 임상심리학 박사
현 횃불트리니티신학대학원대학교 초빙교수
〈저서 · 역서〉
성피해 심리치료(2판, 학지사, 2004)
심리학 신학 영성이 하나된 기독 상담(두란노, 2001)
인터넷 중독의 상담 전략(2002)
현대심리학의 이해(3판, 공저, 학지사, 2015)

이주일(10장)
서울대학교 심리학과(성격 및 조직 심리학 박사)
현재 한림대학교 심리학과 교수
〈저서 · 역서〉
Emotional Capital: 기업의 숨겨진 핵심자산 · 정서자본(공역, 2000)
신뢰와 배신의 심리학(시그마프레스, 2001)
SPSS를 활용한 심리연구분석(시그마프레스, 2005)
일과 영혼에 관한 심리학(2005)
현대심리학의 이해(3판, 공저, 학지사, 2015)

박동건(11장)
University of Georgia 심리학(석 · 박사)
현재 고려대학교 심리학과 교수
〈저서 · 역서〉
현장연구방법론 각론(성원사, 1991)
적성발견과 진로선택의 길(편저, 한국가이던스, 1991)
조직 개발 이론과 적용(박영사, 1997)
조직감성 역량 키우기(공저, 삼성경제연구소, 2006)
현대심리학의 이해(3판, 공저, 학지사, 2015)

성한기(12장)
성균관대학교 심리학과(문학박사)
현재 대구가톨릭대학교 심리학과 교수
〈저서 · 역서〉
인간의 마음과 행동(공저, 박영사, 2002)
스크린 속에 비춰진 인간의 심리(학지사, 2003)
현대심리학의 이해(3판, 공저, 학지사, 2015)

김교헌(13장)
성균관대학교 심리학과(문학박사)
현재 충남대학교 심리학과 교수
〈저서 · 역서〉
명상과 자기치유 상, 하(공역, 학지사, 1998)
건강심리학(공역, 시그마프레스, 2008)
현대심리학의 이해(3판, 공저, 학지사, 2015)

이영호(14장)
서울대학교 심리학과(문학박사)
현재 가톨릭대학교 심리학과 교수
〈저서 · 역서〉
심리장애의 인지행동적 접근(공저, 교육과학사, 2000)
임상심리학 입문(역, 학지사, 2001)
현대심리학의 이해(3판, 공저, 학지사, 2015)

김미리혜(15장)
The State University of New York 심리학과 박사(임상심리학 전공)
현재 덕성여자대학교 심리학과 교수
〈저서 · 역서〉
두통을 알면 상쾌한 하루가 보인다(퇴설당, 1996)
심리치료: 절충-통합적 접근(공역, 정민사, 2000)
현대심리학의 이해(3판, 공저, 학지사, 2015)

유태용(16장)
Iowa State University 심리학과(Ph. D., 산업 및 조직심리 전공)
현재 광운대학교 산업심리학과 교수
〈저서 · 역서〉
심리학: 인간의 이해(공저, 학지사, 1996)
직업심리 및 상담(공저, 학지사, 2000)
산업 및 조직심리학(시그마프레스, 2006)
현대심리학의 이해(3판, 공저, 학지사, 2015)

현대 심리학 입문(2판)

Modern Psychology

2008년 9월 10일 1판 1쇄 발행
2014년 3월 10일 1판 12쇄 발행
2016년 2월 25일 2판 1쇄 발행
2021년 2월 25일 2판 8쇄 발행

지은이 • 현성용 · 김교헌 · 김미리혜 · 김아영 · 김현택 · 박동건
성한기 · 유태용 · 윤병수 · 이순묵 · 이영호 · 이재호
이주일 · 진영선 · 채규만 · 한광희 · 황상민

펴낸이 • 김 진 환
펴낸곳 • (주) 학지사
04031 서울특별시 마포구 양화로 15길 20 마인드월드빌딩 5층
대표전화 • 02) 330-5114 팩스 • 02) 324-2345
등록번호 • 제313-2006-000265호
홈페이지 • http://www.hakjisa.co.kr
페이스북 • https://www.facebook.com/hakjisabook

ISBN 978-89-997-0864-0 93180

정가 20,000원

이 도서의 국립중앙도서관 출판시도서목록(CIP)은 서지정보유통지원시스템 홈페이지(http://seoji.nl.go.kr)와 국가자료공동목록시스템(http://www.nl.go.kr/kolisnet)에서 이용하실 수 있습니다.
(CIP제어번호: CIP2016000583)